Landkreis Uffenheim

Landkreis Neustadt/Ais

● Sondernohe

● Virnsberg

● Flachslanden

● Lehrberg

Landkreis Ansbach

Ansbach

●

● Leutershausen

● Eyb

● Licht

Landkreis Feuchtwangen

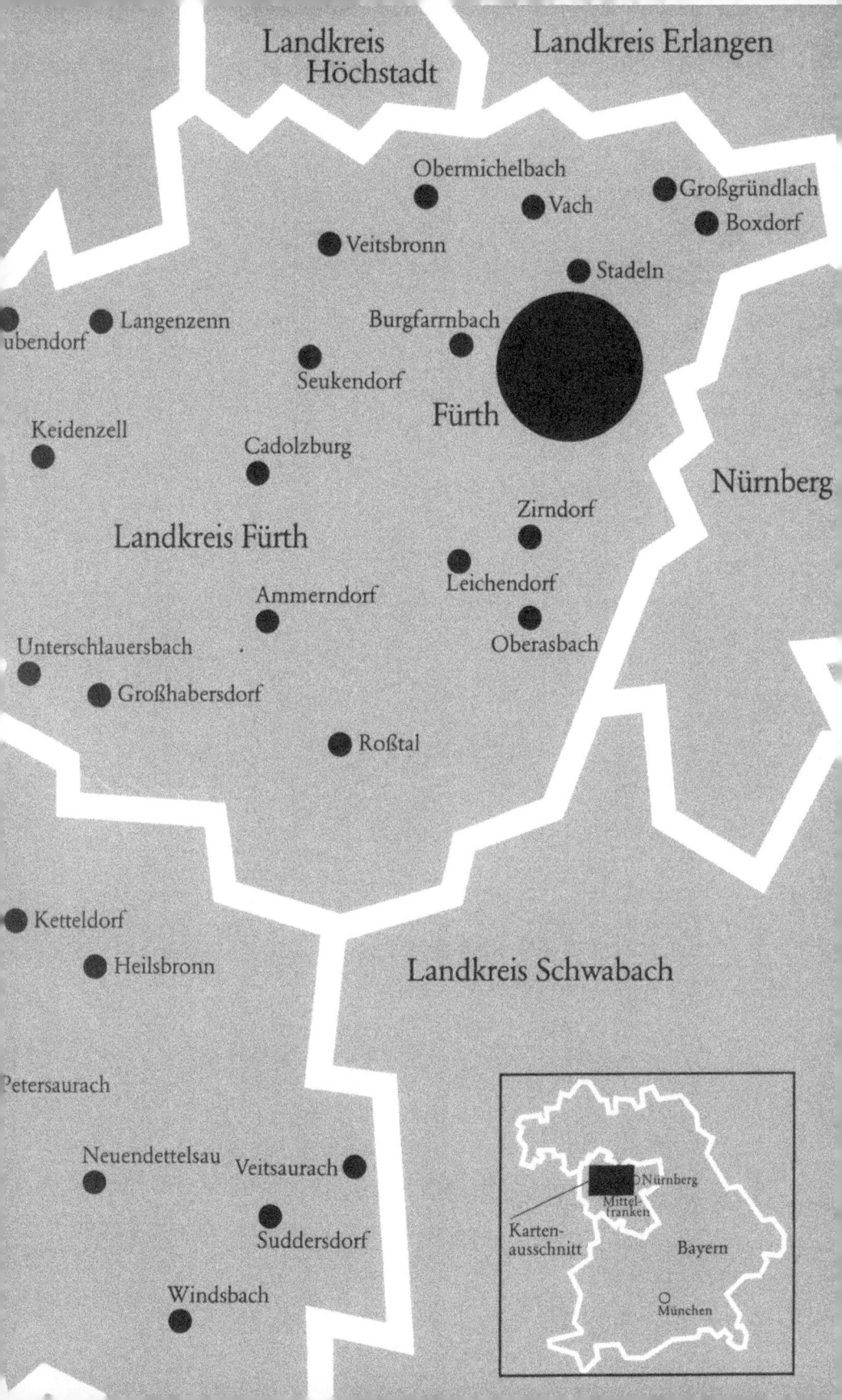

Landkreis
Höchstadt

Landkreis Erlangen

Obermichelbach

Vach

Großgründlach

Boxdorf

Veitsbronn

Stadeln

Langenzenn

Burgfarrnbach

ubendorf

Seukendorf

Fürth

Keidenzell

Cadolzburg

Nürnberg

Zirndorf

Landkreis Fürth

Leichendorf

Ammerndorf

Oberasbach

Unterschlauersbach

Großhabersdorf

Roßtal

Ketteldorf

Heilsbronn

Landkreis Schwabach

Petersaurach

Neuendettelsau

Veitsaurach

Nürnberg

Mittel-
franken

Suddersdorf

Karten-
ausschnitt

Bayern

Windsbach

München

Quellen und Darstellungen zur Zeitgeschichte
Herausgegeben vom Institut für Zeitgeschichte

Band 25

R. Oldenbourg Verlag München 1986

Hans Woller

Gesellschaft und Politik in der amerikanischen Besatzungszone

Die Region Ansbach und Fürth

R. Oldenbourg Verlag München 1986

CIP-Kurztitelaufnahme der Deutschen Bibliothek

Woller, Hans:
Gesellschaft und Politik in der amerikanischen
Besatzungszone: d. Region Ansbach u. Fürth /
Hans Woller. – München: Oldenbourg, 1986.
   (Quellen und Darstellungen zur Zeitgeschichte;
   Bd. 25)
   ISBN 3-486-53841-1

NE: GT

© 1986 R. Oldenbourg Verlag GmbH, München

Umschlaggestaltung: Dieter Vollendorf

Gesamtherstellung: R. Oldenbourg Graphische Betriebe GmbH, München

ISBN 3-486-53841-1

Inhalt

katholische Gebiete beschränkt (237) – Die bürgerlichen Parteien sind auf dem Vormarsch (237) – Die Prägekraft der sozialmoralischen Milieus hat nachgelassen (238)

Einleitung

Die Zeit der alliierten Besatzung in Deutschland ist mit ihrer nur knapp viereinhalbjährigen Dauer eine kurze Spanne deutscher Nachkriegsgeschichte. Die Bedeutung, die ihr als Phase tiefgreifenden nationalen, gesellschaftlichen, verfassungspolitischen und weltanschaulich-normativen Umbruchs zukommt, ist aber gar nicht zu überschätzen. Schon bei oberflächlicher historischer Betrachtung fällt eine scharfe Diskrepanz auf: Das Bewußtsein der Deutschen war in diesen Jahren nach dem Krieg viel weniger revolutionär gestimmt als nach dem Ersten Weltkrieg. Die Stimmungslage der aus Hitlersuggestion und Kriegsanstrengung entlassenen deutschen Bevölkerung war vielmehr gekennzeichnet durch psychologische und materielle Erschöpfung, Abkehr von ideologischen Fragen und Hinwendung zu privaten und familiären Interessen. Die Veränderungsprozesse, die sich trotz dieses antirevolutionären Klimas vollzogen oder irreversibel anbahnten, hatten aber fraglos die Qualität einer revolutionären Zäsur.

Die wichtigsten Aspekte dieses Umbruchs sind auf der oberen Ebene der Politik der Besatzungsmächte im Rahmen des weltpolitischen Konstellationswandels zwischen 1945 und 1949 – von der Allianz der Siegermächte zu ihrer Konfrontation im Kalten Krieg – oft beschrieben worden: Wir kennen die Planungen und Zielsetzungen alliierter Deutschland- und Besatzungspolitik, wir wissen von den Entscheidungen auf nationaler und internationaler Ebene, die zur Teilung Deutschlands und zur Gründung zweier deutscher Staaten geführt haben, und wir sind vertraut mit den sicherheits- und bündnispolitischen Umorientierungen und den einzelnen Schritten der verfassungspolitischen Neuordnung in Westdeutschland. Dem entspricht aber keine genügende historische Kenntnis der Art und Weise, wie dieser Umbruch von der deutschen Gesellschaft erfahren und verarbeitet wurde, welche Wirkungen die von den Besatzungsmächten und der deutschen politischen Führung verfolgten Absichten und ergriffenen Maßnahmen auf der unteren Ebene der Gesellschaft auslösten, ob und inwieweit sie durchdrangen, auf Resistenz stießen und modifiziert wurden, wie sich Besatzungsherrschaft an den deutschen gesellschaftlichen Beharrungs- und Traditionskräften abschliff, und wie aus dieser „Normativität des Faktischen" die neuen, so von niemandem vorhergesehenen Verhältnisse im Nachkriegsdeutschland entstanden. Diesen spannenden Vorgang anschaulich und gerecht darzustellen, darin besteht die Zielsetzung dieses Buches.

Das Vorhaben, wesentliche Inhalte der Politik der amerikanischen Besatzungsmacht und ihrer deutschen Auftragsverwaltungen auf zonaler und Länderebene *wirkungsgeschichtlich* aufzuzeigen, bedeutete für die Methode der Untersuchung zwangsläufig, die Beschreibung der Grundsatzentscheidungen einmünden zu lassen in die Analyse der Wirkungen und Gegenwirkungen in einem überschaubaren Feld der Gesellschaft. Politik und Gesellschaft in der amerikanischen Besatzungszone mußten

exemplarisch am Ausschnitt einer möglichst repräsentativen Region dargestellt werden, weil nur in solcher Begrenzung und Konkretisierung die formative Phase der
deutschen Gesellschaft nach dem Zweiten Weltkrieg genügend klar und verstehbar
gemacht werden kann. Die in diesem Buch enthaltenen Kapitel über die Tätigkeit der
Spruchkammer Ansbach, die Neugründung von Parteien und Verbänden in der mittelfränkischen Region Ansbach/Fürth oder über den Aufstieg der Fürther Firma Max
Grundig sind deshalb nur Paradigmen solcher exemplarischer Geschichtserzählung.
Diese dient nicht eigenständiger Institutionengeschichte, lokaler Partei- oder Firmengeschichte, setzt die genaue Kenntnis dieser spezifischen Details aber voraus, um das
Allgemeine im Besonderen überhaupt erst sichtbar machen zu können.

Methodisch wird insofern angeknüpft an Perspektiven der politischen Sozialgeschichte, wie sie im Institut für Zeitgeschichte namentlich bei dem Projekt „Bayern in
der NS-Zeit" erprobt wurden[1]. Auch bei dieser Studie geht es um die Erfassung der
Interdependenz von Gesellschaft und Politik und die Einbeziehung der subjektiven
Erfahrungen der von der Geschichte Betroffenen[2]. Sie konzentriert sich bewußt auf
kleine Räume und Einheiten, auf Mikrobereiche von Dörfern, Kleinstädten, Stadtvierteln und Betrieben, in denen sich die Stimmungs- und Reaktionsweise der Bevölkerung und ihrer Meinungsführer vor dem Hintergrund überlieferter Verhaltensnormen,
historischer Erfahrungen, wirtschaftlicher Interessen und kultureller Einstellungen
einsichtig machen und erzählen lassen[3].

Der amerikanische Gelehrte John Gimbel hat sich Anfang der sechziger Jahre als
erster um die Erforschung der Wirkungsgeschichte der Besatzungszeit in einem überschaubaren Raum bemüht und 1964 mit seinem – eher aus amerikanischer Perspektive geschriebenem – Buch „Eine deutsche Stadt unter amerikanischer Besatzung.
Marburg 1945–1952" bewiesen, daß mikroskopische Untersuchungen zu Ergebnissen
führen können, die über den bisherigen Erkenntnisstand aus der Perspektive landes-
oder nationalgeschichtlicher Betrachtung hinausweisen. Seither hat sich die Forschungslage durch die Zugänglichkeit deutscher und amerikanischer Akten und das
Vorliegen zahlreicher grundlegender, meist politikgeschichtlich orientierter Arbeiten
zur amerikanischen Besatzungspolitik wesentlich verbessert. Gleichwohl sind Gimbels
Beispiel nur wenige gefolgt, neue, weiterführende sozial- und bewußtseinsgeschichtliche Fragestellungen kaum entwickelt worden. Im Zeichen einer verstärkten Hinwen-

---

[1] Vgl. dazu Martin Broszat in seinem Beitrag für das Kolloquium des Instituts für Zeitgeschichte, dessen Referate unter dem Titel Alltagsgeschichte der NS-Zeit. Neue Perspektive oder Trivialisierung, München
1984, erschienen sind.
[2] Ebenda.
[3] Zur Problematik von Regionalgeschichts- und Alltagsforschung sind in den letzten Jahren zahlreiche Aufsätze und Darstellungen erschienen. Vgl. besonders Martin Broszat, Plädoyer für Alltagsgeschichte? Eine
Replik auf Jürgen Kocka, in: Merkur 36 (1982), S. 1244–1248; Günter Wiegelmann (Hrsg.), Geschichte der
Alltagskultur, Münster 1980; Klaus Bergmann/Rolf Schörken (Hrsg.), Geschichte im Alltag – Alltag in der
Geschichte, Düsseldorf 1982; Jürgen Kocka, Klassen oder Kultur? Durchbrüche und Sackgassen in der Arbeitergeschichte, in: Merkur 36 (1982), S. 955–965; ders., Zurück zur Erzählung? Plädoyer für historische
Argumentation, in: Geschichte und Gesellschaft 10 (1984), S. 395 ff.; Lutz Niethammer, Anmerkungen zur
Alltagsgeschichte, in: Geschichtsdidaktik 5 (1980), S. 231–242; Detlev Peukert, Arbeiteralltag – Mode oder
Methode?, in: Heiko Haumann (Hrsg.), Arbeiteralltag in Stadt und Land. Neue Wege der Geschichtsschreibung, Berlin 1982, S. 8–39; Peter Steinbach, Alltagsleben und Landesgeschichte, in: Hessisches Jahrbuch für
Landesgeschichte 29 (1979), S. 225–305; Klaus Tenfelde, Schwierigkeiten mit dem Alltag, in: Geschichte
und Gesellschaft 10 (1984), S. 376 ff.; Volker Ulrich, Alltagsgeschichte. Über einen neuen Geschichtstrend
in der Bundesrepublik, in: Neue politische Literatur 29 (1984), S. 50–71.

dung zur Alltagsgeschichte hat sich das Interesse an lokal- bzw. regionalgeschichtlicher Forschung zwar belebt, noch immer aber fehlen sorgfältig recherchierte, breit dokumentierte und methodisch anspruchsvolle Studien, wie sie beispielsweise für die NS-Zeit in großer Zahl vorliegen[4].

Selbstverständlich läßt sich auch bei regionaler Begrenzung nicht die Gesamtheit aller Wirkungen und Aspekte der besatzungspolitischen Maßnahmen berücksichtigen. Nach sorgsamer Erwägung wurde deshalb entschieden, sechs Hauptschwerpunkte zu bilden: In der einleitenden Beschreibung der Ausgangssituation des Frühjahrs 1945 kam es darauf an, das sozialkulturelle Profil der Region und die unterschiedlichen Erfahrungen ihrer politisch-gesellschaftlichen Gruppierungen in der Weimarer Zeit und im Dritten Reich in Bezug zu setzen zu den spektakulären Ereignissen des Endes der Hitler-Herrschaft und des Beginns der amerikanischen Besatzung. Methodisches Ziel war es dabei, eine weitschweifige „eigenständige" Vorgeschichte und Strukturanalyse der Region zu vermeiden; vielmehr sollten die in der kollektiven Erinnerung aufbewahrte jüngere und ältere Vergangenheit und die aus den besonderen sozialkulturellen Milieus entstandenen Wahrnehmungs- und Einstellungsmuster der Bevölkerung aus der Sicht des Frühjahrs 1945 dargestellt werden.

Im zweiten Themenkomplex wird die Vielgestaltigkeit der militärischen Besetzung nachgezeichnet, die Anbahnung und spätere Veränderung der Beziehungen zwischen Besatzungsmacht und deutscher Bevölkerung dargelegt und der Apparat der Militärregierung beschrieben. Ferner werden die von den amerikanischen Offizieren und ihren Mitarbeitern mitgebrachten Vorurteile und offiziellen Weisungen untersucht und einige der maßgeblichen Militärregierungsoffiziere porträtiert. Anhand zahlreicher Personengeschichten und lokaler Fälle werden dann – drittens – Ausmaß und Modalitäten des von der Militärregierung veranlaßten personellen Revirements in der deutschen Verwaltung geschildert. Zur Darstellung wird dabei dreierlei gebracht: der kaum anders als revolutionär zu nennende Austausch in den politischen Spitzenpositionen, die von zahlreichen ungerechtfertigten Härten begleitete Radikalität der amerikanischen Säuberungsmaßnahmen, unter der vor allem Beamte und Angestellte zu leiden hatten, und die im damaligen politischen Tagesgeschäft sogenannte Renazifizierung des öffentlichen Dienstes in der zweiten Hälfte der Besatzungszeit.

Daran anknüpfend wird im vierten Teil mit den deutschen Säuberungsbemühungen, der Arbeit der Spruchkammern, ein Thema in den Mittelpunkt gerückt, das zu den Grundfragen historischer Beschäftigung mit der Besatzungszeit zählt[5]. In der detaillierten Beschreibung von Zusammensetzung und Arbeitsweise einer einzelnen Spruchkammer werden die Motive und vor allem das soziale Beziehungsgeflecht hinter der politischen Säuberung sehr viel deutlicher als in der großen Gesamtdarstellung

---

[4] Einzelne Aspekte der Umbruchzeit nach 1945 auf lokaler oder regionaler Ebene behandeln etwa Otto Dann (Hrsg.), Köln nach dem Nationalsozialismus. Der Beginn des gesellschaftlichen und politischen Lebens in den Jahren 1945/46, Wuppertal 1981; Wiebke Fesefeldt, Der Wiederaufbau des kommunalen Lebens in Göttingen (1945–1948), Göttingen 1962; Hartmut Pietsch, Militärregierung, Bürokratie und Sozialisierung. Zur Entwicklung des politischen Systems in den Städten des Ruhrgebietes 1945–1948, Duisburg 1978; Friedrich Prinz (Hrsg.), Trümmerzeit in München, München 1984; Karl Rohe, Herbert Kühr (Hrsg.), Politik und Gesellschaft im Ruhrgebiet. Beiträge zur regionalen Politikforschung, Königstein/Ts. 1979.

[5] Vgl. dazu Klaus-Dietmar Henke, Die Grenzen der politischen Säuberung in Deutschland nach 1945, in: Ludolf Herbst (Hrsg.), Westdeutschland 1945–1955. Unterwerfung, Kontrolle, Integration, München 1986, S. 127–133.

Lutz Niethammers über die Entnazifizierung in Bayern[6]. Das Beispiel einer Spruchkammer ist vielleicht besonders geeignet, die innovatorische Kraft solcher Betrachtung aus der gesellschaftlichen Nahoptik erkennen zu lassen: Die Schilderung der
Entnazifizierungsproblematik entlarvt die vielerlei gesellschaftlich und politisch be-
dingten Rücksichten und Vorbehalte sowohl im Vorraum der Ermittlungen wie bei
der prozessualen- und Entscheidungs-Praxis der Spruchkammern. Es wird aber auch
das Dilemma der Spruchkammern deutlich, die in der entscheidenden Anfangszeit
nur kleine Pgs aburteilen (die Kreisleiter, Ortsgruppenleiter und die übrige NS-Prominenz saßen in Internierungslagern) und so kaum größere positive öffentliche Resonanz
finden konnten, während die Behandlung der prominenten Fälle schon in eine Phase
allgemeiner Amnestiebereitschaft fiel. Dessenungeachtet kann gezeigt werden, daß die
von den Kammern verhängten Strafen zusammen mit den von den Amerikanern veranlaßten Sanktionen wie Internierungshaft und Berufsverbot für fast alle NS-Aktivisten, aber auch eine nicht geringe Zahl von kleinen Parteigenossen eine materiell fühlbare Wirkung hatten.

Der fünfte Teil der Darstellung geht von der Frage aus, in welchem Maße bei der
Demokratiegründung nach 1945 nur auf die alten republikanischen Potentiale aus der
Weimarer Zeit zurückgegriffen werden konnte, oder ob und inwieweit die Erfahrung
der NS-Zeit eine Veränderung der personellen Rekrutierungsfelder für Parteien bewirkte. Die parteiengeschichtliche Literatur konnte dazu bislang mangels intensiver
lokalgeschichtlicher Untersuchungen kaum Schlüssiges aussagen[7]. Ähnliches gilt für
die Frage der Kontinuität und Diskontinuität des politisch oder weltanschaulich ge-
bundenen Vereins- und Verbandswesens. Auch hier erweist sich das Vermögen des lokalen Zugriffs: Im Bereich der Arbeiterparteien und ihrer Vereine zeigt sich dabei, daß
eine Restauration der Verhältnisse von vor 1933 meist nicht möglich war. Selbst dort,
wo erhebliche personelle Kontinuitäten vorlagen, hatte der nicht zuletzt durch die
NS-Zeit bewirkte Einstellungswandel bei vielen Funktionären so kräftige Spuren hinterlassen, daß eine Wiederbelebung der alten sozialdemokratischen Arbeitervereine
meist nicht einmal versucht wurde. Besonders naheliegend war es auch, in dieser Fallstudie die Thesen Alf Mintzels von der Partei neuen Typs, zu der sich die CSU entwickelte, zu überprüfen und im gesellschaftlichen Umfeld einer überwiegend evangelischen Region von ihren Beweggründen, personellen Voraussetzungen und Hemmungen her zu substantiieren. Mit Hilfe einer Interpretation von Wahlergebnissen,
wirtschaftlichen und sozialen Daten aus ausgewählten Dörfern und Stadtbezirken werden außerdem signifikante Wandlungen der politischen Einstellung seit der Weimarer
Zeit erfaßt und die anwachsenden antidemokratischen Proteststimmungen in der
zweiten Hälfte der Besatzungszeit in den unterschiedlichen Milieus nachgezeichnet.

Thema des Schlußteils sind die vielfältigen, mit Schwarzmarktpraktiken und Kompensationsgeschäften verquickten Improvisationen wirtschaftlicher Notbewältigung in
den ersten Nachkriegsjahren. Ein Sonderkapitel bildet das bislang kaum erforschte,
aus Gründen der Entnazifizierung installierte Treuhänderwesen. Ein anderer Aspekt

---

[6] Lutz Niethammer, Entnazifizierung in Bayern. Säuberung und Rehabilitierung unter amerikanischer Besat-
     zung, Frankfurt/Main 1972.
[7] Vgl. dazu vor allem Richard Stöss (Hrsg.), Parteien-Handbuch, Die Parteien der Bundesrepublik Deutsch-
     land 1945–1980, 2 Bde., Opladen 1983/84 und die im Kapitel über den Aufbau der Parteien angegebene
     Literatur (siehe S. 166).

und in gewisser Weise eine zweite Stufe der gewerblichen Wirtschaftsentwicklung der Nachkriegszeit wird mit der Praxis der Gewerbezulassung behandelt. Gerade hier läßt sich die Wechselwirkung von Faktizität und Normativität am Beispiel des sozialen Drucks (durch Flüchtlinge, Kriegsheimkehrer usw.) zur Auflockerung der restriktiven Gewerbezulassungspolitik aufzeigen und die erhebliche Liberalisierung, die von solchem Druck ausging. Am Beispiel einer ganzen Reihe von Einzelfällen und Biographien von Kleinunternehmern werden die z. T. weitreichenden Konsequenzen der gelockerten gewerblichen Zulassungspraxis deutlich, die vor der Währungsreform vor allem einen beschäftigungspolitischen Impuls hatten, aber auch überleiteten zu dem durch die Währungsreform kräftig belebten unternehmerischen Gründerboom der Nachkriegszeit. Die Darstellung ist eingebettet in eine Dokumentation der sozialen Notstände, die im Hungerwinter 1946/47 kulminierten. Ein Exkurs exemplifiziert, wie schon erwähnt, den sensationellen Aufstieg des Fürther Radiohändlers Max Grundig zum Chef eines Elektrokonzerns. Das Kapitel schließt mit der Veranschaulichung der wirtschaftlichen und sozialen Wirkung der Währungsreform, die den meisten Deutschen als das Ende der eigentlichen „schweren Zeit" der Kriegs- und Nachkriegsgeschichte in Erinnerung geblieben ist.

Niemand kennt besser als der Autor die Unvollständigkeit des Zusammengetragenen. Vieles mußte ausgespart oder konnte nur gestreift werden, weil sich die Quellenlage als unzureichend erwies, andere Forschungsprojekte bereits im Gange waren[8] und schließlich auch, weil sich die Studie an zeitliche und Umfang-Begrenzungen zu halten hatte. Wichtiger als thematische Vollständigkeit war aber auch das Ziel, bei den behandelten Themen so dicht wie möglich an Motivation, Mentalität und Sozialstruktur der Handelnden und Betroffenen heranzukommen, um auf dem Wege solcher „Geschichte im kleinen" konkretes Material für ein genaueres, möglichst gerechtes Verständnis der Gesamtgeschichte der Besatzungszeit in der US-Zone zu liefern.

Die Szenerie ist nicht Berlin, Frankfurt oder München, sondern eine kleine mittelfränkische Region um Ansbach und Fürth. Warum gerade diese beiden Städte? Die Beantwortung dieser Frage ergab sich mit wachsender Sicherheit im Laufe des Arbeitsprozesses. Nach etwa einjährigen Recherchen in deutschen Archiven und der Durchsicht der amerikanischen OMGUS-Akten bot sich die Umgebung von Ansbach und Fürth an, weil in kaum einer anderen Region der ehemaligen amerikanischen Besatzungszone periodische Berichte und Sachakten der verschiedenen deutschen und amerikanischen Stellen in vergleichbarer Dichte und Geschlossenheit vorzuliegen schienen. Eine dreitägige Exkursion nach Mittelfranken, an der neben dem Projektleiter Martin Broszat auch meine beiden Teamkollegen Klaus-Dietmar Henke und Christoph Weisz und als orts- und milieukundige Führerin Renate Neuner teilnahmen, bestätigte diesen Eindruck. Wir konnten damals die Ergiebigkeit der regelmäßigen Monatsberichte der Landräte und Oberbürgermeister, die reichhaltige Überlieferung

[8] Beispielsweise erscheint 1986 zum sicherlich interessanten Thema „Pressepolitik im Lokalbereich" eine Studie von Norbert Frei. Clemens Vollnhals, ein Schüler von Friedrich Prinz, steht kurz vor der Fertigstellung einer vom Forschungsprojekt „Politik und Gesellschaft in der US-Zone 1945–1949" angeregten Arbeit über die evangelische Kirche nach 1945. Andere, hier kaum oder überhaupt nicht berührte Themen werden in einem breit angelegten Sammelband ausführlich behandelt, der von Martin Broszat, Klaus-Dietmar Henke und dem Verfasser organisiert wurde und 1987 unter dem Titel „Von Stalingrad bis zur Währungsreform" erscheinen wird.

in Gemeinde- und Pfarrarchiven und die aussagekräftigen Protokolle der monatlichen Besprechungen der Landräte und Oberbürgermeister mit dem Regierungspräsidenten von Ober- und Mittelfranken prüfen. Außerdem erhielten wir Einblick in die Akten der regionalen Industrie- und Handelsgremien und die Dokumente der Spruchkammern, die im Amtsgericht Ansbach verwahrt werden. Schließlich wiesen uns Bürgermeister und Stadtarchivare auf „subjektive" Quellen wie Tagebücher und Briefe hin oder versprachen zumindest, bei der Suche nach solchen Unterlagen zu helfen. Letzte Sicherheit der „Standortwahl" entstand aber erst, als wir nach eingehenden Erkundungen der historisch-politischen Topographie erkannten: Die Struktur der ins Auge gefaßten Region weist viele Ähnlichkeiten mit der Gesamtstruktur der amerikanischen Besatzungszone auf und erlaubt es, die Wirkungen der besatzungspolitischen Maßnahmen in drei für die ganze Zone charakteristischen Milieus – in einer konservativen Beamten- und Angestelltenstadt, einem dynamischen Industrie- und Gewerbezentrum und in gemischt-konfessionellen Landgemeinden – darzustellen und miteinander zu vergleichen. Das ausgewählte Gebiet besitzt auch in bezug auf seine Vorgeschichte in der Endphase der Weimarer Republik und im Dritten Reich viele, für die gesamte deutsche Geschichte typische Züge. Man denke etwa an Phänomene wie die schwierige Durchsetzung der NSDAP in einer ausgesprochenen Arbeiterhochburg, das fast mühelose Eindringen der Nationalsozialisten in primär lutherisch geprägte Milieus und die Resistenzkräfte, die sich dort nach einer Phase der Ernüchterung entfalteten, oder die auch hier feststellbare allgemeine Abwendung vom NS-Regime in der zweiten Kriegshälfte, als sich auf den Schlachtfeldern das Blatt zu wenden begann – Phänomene, die hier wie anderswo in der Umbruchszeit nach 1945 auf die Durchführung der Entnazifizierung oder die parteipolitische Entwicklung einwirkten. Mit einiger Sicherheit konnte also zu Beginn der Arbeit angenommen werden, daß die am Beispiel „unserer" Region herausgearbeitete politisch-gesellschaftliche Zustandsbeschreibung über Mittelfranken hinausgehende Relevanz oder – im Glücksfall – in mancher Hinsicht sogar Repräsentativität beanspruchen durfte.

Die mittelfränkische Region um Ansbach und Fürth liegt am Rande des relativ ähnlich strukturierten mittel- und süddeutschen Gebietsgürtels, dem weite Teile Baden-Württembergs, Bayerns und Hessens zuzurechnen sind. Begrenzt wird diese von vielen Flüssen und Mittelgebirgen geprägte Landschaft im Westen von Rhein und Neckar, im Norden von den Flüssen Fulda und Eder, im Osten von der Linie Coburg-Nürnberg-Regensburg und im Süden von der Donau. Dreierlei ist diesem Gebiet, das mehr als die Hälfte der gesamten US-Zone umfaßte, gemeinsam. Bis zum Ende des Alten Reiches war es in zahlreiche ständische Herrschaftsgebiete aufgeteilt gewesen: Landesherrliche Territorialfürstentümer, geistliche Hochstifte, reichsritterschaftliche Kantone, dazwischen die Enklaven zahlreicher Reichsstädte und -dörfer. Erst die von Napoleon eingeleitete große „Gebietsreform" hatte diese zersplitterte Struktur beseitigt und einheitlich-zentralistische Flächenstaaten geschaffen wie die Königreiche Bayern und Württemberg sowie die Großherzogtümer Hessen-Darmstadt und Frankfurt. Außerdem handelt es sich bei diesen Landstrichen zwischen Altbayern und dem Industrierevier im Norden um ein Gebiet mit überwiegend evangelischer Bevölkerung, in das freilich das alte Kurmainz sowie die mächtigen Fürstbistümer Würzburg und Bamberg hineinragten und vor allem in Ober- und Mittelfranken, aber auch in Hessen für starke konfessionelle „Unebenheiten" sorgten. Schließlich war das an Bodenschätzen arme und verkehrsmäßig vernachläßigte Gebiet von der im 19. Jahrhundert beginnenden Industrialisierung kaum berührt worden. Lediglich im Umkreis einiger traditioneller Handels- und Messestädte wie Nürnberg, Frankfurt und Stuttgart hatten sich industrielle Zentren mit einer starken Arbeiterschaft herausbilden können. Der weitaus größte Teil der Bevölkerung aber lebte auf dem Lande oder in den vielen kleinen Residenz-, Amts- und Ackerstädtchen, die Existenz und Charakter meist der Zersplitterung der historischen Herrschaftsverhältnisse verdankten.

Die Stadt *Ansbach* mit ihren ca. 26000, zu etwa drei Vierteln evangelischen Einwohnern (1939) repräsentiert in dieser historisch-politischen Landschaft den häufig anzutreffenden Typus einer ehemaligen Residenz- und Beamtenstadt[9]. Das etwa 40 Kilometer westlich von Nürnberg im Tal des Flüßchens Rezat gelegene Verwaltungszentrum des bayerischen Regierungsbezirks Mittelfranken kann auch dem heutigen Besucher noch das Flair des 17. und 18. Jahrhunderts vermitteln. Das mächtige Markgrafenschloß, der langgestreckte Bau der Orangerie, die historische Altstadt mit ihren mittelalterlichen Gäßchen, reichgeschmückten Fachwerkgiebeln und Barockfassaden – dies alles ist weitgehend so erhalten geblieben, wie es in der Blütezeit der Stadt unter der Herrschaft der fränkischen Linie der Hohenzollern entstanden ist, die sich das Städtchen an der Rezat zu ihrem Fürstensitz erkoren hatten. 1806 dem Königreich Bayern einverleibt, konnte sich Ansbach ein gewisses Sonderbewußtsein als ehemalige Residenzstadt bewahren, denn nicht das wirtschaftlich aufstrebende Nürnberg, sondern das weit kleinere Ansbach wurde zur Hauptstadt des Rezatkreises erklärt, der 1837 durch königliches Dekret in den Kreis Mittelfranken umbenannt wurde. So blieb Ansbach, wenn schon nicht mehr Sitz eines Fürstentums, doch wenigstens Zentrum eines bayerischen Kreises mit zahlreichen, in den folgenden Jahrzehnten errichteten Ämtern und Behörden: dem Landgericht und Bezirksamt, dem Amtsgericht, einer Reihe weiterführender Schulen und dem Konsistorium der evangelischen Kirche in Franken. Zugleich wurde Ansbach Garnisonstadt; die Stadt pflegte diesen Status so sehr, daß sie noch Anfang dieses Jahrhunderts als „militärfreundlichste Stadt in Bayern" galt[10].

Hier wie auch in allen anderen ehemals selbständigen Städten und Territorien konnte die Honoratiorenschaft den erzwungenen Anschluß an die größeren Flächenstaaten nicht verwinden. Die Ansbacher Bürger trauerten der „Goldenen Zeit des Hohenzollerngeschlechts" lange nach. Die Reichsgründung 1870/71 war für sie eine Art der Wiedergutmachung für die bittere Zeit unter bayerischer „Fremdherrschaft". Man schmückte sich jetzt mit dem Beinamen „Wiege des deutschen Kaiserhauses"; die kleine Erhebung nördlich der Rezat wurde in Kaiserhöhe umbenannt und die natio-

---

[9] Zur Geschichte Ansbachs vgl. Adolf Lang, Aus Ansbachs Geschichte, in: Ders. (Hrsg.), Maler und Poeten, Bürger und Markgrafen, Ansbach 1978, S.7–12; Fritz Beyerlein, Ansbach kurz vor dem Ersten Weltkrieg, in: Jahrbuch des Historischen Vereins für Mittelfranken, Bd. 78, 1959, S.130–150; Franz Menges (Hrsg.), Die Ansbacher Jahre des bayerischen Finanzministers Dr. Wilhelm Krausneck. Tagebuchaufzeichnungen aus den Jahren 1913 bis 1919, in: Jahrbuch des Historischen Vereins für Mittelfranken, Bd. 87, 1973/74, S.130–210; Hermann Schreibmüller, Ein Durchblick durch die Geschichte der Stadt Ansbach, in: Ansbach. Sonderausgabe der illustrierten bayerischen Monatsschrift „Bayernland", München o.J., S.1–8. Zur Ansbacher Geschichte allgemein vgl. auch Friedrich Vogtherr, Geschichte der Stadt Ansbach, Ansbach 1927; Franz Weiser, Ein Leben für Recht und Wissenschaft. Justizrat Dr. Adolf Bayer zum 75. Geburtstag, Ansbach 1951; Günther Schuhmann, Ansbachs älteste Stadtansichten, in: 1221–1971. Ansbach – 750 Jahre Stadt. Ein Festbuch, Ansbach 1971, S.21–64.

[10] Beyerlein, Ansbach vor dem Ersten Weltkrieg, S.143.

nal gesinnten Stadtväter ließen dort ein weithin sichtbares Bismarck-Denkmal errichten. Lediglich die meist aus München gesandte, überwiegend katholische Beamtenschaft und die traditionsreichen Ulanen galten als königstreu, bei ihnen rangierten
Königstag oder Geburtstag des Prinzregenten höher als Kaisers Geburtstag[11].
Die anderswo so stürmische industrielle Entwicklung im 19. Jahrhundert war an
Ansbach fast gänzlich vorbeigegangen. Das einheimische, früher eng mit dem Für-
stenhof verbundene Gewerbe scheute größere Investitionen, die Stadtväter boten auswärtigen Industriebetrieben kaum Anreiz zur Niederlassung in Ansbach. 1939 waren
hier nur zwei größere Industriebetriebe ansässig: die Beinwaren- und Galanteriearti-
kelfabrik Matthias Oechsler und Sohn, die etwa 600 Leute beschäftigte, und die Kin-
derwagen- und Holzwarenfabrik Louis Schmetzer mit 500 Arbeitern[12]. Daneben existierten zahlreiche kleine und mittlere Handwerks- und Einzelhandelsbetriebe, die
sich meist seit Jahrzehnten in Familienbesitz befanden. Manche dieser Kleinbetriebe
konnten sich nur dank der Daueraufträge der Garnison halten, die den meisten als
„Glück für die Stadt" erschien[13]. Anders als in Augsburg oder Nürnberg war hier nie
ein selbstbewußtes Bürgertum entstanden, das den Anspruch erhoben hätte, die Geschicke der Stadt zu bestimmen. Im Ansbacher Bürgertum lebte die alte höfische Un-
tertänigkeit ebenso fort wie bei der zunehmenden Zahl von Beamten und Angestellten. Fast 4000 waren es 1939, die zusammen mit ihren Familienangehörigen, den
zahlreichen Rentnern, Pensionären und Beamtenwitwen fast die Hälfte der Bevölkerung ausmachten und natürlich auch die Atmosphäre der Stadt prägten[14]. Jakob Wassermann, der aus dem benachbarten Fürth stammende Schriftsteller und Redakteur
des Simplicissimus, sah die Enge und Verhocktheit Ansbachs besonders scharf und
beschrieb sie 1922 so: „Es weiß der Pfragner, wann der Bäcker seine Stiefeln sohlen
läßt; es weiß die Frau Apothekerin, was die Frau Stadtphysikus zu Mittag kocht; es
weiß die Jungfer Rettich, um wieviel Uhr der Magister Brunnenwasser vorüberpro-
menieren wird, um einen Blick von der Jungfer Hesekiel zu erhaschen; es weiß der Kan-
nenwirt, daß es bei Oberbaurats knapp zugeht; es weiß der Altgesell beim Strumpfwir-
ker am Rathaus, daß sich die Schreinerseheleute, die hinterm Zollamt wohnen, beständig in den Haaren liegen. Jeder weiß von jedem alles. Sie können nichts voreinan-
der verbergen. Kein Wort, kein Gedanke, kein Atemzug bleibt geheim. Jeder ist eines
jeden Spion. Es ist ein nahes, dichtes, verwickeltes Gewebe von Leben, eins gegen das
andere gerissen, eins vom anderen bestimmt und gefärbt; Mauer-an-Mauer, Schwelle-
an-Schwelle-sein. Es ist eine kahle, dumpfe, niedrige, deutsche Welt, in der der Ein-
samste noch den Nachbar über sich, neben sich, unter sich hat."[15]

[11] Vgl. Menges, Die Ansbacher Jahre Wilhelm Krausnecks, S. 159.
[12] Vgl. Alfred Striemer, Ansbach. Eine sozialwirtschaftliche Strukturuntersuchung, Berlin 1939.
[13] Ebenda, S. 43.
[14] Ebenda, S. 2f. Striemer fielen 1939 besonders die Pensionäre und Witwen auf, „die ihre täglichen Spazier-
gänge in der Stadt machen. Hunderte von alten Damen finden sich zu ihren Kaffeekränzle in den Kondito-
reien und Kaffees zusammen, um in der Welt der Erinnerungen an verschwundene Zeiten ihr Leben zu
Ende zu leben." Die Statistiken der Berufszählung aus dem Jahre 1939 weisen aus, daß im Stadtkreis Ansbach etwa ein Drittel der ständigen Bevölkerung (24025) seinen Lebensunterhalt – direkt oder indirekt –
mit einer Beschäftigung in Industrie und Handwerk bestritt, ca. 3500 (davon rund 2000 Erwerbspersonen)
lebten von einer Beschäftigung in der Sparte Handel und Verkehr. Hinzu kamen etwas mehr als 3800 Beamte und Angestellte – die meisten von ihnen aus den unteren Gehaltsklassen. Vgl. Zeitschrift des Bayerischen Statistischen Landesamts 74 (1942), Heft 3 und 4, S. 200 f.
[15] Jakob Wassermann, Oberlins drei Stufen und Sturreganz, Berlin 1922, S. 254 f.

Wassermann tat den führenden Schichten der Stadt, die ein reges kulturelles Leben pflegten und an nationalliberalem Gedankengut festhielten, gewiß unrecht. Der vorherrschende Menschenschlag in dieser kleinen engen Welt aber war deutschnational-völkisch gesinnt, obrigkeitsgläubig, fast bigott kirchenfromm und Neuerungen gegenüber mißtrauisch. Kein Wunder, daß Ansbach – wie viele andere evangelisch-lutherische Städte – nach Weltkrieg, Revolution und der „Schmach von Versailles" zunächst überwiegend DNVP wählte und schließlich unter dem Eindruck der Weltwirtschaftskrise mit ihren verheerenden Folgen für die vielen Angestellten, Kleinhändler und Handwerker der Stadt bald in das nationalsozialistische Lager überschwenkte. Fest in Kriegervereinen, Bismarck-Ringen und Beamtenvereinigungen verankert, einer ohnehin schwachen SPD weit überlegen, spiegelte das Erscheinungsbild der Ansbacher NSDAP das Milieu der Stadt wider und trug viele Züge eines gemäßigten Nazitums. Ihr erster Mann, der bei der Firma Oechsler und Sohn beschäftigte Angestellte Richard Hänel, verkörperte diesen Typus. Noch als Oberbürgermeister und Kreisleiter blieb er der kleine Angestellte, der den Ausgleich mit der traditionellen nationalliberalen Honoratiorenschaft suchte und kaum je zu den andernorts üblichen brutalen Formen der Abrechnung mit politischen und persönlichen Widersachern griff[16].

Eine ganz andere Entwicklung hatte die an Nürnberg angrenzende, bekannte Industrie- und Handelsstadt *Fürth* hinter sich. Seit dem Mittelalter war die Stadt am Zusammenfluß von Pegnitz und Rednitz Schauplatz eines heftigen Streits dreier Territorialherren um die Vorherrschaft gewesen. Ihre Konflikte galten im 18. Jahrhundert als „Schulbeispiel für die territorialen Kämpfe und die unselige Zersplitterung in Franken und in Deutschland"[17]. Sie bescherten der Bevölkerung allerdings auch manche Vorteile, die bald als „Fürther Freiheit" sprichwörtlich bekannt waren. Viele holländische und französische Emigranten, die man in ihren Heimatländern wegen ihres Glaubens nicht mehr geduldet hatte, konnten im liberalen Fürth ansässig werden. Auch zahlreiche Handwerker aus den umliegenden Reichsstädten ließen sich anlocken, da sie hier in ihrem Gewerbe „straflos schalten und walten" konnten[18], denn der Streit unter den „drei Herren" hatte rigorose Zunftzwänge hier gar nicht erst entstehen lassen. Das Klima der Toleranz im „Schmelztiegel" Fürth zog vor allem jene Juden an, die aus Nürnberg und den anderen umliegenden Reichsstädten vertrieben worden waren. Noch im letzten Drittel des 19. Jahrhunderts bildeten sie in Fürth die größte jüdische Gemeinde in Bayern[19]. 1910 lebten hier neben 46 000 Protestanten und 17 000 Katholiken fast 3 000 meist wohlhabende Juden, die über die Hälfte des Großhandels und fast ein Viertel der industriellen Unternehmungen inne hatten und der Stadt zugleich einen Schuß weltoffener Großbürgerlichkeit verliehen.

[16] Zur NSDAP in Ansbach vgl. Werner Bürger, 1933 in Ansbach, Ms. im Stadtarchiv Ansbach; vgl. auch Rainer Hambrecht, Der Aufstieg der NSDAP in Mittel- und Oberfranken (1925–1933), Nürnberg 1976 und Amtsgericht Ansbach, Registratur S: Nr. 1.

[17] Adolf Schwammberger, Ein Gang durch die Geschichte Fürths, in: Das Bayerland. Illustrierte Halbmonatsschrift für Bayerns Land und Volk, München 1934, S. 535. Zur Geschichte Fürths vgl. auch Emil Ammon, Fürth, Düsseldorf 1984; Fritz Hartung, Hardenberg und die preußische Verwaltung in Ansbach-Bayreuth von 1792 bis 1806, Tübingen 1906; Adolf Schwammberger, Fürth von A bis Z. Ein Geschichtslexikon, Fürth o.J.; Hans Mauersberg, Wirtschaft und Gesellschaft Fürths in neuerer und neuester Zeit. Eine städtegeschichtliche Studie, Göttingen 1974.

[18] Herbert Wendel, Die industrielle Entwicklung der Stadt Fürth, Diss. Erlangen 1926, S. 15.

[19] Vgl. Baruch Z. Ophir/Falk Wiesemann, Die jüdischen Gemeinden in Bayern 1918–1945, München/Wien 1979, S. 179–187.

Mit dem Ende der „Dreiherrschaft" und dem Beginn der Zugehörigkeit zu Bayern (1806) setzte in Fürth eine rapide wirtschaftliche Aufwärtsentwicklung ein, die innerhalb des mittel- und süddeutschen Gebietsgürtels nur mit dem Boom in Augsburg, Nürnberg und Frankfurt zu vergleichen war. Im Zentrum der Stadt, in den engen Gassen zwischen den grauen Sandsteinbauten und verschieferten alten Fachwerkhäusern reihte sich ein Gewerbebetrieb an den anderen. Immer etwas im Schatten der großen, oft beneideten Schwesterstadt Nürnberg stehend, mußten sich die Fürther besonders anstrengen, um wirtschaftlich konkurrenzfähig zu bleiben. Niemand scherte sich um die Verbote von Kinder- und Frauenarbeit, die Löhne waren niedriger, die Arbeitszeiten länger, der Wettbewerb unter den Gewerbetreibenden härter als in Nürnberg. Im Laufe des 19. Jahrhunderts nahm die Bevölkerung sprunghaft zu: von rund 12000 im Jahr 1815 auf 54000 Einwohner um 1900[20]. Aus dem agrarischen Umland, aus Hessen, Sachsen und Thüringen, ja sogar aus dem europäischen Ausland kamen Handwerker und Händler, um in der gewerbereichen Zone eine Existenz zu gründen. Wer auf Selbständigkeit bedacht war, ließ sich eher im klein- und mittelbetrieblich strukturierten Fürth nieder, wo die Chancen, einen eigenen Betrieb eröffnen zu können, ungleich größer waren als im schon großindustriell geprägten Nürnberg, das vor allem billige Arbeitskräfte brauchte. Der Zustrom von unternehmungslustigen Gewerbetreibenden gab der Wirtschaft der Stadt viele neue Impulse und bestimmte ihr soziales Klima: Arbeit, Arbeit und nochmals Arbeit schien das Motto der Stadt und ihrer Bewohner zu sein. Jakob Wassermann nannte seinen Geburtsort eine „Stadt des Rußes, der tausend Schlöte, des Maschinen- und Hammergestampfes ... der verbissenen Betriebs- und Erwerbsgier"[21]. Trotz einer beschleunigten Industrialisierung nach der Jahrhundertwende behielt Fürth weitgehend den Charakter eines kleinindustriell-handwerklichen Zentrums bei. Der Schwerpunkt der Produktion lag auf der Herstellung von Spiegeln, Möbeln, Brillen und Spielwaren, die größtenteils auf osteuropäischen und nordamerikanischen Märkten abgesetzt wurden[22]. Viele dieser innovationsfreudigen und exportorientierten Betriebe hatten kaum mehr als zehn Beschäftigte, nur wenige der insgesamt 5200 Gewerbebetriebe (1939) beschäftigten mehr als 50 Arbeiter. Außer in Ludwigshafen, Pirmasens und Schweinfurt war 1939 in keiner bayerischen Stadt der Anteil der in Industrie und Handel Beschäftigten so hoch wie in Fürth: über 24000 der insgesamt 42000 Erwerbspersonen (Gesamtbevölkerung: 82000)[23].

---

[20] Zur Bevölkerungsentwicklung in Fürth vgl. Historisches Gemeindeverzeichnis. Die Einwohnerzahlen der Gemeinden Bayerns in der Zeit von 1840 bis 1952, Heft 192 der Beiträge zur Statistik Bayerns, S. 162 f. Zur Entwicklung des Gewerbes in Fürth vgl. neben Mauersberg, Wirtschaft und Gesellschaft, Paul Würsching/ Adolf Schwammberger, Fürth eine Industrie- und Handelsstadt, Trautheim über Darmstadt o. J., S. 20 sowie August Jegel, Die wirtschaftliche Entwicklung von Nürnberg-Fürth, Stein und des Nürnberger Raumes seit 1806, Nürnberg 1952; Wirtschaftsraum Mittelfranken. Gestern – heute – morgen. Eine Dokumentation der Industrie- und Handelskammer Nürnberg, Nürnberg 1965, S. 46–55.
[21] Jakob Wassermann, Mein Weg als Deutscher und Jude, Berlin 1922, S. 19.
[22] Vgl. dazu vor allem Mauersberg, Wirtschaft und Gesellschaft, S. 137–150 und Würsching/Schwammberger, Fürth eine Industrie- und Handelsstadt, passim.
[23] Daneben waren 8652 in Handel und Verkehr, 6238 im öffentlichen Dienst und privatem Dienstleistungsgewerbe und nur 1263 in der Land- und Forstwirtschaft tätig. 7675 bezeichneten sich als selbständige Berufslose. Aufgeschlüsselt nach dem sozialen Stand bedeutete das: 24927 Arbeiter, 7210 Angestellte, 3276 Beamte, 4661 Selbständige und 1733 mithelfende Familienangehörige. Vgl. Zeitschrift des Bayerischen Statistischen Landesamts 74 (1942), S. 200 f.

Die gewerbereiche Stadt mit dem hohen Arbeiteranteil hatte schon um die Jahrhundertwende zu den wenigen sozialdemokratischen Hochburgen im süd- und mitteldeutschen Gebiet gehört[24]. Die politischen Lehrjahre vieler Funktionäre in Vereinen und Verbänden, die Verankerung der meisten Mitglieder in handwerklichen Berufen und die Dominanz der SPD im Stadtrat, wo sie häufig mit der alten liberalen Honoratiorenschaft zusammenarbeitete, hielten die meisten Fürther Sozialdemokraten von radikalen Formen des kämpferischen Einsatzes fern. Die Fürther SPD war und blieb eine Partei der zwar „kleinen, aber gestandenen Leute"[25]; selbstbewußt, maßvoll in ihren Forderungen, war sie mit großer Scheu vor Streiks und viel Sinn für praktische Politik ausgestattet. Sie stand so den gemäßigten südbayerischen Sozialdemokraten eines Georg von Vollmar näher als ihren Genossen in Nürnberg, wo – ebenso wie in den industriellen Zentren Oberfrankens – „rasch eine starke ‚linke' Tradition maßgeblich" geworden war[26]. Fast tatenlos sahen die Fürther Sozialdemokraten zu, wie ihre Wählerschaft sich in der Weltwirtschaftskrise mehr und mehr der KPD, vor allem aber der NSDAP zuwandte, die in der Juliwahl von 1932 die SPD hinter sich lassen konnte. Von ganz anderem Zuschnitt als die Ansbacher Naziprominenz, schreckte die überwiegend aus Arbeitslosen und kleinen Angestellten zusammengesetzte Fürther NS-Führung vor einem brutalen Einsatz ihrer Macht nicht zurück. Ihre beiden prominentesten Vertreter, Albert Forster und Franz Jakob, erlangten später traurige Berühmtheit: Jakob als treibende Kraft bei der Reichskristallnacht in Fürth und Oberbürgermeister im westpreußischen Thorn, Forster als brutaler Gauleiter von Danzig und Westpreußen, der 1948 von einem polnischen Gerichtshof wegen Verbrechen gegen die Menschlichkeit und den Frieden zum Tod durch Erhängen verurteilt wurde[27]. Die NSDAP hatte im sozialistischen Milieu der Stadt bis 1930 ein Schattendasein geführt und war allgemein als kuriose Rabaukenpartei betrachtet worden, die von der übermächtigen SPD und den starken, vor allem von der jüdischen Bevölkerung unterstützten Liberalen leicht in Schach gehalten werden konnte. Als sich nach der Machtergreifung das Blatt vollends gewendet hatte, entlud sich der lange angestaute Haß auf das sozialdemokratische und liberale Establishment der Stadt in einer Reihe von schlimmen Ausschreitungen. Weit härter traf es freilich die Kommunisten, die sich vor 1933 zahlreiche Gefechte mit den Nationalsozialisten geliefert hatten und sich nun regelrechten Rachefeldzügen ausgesetzt sahen[28].

---

[24] Zur Entwicklung der SPD in Fürth vgl. Walter Fischer, Die Fürther Arbeiterbewegung von ihren Anfängen bis 1870, Diss. Erlangen-Nürnberg 1965 sowie die im Kapitel über den Wiederaufbau der politischen Parteien zitierten Festschriften (siehe S. 172).

[25] Hartmut Mehringer, Bemerkungen zum Wandel der SPD in der ersten Hälfte des 20. Jahrhunderts unter besonderer Berücksichtigung der bayerischen Sozialdemokratie, in: Karl-Heinz Ruffmann/Helmut Altrichter (Hrsg.), ‚Modernisierung' versus ‚Sozialismus'. Formen und Strategien sozialen Wandels im 20. Jahrhundert, Erlangen 1983, S. 174.

[26] Hartmut Mehringer, Die bayerische Sozialdemokratie bis zum Ende des NS-Regimes. Vorgeschichte, Verfolgung und Widerstand, in: Martin Broszat/Hartmut Mehringer (Hrsg.), Bayern in der NS-Zeit, Bd. V: Die Parteien KPD, SPD, BVP in Verfolgung und Widerstand, München/Wien 1983, S. 310.

[27] Zu Jakob und Forster vgl. Stadtarchiv Fürth, Fach 130, Nr. 71; Nordbayerische Zeitung vom 16. Februar 1951 und 30. Mai 1952; Fürther Nachrichten vom 7., 10., 14., 17., 21. und 28. April 1948 und 28. Mai 1949.

[28] Zur Machtergreifung in Fürth und den anschließenden Ereignissen vgl. Heinrich Strauß, Fürth in der Weltwirtschaftskrise und nationalsozialistischen Machtergreifung, Nürnberg 1980, S. 394–403 und Adele Sischka, Die Gleichschaltung in Fürth 1933/34, in: Fürther Heimatblätter 32 (1982), S. 61–79.

Das agrarische Umland der beiden Städte – die 1862 entstandenen und bis zur bayerischen Gebietsreform über hundert Jahre später fast unverändert gebliebenen *Landkreise Ansbach und Fürth* – repräsentiert den dritten sozialstrukturellen Typus innerhalb des süd- und mitteldeutschen Gebietsgürtels. Der größte Teil der beiden Landkreise, die sich vom Westrand Nürnbergs bis nahe an die Grenze Württembergs erstreckten, hatte bis zum 19. Jahrhundert zum Herrschaftsgebiet der protestantischen Markgrafen von Ansbach gehört. Über das ganze Gebiet verstreut fanden sich aber kleinere reichsstädtisch-nürnbergische und markgräflich-bayreuthische Territorien, eine winzige Enklave des katholischen Deutschen Ordens sowie einige Besitztümer des Bischofs von Bamberg, die die konfessionelle Struktur der beiden Landkreise bis ins 20. Jahrhundert bestimmten[29]. In 96 von zusammen 116 Gemeinden der beiden Landkreise zählte man 1939 mehr als 90 Prozent und in weiteren 14 Gemeinden über 75 Prozent evangelische Einwohner. Bischöflicher Einfluß hatte sich vor allem im Ostzipfel des Landkreises Ansbach und in der Gegend von Oberasbach (Landkreis Fürth) entfalten können. Nur in drei Gemeinden überwogen die Katholiken: in Veitsaurach (90 Prozent römisch-katholisch) und in den beiden ehemaligen Deutschordensgemeinden Virnsberg (95 Prozent) und Sondernohe (100 Prozent)[30].

Wie viele umliegenden fränkischen Landkreise, aber auch weite Gebiete Nordwürttembergs und Hessens hatte der große Landkreis Ansbach (82 Gemeinden) nur „einen äußerst dürftigen Anschluß an die wirtschaftliche Entwicklung" seit dem 19. Jahrhundert gefunden[31]. Zwischen 1890 und 1939 stieg die Zahl der Einwohner nur geringfügig an (von 32000 auf 37000). Wie einst lebte die Bevölkerung in den winzigen Bauerndörfern und Marktflecken fast ausschließlich von der Landwirtschaft; in den zwanziger und dreißiger Jahren gab es hier rund 4600 land- und forstwirtschaftliche Betriebe, etwa 950 Handwerksbetriebe und nicht ein einziges Industrieunternehmen[32]. Große Höfe und Güter waren in der von vielen Tälern durchschnittenen Ge-

[29] Zur Geschichte der beiden Landkreise vgl. Ernst Eichhorn, Land der Begegnung: Landkreis Fürth, in: Landkreis Fürth. Bayerland. Der illustrierte Zeitspiegel, München o.J., S.4–10; Helmut Mahr, Spaziergang durch Kunst und Geschichte, in: Ebenda, S.12–20; Konrad Rosenhauer, Aus der Geschichte des Landkreises Ansbach, in: Der Landkreis Ansbach, Vergangenheit und Gegenwart, Aßling-Pörsdorf 1964, S.9–15; Adolf Traunfelder, Herkommen, Sitte und Brauch im Landkreis Ansbach, in: Ebenda, S.214–224; Unser Landkreis Ansbach, herausgegeben in Zusammenarbeit mit der Bayerischen Landeszentrale für politische Bildungsarbeit und dem Landkreis Ansbach, München o.J.; Gottlieb Hüttinger, Ansbach und die landwirtschaftliche Produktion, in: Ansbach. Sonderausgabe der illustrierten bayerischen Monatsschrift Bayerland, München o.J., S.38–40.
[30] Vgl. Zeitschrift des Bayerischen Statistischen Landesamts 73 (1941), S.81 ff.
[31] Unser Landkreis Ansbach, S.62.
[32] Von den rund 20500 Erwerbspersonen (ohne die 4144 selbständigen Berufslosen) waren mit 13859 Personen mehr als zwei Drittel in der Land- und Forstwirtschaft tätig – darunter auch über 2000 ständig beschäftigte Knechte, Mägde und Tagelöhner sowie rund 500 Saison- und Wanderarbeiter, die sich während der Erntezeit auf den wenigen größeren Höfen verdingten. Hinzu kamen noch etwa 1600 Beamte und Angestellte, die nach Ansbach pendelten, und rund 3800 nicht in der Landwirtschaft tätige Arbeiter, die im Handwerk (vor allem als Maurer) oder im kaufmännischen Gewerbe ihren Broterwerb fanden. Viele von ihnen bewirtschafteten nach Feierabend noch einige Tagwerk Grund, auf denen sie einige Kühe und Schweine hielten. Vgl. Zeitschrift des Bayerischen Statistischen Landesamts 58 (1926), S.17 und 27; ebenda 73 (1941), S.138 f.; ebenda 74 (1942), S.200 ff.

gend selten[33]. Kleine und mittlere, meist aus gelblich-rötlichem Burgsandstein erbaute, in die Landschaft geduckte Höfe bestimmten das Bild. Reich konnte hier keiner werden, denn die mit dürren Kiefern bestandenen Hügel der Frankenhöhe eigneten sich gerade noch für die Viehwirtschaft. Nur in den breitsohligen Talauen mit den mergelig-tonigen oder leichten sandigen Böden, die im Frühjahr wegen der gefällsschwachen Flüsse und Bäche oft unter Wasser standen, wurden Winterroggen und -weizen, Sommergerste und Kartoffeln angebaut[34]. Die Erträge waren oft sehr gering, viele Bauern mußten sich deshalb nach einer Heimarbeit umsehen oder gingen in die Stadt. „Es gibt hier erstaunlich ärmliche landwirtschaftliche Betriebe", schrieb 1939 ein Vertreter des Lehrstuhls für Siedlungswesen, Raumordnung und Städtebau der Technischen Hochschule Berlins über den Landkreis Ansbach. „Mangel an Sauberkeit, viele Betriebe sind zu klein, um Erträge bringen zu können! Bevölkerung an sich sehr sparsam und anspruchslos. Besichtigte Erbhöfe hatten noch nicht einmal eine gute Lampe, sondern nur offene alte Karbidlampen, und erschreckend schlechtes Mobiliar, nicht einmal richtige Betten, die für die Kinder zu klein sind."[35] Der Landkreis Fürth (1939: 35000 Einwohner) unterschied sich kaum vom Landkreis Ansbach. Allerdings hatten sich hier seit der Jahrhundertwende einige Bauerndörfer zu industriellen Subzentren oder „Schlaf"-Stätten des nahen Ballungsgebietes Nürnberg-Fürth verändert: Stadeln beispielsweise, wo die Dynamit Nobel AG eine Zweigniederlassung hatte, das westlich an Fürth angrenzende Zirndorf mit einigen größeren metallverarbeitenden Unternehmen und die zehn Kilometer südlich von Fürth gelegene Gemeinde Oberasbach mit ihrer ausgedehnten Eigenheimkolonie, die in den zwanziger Jahren von Arbeitern der Nürnberger MAN- und Schuckert-Werke gebaut worden war[36].

Abgesehen von diesen schnell wachsenden Siedlungen war in allen übrigen Gemeinden der beiden Landkreise die traditionelle ländliche Verfassung noch weitgehend intakt geblieben, der gewohnte Gang des provinziellen Lebens noch kaum unterbrochen. Doch ließ es sich nicht übersehen, daß die bodenständige bäuerliche Bevölkerung nach dem Ersten Weltkrieg zum politischen Leben „erwacht" war. Früher hatte man in der mittelfränkischen Provinz wenig davon gewußt, was in den politischen Zentren Berlin oder München gerade auf der Tagesordnung stand. Die Zeitungen waren eher unpolitische Amtsblätter mit lokalem Anzeigenteil gewesen, die auch außerhalb der arbeitsreichen Erntezeit kaum jemand las. Nach dem nationalen Kriegserlebnis von 1918/19, das viele Bauernsöhne und Landarbeiter mit der „großen Welt" von Politik und Gesellschaft bekannt gemacht hatte, und dem Umsturz von 1918

---

[33] Betriebsgrößen der landwirtschaftlichen Betriebe in den Landkreisen Ansbach und Fürth in Prozent und absoluten Zahlen:

	Ansbach	Fürth
unter 5 ha	32,9 = 1539	37,1 = 961
5 bis 20 ha	51,1 = 2395	49,3 = 1279
20 bis 100 ha	15,6 = 732	13,5 = 349
über 100 ha	0,4 = 18	0,1 = 3

[34] Vgl. Bayern in Zahlen. Monatshefte des Bayerischen Statistischen Landesamts 21 (Januar 1967), S. 2 und Hüttinger, Ansbach und die landwirtschaftliche Produktion, S. 38–40.

[35] Striemer, Ansbach, S. 35.

[36] Vgl. Wirtschaftsraum Mittelfranken, S. 46 ff.; Franz Knebel, Die Chronik der Gemeinde Oberasbach, in: Rathaus Oberasbach.

kreisten die Gespräche an den Stammtischen nicht mehr allein um Ernteerträge und Viehpreise. Jetzt debattierten die überwiegend evangelisch-kirchenfrommen Bauern über Versailles, die Sozis und die Katholiken der BVP, die jetzt in Berlin und München den Ton angaben, oder über die Zügellosigkeit in den größeren Städten. Die in ihren ostelbischen Kerngebieten großagrarische DNVP vermochte dieser spezifischen Stimmungslage des evangelischen Kleinbauerntums in Franken zwar nicht in vollem Maße Ausdruck zu verleihen, stand den meisten Bauern aber als evangelischer Gegenpart zur BVP am nächsten, ehe dann ab 1930 die NSDAP fast alle Stimmen auf sich ziehen konnte. Lediglich in den wenigen katholischen Enklaven konnte die BVP noch 1933 stattliche Mehrheiten erringen[37].

Als im Winter 1980/81 mit den Arbeiten zu diesem Buch begonnen wurde, kannte ich Ansbach und Fürth aus der Literatur recht gut, war aber, abgesehen von der dreitägigen Exkursion, noch nie in den beiden Städten gewesen. Nach den ersten Archiv- und Befragungsreisen nach Ansbach ergab sich der Eindruck: Wassermann hat recht. Die Sprödigkeit der Archivare und Behördenchefs gegenüber dem fremden Historiker, die große Zurückhaltung in den ersten Interviews, die Enge und Introvertiertheit der Stadt erschienen eher abweisend. Ganz anders hingegen die erste Begegnung mit Fürth: Der Oberbürgermeister gewährte nach einem längeren entspannten Gespräch Einsicht in die Akten der Stadtverwaltung, die damals noch unter dem Dach des Rathauses aufbewahrt waren. Der ehemalige SPD-Stadtrat Otto Gellinger empfing die Projektgruppe in seinem Haus und hatte zu dem Gespräch mit den Münchener Wissenschaftlern alte Genossen eingeladen, darunter Konrad Grünbaum, der dann auch später häufig mit Informationen und Ratschlägen weiterhalf. Ein freundlicher Stadtbeamter zeigte mir den alten jüdischen Friedhof und erzählte bei einem Rundgang durch die Stadt von den neuesten Sanierungsarbeiten im alten Zentrum. Ansbach erschien verschlossen, Fürth aufgeschlossen und insofern als Szenerie eine bessere Wahl.

Zwischen 1981 und 1984 verbrachte ich etwa 70 Tage in Ansbach und Fürth. Meine Kollegen Christoph Boyer, Klaus-Dietmar Henke und anfangs auch Christoph Weisz begleiteten mich zuweilen und halfen, die riesigen Aktenberge in den Stadtarchiven, Landkreis- und Stadtverwaltungen sowie im Staatsarchiv Nürnberg und im dortigen Landeskirchlichen Archiv abzutragen. Mehr als 50 Personen wurden befragt, einige mehrmals und oft stundenlang. Mit etwa 50 weiteren konnten – die strengen Oral-Historiker werden die Hände über dem Kopf zusammenschlagen – Telefoninterviews geführt werden. Dabei verschob sich im Laufe der Zeit der erste Eindruck auf unvorhergesehene Weise: Ansbach wurde mehr und mehr vertraut, und es zeigte sich immer deutlicher, daß sich dieses Kleinstadtmilieu für die Erforschung der „Interdependenz von Gesellschaft und Politik" noch besser eignete als das größere Fürth, das mir sympathisch, aber auch etwas fremd blieb. Ich erfuhr es nun selbst: In Ansbach kennt man sich, man weiß übereinander Bescheid. In Fürth dagegen herrscht fast schon die Anonymität der Großstadt, sogar alte Sozialdemokraten und Kommunisten haben den Kontakt miteinander verloren, der freilich wohl auch nie so eng war, wie der Zusammenhalt der Ansbacher Genossen. Nachdem das Eis gebrochen war, stellte

---

[37] Zu den Wahlergebnissen vgl. Zeitschrift des Bayerischen Statistischen Landesamts 65 (1933), S.96f. und 324f. sowie Fränkische Zeitung vom 6. März 1933; Fürther Tagblatt vom 6. März 1933. Siehe auch S.210.

sich langsam auch heraus, daß viele Ansbacher sehr gesprächsbereit waren. Schließlich kam es so weit, daß ich von einem zum anderen weiterempfohlen wurde und gar nicht mehr allen Empfehlungen nachkommen konnte. Daß Ansbach in der Fallstudie mehr in den Vordergrund trat, hatte seinen Grund aber auch darin, daß uns das dortige Amtsgericht freundlicherweise Einsicht in die Akten der Spruchkammern Ansbach-Stadt und -Land gewährte, die nicht nur für das Kapitel über die politische Säuberung, sondern für die gesamte Studie von unschätzbarem Wert waren. Kaum je, so scheint es mir, ist über das Dritte Reich so viel geschrieben worden, wie für die Spruchkammer in den Jahren 1946 bis 1948: Belastungsschreiben, Persilscheine, Anklageschriften, Ermittlungsberichte, die sonst kaum irgendwo vorhandene Informationen über die vor und nach 1945 handelnden Personen enthalten[38]. In jedem Dorf entstanden ganze Bände, die noch heute weitgehend unentdeckt in Kellern und auf Dachböden der Amtsgerichte liegen – Bände, die keineswegs nur ein Bild der Persilscheinkumpanei ergeben, sondern auch über die Verstrickungen vieler in das NS-Regime und über zahlreiche Fälle respektabler Immunität gegenüber den nationalsozialistischen Verführungen Aufschluß geben.

Dieses Buch entstand im Rahmen des von der Stiftung Volkswagenwerk finanzierten Forschungsprojekts des Instituts für Zeitgeschichte „Politik und Gesellschaft in der US-Zone 1945–1949"[39]. Fünf Jahre liegen zwischen Beginn und Abschluß der Arbeiten – fünf Jahre, in denen ich von vielen Seiten unentbehrliche Hilfe und Unterstützung erfahren habe, für die ich nicht genug dankbar sein kann. Mein Dank richtet sich an die staatlichen Archive Bayerns für die ausgezeichnete Betreuung, an die Sachbearbeiter der Stadtarchive Ansbach und Fürth – namentlich an die Herren Klaus-Peter Ulmer und Werner Bürger, die mich ein ums andere Mal mit zuverlässigen Informationen versorgten –, die Registraturbeamten der Landratsämter und Stadtverwaltungen in Ansbach und Fürth, die so oft unbürokratisch halfen, und an die freundlichen Mitarbeiter des Amtsgerichts Ansbach. Besonders zu danken habe ich den vielen Zeitzeugen, deren Erzählungen mir oft neue Einblicke eröffnet haben; ihr Interesse an meiner Arbeit hat mich stets angespornt. Unermüdliche Schreibhilfe im Institut für Zeitgeschichte leistete vor allem Irmgard Kaiser, Gabriele Jaroschka half zuverlässig bei den Korrekturen. Ihnen gilt mein Dank ebenso wie den Freunden und Kollegen, die im Laufe der Jahre mit mir über meine Arbeit diskutierten. Christoph Boyer, Günter Plum und Christoph Weisz haben einzelne Kapitel gelesen und mit wertvollen Anregungen nicht gespart. Der Leiter des Forschungsprojekts, Martin Broszat, hat viel Mühe darauf verwandt, die verschiedenen Fassungen der Kapitel eingehend mit mir zu besprechen; dafür und für die noble Großzügigkeit, mit der er das Projekt betreut

---

[38] Die nach Namen abgelegten Akten aus den Registraturen S der Amtsgerichte Ansbach und München werden in Absprache mit den beiden Amtsgerichten durchgängig nicht mit ihren eigentlichen Signaturen zitiert. Sie sind jeweils mit verschlüsselten Angaben versehen (im Fall Ansbach Nr. 1–59, im Fall München Nr. 1–5), deren Auflösung für wissenschaftlich Interessierte im Archiv des Instituts für Zeitgeschichte sowie beim Verfasser zu erhalten ist. Aus Gründen des Daten- und Persönlichkeitsschutzes wurden außerdem zahlreiche Namen anonymisiert; sie sind im Text durch Kursivdruck kenntlich gemacht.

[39] Vgl. die Notiz über das Projekt von Martin Broszat, in: VfZ 28 (1980), S. 289 ff. und die Kurzbeschreibung, die zugleich Aufschluß über die weiteren geplanten Projektveröffentlichungen gibt, von Klaus-Dietmar Henke und Hans Woller, in: Jahrbuch der historischen Forschung in der Bundesrepublik Deutschland. Berichtsjahr 1983, herausgegeben von der Arbeitsgemeinschaft außeruniversitärer historischer Forschungseinrichtungen in der Bundesrepublik Deutschland, München 1984, S. 50–53.

hat, will ich mich bedanken. Das gesamte Manuskript durfte ich Hermann Graml zu lesen geben; seinen Anregungen bin ich gerne gefolgt. Besonders dankbar bleibe ich meinem Freund Klaus-Dietmar Henke, der starkes Interesse an meinem Buch nahm. Unsere jahrelange enge Zusammenarbeit war für mich von großem wissenschaftlichen Gewinn, menschlich eine Wohltat. Wie sehr ich schließlich meiner Frau Hedi Straub-Woller für ihre Art der Hilfe dankbar bin, will ich ihr lieber privat sagen.

I. Weimar, NS-Zeit, Krieg: Erfahrungen und Verhaltensweisen der Bevölkerung vor 1945

Im Frühjahr 1945 leben in der mittelfränkischen Provinz um Ansbach und Fürth etwa 200 000 Menschen. Es sind Junge und Alte, Arbeiter, Handwerker und Industrielle, kaum noch begeisterte Nationalsozialisten und noch immer überzeugte „Sozis", gläubige Protestanten und Katholiken, Fremdarbeiter aus den von Deutschland besetzten Ländern, deutsche Evakuierte und Flüchtlinge aus allen Teilen des Reiches – viele zehntausend Einzelschicksale. Der Historiker, der sich vornimmt, von den politischen Erfahrungen und vom früheren Verhalten dieser Menschen zu erzählen, wird den strengen Regeln seines Faches nicht immer folgen können und sich auch auf Intuition und Imagination verlassen müssen.

Die Bevölkerung von Ansbach steht im Frühjahr 1945 ganz unter dem Eindruck der verheerenden Luftangriffe vom 22./23. Februar 1945. Noch vier Jahrzehnte später erinnern sich viele der älteren Menschen an diese beiden Tage, manche wissen noch vierzig Jahre später die genaue Uhrzeit, an der die Katastrophe begann. Sie berichteten: Der 22. Februar 1945 war ein klarer sonniger Tag, um die Mittagszeit wurden 10 Grad Celsius gemessen. Es herrschte Tauwetter, das Frühjahr war nicht mehr weit. Um ½12 Uhr mittags heulten die Sirenen: Luftalarm, wie so oft in diesen entnervenden Tagen und Wochen vor dem Einmarsch der Amerikaner. Obgleich man aus Erzählungen der Bombengeschädigten von den grauenhaften Verwüstungen bei Luftangriffen wußte, suchten nur wenige die Luftschutzbunker auf, denn Ansbach waren Fliegerangriffe bisher erspart geblieben, und niemand dachte ernstlich daran, daß das industriell unbedeutende Städtchen an der Rezat von den alliierten Bombern heimgesucht werden könnte[1]. „Die fliegen herum, als wären sie hier zu Hause", meinte eine Hausfrau an diesem 22. Februar mit besorgtem Blick auf die Formationen viermotoriger „Fliegender Festungen", die ihre Bahn durch den strahlend blauen Himmel zogen[2].

Sie gehörten zur gigantischen Luftflotte der Alliierten, die an diesem Tag über beinahe ganz Deutschland ihre Operation „Clarion" begann. Im Rechenschaftsbericht des Oberkommandierenden der alliierten Streitkräfte wurde die Operation später wie folgt beschrieben: „Nahezu 9000 Flugzeuge nahmen von England, Frankreich, Holland, Belgien und Italien aus teil an diesem gigantischen Angriff, der Objekte in einem Gebiet von einem ‚quarter of a million square miles' betraf – einem Gebiet, das von Emden bis Berlin, Dresden, Wien und Mühlhausen reicht. Ziel war, zweitrangige

---

[1] Zur Situation in Ansbach 1945 vgl. Lang, Ansbach 1945, S. 64–69. Mündliche Mitteilungen von Adolf Lang vom 4. Januar 1985, Wilhelm Eichhorn vom 21. Januar 1985 und Friedrich Laubinger vom 21. Januar 1985.
[2] Vgl. dazu eine Reportage in der Fränkischen Landeszeitung vom 20. Februar 1970.

Kommunikationseinrichtungen wie Eisenbahnsignale, Bahnübergänge, Kanalschleusen und Kreuzungen anzugreifen, um die wachsenden Schwierigkeiten weiter zu verschärfen, denen die Deutschen bei der Offenhaltung ihrer Versorgungswege begegneten."[3] Geschwader um Geschwader zog in großer Höhe vorüber. Die meisten Ansbacher fühlten sich dennoch sicher und schlossen aus vorangegangenen Erfahrungen: Die Bomber laden ihr „Zeug" in München oder Nürnberg ab[4]. Doch plötzlich wendet ein Bomberverband und nimmt von Osten her Kurs auf Ansbach. Um 12.10 Uhr fallen die ersten Bomben. Ein unheimliches Zischen und Pfeifen erfüllt die eben noch friedliche Atmosphäre. Es kracht, dröhnt und splittert. Die Barockhäuser in der Karolinenstraße sinken in sich zusammen, Menschen laufen durcheinander, suchen Zuflucht. Entlang der Bahnlinie steht die Stadt in Flammen, riesige Rauchsäulen und Qualmwolken steigen auf[5]. Erst jetzt hat der Zweite Weltkrieg Ansbach wirklich erreicht. Die Bombenangst, die man bisher nur aus Erzählungen kannte, läßt in den nächsten zwei Monaten keinen mehr los.

Nach etwa zehn Minuten drehen die „Fliegenden Festungen" ab, doch um die Mittagszeit des nächsten Tages kommen sie wieder. Länger als eine halbe Stunde sind sie über der Stadt. Mehr als tausend Bomben fallen in diesen zwei schrecklichen Tagen auf Ansbach. Das Bahnhofsviertel ist fast völlig zerstört. Ein Augenzeuge berichtet: „Personenwagen standen senkrecht in die Höhe ... Güterwagen lagen schwerbeschädigt übereinander ... Gleisstücke waren weit weg'geflogen' ... Eine Weiche war auf ein Haus in der Nähe geschleudert worden."[6] Ansbach hat „nach Hamm in Westfalen den schwerstzerstörten Bahnhof ganz Deutschlands", erklärt später ein Reichsbahnbeamter[7]. Auch der Stadtfriedhof ist wie umgepflügt. Ein grauenerregender Anblick: Leichenteile liegen umher, in den Bäumen entlang der Triesdorferstraße hängen Sargtrümmer. Noch Tage später werden Überlebende aus den Trümmern geborgen. 450 Menschen finden am 22./23. Februar 1945 den Tod, ebensoviele werden verletzt. Rund 30 Prozent des Ansbacher Wohnungsbestandes sind in Mitleidenschaft gezogen, etwa fünf Prozent total zerstört[8].

Einen so verheerenden Luftangriff brauchte die Bevölkerung von Fürth nicht zu erleiden. Am 23. Februar 1945 hatte sie aber bereits elf Luftangriffe hinter sich, vier liegen noch vor ihr[9]. Schon seit 1942 wollte die Kette der Alarme nicht mehr abreißen, die zwar meist Angriffe auf das benachbarte Nürnberg ankündigten, aber auch die Menschen in Fürth jedesmal wieder in Angst und Schrecken versetzten. Die schwersten Bombenangriffe erlebte die gewerbereiche Stadt mit ihren zahlreichen, jetzt meist für die Rüstungswirtschaft arbeitenden Industriebetrieben in der Nacht vom 8. auf

[3] Report of the Supreme Commander of the Combined Chiefs of Staff on the Operations in Europe of the Allied Expeditionary Force, 6 June 1944 to 8 May 1945, Washington 1946, S.94. Die englischsprachigen Zitate aus amerikanischen Quellen werden hier, wie in fast allen übrigen Fällen, ins Deutsche übersetzt. In den Anmerkungen bleiben dagegen die Zitate aus den amerikanischen Dokumenten in der Originalsprache erhalten.
[4] Vgl. Fränkische Landeszeitung vom 22. Februar 1950, 6., 20., 22. und 23. Februar 1965, 21. Februar 1970 und 22. Februar 1978.
[5] Ebenda.
[6] Fränkische Landeszeitung vom 22. Februar 1950.
[7] Lang, Ansbach 1945, S.6.
[8] Vgl. Statistisches Jahrbuch für Bayern 1947, S.400f.
[9] Zu den Luftangriffen auf Fürth vgl. Adolf Schwammberger, Fürth von A bis Z, S.405. Vgl. auch Emil Ammon, Fürth, S.85, 91.

den 9. März 1943 und am 25. Februar 1944. Beide Angriffe galten vornehmlich den Dynamit Nobel Werken, die Infanteriemunition, elektrische Zünder und Sprengnieten für die Flugzeugindustrie herstellten, und einer Flugzeugfabrik. Über den Luftangriff vom 25. Februar schrieb der Regierungspräsident: „Gegen Ende des Monats (Februar) steigerte sich der Luftkrieg immer mehr, an manchen Tagen war zwei- oder sogar dreimal Fliegeralarm ... Das Ziel des Feindes ist offenbar, die Bevölkerung nicht mehr zur Ruhe kommen zu lassen und die Produktion zu stören ... Am 25. Februar traf zwischen 13 Uhr 49 und 14 Uhr 18 ein schwerer Angriff die *Stadt Fürth* mit Schwerpunkt Flugzeugfabrik Bachmann, v. Blumenthal und Co. Diese erlitt schwere Schäden. Es wurde eine Anzahl Hallen total oder teilweise zerstört. Auch 23 Flugzeuge gingen verloren. Besonders schmerzlich ist der Verlust von 54 besten Fachkräften. In der Stadt wurden 30 Häuser total zerstört, 100 schwer beschädigt ... Die Wasserleitung wurde so beschädigt, daß mehrere Stadtviertel zeitweise kein Wasser hatten."[10] Insgesamt starben am 25. Februar 1944 fast 200 Menschen unter dem Bombenhagel der Royal Air Force. Trotzdem konnte man in Fürth von Glück sagen, daß die alliierten Bomber nicht ähnliche Schäden anrichteten, wie in einigen anderen nordbayerischen Städten: Von den 8200 Gebäuden der Stadt waren bei Kriegsende nur etwa 800 schwer oder total zerstört. Im benachbarten Nürnberg dagegen fielen 50 Prozent des Wohnungsbestandes den Bomben zum Opfer, in Würzburg waren drei von vier Wohnungen unbewohnbar[11]. Noch in den fünfziger und sechziger Jahren gehörten dort Ruinen zum Stadtbild, in Fürth hingegen waren die Schäden bald wieder behoben.

Fünf Jahre nach dem Luftangriff vom 22./23. Februar 1945 veröffentlichte die Fränkische Landeszeitung eine Liste mit den Namen der Opfer[12]. Im Ansbacher Bahnhofsviertel gab es fast keine Familie, die nicht den Tod eines Angehörigen zu beklagen gehabt hätte. Auf der Liste der 450 Toten erschienen auch viele fremdklingende, längst vergessene oder nie gekannte Namen: Wera Bukajenko, Wala Nikolajewa, Jean Frugier, Anny Bourgevis ... Es sind die Namen von Kriegsgefangenen und Fremdarbeitern, die nach Kriegsbeginn zu Tausenden und Abertausenden in die mittelfränkische Provinz gekommen waren. Bei Kriegsende waren allein in Ansbach und Umgebung ca. 6500 Fremdarbeiter und Kriegsgefangene untergebracht, im Stadt- und Landkreis Fürth fast 10 000[13]. Der Feind steht ja schon im Lande, sagten sich viele Menschen, die den Fremdländischen zunehmend mehr mißtrauten und in ihnen eine ernste Gefahr für Leib und Leben erblickten. In den vorangegangenen Kriegsjahren war ihr Eintreffen fast einhellig begrüßt worden, erwartete man von ihrem Einsatz doch eine Entlastung des angespannten Arbeitsmarktes. In Rüstungsbetrieben wie Dynamit Nobel in Fürth und in der Landwirtschaft konnten die ausländischen Arbeitskräfte tatsächlich viele Lücken schließen, die sich durch die zahlreichen Einberufungen ergeben hatten. Ernsthafte Auseinandersetzungen mit den Polen, Russen und Franzosen waren zunächst selten; Gestapo und NSDAP sahen sich sogar häufig ge-

[10] RegPräs an bay. Staatsregierung, 8. März 1944, in: BayHStA, MA 106 696.
[11] Vgl. Statistisches Jahrbuch in Bayern 1947, S. 400 f.
[12] Die Liste der Opfer ist veröffentlicht in: Fränkische Landeszeitung vom 22. Februar 1950.
[13] Vgl. Annual Hist. Rep., Det. Fürth, 20. Juni 1946, in: NA, RG 260, 10/81–1/5; Annual Hist. Rep., Det. Ansbach, 1. September 1946, in: NA, RG 260, 10/80–3/6.

zwungen, vor einem allzu engen Verhältnis zwischen der einheimischen Bevölkerung und den Fremdarbeitern zu warnen[14]. Nach der Katastrophe von Stalingrad und erst recht nach der Landung alliierter Truppen in der Normandie aber schlug die Stimmung um. Auf vielen Höfen waren Fremdarbeiter die einzigen Männer, in den Städten standen sie oft bis spät in die Nacht auf den Straßen herum. Wer sollte sie im Zaum halten, wenn sie sich erhoben? Die Polizei oder die schlecht ausgerüstete, zumeist aus alten Männern bestehende Landwehr gewiß nicht. Durch zahlreiche Gerüchte und Berichte erhielten die Befürchtungen, die Fremdarbeiter könnten als Saboteure und Partisanen eine „innere Front" errichten, immer wieder Nahrung. Gegen Kriegsende häuften sich die Anzeigen bei Partei- und Polizeistellen über Fremdarbeiter, die ihren „Arbeitgebern" angekündigt hätten, der Tag der Abrechnung sei nahe und bald würden sie „die Herren und die Arbeitgeber die Knechte" sein[15]. In Fürth war schon im Januar 1943 bekannt geworden, daß „unter den Ostarbeiterinnen eines größeren Lebensmittelbetriebes ein Komplott aufgedeckt" worden sei[16]. Im April war durchgedrungen, die Sicherheitspolizei habe – ebenfalls in Fürth – ein „Komitee der Vereinigung der ausländischen Arbeiter und Soldaten in Deutschland" unter Leitung eines kriegsgefangenen Offiziers des sogenannten Arbeitskommandos 10105 zerschlagen. Das Ziel des Komitees war laut Gestapo die „Erfassung weiter Kreise ausländischer Kriegsgefangener und Arbeiter zur Ermittlung kriegswichtiger Anlagen, die Ausführung von Sabotageakten jeder Art, die Unterbindung der Transportwege nach dem Osten durch Sprengung der Bahnlinien, Bandenbildungen für einen bewaffneten Aufstand im Innern des Reiches, die Bewaffnung der Banden aus Heeresbeständen, die Zerstörung oder Besetzung von Rundfunk, Telefon, Telegraf"[17]. Solche Meldungen waren meist stark übertrieben, gleichwohl wurde die Sorge, der Zusammenbruch des NS-Regimes könne mit einem blutigen Aufstand der Fremdarbeiter zusammentreffen, immer größer.

Aber auch die Anwesenheit zahlreicher evakuierter Deutscher aus allen Teilen des Reiches wurde als Überfremdung und Störung des heimatlichen Lebens empfunden. Im Landkreis Ansbach befanden sich im Frühjahr 1945 etwa 12 000, im Landkreis Fürth rund 11 000 Evakuierte; die Zahl dieser Einquartierten machte auf dem Lande mithin etwa ein Drittel der einheimischen Bevölkerung aus[18]. Die meisten stammten aus Hamburg, dem Saarland und aus den großen Städten des Ruhrgebietes. Noch nie zuvor war die Landbevölkerung der beiden Kreise so massiv mit Volksgenossen aus ganz anderen Milieus konfrontiert worden. Allein die Unterbringung in Privatquartie-

---

[14] Vgl. Anton Großmann, Polen und Sowjetrussen als Arbeiter in Bayern 1939–1945, in: Archiv für Sozialgeschichte, Bd. XXIV (1984), S. 355–397.

[15] Gendarmerie-Posten Großweismannsdorf an LR Fürth, 28. Juni 1943, in: LRA Fürth, EAP 000. Vgl. auch NSDAP Kreisschulungsamt Fürth an NSDAP Gauschulungsamt Franken, 28. Dezember 1943, in: StA Nürnberg, NS-Mischbestand, vorl. Nr. 61.

[16] RegPräs an bay. Staatsregierung, 8. Januar 1943, in: BayHStA, MA 106 679.

[17] RegPräs an bay. Staatsregierung, 8. April 1944, in: Ebenda, MA 106 696.

[18] Zu den Zahlen vgl. Annual Hist. Rep., Det. Fürth, 20. Juni 1946, in: NA, RG 260, 10/81–1/5; Unterlagen für den Jahresbericht des Ansbacher Oberbürgermeisters, in: Stadtarchiv Ansbach, ABc T/6/4; LR Ansbach an RegPräs, 3. Juli 1945, in: LRA Ansbach, EAP 01-016; OB Fürth an RegPräs, 4. September 1945, in: Stadtverwaltung Fürth, EAP 4; LR Fürth an RegPräs, 4. Juli 1945, in: StA Nürnberg, LRA Fürth (1962), Nr. 40/1.

ren und die Versorgung der Evakuierten bereitete den Kreis- und Stadtverwaltungen größte Schwierigkeiten. Konflikte und Querelen waren an der Tagesordnung. Immer wieder mußten die Dorfbürgermeister schlichten. Die Evakuierten waren an „Kinos, Vergnügungsstätten, Cafés, Damenfriseur, Bad"[19] gewöhnt und konnten sich mit den ärmlichen Verhältnissen in der mittelfränkischen Provinz nur schwer abfinden. Nicht selten kam es zu herablassenden und unbedachten Äußerungen, die den Zorn der Einheimischen erregten. In den Wirtschaften oder Einkaufsläden kolportierte man die angeblichen Äußerungen von Evakuierten: Sie seien nicht zum „Arbeiten, sondern zur Erholung gekommen" und könnten „daher auch Bedienung" verlangen. Von anderen wollte man gehört haben: „Lieber alle Tage Luftalarm, als in dieser armseligen Gegend leben."[20] Das ein- bis zweijährige konfliktreiche Miteinander von Alteingesessenen und Evakuierten ließ die Grenzen der so oft beschworenen Volksgemeinschaft deutlich werden.

Karolinenstraße, Bahnhofsplatz, Karlsplatz – die Umgebung des Ansbacher Bahnhofs glich nach dem Luftangriff vom 22./23. Februar 1945 einer Kraterlandschaft. Die nahegelegene Synagoge in der Rosenbadstraße war kaum beschädigt, sie befand sich seit 1939 im Besitz der Stadtverwaltung und stand 1945 leer[21]. In Fürth dagegen war die mehr als dreihundert Jahre alte Synagoge im November 1938 eingeäschert worden. Im Frühjahr 1945 ragen ihre rußgeschwärzten, schon von Wind und Wetter gezeichneten Mauern wie Strünke in den Himmel – Symbol des traurigen Endes der traditionsreichen jüdischen Gemeinde in Fürth, deren Anfänge bis in das späte Mittelalter zurückreichten[22]. Bedeutende Juden stammten aus Fürth: Leopold Ullstein, der Pressezar des kaiserlichen Deutschland, der damals vielgelesene Schriftsteller Jakob Wassermann und auch der spätere amerikanische Außenminister Henry Kissinger, der sich 1938 zusammen mit seiner Familie in die Vereinigten Staaten retten konnte. Er entkam so einem Schicksal, das für fast alle der 1939 noch ansässigen 800 Juden in den nationalsozialistischen Vernichtungslagern der besetzten Ostgebiete endete[23]. 1945 ist das alles nicht vergessen. Viele Fürther hatten dabeigestanden, als SA- und SS-Leute 1938 die Juden aus ihren Häusern holten und „unter Verhöhnungen und Beschimpfungen auf einem freien Platz der Stadt" zusammentrieben. Sie hatten mitangesehen, wie Gemeinderabbiner Dr. Behrens „zum Vergnügen der Volksmenge" gezwungen worden war, „auf eine am Boden liegende Thorarolle zu treten"[24]. Jetzt, im Frühjahr 1945, als die Luftalarme nicht mehr enden wollen, gehen Gerüchte in der Stadt um: Fürth werde wegen der damaligen Ausschreitungen gegen die Juden von

[19] RegPräs an bay. Staatsregierung, 7. September 1943, in: BayHStA, MA 106 679.
[20] Ebenda und RegPräs an bay. Staatsregierung, 7. Juli 1943, in: Ebenda.
[21] Zur Geschichte der jüdischen Gemeinde in Ansbach vgl. Ophir/Wiesemann, Jüdische Gemeinden, S. 156–161; zur „Reichskristallnacht" vgl. Urteil der 2. Großen Strafkammer des Landgerichts Nürnberg-Fürth vom 22. Juli 1948 gegen Richard Hänel u.a., in: Amtsgericht Ansbach, Registratur S: Nr. 2.
[22] Zu den Juden in Fürth vgl. Ophir/Wiesemann, Jüdische Gemeinden, S. 179–187; Ruth Stäudtner, Fürth und seine Juden, in: Lebendige Stadt Fürth, Fürth 1951; Stefan Schwarz, Fürth – die führende jüdische Gemeinde im bayerischen Emanzipationskampf, in: Nachrichten für den jüdischen Bürger Fürths 1963; Günther Klier, Die Fürther Judengemeinde im Wandel der Zeiten, Fürth 1966 (Ms. im Stadtarchiv Fürth); Rudolf Endres, Die Juden in Fürth, in: Fürther Heimatblätter 31 (1981), Nr. 4, S. 73–85.
[23] Vgl. Ophir/Wiesemann, Jüdische Gemeinden, S. 184–187.
[24] Vgl. ebenda, S. 183.

den alliierten Bombengeschwadern bevorzugt angeflogen, oder Fürth bleibe verschont, weil viele Juden Häuser und Grundstücke in der Stadt haben[25].

Auch das Dienstgebäude des evangelischen Landeskirchenrats in der Ansbacher Jägergasse lag in Trümmern. Landesbischof Hans Meiser, der sich seit einem Jahr in Ansbach, der Hochburg des fränkischen Protestantismus, aufhielt, war mit dem Schrecken davongekommen. Er wies den Bergungstrupps den Weg zum verschütteten Bunker unter seinem Dienstgebäude und wandte sich dann den vielen freiwilligen Helfern zu, die mit den Aufräumarbeiten begannen[26]. Der weißhaarige Bischof genoß bei der kirchenfrommen Bevölkerung Ansbachs hohes Ansehen, seine Gottesdienste und Andachten in der Johannis- und Gumbertuskirche waren überfüllt. Sein enger Mitarbeiter, Oberkirchenrat Julius Schieder aus Nürnberg, schrieb im Frühjahr 1945 über die bitteren Erfahrungen der evangelischen Kirche und ihrer Mitglieder in der NS-Zeit: 1933 war der Regierung Hitler gerade aus der protestantischen Bevölkerung Frankens eine Welle des Vertrauens entgegengeschlagen. „Viele Parteimitglieder, deren kirchliche Treue und Aktivität über allem Zweifel stand, hegten, erweckten und stärkten die heiße Hoffnung, daß hier eine Volksbewegung entstanden sei, die das Volk nach langem Irrgang wieder in gesegnete alte Bahnen der Frömmigkeit und Ehrbarkeit zurückführen wolle; ja man konnte glauben, es erneuerten sich bald die Zeiten der Reformation, wo die Anliegen des Glaubens und der Rückkehr zu Gott die eigentlich treibenden Kräfte waren."[27] Da die Kirchen aber bei allem Enthusiasmus für die „völkisch-christliche Wiedergesundungsbewegung"[28] zugleich darauf bedacht gewesen waren, ihre Freiheit von aller staatlichen Bindung zu bewahren, war die „heiße Hoffnung" schnell abgekühlt, als das Bestreben der NS-Führung erkennbar wurde, die Kirche von innen her durch die Protegierung der Deutschen Christen zu lähmen und sie andererseits „aus dem öffentlichen Leben zu verdrängen ... das *ganze* kirchliche Schrifttum zu vernichten und die Stimme der Kirche ... zum unhörbaren Flüstern in einem engen Winkel herabzudämpfen"[29].

Die „Verbundenheit" mit der traditionellen Kirche, so Landesbischof Meiser in einer Predigt in Ansbach, erwies sich aber als „stärker als die Volksgemeinschaft"[30]. Den Versuchen der Deutschen Christen, in die evangelischen Gemeinden einzudringen, waren nur bei der säkularisierten kirchenfernen Stadtbevölkerung Erfolge beschie-

---

[25] Vgl. Die letzten Tage Fürths im 2. Weltkrieg, in: Stadtverein. Nachrichtenblatt des Stadtvereins 21 (1984) Nr. 3.

[26] Vgl. Fränkische Landeszeitung vom 6. Februar 1965.

[27] Übersicht über den Kirchenkampf vom 15.–17. Mai 1945, in: LKA Nürnberg, Bestand: Kreisdekan Nürnberg, Nr. 14–502; vgl. auch Günther van Norden, Die Stellung der evangelischen Kirche zum Nationalsozialismus 1932/33, in: Gotthard Jasper (Hrsg.), Von Weimar zu Hitler 1930–1933, Köln/Berlin 1968, S. 377–402; Manfred Jacobs, Kirche, Weltanschauung, Politik. Die evangelischen Kirchen und die Option zwischen dem zweiten und dritten Reich, in: VfZ 31 (1983), S. 108–135; Helmut Baier, Die Deutschen Christen Bayerns im Rahmen des bayerischen Kirchenkampfes, Nürnberg 1968.

[28] Vgl. Martin Broszat, Zur Lage evangelischer Kirchengemeinden, in: Ders./Elke Fröhlich/Falk Wiesemann (Hrsg.), Bayern in der NS-Zeit, Bd. I: Soziale Lage und politisches Verhalten der Bevölkerung im Spiegel vertraulicher Berichte, München/Wien 1977, S. 370.

[29] Übersicht über den Kirchenkampf vom 15.–17. Mai 1945, in: LKA Nürnberg, Bestand: Kreisdekan Nürnberg, Nr. 14–502.

[30] So Meiser in einer Predigt in Ansbach vom 23. September 1934. Vgl. Aus dem Leben der Ansbacher Gemeinden während des Kirchenkampfes 1933–1945, in: Privatbesitz Emma Lösch.

den[31]. Als die NS-Führung im Oktober 1934 Landesbischof Meiser abgesetzt und unter Hausarrest gestellt hatte, war unter den fränkischen Protestanten ein Sturm der Entrüstung ausgebrochen, der das Ansehen der NSDAP in der Bevölkerung nachhaltig verschlechterte. In einem Bericht des Ansbacher Bezirksamtes an den Regierungspräsidenten hieß es damals: „Der politischen Lage gab der evangelische Kirchenstreit das Gepräge. Die Beunruhigung, die in die Bevölkerung durch diesen Streit hineingetragen wurde und die in der immer wieder hörbaren Befürchtung ‚wir müssen katholisch werden' gipfelte, führte auch zu einer Mißstimmung gegen Staat und Partei, denen man mehr oder weniger offen einseitige Stellungnahme und Eingriffe zu Gunsten der Bestrebungen des Reichskirchenregiments unterschob ... Bemerkenswert ist, daß von verschiedenen Ortsgruppenleitern dahin berichtet wurde, daß auf Grund der Vorgänge teilweise der Standpunkt vertreten wurde ‚nun habe die Partei nichts mehr zu sagen'."[32]

Die Entrüstung nahm schließlich ein Ausmaß an, das die NS-Führung zwang, ihre Aktion gegen Meiser und die evangelische Kirche rückgängig zu machen. Damit und vor allem durch die außenpolitischen Erfolge, die auch von den evangelischen Kirchenführern freudig begrüßt wurden, gewann sich das NS-Regime gewiß viele Sympathien zurück. Bei zahlreichen engagierten Christen aber war das Vertrauen in die Hitlerpartei erschüttert, bei vielen irreparabel zerstört. Auch in Ansbach und Fürth rückten viele Christen angesichts der immer deutlicher zutagetretenden antikirchlichen und antichristlichen Züge des NS-Regimes von ihren früheren Hoffnungen auf eine Synthese von protestantischer Frömmigkeit und völkischem Nationalismus ab. Einst von der NSDAP als nationalsozialistische Hochburg gefeiert, wurde Ansbach jetzt als „Hochburg des engen Konfessionalismus"[33] denunziert. Um den beherzten Oberkirchenrat Georg Kern sammelte sich eine größere Gruppe aktiver Christen, die sich dem Nationalsozialismus innerlich ganz entfremdet hatte. Zu ihr gehörten u. a. Rechtsanwalt Konrad Ebert, die Hausfrau Frieda Lingmann und der Bauer Georg Mack, die nach Kriegsende bei der Gründung der CSU in Ansbach eine bestimmende Rolle spielten[34].

Die evangelischen Kirchenführer täuschten sich freilich nicht darüber, daß, trotz des Zurücksteckens der NSDAP im Kirchenkampf 1934, in der NS-Zeit viele „Risse und Sprünge im Bau"[35] der kirchlichen Gemeinden entstanden waren. Schieder faßte diese Entwicklung so zusammen: Die „erhebende Treuebewegung des Herbstes 1934"

[31] In Fürth schlossen sich der DC-Gruppe immerhin 500 Mitglieder an, insgesamt wurden den Deutschen Christen mehr als 2000 Fürther „Seelen" als Sympathisanten zugerechnet. Im dörflichen Milieu fanden die Deutschen Christen dagegen kaum Resonanz: im gesamten Landkreis Ansbach gab es Anfang 1935 nur vier kleine DC-Gruppen mit 247 Mitgliedern, im Landkreis Fürth lediglich zwei mit 118 meist männlichen Mitgliedern, deren Frauen, so der Vorsteher des Bezirksamts Fürth, nahmen „in vielen Fällen ... einen anderen Standpunkt ein als die Männer". Vgl. BA Fürth an Bayerisches Staatsministerium für Unterricht und Kultus, 25. März 1935, in: StA Nürnberg, Reg von Mittelfranken (1978), Nr. 456; BA Ansbach an Bayerisches Staatsministerium für Unterricht und Kultus, 26. März 1935, in: Ebenda; Stadtrat Fürth an Reg von Ober- und Mittelfranken, 29. März 1935, in: Ebenda.
[32] BA Ansbach an RegPräs, undatierter Bericht, in: StA Nürnberg, LRA Ansbach (1961), Nr. 332; vgl. auch BA Fürth an RegPräs, 2. November 1934, in: LRA Fürth, EAP 000.
[33] RegPräs an bay. Staatsregierung, 7. Februar 1936, in: BayHStA, MA 106677.
[34] Vgl. dazu S. 190 f.
[35] Bericht der Landeskirchenleitung über die Kirchenvisitationen in Bayern 1937/38, abgedruckt in: Bayern in der NS-Zeit, Bd. I, S. 414.

konnte „ihren Sieg weder ausnützen noch wiederholen". Die Kirche sei vielmehr in ein „immer enger werdendes Ghetto" verwiesen worden[36]. 1935/36 nahm die antikirchliche Propaganda des NS-Regimes beträchtlich zu, zugleich verschärfte sich der Druck von Parteistellen auf Beamte, Angestellte und Geschäftsleute, aus der Kirche auszutreten, ein Druck, der vor allem in den städtisch-bürgerlichen Gemeinden nicht ohne Wirkung blieb. Während die evangelische Kirche in Ansbach 1933 nur 23 Austritte zu verzeichnen hatte, waren es vier Jahre später immerhin 90[37]. Auf dem Lande waren die altgewohnten Bindungen an die Kirche stärker. Wer sich vom Glauben der Väter lossagen wollte, riskierte, als Außenseiter abgestempelt zu werden. Deshalb blieben der Kirche hier größere Verluste erspart[38]. Aber „man wird ... den Geist nicht verkennen dürfen, der überall anklopft, um den Ernst wirklicher christlicher Frömmigkeit zu untergraben", schrieb der Fürther Kreisdekan Rudolf Fürst 1942[39] nach einer Visitation in dem kleinen Bauerndorf Obermichelbach und meinte damit wohl auch, daß während der NS-Zeit althergebrachte Grundsätze in Familie und Religionsgemeinschaft ihre Geltung verloren hatten und das „moralische Wächteramt" von Geistlichen und Familienvätern weitgehend zersetzt worden war[40]. Brautleute verlangten seltener als früher nach kirchlicher Trauung. Ehescheidungen nahmen, sicher auch gefördert durch das Ehegesetz von 1938, das in der Praxis die Trennung im „gegenseitigen Einvernehmen" ermöglichte, ebenso zu wie die Zahl unehelicher Geburten. Die jungen Väter entzogen sich dem „seelsorgerlichen Wort" bei Taufanmeldungen und ließen Taufen durch die Hebamme anmelden. Hausandachten gehörten auch in ländlichen Gegenden schon fast der Vergangenheit an. Die Beteiligung am Abendmahl sank, und viele Christen scheuten sich, beim sonntäglichen Kirchgang das Gebet- oder Gesangbuch offen zu tragen[41]. Besondere Sorgen bereitete den evangelischen Pfarrern die Jugend, die – eingebunden in die Disziplin von HJ und BDM – ih-

---

[36] Übersicht über den Kirchenkampf vom 15.–17. Mai 1945, in: LKA Nürnberg, Bestand: Kreisdekan Nürnberg, Nr. 14–502.

[37] Kirchenaustritte von Protestanten und Katholiken in der Stadt Ansbach 1933–1939

	ev.	r.-k.
1933	23 (= 1,3 von 1000)	15 (= 2,9 von 1000)
1936	47 (= 2,6 von 1000)	24 (= 4,6 von 1000)
1937	90 (= 4,5 von 1000)	31 (= 6,0 von 1000)
1938	71 (= 3,9 von 1000)	19 (= 3,7 von 1000)
1939	55 (= 3,0 von 1000)	28 (= 5,4 von 1000)

Zu den Zahlen vgl. Jahresrückblicke und Geschäftsübersichten 1932–1939, in: Stadtarchiv Ansbach, Abc T/6/4; Statistik über Kirchenaustritte 1937–1950, in: StA Nürnberg, Reg von Mittelfranken (1978), Nr. 601.

[38] Kirchenaustritte von Protestanten und Katholiken im Landkreis Ansbach 1936–1940

	ev.	r.-k.
1936	15 (= 0,4 von 1000)	3 (= 1,2 von 1000)
1937	29 (= 0,9 von 1000)	6 (= 2,5 von 1000)
1938	36 (= 1,1 von 1000)	2 (= 1,0 von 1000)
1939	45 (= 1,3 von 1000)	7 (= 2,9 von 1000)
1940	24 (= 0,7 von 1000)	7 (= 2,9 von 1000)

Zu den Zahlen vgl. Statistik über Kirchenaustritte 1937–1950, in: StA Nürnberg, Reg von Mittelfranken (1978), Nr. 601; Kirchenaustritte 1937–1946, in: StA Nürnberg, LRA Ansbach (1961), Nr. 729.

[39] Bericht über die Kirchenvisitation in Obermichelbach, 28. Juni 1942, in: LKA Nürnberg, Bestand: Bay. Dekanat Fürth, Nr. 113.

[40] Martin Broszat, Zur Struktur der NS-Massenbewegung, in: VfZ 31 (1983), S. 75.

[41] Vgl. dazu die Visitationsberichte aus Fürth, in: LKA Nürnberg, Bestand: Bay. Dekanat Fürth, Nr. 113; vgl. auch die Visitationsberichte aus Ansbach, in: Ebenda, Bestand: Kreisdekan Ansbach, Nr. 14/57.

rem Einfluß, aber auch der elterlichen Autorität, mehr und mehr entglitt[42]. In der zweiten Hälfte des Krieges begannen viele, die der Kirche in den dreißiger Jahren den Rücken gekehrt hatten, sich wieder anders zu besinnen, ohne daß aber die hergebrachten Formen christlicher Frömmigkeit wieder ihre frühere Geltung erlangt hätten. In der Gemeinde Heilsbronn gewann Oberkirchenrat Kern im Juni 1944 den Eindruck: „Berücksichtigt man, daß viele Männer fort und viele Frauen irgendwo dienstverpflichtet sind, so ist der Gottesdienstbesuch im allgemeinen als recht gut zu bezeichnen, ja es kommen wieder Leute regelmäßig, die noch vor Jahren die Gottesdienstbesucher auslachten ... Auch der Abendmahlsbesuch hat gegenüber dem Vorjahr um 10 Prozent zugenommen."[43]

Während Landesbischof Hans Meiser im Frühjahr 1945 in der überfüllten Gumbertuskirche in Ansbach predigte, hatten die bisher so großsprecherischen NS-Führer fast allen Resonanzboden verloren. Der frühere „Frankenführer" und Herausgeber des „Stürmer", Julius Streicher, hatte sich auf sein Gut Pleickertshof in der Nähe von Fürth zurückgezogen und dachte an Selbstmord[44]. Er war schon zu Anfang des Krieges als Gauleiter entmachtet worden und hatte diese Funktion seinem einstigen Vertreter Karl Holz überlassen müssen. Streicher und Holz, mit diesen beiden Namen war der Aufstieg der NSDAP in Mittelfranken verbunden gewesen. Auf fast allen Markt- und Stadtplätzen der Gegend hatte man vor 1933 einen der oft spektakulären Auftritte dieser NS-Führer erleben können[45]. In Ansbach war die Hitlerpartei besonders schnell gewachsen. Traditioneller Reichspatriotismus, deutschnationaler Prote-

---

[42] „Leider steht die gesamte Jugend unter sehr starken antikirchlichen Einflüssen und wird am Sonntag häufig von Dienstverpflichtungen in Anspruch genommen ... Die Haltung der Jugend dem kirchlichen Leben gegenüber zeigt schon, daß sich die elterliche Autorität nicht mehr in allen Fällen weder der Jugend noch den antikirchlichen Einflüssen gegenüber durchsetzt, besonders dort, wo die Väter im Felde sind, deren Haltung häufig schon in Urlaubszeiten der Kirche zugute kommt. Wie überall, so fehlt es auch in den Familien dieser Gemeinde schon häufig an der Treue zur alten Vätersitte des Abend- und Morgensegens und des Tischgebets ... Der autoritätswidrige Einfluß antikirchlicher Persönlichkeiten hat es dahin gebracht, daß selbst die Stadtbehörde der Jugend nicht mehr Herr wird. Denn sie vermag es bei allem guten Willen nicht zu verhindern, daß die kirchlichen Baudenkmäler aus alter Zeit von der Jugend mutwillig beschädigt werden. So lockert sich die Zucht innerhalb der Jugend merklich." Vgl. Bericht über die Kirchenvisitation in Heilsbronn, 11. Juni 1944, in: Ebenda.
[43] Auf einen sich allmählich regenerierenden Einfluß der Kirche deutet auch die ab 1940 wieder sinkende Zahl der Austritte aus den Kirchen hin, die uns nur für den Landkreis Fürth bekannt ist:

	ev.	r.-k.
1938	34 (= 1,1 von 1000)	21 (= 6,4 von 1000)
1939	44 (= 1,4 von 1000)	18 (= 5,5 von 1000)
1940	15 (= 0,5 von 1000)	10 (= 3,1 von 1000)
1941	–	–
1942	15 (= 0,5 von 1000)	4 (= 1,2 von 1000)
1943	21 (= 0,7 von 1000)	6 (= 1,8 von 1000)
1944	19 (= 0,6 von 1000)	7 (= 2,1 von 1000)

Zu den Zahlen vgl. Kirchenaustritte 1937–1945, in: StA Nürnberg, LRA Fürth (1962), Nr. 582; Statistik über Kirchenaustritte 1937–1950, in: Ebenda, Reg von Mittelfranken (1978), Nr. 601. Bibelstunden auf den weitverstreuten Höfen fanden wieder statt. Aus einer Abendandacht, die die Ehefrau des Immeldorfer Pfarrers in der Familie des Ortsbauernführers gehalten hatte, nachdem dessen Sohn gefallen war, entstand z. B. ein Bibelstundenkreis, der sich „abwechselnd in diesem und einem zweiten Hause" zusammenfand (Bericht über die Besuche in den Gemeinden des Kirchenbezirks Windsbach, in: LKA Nürnberg, Bestand: Kreisdekan Ansbach, Nr. 14/57).
[44] Zu Streicher vgl. u.a. Jay W. Baird, Das politische Testament Julius Streichers, in: VfZ 26 (1978), S. 660–693.
[45] Vgl. Hambrecht, Aufstieg der NSDAP, S. 195–261.

stantismus, kleinbürgerlich-mittelständische soziale Depression, die auch in einem überwiegend wirtschaftlich motivierten Antisemitismus Ausdruck fand, hatten die NSDAP begünstigt. Außerdem war ihr Schützenhilfe von Seiten evangelischer Geistlicher zuteil geworden. Namentlich die beiden Pfarrer Gottfried Fuchs und Max Sauerteig hatten sich schon frühzeitig zur NSDAP bekannt. In ihren Predigten zogen sie gegen die Schmach von Versailles und die herrschenden kulturellen und politischen Strömungen der Weimarer Zeit zu Felde, die sie als Bedrohung wahrer Kirchlichkeit und als Symptome einer geistigen und moralischen Zerrüttung empfanden[46]. Sauerteig, der des öfteren im Braunhemd an Aufmärschen der SA teilnahm, zählte zum engeren Bekanntenkreis von Hitler, der in den zwanziger Jahren mehrmals im Haus des Stadtpfarrers von St. Johannis zu Gast war[47]. Bereits 1928 hatte die NSDAP, damals im Reich noch eine Splitterpartei, in Ansbach schon fast 20 Prozent der Stimmen gewonnen. Zwei Jahre später, bei den Reichstagswahlen vom September 1930, war sie mit einem Stimmenanteil von 34 Prozent die stärkste Partei der Stadt geworden[48].

Im Arbeitermilieu von Fürth hatten die Reden von Holz und Streicher dagegen lange ihre Wirkung verfehlt[49]. Erst unter dem Eindruck der Wirtschaftskrise, als fast die Hälfte aller Arbeiter und knapp ein Drittel der Angestellten ohne Arbeit waren und von den kläglichen Notgroschen der Fürsorge leben mußten, wurden die Sozialdemokraten auch in Fürth von der NSDAP überholt[50]. Auf dem Lande hielt man bis 1930 der DNVP oder dem Landvolk die Treue. Vor allem in reinen Bauerndörfern blieb man der NSDAP gegenüber lange reserviert. Trotz der intensiven Propagandatätigkeit der Nationalsozialisten mit ihren Aufmärschen, Totengedenkfeiern und „erhebenden" Sonnwendfeiern hatten sich hier zumeist nur jüngere, aktionistische Knechte und Bauernsöhne für die NSDAP begeistern können. Aber 1931/32, als die Absatzkrise der Landwirtschaft und der Preisverfall landwirtschaftlicher Produkte krasse Formen angenommen hatten und die Stimmung unter der Landbevölkerung immer ge-

---

[46] Zur Tätigkeit des Pfarrers Fuchs vgl. Aus dem Leben der Ansbacher Gemeinden während des Kirchenkampfes 1933–1945, in: Privatbesitz Emma Lösch. Zu Sauerteig vgl. Max Sauerteig, Hitler-Besuche in Ansbach, in: Heimatblätter für Ansbach und Umgebung, 11. Jg. (1935), Nr. 4, S. 13 f.

[47] Ebenda.

[48] Vgl. Hans Woller, Zur Demokratiebereitschaft in der Provinz des amerikanischen Besatzungsgebietes. Aus den Stimmungsberichten des Ansbacher Oberbürgermeisters an die Militärregierung 1946–1949, in: VfZ 31 (1983), S. 337.

[49] Vgl. Strauß, Fürth in der Weltwirtschaftskrise, S. 381–414.

[50] Die Fürther Spielwaren- und Metallindustrie, die Brauereien und auch die Spiegelglasindustrie, einst der Stolz der Stadt, verzeichneten ab 1929 Umsatzrückgänge, die in den folgenden Jahren katastrophale Ausmaße annahmen, weil die abflaufende Konjunktur hier auch noch mit einer strukturellen Krise in den wichtigsten Gewerben der Stadt zusammentraf. Zuerst mußten die zahlreichen, für Konjunkturschwankungen besonders empfindlichen mittleren und kleineren Betriebe Entlassungen vornehmen oder Konkurs anmelden. 1931/32 schlossen auch einige renommierte Großbetriebe, im April 1931 beispielsweise die Spiegelglasfabrik Wiederer und Co. Der „Niederbruch" dieses Betriebes, so der Ansbacher Regierungspräsident, „ist ein Akt in der Tragödie der Fürther Spiegelglasindustrie, die früher viel Geld nach Fürth gebracht hat und deren Ruin in Fürth sehr schmerzlich empfunden wird". (Halbmonatsbericht des RegPräs von Mittelfranken, 7. April 1931, in: BayHStA, MA 102 154.) Anfang des Jahres 1931 notierte man in Fürth mit 13 Prozent die höchste Arbeitslosenquote in rechtsrheinischen Bayern. Ein Jahr später betrug sie fast 18 Prozent, in München und Augsburg hingegen nur rund 11 Prozent, in Nürnberg 13,5 Prozent. Um die Jahreswende 1932/33 war in Fürth fast die Hälfte aller Arbeiter und knapp ein Drittel der Angestellten ohne Arbeit; diejenigen, die noch eine Anstellung hatten, mußten empfindliche Lohnkürzungen hinnehmen oder konnten wöchentlich nur zwei bis drei Tage arbeiten. Auch viele selbständige Gewerbetreibende und Händler standen auf der Straße, wagten aber nicht aufs Wohlfahrtsamt zu gehen – „verschämte Arme" nannte man sie damals in der Behördensprache. Zur Entwicklung der Arbeitslosigkeit in Fürth vgl. Strauß, Fürth in der Weltwirtschaftskrise, S. 201–213.

drückter geworden war, hatte auch hier ein Umschwung begonnen. Der Vorsteher des Bezirksamts Nürnberg berichtete damals: „Die Unzufriedenheit und der Haß gegen Regierung und Staat häufen sich von Tag zu Tag; ich sehe mit Bangen der nächsten Zeit entgegen."[51] Jetzt gingen auch die kleinen Bauern zur NSDAP als der „radikaleren, zugleich aber auch volkstümlicheren und anscheinend sozialeren nationalen Oppositionspartei über"[52]. Nach der Juli-Wahl von 1932 war die NSDAP in fast allen Bezirken und Stadtkreisen Mittelfrankens die stärkste Partei; in der Märzwahl von 1933 konnte sie erneut hinzugewinnen[53]. Mehr und mehr war selbst bei den skeptischen Bauern mit ihrer Abneigung gegen „die Hitler" der fast verzweifelte Wunsch nach einer radikalen Veränderung wach geworden, „zumal die Lage kaum schlechter werden konnte"[54].

Am Nachmittag des 9. März 1933, dem Tag der offiziellen Machtübernahme der NSDAP in Bayern, war auch in der ehemaligen sozialdemokratischen Hochburg Fürth der „nationale Sturm" losgebrochen. Mehr als 10 000 Fürther hörten auf dem Rathausplatz Karl Holz zu, der versprach, aus der „roten und total verjudeten" Stadt binnen kurzem eine „saubere, ehrliche Stadt" zu machen[55]. Die Glocken läuteten und der Präsentiermarsch erklang, als die Reichsflagge auf dem Rathausturm und die Hakenkreuzfahne an der Rathausfront gehißt wurden. Keine zwei Monate vorher hatte der sozialdemokratische Reichstagsabgeordnete Ernst Schneppenhorst an gleicher Stelle auf einer zentralen Kundgebung der Eisernen Front gesprochen. Damals waren ebenfalls rund 10 000 Fürther auf den Beinen gewesen. „Wer sich am Marxismus vergreift", hatte Schneppenhorst ausgerufen, „wird daran krepieren"[56]. Vor allem jüngere, draufgängerische Genossen hatten nach dieser eindrucksvollen Machtdemonstration auf ein Signal der Parteispitze zum Losschlagen gewartet[57]. Aber fast ängstlich war die einst dominierende Partei vor der NSDAP zurückgewichen. Der Machtwechsel in der Stadt blieb für viele Sozialdemokraten eine einschneidende Erfahrung. Gestern noch angesehen als Bürgermeister, Stadtrat, Gewerkschaftssekretär und Vorsitzender eines der vielen sozialdemokratischen Vereine, waren sie nach dem 9. März zu politischen Außenseitern geworden. Viele Funktionäre wurden nach der Machtergreifung mißhandelt, die Stadträte in das Konzentrationslager Dachau verschleppt, ohne daß sich die SPD, die in Fürth rund 4000 Mitglieder zählte, energisch aufgebäumt hätte. Lediglich eine kleine Gruppe um den 27jährigen Metalldrücker Konrad Grünbaum riskierte eine Zeitlang aktiven Widerstand; sie hielt den Kontakt mit dem emigrierten Vorstand der Gesamt-SPD aufrecht und verteilte illegale Literatur in den eigenen Reihen[58]. Die übrigen Fürther Sozialdemokraten igelten sich nach 1933 ein und blieben

---

[51] Halbmonatsbericht des RegPräs von Mittelfranken, 19. November 1931, in: BayHStA, MA 102 154.
[52] Martin Broszat, Die Machtergreifung. Der Aufstieg der NSDAP und die Zerstörung der Weimarer Republik, München 1984, S. 113.
[53] Zu den Wahlergebnissen im einzelnen vgl. Zeitschrift des Bayerischen Statistischen Landesamts 65 (1933), S. 96 f. und 324 f.
[54] Ian Kershaw, Der Hitler-Mythos. Volksmeinung und Propaganda im Dritten Reich, Stuttgart 1980, S. 47.
[55] Vgl. Strauß, Fürth in der Weltwirtschaftskrise, S. 419.
[56] Ebenda, S. 357.
[57] Vgl. dazu Konrad Grünbaum, Die Tätigkeit der illegalen SPD in Franken nach der Machtergreifung, in: Fürther Heimatblätter 31 (1981), Nr. 1, S. 3.
[58] Vgl. Mehringer, Die bayerische Sozialdemokratie bis zum Ende des NS-Regimes, in: Bayern in der NS-Zeit, Bd. V, S. 362–366, 368, 370.

deshalb wenigstens in ihrem beruflichen Fortkommen unbehelligt. Der Schreiner
Hans Rupprecht, vor 1933 Chef der SPD-Fraktion im Fürther Rathaus, 1945 bereits
im 63. Lebensjahr, war die Inkarnation des Typs der mittleren sozialdemokratischen
Funktionäre, die nach der Machtergreifung alle politischen Aktivitäten eingestellt hatten, nun – im Frühjahr 1945 – aber wieder neuen Mut schöpften. Seine kleine Schreinerei, die ihm auch in der NS-Zeit ein gutes Auskommen gesichert hatte, war in den
zurückliegenden Jahren ein unverdächtiger Treffpunkt gewesen, ebenso wie das Friseurgeschäft des ehemaligen Stadtrats Christian Bauermann und die Gastwirtschaften
der Genossen Christoph Dornberger und Baptist Kiesl. Mehr als drei, vier alte Sozialdemokraten waren selten zusammen. Sie tauschten Informationen aus und bestärkten
sich in dem Glauben, daß sie vor der Geschichte schließlich doch recht behalten würden. Als geübte Schwarzhörer wußten sie im Frühjahr 1945, daß die Amerikaner am
Rhein und die Russen an der Oder standen. Die NS-Herrschaft konnte also nicht
mehr lange dauern[59].

Am 1. März 1945 notiert ein Ansbacher in seinem kleinen Taschenkalender: „Mittag 12–½1 Voralarm, 1–½2 Alarm, ½5–5 Voralarm, abends ¼9–¼11 Voralarm."[60] Unterdessen sind Bergungstrupps unermüdlich im Einsatz. Bergmänner aus Amberg in
der Oberpfalz und Hunderte von KZ-Häftlingen aus Flossenbürg sind eilig herbeigeholt worden, um bei der Bergung der Opfer des Luftangriffs vom 22./23. Februar 1945
und den ersten Aufräumarbeiten zu helfen. Die Leichen werden auf Pritschenwagen
und Pferdefuhrwerken des Kohlenhändlers Eckart auf den Waldfriedhof gebracht und
sogleich begraben[61]. Die offizielle Totenfeier kann erst Anfang März stattfinden. Tau-
sende von Trauernden und viel Prominenz sind versammelt: Abgesandte der Regierung von Ober- und Mittelfranken, Parteifunktionäre, Vertreter der beiden Kirchen,
ehemalige sozialdemokratische Stadträte, die um ihre toten Genossen trauern. Landesbischof Hans Meiser und Kreisdekan Georg Kern, der wegen seiner unverblümten öffentlichen Kritik am NS-Regime bei den Nationalsozialisten als einer der meistgehaß-
ten Kirchenführer in Bayern gilt, zelebrieren die Totenfeier. Über den zwanzig Mas-
sengräbern erklingt das Lied vom alten Kameraden, dann ertönen die Fliegersirenen
und alles läuft auseinander[62].

Die Ansbacher Nationalsozialisten hatten den seit 1941 amtierenden Kreisleiter
Wilhelm Seitz zur Massenbestattung auf dem Waldfriedhof abgeordnet. Der erste
Mann der örtlichen NSDAP, Oberbürgermeister Richard Hänel, fehlte. Er war dienst-
lich verhindert, vermutlich hatte er im benachbarten Eichstätt zu tun, wo er seit einiger Zeit Kreisleiter war. Wilhelm Seitz fand auf dem Ansbacher Waldfriedhof markige
Worte der Anklage gegen die Luftangriffe der Alliierten: „Es gibt nur einen Weg,
diese Zeit der Heimsuchungen zu überwinden: dieser Weg verlangt Haß und Härte …

[59] Schriftliche Mitteilung von Konrad Grünbaum vom 19. Juli 1984 und mündliche Mitteilung von Fritz
     Rupprecht vom 29. November 1984.
[60] Tagebuchaufzeichnungen von Herrn Schwab, Ansbach, die mir freundlicherweise von Herrn Wilhelm
     Eichhorn, Ansbach, zur Verfügung gestellt wurden.
[61] Vgl. die mündlichen Mitteilungen von Adolf Lang vom 4. Januar 1985, Wilhelm Eichhorn vom 21. Januar
     1985 und Friedrich Laubinger vom 21. Januar 1985.
[62] Mündliche Mitteilung von Adolf Lang vom 4. Januar 1985 und Andreas Laudenbach vom 4. Januar 1985.
     Ein kurzer Bericht über das Begräbnis findet sich in der Fränkischen Zeitung vom 8. März 1945. Zum Ans-
     bacher Waldfriedhof vgl. einen Aufsatz von Werner Bürger in: Ansbach. Gestern und heute, Nr. 32,
     1982/83, S. 750–770.

Für den teuflischen Haß unserer Gegner gibt es nur eine Antwort: unseren gleichen Haß. Und dieser Haß muß uns hart machen, die Zeit durchzustehen, gleichgültig, was von uns verlangt wird, damit diese Opfer nicht umsonst gebracht sind ... Wir können diesen teuren Toten keinen besseren Dienst leisten, als daß wir ihnen geloben, dafür zu sorgen, daß gerächt und heimgezahlt wird, was man ihnen angetan hat, und wir geloben ihnen, daß eines Tages um ihre Gräber von freien deutschen Menschen Blumen gepflanzt werden, auf die die Sonne unserer Größe und unseres Glücks scheint."[63] Die Worte des Kreisleiters stießen jedoch auf eisiges Schweigen, seine haßerfüllten Worte verfehlten ihre Wirkung. Schon in den Tagen zuvor hatte er sich bei seinen Gängen durch die Stadt viel offene und versteckte Kritik anhören müssen. Besonders heftig war er angegriffen worden, als er die Bergungstrupps zuerst zu Aufräumarbeiten am schwer beschädigten Domizil der Kreisleitung am Karlsplatz Nr. 6 beordert hatte, während unter den Trümmern in der Karolinenstraße noch Klopfzeichen zu hören gewesen waren[64]. Auch Seitz wird damals wohl klar geworden sein, daß die Zeit der NSDAP und ihres Führers Adolf Hitler in Ansbach abgelaufen war. Die Hochstimmung, die früher bei NS-Veranstaltungen und nationalen Feiertagen geherrscht hatte, war gänzlich verflogen. 1927 hatte Hitler im Onoldiassaal gesprochen. „Mit unbeschreiblichem Jubel", so heißt es in einem Bericht von Pfarrer Sauerteig, sei Hitler empfangen worden. „Wie er aber dann mit seinen Ausführungen begann über das Thema: ‚20 Millionen Deutsche zu viel', da hing alles, Freund und Feind, an seinen Lippen, da wurden die Beifallsbezeigungen immer häufiger und immer leidenschaftlicher, da kamen auch die schwächlichen Widersprüche schließlich ganz zum Verstummen."[65] Nach der Machtergreifung war auch die Bevölkerung der Region um Ansbach und Fürth von einer ungeheuren nationalen Aufbruchstimmung ergriffen gewesen. Hitler, der Volkskanzler, war noch im kleinsten Provinznest zum Ehrenbürger ernannt und ungezählte neugepflanzte Eichen waren auf seinen Namen getauft worden. Einen vorläufigen Höhepunkt hatte die nationale Euphorie am 20. April 1933 erreicht, als die mittelfränkischen Städte und Dörfer Hitlers 44. Geburtstag mit Fahnenschmuck, frischem Grün und Blasmusik begingen[66]. 1938 dann, vor sieben Jahren erst, mitten im nationalsozialistischen Wirtschaftswunder, als die Arbeitslosigkeit beseitigt und die Auftragsbücher von Handwerk, Handel und Industrie gefüllt gewesen waren, hatte die Ortsgruppe der NSDAP in Ansbach ihr fünfzehnjähriges Bestehen gefeiert[67].

Am 23. Januar 1938, um 15 Uhr, sprach „Frankenführer" Julius Streicher in der Ansbacher Rezathalle, die mit über 5000 Menschen vollständig überfüllt war. Viele konnten keinen Einlaß mehr finden und standen draußen vor der Tür, um wenigstens von dort seinen Worten lauschen zu können. Als er geendet hatte, brauste das „Sieg Heil auf den Führer ... machtvoll durch die weite Halle". Selten, schrieb die Fränkische Zeitung am 24. Januar 1938, „wurden die deutschen Lieder mit solcher innerlichen Ergriffenheit gesungen wie am Abschluß dieser Feier". Und das „Sieg Heil auf

---

[63] Die Rede von Seitz ist abgedruckt in: Fränkische Zeitung vom 8. März 1945.
[64] Mündliche Mitteilungen von Adolf Lang und Werner Bürger vom 4. Januar 1985.
[65] Max Sauerteig, Hitler-Besuche in Ansbach, S. 13 f. Text der Hitler-Rede vom 26. März 1927, in: BA Koblenz, NL Streicher, Nr. 125.
[66] Vgl. dazu allgemein Bayern in der NS-Zeit, Bd. I, S. 60.
[67] Programm der Feierlichkeiten, in: Amtsgericht Ansbach, Registratur S: Nr. 1.

den Gauleiter", fuhr das Blatt fort, „kam aus fünftausend ehrlichen Herzen, wie der Jubel, der ihn umbrandete, als er die Rezathalle verließ". Der Jubel steigerte sich nach dem Anschluß Österreichs und des Sudetenlandes und nach den eindrucksvollen Siegen der Wehrmacht über Polen und Frankreich und wurde zum wahren Begeisterungstaumel. „Der siegreiche Abschluß des Kampfes im Westen und die Tilgung der Schmach von 1918", so der um geschwollene Redewendungen nie verlegene Ansbacher Regierungspräsident Dippold in seinem Monatsbericht vom 8. Juli 1940, „haben im Volk stärksten Widerhall gefunden. Jeder Deutsche hat mit tiefer Bewegung und stolzer Freude den Bericht des Oberkommandos der Wehrmacht vom 2. Juli 1940 vernommen, der in eherner soldatischer Sprache aufzeigt, wie der größte Feldzug aller Zeiten nach 6 Wochen mit dem glorreichen Sieg der deutschen Wehrmacht geendet hat. Das Volk dankt hierfür den Helden, deren unvergleichliche Tapferkeit den beispiellosen Sieg errungen hat, es dankt aber insbesondere dem Führer, der die Voraussetzungen für die Leistungen des Heeres geschaffen und den Kriegsplan erdacht und durchgeführt hat, durch den der Feind vernichtet wurde." „Es ist heute so", fügte der Regierungspräsident noch hinzu und hatte mit seiner Bemerkung vermutlich weitgehend recht, „daß auch solche Volksgenossen, die nach 1933 dem Führer zunächst noch ablehnend oder abwartend gegenüber standen, jetzt vorbehaltlos und mit Begeisterung hinter ihm stehen."[68]

Im März 1945 stand der Nachfolger Dippolds, Heinrich Detloff von Kalben, zur Beerdigung der Opfer des Bombenkrieges am Ansbacher Waldfriedhof und suchte anstelle der längst verflogenen Euphorie grimmige Kampf- und Verteidigungsentschlossenheit zu mobilisieren. Einige Wochen zuvor hatten die Landräte und Oberbürgermeister Ober- und Mittelfrankens seinen Befehl erhalten, angesichts der verzweifelten Kriegslage Verteidigungspläne für ihre Behörden aufzustellen. „Ich mache die Behördenleiter dafür verantwortlich, daß in keiner Dienststelle des Regierungsbezirkes Feindkräfte eindringen können, ohne erbitterten Widerstand zu finden." Vom Endkampf schwadronierend schärfte er seinen Untergebenen noch ein: „Wer keine Schußwaffe hat, bewaffnet sich mit Beil oder Knüppel oder Messern."[69]

Das Abrücken vom NS-Regime, das der Ansbacher Kreisleiter im Frühjahr 1945 so deutlich zu spüren bekam, hatte freilich schon früher begonnen. Bereits 1941, als die Zeit der leichten militärischen Erfolge vorüber war und der Krieg immer weitere Opfer und Entbehrungen forderte, wurde die allgemeine Euphorie merklich gedämpft. Vor allem die Bauern, die sich schon vor 1933 nur zögernd zum Nationalsozialismus bekannt hatten, ließen sich durch die nationalen Triumphe immer weniger über die Härten des Krieges hinwegtrösten. Pferde, Ochsen und Zugmaschinen wurden requiriert, das Ablieferungssoll hatte man immer weiter heraufgesetzt, auf den Höfen blieb vieles liegen, die Felder konnten nicht mehr ordnungsgemäß bestellt werden und die schwere Arbeit ruhte fast ganz auf den Schultern der Frauen. „Die Dummen sind eben wieder die Bauern", so sagte man sich auf dem Lande mit Verbitterung[70]. Schon im ersten Kriegsjahr hatte der Ansbacher Regierungspräsident festgestellt, die „Wehrfreudigkeit" habe auf dem Lande nicht den „Grad erreicht, der sonst bei den Volksge-

---

[68] RegPräs an bay. Staatsregierung, 8. Juli 1940, in: BayHStA, MA 106 678.
[69] RegPräs an LR und OB, 1. Februar 1945, in: Ebenda, MA 106 696.
[70] RegPräs an bay. Staatsregierung, 6. Februar 1940, in: Ebenda, MA 106 678.

nossen herrscht". Es fehle auch die nötige Einsicht für die kriegswirtschaftlichen Maßnahmen und für die „heutige Lage Deutschlands"[71].

Auch im Mittelstand, einst die stärkste Stütze des Nationalsozialismus, begann sich
nach den Jahren des Aufschwungs bald Unmut zu regen. Vielerlei Hoffnungen auf
materielle Prosperität und Hebung des sozialen Prestiges, die man mit dem Nationalsozialismus verbunden hatte, wurden enttäuscht. Unmittelbar nach Kriegsbeginn
mußten viele kleine Handwerker ihre Aktivität drosseln oder ihre Betriebe ganz
schließen, weil Rohstoff- und Treibstoffzuteilungen ausblieben und – so empfanden es
wenigstens die betroffenen Betriebsinhaber – auch noch der letzte Geselle den Stel-
lungsbefehl erhielt. „Die Zahl der Betriebsschließungen in Handwerk und Handel
nimmt weiter zu", berichtete der Regierungspräsident von Ober- und Mittelfranken in
seinem Monatsbericht vom 6. Juni 1940. „So sind z. B. in Fürth ... im Berichtsmonat
35 Handwerksbetriebe und 7 Handelsbetriebe eingestellt worden", schrieb er[72]. Die
traditionell exportorientierte und vorwiegend auf die Produktion von Konsumgütern
spezialisierte Fürther Kleinindustrie war von der einseitig autarkie- und rüstungswirt-
schaftlichen Ausweitung der Produktion während des Dritten Reiches besonders hart
betroffen. Die in viele kleine und mittlere Betriebe aufgefächerte Spielwarenindustrie,
einer der wichtigsten Wirtschaftszweige der Stadt, erlebte nach Kriegsbeginn ebenso
den „völligen Niedergang" wie die Spiegel-, Bronze- und Brillenindustrie. Der hochspezialisierte Facharbeiterstamm wurde durch zahlreiche Einberufungen auseinander-
gerissen. Nachwuchskräfte konnten nicht mehr ausgebildet werden. Die Märkte auf
dem Balkan, in Osteuropa, Amerika und Großbritannien gingen verloren und konnten
nach Kriegsende nicht mehr zurückgewonnen werden, weil sich dort inzwischen aus-
ländische Konkurrenz etabliert hatte, die den einstigen technischen Vorsprung der
Fürther Industrie wettgemacht hatte[73]. Zugleich profitierten aber einige handwerkli-
che und kleingewerbliche Zulieferer vom Boom in der Rüstungsindustrie und wandel-
ten sich binnen kurzem zu ansehnlichen Fertigungsbetrieben: Die Transformatorenfa-
brik von Paul Metz beispielsweise, der 1938 mit nur 30 Mann begonnen hatte und
1945 200 Arbeiter beschäftigte[74], und vor allem der „Radio-Vertrieb Fürth" von Max
Grundig, der nach Kriegsende zu einem Weltkonzern aufstieg. Der spätere Profiteur
des Wirtschaftswunders hatte sein kleines Werk 1943 nach der Ortschaft Vach im
Norden von Fürth auslagern müssen, wo er in einem Tanzsaal und auf einer Kegelbahn elektrische Zünder für den „Panzerschreck" und die Steuerungsgeräte der V1-
und V2-Raketen produzierte. Im Frühjahr 1945 griffen amerikanische Tiefflieger ein
Lager an und schossen es in Brand. Doch der Schaden war gering. Auch die rund 600
ukrainischen Fremdarbeiterinnen, die Grundig mittlerweile beschäftigte, kamen mit
dem Leben davon[75].

Die Ausdünnung des traditionell überbesetzten Handwerks, der partielle Niedergang der alteingesessenen Konsumgüterindustrie und die gleichzeitige Herausbildung
zukunftsträchtiger Wirtschaftszweige wie der Elektroindustrie summierten sich zu ei-

[71] RegPräs an bay. Staatsregierung, 7. April 1940, in: Ebenda.
[72] RegPräs an bay. Staatsregierung, 6. Juni 1940, in: Ebenda.
[73] Vgl. Würsching/Schwammberger, Fürth eine Industrie- und Handelsstadt; Wendel, Industrielle Entwicklung Fürths; vgl. Fürth 1946–1955. Wiederaufbau eines Gemeinwesens, Entwicklung zur Groß-Stadt, Fürth
1956; Mauersberg, Wirtschaft und Gesellschaft Fürths, S. 137–150.
[74] Vgl. Mauersberg, Wirtschaft und Gesellschaft, S. 249 ff.
[75] Vgl. Egon Fein, Sieben Tage im Leben des Max Grundig, Fürth 1983, S. 137–140.

nem tiefgreifenden Strukturwandel, dessen enorme Bedeutung für die Fürther Wirtschaft sich erst in den fünfziger Jahren zeigte. Während des Krieges rief diese Umstellung große „Beunruhigung und Mißstimmung" im Mittelstand hervor, der wie schon zu Anfang der dreißiger Jahre erneut seine Existenz bedroht sah oder sie schon verloren hatte. Die SD-Außenstelle Fürth berichtete über die Aufregung im Mittelstand: „So zieht man uns den Hals zusammen und die Großbanken verdienen noch daran – das Ganze läuft auf eine Vernichtung der mittleren Existenzen hinaus, in Zukunft wird es nur noch ganz Reiche und ganz Arme geben." Drei weitere typische Bemerkungen lauteten: „Sie können sagen, was sie wollen, das ist Bolschewismus." „Wenn das so weiter geht, dann haben wir den Bolschewismus – uns gehört ja nichts mehr" und „Uns geschieht recht, denn wir haben den Nationalsozialismus ja in den Sattel gehoben."[76]

Die Arbeiterschaft der Fürther Industrie- und Handwerksbetriebe war noch 1933 gegenüber den Verführungen der NSDAP weitgehend immun geblieben. Auf den Schreibtischen der Richter des Amtsgerichts stapelten sich nach der Machtergreifung zahlreiche Verfahren, weil sich Arbeiter in ihrem Unmut über die neuen Verhältnisse zu unbedachten Äußerungen hatten hinreißen lassen. Aggressiver proletarischer Sprachjargon machte sich dabei mitunter Luft: Der Reichskanzler sei ein Lump, ihm gehört der Hals durchgeschnitten[77]. In den Jahren des nationalsozialistischen Wirtschaftswunders und der nationalen Triumphe hatte sich die Distanz vieler Arbeiter gegenüber dem NS-Regime zweifellos verringert. Das änderte sich aber wieder, als seit der Mitte des Krieges die Sorge um das tägliche Brot trotz aller Anstrengungen der NS-Führung, die kriegsbedingten Einschränkungen so vorsichtig wie möglich zu dosieren, immer drückender wurde. In Fürth waren erstmals im Sommer 1942 Engpässe bei der Versorgung mit Lebensmitteln aufgetreten[78]. Auf den Speiseplänen der Arbeiterfamilien fehlten vor allem wichtige Grundnahrungsmittel wie Brot und Kartoffeln. Jeden Tag bildeten sich vor den Lebensmittelgeschäften in der Hirschenstraße und rund um den Kohlenmarkt lange Schlangen, wo Hausfrauen versuchten, Fleisch und Gemüse zu kaufen. Auch auf dem „Gebiet der Versorgung ... mit Textil-, Schuh- und Haushaltswaren" verschlechterten sich die „Verhältnisse von Monat zu Monat"[79]. Schon im Sommer 1942 fuhren viele Städter zu Hamsterfahrten aufs Land. In den milden Tagen des Frühjahrs 1945 waren trotz der immer bedrohlicher werdenden Gefahr, die von den amerikanischen Tieffliegern ausging, wieder viele Städter auf dem Lande unterwegs, um ihre Wertsachen gegen Lebensmittel einzutauschen. Zugleich wurden in den Zeitungen die Annoncen über Tauschgeschäfte länger. In der Fränkischen Zeitung steht am 14./15. März 1945: „Sehr guterh. schwarzer Plüschmantel f. mittl. Figur, suche Brennholz" oder „Tausche helles Sommerkleid für schlanke Figur gegen Staubmantel".

Als 1942/43 ein siegreiches Kriegsende in unabsehbare Ferne rückte, die Bombardements der gegnerischen Luftwaffe mit voller Wucht einsetzten und die Sorge um die an der Front stehenden Angehörigen bald jede Familie ergriff, vermochten auch

[76] SD-Außenstelle Fürth an LR Fürth, 28. August 1942, in: LRA Fürth, EAP 000.
[77] Vgl. dazu StA Nürnberg, Amtsgericht Fürth, Verzeichnis der Strafprozeßakten des Amtsgerichts Fürth, 1923–1937.
[78] RegPräs an bay. Staatsregierung, 5. Mai 1942, in: BayHStA, MA 106 678.
[79] RegPräs an bay. Staatsregierung, 6. Juli 1944, in: Ebenda, MA 106 696.

die Reden des Führers die Masse des Volkes nicht mehr aufzurütteln. Kreisdekan Fürst schrieb schon 1942 nach einer Visitationsreise im Landkreis Fürth: Für die „nüchternen Bauern" sei der Krieg „immer mehr zum sinnlosen Phänomen" geworden, „womit allerdings nicht gesagt sein soll", fügte er hinzu, „daß die Anderen eine echte Sinndeutung hätten, aber die Bauern empfinden das Fragwürdige stärker"[80]. Auch die Berichterstatter des SD, in ihren Äußerungen meist weniger schönfärberisch als die Landräte und Regierungspräsidenten, registrierten aufmerksam: Die Sehnsucht nach einem baldigen Ende des Krieges war übermächtig geworden. Kritische Äußerungen über die Staatsführung häuften sich und zielten nun auch schon vereinzelt auf den Führer, der lange tabu gewesen war. Nach dem Luftangriff auf Nürnberg vom 29. August 1942, der die Stimmung der Bevölkerung schwer erschüttert hatte, wurden in Fürth Äußerungen wie diese aufgefangen: „Wenn wir den Hitler nicht hätten, dann hätten wir den Krieg nicht und es wäre der Bevölkerung all dies Elend erspart geblieben."[81] Das Eingeständnis der Niederlage in Stalingrad löste dann erstmals eine Welle des Unmutes auch gegenüber Hitler aus. Im Februar 1943 war in Ansbach zu hören: „Wo ist die Überlegenheit unserer Waffen, von der immer gesprochen wird? ... Das ist der Krieg Hitlers."[82] Die Hoffnung, daß das Blatt noch einmal gewendet werden könnte, schwand und mit ihr das Ansehen des Führers. Sein Diktum, „wo der deutsche Soldat steht, da steht er", hatte man nicht vergessen, nun war der „größte Feldherr aller Zeiten" mit seiner Kriegskunst am Ende[83]. Er galt als Sprüchemacher, um den sich zahlreiche Gerüchte zu ranken begannen: „Der Führer sei irrsinnig geworden, er befinde sich in einem süddeutschen Sanatorium."[84]

Auch in Ansbach und Fürth kann man die Beobachtung machen, daß sich große Teile der Bevölkerung nach Stalingrad „innerlich ... aus dem Abenteuer des Dritten Reiches und auch von Hitler" langsam zurückzogen[85]. „Die Ereignisse an der Ostfront", so urteilte der SD im März 1943 über die Stimmung in Fürth, „bedeuteten nur noch einzelnen Volksgenossen etwas besonderes, die Großzahl der Bevölkerung nahm weder von den Fortschritten der deutschen Wehrmacht im Osten, noch von den U-Booterfolgen besondere Notiz."[86] Das Kreisschulungsamt Fürth registrierte im Oktober 1943: „Der Gruß ,Heil Hitler' ist dem ,Auf Wiedersehen' etwas gewichen. Dies ist speziell auch in Geschäften festzustellen ... In den Gaststätten werden auch die Abendmeldungen nicht mehr überall ordnungsgemäß gehört."[87] Auch der Text der Todesanzeigen gefallener Soldaten in den Zeitungen änderte sich gegen Kriegsende merklich. Immer seltener begannen sie mit dem Satz: „Für Führer, Volk und Vaterland gaben ihr Leben". Stattdessen hieß es jetzt: „Fern der Heimat starb"[88].

[80] Evangelisch-Lutherisches Dekanat Fürth an Evangelisch-Lutherischen Landeskirchenrat, 1. Mai 1943: Kirchenvisitationen 1942, in: LKA Nürnberg, Bestand: Bay. Dekanat Fürth, Nr. 113.
[81] SD-Außenstelle Fürth an LR Fürth, 30. September 1942, in: LRA Fürth, EAP 000.
[82] Kreisschulungsamt Ansbach an Gauleitung Franken, Gauschulungsamt, 18. Februar 1943, in: StA Nürnberg, NS-Mischbestand, vorl. Nr. 56. Zur Kritik an Hitler vgl. auch RegPräs an bay. Staatsregierung, 8. März 1943, in: BayHStA, MA 106 679. Vgl. auch Kershaw, Hitler-Mythos, S. 149 ff.
[83] Kreisschulungsamt Fürth an Gauleitung Franken, Gauschulungsamt, 29. Juni 1943, in: StA Nürnberg, NS-Mischbestand, vorl. Nr. 61.
[84] SD-Außenstelle Fürth an LR Fürth, 31. März 1943, in: LRA Fürth, EAP 000.
[85] Kershaw, Hitler-Mythos, S. 172.
[86] SD-Außenstelle Fürth an LR Fürth, 31. März 1943, in: LRA Fürth, EAP 000.
[87] Kreisschulungsamt Fürth an Gauleitung Franken, Gauschulungsamt, 24. Oktober 1943, in: StA Nürnberg, NS-Mischbestand, vorl. Nr. 61.
[88] Vgl. dazu die Ausgaben der Fränkischen Zeitung aus den Jahren 1944/45.

Bereits nach Stalingrad zeichnete sich ab, was sich über das Kriegsende hinaus als Trend fortsetzte: ein rapides Nachlassen der Empfänglichkeit für nationale und politische Parolen, die Hinwendung zu privaten Interessen und dem engeren Kreis individuellen Lebens. Die späten Versuche der NSDAP, die Stimmung der verzagten Volksgenossen mit Propagandaveranstaltungen und weltanschaulichen Schulungen zu heben, gingen deshalb mehr und mehr ins Leere. Man zuckte nur noch mit den Achseln, wenn von der Partei die Rede war, oder schimpfte über Korruption, Bonzentum und Drückebergerei: „Lieb Vaterland magst ruhig sein, wer gute Beziehungen hat, der bleibt daheim", hieß es mit Blick auf die vielen uk-gestellten Parteifunktionäre[89]. 1943/44 mußte die NSDAP selbst eingestehen, daß ihre langjährigen Bemühungen um eine weltanschauliche Erziehung der Bevölkerung in Ansbach und Fürth ebenso wie in den umliegenden Regionen mehr oder weniger gescheitert waren. Bei der „Wehrmacht, speziell aber bei der Polizei, scheint es … in der weltanschaulichen Haltung noch oft zu fehlen", schrieb das Kreisschulungsamt Fürth im August 1943 an die Gauleitung[90]. Ebenso lasse die „weltanschauliche Schulung der Erzieher" sehr zu wünschen übrig, die seit Anfang 1944 regelmäßig durchgeführt werde und „auch dringend notwendig"[91] sei. Das Kreisschulungsamt in Ansbach stellte fest, daß „bei sehr vielen deutschen Frauen" die „weltanschauliche Erkenntnis trotz der Arbeit der Partei wenig praktische Wirkung ausgelöst" habe[92].

Das schloß nicht aus, daß es bei einer Minderheit – bei vielen Jüngeren, aber auch bei Älteren – noch immer leidenschaftliche, trotzige Parteinahme für den Nationalsozialismus gab. Aus verquerem Idealismus glaubten manche, dem so lange angebeteten Führer gerade angesichts der sich abzeichnenden Niederlage die Treue halten zu müssen. Solche Gefühle vor allem sucht Kreisleiter Seitz anzusprechen, als er seine Ansprache auf dem Ansbacher Waldfriedhof mit den Worten abschließt: „Wir weinen unsere Tränen an offenen Gräbern – aber wir kehren wieder zurück in unsere Stadt und arbeiten und kämpfen, daß Deutschlands Sieg uns freimache. Und aus dieser Kampfentschlossenheit heraus grüßen wir auch in dieser Stunde und an diesem Ort den Führer."[93] Danach löst sich die Gemeinde der Trauernden langsam auf. Vorbei an der hölzernen Leichenhalle, den schmucklosen Holzkreuzen und kahlen Laubbäumen, die Feuchtwangerstraße entlang, bewegt sich ein langer Zug auf die Stadt zu. Die meisten erfüllt neben der Sehnsucht nach einem baldigen Ende des Krieges die Angst vor weiteren Luftangriffen. Aber keiner spricht darüber, kaum einer äußert seinen Unmut über die Haßtiraden und sinnlosen Durchhalteappelle des Kreisleiters. Für fast alle gilt jetzt die Parole: „Bleib übrig!"[94] Nur nicht in der Endphase des Krieges noch etwas riskieren, der Arm von SS und Polizei reicht noch immer weit. Viele warten schon auf die Amerikaner, damit der Krieg endlich ein Ende hat. Es kann nicht schlimmer, nur besser werden.

[89] RegPräs an bay. Staatsregierung, 7. April 1942, in: BayHStA, MA 106 679.
[90] Kreisschulungsamt Fürth an Gauleitung Franken, Gauschulungsamt, 31. August 1943, in: StA Nürnberg, NS-Mischbestand, vorl. Nr. 61. Vgl. auch Bayern in der NS-Zeit, Bd. I, S. 571–664.
[91] Kreisschulungsamt Fürth an Gauleitung Franken, Gauschulungsamt, 22. Februar 1944, in: StA Nürnberg, NS-Mischbestand, vorl. Nr. 61.
[92] Weltanschaulicher Bericht des Kreisschulungsamts Ansbach, 18. August 1944, abgedruckt in: Bayern in der NS-Zeit, Bd. I, S. 589.
[93] Rede von Seitz in: Fränkische Zeitung vom 8. März 1945.
[94] So der Titel einer Studie von Wolfgang Franz Werner, „Bleib übrig". Deutsche Arbeiter in der nationalsozialistischen Kriegswirtschaft, Düsseldorf 1983.

II. Einmarsch und Etablierung der amerikanischen Militärregierung

1. Das Kriegsende

Als sich die amerikanischen Truppen im April 1945 der mittelfränkischen Region um Ansbach und Fürth näherten, war der Zweite Weltkrieg längst entschieden und die deutsche Wehrmacht überall auf dem Rückzug. Im Osten hatte die Rote Armee die beiden Flüsse Oder und Neiße und die Ränder der Sudeten erreicht. In Ungarn war die deutsche Gegenoffensive zum Stehen gekommen, die Rote Armee bereitete sich zum Angriff auf Wien vor. Im Westen war es der US-Armee am 7. März gelungen, die alte Ludendorff-Eisenbahnbrücke bei Remagen zu überschreiten und einen rechtsrheinischen Brückenkopf zu bilden. Kurz darauf befand sich die gesamte Rheinlinie von Emmerich bis Koblenz in amerikanischer Hand. Das letzte Kapitel in der Geschichte des Dritten Reiches war damit aufgeschlagen.

Zur gleichen Zeit wurden in Washington letzte entscheidende Weichen für die amerikanische Besatzungsherrschaft in Deutschland gestellt. Am 16. März ernannte das amerikanische Kabinett General Lucius D. Clay zum stellvertretenden Militärgouverneur in Deutschland und am 23. März 1945 bereitete Franklin D. Roosevelt dem monatelangen Ringen um die Besatzungspolitik gegenüber Deutschland ein Ende. Er setzte seine Initialen unter die allgemeinen Grundsätze einer Direktive für den Militärgouverneur in der „initial post-defeat period", die als JCS 1067 berühmt wurde[1]. Kurz darauf durchbrachen die Amerikaner die deutschen Linien zwischen Main und Neckar, rückten innerhalb einer Woche von Aschaffenburg bis weit südlich von Würzburg vor und konnten dann mit ihren Operationen in Richtung Nürnberg und Donau beginnen. Bevor die amerikanischen Sherman-Panzer aber vor den Toren Ansbachs und Fürths auftauchten, geriet der Vormarsch der US-Truppen entlang der Linie Steigerwald, Frankenhöhe und Schwäbisch Hall nochmals für einige Tage ins Stocken. In dieser von vielen Tälern durchschnittenen Mittelgebirgslandschaft hatten deutsche Einheiten eine Verteidigungslinie aufgebaut, die von den Amerikanern erst nach erbitterten Kämpfen überwunden werden konnte. Danach war der Weg frei nach

---

[1] Zu Clay und JCS 1067 vgl. u.a. Niethammer, Entnazifizierung, S. 236 ff.; John Gimbel, Amerikanische Besatzungspolitik in Deutschland 1945–1949, Frankfurt/Main 1971, S. 16–58; John H. Backer, Die deutschen Jahre des Generals Clay. Der Weg zur Bundesrepublik 1945–1949, München 1983, S. 16 f., S. 60–69 sowie Wolfgang Krieger, General Lucius D. Clay und die amerikanische Deutschlandpolitik 1945–1949 (unveröffentlichtes Manuskript) und Jean Edward Smith (Hrsg.), The Papers of General Lucius D. Clay, Bloomington 1973, 2 Bde.

Mittelfranken und Nürnberg, der „Stadt der Reichsparteitage", die die amerikanischen Truppen fast „magnetisch" anzuziehen schien[2]. Nach dem Fall von Würzburg und Bamberg stieß die 7. US-Armee von Generalleutnant Alexander M. Patch mit dem XV. Korps und dem XXI. Korps in den Raum Nürnberg vor. Die auf dem linken Flügel des XXI. Korps von Generalmajor Frank W. Milburn operierende 42. Infanterie-Division wurde unmittelbar vor dem Angriff auf Fürth dem XV. Korps von Generalmajor Wade H. Haislip unterstellt, weil das gesamte Nürnberger Kampfgebiet unter ein Kommando kommen sollte. Am 19. April 1945 nahm die 42. Division („Rainbow Division") unter Generalmajor Harry J. Collins die Stadt Fürth. Einen Tag vorher waren die Panzer des Combat Command R und des Combat Command A der 12. US-Panzer-Division („Hellcats") von Generalmajor Roderick R. Allen, die beim XXI. Korps geblieben war, in Ansbach eingerollt. Unmittelbar danach kam das gesamte Operationsgebiet östlich der Linie Würzburg–Ansbach zum Sektor von Generalleutnant George S. Pattons berühmter 3. US-Armee[3].

Die amerikanische Besetzung „unserer" Region war aber keineswegs kampf- und konfliktlos geschehen. Die letzten Tage vor dem Einmarsch der amerikanischen Streitkräfte blieben vielen als überaus dramatisch in Erinnerung. Anfang April standen die Amerikaner etwa 50 km vor Ansbach und Fürth. Schon war in den beiden Städten Geschützdonner zu hören. Versprengte Truppenteile und Transporte mit Verletzten fluteten zurück. „Auf Fahrrädern und in Kinderwägen fuhren sie ihre Habseligkeiten, oft in zerrissenen Uniformen und so manche mit blutverkrusteten und verdreckten Verbänden."[4] In den Stadt- und Landkreisen Ansbach und Fürth hatte man schon Ende 1944 Vorbereitungen für den Fall einer „Feindannäherung" getroffen. Franken, „der deutscheste aller Gaue", sollte dem Feind nicht kampflos in die Hände fallen. „Wir werden kämpfen wie die Löwen mit fanatischer Wut um jeden Fußbreit Boden. Sollte der Feind in Franken eindringen, so werden wir ihn packen und vernichten", hieß es in einem von Gauleiter Karl Holz, dem Reichsverteidigungskommissar des Gaues Franken, unterzeichneten Aufruf[5]. Diese markigen Worte bekamen für Fürth und Umgebung eine besonders bedrohliche Note, weil Fürth in die Planungen zur „Rundum"-Verteidigung Nürnbergs einbezogen war. An den Ufern des kleinen Flüßchens Rednitz sollten die Amerikaner zum Stehen gebracht werden.

Die Absichten des Gauleiters riefen einen kleinen Kreis von beherzten Fürther Honoratioren auf den Plan, die das Schlimmste verhindern wollten. Dazu gehörten u.a. Stadtkämmerer Adolf Schwiening, der erste Oberbürgermeister nach Kriegsende, Regierungsdirektor Otto Graf, der spätere Landrat von Fürth[6], und als treibende Kraft der Leiter der Fürther Lazarette, Dr. Fritz Gastreich. 1895 geboren, in großbürgerli-

---

[2] Albert Kesselring, Soldat bis zum letzten Tag, Bonn 1953, S. 297. Zum Kriegsgeschehen 1944/45 vgl. auch Klaus-Dietmar Henke, Die amerikanische Besetzung Deutschlands, München 1988 und Lothar Gruchmann, Der Zweite Weltkrieg. Kriegführung und Politik, München 1982.

[3] Vgl. Seventh United States Army. Report of Operations. France and Germany 1944–1945, Bd. 3, S. 789 ff.

[4] Reportage über die letzten Kriegstage im Raum Ansbach, in: Fränkische Landeszeitung vom 11. April 1970.

[5] Fränkische Landeszeitung vom 18. April 1955. Vgl. auch Elke Fröhlich, Die Herausforderung des Einzelnen, in: Martin Broszat/Elke Fröhlich (Hrsg.), Bayern in der NS-Zeit, Bd. VI, München/Wien 1983, S. 232.

[6] Zu den letzten Kriegstagen in Fürth vgl. 8-Uhr-Blatt vom 19. Februar 1952 und vor allem Gottlieb Wunschel, Die Kapitulation von Fürth am 19. April 1945, in: Fürther Heimatblätter, 15 (1965), Nr. 1, S. 7–16; vgl. auch Die letzten Tage Fürths im 2. Weltkrieg, in: Stadtverein. Nachrichtenblatt des Stadtvereins, 21 (1984), Nr. 3.

chen Verhältnissen und mit den Wertvorstellungen des Kaiserreiches aufgewachsen, Korpsstudent und Stabsarzt in der Wehrmacht, hatte sich Gastreich im Gegensatz zu vielen anderen seiner Herkunft und seines Werdeganges nie für den Nationalsozialismus erwärmen können. Bis zu einem gewissen Grad spielten dabei wohl auch persönliche Gründe mit, denn die Nationalsozialisten hatten 1933 seinen beruflichen Aufstieg zum Leiter des Fürther Stadtkrankenhauses vereitelt. 1938 wurde er von der Liste der Anwärter des NS-Ärztebundes gestrichen, nachdem ihm die Gauleitung Franken bescheinigt hatte: „Ziemliche Interessenlosigkeit gegenüber der Partei."[7] Seit 1944 verfolgte Gastreich den Plan, Fürth zur Lazarettstadt erklären zu lassen, um eine militärische Verteidigung zu verhindern. Er setzte sich dafür ein, zahlreiche Verwundete in der Stadt zusammenzuziehen, und ließ Befehle, die Schwerverwundeten beim Näherrücken feindlicher Truppen abzutransportieren, unbeachtet. Der Plan führte zwar nicht zum Erfolg, die Anwesenheit von über 3000 Verwundeten trug aber mit dazu bei, daß die lebensnotwendigen Versorgungseinrichtungen, entgegen den Absichten von Holz, unversehrt blieben.

Gastreich stand in enger Verbindung mit Josef Gleixner, einem früheren Matrosen, der bereits beim Umsturz 1918/19 politisch aktiv gewesen war. Von der SPD über die USPD gegen Ende der Weimarer Republik zur KPD gewechselt, hatte er sich später ganz aus der Politik zurückgezogen und ein Obstgeschäft aufgemacht. Seiner kommunistischen Gesinnung war er aber treu geblieben[8]. Der Arzt und der Obsthändler, die außer der Sorge um ihre Heimatstadt wenig gemein hatten, trafen sich im Frühjahr 1945 fast täglich[9]. Vor allem suchten sie den Stadtkommandanten, Major Georg Flierl, sowie den Führer des Volkssturms, Kreisleiter Karl Volkert, und den Oberbürgermeister, SS-Obersturmbannführer Dr. Karl Häupler, in ihrem Sinne zu beeinflussen. Ihre Überredungsversuche blieben nicht ohne Wirkung. Bald gaben auch Flierl und Volkert zu erkennen, daß sie eine Verteidigung Fürths für sinnlos hielten. Sie konnten sich ja tagtäglich selbst davon überzeugen, daß mit den deutschen Truppen nichts mehr zu gewinnen war. Ganze 2500 Mann standen noch zur Verfügung: zwei schlecht bewaffnete Bataillone, in der Mehrzahl Versehrte, eine sogenannte HJ-Kompanie mit jungen Burschen im Alter zwischen 14 und 17 Jahren, und einige Volkssturmeinheiten. Außerdem war ihnen nicht verborgen geblieben, daß es unter den Soldaten gärte. Viele spülten ihren Kummer mit Alkohol hinunter, der eine oder andere machte sich auch schon mal Luft über das sinnlose „Verteidigungstheater". Die meisten hätten lieber heute als morgen ihre Waffen fortgeworfen.

In den ersten Apriltagen stieß Holz den ursprünglichen Plan, Verteidigungslinien außerhalb der Städte Nürnberg und Fürth zu errichten, um. Jetzt sollte der Feind innerhalb der Stadtmauern gestellt werden. „Um jeden Stein muß gekämpft werden", so lautete der neue Befehl des Gauleiters[10]. Daraufhin ließ er Alleebäume fällen, Barrikaden und Panzersperren errichten und die Sprengung kriegswichtiger Objekte vorbe-

[7] Vgl. dazu eine Gedenkrede zum Tode von Gastreich, in: Privatbesitz Dr. Eugen Gastreich. Vgl. auch Fürther Nachrichten vom 1. April 1980 und Onolden-Zeitung, 63 (1981), Nr. 189, S. 12 ff.
[8] Zu Gleixner vgl. Fränkische Sonntagspost vom 16. April 1955 und Fürther Nachrichten vom 17.–19. April 1965.
[9] Ebenda und Fränkische Sonntagspost vom 16. April 1955. Schriftliche Mitteilung von Konrad Grünbaum vom 3. Juni 1981.
[10] Fürther Nachrichten vom 17.–19. April 1965; Fränkische Sonntagspost vom 16. April 1965; 8-Uhr-Blatt vom 20. Februar 1952 und 19. Februar 1952.

reiten. Auch das Kopfsteinpflaster der Straßen wurde aufgerissen, um Steine zum Bau von Verschanzungen und als Abdeckung für MG- und Schützennester heranzuschaffen. Jeder, der sich diesen Maßnahmen widersetzte, mußte fürchten, standrechtlich erschossen zu werden.

Ähnlich rauhe Töne bekam die Bevölkerung Ansbachs schon seit längerem zu hören. Dafür sorgte der Ortskommandant, Dr. Ernst Meyer, ein hartgesottener Offizier und blindgläubiger Hitler-Anhänger, der seit 1944 auf dem nahegelegenen Flugplatz Katterbach stationiert und am 27. März 1945 zum Kampfkommandanten von Ansbach ernannt worden war. Der 50jährige Luftwaffen-Oberst, Mitglied der NSDAP seit 1933, hatte es auf seinen „heiligen Eid" genommen, Ansbach, den strategisch wichtigen Eisenbahnknotenpunkt westlich von Nürnberg, bis „zur letzten Patrone" zu verteidigen, obwohl der Bahnhof bei den Luftangriffen vom 22./23. Februar 1945 fast total zerstört worden war. Aus Versprengten bildete er neue Einheiten und stellte ihnen Flakgeschütze, sowjetische Beutekanonen, Infanteriegeschütze und Bordwaffen, die er aus nicht mehr einsatzfähigen Flugzeugen des Flugplatzes Katterbach ausbauen ließ, zur Verfügung. Diese Einheiten und einige 8,8 cm Batterien postierte Meyer dann entlang eines Verteidigungsringes, der in wenigen Kilometern Entfernung um die Stadt Ansbach herumlief.

Meyer, der bis zuletzt an den Endsieg glaubte, schien zu allem entschlossen. In seinen Anweisungen an die Ansbacher Bevölkerung ging er sogar noch über den berüchtigten OKW-Befehl aus dem Führerhauptquartier vom 12. April hinaus, wonach Städte an wichtigen Verkehrsknotenpunkten bis „zum äußersten verteidigt und gehalten" werden mußten. Jeder, „der eine Waffe tragen kann", hieß es in der Bekanntmachung des Ansbacher Kampfkommandanten vom 14. April, sei dazu verpflichtet zu kämpfen. „Häuser, die die weiße Fahne zeigen, werden angezündet, die Schuldigen erschossen. Der Werwolf bekämpft den Feind und richtet den Verräter. Feindfreie Orte sind sofort wieder zu besetzen und durch Sperren erneut zu sichern." In den letzten Kriegstagen wurde er zum „aggressiven Amokläufer gegen die Wirklichkeit der Niederlage". Wer allzu laut am Endsieg zweifelte, riskierte sein Leben[11].

Die drakonischen Maßnahmen eines Meyer änderten aber an der mangelnden Bereitschaft des größten Teils der Bevölkerung, den amerikanischen Streitkräften Widerstand entgegenzusetzen, nichts mehr. Der Glaube an den Sieg ist dahin, vertraute selbst Goebbels am 17. März in den Katakomben der Reichskanzlei seinem Tagebuch an, „man hat das dumpfe Empfinden, daß selbst die besten Argumente bei einem Volk, das müde und abgekämpft ist, nicht mehr durchschlagen wollen"[12]. Vor allem die vollständige Luftherrschaft der amerikanischen Flugzeuge war ein sicheres Vorzeichen der Niederlage. Nach den schweren Bombenangriffen auf Nürnberg, Fürth und Ansbach im Februar und März mehrten sich in den März- und Apriltagen die Tieffliegerangriffe. „Einzelne feindliche Flieger griffen im Tiefflug die Eisenbahnzüge, die Fuhrwerke und Autos auf den Landstraßen und die Bauern auf dem Felde an."[13] Wegen der häufigen Fliegerangriffe erlitt auch die Kinderlandverschickung, so schrieb der Regierungspräsident von Ober- und Mittelfranken am 15. März 1945, „einen

[11] Zu Ansbach im Frühling 1945 vgl. Fröhlich, Herausforderung, S. 228–254; zit. nach S. 245.
[12] Joseph Goebbels, Tagebücher 1945. Die letzten Aufzeichnungen, Hamburg 1977, S. 285.
[13] Ortschronik der Stadt Zirndorf, in: Rathaus Zirndorf.

schweren Schlag". Die Eltern befürchteten, daß die Lager nicht mehr lange verschont bleiben würden. Manche sagten: „Wir wollen mit unseren Kindern gemeinsam sterben."[14]

An einen wirkungsvollen Gegenschlag, den Goebbels seinen Volksgenossen prophezeite, glaubten nur noch eingefleischte Nationalsozialisten. Sollte er etwa mit den Pimpfen geführt werden, die am 25. März um 8 Uhr morgens auf dem Ansbacher Schloßhof die Verpflichtung der Jugend feierten und von Kreisleiter Seitz mit den Worten entlassen wurden: Der „Tag der Verpflichtung sei ein Tag von höchster Bedeutung, an diesem Tag ergehe der Ruf an sie, Kämpfer zu sein an der Seite des Führers"[15]? Oder mit den 15-, 16jährigen Buben, die jetzt noch Stellungsbefehle erhielten? Viele Eltern sahen darin nur noch eine Bankrotterklärung des NS-Regimes und wehrten sich trotz schärfster Drohungen heftig gegen die Einberufung ihrer Söhne. Sie schickten ihre Kinder zu Verwandten oder versteckten sie in Scheunen und auf Dachböden. Im „Schicksalskampf des Deutschen Volkes", den Hitler in seiner letzten Rundfunkrede am 30. Januar 1945 proklamiert hatte, wollten nur noch wenige ihr Leben riskieren. „In fast allen Briefen", so hatte die Feldpostprüfstelle beim AOK 19 in ihrem Monatsbericht vom 3. April 1945 festgehalten, „wird der Wunsch ausgesprochen, diese Endphase gesund zu überstehen, um nachher mit den Angehörigen wieder vereint zu sein."[16] Der Kampf war aussichtslos geworden. Die Überlegenheit der alliierten Streitkräfte, von der auch die Frontsoldaten an ihre Angehörigen in der Heimat berichteten, war zu offenkundig.

Gegen die Kriegsmüdigkeit konnte auch die immer noch auf Hochtouren laufende deutsche Propaganda nicht mehr viel ausrichten. Unter der Überschrift „Gleiche Brutalität und Gemeinheit" brachte die Fränkische Zeitung am 28./29. März 1945 einen Bericht einer Frau aus Dillingen-Pachten, der den Ansbachern zeigen sollte, daß „kein Unterschied zwischen Anglo-Amerikanern und Sowjets" bestehe: „Als die Nord-Amerikaner den Ort ... besetzten, schossen sie blindlings in jedes Haus ... Dabei wurde in dem Dorf nicht mehr gekämpft ... Alle Lebensmittelvorräte wurden entweder beschlagnahmt oder ungenießbar gemacht. Ich hörte viele amerikanische Offiziere und Soldaten sagen, wenn wir etwas zu essen haben wollten, müßten sich unsere jungen Mädchen und Frauen ihnen als Dirnen zur Verfügung stellen." Doch die Schreckensbilder von den „verbrecherischen Ausschreitungen der anglo-amerikanischen Soldateska"[17], die die Bevölkerung zu erhöhter Verteidigungsbereitschaft anspornen sollten, verfehlten ihre Wirkung. „Der Mann auf der Straße in Deutschland erwartet [von den Amerikanern] eine mildere Behandlung; er nimmt an, daß sie wohl ein hartes Regime einsetzen, aber keine Unmenschlichkeiten begehen würden"[18], hatte die Neue Zürcher Zeitung schon im Herbst 1944 treffend geschrieben.

Selbst die meisten NS-Funktionäre glaubten nicht mehr an den „Sieg des Deutschen Volkes". In aller Stille vergrub der Zellenleiter in Petersaurach wenige Tage vor dem Einmarsch der Amerikaner „den Schriftwechsel, nationalsozialistische Bücher

[14] RegPräs an bay. Staatsregierung, 15. März 1945, in: BayHStA, MA 106 696.
[15] Fränkische Zeitung vom 27. März 1945.
[16] In: Bundesarchiv/Militärarchiv, RH 20–19/245.
[17] Vertrauliche Information vom 10. Januar 1945, zit. nach Horst Hano, Die Taktik der Pressepropaganda des Hitlerregimes 1943–1945, München 1963, S. 98.
[18] Neue Zürcher Zeitung vom 20. Oktober 1944 (Morgenausgabe).

und sonstige Gegenstände, die mit der Partei im Zusammenhang waren"[19]. Zahlreiche Parteigenossen lösten ihre Bankkonten auf und versteckten ihr Geld[20]. Viele „Goldfasane" legten nun ihre Uniformen, mit denen sie jahrelang zu imponieren gesucht hatten, in die Ecke und kleideten sich in Zivil. Die Parteiabzeichen wurden vom Revers genommen, Parteiausweise und Hakenkreuzfahnen verbrannt, braune Hemden und Jacken umgefärbt. Aus den Wohnstuben und Kanzleien verschwanden die Hitlerbilder. Lediglich bei einigen wenigen Parteifunktionären und Beamten hielt sich noch fanatische Hitlergläubigkeit. Sie harrten unverdrossen aus und warteten auf den Einsatz der oft versprochenen Wunderwaffen.

In den letzten Tagen und Wochen vor dem Einmarsch der Amerikaner waren in Ansbach und Fürth die Gasthöfe und Wirtsstuben voll, die Wirte konnten Rekordumsätze an Wein und Bier verbuchen. Die Kinos waren ausverkauft, im März/April kamen in Ansbach „Philharmoniker" mit Will Quadflieg und „Engel mit dem Saitenspiel" mit dem damaligen Traumpaar Herta Feiler und Heinz Rühmann zur Aufführung. Fast verzweifelt versuchten sich die Menschen wenigstens durch ein bißchen Privatheit und Vergnügen abzulenken[21]. Doch immer wieder heulten die Sirenen, Stunde um Stunde mußte man in den stickigen Luftschutzkellern zubringen, dicht an dicht mit Nachbarn und Fremden. 3000 Menschen fanden im Großbunker am Fürther Stadttheater Platz. Die Schutzsuchenden bangten und beteten. Im Keller des Pfarrhauses in Heilsbronn saßen über 40 Personen. „Der Ortsgeistliche", so hieß es in einem zeitgenössischen Bericht, „sprach ... Gebete mit der Bitte um Behütung und Bewahrung. Das Vaterunser wurde von allen Anwesenden, ganz gleich, ob kirchlich oder unkirchlich eingestellt, laut mitgesprochen."[22] Frau Heinold, eine fünfzigjährige Schneiderin aus Leutershausen im Landkreis Ansbach, schrieb damals in ihr Tagebuch: „Dienstag, 17. April 1945. Dienstag mittag um 2 Uhr gingen wir in den Keller. (Hirschenwirtkeller). Die Großmutter nahmen wir auch mit im Liegestuhl. Es war zwar nicht schön, aber es ging. Zwei Tage und Nächte brachten wir im Keller zu. Am Mittwoch in der Nacht kam einer und sagte, wir sollten beruhigt sein, es kämen früh 5.15 die Panzersperren weg. Wir freuten uns alle, doch wenigstens ein Lichtschimmer nach den Aufregungen. Kaum einige Minuten später schrie einer in den Keller hinunter, in 10 Minuten müßte der Keller geräumt sein, denn er würde in die Luft gesprengt. Die Panik kann man sich ja vorstellen, die unter den Menschen ausbrach. Denn jeder hatte soviel Gepäck dabei. Der Bürgermeister beruhigte uns wieder. Es hätte sich nur einer einen dummen Scherz erlaubt."[23]

Am 13. April wurde in Fürth der Bahnverkehr eingestellt, die vorhandenen Waggons weggeschafft und die Schalter zugemacht. „Alle Betriebe hatten geschlossen. Nur Metzgereien, Bäckereien und Nahrungsmittelgeschäfte mußten zur Verhütung einer Panik offenhalten."[24] Am 15. April fiel der elektrische Strom aus, man mußte sich mit Kerzen behelfen. Auch die Radios blieben jetzt stumm, die Zeitungen hatten schon

---

[19] Ortschronik von Petersaurach. Gleiches ist in Vach geschehen. Vgl. Bericht über eine Inspektionsreise der Militärregierung im Landkreis Fürth vom 22. Juni 1945, in: LRA Fürth, EAP 070/1.
[20] Vgl. Cumulative Report, Det. Fürth, 22.–25. Juni 1945, in: NA, RG 260, 9/96-1/12.
[21] Vgl. dazu die Ausgaben der Fränkischen Zeitung vom März 1945.
[22] Bericht über die Besetzung Heilsbronns durch amerikanische Truppen am 17. April 1945, in: LKA Nürnberg, Bestand: Dekanat Windsbach, Nr. 313.
[23] Privatbesitz von Frau Heinold, Leutershausen.
[24] Wunschel, Kapitulation von Fürth, S. 9.

Wochen vorher ihr Erscheinen eingestellt. Informationen über die Kampfhandlungen wurden nun noch spärlicher. Gerüchte gingen um: „Fürth werde nicht verteidigt, war eines von den vielen Gerüchten. Die Verteidigungsgrenze von Nürnberg beginne an der Pegnitz. Dann hieß es wieder, eine Verteidigung vor den Toren Nürnbergs habe keinen Zweck, wenn Fürth unverteidigt in der Angriffszone liege. Deshalb müsse die Verteidigung bereits westlich von Fürth beginnen."[25]

In den beiden Städten Ansbach und Fürth wurden schließlich auch die Nahrungsmitteldepots geöffnet. Die vollen Lager sollten dem Feind nicht in die Hände fallen: „Es war ein gespenstischer Anblick", erzählte später ein Ansbacher. „Die Leute waren wie verrückt. Keiner ließ sich mehr halten, obwohl schon vereinzeltes Artilleriefeuer in der Stadt lag. In der Endresstraße angekommen, zwängten sich die Leute mit ihren Karren und Wagen durch eine knapp zwei Meter breite Öffnung der dort errichteten Panzersperre aus mächtigen Baumstämmen. Es war ein Mordsdurcheinander ... An die 100 Frauen, Kinder, Jugendliche und Opas tummelten sich aufgeregt herum wie auf einem Jahrmarkt ... Bis zur Decke war die gute Hälfte der Halle mit Kisten voll gestapelt. Einige junge Burschen thronten auf dem Kistenberg wie Barockengel und knallten die Ware herunter. Meist zerbrachen die Kisten klatschend am Boden, so daß nicht wenige Dosen eingedrückt herunterpurzelten. Gierig stürzte sich dann jedesmal die Masse der unten stehenden Frauen und Männer auf den Segen der da von oben kam."[26]

Der Geschützdonner kam täglich näher. Jeder wußte, nur noch wenige Tage und der Krieg ist zu Ende. Aber es war noch immer ungewiß, auf welche Weise der Krieg zu Ende gehen wird. In allen größeren Ortschaften des westlichen Mittelfrankens hielten sich kleinere Wehrmachts- und SS-Einheiten auf, die am 29. März den Befehl des Reichsführers SS erhalten hatten, in dem es hieß: „Im jetzigen Zeitpunkt des Krieges kommt es einzig und allein auf den sturen und unnachgiebigen Willen zum Durchhalten an. Gegen das Heraushängen weißer Tücher, das Öffnen bereits geschlossener Panzersperren ... ist mit härtesten Maßnahmen durchzugreifen. Aus einem Haus, aus dem eine weiße Fahne erscheint, sind alle männlichen Personen zu erschießen. Es darf bei diesen Maßnahmen keinen Augenblick gezögert werden."[27] Am 2. April hatte ein Befehl des Führers nochmals eingeschärft, jede Stadt bis zum Letzten zu verteidigen. Das Verhalten der deutschen Truppen war ebensowenig vorherzusehen wie das der Amerikaner. Würden diese, nun, da das Kriegsende so nahe war, die ganze Wucht ihrer Kriegsmaschinerie einsetzen, wenn sie unter Feuer gerieten? Die Dinge standen auf der Kippe, der leiseste Stoß konnte die Richtung entscheiden. In dieser ungewissen Situation hing das Schicksal der Städte und Dörfer auch wesentlich davon ab, ob couragierte Bürger bereit waren, den Lauf der Dinge zu beeinflussen[28].

Fürth hatte Glück, das Kriegsende verlief letztlich undramatisch. Am Mittwoch, den 18. April 1945 waren das 222. und 242. Regiment der 42. amerikanischen Infanterie-Division bis an den Rand der Stadt vorgedrungen, die als Teil Nürnbergs angesehen wurde, „so wie die Bronx ein Teil von New York City ist"[29]. Die „Artillerie von

[25] Ebenda, S. 10.
[26] Fränkische Landeszeitung vom 18. April 1970.
[27] In: Bundesarchiv/Militärarchiv, RH 20–19/196.
[28] Vgl. dazu Oberkirchenrat Julius Schieder an den Evangelisch-Lutherischen Landeskirchenrat Ansbach, in: LKA Nürnberg, Bestand: Kreisdekan Nürnberg, Nr. 14–502.
[29] Geschichte der 42nd „Rainbow" Infantry Division, S. 84, o. O., o. J., in: IfZ-Archiv.

Fürth", ein einziges Pakgeschütz, schoß nicht mehr; die Mannschaft war von der Bevölkerung zum Abzug überredet worden[30]. Stadtkommandant Flierl – innerlich nicht mehr ganz bei der Sache – wollte die Stellungen noch bis zum Abend halten, um seinen Truppen im Schutz der Dunkelheit den Rückzug zu erleichtern. Immer wieder griff er zum Telefon und versuchte, den Kampfkommandanten von Nürnberg, Oberst Wolf, zu erreichen, um von ihm freie Hand für den Rückzug zu erhalten. Aber es kam und kam keine Verbindung zustande – kein Wunder, denn Gleixner und seine Gruppe hatten die gesamten Verbindungen nach Nürnberg unterbrochen, damit keine Befehle von Holz mehr durchkamen[31]. Gegen 4 Uhr morgens entschloß sich der Major, auf eigene Faust zu handeln. Seine beiden Bataillone marschierten in Richtung Süden ab. Bei Schweinau, einem kleinen Vorort von Nürnberg, trafen sie auf überlegene amerikanische Verbände und gingen in Gefangenschaft[32].

Die Amerikaner waren in der Zwischenzeit noch näher an den Stadtkern von Fürth herangerückt. Das 2. Bataillon des 222. Regiments hatte im Westen bereits die Regnitz überquert, das 3. Bataillon tastete sich von Norden her über die eingefallenen Stahlträger einer gesprengten Brücke Richtung Stadtmitte vor. Im Morgengrauen ging das 3. Bataillon des 242. Regiments bei Dambach über die Regnitz, das 1. Bataillon folgte kurz danach. Einige Fürther Bürger, die davon wußten, eilten daraufhin ins Rathaus und drängten Oberbürgermeister Karl Häupler, die nötigen Schritte zur kampflosen Übergabe der Stadt zu tun. Die weiße Fahne brachten sie gleich mit. Doch Häupler lehnte ab – nicht weil er es mit seiner Ehre als Soldat nicht hätte vereinen können. Er hatte einfach Angst um seine Familie, die ins Allgäu evakuiert worden war und womöglich Repressalien zu gewärtigen hatte. Um 10 Uhr vormittags erhielt der frühere Stadtrat Hans Teichmann von der SPD, der am Westrand der Stadt wohnte, Besuch von einem amerikanischen Leutnant, der ihn bat, sofort zu dem befehlshabenden amerikanischen Offizier zu kommen. Teichmann tat wie ihm geheißen und wurde aufgefordert, bei der Räumung der westlichen Stadtbezirke mitzuhelfen, die unvermeidlich zur Kampfzone erklärt würden, wenn Häupler nicht bald zur Übergabe der Stadt bereit sei. „Nach dreiviertel Stunden war der Befehl vollzogen und Herr Teichmann erhielt die Weisung, die etwa 2500 Männer, Frauen und Kinder auf Umwegen in die Waggonfabrik an der Würzburgerstraße zu verbringen."[33]

Währenddessen herrschte im Rathaus Hektik. Die ganze Nacht über hatten sich Gastreich und Gleixner beim Oberbürgermeister[34] aufgehalten und ihn beschworen, endlich zu handeln. Viel Zeit blieb ihm freilich nicht mehr, denn jetzt drängten die Amerikaner ultimativ auf die Übergabe der Stadt. Ein 70jähriger Rentner, der zusammen mit einigen hundert Neugierigen an der schon in amerikanischer Hand befindlichen Maxbrücke stand, schilderte die weiteren Ereignisse so: „Plötzlich kam ein amerikanischer Soldat auf mich zu und frug mich auf deutsch, ob ich wisse, wo der Oberbürgermeister von Fürth wohne. Als ich das bejahte, forderte er mich auf, mit ihm zum amerikanischen Major zu gehen; es passiere mir nichts. Das tat ich. Beim Major angekommen, gab dieser mir einen Zettel und sagte, ich möge diesen Zettel dem

[30] Fürther Nachrichten vom 17.–19. April 1965.
[31] Vgl. Fränkische Sonntagspost vom 16. April 1955.
[32] Vgl. Wunschel, Kapitulation von Fürth, S. 8 f. und Fürther Nachrichten vom 17.–19. April 1965.
[33] Wunschel, Kapitulation von Fürth, S. 11.
[34] Ebenda, S. 10 und Fränkische Sonntagspost vom 16. April 1955.

Oberbürgermeister überbringen, lesen lassen und ihm den Zettel wieder bringen ...
Im Rathaus angekommen, frug ich nach dem Sitzungssaal. Man wies mich dorthin
und ich trat ein. Den Oberbürgermeister kannte ich persönlich nicht. Ich ging deshalb
auf den mir bekannten Stadtkämmerer Schwiening zu, gab ihm den Zettel und sagte,
diesen Zettel soll ich im Auftrag eines amerikanischen Majors dem Oberbürgermeister geben, lesen lassen und dann den Zettel dem amerikanischen Major wieder zu-
rückbringen. Stadtkämmerer Schwiening las den Zettel und wandte sich sofort an einen anderen Herrn und sagte: ‚Herr Oberbürgermeister, lesen Sie bitte und gehen Sie
doch gleich mit dem Überbringer dieses Zettels zu dem amerikanischen Major'."³⁵

In Begleitung des Rentners und eines Sanitäters traf Häupler wenig später im amerikanischen Quartier ein. Er stellte sich als Oberbürgermeister vor, man bot ihm einen
Stuhl an, den er dankend ablehnte. „Meine Herren", sagte er, als der amerikanische
Offizier von ihm die Übergabe der Stadt verlangte, „ich stehe hier als deutscher Mann
und als Oberbürgermeister. Sie wissen, was mir bevorsteht, wenn ich den Befehl zur
Hissung der weißen Fahne gebe. Was aus mir und meiner Familie wird, brauche ich
nicht weiter zu sagen, nachdem ich nichtwaffentragender SS-Mann bin." Daraufhin
klopfte ihm der amerikanische Offizier, der offenbar Verständnis für diese prekäre
Lage hatte, fast freundschaftlich auf die Schulter und sicherte ihm Schutz zu. Hierauf
zog er seine Uhr und sagte: „Jetzt ist es 10 Uhr 20 Minuten. In einer Stunde erwarte
ich eine bestimmte Antwort. Lautet diese ablehnend, werde ich die Beschießung von
Fürth befehlen und außerdem noch Flieger anfordern, die schon nachmittags eintreffen und dann Fürth dem Erdboden gleich machen werden."³⁶ Der amerikanische Offizier, ein vernünftiger Mann, der unnötiges Blutvergießen vermeiden wollte, fand sich
sogar noch zu einem Zugeständnis bereit, als Häupler die gesetzte Frist als zu kurz bezeichnete. Der Oberbürgermeister und seine Begleiter begaben sich dann in das Rathaus zurück, wo Häupler die Wartenden mit knappen Worten über die bevorstehende
Übergabe der Stadt unterrichtete³⁷. Der Nürnberger Flaksender meldete um 17.40:
„Fürth hat schmachvoll kapituliert; Nürnberg hält sich ... Die Schmach der Stadt
Fürth aber wird für alle Zeiten in die Geschichte eingehen."³⁸ Das kümmerte die Fürther aber wenig. Überall hingen weiße Laken aus den Fenstern, am Rathausturm
wehte eine weiße Fahne. Ein Pg aus Zirndorf hatte die Tücher dazu „gespendet". Von
Gleixner und seinen Leuten waren sie zusammengenäht worden³⁹.

In Ansbach forderte das Schreckensregiment des Dr. Meyer noch in letzter Minute
das Leben eines 19jährigen Studenten. Am 18. April befanden sich nur noch wenige
Sicherungstruppen in der Stadt. Der Großteil der Soldaten hatte sich nach Süden abgesetzt. Die Spitzen der Partei und der Behörden hatten sich ebenfalls aus dem Staube
gemacht. Auch Kreisleiter Seitz, der noch wenige Tage zuvor im Gasthaus „Stern" wie
ein Barockfürst Hof gehalten hatte, stieg in seinen Volkswagen und verschwand auf
Nimmerwiedersehen⁴⁰. Daß die Amerikaner schon am Südrand der Stadt standen,
wußten viele Ansbacher nicht. Nach den verheerenden Luftangriffen vom 22./23. Fe-

---

³⁵ Wunschel, Kapitulation von Fürth, S. 13 f.
³⁶ Ebenda, S. 15.
³⁷ Ebenda, S. 15 f.
³⁸ Fürther Nachrichten vom 17.–19. April 1955.
³⁹ Ebenda.
⁴⁰ Vgl. Fränkische Landeszeitung vom 14. März 1970.

bruar 1945 waren sie vorsichtig geworden. Seit Tagen schon hatten sie nicht mehr gewagt, die Luftschutzkeller zu verlassen. Anders der 19jährige Robert Limpert, ein religiöser, ganz und gar zivilistischer Student, der schon „seit langem ... gegen den martialischen Ungeist des Nazismus und des Krieges" aufbegehrt hatte[41]. Im Frühjahr 1945 verteilte er heimlich Flugblätter, in denen er zur Übergabe der Stadt aufrief:

> „Ansbacher!
>
> Verteidigung der Stadt bedeutet ihre völlige Vernichtung.
> Unsere Stadt ist einer der wenigen Orte des Reiches, die
> noch verhältnismäßig unzerstört sind. Wir wollen sie uns
> erhalten! Widerstand kann die Amerikaner nicht aufhalten,
> nur uns den Untergang bringen. Beseitigt die Panzersper-
> ren! Verhindert die Verteidigung!
> Retten wir die Stadt und das Leben für uns und für
> Deutschland!"[42]

Für Limpert war die Nähe der amerikanischen Truppen das Signal, nochmals alles zu tun, um einen sinnlosen Verteidigungsversuch zu verhindern. Mutig begab er sich ins Rathaus. Dort traf er den stellvertretenden Bürgermeister Albert Böhm, Alt-Pg und Träger des goldenen Parteiabzeichens, der sich unverhofft zur kampflosen Übergabe der Stadt überreden ließ. Kurze Zeit vorher hatte Böhm einer Delegation von Ansbacher Frauen, die mit der gleichen Absicht zu ihm gekommen war, die Tür gewiesen. Die Nachricht von der kurzbevorstehenden Übergabe der Stadt verbreitete sich wie ein Lauffeuer. Viele wagten sich jetzt wieder auf die Straße. Auf der Promenade und in der Altstadt bildeten sich Menschentrauben. Einige Ansbacher, die noch vom Willen zum Weiterkämpfen beseelt waren und dies laut sagten, wurden von der Menge fast verprügelt. Zufällig kam die Nachricht auch dem fanatischen Kampfkommandanten zu Ohren, der sofort ins Rathaus stürmte und Böhm solange zusetzte, bis der Alte Kämpfer wieder umschwenkte. Als Limpert davon erfuhr, wurde er noch kühner. Den Plan, Meyer zu erschießen, ließ er auf Zuraten seines Vaters fallen. Dafür durchschnitt er in aller Öffentlichkeit ein Kabel, das die Telefonverbindung zwischen dem Gefechtsstand des Kampfkommandanten und den vor der Stadt postierten Truppen herstellte. „Er riskierte alles, ohne etwas zu bewirken"[43], denn der Gefechtsstand war bereits Tage vorher verlegt worden.

Zwei Hitler-Jungen, die Limpert beim Durchschneiden der Drähte beobachtet hatten, meldeten den Vorfall der Polizei, die den Studenten sofort verhaftete. Bei der Durchsuchung seiner Wohnung kamen auch die Flugblätter zutage. Überzeugt, einen Mann vor sich zu haben, der „landesverräterische Anschläge in großer Zahl verbreitet hatte", drängte Meyer, der sich Limpert sofort vorführen ließ, auf die Bildung eines Standgerichts. Er selbst war Ankläger und Richter, er diktierte auch das Urteil: „Ich verurteile Limpert zum Tode. Das Urteil wird sofort vollstreckt." 15 Minuten später

---

[41] Fröhlich, Herausforderung, S. 228.
[42] Ebenda, S. 234.
[43] Ebenda, S. 246.

war Limpert tot, aufgehängt an einem am Rathausbogen eingelassenen Haken[44]. Meyer hielt noch eine kurze Ansprache: „Dies ist ein Volksverräter und Staatsverbrecher, der hängen mußte."[45] Dann schärfte er den Schaulustigen ein, die Leiche müsse solange hängen bleiben, bis sie „stinke". Kurz darauf verließ er die Stadt[46]. Am Nachmittag, die Leiche Limperts war noch immer nicht abgeschnitten worden, marschierten die Amerikaner in Ansbach ein.

Ein noch schrecklicheres Ende nahm der Krieg im etwa zehn Kilometer westlich von Ansbach gelegenen Leutershausen, das ebenfalls unter dem Regiment des Oberst Meyer stand, der das 1000 Jahre alte Städtchen mit allen Mittel zum Widerstandsnest ausbauen wollte. Hier wurde auf drastische Weise deutlich, welche verheerenden Konsequenzen der sinnlose Widerstand einiger SS-Einheiten haben konnte. In den entscheidenden Stunden vor dem Einmarsch der Amerikaner schien alles auf ein glimpfliches Ende hinzudeuten. Am 18. April, kurz nach Mitternacht, hatte der ranghöchste Wehrmachtsoffizier dem Druck der Leutershausener Bürger nachgegeben, seine Kampfgruppe abrücken lassen und den Volkssturm aufgelöst[47]. Noch in der Nacht räumten Leutershausener Frauen die Panzersperren beiseite – entgegen dem Rat des verbohrten Führers der Volkssturmkompanie, der meinte: „Etwas Dümmeres hättet Ihr nicht machen können, Ihr bringt Schmach und Schande über Leutershausen."[48] Am darauffolgenden Morgen wartete alles bereits gespannt auf den Einmarsch der Amerikaner, als in der oberen Vorstadt neue deutsche Truppen auftauchten. Der Führer dieser kleinen Einheit, ein Oberscharführer der Waffen-SS, bestand darauf, daß alle in der Nacht getroffenen Maßnahmen sofort rückgängig gemacht würden. „Lassen Sie sich nicht einfallen, uns in den Rücken zu fallen oder die weiße Fahne zu zeigen, sonst eröffnen wir das Feuer auf den Ort", mit diesen Worten führte er dem Bürgermeister den Ernst der Lage vor Augen[49]. Eilends wurden die Panzersperren geschlossen und die Brücke über die Altmühl wieder sprengbereit gemacht.

Im Laufe des Vormittags rückten amerikanische Panzerspähwagen an Leutershausen heran. Als die Waffen-SS das Feuer eröffnete, zogen sich die Amerikaner, die kein Risiko eingehen wollten, sofort zurück und forderten Unterstützung aus der Luft an – eine Taktik, die überall zur Anwendung kam, wenn die Bodentruppen auf ernsthaften Widerstand trafen. Im Tagebuch von Frau Heinold lesen wir über die weiteren Ereignisse in Leutershausen: „So zwischen 6 und 7 Uhr abends ging das Schauspiel los. Es kamen die Bomber, vielleicht so 8 oder 10. Auf einmal krachte es. Unser Keller schwankte tüchtig. Alles zitterte und bebte. Wagners und wir beteten immerzu. In einer Viertelstunde brannte unser schönes Leutershausen zur Hälfte lichterloh. Es war einfach furchtbar schlimm. Nun gibt es soviele, die kein Obdach mehr haben. Unsere untere Vorstadt blieb Gott sei Dank verschont, bis auf zerbrochene Fensterscheiben und Dachschäden. Sprengbomben fielen im Krankenhaushof und auf der Insel. Nach dem Angriff kamen die Leute haufenweise in den Keller geflüchtet und die Luft wurde ziemlich dick"[50]. Wie durch ein Wunder kamen nur zwei Menschen ums Le-

[44] Ebenda, S. 252.
[45] Fränkische Landeszeitung vom 7. April 1970.
[46] Fröhlich, Herausforderung, S. 252.
[47] Schilderung der Ereignisse im April 1945 von Bürgermeister Schiller, in: Stadtarchiv Leutershausen.
[48] Rüger an Bürgermeister von Leutershausen, 9. Mai 1945, in: Stadtarchiv Leutershausen.
[49] Schilderung der Ereignisse im April 1945 von Bürgermeister Schiller, in: Stadtarchiv Leutershausen.
[50] Privatbesitz von Frau Heinold, Leutershausen.

ben. Mehr als 120 Anwesen, Ställe und Scheunen brannten aus oder waren schwer beschädigt[51]. Nachdem sich die SS-Einheit zurückgezogen hatte, nahm Dekan Blendinger die Dinge in die Hand. Über Mittelramstadt ging er den Amerikanern mit einer weißen Fahne entgegen und bat, das Schießen einzustellen[52].

In fast allen Städten des Territoriums, das die amerikanischen Streitkräfte 1944/45 besetzten, fanden sich Einzelpersonen und Gruppen, die von demselben Mut beseelt waren wie der Leutershausener Dekan und die Fürther Honoratioren. Überall waren nun – da Hitlers Herrschaft zerfiel – Menschen bereit, drastische Strafen, ja sogar ihr Leben zu riskieren, um Schlimmeres zu verhüten. Die Zeit, da man sich geduckt und den Unmut über das NS-Regime nur hinter vorgehaltener Hand geäußert hatte, ging zu Ende. Auch in den winzigen Bauerndörfern und Kleinstädten der Landkreise Ansbach und Fürth faßten sich Ortshonoratioren, Intellektuelle, einfache Leute, Angehörige der republikanischen Weimarer Parteien, aber auch ernüchterte Funktionäre des NS-Regimes ein Herz und versuchten zu retten, was noch zu retten war. In Oberfürberg, einem kleinen Dorf vor den Toren von Fürth, schlich der Stabsarzt Dr. Eugen Gastreich, der jüngere Bruder des uns aus Fürth bekannten Fritz Gastreich, von Schützenloch zu Schützenloch und redete auf Wehrmachtssoldaten ein, sich zurückzuziehen bzw. sich bei ihm krank zu melden. Schließlich nahm er persönlich Kontakt zu den Amerikanern auf und erreichte die Einstellung des Feuers[53]. In der Gemeinde Roßtal hatte sich ein kleines Komitee aus fünf Handwerksmeistern und dem Dorfarzt, drei von ihnen Parteigenossen, gebildet, das auf dem Kirchturm eine weiße Fahne hißte[54].

[51] Schilderung der Ereignisse im April 1945 von Bürgermeister Schiller, in: Stadtarchiv Leutershausen.
[52] Hermann Schreiber, Leutershausen, Leutershausen o.J. (1973), S. 271 f. In den ersten Nachkriegsjahren entbrannte unter der Bevölkerung Leutershausens ein heftiger Streit über die Frage, wer für die schrecklichen Ereignisse des letzten Kriegstages verantwortlich sei. Der Zorn der Betroffenen richtete sich unmittelbar nach Kriegsende vor allem gegen den Hauptlehrer und Führer des Volkssturms Rüger. „Der gewesene Kompanieführer des Volkssturms Leutershausen-Land, Hauptlehrer Rüger, hat bei dem Umbruch in Leutershausen zur Verteidigung des Städtleins und der Umgebung eigens aus Büchelberg SS-Soldaten herbeigeholt, nachdem die Besetzung sich reibungslos vollzogen hätte. Dieser Umstand wurde nachträglich einwandfrei festgestellt. Durch dieses Verhalten trägt Rüger die Hauptschuld an dem furchtbaren Unglück, das geschehen ist. Die Bevölkerung hat nun naturgemäß einen furchtbaren Haß gegen ihn und es ist zu erwarten, wenn behördlicherseits nicht eingegriffen wird, daß etwas gegen ihn unternommen wird", schrieb der spätere Abgeordnete der CSU im bayerischen Landtag, Georg Mack, am 7. Mai 1945 an Landrat Borkholder in Ansbach. Doch schon fünf Tage später wollte Mack nichts mehr davon wissen. Er ließ den Bürgermeister wissen, daß er nicht in der Lage sei, seine frühere Behauptung aufrechtzuerhalten. Die Spruchkammer Ansbach-Land, die am 13. Februar 1948 über den mittlerweile an einen anderen Ort versetzten Rüger zu befinden hatte, kam zu folgendem Ergebnis: „Weder besaß der Betroffene eine Befehlsgewalt über die in Rede stehende oder irgend andere SS-Abteilung, noch liegt ein Beweis dafür vor, daß er jene SS-Leute zu ihrer ebenso großtuerischen wie verbrecherischen Tat herbeizurufen vermocht hätte oder vermocht hat. Damit scheidet die Frage der Verantwortung des Betroffenen für die Verwüstung Leutershausens aus." 1948 wollte aber schon niemand mehr an die Ereignisse des 19. April 1945 erinnert werden. Der Stadtrat lehnte es ab, den Spruchkammerbescheid Rügers öffentlich auszuhängen, „um die ganze Angelegenheit nicht wieder unnötig aufzufrischen". Jahre später war die Frage nach der Verantwortung für die Bombenangriffe vergessen. Im Heimatbuch der Stadt Leutershausen werden nur die nüchternen Daten genannt. Neue Schuldige waren auch schnell gefunden: die Amerikaner, die – ohne von der SS angegriffen worden zu sein – aus heiterem Himmel die Stadt in Schutt und Asche legten. Zu den Ereignissen im April 1945 vgl. die Akten im Stadtarchiv Leutershausen sowie die Unterlagen im LKA Nürnberg, Bestand: Dekanat Leutershausen, Nr. 449.
[53] Fürther Nachrichten vom 29. April 1975 und mündliche Mitteilung von Dr. Eugen Gastreich vom 16. Juni 1981.
[54] Schriftliche Mitteilung von Michael Wiesinger vom 1. September 1981.

Unter den „Rädelsführern" der Aktionen zur Beendigung des Krieges befanden sich bemerkenswert viele Frauen. In Cadolzburg gingen Frauen schon Anfang April auf die Straße, um die örtlichen Behörden zur kampflosen Übergabe des Marktes zu zwingen. Zu einem solchen „Aufruhr" kam es auch in Merkendorf, und in Wicklesgreuth, einem kleinen Nest bei Petersaurach, lief eine mutige Witwe den Amerikanern entgegen[55]. Solche oftmals ganz spontanen Aktionen waren mit einem beträchtlichen Risiko verbunden, denn der Arm von SS und Partei reichte auch in den letzten Kriegstagen noch bis in den abgelegensten Winkel der Provinz. In Eyb verhaftete die SS den Bürgermeister und brachte ihn vor ein Standgericht, weil in seiner Gemeinde die Panzersperren eingerissen und verbrannt worden waren[56]. Ein kleiner Weiler bei Michelsberg im Landkreis Fürth wurde von der deutschen Artillerie zusammengeschossen, weil Bauern die weiße Fahne gehißt hatten[57]. Die Mitglieder des Roßtaler Komitees hatten es nur einigen unerschrockenen Familien zu verdanken, daß sie nicht der SS in die Hände fielen, die eine regelrechte Treibjagd auf die „Verräter" veranstaltete.

Am 20. April 1945 schwiegen im westlichen Mittelfranken die Waffen. Die Strapazen der Kriegsjahre waren vorüber. Ein Aufatmen ging durch die Dörfer und Städte, deren Bevölkerung nur eines im Sinn zu haben schien: Krieg und NS-Zeit hinter sich zu lassen und schnell zur Normalität zurückzukehren. Die amerikanischen Militärs, die hitlergläubige und kampfentschlossene Deutsche erwartet hatten, reagierten darauf mit Unverständnis und leichtem Spott: „So begierig waren sie, ihren Eroberern gefällig zu sein, daß sie sofort begannen, die Straßensperren niederzureißen, die sie nur wenige Stunden vorher errichtet hatten, um die Fahrzeuge in die Stadt zu lotsen. Ein Befehl erging, die Waffen abzuliefern, und sie beeilten sich, zu gehorchen. Sie lieferten aber nicht nur Waffen ab, sondern alles, was sie ihres Erachtens mit der Wehrmacht in Verbindung bringen konnte. Uniformen, Gasmasken, Helme, NSDAP-Armbinden wurden auf die großen Haufen vor der Stadthalle geworfen ... Sie schienen kein Interesse an den Kämpfen zu haben, die in Nürnberg noch tobten. Dieselben Leute, die Hitler zugejubelt hatten, waren nun bereit, den Streitkräften zuzujubeln, die ihn beseitigten. Die ‚Rainbowmen' hatten es schon früher gesehen, aber hier sahen sie es erneut, wie total die Menschen ihre eigenen Soldaten ignorierten, die als Kriegsgefangene durch die Straßen geführt wurden. Sie sprachen ihnen weder Mut zu, wie man es hätte erwarten können, noch verspotteten sie sie, weil es ihnen nicht gelungen war, die Stadt zu verteidigen. Sie schienen sie einfach nicht zu bemerken. Neugierig bestaunten sie die Amerikaner, aber für ihre eigenen Truppen hatten sie kaum einen Blick übrig. Da und dort winkte eine Frau, aber es gab wenige Tränen als diese Männer in die Gefangenenlager gingen."[58]

Von Aachen bis Passau und von Köln bis Regensburg – fast überall erlebten die amerikanischen Streitkräfte einen freundlichen Empfang der deutschen Zivilbevölke-

[55] Aufzeichnungen über das Kriegsende, in: Archiv der Gemeinde Petersaurach. Vgl. auch Hildebrand Troll, Aktionen zur Kriegsbeendigung im Frühjahr 1945, in: Martin Broszat/Elke Fröhlich/Anton Großmann (Hrsg.), Bayern in der NS-Zeit, Bd. IV, München/Wien 1981, S. 654.
[56] Fränkische Landeszeitung vom 15. Juli 1969.
[57] Oberkirchenrat Schieder an Evangelisch-Lutherischen Landeskirchenrat, 11. Mai 1945, in: LKA Nürnberg, Bestand: Kreisdekan Nürnberg, Nr. 14–502.
[58] Geschichte der 42nd „Rainbow" Infantry Division, S. 86 f., o. O., o. J., in: IfZ-Archiv.

rung. "Germans Welcome Invaders", bemerkte die Londoner Times[59] schon im September 1944. Goebbels, dem dieses Phänomen natürlich nicht verborgen blieb, entsetzte sich darüber. Über das „feige" und „unterwürfige" Verhalten der Frankfurter beim Einmarsch der US-Army schrieb er in sein Tagebuch: „Der Feind bringt darüber Berichte, die einem die Schamröte ins Gesicht treiben. Die Amerikaner seien bei ihrem Einzug mit großen Demonstrationen empfangen worden. Die Parole der Frankfurter laute: ‚Laßt uns küssen und gute Freunde sein!'"[60] Die Anwesenheit der „neuen Herren" der amerikanischen Besatzungsmacht empfanden viele als „Befreiung" und als „Erlösung vom Naziterror". Das galt nach der Einschätzung des Landrats von Fürth sogar für einen Teil der Parteimitglieder[61]. Andere hatten aber auch Angst, niemand wußte genaueres über die amerikanischen Soldaten. War von ihnen wirklich, wie es immer hieß, eine anständige Behandlung zu erwarten?

Die Spannung wich oft schnell großer Erleichterung, als die Amerikaner Lebensmittel zur Verfügung stellten, Verbandszeug lieferten, Verwundete versorgten und in benachbarte Krankenhäuser brachten[62]. Eine Hausfrau aus Fürth erinnerte sich noch viele Jahre später an zwei Szenen: Einige Kinder hatten nach dem Ende der Kampfhandlungen als erste den Bunker verlassen. Sie „kamen mit Bonbon und Schokolade zurück. Die hatten sie von den Soldaten bekommen. Wir atmeten auf und sagten, dann sind die Soldaten nicht böse mit uns." Ähnliches passierte ihr kurze Zeit später: „Ein Amerikaner kam in einem Jeep gefahren. Wie er in meine Nähe kam, verlangsamte er sein Tempo, winkte mit der Hand und schrie: Moder, Moder. Es war ein blutjunger Mensch. Ich dachte, das heißt bestimmt Mutter. Lächelte und winkte auch. Nun ließ er seinen Jeep ganz stehen, fuhr mit beiden Armen aus dem Fenster und schrie noch lauter Moder, Moder ..."[63] Ähnliches erfuhr der 17jährige HJ-Stammführer Fritz Majer aus Leutershausen. Am Tag nach dem verheerenden Luftangriff war ganz Leutershausen auf den Beinen. Überall wurde gelöscht und aufgeräumt. Majer war so eifrig bei der Sache, daß er es gar nicht bemerkte, als ein amerikanischer Sherman-Panzer dicht hinter ihm hielt. Als er dann den Panzer erblickte, wagte er kaum mehr zu atmen. Die NS-Propaganda hatte bei dem HJ-Führer ihre Wirkung nicht verfehlt. Da war er also, der gefürchtete Feind. Zu allem Unglück trug der Stammführer auch noch das HJ-Abzeichen, das er – fast instinktiv – sofort mit seinen Händen verdeckte. Voller Angst, die Hände auf der Brust, stand der junge Majer und wartete. Die Luke des Panzers ging auf, ein baumlanger Neger kam zum Vorschein und – lachte. „Mit einem Schlag", so Majer später, „war die ganze Propaganda weg. Ich hab das Lachen als befreiend empfunden."[64]

Dieses Gefühl der Erleichterung prägte sich umso nachhaltiger ein, als es nur selten von schrecklichen Erlebnissen wie etwa Vergewaltigungen oder größeren Plünderungen getrübt wurde. „In meinem Hause haben sie wirklich jedes Möbelstück unter-

[59] The Times vom 14. September 1944.
[60] Goebbels, Tagebücher 1945, S. 421.
[61] LR Fürth an MilReg, 2. August 1945, in: StA Nürnberg, LRA Fürth (1962), Nr. 40/1. Vgl. auch Weekly Summary, Det. Fürth, 21. Juli 1945, in: NA, RG 260, 9/96-2/12 und Annual Hist. Rep., Det. Fürth, 20. Juni 1946, in: NA, RG 260, 10/81-1/5.
[62] Vgl. Oberkirchenrat Schieder an Evangelisch-Lutherischen Landeskirchenrat, 11. Mai 1945, in: LKA Nürnberg, Bestand: Kreisdekan Nürnberg, Nr. 14-502.
[63] Erinnerungen an Kriegszerstörungen in Fürth, in: Fürther Heimatblätter 19 (1969), Nr. 1, S. 15.
[64] Mündliche Mitteilung von Fritz Majer vom 27. Juli 1983.

sucht", schrieb der Pfarrer der evangelischen Pfarrei St. Michael in Fürth, „jede Schublade geöffnet und die Sachen der Hausfrau durchstöbert, ja jeden Gegenstand in die Hand genommen und allerlei schöne Sachen, wie Uhren, Zigarettenetui, Taschenmesser, gute Bleistifte usw. mitgenommen."[65] Deutschen die Uhren abzunehmen, war offenbar so verbreitet, daß schon bald der Witz umging: USA bedeute Uhren stehlen's auch. Doch im großen und ganzen zeigten sich die neuen Herren „recht manierlich", wie es in einer Reportage der Fränkischen Landeszeitung zum 25. Jahrestag des Einmarsches hieß. Der evangelische Pfarrer von Heilsbronn berichtete über seine erste Begegnung mit amerikanischen Soldaten: „Im Pfarrhaus erschienen drei Mann, darunter ein Offizier. Sie durchsuchten das Haus bis auf den letzten Winkel, nahmen aber nichts als Photo und Offiziersdolch des Bruders des Ortsgeistlichen mit, ließen auch nichts aufbrechen ... In den ersten Tagen der Besetzung wurde die Münsterkirche von einem Offizier ... nach versteckten Soldaten, Waffen und Munition durchsucht. Es geschah in völlig korrekter, höflicher Form."[66] Diesem Urteil hätte der spätere Oberbürgermeister von Ansbach, Rechtsanwalt Ludwig Schönecker, nur zustimmen können. Er hatte nach den schweren Bombenangriffen auf Ansbach im Februar 1945 im außerhalb der Stadt gelegenen Göttelsdorf Zuflucht gefunden; sein Automobil – einen Adler-Triumph Junior – hatte er, mit etwas Heu bedeckt, in der Scheune untergestellt. Als einige Besatzungssoldaten wenige Tage nach dem Einmarsch das Anwesen inspizierten und den Adler-Triumph fanden, ließen sie sich die Schlüssel geben und brausten davon. Schönecker dachte schon, daß er sein Auto nicht mehr zu Gesicht bekommen würde. Doch nach einer halben Stunde Probefahrt gaben die GI's den Wagen zurück[67].

Es waren Einzelfälle, wenn amerikanische Soldaten plünderten oder deutsche Frauen und Mädchen bedrohten. Vergewaltigungen seien zwar vorgekommen, teilte der Fürther Oberbürgermeister am 3. Juli 1945 dem Regierungspräsidenten in Ansbach in seinem ersten Monatsbericht nach Kriegsende mit, „doch haben sie keinen größeren Umfang angenommen"[68]. Lediglich in kleineren Orten westlich und nördlich von Fürth kam es zu einigen schlimmen Übergriffen vor allem von farbigen GI's: „Vor etwa acht Tagen wurden in der Gegend von Veitsbronn und Langenzenn Neger stationiert. Seit einiger Zeit werden jede Nacht Frauen mißbraucht und Plätze geplündert. Die Farbigen, oft sechs bis acht Mann, verschaffen sich mit Gewalt Eintritt in die Häuser, bedrohen die Männer mit Waffen und mißbrauchen die Frauen."[69] Auch in Zirndorf sollen „Neger ... Jagd auf Frauen und Mädchen, die sie selbst aus den Häusern holten"[70], gemacht haben. Im gesamten Okkupationsraum der Amerikaner, der

---

[65] Kriegschronik des Evangelisch-Lutherischen Pfarramts St. Michael Fürth 1939–1947, in: LKA Nürnberg, Bestand: Ev.-Luth. Pfarramt Fürth-St. Michael, Nr. 445.

[66] Bericht über die Besetzung Heilsbronns durch amerikanische Truppen am 17. April 1945, in: LKA Nürnberg, Bestand: Dekanat Windsbach, Nr. 313.

[67] Mündliche Mitteilung von Dr. Ludwig Schönecker vom 17. August 1983.

[68] OB Fürth an RegPräs, 3. Juli 1945, in: Stadtverwaltung Fürth, EAP 4.

[69] LR Fürth an MilReg, 30. April 1945, in: NA, RG 260, 9/96-1/12.

[70] Ortschronik der Stadt Zirndorf, in: Rathaus Zirndorf. Die amerikanische Militärregierung verurteilte derlei Vorfälle mit aller Strenge und scheute sich nicht, gegen Angehörige der eigenen Streitkräfte, die sich etwas zu Schulden kommen ließen, harte Worte zu gebrauchen: „Gewisse Elemente ... haben durch ihr Verhalten die Vereinigten Staaten und die Armee, deren Uniform sie tragen, in Mißkredit gebracht" (Annual Hist. Rep., Det. Fürth, 20. Juni 1946, in: NA, RG 260, 10/81-1/5). Solche Vorkommnisse würden es sehr erschweren, „die Deutschen von der Überlegenheit der amerikanischen Nation zu überzeugen" (Weekly Sum-

im Frühjahr 1945 etwa die Hälfte des gesamten Reichsgebietes umfaßte, sind aber während des ganzen Jahres 1945 wohl nicht mehr als 1000 Fälle von Vergewaltigungen vorgekommen, die von der US-Armee im übrigen sehr drastisch geahndet wurden; 29 Soldaten wurden wegen Notzucht, 15 weitere wegen Mord in Tateinheit mit Vergewaltigung hingerichtet und mehr als hundert zu langjähriger Zwangsarbeit verurteilt[71].

Am gefürchtetsten waren in diesen ersten Tagen und Wochen nach dem Einmarsch der amerikanischen Truppen die Fremdarbeiter, die ihre Befreiung feierten und sich in einer ausgelassenen Stimmung befanden. Die Jahre der Entbehrungen und Schikanen waren vorbei, viele DP's ließen nun ihrer lange angestauten Wut freien Lauf. In Ansbach drangen sie gewaltsam in Läden und Geschäfte ein und schleppten davon, was sie tragen konnten. Einige erfuhren von Weinvorräten in der Südstadt. „Sie schlugen Löcher in die großen Fässer und ließen den Wein einfach auslaufen, wenn sie genug hatten."[72] In Fürth stahlen DP's Autos, Motorräder und Lebensmittel, holten Vieh von der Weide oder aus den Ställen und nahmen Passanten auf der Straße Fahrräder und Wertsachen, namentlich Uhren und Ringe, ab. „Aus manchen Schulhäusern", so die Fürther Schulverwaltung, „war alles, was nur irgend beweglich war, entfernt, Beleuchtungskörper, Schalter und Steckkontakte, Waschbecken, Wasserhähne, Türen und Fenster, Linoleumbeläge, Öfen, vereinzelt sogar Bretter der Holzböden wurden entfernt."[73]

Manchmal kam es auch zu Racheakten gegen besonders verhaßte frühere Vorgesetzte. Vor allem in den kleinen Dörfern und abgelegenen Gehöften, in denen fast nur noch Frauen und alte Männer anzutreffen waren, verbreiteten die marodierenden Fremdarbeiter Angst und Schrecken. Die Gendarmerie im Landkreis Ansbach berichtete: „Vom Lager aus suchten diese Ausländer hauptsächlich bei Nacht die umliegenden Dörfer und Einöden auf und raubten und plünderten in Banden bis zu 25 Mann stark eine große Anzahl Bauernhöfe vollkommen aus. Sämtliche Fleischvorräte und sonstige Lebensmittel, sowie sämtliche Kleidungs- und Wäschestücke wurden gestohlen bzw. geraubt. Vielfach besaßen die Bestohlenen nur noch das, was sie am Leibe trugen. Bei den Plünderungen gingen die Täter in der Weise vor, daß sie die Bewohner unter Bedrohung mit Schußwaffen in einen Raum, vielfach in den Keller, trieben, sie dort bewachten und sodann stundenlang das ganze Haus durchsuchten. Das Diebesgut wurde in bereitgestellten Kraftwagen oder Handwagen fortgeschafft. Wenn sich die Bestohlenen zur Wehr setzten, machten die Täter rücksichtslos von der Schußwaffe Gebrauch. In einem Falle wurde ein Bauer erschossen, in einigen Fällen wurden die Bestohlenen schwer verletzt. Unter den Tätern befanden sich vielfach solche Ausländer, die bei den Bestohlenen oder in der Nachbarschaft vorher bedienstet und daher mit den örtlichen Verhältnissen gut vertraut waren ... In den einzelnen Ortschaften wurden bei Nacht Wachen organisiert, die Lärm machten, wenn Gefahr drohte."[74]

---

mary, Det. Fürth, 13. Oktober 1945, in: NA, RG 260, 9/96-2/12). Das war starker Tobak und brachte der zivilen Militärregierung den Vorwurf ein, „Pro-German" zu sein (Annual Hist. Rep., Det. Fürth, 20. Juli 1946, in: NA, RG 260, 10/81-1/5).

[71] Die Angaben beruhen auf der Studie eines General Board genannten, aus hohen Offizieren zusammengesetzten Expertengremiums mit dem Titel: „Military Justice Administration in the Theater of Operations" (entstanden Ende 1945), S. 15 f.; Dwight D. Eisenhower Library, Abilene, General Board, Reports, Box Nr. 9.

[72] Fränkische Zeitung vom 18. April 1953.

[73] Mehrjahresbericht (1945–1955) des Schulreferats der Stadt Fürth, in: Stadtverwaltung Fürth, EAP 211.

[74] Undatierter Bericht des Gendarmeriekreises Ansbach, in: LRA Ansbach, EAP 01-016.

Es waren entnervende Tage. Überall richteten sich jetzt die Hoffnungen auf die Militärregierung, die den „potential trouble makers" nach einigen Wochen tatsächlich Einhalt zu gebieten vermochte.

Während Ende April 1945 die Bevölkerung Mittelfrankens schon erste Erfahrungen im Umgang mit der Besatzungsmacht sammeln konnte, tobten andernorts noch erbitterte Kämpfe um den Endsieg. Am 16. April hatte die russische Großoffensive an der Oder und in Schlesien begonnen, die Briten standen vor den Toren Hamburgs und Bremens, die Franzosen hatten die obere Donau erreicht, die Amerikaner die Elbe überschritten, wo sie am 25. April bei Torgau mit sowjetischen Truppen zusammentrafen. Im „heiligen Schrein der NSDAP", in Nürnberg, fand am 20. April die erste Siegesfeier der 3. amerikanischen Division auf dem Adolf-Hitler-Platz statt, der zu Ehren des Kommandeurs, Generalmajor O'Daniel, in „Iron-Mike-Place" umbenannt worden war[75]. Etwa zur selben Stunde, da in Nürnberg die Divisionskapelle die amerikanische Nationalhymne und „Dogface Soldier" intonierte, versammelten sich im Reichskanzleibunker in Berlin die Spitzen von Staat und Wehrmacht zur gespenstischen Gratulationscour für den letzten Geburtstag des Führers. „Trotz der verzweifelten Situation fanden sie den Führer immer noch voll Zuversicht; die Russen, glaubte er immer noch, würden vor Berlin ihre blutigste Niederlage erleben."[76] Wie in den Jahren zuvor hatte es sich Goebbels nicht nehmen lassen, über den Rundfunk zu sprechen und die Deutschen zu beschwören, dem Führer und den Sternen auch weiterhin blindlings zu vertrauen. Doch die Resonanz auf den Geburtstag Hitlers, den das Volk schon 1944 nicht mehr wie in den Jahren zuvor in „dankbarer Liebe und Treue"[77] begangen hatte, war sehr gering. Als in den Wohnhäusern die Hitlerbilder vom Nagel genommen wurden, verschwand anscheinend auch Hitler selbst aus dem Denken der Deutschen. Am 20. April nahm kaum jemand vom Geburtstag des Führers Notiz. Man hatte andere Sorgen: „Hitlers Geburtstag. Wir haben weder Licht, noch Wasser, noch Radio", hieß es im Tagebuch von Frau Heinold. Selbst der Tod des Führers am 30. April hinterließ nur einen „flüchtigen Eindruck"[78]. Sein Mythos war gänzlich zerfallen[79].

2. Die Militärregierung

Schon wenige Tage nach dem Einmarsch der Amerikaner wehte das Sternenbanner vom Fürther Rathaus, über dem Eingang hing ein Holzbrett mit der Aufschrift „Military Government". Die Räume, die die Amerikaner im Rathaus beschlagnahmt hatten, dienten als Amtssitz von Captain John D. Cofer, der als Stadtkommandant und Chef der zivilen amerikanischen Militärregierung nun gewissermaßen Stadtoberhaupt von Fürth war. Captain Cofer und sein Team, das Detachment B-229, gehörten zum weitgefächerten Apparat der amerikanischen Militärregierung in Deutschland, an dessen

---

[75] Fränkische Sonntagspost vom 16. April 1955.
[76] Hugh R. Trevor-Roper, Hitlers letzte Tage, Zürich 1946, S. 107.
[77] RegPräs an bay. Staatsregierung, 5. Mai 1942, in: BayHStA, MA 106 670.
[78] Marlis G. Steinert, Hitlers Krieg und die Deutschen, Düsseldorf/Wien 1970, S. 582.
[79] Vgl. dazu Kershaw, Hitler-Mythos.

Spitze ein Militärgouverneur für die gesamte US-Zone stand, dem Länder-, Regierungsbezirks- und, als unterste Ebene der Pyramide, Stadt- und Landkreisdetachments zugeordnet waren, deren Stärke je nach Größe der deutschen Orte zwischen einem Dutzend und einigen Hundert Offizieren und Mannschaftsgraden schwankte.

Viele Militärregierungsoffiziere, die – wie Cofer – jetzt in ihren Bestimmungsorten eintrafen, waren zwischen 1942 und 1944 in den Vereinigten Staaten oder später in Großbritannien auf ihre Aufgaben im besetzten Deutschland vorbereitet worden. Die Rekrutierungsbüros hatten es bei der Auswahl des Personals nicht an Sorgfalt fehlen lassen. Viele dieser Männer, die jetzt die Uniform der US-Army trugen, hatten es im Zivilleben zu etwas gebracht, nicht wenige ansehnliche Karrieren in der freien Wirtschaft oder im öffentlichen Dienst gemacht. Ihr Bildungsniveau war beachtlich hoch. Eine 1956 vorgelegte Studie des Operations Research Office der Johns Hopkins University, die auf den Angaben von 800 Angehörigen der amerikanischen Militärregierung basiert, kommt zu dem Ergebnis, daß 91 Prozent ein Jahr, 77 Prozent sogar vier Jahre oder länger ein College besucht hatten. Zwei Drittel hatte dabei den Grad eines Bachelors, 40 Prozent ein Master's Degree erworben[80]. Kein Wunder also, daß die Offiziere durchweg positiv beurteilt wurden. Albert Gore, ein demokratischer Kongreßabgeordneter aus Tennessee, der für sechs Wochen das Leben der einfachen GI's in der US-Army teilte und dabei auch die Arbeit der Militärregierungsdetachments kennenlernte, schrieb nach seiner Rückkehr in die Vereinigten Staaten: „Unser Militärregierungspersonal ist im großen und ganzen kompetent und qualifiziert."[81] Professor Walter L. Dorn, der selbst eine zeitlang als Ausbilder tätig war, meinte, daß die „Qualität des Militärregierungsoffiziers in der Civil Affairs Division besonders hoch" gewesen sei[82]. Und der kritische Harold Zink, Mitglied des SHAEF-Planungsstabes und Angehöriger von OMGUS, urteilte später: Das amerikanische Personal sei „ziemlich gut" gewesen. Es habe nur einige Offiziere gegeben, „die zur Klasse der Gauner und Halunken gehörten". Einige waren so unverschämt, daß sie offen ihre Absicht zu erkennen gaben, aus ihren Positionen durch Schwarzmarktgeschäfte, Korruption und sogar Plünderungen so viel wie möglich herauszuschlagen."[83]

Captain Cofer und seine Leute hatten bereits eine bewegte Odyssee auf dem europäischen Kriegsschauplatz hinter sich, als sie am späten Abend des 23. April nach einer zweitägigen Fahrt frierend, übermüdet und hungrig in Fürth eintrafen und das Interims-Detachment, das schon seit drei Tagen in Nürnberg erwartet wurde, ablösten. Das Detachment B-229[84] war 1944 in Großbritannien zusammengestellt und in Shrivenham, einem 600-Seelen-Dorf südöstlich von Oxford, und Manchester ausgebildet worden. In Manchester, wo die Zielgebiete der Einheiten festgelegt wurden, erhielten die einzelnen Teams „eine ganze Menge solider und wichtiger Unterweisung"; die Offiziere „studierten von dieser Zeit an ständig die besonderen Bedingungen, die wirt-

---

[80] Vgl. A Survey of the Experience and Opinions of US Military Government Officers in World War II, in: IfZ-Archiv.
[81] Der Bericht Gores, der auch dem amerikanischen Kongreß vorgelegt wurde, ist in Auszügen wiedergegeben im Monatsbericht der European Civil Affairs Division (ECAD) vom 7. Mai 1945, in: NA, RG 332, ECAD.
[82] Walter L. Dorn, Inspektionsreisen in der US-Zone. Notizen, Denkschriften und Erinnerungen aus dem Nachlaß übersetzt und herausgegeben von Lutz Niethammer, Stuttgart 1973, S. 26.
[83] Harold Zink, American Military Government in Germany, New York 1947, S. 23 und 32.
[84] History of the Detachment from Formation until Arrival at the Pinpointed Area, in: Annual Hist. Rep., Det. Fürth, 20. Juni 1946, in: NA, RG 260, 10/81-1/5.

schaftlichen, politischen und Verwaltungsstrukturen" ihrer Bestimmungsorte[85]. „Trained, drilled, briefed, shaken down and polished"[86], wurden sie im September 1944 nach Frankreich verlegt und etwa 35 Meilen südwestlich von Paris, in Rochefort, einquartiert. Es war damals, wie Dorn sich erinnerte, „ein besonders nasser und kalter Herbst. Es gab nicht genügend Raum im Schloß, um die Division unterzubringen, so daß sie in Zelten auf den Hügeln rings umher in Schmutz und Regen lagerte." Die Moral der Männer, so Dorn weiter, war „außerordentlich niedrig wegen des kalten und regnerischen Wetters, wegen der Ungeduld der Offiziere, und weil die ganze Übersiedlung nach Frankreich ohne jede klug geplante Voraussicht vonstatten gegangen war – eine unmögliche Lage, die Tag um Tag und Woche um Woche andauerte. Diese Leute, die da draußen in Dreck und Schlamm auf den Hängen um Rochefort lagen, waren zu bemitleiden."[87]

Im Februar 1945 war das trostlose Lagerleben endlich vorbei. Nun ging es an die Front in der Eifel und manch einer wird sich angesichts der erbitterten Kämpfe nach dem Lagerleben zurückgesehnt haben. Der strapaziöse Einsatz dauerte bis Mitte März, dann wurde das Detachment zum G-5 Stab des III. Corps nach Bad Neuenahr/Ahr abkommandiert. Dort verfehlten es Cofer und seine Leute nur knapp, in die große Geschichte einzugehen. Sie waren nämlich dazu ausersehen, als erste amerikanische Militärregierungseinheit über die Brücke von Remagen zu gehen. Daraus wurde aber nichts, denn das Detachment war für den frühen Einsatz im rechtsrheinischen Gebiet nicht genügend gerüstet. Das Team von Cofer blieb noch bis Anfang April an der Ahr, dann erfüllte es in Fredeburg im Rothaargebirge die routinemäßigen „first duties". Bürgermeister wurden eingesetzt, Einwohner registriert, Displaced Persons versorgt – alles Aufgaben, die auch in Fürth auf Cofer und seine Leute zukamen. Am 21. April, Fürth, der Bestimmungsort der Einheit, war schon zwei Tage zuvor eingenommen worden, löste eine britische Einheit die Cofergruppe in Fredeburg ab, die jetzt den Befehl erhielt, sich beim Hauptquartier der 1. amerikanischen Armee für weitere Aufträge zur Verfügung zu halten. Kaum im Hauptquartier angekommen, erging Marschbefehl zur Fahrt nach Fürth in Bayern.

Das Detachment B-229 bestand im April 1945 aus Captain Cofer, zwei Unteroffizieren und sechs einfachen Soldaten. Von der ursprünglichen, in England und Frankreich ausgebildeten achtköpfigen Mannschaft waren nur Cofer und ein Soldat am Zielort angekommen. John Daly Cofer, 1898 in Gainesville/Texas geboren, gehörte gewiß zum Kreis der Besatzungsoffiziere, die der Kongreßabgeordnete Gore als „kompetent und qualifiziert" bezeichnet hatte. Der Chef der Fürther Einheit genoß den Ruf eines korrekten, ruhigen Mannes mit ausgeprägtem Gerechtigkeitssinn. Er hatte Jura studiert und seit den zwanziger Jahren, erst in seiner Heimatstadt, dann in Austin, als Rechtsanwalt gearbeitet. Früh an politischen Fragen interessiert, hatte er an den Anti-Trust-Prozessen der Regierung Roosevelt mitgewirkt. Seit den dreißiger Jahren gehörte er der Demokratischen Partei an, für die er nach seiner Rückkehr in die Vereinigten Staaten auch als Berater seines texanischen Landsmannes Lyndon B. Johnson tätig wurde.

---

[85] Dorn, Inspektionsreisen, S. 26 f.
[86] The Manchester Phase of the European Civil Affairs Division, 21 February – 1 September 1944, S. 1, in: NA, RG 332, ECAD.
[87] Dorn, Inspektionsreisen, S. 27.

64   II. Einmarsch und Etablierung der Militärregierung

Cofer, der erst 1942 in die US-Armee eingetreten war, galt als „ausgesprochen deutschfreundlich"[88]. Auf seinem Schreibtisch im Fürther Rathaus landeten alle wichtigen Vorgänge. Außerdem sollte er sich um die Kontakte zur Armee kümmern, zugleich präsidierte er dem „Military Government Summary Court", der schon Ende April die ersten Urteile fällte. Seinem provisorischen Vertreter, einem Stabsfeldwebel, oblagen Fragen der öffentlichen Sicherheit und der Wiederaufbau des weitgehend zerstörten Transportwesens. Er war auch Anlaufstation für viele Deutsche, die sich in dem Glauben an ihn wandten, schon durch ein kurzes Gespräch mit der „allgewaltigen" Militärregierung ihrer Sorgen ledig werden zu können. Ein Obergefreiter tat Dienst in der Schreibstube. Er hatte alle Hände voll zu tun, die zahlreichen Berichte an die vorgesetzten Militärregierungseinheiten zu verfassen. „Berichte! Berichte! Sie machen mich noch ganz verrückt", stöhnte er manchmal[89]. Zwei Gefreite hielten die Fahrzeuge der Einheit in Stand. Ein anderer, ebenfalls Obergefreiter, sollte für den Aufbau der deutschen Polizei sorgen; ihm sagte man schon bald nach, für den Geheimdienst zu arbeiten. Wieder ein anderer, ein Arzt, widmete sich dem Gesundheitswesen – ein Bereich, dem die Amerikaner aus Furcht vor Seuchen besondere Aufmerksamkeit schenkten. Der Gefreite Rykowski hatte mit der Betreuung von DP's und Flüchtlingen eine gewaltige Aufgabe übernommen. „Ricky"[90] beherrschte mehrere slawische Sprachen und agierte mit so großem Geschick, daß er später ebenso wie Cofer die „Bronze Star Medal" erhielt. „Mädchen für alles" war schließlich ein Obergefreiter, dem neben seinem zeitraubenden Job als Übersetzer auch die Bereiche Verwaltungsaufbau, Ernährung und Handel und Industrie unterstanden.

Die Stärke der Fürther Einheit änderte sich bis zum Ende der Besatzungszeit häufig. Im Mai 1945 stießen vier neue Offiziere zum Detachment: Captain Carl Barker, ein etwa 35jähriger, bulliger und humorloser Berufssoldat mit starken Ressentiments gegenüber den Deutschen, wie der Fürther Sozialdemokrat Otto Gellinger, der lange mit ihm zusammenarbeitete, später erzählte. „Bezeichnend für seinen Charakter und seine Einstellung waren die Spiele, die er trieb", so Gellinger, „indem er Zigaretten, Schokolade u.a. auf den Tisch legte, mich sitzen ließ und aus dem Zimmer ging. Nach seinem Kommen prüfte er, ob etwas fehle."[91] Barker nahm sich nun des Aufbaus der deutschen Polizei an und befaßte sich später mit Entnazifizierungsfragen. Mit ihm kamen ein Trade and Industry Officer, der sich um den bisher arg vernachlässigten Bereich Handel und Industrie kümmern sollte, und Gilbert N. Harrison, ein Rechtsanwalt aus Brownwood in Texas, der als Legal Officer die deutschen Justizbehörden wieder in Gang setzen und als Ankläger vor dem Militärgericht fungieren sollte. Seit Mai hatte das Detachment schließlich auch einen Deputy Military Government Officer zur Entlastung des vielbeschäftigten Cofer.

Im Juni kam noch ein Property Control Officer hinzu, eine zwielichtige Figur, die „arisiertes" und sonstwie schutzbedürftiges Eigentum sicherstellen und Treuhänder einsetzen sollte. „Mit ihm hatte man nun aber den Bock zum Gärtner gemacht. Es

[88] Zu Cofer vgl. Who's Who in America, Vol. 30, 1958/59 und schriftliche Mitteilung von Otto Gellinger vom 6. November 1981.
[89] Annual Hist. Rep., Det. Fürth, 20. Juni 1946, in: NA, RG 260, 10/81-1/5.
[90] Det. Fürth an Commanding Officer, 3rd Military Government Regiment, 29. September 1945, in: NA, RG 260, 9/95-1/37.
[91] Schriftliche Mitteilungen von Otto Gellinger vom 6. November 1981 und 10. Februar 1983.

scheint", so urteilte ein deutscher Angestellter, „daß er weit mehr daran interessiert war, aus seiner Position für sich selber das Beste herauszuholen. Er wurde bald vor ein Kriegsgericht gestellt und nach USA zurückgeschafft."[92] An seine Stelle trat im Herbst 1945 Charles R. Mont, ein bald in der ganzen Stadt beliebter, überaus fleißiger Feldwebel. Der hilfsbereite Quäker wurde von den Fürthern nur noch „Mister Mont" genannt. Man bestürmte ihn mit Fragen, der Eingang zu seinem Dienstzimmer war fast ständig belagert[93]. Im September 1945 erreichte das Detachment B-229 mit einem Dutzend Offiziere, einem Feldwebel und elf einfachen Dienstgraden seine größte Stärke. Später gehörten immer etwa drei Offiziere, ein Feldwebel und fünf Soldaten zur Fürther Einheit. Im ersten Jahr der amerikanischen Besatzung waren insgesamt 17 Offiziere und 23 „Gemeine" in Fürth tätig. Nur sechs der 17 Offiziere und vier der 23 einfachen Dienstgrade hatten eine spezielle Ausbildung genossen, die übrigen sich kurzerhand von der Armee abwerben lassen. Ernsthafte Beeinträchtigungen des Dienstbetriebes seien durch die mangelhafte Ausbildung vieler Offiziere nicht entstanden, so verlautete aus Militärregierungskreisen, denn immer seien einige Experten vorhanden gewesen, die die „Laien" aus der Armee einarbeiten konnten[94].

Für Ansbach als „Hauptstadt" von Mittel- und Oberfranken und Sitz der Stadt- und Landkreisverwaltung waren zwei amerikanische Detachments vorgesehen: das Detachment F2A3 für den Regierungsbezirk und das Detachment G-228 für den Stadt- und Landkreis. Während aber die für den Regierungsbezirk zuständige Einheit schon am 19. April 1945 in Ansbach ankam, ließen die G-228-Leute auf sich warten. Im Mai traf eine Vorhut ein, und erst im Juli war das Detachment komplett. Um die Belange der Stadt und des Landkreises kümmerten sich inzwischen eine Einheit, die eigentlich im benachbarten Gunzenhausen eingesetzt war[95], und das Regierungsbezirksdetachment, das aber anfangs vollauf mit internen Schwierigkeiten beschäftigt war und so die Belange Ansbachs nur stiefmütterlich behandeln konnte. Sein Chef, Oberst Edward Haight, deutschfreundlich, ein Flugzeug- und Hundeliebhaber, der sich gern in einem schwarzen „Adolf-Hitler-Mercedes" chauffieren ließ[96], hatte alle Hände voll zu tun, um sich als Leiter der Militärregierungseinheiten in Ober- und Mittelfranken Anerkennung zu verschaffen. Allzu großen Erfolg konnte er dabei in den ersten Wochen der Besatzung nicht verbuchen. Am 6. Mai stand die Ansbacher Einheit erst mit 10 von ihr insgesamt untergeordneten 33 Kreis-Detachments in Verbindung. Auch später ging in Haights Hauptquartier noch vieles drunter und drüber. Mal erhielten die Außenstellen keine Anweisung, mal gab es mehrere, sich zum Teil widersprechende Direktiven. Erst im Spätsommer 1945 faßte die Einheit langsam Tritt[97].

---

[92] Robert Herbst, Die Wiederaufrichtung der Justiz in Fürth durch die Amerikaner, April–August 1945, in: Fürther Heimatblätter 20 (1970), Nr. 1, S. 2. Vgl. auch Robert Herbst, Episoden. Aus dem Leben eines Alleingängers 1904–1980, Zug 1981, S. 64–76.

[93] Ebenda.

[94] Vgl. Annual Hist. Rep., Det. Fürth, 20. Juni 1946, in: NA, RG 260, 10/81-1/5.

[95] G-5, 3. US-Army, an Det. für Ober- und Mittelfranken, 20. Juni 1945, in: NA, RG 260, 9/114-3/19.

[96] Mündliche Mitteilung von Robert Joos vom 22. November 1983.

[97] Vgl. Det. für Ober- und Mittelfranken an alle Det., 3. Juli 1945, in: NA, RG 260, 9/114-3/19. Vgl. auch 3. US-Army an Commanding Officer, Det. für Ober- und Mittelfranken, 8. Mai 1945: Organisation of Regierungsbezirk; Det. für Ober- und Mittelfranken an alle Det., 7. Mai 1945: Organisation of Regierungsbezirk sowie Det. für Ober- und Mittelfranken an 3. US-Army, 6. Mai 1945: Regierungsbezirk Ober- und Mittelfranken Contacts, in: NA, RG 260, 9/114-3/19.

Angesichts dieser verworrenen Situation blieb gleichsam vor der Haustür in Ansbach vieles liegen. „Obwohl das Kriegsende schon einige Zeit zurücklag, war in bezug auf Entnazifizierung und die Errichtung einer zivilen Verwaltung für den Stadt- und Landkreis Ansbach noch nicht viel geschehen."[98] Das änderte sich aber schnell, als das „pin-pointed"-Detachment am 9. Juli 1945 in der Promenade Nr. 4 gegenüber der Ansbacher Residenz sein Hauptquartier aufschlug. Das Detachment bestand zunächst aus 21 Mann, wuchs aber bis September 1945 auf 31 Mitarbeiter an. An der Spitze stand Col. William R. Whitaker, ein 50jähriger, überaus penibler Jurist aus Chicago – auch er einer von den exzellenten Kräften in der Militärregierung. „Er war ein fesselnder Mann, so daß Amerikaner und Deutsche gleichermaßen bereit waren, ihm zu folgen", so charakterisierte ihn einer seiner Mitarbeiter[99]. Mehr noch als Cofer hatte Whitaker starke Zweifel, ob das Besatzungsregime das „best example of democracy" sein könne. Er legte größten Wert darauf, „durch das eigene Beispiel – besonders auf der Ebene eines Stadt- und Landkreises – zu zeigen, daß die Militärregierung eine Regierung war, die sich vom Gesetz leiten ließ – von einem Gesetz, dem das Militärpersonal und die DP's ebenso unterworfen waren wie die Besiegten"[100]. Zu seinen Mitarbeitern zählten kaum Berufssoldaten, sondern Rechtsanwälte, Bauingenieure, ein Polizist, ein Journalist und ein Techniker namens Wilfred T. Eichhorn, der wegen seines Namens und einer gewissen Ähnlichkeit mit General Eisenhower „Ike" gerufen wurde. Nur wenige sprachen deutsch. Das Detachment war an drei verschiedenen Stellen untergebracht. Die einfachen Dienstgrade teilten sich die Räume der Villa Lutz. Die Offiziere wohnten separat, und Whitaker, auf Distanz zu seinen Untergebenen bedacht, hatte die Villa des Ansbacher Forstamtmanns Lingmann für sich beschlagnahmen lassen.

Von den vielen amerikanischen Offizieren, die sich namentlich in der zweiten Hälfte der Besatzungszeit schnell abwechselten, ist den Ansbachern neben Whitaker vor allem der damals 30jährige Frank Dominic Horvay[101] in Erinnerung geblieben. Der gebürtige Ungar, der in den dreißiger Jahren wegen seines jüdischen Glaubens in die Vereinigten Staaten emigriert war und erst seit 1942 die amerikanische Staatsbürgerschaft besaß, hatte sich seit seiner Jugend viel mit deutscher Geschichte und Literatur beschäftigt und sprach besser deutsch als englisch. 1943 hatte er sich freiwillig zur US-Army gemeldet und war dann sechs Monate lang an der University of California in Berkeley auf einen Einsatz auf dem Balkan und in Zentraleuropa vorbereitet worden, ehe er 1945 zur G-5 Abteilung der 13. Armored Division abkommandiert wurde. Als einer der ersten des Detachments G-228 kam er am 9. Mai in Ansbach an. Die Einheit, so erinnerte er sich später, „war von amerikanischen Stellen gewarnt worden, daß sich in Ansbach … feindliche Elemente aufhielten. Es wurde angeordnet, daß sie nicht in ihren Quartieren, sondern mit geladener Pistole in ihren Büros schlafen und Wachposten aufstellen sollten." Horvay war weitgehend frei von antideutschen Ressentiments und suchte Kontakt zu Deutschen. Er nahm schon bald an den wöchentlichen Treffen einer Gruppe von Ansbacher Intellektuellen teil, zu der Karl Bosl, der spätere

---

[98] Annual Hist. Rep., Det. Ansbach, 1. September 1946, in: NA, RG 260, 10/80-3/6.
[99] Schriftliche Mitteilung von Frank D. Horvay vom 27. Januar 1984.
[100] Annual Hist. Rep., Det. Ansbach, 1. September 1946, in: NA, RG 260, 10/80-3/6.
[101] Zu Horvay vgl. Who's Who in America, 1972–1973, Vol. I, und die schriftlichen und mündlichen Mitteilungen, die er im Januar 1984 an meine Kollegin Helga Welsh richtete.

Lehrstuhlinhaber für Bayerische Geschichte an der Universität München, Hans Schregle, der spätere Regierungspräsident von Ober- und Mittelfranken, und Heinrich Pospiech, ein Maler und Bildhauer, gehörten[102]. Man trank Wein und Kaffee und sprach über Literatur, Malerei und klassische Musik. Die meisten amerikanischen Offiziere, nach dem Urteil von Horvay waren „a good number of them ... ,wash-outs' from combat units", hatten dafür wenig Sinn. „Hätten wir Bier getrunken und über Baseball gesprochen, so wäre es bestimmt anders gewesen", meinte Horvay, der seinen Ansbacher Gesprächspartnern Bosl und Pospiech über Jahre hinweg freundschaftlich verbunden blieb. „Nie werde ich den Heiligen Abend des Jahres 1945 vergessen", erzählte er: „Ich war damals ,charge of quarters', das ist so eine Art Bereitschaftsdienst im Büro der Militärregierung. Das hieß: Ich mußte sogar dort schlafen, das Telefon bedienen und im Ernstfall irgend etwas unternehmen. Ich tat mir selbst sehr leid, denn das ist eine ziemlich unschöne Art Weihnachten zu verbringen, das in Ungarn ... so ähnlich gefeiert wurde wie in Deutschland. Es war fast Mitternacht, als es läutete und zwei Besucher eintraten: Pospiech und Bosl, die Bücher und Lebkuchen als Geschenke brachten." Horvay, der wegen seiner Sprachkenntnisse und guten Kontakte innerhalb der Militärregierung bald als unentbehrlich galt, sprach bei der Einsetzung von Bürgermeistern ein gewichtiges Wort mit. Vor allem aber leitete er im Auftrag der Militärregierung die Ermittlungen im Fall Limpert ein. Seiner Initiative war es in erster Linie zu verdanken, daß Kampfkommandant Meyer in einem amerikanischen Gefangenenlager entdeckt und einem deutschen Gericht übergeben werden konnte[103].

Cofer und seine Kollegen fielen anfangs in der einem Heerlager gleichenden Stadt Fürth kaum auf. Um so mehr machte eine andere Abteilung der Besatzungsmacht von sich reden: das Counter Intelligence Corps (CIC), das schon bald in üblem Ruf stand. Die Hauptaufgabe des Abschirmdienstes der US-Armee war es, die Streitkräfte vor Spionage, Sabotage und Subversion zu schützen, den deutschen Geheimdienst sowie alle geheimdienstlichen und paramilitärischen Organisationen zu bekämpfen und bestimmte Personengruppen festzunehmen, ferner bei der Auflösung der NSDAP mitzuwirken, die Offiziere des deutschen Generalstabes festzusetzen, Deserteure der Wehrmacht aufzuspüren sowie bei Verstößen gegen die Bestimmungen des Kriegsrechtes zu ermitteln. Zur Personengruppe, die laut SHAEF–„Arrest Categories Handbook" von CIC sofort zu verhaften war – man betrachtete sie als „Bedrohung für die Sicherheit der alliierten Streitkräfte" –, gehörten Zehntausende von SS-Leuten, Angehörige des SD und NSDAP-Funktionäre bis hinunter zu den Amts- und Propagandaleitern der Ortsgruppen sowie alle leitenden Beamten der Verwaltung einschließlich Regierungspräsidenten, Landräte und Oberbürgermeister; außerdem alle Personen, die sich durch ihr Verhalten irgendwie verdächtig gemacht hatten. Dies war keine leichte Aufgabe, wie die CIC-Detachments bald erkannten, die sich bei ihren Maßnahmen nur selten auf amtliche Unterlagen oder Akten der NSDAP stützen konnten, sondern sich meist auf Ratschläge und Tips von vertrauenswürdigen Deutschen verlassen mußten[104].

---

[102] Ebenda.
[103] Vgl. Fröhlich, Herausforderung, S. 248 ff.
[104] Vgl. dazu ausführlicher Henke, Die amerikanische Besetzung Deutschlands.

Das Fürther CIC stand anfangs unter der Leitung von Thomas K. Hodges, einem sehr jungen, unerfahrenen Lieutenant[105], der – so meinte jedenfalls Cofer – seinen Aufgaben kaum gewachsen war. Der deutschen Sprache unkundig, schlecht ausgebildet und ohne größere Kenntnisse über das Wesen des Nationalsozialismus, war er bald von einem rasch fluktuierenden Schwarm von DP's und Konjunkturrittern umgeben, die ihn bei seiner Arbeit berieten. Sein Kollege Major James K. Dorsett jr. dürfte ihm aus der Seele gesprochen haben, als er im November 1944 meinte: „Angesichts der sehr dürftigen Kenntnisse über Deutschland und der sprachlichen Hürden gibt es eine berechtigte Tendenz, sich ungeeignet zu fühlen für die wirklich wichtige Abwehrarbeit, die getan werden muß. Aber was auch geschieht, wir *sind* die Abwehr-Einrichtung, an der die Aufgabe hängt."[106] Die Unsicherheit in CIC-Kreisen hatte seitdem eher noch zugenommen, denn nach den ersten Entnazifizierungspannen in Aachen war in der amerikanischen Presse eine Entnazifizierungshysterie ausgebrochen, die auch auf die CIC-Detachments einwirkte[107]. Diese fühlten sich wie mit Argusaugen beobachtet und wollten tunlichst Vorwürfe der Journalisten vermeiden, nicht scharf genug gegen Nazis vorzugehen. Unterschiedlichsten Einflüssen ausgesetzt, schlug die Einheit von Hodges einen unberechenbaren Zickzack-Kurs ein, für den sie bei der besonneneren Militärregierungseinheit nur Kopfschütteln erntete[108].

Ganz oben auf der „schwarzen Liste" des CIC für Mittelfranken standen die beiden prominentesten NS-Funktionäre der Region: Julius Streicher und Karl Holz. Der Frankenführer, um den es nach seinem Sturz als Gauleiter 1940 still geworden war, sah dem Kriegsende auf seinem Gut Pleickertshof in der Nähe von Cadolzburg (Landkreis Fürth) entgegen. Als er erkannte, daß sich das Blatt nicht mehr wenden ließe, dachte er an Selbstmord. Das Grab für sich und seine jungvermählte Frau hatte er bereits geschaufelt; dann stieß er aber alle Selbstmordpläne wieder um, legte sich einen falschen Namen zu, klebte sich einen Bart auf, tat sich eine Augenklappe um und suchte Zuflucht in den Alpen, wo ihn amerikanische Soldaten aber trotz seiner Aufmachung erkannten und verhafteten. Im Nürnberger Prozeß wurde er anschließend zum Tode verurteilt und hingerichtet[109]. Für seine langjährige rechte Hand, Karl Holz, der sich schließlich selbst zum Gauleiter aufschwingen konnte, waren Gedanken an Selbstmord und Flucht gänzlich ausgeschlossen. Unter „allen Umständen in Nürnberg zu bleiben und lieber kämpfend fallen als diese Stadt zu verlassen", lautete die Devise des blindgläubigen Hitler-Anhängers, an die er sich als einer der wenigen tatsächlich bis zur letzten Konsequenz hielt[110].

Die übrigen NS-Bonzen und die Spitzen der regionalen Verwaltung der mittelfränkischen Provinz um Ansbach und Fürth gingen den CIC-Detachments früher oder später ins Netz und mußten anschließend meist Jahre im Internierungslager zubrin-

---

[105] Zum Fürther CIC vgl. NA, RG 260, 9/122-5/13.
[106] Bericht von Headquarters VII Corps, CIC vs Naziism, 24. November 1944, in: NA, RG 332, ECAD, Public Safety.
[107] Vgl. dazu ausführlicher Henke, Die amerikanische Besetzung Deutschlands.
[108] Vgl. S. 109 f.
[109] Baird, Testament Julius Streichers, S. 662.
[110] Vgl. Bayern in der NS-Zeit, Bd. I, S. 688.

gen. Karl Häupler, der kommissarische Oberbürgermeister von Fürth, wurde am 19. April 1945 im Rathaus verhaftet und dann in ein Lager in Elsaß-Lothringen verbracht, wo er 1947 Selbstmord verübte. Der Landrat von Fürth, Robert Bracker, war in den Wirren der ersten Besatzungstage zunächst nicht auffindbar gewesen. Die Agenten von CIC schnappten ihn Ende April und brachten ihn in das Internierungslager von Hersbruck. Dort traf er mit seinem Ansbacher Kollegen Rudolf Conrath zusammen, den die CIC-Einheit gleich nach dem Einmarsch abgeholt hatte. Oberbürgermeister und Kreisleiter Richard Hänel aus Ansbach, der sich im April nach Süden abgesetzt hatte, konnte sich noch einiger Wochen Freiheit erfreuen, dann mußte auch er den Weg ins Lager antreten[111].

Die Verhaftung der oft verhaßten NS-Bonzen und „Goldfasane" fand den Beifall der Mehrheit der einheimischen Bevölkerung. Anders stand es mit der Verhaftung vieler kleiner Parteigenossen, die der Bevölkerung als harmlos bekannt waren. Solche Aktionen des CIC schmälerten das Ansehen der Amerikaner beträchtlich. In Großhabersdorf und Veitsbronn verstand es kaum jemand, als im Frühjahr 1945 der Propagandaleiter und der Organisationsleiter der NSDAP sowie der stellvertretende Ortsgruppenleiter, der Kassenleiter, und der stellvertretende Amtsleiter der NSV interniert wurden. Noch weniger Verständnis fand es, als in Langenzenn die Verhaftung eines Wehrmachtsangehörigen bekannt wurde; er war von CIC abgeholt worden, weil er vor seiner Einberufung HJ-Führer gewesen war[112]. Heftige Kritik löste es auch aus, als in Roßtal CIC-Angehörige ziemlich wahllos mehrere Parteigenossen und einige Nichtparteigenossen aus ihren Häusern trieben und zum Rathaus dirigierten. „Dort mußten sie die Nacht über im Freien stehen und wurden am anderen Tag früh in das Lager nach Bad Kreuznach gebracht."[113]

Bald tauchte sogar das Schlagwort von der „amerikanischen Gestapo"[114] auf. In der Ortschaft Lehrberg im Landkreis Ansbach konnte man sich bis zum Ende der Besatzungszeit nicht damit abfinden, daß der militärische Abschirmdienst den recht beliebten Ortsgruppenleiter verhaftet hatte, einen angesehenen Land- und Gastwirt, für den, wie der neue Bürgermeister am 12. Mai in einem ausführlichen Schreiben versicherte, „bei seiner politischen Betätigung als Ortsgruppenleiter das Wohl der Gemeinde stets oberstes Gesetz" gewesen sei. „Ohne Rücksicht auf Parteizugehörigkeit und Stand tat er nur Gutes, obwohl er dadurch des öfteren mit den ihm von höherer Parteistelle gegebenen Anordnungen in Konflikt kam."[115] Noch größer war die Empörung, wenn die verunsicherten CIC-Einheiten Personen „mitnahmen", die in der NS-Zeit verfolgt worden waren, aber aufgrund irgendwelcher Denunziationen in den Verhaftungslisten erschienen. Auf einen solchen Fall bezog sich der Beschwerdebrief einer Frau aus Windsbach an den Chef der Ansbacher Militärregierung, der den Fehler von CIC schließlich ausbügeln konnte:

[111] Vgl. dazu eine Aufstellung der Fürther Militärregierung vom 1. April 1949 über das Schicksal von Fürther NS-Führern, in: NA, RG 260, 9/95-1/87 sowie Amtsgericht Ansbach, Registratur S: Nr. 1,3 und Amtsgericht München, Registratur S: Nr. 5.
[112] Vgl. Gendarmerie-Posten Großhabersdorf an Gendarmerie-Kreis Fürth, 26. Mai 1945; Gendarmerie-Posten Langenzenn an LR Fürth, 7. Juni 1945; Gendarmerie-Posten Veitsbronn an Gendarmerie-Kreis Fürth, 26. Mai 1945, in: LRA Fürth, EAP 150.
[113] Schriftliche Mitteilung von Michael Wiesinger vom 1. September 1981.
[114] Vgl. dazu ausführlicher Henke, Die amerikanische Besetzung Deutschlands.
[115] Bürgermeister von Lehrberg an MilReg, 12. Mai 1945, in: LRA Ansbach, EAP 15-150.

„Sehr geehrter Herr Commandeur!

Mein Mann wurde am 3. ds. Mts. verhaftet und war ich dieserhalb schon dreimal in Ansbach bei der Kommandantur, aber immer mit negativem Erfolg, da ich trotz stundenlangem Warten nie den richtigen Herrn erreichen konnte. Ich weiß mir nun keinen anderen Weg mehr, als mich schriftlich an Sie zu wenden. – Vorweg bemerken möchte ich, daß mein Mann weder Parteigenosse, noch SA- oder SS-Mann war. Mein Mann war vollständig parteilos. – Mein Mann befand sich in der Zeit vom 15.–26. 8. 1933 in Schutzhaft und wurde in der gröbsten Weise mißhandelt. Sein Rükken, das Gesäß und die Oberschenkel waren vollständig mit Blut unterlaufen und aufgesprungen, er konnte weder sitzen noch liegen. Dadurch hatte mein Mann die Segnungen des Dritten Reiches zur Genüge kennen gelernt und konnte niemals mehr den richtigen Anschluß finden, sondern hielt sich, trotz ungezählter Aufforderungen, von allem was Partei etc. hieß zurück"[116].

Das Sternenbanner auf dem Fürther Rathaus, amerikanische Offiziere in der Promenade Nr. 4 und im Ansbacher Schloß – die neuen Herren etablierten sich und waren doch ein Fremdkörper in ihrem Territorium. Bei vielen Besatzungsoffizieren und Mannschaftsgraden waren antideutsche Vorurteile nicht zu übersehen. Manches davon ging offenbar auf die vorangegangenen Ausbildungsprogramme zurück. In den „Special Orders for American-German Relations", die jeder GI im Tornister hatte, erschienen die Deutschen als unsympathisch-verschlagen, denen keinen Moment lang zu trauen sei. Der amerikanische Soldat solle niemals vergessen, „daß das deutsche Volk die Grundsätze des Nationalsozialismus unterstützt". Weiter hieß es: „Amerikanischen Soldaten ist es verboten, mit Deutschen zu verkehren. Vor allem ist es nicht zulässig, Deutschen die Hände zu geben, ihre Häuser zu besuchen, Geschenke mit ihnen auszutauschen, Spiele und Sport mit ihnen zu treiben, an ihren Tanzveranstaltungen oder gesellschaftlichen Ereignissen teilzunehmen oder sie auf den Straßen oder anderswo zu begleiten."[117] Im April 1945 gingen zudem die schockierenden Fotos und Filme über die nationalsozialistischen Konzentrationslager um die Welt. Kaum ein Amerikaner blieb davon unberührt; am wenigsten die Juden unter den Besatzern, von denen verständlicherweise viele dazu neigten, alle Deutschen als unverbesserliche Nationalsozialisten anzusehen.

Es dauerte aber nicht allzu lange, bis trotz der „hardliner" von CIC das Klima zwischen Besatzern und Besetzten entspannter wurde. Ein Sonderkapitel bildeten die vielfältigen Kontakte zwischen deutschen Frauen und amerikanischen Soldaten und Offizieren, die sich in Ansbach vor allem im Gasthaus „Zum Schwarzen Bären" in der Uzstraße anbahnten, wo die Amerikaner den großen Saal für sich reserviert hatten. Jeden Samstag spielte dort eine Kapelle zum Tanz auf, es gab reichlich zu essen und sogar Vollbier von der Hürnerbrauerei[118]. „Ganz gleich, ob sie verheiratet waren oder nicht", so erinnerte sich Horvay, zahlreiche amerikanische Soldaten hatten schon bald, ungeachtet scharfer Fraternisierungsverbote, deutsche „girl-friends". „Abhängig von Ausbildung und Erziehung sowie den Interessen der Amerikaner kamen die Frauen

[116] Schreiben in: Ebenda, EAP 060.
[117] Special Orders for American-German Relations, in: NA, RG 59, 740.00119 Control (Germany)/4-945. ·
[118] Mündliche Mitteilung von Robert Joos vom 22. November 1983.

aus den niedrigsten und höchsten gesellschaftlichen Schichten ... Es war damals das erste Jahr nach dem Krieg, und die hergebrachten Normen hatten ihre Gültigkeit verloren. Viele Frauen waren genauso einsam wie unsere Männer ... Es gab natürlich auch andere Gründe, vor allem wirtschaftliche."[119]

Die meisten dieser Verbindungen gingen bald wieder in die Brüche, nur wenige hatten Bestand oder endeten gar vor dem Traualtar. Viele Deutsche mißbilligten diese Art der deutsch-amerikanischen Kontakte. In zahlreichen Städten entstanden 1946/47 gehässige Pamphlete, in denen der Zorn auf die „Ami-Schicksen" zum Ausdruck kam. Es wimmelte nur so von markigen Sätzen aus dem Repertoire der Nationalsozialisten. Beispielsweise hieß es:

„Die deutsche Frau treibt's in schamloser
Weise mit Ausländern!
Schämst Du Dich nicht, Du Deutsche Frau?
Du weißt doch, daß Du uns alle in den
Schmutz hinabziehst und zugleich die Ehre
der Deutschen Frau befleckst.
Es dauerte sechs Jahre, um die deutschen
Soldaten zu schlagen, aber es dauerte nur
fünf Minuten, um eine Deutsche Frau rumzukriegen!
Wir haben keine Zigaretten und keine Butter, der Ausländer hat Kaffee und Zucker.
Du scherst Dich nicht um seine Hautfarbe,
solange er Dir eine Tafel Schokolade anbietet. Dennoch hoffen wir, daß Du recht viel
Spaß hast und daß Du bald den Russen in
die Hände fällst.
Dann nämlich wirst Du wirklich Deine Lektion bekommen, und kein deutscher Mann
wird Dich mehr ansehen."[120]

Oft wartete man nicht auf die Russen, die den Ami-Liebchen und Tommi-Bräuten die Lektion erteilen sollten. Einige Mädchen, die mit Besatzungssoldaten gesehen worden waren, wurden verprügelt, anderen die Haare abgeschnitten. In Ansbach mußte sich die Tochter des im Internierungslager einsitzenden ehemaligen Kreisleiters und Oberbürgermeisters viele schiefe Blicke und böse Bemerkungen gefallen lassen, als sie sich mit einem amerikanischen Offizier vermählte. Noch größere Wellen schlug die tatsächlich etwas pikante Eheschließung zwischen einem amerikanischen Richter am District Court und der Frau eines „Alten Kämpfers" und SA-Obersturmbannführers, der 1938 an den Ausschreitungen der Reichskristallnacht beteiligt gewesen und deshalb 1945 inhaftiert worden war. Als die Frau den amerikanischen Juden

[119] Schriftliche Mitteilung von Frank D. Horvay vom 27. Januar 1984.
[120] Christoph Boyer/Hans Woller, „Hat die deutsche Frau versagt?" Die ‚neue Freiheit' der Frauen in der Trümmerzeit 1945–1949, in: Journal für Geschichte, 1983, Heft 2, S. 36. Vgl. auch RegPräs an bay. Staatsregierung, 22. Juli 1946, in: BayHStA, Reg von Mittelfranken, Berichterstattung 1946, AZ 1–64, Bd. 6. Sowie einige Pamphlete in: NA, RG 260, 9/113-2/7.

kennenlernte, saß ihr Mann noch im Lager Hammelburg ein. Sie willigte in die Ehe erst ein, nachdem ihr der Richter versprochen hatte, sich nach Kräften für die baldige Entlassung ihres Mannes einzusetzen[121].

Die Chefs der beiden Detachments, Cofer und Whitaker, die anfangs manchen als finster und unnahbar erschienen waren, genossen sogar schon bald großes Ansehen in der Bevölkerung. Man schätzte sie wegen ihrer Fairness, und vor allem rechnete man es ihnen hoch an, daß sie die DP's im Zaum zu halten verstanden und manche Fehler des CIC rückgängig gemacht hatten. Ein halbes Jahr nach der Etablierung der Militärregierung standen sie auch mit „ihren" Landräten und Bürgermeistern schon fast in freundschaftlichem Kontakt[122]. Diese Vertrauensbasis konnte auch durch die im Sommer 1945 einsetzenden überzogenen amerikanischen Entnazifizierungsmaßnahmen nicht mehr ernstlich erschüttert werden. Besonders deutlich kam dieses gewandelte Verhältnis in den Mitte 1946 anlaufenden Planungen zur Gründung eines deutsch-amerikanischen Clubs in Ansbach zum Ausdruck, der dann am 17. Januar 1947 im Gebäude des CIC aus der Taufe gehoben wurde. Dieser Gründung, der ersten dieser Art in der amerikanischen Zone, gehörten die führenden Militärregierungsoffiziere und vierzehn im öffentlichen Leben stehende Deutsche an, so etwa Landrat Richard Neff, Oberbürgermeister Ernst Körner, Regierungspräsident Hans Schregle und der CSU-Landtagsabgeordnete Georg Mack. Wilhelm Zimmerer, die graue Eminenz der SPD, führte den Vorsitz, Whitaker war sein Stellvertreter. Das proklamierte Hauptziel des Clubs war die „Förderung der Verständigung zwischen Deutschen und Amerikanern". In der Praxis entwickelte sich der „Ansbacher Club" aber schnell zu einer Art deutsch-amerikanischem Stadtrat, in dem sich anstehende Probleme in angenehmer Umgebung regeln ließen[123].

Es roch zwar für viele engstirnige und national denkende Ansbacher und Fürther nach Verrat, wenn die Ortshonorationen mit der Militärregierung zusammenhockten oder überhaupt mit den Amerikanern verkehrten, gleichwohl ergaben sich in den ersten Besatzungsjahren bei vielen Gelegenheiten Kontakte mit den „Besatzern" und ihren Familienangehörigen, die inzwischen den Vätern und Männern nach Europa nachgefolgt waren. Zum Thanksgivingday 1946 luden 54 amerikanische Kinder über 100 Fürther Altersgenossen ein, um unter der Regie von Peter Frankenfeld, der damals seine ersten Schritte als Unterhaltungskünstler machte, eine „echte amerikanische Party" zu feiern. „Demokratie im Kinderstaat", überschrieben die Nürnberger Nachrichten diese Initiative der amerikanischen Kinder, die auf deutscher Seite viel Beifall fand[124]. Jagdliebhaber in der Militärregierung wie der Ankläger beim District Court in Ansbach William Canfield gingen mit deutschen Waldbesitzern oder -pächtern zur Jagd und debattierten über die Vorzüge der deutschen und amerikanischen Büchsen. Die Parteizugehörigkeit spielte dabei kaum eine Rolle, wie der spätere Ansbacher Oberbürgermeister Ludwig Schönecker erzählte, der – selbst Pg seit 1933 und Kreisjägermeister im Dritten Reich – mit Canfield häufig auf einen Rehbock ansaß. Nach erfolgreicher Jagd blieben sie dann noch bei Bier und Frankenwein zusammen,

---

[121] Mündliche Mitteilungen von Ludwig Schönecker und Wilhelm Eichhorn vom 17. August 1983.
[122] Vgl. dazu das Kapitel über den Verwaltungsaufbau (S. 108 f).
[123] Zum Ansbacher Club vgl. die Unterlagen in: NA, RG 260, 10/49-1/23 und Fränkische Landeszeitung vom 15. März 1947.
[124] Nürnberger Nachrichten, Fürther Ausgabe, vom 27. November 1946.

tauschten zu fortgeschrittener Stunde Männerwitze aus und – so Schönecker – bestätigten sich in den antisemitischen Ressentiments[125].

Die Militärregierung, obwohl – wie noch gezeigt wird – von vielen vor allem wegen des harten Säuberungskurses angefeindet, gehörte bald zum städtischen Leben. Erst in den fünfziger Jahren, als die Amerikaner verbündete Streitkräfte in der Bundesrepublik stationierten, begann der Rückzug in die Anonymität der Kasernen. In den ersten Nachkriegsjahren war das anders; dem gestrengen Professor Dorn ging das „Fraternisieren" viel zu weit. Er diagnostizierte 1949 sogar, die Militärregierung in Bayern werde von der „bayerischen Atmosphäre aufgesogen"[126].

---

[125] Mündliche Mitteilung von Ludwig Schönecker vom 17. August 1983.
[126] Dorn, Inspektionsreisen, S. 143.

III. Aufbau der deutschen Verwaltung

1. Die Personalpolitik der amerikanischen Militärregierung 1945

Am Morgen des 19. April 1945, einen Tag nach dem Einmarsch der amerikanischen Truppen, saßen der langjährige Bürgermeister und Beigeordnete der Stadt Ansbach, Friedrich Böhner, und sein alter Vertrauter Friedrich Wilhelm Beuschel pünktlich an ihren Schreibtischen im Stadthaus. Kaiserreich, Weimarer Republik, NS-Zeit – Beuschel und Böhner hatten im Ansbacher Stadthaus schon zwei Regimewechsel erlebt und dabei die Erfahrung machen können, daß die Kontinuität der Beamtenschaft von wechselnden politischen Machthabern kaum behelligt worden war. Selbst nach der Machtergreifung der Nationalsozialisten waren in den leitenden Positionen der Stadtverwaltung keine größeren Veränderungen eingetreten. Auch als Kreisleiter Richard Hänel im Mai 1934 den nationalliberalen Wilhelm Borkholder im Amt des Oberbürgermeisters ablöste, blieb im Ansbacher Stadthaus fast alles beim alten. Hänel, ein wenig durchsetzungsfähiger, in Verwaltungsdingen gänzlich unerfahrener kleiner Angestellter, der sich die neue Aufgabe selbst nicht zutraute und erst von der Partei dazu überredet werden mußte, arrangierte sich mit der alten, überwiegend national-konservativen Beamtenschaft, die 1933 fast geschlossen der NSDAP beigetreten war. Er hielt sogar bis Kriegsende an einigen stadtbekannten Freimaurern in leitenden Positionen fest[1].

Im Stadthaus trafen Böhner und Beuschel am Morgen des 19. April fast alle maßgeblichen Beamten der Stadtverwaltung. Sie hatten der Anweisung der amerikanischen Militärregierung Folge geleistet, vorläufig auf ihren Posten zu bleiben und weitere Anordnungen abzuwarten. Das Zimmer von Oberbürgermeister Hänel war allerdings schon seit Wochen leer. Hänel hatte beim Herannahen der amerikanischen Truppen die Stadt verlassen. Seinen Stellvertreter Albert Böhm, ein Nationalsozialist mit dem Goldenen Parteiabzeichen, der als einziger „Alter Kämpfer" in die höheren Ränge der Ansbacher Beamtenschaft aufgestiegen war, hatten die Amerikaner inhaftiert[2]. Die Gespräche zwischen Beuschel, Böhner und ihren Kollegen kreisten am 19. April vor allem um die Frage: Wer würde ihr neuer Chef werden? Das Rätselraten währte nicht lange, dann stellten die Amerikaner den sozialdemokratischen Gymnasiallehrer Hans Schregle (Jg. 1890) als neuen Oberbürgermeister vor. „Am zweiten Tage nach dem Einmarsch der Amerikaner", so schilderte Schregle seine Ernennung später, „erschien bei mir oben, ich weiß noch nicht auf welchem Wege dieser sog. Jeep damals hinaufgekommen ist, ein amerikanischer Wagen. Ich war gerade im Wald spazieren, um mich etwas zu erholen. Es wurde hinterlassen, daß ich auf die Militärregierung erscheinen soll. Am nächsten Tage, früh morgens, begab ich mich zur Militärre-

[1] Vgl. Amtsgericht Ansbach, Registratur S: Nr. 1, 4, 5, 6.
[2] Vgl. ebenda: Nr. 1, und Amtsgericht München, Registratur S: Nr. 1.

gierung ... Ich hatte einige Zeit zu warten, dann wurde ich in ein Zimmer des sog. Präsidialgebäudes geführt. Vor mir saßen einige amerikanische Herren. Undurchdringlich, hart waren ihre Mienen, und sie legten mir die Frage vor, ob ich geneigt wäre, Oberbürgermeister der Stadt Ansbach zu werden, worauf ich ihnen erklärte: nein. Ich könnte das nicht, ich fühlte mich dazu nicht in der Lage, ich hätte von Natur aus keine Neigung und keine Berufung zu einem solchen Amte, wäre nicht vorgebildet, verstünde nichts von der Administration, und im übrigen sagte ich, sei mir nur das einzige am Nationalsozialismus sympathisch gewesen, nämlich das Gesetz zur Wiederherstellung des Berufsbeamtentums..., jenes Gesetz, das fordert, daß nur derjenige im Gegensatz zur Weimarer Zeit in ein hohes Amt kommen soll, der dazu fachliche berufliche Voraussetzungen erfüllt. Die amerikanischen Herren bestanden darauf."[3]

„Jetzt sind sie Town-Major von Ansbach", mit diesen Worten wurde der Lehrer in sein neues Amt eingeführt. Schregle, vom Typ her eher Bohemien als Beamter, wäre unter normalen Umständen wohl kaum für das Amt des Oberbürgermeisters in Frage gekommen. Der hochgebildete Mann mit feinem Kunstverstand und fundiertem historischen Wissen hatte Kunstgeschichte und Germanistik studiert und sich im Kaiserreich in der Wandervogelbewegung engagiert. Seine akademischen Lehrer hatten ihm damals nahegelegt, die Hochschullaufbahn einzuschlagen, doch Schregle beließ es bei einer Dissertation über „Götz von Berlichingen". In den zwanziger Jahren war er viel in der Welt umhergereist, von 1926 bis 1929 war der sportbegeisterte Lehrer auch Vorsitzender des 1. Fußballclubs Nürnberg, des berühmten „Club", gewesen. Da er früh vor der nazistischen Gefahr gewarnt und unter anderem im „Erlanger Volksblatt" vom 27. Juni 1931 einen flammenden Artikel gegen Hitler geschrieben hatte, verfügten die Nationalsozialisten 1933 die Strafversetzung von Erlangen an das Ansbacher Carolinum. Dort bildete sich um ihn herum eine kleine Gruppe von Intellektuellen, zu der auch der wegen seines Widerstandes in der letzten Stunde schmählich hingerichtete Student Robert Limpert zählte. Schregle zögerte lange, ob er das Amt des Oberbürgermeisters von Ansbach annehmen sollte, das vor 1933 stets in der Hand von nationalliberalen oder konservativen Juristen gewesen war. Nur zu gut war dem Sozialdemokraten bekannt, daß die evangelische Honoratiorenschaft seine Ernennung nicht begrüßte. „Edelkommunist", hieß er bald bei vielen Bürgern, die Schregle aber auch wegen seiner „falschen" Konfession ablehnten. Denn weder die bayerischen Könige, die Bayerische Volkspartei, noch die NSDAP hatten gewagt, was die Amerikaner zu tun bereit waren: Einen Katholiken an die Spitze der Hochburg des fränkischen Protestantismus zu stellen[4].

Schregle blieb freilich nur bis Oktober 1945 im Amt, dann berief ihn die Militärregierung zum Regierungspräsidenten von Ober- und Mittelfranken. Zu seinem Nachfolger wählte der Beratende Ausschuß der Stadt, in dem die SPD mit sechs, die Demokratische Partei mit vier, die CSU mit drei Sitzen und die KPD mit einem Sitz vertreten war, am 12. Oktober 1945 den Sozialdemokraten Ernst Körner (Jg. 1899). Die

---

[3] Prot. der Gemeindeversammlung vom 19. September 1947, in: Stadtverwaltung Ansbach, EAP 026-20, Bd. 1.
[4] Zu Schregle vgl. Fränkische Landeszeitung vom 6. April 1950 und 18. April 1955; schriftliche Mitteilung des 1. Fußballclubs Nürnberg vom 13. November 1983; Dr. Hans Schregle zum Gedächtnis, in: Jahrbuch des Historischen Vereins für Mittelfranken, Bd. 86, Ansbach 1971/1972, S. 428 f. Zu Schregle, dessen Frau später der CSU beitrat, vgl. auch die Akte Schregle, in: US Army Intelligence and Security Command, Fort George G. Meade, Maryland.

Wahl Körners konnte aus zwei Gründen als Sensation gelten: Kaum fünf Monate nach Kriegsende hatte sich das anfänglich große Mißtrauen von Col. Whitaker gegenüber „seinen" Deutschen so weit verringert, daß er ihnen die Entscheidung über den neuen Oberbürgermeister selbst überließ. Aber obwohl der gelernte Sattler Körner ebensowenig wie Schregle ein Mann des nationalkonservativen Milieus war, gewann er im Ausschuß auch die Unterstützung der bürgerlichen Parteien, die in dem Gremium nicht ihrer wahren Stärke entsprechend vertreten waren. Sie stimmten mehr aus Verlegenheit für Körner, weil sie keinen eigenen unbelasteten Kandidaten präsentieren konnten, der Militärregierung gegenüber aber Eintracht demonstrieren wollten. Gleichwohl blieb Körner, ein tatkräftiger und redegewandter Mann, der im KZ Dachau schwere gesundheitliche Schäden erlitten hatte, ein Außenseiter in der Stadt[5].

Die Aufgabe der amerikanischen Offiziere, Ersatz für die alten politisch belasteten Bürgermeister und Landräte zu finden, war nicht leicht und mit „Handbook"-Kenntnis allein nicht zu lösen. Das Handbuch stellte nur fest, daß kein ehemaliger Nationalsozialist für ein öffentliches Amt in Frage kam[6], sagte aber nicht, wer nach politischer Einstellung und beruflicher Qualifikation für einen wichtigen Posten geeignet war. Wie so oft konnten sich die Offiziere nur auf ihre Improvisationsfähigkeit und die Ratschläge von Deutschen stützen. Doch welche Deutschen waren vertrauenswürdig genug, daß man ihren Empfehlungen folgen konnte? Die Befreiten aus den Konzentrationslagern, Vertreter der Kirche, alte Funktionäre der Weimarer republikanischen Parteien, die vor 1933 den Nationalsozialisten getrotzt hatten? Außerdem war der Kreis der „geeigneten Männer" denkbar klein. Manch einem, der das Zeug zum Landrat oder Bürgermeister gehabt hätte, war in den zurückliegenden Jahren der politischen und ideologischen Strapazierung die Lust an öffentlichem Engagement vergangen. Viele scheuten sich auch, ein Amt zu übernehmen, um nicht als Handlanger der Besatzungsmacht zu gelten.

Aus solchem Personalmangel hatten die Amerikaner am 4. Mai 1945 an die Spitze der Regierung von Ober- und Mittelfranken einen fast siebzigjährigen alten Beamten gestellt, den Geheimen Regierungs- und Ministerialrat a. D. Ernst Reichard, einen selbstbewußten und weltläufigen Juristen, der sich 1933 geweigert hatte, die Parteimitgliedschaft zu erwerben und daraufhin in den Ruhestand versetzt worden war. Es war noch ein Glücksfall, daß man in dem national-konservativen Beamten von altem Schrot und Korn einen Mann zur Verfügung hatte, der ein entschiedener Gegner des Nationalsozialismus gewesen war und doch langjährige Verwaltungserfahrung hatte. In den Augen von Walter L. Dorn, den seine im Auftrag von OSS unternommenen Inspektionsreisen im Juli 1945 auch nach Ansbach führten, war Reichard „der fähigste Regierungspräsident Bayerns", an dessen demokratischer Gesinnung kein Zweifel erlaubt sei. „Er beeindruckte mich durch seine Intelligenz und seine gute Urteilsfähigkeit ... Er hat ausgezeichnete Kenntnisse und reiche Erfahrung", schrieb Dorn[7].

Ähnlich schwierig war die Lage in Fürth. Hier ernannte Captain Cofer den farblo-

---

[5] Zu Körner vgl. Woller, Demokratiebereitschaft in der Provinz, S. 335–364.

[6] Vgl. SHAEF, Handbook for Military Government in Germany – Prior to Defeat or Surrender, December 1944, o. O., in: IfZ-Archiv, Dk 090.009.

[7] Reichard war 1910 in die Verwaltung von Elsaß-Lothringen eingetreten, hatte nach dem Ersten Weltkrieg im Reichsfinanz- und Reichsernährungsministerium gearbeitet und war dann von 1931 bis 1933 stellvertretender Reichskommissar für die Osthilfe gewesen. Nach seiner Versetzung in den Ruhestand hatte er den Werberat der deutschen Wirtschaft geleitet und war bis 1938 Vizepräsident des Internationalen Werberats

sen Juristen Adolf Schwiening (Jg. 1882), der seit mehr als dreißig Jahren im Dienst der Stadt stand, zum neuen Stadtoberhaupt[8]. Zuvor hatte er sich mit den führenden Sozialdemokraten Hans Schmidt, Konrad Eberhard und Hans Rupprecht besprochen, die aber keinen Personalvorschlag aus ihrer Partei machen konnten oder sich nicht zu früh exponieren wollten. Hans Schmidt, der von den Nationalsozialisten entlassene frühere 3. Bürgermeister, hatte dann Schwiening ins Gespräch gebracht, an dem er „stets seine vornehme Ruhe, seinen Charakter und sein Können bewundert" hatte[9]. Daß Schwiening sich 1937 der NSDAP angeschlossen hatte, trübte sein Urteil nicht. Auch der katholische Stadtpfarrer, zwei jüdische Rechtsanwälte und der Chef des Amtsgerichts hatten den früheren Stadtkämmerer trotz seiner nominellen NSDAP-Mitgliedschaft empfohlen. Cofer hatte den Mut, seine Anweisungen unbeachtet zu lassen und diesen Empfehlungen zu folgen, stieß dabei aber auf heftige Kritik des CIC, das einwandte: „Weil *Schwiening* seit 1937 Parteimitglied war, und weil er 1939 zum Stadtkämmerer ernannt wurde, und weil in Fürth viele andere Personen mit einem sehr viel saubereren politischen Hintergrund vorhanden sind, empfiehlt das CIC, Schwiening seines jetzigen Amtes zu entheben und stattdessen eine Person zu ernennen, die für die Gegner des NS-Regimes akzeptabler ist."[10] Auch politisch Verfolgte aus den Reihen der KPD liefen Sturm gegen Schwiening, der in Flugblättern und Handzetteln sogar als „Nazischwein" beschimpft wurde[11]. Der Chef der Fürther Militärregierung, ein eigenwilliger Mann, der sich auch nach den aufgeregten Pressemeldungen wegen der Entnazifizierungspannen in Aachen einen klaren Blick für die Verhältnisse im besetzten Deutschland bewahrte, suchte die vehementen Angriffe mit zahlreichen eidesstattlichen Erklärungen von Sozialdemokraten und kirchlichen Würdenträgern zu parieren, die Schwiening attestierten, daß er Gegner des NS-Regimes und Mitglied des oppositionellen Kreises um Gleixner und Gastreich gewesen sei, der im April auf eine kampflose Übergabe der Stadt hingewirkt hatte.

Die Kritik an Schwiening und Cofer flaute aber erst ab, als der kommissarische Oberbürgermeister im Herbst 1945 resignierte und seinem bisherigen Stellvertreter Hans Schmidt (Jg. 1872) Platz machte[12]. Schmidt war freilich eher eine Verlegenheits-

in Paris gewesen. 1939 ließ er sich in Ansbach nieder, im Herbst 1944 hatte ihn die Gestapo für einige Zeit im Stadtgefängnis festgesetzt. Vgl. Fränkische Landeszeitung vom 2. August 1956. Vgl. auch Det. für Ober- und Mittelfranken an Commanding General, 3. US-Armee, 6. Mai 1945, in: NA, RG 260, 9/114-3/19. Dorn war vor allem über die Vorstellungen Reichards von der staatsrechtlichen Ausgestaltung des zukünftigen Deutschland erstaunt – Vorstellungen, die von den dezidierten Föderalisten an der Spitze der Münchener Landesregierung wohl kaum geteilt worden sind. Nach Meinung von Reichard sollte die bayerische Regierung die Abkopplung vom Reich nicht allzu weit treiben, da dies zur Katastrophe führen müsse. Er konnte sich zwar für eine gewisse Revision der Erzbergerschen Finanzreform aus den zwanziger Jahren erwärmen, wollte aber verhindert wissen, daß das Reich, wie in der Kaiserzeit, Kostgänger der Länder werde (Dorn an Harold and Chan, 17. Juni 1945, in: NA, RG 226, Europe-Africa Division, Records Relating to Outposts in Germany: Germany-letters, 3/1/45-26/6/45).

[8] Schwiening war 1913 als 30jähriger nach dem Studium der Rechtswissenschaften in den Dienst der Stadt Fürth getreten und 1917 zum rechtskundigen Magistratsrat aufgestiegen. Von 1919 bis 1945 war er berufsmäßiger Stadtrat, zeitweise Stadtratsvorstand, gewesen. Seit 1939 hatte er auch die Stadtkämmerei geleitet. Vgl. Fürther Nachrichten vom 3./4. August 1963.

[9] Schmidt an Cofer, 24. Oktober 1945, in: NA, RG 260, 9/122-5/13.

[10] Hodges (CIC) an Cofer, 4. August 1945, in: Ebenda.

[11] Schmidt an RegPräs, 14. März 1946, in: Stadtverwaltung Fürth, EAP 06.

[12] Schmidt war schon um die Jahrhundertwende in die Fürther Gemeindeverwaltung eingetreten und hatte reiche Erfahrung in kommunalpolitischen Fragen. Von 1902 bis 1910 hatte er dem Gemeindekollegium, von 1910 bis 1918 dem Stadtmagistrat und von 1918 bis 1930 dem Stadtrat angehört, ehe er von 1930 bis 1933 das Amt des zweiten ehrenamtlichen Bürgermeisters bekleidete. Von 1903 bis 1934 hatte er außerdem die Allgemeine Ortskrankenkasse in Fürth geleitet. Vgl. Fürther Nachrichten vom 6. September 1950.

lösung. Der 73jährige war den Anforderungen des Amts nur noch bedingt gewachsen und ließ Einsatz und Effizienz vermissen: „Um dem abzuhelfen, ist die Ernennung eines fähigen Oberbürgermeisters erforderlich", hieß es bei der Militärregierung[13]. Schmidt, der sich die Erfüllung der schweren Pflichten, die ihm seine Stellung auferlegte, wohl selbst nicht mehr zutraute, ging bereits wenige Tage nach seiner Amtseinführung daran, einen Nachfolger aus seiner Partei für sich zu suchen. Keine leichte Aufgabe, denn das sozialdemokratische Milieu war in der NS-Zeit brüchig geworden[14]. Einige jüngere Genossen befanden sich noch in Gefangenschaft, Hans Rupprecht und Hans Teichmann fühlten sich zu alt, Konrad Eberhard war im September an einer Wurstvergiftung gestorben, der spätere Landtagsabgeordnete Fritz Gräßler und Willy Fischer, später Mitglied des Bundestags, liebäugelten wohl schon damals mit einer Karriere in der „großen" Politik. Schmidt erinnerte sich schließlich an den langjährigen Genossen Hans Bornkessel (Jg. 1892), den früheren berufsmäßigen Stadtrat, der als unversöhnlicher NS-Gegner nach der Machtübernahme der Nationalsozialisten zunächst beurlaubt und 1934 zwangsweise in den Ruhestand versetzt worden war. Danach hatte der versierte Jurist in der Privatwirtschaft gearbeitet, war aber auch hier vor den Nachstellungen der Nationalsozialisten nicht sicher gewesen. 1940 hatte er sich für mehrere Wochen im Polizeigefängnis am Berliner Alexanderplatz in Schutzhaft, anschließend sieben Monate in Haft im Konzentrationslager Sachsenhausen befunden. Nach dem Zusammenbruch der NS-Herrschaft war er von seinem Parteigenossen Karl Steinhoff als Landrat nach Eberswalde in die Mark Brandenburg geholt worden[15].

Schmidts Vorschlag traf in der Fürther SPD auf Skepsis. Viele hatten Bornkessel als einen Mann von robuster Durchsetzungskraft in Erinnerung behalten, der sich auch von der eigenen Partei nicht gerne Zügel anlegen ließ. Er sprach seine Genossen mit Sie und nicht, wie es in der SPD damals üblich war, mit Du an. Trotz dieser Vorbehalte stimmte die SPD zu, weil kein anderer Kandidat zu finden war und Bornkessel als hervorragender Verwaltungsfachmann galt. Die ersten Kontakte zwischen Eberswalde und Fürth wurden noch im November 1945 geknüpft. Schmidt schrieb an Bornkessel: „ ... ich bin zur Zeit in großer Sorge um Ihr Wohlergehen, weil von Ihnen seit Januar dieses Jahres keine Nachricht mehr in Fürth eingelaufen ist ... Sie werden mich verstehen, wenn ich Sie bitte, wenn irgend möglich, mir Nachricht zu geben, ob und wann ich damit rechnen kann, daß Sie sich uns wieder in irgendeiner Form zur Verfügung stellen. Ich kann natürlich heute keine Versprechungen machen für die künftige Leitung der Stadt."[16] Bornkessel war sofort bereit, nach Fürth zu kommen. „Ihrer Aufforderung bin ich bereit ohne Zögern Folge zu leisten und werde mich beeilen, mich hier herauszulösen", schrieb er an den Parteifreund. Bereits Ende November waren in Fürth die Weichen gestellt, die überwiegende Mehrheit des Beratenden Ausschusses akzeptierte Bornkessel als Oberbürgermeister, wie Schmidt sofort nach

[13] Det. Fürth, Hist. Rep. für November 1945, in: NA, RG 260, 9/96-3/9-10.
[14] Vgl. das Kapitel über den Aufbau der politischen Parteien (S. 173).
[15] Vgl. Mauersberg, Wirtschaft und Gesellschaft, S. 173 f.
[16] Am 19. März 1946 wurde Bornkessel zum neuen Oberbürgermeister bestellt. Alle Nachweise im umfangreichen Briefwechsel zwischen Bornkessel und Schmidt aus den Monaten November 1945 bis Februar 1946, in: Stadtverwaltung Fürth, Personalakte Bornkessel.

Eberswalde kabelte. Bornkessel sagte umgehend zu: „Wenn ich Ihrem Ruf Folge lei-
ste, so im Vertrauen auf die treue Mitarbeit der altbewährten Freunde und Genossen
aus der Partei und Gewerkschaft … Möchte es vor allem gelingen, die deutschen Arbeiter politisch zu einigen und zusammenzuschließen zu einem unüberwindlichen
Block."
Die Entscheidung war damit gefallen, doch alle Beteiligten hatten wohl die Schwierigkeiten unterschätzt, die damals einer Übersiedlung aus der sowjetischen Zone ent-
gegenstanden. Karl Steinhoff, der Ministerpräsident von Brandenburg, ließ seinen
Landrat zwar ungern gehen, sicherte ihm aber zu, ihn „mit heiler Haut aus der sowjetischen Besatzungszone hinauszubringen". Wie umständlich die Prozeduren waren,
zeigte ein Brief, den Schmidt dem designierten Oberbürgermeister kurz vor Weihnachten schrieb: „Nach langen Verhandlungen mit der Militärregierung in Fürth, dem
Regierungspräsidenten und der Militärregierung in Ansbach haben wir die Genehmigung erhalten, Sie am 27. 12. mit einem Fahrzeug der Militärregierung abholen zu lassen … die Fahrt wird nicht direkt erfolgen, denn auch die Militärregierung muß ihre
Wagen auf vorgeschriebenen Wegen, und zwar über Frankfurt–Kassel–Berlin und zurück laufen lassen." Die Bemühungen blieben aber zunächst erfolglos. Anfang Januar
wartete Bornkessel noch immer auf den angekündigten Wagen: „Ich habe nun gestern
und heute auch meinerseits Schritte unternommen, um meine Ausreise zu beschleu-
nigen. Die Dienststelle des Bez.-Bürgermeisters verwies mich an das USA-Hauptquar-
tier in Berlin-Zehlendorf-Telefunkenhaus, wo ein Leutnant Jones diese Fragen bearbeitet. Ich wurde belehrt, daß nur auf Grund eines Ausweises einer amerikan. Dienststelle in Fürth od. Ansbach eine Genehmigung erteilt werden könne. Für den Fall,
(daß) der angekündigte Wagen noch käme, würde er sicher ein entsprechendes Doku-
ment mitbringen. Mit diesem möchte ich dann wieder kommen, die Erledigung erfolge dann sehr schnell. Außerdem habe ich mich in einem Reisebüro beraten lassen.
Auf Grund Ihres Ausweises vom 30. Nov. könnte ich eine Fahrkarte nach Thüringen
erhalten. Ich müßte dann selbst sehen, wie ich hinüber komme. Angeblich ist damit
ein Überlandmarsch von ca. 10 km über bergiges Gelände verbunden, den ich mir zu
dieser Jahreszeit nur mit leichtestem Gepäck zumuten möchte. U. U. käme ich dann
etwas zerzaust in Fürth an! Hiervon abgesehen möchte ich es besonders im Hinblick
auf Ihre Besprechungen bei den Dienststellen der Militärregierung in Fürth und Ansbach tunlichst vermeiden, mich als desig. komm. Oberbürgermeister mit einer Hand-
lung einzuführen, die gegen die Vorschriften der Alliierten Militärbehörde verstößt."
Immer wieder mußte Bornkessel seinen Parteifreund Schmidt vertrösten, einmal
fehlte dieses Papier, ein andermal jenes: „Es kostet entsetzlich viel Nerven, überall unter Hunderten anstehen zu müssen, um dann nach Stunden gnädigst einen Frageho-
gen zu bekommen. Niemand kann wirklich zuverlässigen Bescheid geben und alles
hängt vom Zufall ab." Anfang Februar 1946 schien es dann doch endlich so weit zu
sein: „In strömendem Regen waren Hunderte von Flüchtlingen usw. nach dem Sam-
mellager in Berlin-Moabit geeilt, zum Teil mit zentnerschweren Lasten; schon war die
Abfertigung in vollem Gange, viele hatten bereits die Marschverpflegung empfangen –
da plötzlich während des Aufrufs der Namen – ‚alles einstellen: Transport geht nicht –
Gepäck wieder abladen!‘ – Schluß – aus. Alles ist zunächst fassungslos, und dann gehen alle Maschinen wieder rückwärts." Schließlich erhielt Bornkessel aber doch die
Erlaubnis, einen Zug der Alliierten nach Frankfurt/Main zu benützen, und am 25. Fe-

bruar traf im Fürther Rathaus endlich die Botschaft ein: „Ankomme Fuerth heute Mitternacht."[17]

Neben der Besetzung der Posten des Regierungspräsidenten und der Bürgermeister der beiden Städte Ansbach und Fürth, kam der Bestellung neuer Landräte in beiden Kreisen besondere Bedeutung zu. In Ansbach war die Suche der amerikanischen Militärregierungsoffiziere nach einem neuen Landrat zunächst erfolglos. Fast alle Repräsentanten der nationalkonservativen ländlichen Honoratiorenschaft hatten sich während des Dritten Reiches – obwohl keineswegs immer regimefromm – doch wenigstens nominell mit dem Nationalsozialismus eingelassen. Relativ unbelastet und gut qualifiziert erschien den Amerikanern schließlich der ehemalige Ansbacher Oberbürgermeister Wilhelm Borkholder, der – wie Schwiening – der NSDAP angehört hatte. Doch Borkholder, fast 60 Jahre alt, verstarb schon zwei Monate später[18]. Ihm folgte am 4. Juli Richard Neff (Jg. 1892), ein aus Oberbayern stammender Einser-Jurist, der in einigen Berliner Reichsministerien eine vielversprechende Beamtenlaufbahn begonnen und zuletzt im Range eines Ministerialrats gearbeitet hatte[19] – ein „Auswärtiger" also, dessen Ernennung in Ansbach kaum weniger Aufsehen erregte als die Wahl Körners oder die Einsetzung Schregles. Neff, der sich im Juli 1945 auf dem Weg von Berlin nach München befand, verdankte seine Ernennung dem Zufall. Seine Frau berichtet:

„Wir waren Ende Juni 1945 auf dem Weg nach München, wo sich mein Mann den deutschen Behörden zur Mitarbeit zur Verfügung stellen wollte. Unser Transportmittel war, wie damals üblich, ein Lastauto. Es war ein sogenannter Gemüselaster, der mit Genehmigung amerikanischer Dienststellen in Bayern Gemüse einkaufen sollte, um es in benachteiligteren Gegenden zu verteilen. Auf dem Hinweg war das Auto leer, also konnte der Fahrer Passagiere mitnehmen, und zwar bis Nürnberg. Dort hatten alle auszusteigen, inmitten der Trümmer dieser Stadt. Aus Entgegenkommen erklärte sich der Fahrer bereit, uns noch ein Stückchen weiter mitzunehmen. Am Ende der nächsten Stadt, die wir durchfuhren, hatten auch wir auszusteigen. Es war in Ansbach. Bei einem kurzen Rundgang durch die kleine Stadt fielen uns Plakate auf, die besagten, daß sich alle ehemaligen Beamten unverzüglich bei der Militärregierung zu melden hätten. Das bezog sich auch auf meinen Mann. Die Militärregierung befand sich im Stadtzentrum. Das Hauptportal wurde von GI's bewacht, die meinem Mann erklärten, er dürfe diesen Haupteingang nicht benutzen – er hätte wie alle anderen Deutschen nur Zugang über die Hintertreppe. Von dort aus wurde er zu einem jungen Leutnant gebracht, der, wie sich später herausstellte, ein Soziologieprofessor aus Connecticut war. Nach einigem Hin und Her hatte mein Mann einen Fragebogen auszufüllen, aus dem u.a. hervorging, daß er ein sogenannter Einser-Jurist und erfahrener Verwaltungsbeamter war und antinationalsozialistisch eingestellt. Der Chef der Ansbacher Militärregierung und der Chef der Militärregierung von Ober- und Mittelfranken kamen hinzu, und mein Mann wurde gefragt, ob er nicht Landrat vom Landkreis Ans-

---

[17] Ebenda und schriftliche Mitteilung von Alfred Schmidt vom 10. November 1984.
[18] Vgl. LR Ansbach an RegPräs, 3. Juli 1945, in: LRA Ansbach, EAP 01-016; vgl. auch BayHStA, MInn 80389.
[19] Zu Neff vgl. LRA Ansbach, EAP 01-015 und Amts- und Mitteilungsblatt des Landkreises Ansbach, 20. Februar 1952, S. 3.

bach werden wolle. Er erbat sich 24 Stunden Bedenkzeit, denn seine ursprüngliche Absicht war ja, nach München zu gehen ... Schließlich sagte mein Mann zu, und so wurde er in den ersten Julitagen 1945 als Landrat eingesetzt."[20]

Im Kreis Fürth dagegen war die Besetzung des Landratsamtes schon zwei Monate zuvor gleichsam routinemäßig gelaufen, so wie die Offiziere der Militärregierung es in den Ausbildungszentren vorgesehen und geübt hatten. Captain Cofer stieß im Gespräch mit Oberbürgermeister Schwiening, einigen höheren Beamten der Stadtverwaltung und je einem Vertreter der beiden Kirchen auf die einhellige Empfehlung zugunsten von Otto Graf (Jg. 1894). Auch Cofer selbst, der schnell erfahren hatte, daß Graf an der kampflosen Übergabe Fürths mitgewirkt hatte, fand Gefallen an dem Wirtschaftsexperten. Am 5. Mai wurde Graf als neuer Landrat bestellt[21]. Die Räume in der Amalienstraße 4 wurden dem ehrgeizigen Mann aber bald zu eng, Graf hatte anderes im Sinn: „Er hatte zu viele andere Interessen und widmete dem Landkreis nicht genügend Aufmerksamkeit", urteilte die Militärregierung[22]. Anfang Juni löste ihn deshalb der Spiel- und Metallwarenfabrikant Friedrich Hörndlein (Jg. 1899) aus Nürnberg ab. Auch dies war eine unkonventionelle Entscheidung, denn Hörndlein verfügte über keinerlei Verwaltungserfahrung und war auch politisch bisher nicht hervorgetreten. Auf ihn waren die Amerikaner von Landarzt Dr. Landvogt aus Roßtal aufmerksam gemacht worden, der sich bei Kriegsende für eine kampflose Übergabe Roßtals eingesetzt und damit das Vertrauen einiger Offiziere der Militärregierung erworben hatte[23].

Im Mai 1945 waren trotz zum Teil erheblicher Schwierigkeiten die Spitzenpositionen in der Verwaltung der Regierungsbezirks-, Landkreis- und Stadtebene mit neuen unbelasteten Leuten besetzt. Das war keine mittelfränkische Spezialität, die amerikanische Militärregierung drängte überall – mit Erfolg – auf ein schnelles Revirement in der deutschen Verwaltung. Im oberfränkischen Kulmbach war am 7. Mai 1945 der frühere SPD-Abgeordnete im bayerischen Landtag, Georg Hagen, der sich im Dritten Reich als Versicherungsagent durchgeschlagen hatte, als neuer Bürgermeister vereidigt worden. In Bamberg hatte die Militärregierung im April 1945 den Oberbürgermeister aus der Weimarer Zeit, Luitpold Weegmann, wieder in sein Amt geholt. Und in München war am 8. Mai 1945 Karl Scharnagl in das Rathaus zurückgekehrt, das er schon vor 1933 geleitet hatte[24]. Die Neubildung der Landesverwaltungen ließ sich in so kurzer Zeit nicht durchführen, da ja zunächst auch die territoriale Gestalt der einzelnen Länder noch kaum zu erkennen war. In Bayern, das territorial unversehrt geblieben war, amtierte mit Fritz Schäffer, dem früheren Führer der Bayerischen Volkspartei, der den Amerikanern von Kardinal Faulhaber vorgeschlagen worden war, bereits Ende Mai 1945 wieder ein Ministerpräsident. Das aus Teilen der ehemaligen Länder Würt-

---

[20] Schriftliche Mitteilung von Elisabet Neff vom 6. Juli 1981; vgl. auch Annual Hist. Rep., Det. Ansbach, 1. September 1946, in: NA, RG 260, 10/80-3/6.

[21] Graf war Mitglied der katholischen Studentenverbindung „Normannia". 1924 trat er als Regierungsassessor in den Staatsdienst ein, zwischen 1936 und 1945 leitete er die nordbayerische Außenstelle des Reichswirtschaftsministeriums in Fürth. Vgl. Fürther Nachrichten vom 28. März 1953 und Annual Hist. Rep., Det. Fürth, 20. Juni 1946, in: NA, RG 260, 10/81-1/5.

[22] Annual Hist. Rep., Det. Fürth, 20. Juni 1946, in: NA, RG 260, 10/81-1/5.

[23] Schriftliche Mitteilungen von Georgine Hörndlein vom 26. Oktober 1981 und Michael Wiesinger vom 20. September 1981 und 19. Oktober 1981.

[24] Zu Hagen vgl. Wilhelm Lederer, Dokumentation 1945. Kulmbach vor und nach der Stunde Null, Kulmbach 1971, S. 153 ff. Zu Weegmann vgl. Stadtarchiv Bamberg, B.S. Nr. 483 sowie Bamberger Volksblatt vom 29. August 1966. Zu Scharnagl vgl. u.a. Niethammer, Entnazifizierung, S. 166.

temberg und Baden neu gebildete Land Württemberg-Baden erhielt am 2. Oktober 1945 eine Regierung mit Reinhold Maier an der Spitze. Karl Geiler, Regierungschef des neu geschaffenen Landes „Groß-Hessen", übernahm sein Amt erst vierzehn Tage später[25].

Zugleich mit der Neubesetzung der Spitzenpositionen in der mittleren und höheren Verwaltung begannen die Offiziere der Besatzungsmacht in den ländlichen Gemeinden die politisch belasteten Gemeindeoberhäupter auszutauschen. Im Landkreis Fürth hatte diese Aufgabe 2nd Lt. Milton Solomon übernommen, der schon ab Mai zusammen mit Edward Kiczmamochski – einem bei der US-Armee angestellten polnischen Fremdarbeiter – und einem Dolmetscher mit dem Jeep über Land fuhr[26]. In Roßtal, einem Marktflecken südlich von Fürth, machte das kleine Team bald Station. Solomon sah sich auf dem Marktplatz etwas um, ließ den Dolmetscher einige Bürger befragen und erhielt dabei den Hinweis, daß der Bauer Michael Wiesinger das Zeug zum Bürgermeister habe. Außerdem wurde er noch auf einige fähige und integere Kommunisten aufmerksam gemacht, die er zusammen mit Wiesinger sofort in das Rathaus bestellte. Dort erhielt jeder einen Fragebogen, den er auszufüllen und sofort wieder im Rathaus abzugeben hatte. „Einige Tage später", so berichtete Wiesinger, „um 11.00 Uhr (ich befand mich in meinem Pferdestall) kamen 4 Offiziere, darunter ein deutschsprachiger, zu mir und holten mich mit ihrem Auto ab. Ich durfte nicht mehr in mein Haus, mußte wie ich war – in Arbeitskleidung – mitfahren, sie sagten mir auch nicht warum und wohin. Meine Familie und ich waren sehr erregt, weil man ja nicht wußte, was sie mit mir vorhatten. Die Fahrt ging zum Rathaus. Ein Offizier sprach dann mit dem Dolmetscher, dieser sagte dann zum anwesenden Bürgermeister Flachenecker, Du bist ab sofort nicht mehr Bürgermeister, Du kannst heimgehen. Drauf sprach mich der Dolmetscher an und sagte zu mir, da ist jetzt Dein Platz, ab jetzt bist Du Bürgermeister in Roßtal."[27]

Bereits nach drei Monaten konnte Solomon seiner vorgesetzten Stelle melden, daß von den 34 Bürgermeistern aus der „alten Zeit" keiner mehr im Amt sei[28]. Zum selben Zeitpunkt, im Juli 1945, waren von den 82 Bürgermeistern des Landkreises Ansbach erst „47 auf Anordnung der Militärregierung wegen ihrer Parteizugehörigkeit bzw. politischen Belastung ihres Amtes enthoben" worden[29]. Daß in Ansbach noch immer fast die Hälfte der alten Bürgermeister amtierte, hatte seinen Grund darin, daß im Landkreis erst seit Anfang Juli eine eigene Abteilung der Militärregierung stationiert war und das Ansbacher Umland bis dahin meist vom ohnehin ausgelasteten Regierungsbezirksdetachment mitverwaltet werden mußte, das den Belangen des Landkreises nicht die nötige Aufmerksamkeit schenken konnte[30]. Der dann bald eintreffenden Militärregierungseinheit unter Col. Whitaker gelang es aber schnell, die anfänglichen Versäumnisse wettzumachen, und schon am 3. Oktober 1945 erreichte den

[25] Zur Neubildung der Landesverwaltungen vgl. Theodor Eschenburg, Jahre der Besatzung 1945–1949, Stuttgart 1983, S. 77–84.
[26] Vgl. Berichte des Det. Fürth über Landkreisinspektionsreisen vom 19., 22. und 26. Juni 1945, in: LRA Fürth, EAP 070/1.
[27] Schriftliche Mitteilungen von Michael Wiesinger vom 1. und 20. September 1981.
[28] Vgl. LR Fürth an RegPräs, 5. August 1945, in: StA Nürnberg, LRA Fürth (1962), Nr. 40/1.
[29] LRA Ansbach an RegPräs, 3. Juli 1945, in: LRA Ansbach, EAP 01-016.
[30] Vgl. dazu das Kapitel über den Einmarsch der amerikanischen Truppen (S. 65 f.).

Regierungspräsidenten auch aus dem Landkreis Ansbach die Meldung: „Die politische Bereinigung bei den Bürgermeistern ist nunmehr durchgeführt."[31]

Die Militärregierungen hatten gründliche Arbeit geleistet und sich dabei strikt an ihre Anweisung gehalten, keinen Bürgermeister oder Landrat aus der NS-Zeit im Amt zu belassen. Dieser völlige Bruch der personellen Kontinuität in den Rathäusern war wahrhaft revolutionär und bedeutete einen tieferen Einschnitt als die Maßnahmen der Nationalsozialisten nach der Machtergreifung, die es nicht wenigen deutschnationalen und parteilosen Bürgermeistern ermöglicht hatten, sich zu arrangieren und im Amt zu bleiben. Die Mehrheit der Bevölkerung hat dieses umfassende Revirement ohne Protest hingenommen. Mochte mancher Bürgermeister der NS-Zeit in seiner Gemeinde auch weiterhin als anständig und integer angesehen werden, man verstand doch offenbar, daß die alten Amtsträger zu kompromittiert waren, vor allem für eine glaubwürdige Vertretung der Interessen der Bevölkerung gegenüber der Militärregierung. Lediglich in einigen wenigen Dörfern und Kleinstädten kam es zu halbherzigen Protesten. Hier waren den pauschalen Maßnahmen der Amerikaner Bürgermeister zum Opfer gefallen, die eher zu den Gegnern des Nationalsozialismus zu rechnen waren als zu seinen Parteigängern. Einer davon war der Bürgermeister der 220-Seelen-Gemeinde Horbach im Landkreis Fürth, der sein Amt bereits seit 1929 ausübte. 1933 der NSDAP beigetreten, war er schon kurz darauf in Konflikt mit der örtlichen Parteileitung geraten, weil er sich als Vorstand der Milchgenossenschaft mit einem „Alten Kämpfer" angelegt hatte, der für das Fahren der Milch das Doppelte des üblichen Fahrgeldes verlangt hatte[32]. Dem Bürgermeister war daraufhin die Einweisung nach Dachau angedroht worden. Später hatte er sich trotz mehrmaliger Aufforderungen der Partei geweigert, sein Amt als Kirchenvorsteher niederzulegen und sich schließlich auch den Weisungen eines SS-Hauptsturmführers widersetzt, in Horbach Panzersperren zu errichten.

Auch der abgesetzte Bürgermeister von Zirndorf war alles andere als ein überzeugter Pg gewesen, wie auch sein Nachfolger und der Ortsgeistliche bestätigten. Der Ortspfarrer bescheinigte ihm: „Er trat im Kirchenkampf unerschrocken für die Bekennende Kirche ein und tat, was in seinen Kräften stand, um die mancherlei Schwierigkeiten von der NSDAP zu beheben ... Ihm verdanken wir es, daß wir in unserem kirchlichen Leben vor anderen Gemeinden von den Übergriffen fanatischer Gegner unbehelligt blieben ..." Besonders hoch rechnete der Pfarrer dem Bürgermeister an, daß er Zirndorf kampflos an die Amerikaner übergeben hatte: „Ich war selber Zeuge in dem entscheidenden Augenblick, da er auf die Gefahr hin und trotz der wiederholten Drohungen, daß er an den Galgen gehängt werde, bedingungslos kapitulierte."[33]

In Roßtal hatte 2nd Lt. Milton Solomon doppeltes Glück. Er fand sofort Ersatz für den alten Bürgermeister, und Wiesinger, der in Gummistiefeln und Arbeitskleidung zum Bürgermeister berufen worden war, erwies sich als tüchtiger Mann, der schon bald großes Ansehen in seiner Gemeinde genoß. Der gebürtige Schwabacher stammte aus kleinen Verhältnissen und hatte bereits im Kindesalter hart arbeiten müssen. Nach seiner Heirat (1927) übernahm er den Hof seiner Frau und machte ihn mit viel

---

[31] In: LRA Ansbach, EAP 01-016.
[32] Alt-Bg Horbach an LR Fürth, 10. Oktober 1945, in: LRA Fürth, EAP 027.
[33] Pfarrer von Zirndorf an LR Fürth, 30. Mai 1945, in: Ebenda.

Fleiß zum größten landwirtschaftlichen Betrieb in Roßtal. Als Bürgermeister wie als Landwirt hielt er sich vor allem an eine Devise: Arbeiten, arbeiten und nochmals arbeiten. Wie geschaffen für außergewöhnliche Zeiten, bewies er beträchtliche Findigkeit bei Kompensationsgeschäften und zögerte auch nicht, in die eigene Tasche zu greifen, wenn Not am Mann war. Damals legte er wohl den Grundstein zur Ära Wiesinger in Roßtal, die erst 1972 zu Ende ging[34].

Solomons Glücksgriff mit Wiesinger konnte die Offiziere der Militärregierung aber nicht darüber hinwegtäuschen, daß es ihnen an ausreichenden Sprach-, Orts- und Milieukenntnissen und auch an genügend eigenem Personal fehlte, um die Vorschläge von NS-Gegnern und Pfarrern sorgfältig zu prüfen. Wie sehr sie damit Mißgriffe riskierten oder in Gefahr gerieten, von rivalisierenden Dorfgruppen mißbraucht zu werden, zeigte sich besonders drastisch in Seukendorf, wo sich die Auswahl eines neuen Gemeindeoberhaupts zu einer aufsehenerregenden Provinzposse entwickelte, in der sich Militärregierungsoffiziere und CIC-Angehörige, ein Landesbischof, ein Oberkirchenrat und der Ortspfarrer, ein Bürgermeister und ein Landrat in den Hauptrollen abwechselten.

Seukendorf[35], etwa zehn Kilometer westlich von Fürth gelegen, zählte 1945 etwa 350 Einwohner. Der größte Teil der fast durchweg evangelischen Bevölkerung lebte von der Landwirtschaft, die wenigen Arbeiter gingen in Nürnberg, Fürth und Zirndorf ihrem Broterwerb nach. Als sich die Amerikaner im April 1945 dem Dorf näherten, setzte sich Bürgermeister Leonhard Croner mit den amerikanischen Einheiten in Verbindung und ließ weiße Fahnen hissen. Croner führte sein Amt noch bis zum 1. Juni weiter, dann mußte er die Geschäfte auf Weisung der Militärregierung an *Josef Willner* übergeben, einen ehemaligen Feldwebel und kleinen „Sachler", wie man im Ort sagte. *Willner,* ein notorischer Querulant, hatte fast das ganze Dorf gegen sich. In den zurückliegenden Jahren hatte er sich stets mit den Bürgermeistern angelegt mit dem Ziel, selbst Bürgermeister zu werden. In der Weimarer Zeit war der sehr angesehene Bürgermeister Blödel, zugleich Abgeordneter im bayerischen Landtag, wegen *Willners* Quertreibereien nicht weniger als dreimal zurückgetreten, dann aber auf Zureden der Seukendorfer immer wieder im Amt verblieben. Daß *Willner* sein Lebensziel doch noch erreichte, verdankte er einzig dem evangelischen Pfarrer, der ihn der amerikanischen Militärregierung empfohlen hatte. Der Pfarrer, der nach Seukendorf strafversetzt worden war, war im Ort nicht allzu beliebt; man mißtraute ihm. Es half seiner Glaubwürdigkeit auch wenig, daß er der Bekennenden Kirche angehörte und nicht selten von der Kanzel herab gegen die NSDAP gewettert hatte. Die Seukendorfer, die ihre Ruhe haben wollten und fürchteten, der politisierende Pfarrer könne mit seinen „Hetzreden" dem ganzen Dorf Schwierigkeiten bereiten, waren dadurch eher irritiert. Umso mehr schloß sich der im Dorf isolierte Pfarrer *Willner* an. Er hielt ihn für einen entschiedenen NS-Gegner, weil *Willner* kurz nach der Machtergreifung der National-

---

[34] Zu den biographischen Daten vgl. schriftliche Mitteilung von Michael Wiesinger vom 24. Mai 1982.

[35] Alle Nachweise in: LRA Fürth, EAP 027: Gemeindeangelegenheiten Seukendorf. Mündliche Mitteilungen von Kaspar und Adolf Ultsch vom 21. Januar 1982 sowie Kurzprot. der Vollsitzungen des Evangelisch-Lutherischen Landeskirchenrates vom 15./16. April, 20./22. Mai, 12./13. Juni und 25./26. Juli 1946, in: LKA Nürnberg, Bestand: Ev.-Luth. Landeskirchenrat, Niederschriften über Haus- und Vollsitzungen 1940, 1945 und 1946. Vgl. auch Visitationsbericht von Dekan Fürst vom 23. Mai 1943, in: Ebenda, Bestand: Bay. Dekanat Fürth, Nr. 113 a.

sozialisten wegen seines Querulantentums aus der NSDAP ausgeschlossen worden war, deren Ortsgruppe er 1932 mitaufgebaut hatte.

Diesen verwickelten Dorfgeschichten gegenüber stand die Militärregierung auf verlorenem Posten. Sie wußte weder von *Willners* früherer Parteimitgliedschaft, noch war ihr bekannt, daß der neue Bürgermeister in den Kriegsjahren als Chef der örtlichen Landwacht gebieterisch durch das Dorf stolziert war und jeden schärfstens verwarnt hatte, der einem Fremdarbeiter ein Stück Brot zusteckte. Er halte die Polen „wie Hunde", sagte man damals in Seukendorf. Die amerikanischen Offiziere folgten der Empfehlung des Pfarrers, der durch seine Nonkonformität während der NS-Zeit als besonders vertrauenswürdig galt, und gerieten so in den Seukendorfer Bürgermeisterkrieg. *Willner* wußte sich auf seine Weise bei der Militärregierung beliebt zu machen. Er wartete mit selbstgebranntem Schnaps auf, außerdem mit drei Töchtern in heiratsfähigem Alter, die es den Amerikanern offenbar besonders angetan hatten.

Recht glücklich wurde *Willner* auf seinem Posten freilich nicht, denn die Einwohner Seukendorfs wollten sich seinem Feldwebelton nicht unterordnen. Sein eigentlicher Gegenspieler war die graue Eminenz des Dorfes, der Landmaschinenschlosser und -händler Kaspar Ultsch. Als Mitglied des örtlichen Kirchenvorstandes aktiv in der evangelischen Kirche tätig, hatte Ultsch sich mit den Nationalsozialisten nie recht anfreunden können. Er war aber schließlich doch der Partei beigetreten, weil man ihm gedroht hatte, seine Schlosserei andernfalls nicht mehr mit Eisen zu beliefern. Seine Wohnung war während der NS-Zeit so etwas wie ein „Dorfparlament", wo sich die Bauern in unregelmäßigen Abständen nach Feierabend trafen und die Belange des Dorfes besprachen. Ultsch und *Willner* kannten einander von Kindesbeinen an, waren sich aber „spinnefeind", denn ein Streit um ein Fahrtrecht belastete schon seit Generationen das Verhältnis der beiden Familien.

Nachdem einige Versuche, *Willner* zum freiwilligen Rücktritt zu bewegen, fehlgeschlagen waren, gaben seine Gegner ihre Zurückhaltung auf und gingen an die Öffentlichkeit. So leicht war *Willner* aber nicht beizukommen. Er drehte den Spieß um, gab sich als überzeugter Demokrat und stellte seine Gegner, allen voran Ultsch, als unbelehrbare Pgs hin. Damit hätte er vielleicht erneut die Oberhand behalten, wenn sich nicht zwei DP's bei der Militärregierung gemeldet hätten, die schwere Beschuldigungen gegen *Willner* vorbrachten: „*Willner Josef* war Führer der Landwacht und des Volkssturms und hat Polen sowie Franzosen auf das Niederträchtigste behandelt, sie zum Teil mit dem Gummiknüppel geschlagen – ohne Ursache, lediglich weil sie Ausländer waren. Des öfteren hat er sie auch bei dem Ortsgruppenleiter ... in Burgfarrnbach denunziert. Die Polen waren über das Benehmen *Willners* so erbost, daß sie nach dem Einrücken der Amerikaner das Haus *Willners* anzünden wollten. Es ist ihnen unverständlich, daß *Willner* nun zum Bürgermeister ernannt worden ist. *Willner* soll Mitbegründer der Ortsgruppe der NSDAP vor 1933 in Seukendorf gewesen sein." Als *Willner* mit diesen Vorwürfen konfrontiert wurde, wand er sich zunächst, gab dann aber kleinlaut zu, daß er als Mitglied der Landwacht tatsächlich Schwierigkeiten mit den Fremdarbeitern gehabt hatte. Damals sei ihm von seinem Vorgesetzten geraten worden, „die muß man nauf hauen".

CIC zögerte nicht lange: „Die Entlassung von *Willner* wird von dieser Stelle dringend befürwortet." Die Militärregierung beschäftigte sich nun erstmals näher mit den Ereignissen in Seukendorf und zog von den verschiedensten Stellen Informationen ein, u.a. auch von Ultsch, der offenbar schnell ihr Vertrauen gewann. Den amerikanischen Offizieren gingen nun endlich die Augen auf. Nach einer längeren Unterredung mit Ultsch schrieb ein Offizier der Militärregierung einige Zeilen auf ein Stück Papier und beauftragte Ultsch, den Zettel umgehend Landrat Hörndlein zu überbringen. Auf dem Zettel stand nur: „Suchen Sie einen anderen Bürgermeister für Seukendorf." Ultsch sollte dem Landrat bei der Suche nach dem neuen Gemeindeoberhaupt behilflich sein. *Willner* wurde kurz darauf seines Postens enthoben.

Diese Entscheidung traf das Dorfparlament von Seukendorf, das auch nach dem Ende der NS-Herrschaft das eigentliche Zentrum der örtlichen Politik blieb, nicht unvorbereitet. In der Wohnung von Ultsch hatte man bereits seit längerem über einen Nachfolger für *Willner* nachgedacht und war dabei zu dem Ergebnis gekommen, einen Sozialdemokraten an die Spitze der Gemeinde zu stellen, schienen doch die Zeichen eindeutig auf „rot" zu stehen. Auf vielen wichtigen Posten in der Staatsregierung in München und im Landratsamt in Fürth saßen Sozialdemokraten – da konnte es nicht schaden, einen sozialdemokratischen Bürgermeister zu haben, dachten die konservativen Bauern in Seukendorf, die stets ein distanziertes Verhältnis zur staatlichen Obrigkeit gehabt hatten, der man sich beugen mußte, aber auch Vorteile abluchsen konnte, wenn man es nur geschickt genug anstellte. Das Umdenken auf die neue Zeit fiel den Bauern um so leichter, als sie den Sozialdemokraten, der für das Amt des Bürgermeisters in Frage kam, seit langem als vernünftigen Mann kannten. Es war der 47jährige Johann Burger, der sich vom Hilfsarbeiter zum Gärtnereibesitzer hochgearbeitet hatte.

Damit erhielt die Affäre in Seukendorf zusätzlichen Zündstoff. Zwischen Burger und *Willner* bestand nämlich eine langjährige Feindschaft, die darauf zurückging, daß *Willner* dem Sozialdemokraten während der NS-Zeit beträchtliche Schwierigkeiten bereitet hatte. In den folgenden Jahren ging es hoch her in Seukendorf, denn *Willner* konnte sich von dem Gedanken, wieder Bürgermeister zu werden, nicht losreißen. Er „ließ ... nicht nach, dem Bürgermeister und Gemeinderat das Leben möglichst schwer zu machen", beklagte sich der Gemeinderat beim Landrat, „getreu seinem Ausspruch ... er werde dafür sorgen, daß der neue Bürgermeister nicht länger als vier Wochen im Amt bleibe." Daß der Störenfried nicht besänftigt werden konnte, war wohl auch der Militärregierung zuzuschreiben, die *Willner* viel zu lange die Stange gehalten und deshalb in Seukendorf stark an Autorität eingebüßt hatte.

Die Auseinandersetzungen verschärften sich sogar noch. Der Pfarrer ergriff von der Kanzel herab Partei für seinen Intimus und prangerte das „rote Günstlings- und Gewaltregiment" Burgers an. Daraufhin schaltete sich der von Ultsch geleitete Kirchenvorstand ein und drängte auf die Versetzung des Pfarrers, der seine kirchlichen Kompetenzen weit überschritten hatte: „Die Verhältnisse in Seukendorf gestatten keine andere Lösung der Frage, da alle Versuche zu einer friedlichen Lösung fehlgeschlagen sind." Anfang Mai 1946 drohten erst Burger, dann der stellvertretende Bürgermeister und schließlich der ganze Gemeinderat ihre Ämter niederzulegen. Eine Veränderung der Lage in Seukendorf sei nicht zu erwarten, so hieß es im Protokoll der Gemeinderatssitzung vom 7. Mai 1946, ehe „nicht eine gründliche Säuberung erfolgt ist. Der Kampf des als alten Nazi und unverbesserlichen Stänkerer bekannten *Josef Willner* richtet sich nicht gegen eine einzelne Person, sondern sein einziges Ziel ist und bleibt die Stelle des Bürgermeisters, und jeder, der ihm dabei im Weg ist, wird von ihm bekämpft, und zwar mit allen, auch den gemeinsten Mitteln. Trotzdem die Gemeinde ihn einmütig ablehnt, sowohl die Antifaschisten wie auch seine Gesinnungsgenossen von früher, die Nazis, wühlt er unentwegt weiter und hetzt gegen jeden, der ihm im Wege steht. In dieser Erkenntnis sieht sich kein Mann des Gemeinderats in der Lage, sein Amt weiterzuführen."

Nachdem der Kirchenvorstand ein zweites Mal die sofortige Versetzung des Pfarrers gefordert hatte, mußte sich die Kirchenleitung um die Vorkommnisse in Seukendorf kümmern, die mehr und mehr auch das Ansehen der evangelischen Kirche in Mitleidenschaft zu ziehen drohten. Oberkirchenrat Julius Schieder aus Nürnberg begab sich im Frühjahr 1946 persönlich in die Konfliktgemeinde, um nach dem Rechten zu sehen – eine heikle Mission, denn welchen Eindruck würde es in der Öffentlichkeit machen, wenn die evangelische Kirche, die nicht zögerte, einige „braune" Schafe in den eigenen Reihen rückhaltlos zu decken, ausgerechnet einen mutigen Streiter gegen den Nationalsozialismus zur Ordnung rief? Schieder versuchte deshalb zu schlichten und wies den Pfarrer an, „sich vor allem zu hüten, was auch nur den Anschein erwecken könnte, als wolle er sich in außerkirchliche Angelegenheiten einmischen". Die Affäre erschien ihm aber doch so brisant, daß er einen ausführlichen Bericht an den Landeskirchenrat in München sandte.

Die Entscheidung über das Schicksal des Pfarrers lag damit in München. Am 23. Mai 1946 wandte sich Landesbischof Meiser an den Landrat in Fürth: „Die von uns geführte Untersuchung ergab nichts, was es uns ermöglichen könnte, Herrn Pfarrer *Recker* in gesetzmäßiger Weise gegen seinen Willen zu versetzen, zumal er sein Amt bisher ohne Tadel geführt hat." Mit so dürren Worten wollte sich der Landrat aber nicht abspeisen lassen. Am 4. Juli 1946 schrieb er an den Evangelisch-Lutherischen Landeskirchenrat in München: „Die Ablehnung der Versetzung des Pfarrers *Recker* hat in der Gemeinde Seukendorf allgemein größtes Befremden hervorgerufen. – Auch kann ich mir nicht erklären, daß die von der Gemeinde gebrachten Gründe nicht zu einer Versetzung ausreichen sollten. – Ich bitte den Fall nochmals eingehend zu überprüfen. – ... Trifft es zu, daß *Recker* die neue von der Militärregierung eingesetzte Gemeindeführung von der Kanzel aus bewußt verleumdet, so dürfte das allein schon eine sofortige Versetzung rechtfertigen. – Der Bürgermeister von Seukendorf hat mir in einer Unterredung bei Amt am 3.6.1946 eröffnet, daß der gesamte Gemeinderat zurücktreten wird, falls die Versetzung des Pf. *Recker* nicht sofort erfolgt. – Es ist bestimmt anzunehmen, daß diese Organe ihr Vorhaben ausführen. – Dadurch entstehen auch mir neuerliche Schwierigkeiten, da es unmöglich ist, in Seukendorf einen neuen Gemeinderat zu bilden, auch ein Bürgermeister könnte nicht mehr gefunden werden. – Ich halte es doch für zweckmäßiger einen mit Recht unbeliebten Pfarrer zu versetzen, als ihn in ständiger Gegnerschaft zu 90 Prozent seiner Gemeindemitglieder zu wissen, denen er ein Berater und Seelsorger sein soll. Der Verbleib des Pfarrers *Recker* in der Gemeinde ist auch schon um deswillen unfruchtbar, weil der Kirchenbesuch immer mehr zurückgeht und am Ende überhaupt niemand mehr die Gottesdienste besuchen wird."

Nun konnte man kirchlicherseits nicht mehr darauf hoffen, daß allmählich Gras über den Vorfall wachsen würde. Schieder erhielt in der Vollsitzung des Evangelisch-Lutherischen Landeskirchenrats am 12./13. Juni 1946 den Auftrag, „persönlich mit dem Landrat zu verhandeln, damit ein Umzug des Pfarrers *Recker* vermieden wird", der im Herbst nach vollendetem 65. Lebensjahr in den Ruhestand treten wollte. Die Fronten waren aber so verhärtet, daß Schieder schließlich nichts anderes übrig blieb, als die Versetzung zu befürworten. *Willner* verlor damit seinen wichtigsten Verbündeten im Ort. In Seukendorf kehrte aber noch lange keine Ruhe ein. Bürgermeister Burger, der in der Gemeindewahl vom Frühjahr 1948 erneut die Mehrheit der Stimmen erringen konnte, mußte sich auch weiterhin gegen *Willner* zur Wehr setzen, so lange, bis eines Abends einige junge Burschen *Willner* mit Gewalt zur Dorfräson brachten. Der notorische Querulant ließ sich die Tracht Prügel eine Lehre sein und zog sich ganz aus dem öffentlichen Leben zurück. Nur die Gerichte hatten sich noch eine Weile mit den tätlichen Auseinandersetzungen zu beschäftigen. Burger, der als der geistige Vater der Haberfeldtreiber verdächtigt worden war, überstand aber alle Gerichtsverfahren unbeschadet und blieb bis 1959 Bürgermeister in Seukendorf.

In einigen Orten hatte das gänzlich überforderte kleine Team von 2nd Lt. Milton Solomon, das im Landkreis Fürth seit Mai 1945 mit der Einsetzung von neuen Bürgermeistern beschäftigt war, weder Glück wie im Falle von Wiesinger noch Pech wie im Falle von *Willner*. Es fand sich nämlich zunächst niemand, der das undankbare Amt des Bürgermeisters übernehmen wollte. So war es beispielsweise in Oberasbach im Landkreis Fürth, wo ein antifaschistischer Ausschuß in das Vakuum stieß, der nach der personellen Zusammensetzung viele Ähnlichkeiten mit den Antifas in den Großstädten mit starker Arbeiterbewegungstradition aufweist[36]. Die aus mehreren Dörfern entstandene Sammelgemeinde Oberasbach am Südrand von Fürth, hatte sich seit dem Ersten Weltkrieg zu einer stattlichen Ortschaft entwickelt, in der sich Arbeiter und Bauern in etwa die Waage hielten. Ausgangspunkt der strukturellen Veränderung der ursprünglichen Bauerngemeinde war eine kleine Siedlergenossenschaft aus Arbeitern der Nürnberger MAN- und Schuckert-Werke, die nach 1918 von der Faber'schen Gutsverwaltung für 65 000,– RM ein beträchtliches Stück Ackerfläche nördlich der Bahnlinie Nürnberg-Ansbach erworben hatte. „Diese Siedlerfreunde konnten damals noch nicht ahnen", so heißt es in der Chronik der Siedlervereinigung, „welches Werk sie begonnen hatten und wie sich daraus eine Kolonie entwickelte, die mit zu den schönsten Bayerns zählen sollte. Durch die errichtete Satzung sollten den Mitgliedern gesunde und zweckmäßig eingerichtete Kleinwohnungen in eigens erbauten Häusern mit Obst- und Gemüsegärten zu billigen Preisen verschafft werden ..."[37] Ende der zwanziger Jahre gehörten bereits 341 Genossen zum Siedlerverein, die Einwohnerschaft von Oberasbach verdoppelte sich zwischen 1925 und 1933 auf 2100 und stieg dann bis 1939 noch einmal um 1000 Personen an. Gemeinschaftsarbeit wurde groß geschrieben: „Es waren echte Idealisten, die hier wirkten. Wie Pilze schossen die Gartenhäuschen aus dem Boden ..." Bald hieß das einstige Bauerndorf in der ganzen Umgebung das „rote Oberasbach", denn Sozialdemokraten und Kommunisten hatten hier eine starke Domäne. Nach der Machtergreifung der Nationalsozialisten begann für die politisch überwiegend linksstehenden Siedler ein zähes Ringen, das 1941 mit der Auflösung der Genossenschaft endete. Die Spannungen zwischen der „neuen politischen Richtung" und den Arbeitern verminderten sich aber bis zum Ende der NS-Zeit

---

[36] Vgl. v.a. Lutz Niethammer/Ulrich Borsdorf/Peter Brandt (Hrsg.), Arbeiterinitiative 1945. Antifaschistische Ausschüsse und Reorganisation der Arbeiterbewegung in Deutschland, Wuppertal 1976 und Eschenburg, Jahre der Besatzung, S. 105–108.

[37] Chronik der Siedlervereinigung Unterasbach, in: Privatbesitz Hans Wild, Oberasbach.

nicht. Die Linken, meist uk-gestellte Facharbeiter in Rüstungsbetrieben wie MAN, trafen sich nach der Arbeit weiterhin regelmäßig in ihren alten Gastwirtschaften und debattierten über die verbrecherische Kriegspolitik Hitlers. Widerstandsaktionen aber waren ihnen zu riskant. Ihre Stunde schlug erst 1945.

Beim Einmarsch der amerikanischen Truppen war das Rathaus fast verwaist. Bürgermeister Friedrich Landler blieb zwar bis August nominell im Amt, hatte seine Autorität aber längst eingebüßt. In dieser Situation formierte sich die „Antifaschistische Einheitsfront" aus etwa 40 Sozialdemokraten und Kommunisten, die sich zumeist aus der Siedlergenossenschaft oder von der Arbeit her kannten. Den Vorsitz führte der stellvertretende Leiter des Fürther Arbeitsamtes, Ernst Sehlmacher, ein Sozialdemokrat. Seine rechte Hand und einer der Aktivisten im Komitee war Hans Wild, ein um die Jahrhundertwende geborener Werkzeugmacher, der während der Weimarer Zeit zu den prominentesten Kommunisten im Landkreis Fürth gehört hatte[38]. Sehlmacher und Genossen tagten nach Feierabend in der Wohnung von Wild. Als Ziele für die künftige Gemeindeverwaltung hatten sie sich gesetzt:

„1. Einsetzung eines *ehrenamtlichen* Bürgermeisters.

2. Schaffung einer vollständig von Nazis gereinigten Gemeindekanzlei, aufgebaut nach rein demokratischen Grundsätzen unter Berücksichtigung, daß nur einheimische Kräfte dort beschäftigt werden.

3. Bildung von Ausschüssen mit Spezialarbeitsgebieten, die sich über alle kommunal- und gemeindepolitisch wichtigen Aufgabengebiete erstrecken müssen.

4. Eine den gegebenen Verhältnissen entsprechende scharfe Nachprüfung der Wohnungspolitik und gerechte Wohnraumverteilung.

5. Wahrung aller Interessen der Gemeindebevölkerung in sozialer und politischer Hinsicht. Errichtung einer Gemeindebibliothek.

6. Rücksichtslose Bekämpfung aller evtl. noch aus Nazikreisen kommenden Gegenströmungen.

7. Ergreifung wirtschaftlicher und ernährungspolitischer Maßnahmen zur Sicherung der Ernährung, im Zuge damit Hebung der Kleintierzucht und Erfassung brachliegender Flächen.

8. Der Bedarf an Wohnraum wird durch Wohnungsbau gedeckt.

9. Alle Fabriken und Handelsgeschäfte werden überprüft und alle für die Gemeinschaft wichtigen werden gefördert.

10. Erziehung der Jugend im streng demokratischen Sinn."[39]

Die antifaschistischen Ausschüsse in Frankfurt, Stuttgart und den großen Städten des Ruhrgebietes erregten bald den Argwohn der Militärregierung. Erfüllt von revolutionär-sozialistischen Hoffnungen, beflügelt von der Erwartung, im zukünftigen Deutschland eine dominierende Rolle spielen zu können, und selbstbewußt im Auftreten, paßten sie nicht in das „Law and Order"-Konzept der Besatzungsmacht, die deshalb nicht selten zu rigorosen Mitteln griff und die Antifas einfach verbot. „Ich kenne diese Antifaschisten", soll ein amerikanischer Offizier beim ersten Zusammentreffen mit dem Münchener Nationalkomitee Freies Deutschland gesagt haben, „das

---

[38] Mündliche Mitteilung von Hans Wild vom 5. Januar 1984.
[39] Ein unvollständiges Exemplar des Programms in deutscher Sprache befindet sich in: Privatbesitz Hans Wild, Oberasbach; ein vollständiges Exemplar in englischer Sprache liegt in: StA Nürnberg, LRA Fürth (1962), Nr. 149.

sind alles Banditen."[40] Ganz anders die Situation in Oberasbach, wo das Komitee das volle Vertrauen der Militärregierung genoß. Kein Wunder, denn einige kommunistische Komiteemitglieder waren bei CIC beschäftigt, so daß die Militärregierung gleichsam mit am Tisch saß, wenn sich die Antifa-Mitglieder in der Küche von Wild versammelten und ihre nächsten Schritte besprachen. Im Unterschied zu den Antifas in urbanen Regionen mit starker Arbeiterbewegungstradition verstand sich die Oberasbacher Einheitsfront auch nicht als Vorbote oder Träger einer revolutionären Umwälzung, sondern ausschließlich als dörfliche Selbsthilfeorganisation und blieb wohl auch deshalb der Militärregierung unverdächtig. Zu den wichtigsten Aufgaben des Komitees zählten die Unterbringung der Flüchtlinge und die Beschlagnahme von Kleidung und Lebensmitteln, um die „Neubürger" wenigstens mit dem Nötigsten versorgen zu können. Außerdem mußte es versuchen, die marodierenden DP's im Zaum zu halten, den Rücktransport der Evakuierten einzuleiten und die ersten Aufräumarbeiten im Dorf zu beginnen. „Es waren arbeitsreiche Tage, jeder von uns hat ja tagsüber gearbeitet", erzählte Hans Wild später und fügte stolz hinzu: „Wir haben da Ordnung geschafft, das muß anerkannt werden."[41] Als im August 1945 mit Johann Gerharz ein neuer Bürgermeister gefunden war, zog sich das Komitee aus der Gemeindepolitik mehr und mehr zurück. Gerharz, ein parteiloser Ziegeleimeister, war von Sehlmacher vorgeschlagen worden. Er ließ sich noch einige Zeit von der Einheitsfront beraten, bis diese sich im Januar 1946 stillschweigend auflöste. Nicht wenigen Komiteemitgliedern, die 1945 die Initiative ergriffen hatten, wurde ihr Engagement für die Gemeinde in späteren Jahren schlecht gelohnt. Hans Wild, der sich inzwischen als Brunnenbauer und Wünschelrutengänger selbständig gemacht hatte, bekam in seiner Heimatgemeinde keine Aufträge. „Wir waren verfemt", sagte Wild, der noch heute Vorwürfe wegen Vorkommnissen aus der damaligen Zeit zu hören bekommt[42].

Col. William Whitaker, dem Chef der Militärregierung von Ansbach, blieben so negative Erfahrungen, wie sie 2nd Lt. Milton Solomon in Seukendorf machen mußte, erspart. Aber auch er hatte bald einsehen müssen, daß sein Detachment mit der Einsetzung von immerhin 82 neuen Bürgermeistern im Landkreis Ansbach überfordert war. Er überließ diese Aufgabe deshalb den Ansbachern selbst, d.h. dem Landrat, und gab somit schon frühzeitig ein Stück Besatzungs-Souveränität auf. Ansbachs Landrat Richard Neff, überrascht, mit so weitreichenden Kompetenzen ausgestattet zu werden, packte diese Aufgabe mit viel Geschick an. Der selbstbewußte Karrierebeamte, der seinen Landkreis fast ebensowenig kannte wie die amerikanischen Offiziere, wollte sich weder auf die Ratschläge der Kirchen, noch auf Empfehlungen der ortsbekannten NS-Gegner stützen, sondern suchte die Zusammenarbeit mit den im Aufbau befindlichen politischen Parteien. Er richtete im Landratsamt ein kleines Komitee ein, dem außer ihm selbst ein führender Mann der CSU, der ehemalige deutsche Botschafter in Tokio Ernst-Arthur Voretzsch, und der ehemalige Landtagsabgeordnete Forstamtmann Wilhelm Zimmerer von der SPD angehörten[43]. Von August bis Jahresende war das Komitee auf der Suche nach geeigneten Bürgermeisterkandidaten. Seine Vorge-

---

[40] Zit. nach Lutz Niethammer, Die amerikanische Besatzungsmacht zwischen Verwaltungstradition und politischen Parteien in Bayern 1945, in: VfZ 15 (1967), S. 178.
[41] Mündliche Mitteilung von Hans Wild vom 5. Januar 1984.
[42] Ebenda.
[43] Vgl. Amts- und Mitteilungsblatt des Landkreises Ansbach, 20. Februar 1952, S. 3.

hensweise war einfach, aber erfolgreich: Neff, Voretzsch und Zimmerer bereisten die einzelnen Dörfer, beriefen Bürgerversammlungen ein und erkundeten das Meinungsspektrum in den Gemeinden.

Eine dieser Bürgerversammlungen fand am 31. Oktober 1945 in Leutershausen statt. Landrat Neff, der nur NS-Gegner eingeladen und mit etwa fünfzig Besuchern gerechnet hatte, war überrascht, rund 300 Besucher anzutreffen, die alle bei der Einsetzung des neuen Gemeindeoberhaupts mitmachen wollten. Zu Beginn der Versammlung unterstrich Neff, daß die Militärregierung die Wahl eines Bürgermeisters noch nicht gestattet habe, die Bürgerschaft könne also nur Vorschläge machen. Dann begann die öffentliche Diskussion, die schnell zeigte, daß die Versammelten den Landwirt Schultheiß als neuen Bürgermeister favorisierten. Neff hatte dagegen nichts einzuwenden, obwohl ihm kurz vorher zugetragen worden war, daß Schultheiß während der NS-Zeit Ortsbauernführer gewesen war. Andere Kandidaten, die von der Versammlung ins Spiel gebracht wurden, lehnte Neff ab, so etwa einen früheren Stadtrat, der an der Verleihung der Ehrenbürgerschaft für Hitler mitgewirkt hatte[44]. Noch bevor die Amerikaner Wahlen zuließen, waren also nicht nur die von ihnen eingesetzten Landräte, sondern die Bürgerschaft selbst – wenn auch nur mittelbar – an der Auswahl der Bürgermeister beteiligt worden. Innerhalb von fünf Monaten wurden im Landkreis Ansbach auf diese Weise in allen 82 Gemeinden die Bürgermeisterposten besetzt. „Nicht eine einzige vorgeschlagene Person war politisch nicht akzeptabel ... Nur wenige, sehr wenige Fälle, die der Landrat als fragwürdig ansah, wurden mit dem Büro der Militärregierung vor der Nominierung besprochen", lobte die Militärregierung die Arbeit von Neff[45].

Viele der „Neuen" hatten bei Kriegsende daran mitgewirkt, sinnlose Zerstörungen zu verhindern und sich dabei so großes Ansehen erworben, daß sie gleichsam ein natürliches Anrecht auf den Bürgermeisterposten besaßen. Da außerdem fast alle aus dem örtlichen Milieu stammten, wurden die neuen Bürgermeister nur selten als Protektionskinder des Landrats oder der Besatzungsmacht hingestellt. Mit wenigen Ausnahmen hatten sie eine politisch weiße Weste und waren, wie sich später herausstellte, vom „Gesetz zur Befreiung von Nationalsozialismus und Militarismus" vom 5. März 1946 nicht betroffen. Bei einem Durchschnittsalter von etwa 50 Jahren waren die meisten vom Kaiserreich und der Weimarer Republik geprägt worden[46]. Pflichtgefühl, Autorität und unpolitische Überparteilichkeit waren ihre Maxime. Die sozialdemokratischen Bürgermeister unterschieden sich darin von ihren bürgerlichen Kollegen kaum. Symptomatisch dafür ist die Antrittsrede des Oberbürgermeisters von Fürth, Hans Bornkessel, der betonte, er werde das Amt so führen, wie er „es als alter Beamter zu führen gewohnt" war, „über den Parteien stehend, von den Grundsätzen der Billigkeit und Gerechtigkeit geleitet"[47]. Sich an die neuen Verhältnisse zu gewöhnen, fiel den meisten schwer, wie Schregle offen bekannte: „Die meisten von uns sind aus dem

---

[44] Vgl. LR Ansbach an RegPräs, 20. November 1946, in: NA, RG 260, 9/124-3/17.

[45] Annual Hist. Rep., Det. Ansbach, 1. September 1946, in: NA, RG 260, 10/80-3/6.

[46] Die Angaben beziehen sich vor allem auf die 34 neuen Bürgermeister des Landkreises Fürth. Sozialstatistische Daten zu dieser Personengruppe finden sich in den Akten des Landratsamtes Fürth (vor allem in: LRA Fürth, EAP 027, 070/2, 9, 10, 14), in den Akten des Militärregierungsdetachments von Fürth sowie vereinzelt in der Presse. Zusätzliche Informationen verdanke ich den Einwohnermeldeämtern der Gemeinden.

[47] Antrittsrede von OB Fürth vom 6. Juni 1946, in: Stadtverwaltung Fürth, EAP 025 a.

wilhelminischen Staat herausgewachsen und alle waren wir an die Strenge des sogenannten autoritären Staates gewöhnt. Es ist daher für uns sehr schwer, erstens einmal
den Sinn und das Wesen der Demokratie zu erkennen, uns mit allen Grundsätzen
und Methoden vertraut zu machen und uns an ihre Gepflogenheiten zu gewöhnen. Es
ist ja nicht so, daß man gewissermaßen das eine politische Evangelium weglegen und
ein anderes dafür in Angriff nehmen und es sofort in einer mustergültigen Weise befolgen kann."[48]
Nur eine kleine Minderheit der neuen Männer hatte vor 1933 gleiche oder ähnliche
Posten innegehabt. Von den 34 Bürgermeistern im Landkreis Fürth waren 30 neu im
Amt, nur in vier Gemeinden wurden die Verhältnisse von 1933 wieder hergestellt –
entweder auf Drängen der Einwohner, wie in Laubendorf, oder weil sich kein anderer
Bürgermeister finden ließ, wie in Großhabersdorf, wo man sich nach langem Suchen
schließlich daran erinnerte, daß der Bürgermeister der Jahre 1922 bis 1933 „seinerzeit
sein Amt mit größter Zufriedenheit verwaltet" hatte[49]. Am radikalsten war der personelle Wechsel in Ansbach. Mit Schregle, Körner und dem zufällig durchreisenden
Neff kamen Außenseiter in leitende Positionen, die man es – anders als ihren aus dem
Milieu stammenden Kollegen in den Dörfern – anfangs spüren ließ, daß sie von der
Besatzungsmacht eingesetzt worden waren. Die Berufung der beiden Ansbacher Oberbürgermeister war auch insofern bemerkenswert, als damit das bis dahin geltende Juri-
stenmonopol für Spitzenfunktionen in der kommunalen Verwaltung durchbrochen
wurde. Gleiches läßt sich feststellen für den neuen Landrat von Fürth, den Unternehmer Hörndlein, und für seine Kollegen Johann Pösl in Vohenstrauß, der früher im
Straßen- und Flußbauamt in Weiden beschäftigt gewesen war, und den gelernten
Buchdrucker Konrad Kübler in Landau/Isar. Auch der spätere Abgeordnete im Landtag Andreas Mader, ein Studienrat, der zum Bürgermeister in Deggendorf ernannt
worden war, der spätere Wirtschaftsminister und CSU-Vorsitzende, Hanns Seidel, den
die Militärregierung zum Landrat von Aschaffenburg machte, und Franz Josef Strauß
gehörten zur gar nicht kleinen Garde der neuen Leute, die nach Kriegsende mit Hilfe
der Besatzungsmacht ihre Karriere begannen[50].
Mit Blick auf die Verhältnisse in den Rathäusern und Landratsämtern der Provinz
wird man folglich die in der wissenschaftlichen Literatur weitverbreitete, von Theodor
Eschenburg in seinem Standardwerk „Jahre der Besatzung 1945–1949" erneut bekräf-
tigte Feststellung, daß die „Erstausrüstung der deutschen Verwaltung" nach dem
Zweiten Weltkrieg „aus dem politischen und administrativen Personalreservoir der
Weimarer Republik bestritten" wurde, etwas korrigieren müssen[51]. Die Berufungspoli-
tik der Amerikaner brachte hier neben alten politischen Eliten der Weimarer Zeit
oder altgedienten, aber politisch unbelasteten Beamten auch viele Vertreter eines
neuen Typus in Schlüsselpositionen der unteren und mittleren Verwaltung. „Viele
Männer aus der Wirtschafts- und Finanzwelt", so urteilte die Militärregierung von
Ober- und Mittelfranken am 20. Juni 1946, „wurden durch die Militärregierung in den

---

[48] Besprechung des RegPräs mit OB und LR, 20. März 1947, Prot. in: StA Nürnberg, Reg von Mittelfranken (1978, Zusatz), Nr. 25.
[49] Gendarmerie-Kreis Fürth, 22. Mai 1945, in: LRA Fürth, EAP 150/8.
[50] Vgl. Amtliches Handbuch des Bayerischen Landtags, hrsg. vom Landtagsamt, München 1948, S. 107, 122, 145, 173.
[51] Eschenburg, Jahre der Besatzung, S. 73.

öffentlichen Dienst gebracht. Sie halfen, die alte autokratische Amtshaltung der früheren Verwaltung zu beseitigen. Dieser Zustrom von Personal, das nicht aus der Verwaltung stammte, wurde von den Deutschen sehr positiv beurteilt."[52] Daß den neuen Männern einschlägige Berufserfahrung und spezielle Vorbildung fehlten, kümmerte die Offiziere der Militärregierung wenig, persönliche Integrität, Entschlußkraft und ein tadelloser politischer Leumund waren ihnen wichtiger.

Als Schregle, Wiesinger und Schwiening im April/Mai 1945 ihre neuen Amtsräume in den Rathäusern bezogen, konnten sie wohl kaum das Gefühl haben, die ersten Männer ihrer Gemeinde zu sein. Sie waren mit den neuen Aufgaben nicht vertraut, unsicher, weil der Kontakt zu den vorgesetzten Behörden fehlte, und überwältigt von der Fülle der Aufgaben, die früher bei Reich und Ländern gelegen hatten, jetzt aber in den Zuständigkeitsbereich der Gemeinden fielen. Außerdem konnten sie zunächst nur schwer einschätzen, ob sie das Vertrauen ihrer Landsleute besaßen und vor allem wie groß der eigene Spielraum unter der Herrschaft der amerikanischen Offiziere war, die vielen als unberechenbar erschienen. Hans Weiß, ein junger CSU-Politiker aus München, brachte die ständige Unsicherheit im Umgang mit der Besatzungsmacht im Herbst 1946 auf die drastische Formel: „An einem Tag kriegst du eine von links übers Ohr, daß du bis in den Keller fällst, nach einigen Wochen oder Monaten packen sie dich am Kragen und stellen dich wieder auf die Beine. Aber du weißt nie, ob du in ein paar weiteren Tagen nicht wieder eine über die Ohren kriegst."[53]

Solche Wechselbäder blieben den neuen Amtsträgern in der Region um Ansbach und Fürth erspart, aber als „Kreiskönig"[54] mit unbeschränkten Vollmachten fühlte sich wohl keiner; sie mußten sich erst langsam in ihre heikle Rolle zwischen den Fronten hineinfinden, die zuweilen viel Geduld und Nervenstärke erforderte. Schregle mußte anfangs fast täglich zu Lagebesprechungen im Hauptquartier der Militärregierung erscheinen. Bei diesen Besprechungen in der Promenade Nr. 4 herrschte ein militärisch knapper Ton, die deutschen Vertreter bekamen zu spüren, daß sie nicht Herr im eigenen Hause waren. Landrat Neff wurde das bereits beim Betreten des amerikanischen Hauptquartiers demonstriert, als er den Hintereingang nehmen mußte. Der Ansbacher Arbeitsamtsdirektor Karl Reichel, ein Sozialdemokrat, erhielt seine Befehle von einem US-Offizier, der ihn keines Blickes würdigte. Voller Geringschätzung saß dieser, eine dicke Havanna rauchend, hinter dem Schreibtisch und kehrte Reichel den Rücken zu. Jüdische Emigranten in den Reihen der Militärregierung, deren Muttersprache deutsch war, weigerten sich lange, mit ihren deutschen Gesprächspartnern auch nur ein Wort in deutscher Sprache zu wechseln[55]. Die Bevölkerung spürte natürlich, daß es mit der Autorität der „Neuen" in den Rathäusern und Landratsämtern nicht weit her war, sie wandte sich deshalb bei Beschwerden und Ärgernissen lieber gleich an die Militärregierung. Das Rathaus verlor so vorübergehend seine traditionelle Funktion als zentraler Ort der „kleinen" Politik. Wiesinger, der neue Bürgermeister von Roßtal, hatte mit den amerikanischen Offizieren seltener zu tun. Die Offiziere

---

[52] Annual Hist. Rep., Det. für Ober- und Mittelfranken, 20. Juni 1946, in: NA, RG 260, 9/120-2/8.
[53] Klaus-Dietmar Henke/Hans Woller (Hrsg.), Lehrjahre der CSU. Eine Nachkriegspartei im Spiegel vertraulicher Berichte an die amerikanische Militärregierung, Stuttgart 1984, S. 18.
[54] Eschenburg, Jahre der Besatzung, S. 73.
[55] Mündliche Mitteilung von Karl Reichel vom 28. Oktober 1980 und schriftliche Mitteilung von Elisabet Neff vom 6. Juli 1981.

fuhren zwar Tag für Tag viele Kilometer durch die Landkreise, an vielen Orten tauchten sie aber höchstens ein- oder zweimal pro Woche für einige Minuten auf, sahen kurz nach dem Rechten und verschwanden wieder. Vieles, was in den Dörfern und Ackerstädtchen passierte, entzog sich so ihrer Kenntnis.

Die Landräte und Bürgermeister der größeren Städte dagegen waren in den ersten Wochen nach der Besetzung kaum mehr als „überbezahlte MG-Laufburschen"[56] der Militärregierungsoffiziere, die sich zunächst um alles selbst kümmerten. Professor Dorn, der im Auftrag von OSS im Sommer 1945 durch die amerikanische Zone reiste, beklagte damals, daß die Militärregierungsoffiziere zu stark in „die deutschen Dinge" eingriffen. „Sie arbeiteten hart an Dingen, die ganz und gar nicht zu ihrer wirklichen Aufgabe gehörten ... Es galt überhaupt für eine große Anzahl von Fällen, wo unsere Leute, anstatt die Deutschen dazu zu bringen, die Aufgaben zu lösen und ihnen Verantwortung zu übertragen, in Wirklichkeit die Aufgaben selbst übernahmen."[57] Dabei stützte sich die Militärregierung meist auf eine größere Zahl von Hilfskräften aus dem Kreis der DP's, die als Dolmetscher, Schreibkräfte, Fahrer oder Kuriere fungierten und Schregle oder Schwiening mitunter noch deutlicher als die amerikanischen Offiziere demonstrierten, wer eigentlich das Sagen hatte.

Auch Einheimische mit guten Verbindungen zu den Amerikanern schwangen sich oft zu kleinen Potentaten auf. Vielen Fürthern ist z.B. der „Sonderdienst" des KP-Funktionärs Josef Gleixner im Gedächtnis geblieben. Gleixner, der sich im April 1945 zusammen mit Fritz Gastreich für die kampflose Übergabe der Stadt eingesetzt hatte, war nach Kriegsende schnell mit einigen CIC-Offizieren in Kontakt gekommen, die ihm bald ihr Vertrauen schenkten. Er residierte gleich neben der Militärregierung im Rathaus und fühlte sich wohl zeitweise als heimlicher Oberbürgermeister. Die Litewka tragend, tauchte er überall auf, wirkte bei Verhaftungen und Beschlagnahmen mit und setzte anfangs sogar Bürgermeister ein[58]. In Ansbach trieb ein aus Nürnberg stammender Dolmetscher sein Unwesen, der bald nur noch „Herrscher von Ansbach" genannt wurde. Ganz in Leder gekleidet patrouillierte er mit Schäferhund und Reitpeitsche durch die Stadt und verbreitete Furcht und Schrecken. Seine Machtfülle schien unbegrenzt; er beschlagnahmte Wohnungen, Lebensmittel und Einrichtungsgegenstände. „Die hätten einen umbringen können", so kann man noch heute in Ansbach hören, wenn die Rede auf die entnervenden ersten Wochen der Besatzungszeit kommt[59].

Daß sie es in ihren neuen Ämtern schwer haben würden, damit hatten Wiesinger, Schregle und Schwiening gerechnet. Ein Besatzungsoffizier hatte Schregle schon bei der Amtseinsetzung gesagt: „Sie werden es nicht leicht haben, denn wir sind nicht als Ihre Befreier gekommen, sondern als Sieger in Ihr Land gezogen."[60] Trotzdem waren die neuen deutschen Amtsinhaber nicht darauf gefaßt gewesen, daß nach 2½ Monaten Besatzungsherrschaft plötzlich in der politischen Säuberung eine radikal verschärfte Gangart angeschlagen würde, die vielen Beamten und Angestellten den Arbeitsplatz kostete.

[56] Denkschrift von Pollock, in: Dorn, Inspektionsreisen, S. 56.
[57] Ebenda, S. 44 f.
[58] Schriftliche Mitteilungen von Alfred Schmidt vom 3. Dezember 1984 und 5. Februar 1985.
[59] Mündliche Mitteilungen von Ludwig Schönecker vom 17. August 1983, Wilhelm Eichhorn vom 17. August 1983 und Karl-Heinz Sening vom 13. Juni 1983.
[60] Besprechung des RegPräs mit OB und LR, 6. Mai 1946, Prot. in: StA Nürnberg, LRA Scheinfeld, Nr. 367.

2. Die politische Säuberung des öffentlichen Dienstes: Maßnahmen, Widersprüche, Reaktionen

Mit Hans Schregle, Friedrich Böhner und Friedrich Wilhelm Beuschel trafen in den letzten Apriltagen des Jahres 1945 im Ansbacher Stadthaus drei alte Bekannte zusammen. Der neue sozialdemokratische Bürgermeister schätzte den ehemaligen Parteigenossen Böhner, den er in den zurückliegenden Jahren als besonnenen und mutigen Mann kennengelernt hatte. Vor allem hatte ihm Böhners Haltung im evangelischen Kirchenkampf imponiert, als dieser trotz aller Anfeindungen seiner Partei im Kirchenvorstand geblieben war[61]. Schregle gab ihm deshalb mit Billigung der Militärregierung das Amt des 2. Bürgermeisters zurück, das Böhner 1934 auf Druck von Oberbürgermeister Hänel hatte aufgeben müssen. Seit seiner Strafversetzung nach Ansbach stand Schregle auch mit dem Finanzexperten Beuschel, der schon fast vier Jahrzehnte in der Stadtverwaltung arbeitete, in gesellschaftlichem Kontakt. Beuschel hatte vor 1933 der Demokratischen Partei und der Freimaurerloge „Alexander zu den 3 Sternen" angehört und sich danach der NSV, dem NSDAP-Opferring und einigen NS-Standesorganisationen angeschlossen[62]. Auch die übrigen Spitzenbeamten der Stadtverwaltung waren für das neue Stadtoberhaupt keine Unbekannten. Vor allem mit den Freimaurern, dem städtischen Bezirkstierarzt Georg Betscher, dem Personalreferenten Christian Stecher und dem Direktor der Stadtwerke Willy Götz, die Oberbürgermeister Hänel stets „gegen Anfeindungen und Angriffe aus den Kreisen der Partei"[63] gedeckt hatte, war er in den zurückliegenden Jahren häufig zusammengetroffen. Und von den leitenden Beamten, die 1933 der NSDAP beigetreten waren, wußte er, daß sie auch dann noch anständige Männer geblieben waren, als sie längst das Parteibuch der NSDAP in der Tasche hatten.

Wo, wie in der Stadtverwaltung Ansbach, kaum alte Rechnungen aus der NS-Zeit zu begleichen waren, mußte nach 1945 die große Abrechnung ausbleiben. Wie auch in vielen anderen Städten und Regionen des besetzten Deutschlands begnügten sich die neuen Chefs weitgehend damit, daß die führenden Repräsentanten des NS-Systems geflohen oder von den Besatzungsmächten verhaftet worden waren. Ihre Säuberungsbemühungen zielten fast ausschließlich auf windige Denunzianten oder „Alte Kämpfer", die aufgrund ihrer langjährigen Parteizugehörigkeit und „wegen der Verdienste um die nationale Erhebung des deutschen Reiches" in die Verwaltung übernommen worden waren und sich später als scharfe Hunde entpuppt hatten. So ging man beispielsweise in München, Augsburg und Nürnberg vor, wo die neuen Oberbürgermeister sogleich nach ihrem Amtsantritt kleine Säuberungskomitees einrichteten. Auch im Regierungsbezirk Arnsberg ordnete Regierungspräsident Fritz Fries am 16. Mai 1945 an, alle „Alten Kämpfer" aus dem öffentlichen Dienst zu entlassen. „Die Bevölkerung hat ein Recht zu verlangen", so seine Argumente, „daß ein sogenannter ‚Alter Kämpfer' keine Stunde mehr im Dienst bleibt, weil er doch zu den Hochverrätern und Umstürzlern des demokratischen republikanischen Staates gehört hat."[64] Mit den

---

[61] Vgl. Amtsgericht Ansbach, Registratur S: Nr. 4.
[62] Ebenda: Nr. 5.
[63] So Böhner am 20. November 1947 in einer eidesstattlichen Erklärung, in: Ebenda: Nr. 1.
[64] Wolfgang Krüger, Entnazifiziert! Zur Praxis der politischen Säuberung in Nordrhein-Westfalen, Wuppertal 1982, S. 26. Vgl. auch ebenda, S. 24 f.

gleichen Vorstellungen begann man die politische Säuberung auch im Innenressort
der Landesverwaltung von Württemberg-Hohenzollern; hier betrieb man – lange bevor Weisungen der Militärregierung vorlagen – die „Dienstentlassung der prominenten Verbrecher der Nazipartei, der sogenannten alten Kämpfer, sowie anderer Ideenträger des verbrecherischen Wahnsinns"[65].

Der Bürgermeister der sozialdemokratischen Hochburg Zirndorf hielt sich an ähnliche Grundsätze. Zwei Schulhausmeister, beide Träger des goldenen Parteiabzeichens der NSDAP, und ein Amtsbote, Pg seit 1928, mußten im Mai 1945 ihre Posten räumen. Weiter wollte der neue sozialdemokratische Bürgermeister in Zirndorf nicht gehen, alle „Märzgefallenen" oder später der NSDAP beigetretenen Beamten, die als „anständig" bekannt waren, konnten im Amt bleiben[66]. Auch in Fürth behielten Dutzende von Pgs, die sich politisch nicht exponiert hatten, ihre Posten – sehr zum Ärger der politisch Verfolgten, die sich im Herbst 1945 im Sonderministerium in München über Oberbürgermeister Schwiening, selbst Pg, beschwerten: „Man sagt, daß er in bestem Einvernehmen mit dem Herrn Kommandanten gelebt u. ganz bestimmt seinen Einfluß für die Nazisten in hervorragender Weise geltend gemacht hat."[67] Er wisse wohl, so versuchte Ansbachs Oberbürgermeister Hans Schregle in der ersten Sitzung des Beratenden Ausschusses am 18. September 1945 diese weiche Linie der neuen Männer an der Spitze der Verwaltung zu erklären, „daß damals da und dort der Vorwurf vernehmlich war, wir wären in der Entfernung der Nazis nicht allzu rasch vorgegangen ... Von außen gesehen, und das gilt allgemein, sehen die Dinge viel einfacher aus als von innen betrachtet. Wir haben in den Jahren vorher das Umstürzlerische hinreichend kennengelernt und wir mußten uns zu dem bekennen, daß mit Umstürzen die Dinge nicht besser, sondern schlechter gemacht werden."[68]

Wie sich die Amerikaner die politische Säuberung der Beamten und Angestellten vorstellten, war den Deutschen zunächst nicht klar. Für eine systematische Entnazifizierung waren die überlasteten Militärregierungseinheiten im Frühjahr 1945 weder personell noch organisatorisch gerüstet. Nicht einmal die berühmten Fragebogen standen den Detachments in genügender Zahl zur Verfügung. Und schließlich fehlte es ihnen auch noch nach der Kapitulation an einheitlichen Säuberungsrichtlinien[69]. Die

[65] Klaus-Dietmar Henke, Politische Säuberung unter französischer Besatzung. Die Entnazifizierung in Württemberg-Hohenzollern, Stuttgart 1981, S. 26.
[66] Vgl. Bg Zirndorf an LR Fürth, 22. Mai 1945 und 7. Juni 1945, in: LRA Fürth, EAP 027. Vgl. Det. Fürth an LR Fürth, 31. Juli 1945, in: Ebenda.
[67] Betreuungsstelle der Opfer des Nazismus, Fürth an Staatsrat Schmitt, München, 3. November 1945, in: Stadtverwaltung Fürth, EAP 06.
[68] Prot. in Stadtverwaltung Ansbach, Registratur des OB.
[69] Joseph R. Starr, U.S. Military Government in Germany: Operations from Late March to Mid-July 1945, Karlsruhe 1950, S. 129–133. Die Ausschaltung von belasteten Parteigenossen war nur eines der beiden Ziele, die sich die Amerikaner im Hinblick auf den öffentlichen Dienst in Deutschland gesteckt hatten. Zugleich beabsichtigten sie, eine Reform des öffentlichen Dienstes im Zeichen einer durchgreifenden Dezentralisierung und im Geiste liberaldemokratischer Prinzipien einzuleiten. Die Bemühungen der Militärregierung, den deutschen Verwaltungen gleichsam einen demokratischen Geist einzuhauchen, fanden bei allen maßgebenden politischen Kräften Bayerns Anklang. Insbesondere Ministerpräsident Hoegner trat energisch dafür ein, daß auch die Gemeinden und Kreise „ein wenig auf eigenen Füßen stehen innerhalb des großen deutschen Ganzen". Vgl. Unser Weg, S. 14. Zit. nach Wolfgang Behr, Sozialdemokratie und Konservatismus. Ein empirischer und theoretischer Beitrag zur regionalen Parteianalyse am Beispiel der Geschichte der Nachkriegsentwicklung Bayerns, Hannover 1969, S. 166. Eine Reihe dieser Neuerungen fand so Eingang in die Bayerische Gemeindeordnung von 1945/46, in der im wesentlichen die Stadtratsverfassung aus der Zeit vor 1933 wiederhergestellt wurde. Künftig sollte der Gemeinderat wieder das dominierende gemeindliche

„Wolke der Unsicherheit"[70] um das Entnazifizierungsproblem, die schon den Planungsstäben in den USA viel Kopfzerbrechen bereitet hatte, verdichtete sich eher noch. Zeitweise waren mehrere, einander widersprechende Entnazifizierungsdirektiven in Kraft: eine scharfe Direktive des Supreme Headquarter, Allied Expeditionary Forces (SHAEF), zwei noch drastischere Verordnungen der 6. und 12. Armeegruppe, denen zufolge Parteimitglieder gewichtige Stellungen im öffentlichen Dienst grundsätzlich verschlossen waren, und außerdem die etwas moderateren Richtlinien des „Handbook", mit dessen Bestimmungen die Offiziere in den Ausbildungszentren in Großbritannien und den USA vertraut gemacht worden waren. Seine revidierte Fassung, die erst in letzter Minute in die Hände der Public Safety-Offiziere gelangt war, verlangte, wie die Direktiven von SHAEF und der Armeegruppen, die Auflösung der NSDAP und die Einziehung des Vermögens von NS-Organisationen, wich aber von den anderen Anweisungen insofern ab, als sie abgesehen von den Spitzen von Partei und Staat, pauschale Maßnahmen gegen Parteigenossen vorsah, die sich *vor* 1933 der NSDAP angeschlossen hatten[71].

Da die amerikanischen Detachments vor Ort zunächst nur selten auf Entlassungen gedrängt, zudem viele Beamte vom Typ eines Böhner im Amt beschäftigt, ja sogar – in Einzelfällen – Pgs wie Schwiening und Borkholder zu Bürgermeistern und Landräten gemacht hatten, konnten die neuen und alten deutschen Amtsträger hoffen, daß die politische Säuberung keine weiten Kreise ziehen werde. „Die Amerikaner hätten sich nunmehr", so glaubte Regierungspräsident Reichard am 21. Juni 1945 den Landräten

Selbstverwaltungsgremium sein, die Wahl seiner Mitglieder sollte nach dem Verhältniswahlrecht erfolgen. „Wie schon nach dem Gemeindewahlgesetz von 1924, war der erste Bürgermeister in Gemeinden bis zu 3000 Einwohnern unmittelbar von der Gesamtheit der Wahlberechtigten zu wählen, in den anderen Gemeinden vom Gemeinderat." Vgl. Ulrich Probst, Die Entwicklung der gemeindlichen Selbstverwaltung in Bayern, Würzburg 1957, S.162. Der Grundsatz der unmittelbaren Wahl wurde 1948 schließlich auf Gemeinden bis zu 10000 Einwohnern ausgedehnt. Auch im Bereich der Landkreisordnungen drängte die Militärregierung auf eine Stärkung der nach der nationalsozialistischen Gleichschaltungsphase aufgelösten Vertretungskörperschaften der Landkreise. Das hervorstechendste Merkmal der neuen bayerischen Landkreisordnung vom 18. Februar 1946 war, daß der Landrat, der sowohl in der Weimarer als auch in der NS-Zeit von der Zentralregierung in München ernannt worden war, nun an vom Kreistag gewählt werden sollte. Die auf Anstoß der Besatzungsmacht geschaffenen rechtlichen Grundlagen der Verwaltung blieben bis zur Gebietsreform in Bayern 1972 erhalten. Die einzigen größeren Reformen datieren aus dem Jahre 1952, als die Direktwahl von Bürgermeistern in Gemeinden über 10000 Einwohnern und Landräten eingeführt wurde. Vgl. dazu Gesetz Nr. 32 vom 18. Februar 1946: Landkreisordnung, in: BGVBl. 17/1946 und BGVBl. 5/1952. Zu den amerikanischen Versuchen, den deutschen öffentlichen Dienst zu reformieren vgl. Wolfgang Benz, Versuche zur Reform des öffentlichen Dienstes in Deutschland 1945–1952, in: VfZ 29 (1981), S.216–245. Vgl. auch Rudolf Morsey, Personal- und Beamtenpolitik im Übergang von den Bizonen- zur Bundesverwaltung (1947–1950), in: ders. (Hrsg.), Verwaltungsgeschichte. Aufgaben, Zielsetzungen, Beispiele, Berlin 1977, S.191–238 und Theodor Eschenburg, Der bürokratische Rückhalt, in: Richard Löwenthal/Hans-Peter Schwarz (Hrsg.), Die Zweite Republik. 25 Jahre Bundesrepublik Deutschland – eine Bilanz, Stuttgart 1974, S.64–94.
[70] John G. Korman, U.S. Denazification Policy in Germany, 1944–1950, Bad Godesberg 1952, S.21.
[71] Vgl. dazu Starr, Military Government, S.36ff.; Henke, Politische Säuberung unter französischer Besatzung, S.20ff. In der Anfangsphase der Besatzung hatten die Militärregierungsoffiziere „keine klare Vorstellung von der offiziellen Entnazifizierungspolitik". Ulrich Borsdorf/Lutz Niethammer (Hrsg.), Zwischen Befreiung und Besatzung, Wuppertal 1976, S.173. „The detachments were forced to wrestle with the exigencies of the situation and it was not surprising that as a result of inadequate training, haphazardly selected personnel and policy uncertainty, they were ill-prepared to take over the difficult job of controlling German government. Nowhere did this situation become more apparent than in the sphere of denazification. The average Military Government officer was lost in a maze of National Socialist organizations and uniforms. In some instances, the very flamboyance of a uniform alone was enough to convince the inexperienced officer that the wearer must have been a dangerous Nazi." Korman, Denazification Policy, S.22f.

und Oberbürgermeistern seines Regierungsbezirkes in Ansbach mitteilen zu können, „aufgrund eigener Anschauung von der anständigen Gesinnung der großen Mehrzahl der Deutschen überzeugt. Man dürfe daher wohl auch in absehbarer Zeit auf eine Milderung der Bestimmungen über den Personalbau rechnen. Charakterlich und fachlich einwandfreie Dienstkräfte würden voraussichtlich wieder zugelassen werden, selbst dann, wenn sie schon vor dem Jahr 1933 Mitglieder der Partei waren."[72] Auch die Grundsätze der Personalpolitik, die der bayerische Ministerpräsident Fritz Schäffer im Juni 1945 bekanntgegeben hatte, wirkten beruhigend. Danach sollten nur leitende Stellen nicht mit Parteigenossen besetzt werden. Pgs, „die sich als solche nicht betätigt haben und charakterlich und fachlich einwandfrei sind", dürften widerruflich angestellt werden[73].

Währenddessen lief die amerikanische Entnazifizierungsmaschinerie langsam an. Im Mai/Juni wurden die Fragebogen mit ihren mehr als hundert Fragen nach Lebenslauf, Beruf und Mitgliedschaft in NS-Organisationen an Beamte und Angestellte ausgegeben und von den Detachments überprüft. Ende Juni erfolgten dann die ersten Entlassungen. „In den letzten Tagen ... mußten etwa 75–80 Beamte, Angestellte und Arbeiter, die vor dem 1. April 1933 Parteigenossen waren, entlassen werden", teilte der Oberbürgermeister von Fürth dem Regierungspräsidenten mit[74]. Die Militärregierung hielt sich dabei an die Bestimmungen des Handbuchs, während die scharfe SHAEF-Direktive nicht befolgt wurde. Das war aber nur das Vorspiel. Wenig später, am 7. Juli 1945, erließ USFET eine neue Direktive, die den bisherigen Säuberungskurs drastisch verschärfte. Die Verschärfung kam für die überwiegend pragmatischen Militärregierungsoffiziere vor Ort ebenso überraschend wie für die Deutschen. Sie erfolgte nicht aufgrund „inhaltlicher Neubesinnung oder Einsicht in praktische Mängel der Säuberungsrichtlinien, sondern sie diente in erster Linie der Besänftigung der öffentlichen Meinung in den USA"[75], die insbesondere durch spektakulär aufgemachte Presseberichte von Anfang 1945 über angebliche Entnazifizierungspannen in Aachen – der ersten, von den Amerikanern besetzten deutschen Stadt – aufgeschreckt worden war. Meldungen der New Yorker Zeitung „PM" hatten damals den Eindruck erweckt, als arbeite die Militärregierung eng mit Nationalsozialisten zusammen und betrüge so die GI's um ihre Kriegsziele[76].

Die Entnazifizierungsbestimmungen der neuen Direktive bezogen sich auf die prominenten Vertreter der Industrie und der wirtschaftlichen Verbände und vor allem auf die Inhaber politischer Ämter sowie die Angehörigen des öffentlichen Dienstes, der gründlich von NS-Einflüssen gereinigt werden sollte. Sofort zu entlassen waren u.a. alle Pgs, die vor Erlaß des Reichsbeamtengesetzes vom 1. Mai 1937 der NSDAP beigetreten waren, alle Amtsträger von NS-Organisationen sowie alle höheren Beamten, Regierungspräsidenten, Landräte und Bürgermeister in den Gemeinden, und „zwar ohne Rücksicht auf etwaige Mitgliedschaften in NS-Organisationen"[77]. Daneben gab

---

[72] Besprechung des RegPräs mit OB und LR, 21. Juni 1945, Prot. in: Stadtarchiv Ansbach, ABc T/5/3.
[73] RegPräs Reichard gab in einer Besprechung mit OB und LR vom 21. Juni 1945 die Grundsätze Schäffers bekannt, Prot. in: Ebenda.
[74] OB Fürth an RegPräs, 3. Juli 1945, in: Stadtverwaltung Fürth, EAP 4.
[75] Henke, Politische Säuberung unter französischer Besatzung, S. 16 f. Zur Entstehungsgeschichte der USFET-Direktive, die z. T. auch auf die neue Direktive JCS 1067 zurückging, vgl. Niethammer, Entnazifizierung, S. 147–150.
[76] Vgl. Niethammer, Zwischen Verwaltungstradition und politischen Parteien, S. 175 f.
[77] Niethammer, Entnazifizierung, S. 153.

es eine Reihe von Zweifelsfällen, in denen die Special Branch-Offiziere Entlassungen in das Ermessen der Militärregierungsoffiziere stellten. Die Juli-Direktive war der entscheidende Schritt zu einer unsystematischen Eskalation der Säuberungsvorschriften, „die jeder vernünftigen inneren Begründung entbehrte(n)"[78]. Gegenüber den Bestimmungen des „Handbooks" bedeutete sie eine gewaltige Ausweitung des Betroffenenkreises.

Nach dem Erlaß der Juli-Direktive ging es Schlag auf Schlag, in Landkreis- und Stadtverwaltungen lichteten sich die Reihen der Angestellten und Beamten. Münchens Oberbürgermeister Karl Scharnagl mußte bereits bis zum Frühsommer 1945 ein Viertel des gesamten Personals entlassen, in Nürnberg erhielt jeder dritte, in Bamberg jeder zweite Beschäftigte die Entlassungspapiere, und in Würzburg konnten nur etwa 30 Prozent der Beamten auf ihren Posten bleiben[79]. Auch die Ministerien in München blieben nicht verschont; besonders hart betroffen waren das Landwirtschafts- und das Finanzministerium. Das Finanzministerium mußte ein Drittel aller höheren Beamten entbehren; im Zuständigkeitsbereich des Oberfinanzpräsidiums München waren nur noch 39 von 68 Finanzämtern funktionsfähig, im Bereich des Nürnberger Oberfinanzpräsidiums sogar nur noch 18 von 59[80].

Der Oberbürgermeister von Fürth schickte am 4. August 1945 einen alarmierenden Bericht an den Regierungspräsidenten: Nachdem schon im Vormonat 75–80 Beamte entlassen werden mußten, „ist der Stadtverwaltung nun eine weitere Liste übergeben worden, mit der Weisung, die darin genannten 89 Beamten ebenfalls sofort zu entlassen. Bei diesen Beamten handelt es sich um Mitglieder der NSDAP, mit dem Eintrittsdatum bis 1.5.1937. Diese Entlassungen bedeuten für die Stadtverwaltung, daß die Abwicklung der Geschäfte in geordneten Bahnen den allergrößten Schwierigkeiten begegnen wird, ja, daß bedenkliche Stockungen eintreten werden ... Mehrere Amts- und Abteilungsvorstände sind aufgeführt, die allein in der Lage sind, nach den grundlegenden Weisungen des Oberbürgermeisters oder der Referenten das ihnen übertragene Teilgebiet der Verwaltung selbständig und tadellos zum Wohle der Bevölkerung zu bearbeiten ... Sie sind im allgemeinen durch andere Beamte oder gar durch berufsfremde Personen nicht zu ersetzen ... Weitere 10 Beamte und Angestellte sind seit dem letzten Bericht noch in Haft genommen worden."[81] Im September verlautete aus dem Fürther Rathaus: „Die Militärregierung hat neuerdings Listen zu weiteren Entlassungen übergeben. Im ganzen sind nunmehr aus dem Bereich der Stadtverwaltung 160 Beamte, 26 Angestellte und Arbeiter ihres Dienstes enthoben worden. Durch diese Maßnahme sind bei der Mehrzahl der städtischen Ämter die denkbar größten Schwierigkeiten entstanden. Einzelne Abteilungen sind gänzlich verwaist. Bei der Lebensmittelpolizei, dem Grundstückamt, dem Gesundheitsamt fehlen sämtliche Beamte. Beim Ernährungsamt wurden neben dem Geschäftsführer alle Abteilungsvorstände entlassen, ebenso die Vorstände der städtischen Kämmerei, des Versicherungsamtes, in der Hauptsache auch bei den Bauämtern, beim Wohlfahrtsamt und Kriegsschädenamt sind die Entlassungen tief einschneidend."[82]

---

[78] Henke, Politische Säuberung unter französischer Besatzung, S.23. Vgl. USFET-Direktive vom 7. Juli 1945, in: IfZ-Archiv, MA 1479/14.
[79] Vgl. Niethammer, Entnazifizierung, S.181 f.
[80] Ebenda, S.182.
[81] OB Fürth an RegPräs, 4. August 1945, in: Stadtverwaltung Fürth, EAP 4.
[82] OB Fürth an RegPräs, 4. September 1945, in: Ebenda.

Einem Teil der amerikanischen Offiziere kam die scharfe Juli-Direktive nicht ungelegen. Unpolitische Militärs zumeist, die sich bei Kriegsende für den Dienst in der zivilen Militärregierung hatten anwerben lassen, waren sie mit der Auslegung der kom-
plizierten Bestimmungen des Handbuchs nicht zurechtgekommen. Die Behandlung
vieler zweifelhafter Fälle hatte ihr Urteilsvermögen überstiegen, sie hofften auf eine
eindeutige Anweisung: „The only directive I need, is to be ordered to destroy naziism
in my area, with that I can clean out the nazi element, those people who could be con-
sidered as ‚The Party‘ regardless of their date of entry, position etc."[83] Im Gegensatz
dazu empfand der Chef der Fürther Militärregierung, Captain Cofer, die Juli-Direktive
als viel zu weitgehend. Der nüchterne Demokrat aus Texas wußte nur zu gut, daß dem
säuberungspolitischen Hauruck-Verfahren Gerechte und Ungerechte gleichermaßen
zum Opfer fielen: der Oberinspektor, der sich erst 1937 nach langem Zögern und hef-
tigem Drängen seines Vorgesetzten zum Parteieintritt entschlossen hatte, ebenso wie
der hitlergläubige Steuersekretär, der noch vor einem halben Jahr mit ganzer Kraft
zum vermeintlichen Endsieg beigetragen hatte. Bekümmert über die zahlreichen Ungerechtigkeiten faßte Cofer den Entschluß, die politische Säuberung nicht über die
Köpfe der deutschen NS-Gegner hinweg durchzuführen, die mit den Verhältnissen
während der NS-Zeit bestens vertraut waren und beurteilen konnten, wer als aktiver
Nationalsozialist anzusehen war. In den ersten Augusttagen unternahm er deshalb
eine spektakuläre Aktion, die zur offiziellen amerikanischen Politik im krassen Gegensatz stand. Er rief die Spitzen der Stadtverwaltung und einige Mitglieder der anti-
nazistischen Gruppen zusammen und besprach mit ihnen die Bildung eines Ausschusses, der die Militärregierung bei der Entnazifizierung beraten sollte. Der Ausschuß, dem zwei Sozialdemokraten, ein Kommunist, ein Liberaler und zwei Parteilose
angehörten, konstituierte sich am 15. August. Cofer wurde von seinen Vorgesetzten
aber schnell zurückgepfiffen, und der Ausschuß mußte seine Arbeit, ehe sie richtig begonnen hatte, wieder abbrechen[84].

Da sich aufgrund dessen in den oberen Stäben der Militärregierung Zweifel am
Säuberungswillen Cofers ergeben hatten, mußte der Chef der Fürther Militärregierung
in den folgenden Monaten doppelt vorsichtig sein, um nicht erneut aufzufallen. Nur
so ist es wohl zu erklären, daß sich in Fürth die Dinge vom Schlechten zum Schlimmen wendeten. Cofer traf nun sogar Entnazifizierungsregelungen, die noch über die
geltende Direktive vom 7. Juli 1945 hinausgingen. „Ganz ausgeschlossen! Unter keinen Umständen dürfen Parteigenossen (egal zu welchem Zeitpunkt sie der Partei beigetreten sind), Sympathisanten des Nationalsozialismus, Profiteure des NS-Regime
etc. im Landratsamt oder im Landkreis beschäftigt werden", wies er am 10. September
1945 den Fürther Landrat an[85]. In dessen Amt mußten daraufhin tatsächlich „alle Beamten und Angestellten, die Mitglieder der NSDAP waren, ohne Rücksicht auf das
Eintrittsdatum oder ihre Stellung in der Partei, entlassen werden"[86].

---

[83] Viele Offiziere äußerten sich in diesem Sinne. Vgl. Annual Hist. Rep., Det. für Ober- und Mittelfranken, 20.
Juni 1946, in: NA, RG 260, 9/120-2/8.
[84] Vgl. Weekly Summary, Det. Fürth, 4. August und 25. August 1945, in: NA, RG 260, 9/96-2/12.
[85] In: LRA Fürth, EAP 070/1.
[86] BayHStA, Reg von Mittelfranken, Berichterstattung 1945, AZ 1–64, Bd. 7. Ebenso mußten viele Beamte
und Angestellte in den Kleinstädten und Dörfern ihre Büros räumen; in Zirndorf etwa auch ein Schulhaus-
offiziant und ein Fleischbeschauer, beide Pgs seit 1937. Vgl. Det. Fürth an LR Fürth, 31. Juli 1945, in: LRA
Fürth, EAP 027 und Ortschronik der Stadt Zirndorf, in: Rathaus Zirndorf.

Auch die Stadtverwaltung von Fürth bekam die erzwungene Wendung Cofers zu spüren. Ende September erhielt der Oberbürgermeister erneut eine lange Liste mit den Namen von 90 Personen, „die mit sofortiger Wirksamkeit zu entlassen" waren. „Unter diesen Neuzuentlassenden befinden sich allein 53 Angestellte und Arbeiter der Stadtwerke", schrieb der Oberbürgermeister und faßte zusammen: „Die ausgesprochenen Personalentlassungen bei der Stadtverwaltung belaufen sich nunmehr auf 164 Beamte, 100 Angestellte und 68 Arbeiter."[87] Ende Oktober 1945 hatte bereits die Hälfte aller pensionsberechtigten Bediensteten der Stadt Fürth die Entlassungspapiere erhalten[88]. Ganz ähnlich sah es im Landratsamt in Ansbach aus, in dem bei Kriegsende 66 Beamte, Angestellte und Arbeiter beschäftigt gewesen waren. „Hiervon wurden durch die Militärregierung bis Ende 1945 insgesamt 30 Personen entlassen", klagte der Landrat[89]. Nicht besser erging es den Beamten der Regierung von Mittel- und Oberfranken in Ansbach: „Der Dienstbetrieb bei der Regierung kann nur mit Mühe aufrechterhalten werden", berichtete der Regierungspräsident am 19. November 1945 an die bayerische Staatsregierung in München. Vor der Besetzung waren 38 Beamte des höheren Dienstes beschäftigt gewesen, jetzt waren es nur noch 10. Von den ehemals 74 Beamten des gehobenen und mittleren Dienstes waren 13 übriggeblieben, von den 4 Beamten des einfachen Dienstes einer. Bei den Angestellten kam es zwar ebenfalls zu zahlreichen Entlassungen, hier konnten die Lücken aber durch Neueinstellungen schnell wieder geschlossen werden[90].

Unter den Entlassenen befanden sich gewiß viele ehemalige begeisterte Nationalsozialisten, die mit dem Parteiabzeichen am Revers zum Dienst erschienen waren, Andersdenkende schikaniert hatten und bei den Veranstaltungen der Partei in der ersten

---

[87] OB Fürth an RegPräs, 4. Oktober 1945, in: Stadtverwaltung Fürth, EAP 4.

[88] Vgl. Weekly Summary, Det. Fürth, 3. November 1945, in: NA, RG 260, 9/96-2/13.

[89] Amts- und Mitteilungsblatt des Landkreises Ansbach, 20. Februar 1952, S. 18. Vgl. auch LR Ansbach an RegPräs, Monatsbericht für Oktober 1945, in: LRA Ansbach, EAP 01-016. Vgl. Anlage 1 des Annual Hist. Rep., Det. Ansbach, 1. September 1946, in: NA, RG 260, 10/80-3/6. Insgesamt sprach das Ansbacher Detachment bis zum 1. September 1946 etwa 900 Entlassungen aus: u. a. 137 bei den Spar- und Darlehenskassen, 41 beim Finanzamt, 95 bei den Postämtern, 62 bei der Stadtverwaltung, 29 bei den Stadtwerken. Dies waren rund 50 Prozent aller vor der Besetzung beschäftigten Beamten, Angestellten und Arbeiter. Neben den höheren und mittleren Beamten der Verwaltung hatten die Lehrer am meisten unter den pauschalen Entlassungen zu leiden. Im Bereich der Schulverwaltung von Fürth wurden zunächst fast alle Lehrkräfte fristlos entlassen. Vgl. Mehrjahresbericht (1945–1955) der Schulverwaltung Fürth, in: Stadtverwaltung Fürth, EAP 211. Nicht anders war es in den Bereichen des Bezirks- und des Stadtschulamtes Ansbach, wo insgesamt 144 Lehrer gehen mußten. Vgl. Anlage 1 des Annual Hist. Rep., Det. Ansbach, 1. September 1946, in: NA, RG 260, 10/80-3/6. Kaum besser erging es den Beamten und Angestellten des Finanzamtes, der Staatsanwaltschaft, der Landwirtschaftsstelle, des Landbauamtes und des Wasserwirtschaftsamtes. Dagegen wurden die Beamten und Angestellten von Reichsbahn und -post zunächst sehr milde behandelt. Im Interesse der Aufrechterhaltung der Lebensmittelversorgung sah sich die Militärregierung in diesen Bereichen gezwungen, besondere Regelungen zu treffen, so daß – wie der Fürther Landrat im Dezember 1945 anmerkte – bei Reichsbahn und -post „Leute, die seit 1933 der Partei angehörten, noch leitende Stellen (Bahnhofsvorstände usw.) innehaben, während in anderen Behörden alle, auch überzeugte Gegner, aus dem Dienst entlassen wurden". Vgl. LR Fürth an MilReg, 6. Dezember 1945, in: StA Nürnberg, LRA Fürth (1962), Nr. 40/1. Erst im Februar 1946 begann die Militärregierung „to reduce the tremendous backlog in these fields caused by previous directives which prevented the vetting of persons in these categories". Hist. Rep., Det. für Ober- und Mittelfranken, 9. Februar 1946, in: NA, RG 260, 10/81-3/8.

[90] RegPräs an bay. Staatsregierung, 19. November 1945, in: BayHStA, Reg von Mittelfranken, Berichterstattung 1945, AZ 1–64, Bd. 7. Die Massenentlassungen überstiegen zeitweise auch die Kräfte der Special-Branch-Offiziere, die jeden einzelnen Fall überprüfen mußten, so daß sie sich anfangs nur um die „political incriminated persons in the higher brackets" kümmern konnten. Vgl. Annual Hist. Rep., Det. Ansbach, 1. September 1946, in: NA, RG 260, 10/80-3/6.

Reihe mitmarschiert waren. Die amerikanischen Maßnahmen betrafen aber auch Männer wie Friedrich Böhner, den Freimaurer Friedrich Wilhelm Beuschel oder Albert Aker, die – wie zahlreiche andere auch – schwerlich als Nationalsozialisten einzustufen waren. Gewiß, deutsch-national gesinnt, hatten sie sich 1933 mit der NSDAP arrangiert und sich dabei so weit korrumpieren lassen, daß ihr Berufsethos ebenso Schaden nahm wie ihre traditionellen Vorstellungen von Recht und Gerechtigkeit. Alle drei hatten im Frühjahr 1933 geschwiegen, als die sozialdemokratischen Stadträte mißhandelt und nach Dachau verschleppt worden waren. Keiner von den dreien hatte seine Stimme erhoben, als die Juden der Stadt nach der NS-Machtergreifung immer größerem Druck ausgesetzt gewesen und schließlich in der „Reichskristallnacht" aus ihren Häusern geholt und in der Rezathalle zusammengetrieben worden waren[91].

Andererseits konnte ihnen aber niemand den Vorwurf machen, sie hätten im Stadthaus den Parteigenossen herausgekehrt, Untergebene zum Eintritt in die Partei gedrängt, Parteigenossen bevorzugt oder sich selbst aufgrund ihrer Parteizugehörigkeit Vorteile verschafft. Böhner hatte sich – vor allem im Kirchenkampf – nicht gescheut, offen Kritik an der NSDAP zu üben. Alfred Hartmann, Jude und nach Kriegsende Generalkläger beim Kassationshof im bayerischen Staatsministerium für Sonderaufgaben, der Böhner persönlich gut kannte, schrieb über ihn: „Ich habe in ihm einen Mann von streng rechtlicher Denkweise und lauterster, hochanständiger Gesinnung kennengelernt, der durchaus unpolitisch eingestellt und vor allem frei von jedem radikalen Einschlag war. Auch nach seinem Beitritt zur NSDAP hat er mir ... unverminderte Achtung und Freundlichkeit bewiesen, auch in den Zeiten der schlimmsten Judenverfolgung."[92] Über Aker gab der sozialdemokratische Stadtrat Karl Stürzenhofekker zu Protokoll: „Wenn ich heute noch an die öfteren Aussprachen denke, die ich mit ihm hatte, dann kann ich nur sagen, daß sie für mich wie für ihn sehr gefährlich waren. Aktivistisch sowie propagandistisch ist er nie in Erscheinung getreten ..."[93] Auf solche entlassene Beamte bezog sich auch der sozialdemokratische Oberbürgermeister Hans Schregle, als er in der ersten Sitzung des Beratenden Ausschusses der Stadt Ansbach in Anwesenheit führender amerikanischer Offiziere offen sein Bedauern über ihr Ausscheiden aussprach, das durch das „Machtgebot des Feindes"[94] verursacht worden sei.

Die von zahlreichen Ungerechtigkeiten überschatteten Massenentlassungen, die mehr als der Hälfte *aller* vor der Besetzung beschäftigten Beamten, Angestellten und Arbeiter den Arbeitsplatz kosteten, bedeuteten einen beispiellosen Bruch mit den Traditionen des deutschen Berufsbeamtentums. Die personellen Veränderungen nach der Machtergreifung der NSDAP waren dagegen weit weniger einschneidend gewesen. Anders als 1933 bestand für die betroffenen Beamten und Angestellten 1945/46 zunächst auch kaum eine Möglichkeit, sich den neuen Verhältnissen durch Gesinnungs- und Parteiwechsel anzupassen. In den ersten beiden Jahren nach dem Krieg blieb die ehemalige Mitgliedschaft in der NSDAP ein Makel, der sich nicht abschütteln ließ.

Auf deutscher Seite lösten die harten Maßnahmen der Militärregierung eine Welle von Protesten aus. Der Erzbischof von München und Freising, Michael von Faulhaber,

[91] Vgl. Amtsgericht Ansbach, Registratur S: Nr. 5.
[92] Ebenda: Nr. 4.
[93] Ebenda: Nr. 6.
[94] Prot. der Sitzung, in: Stadtverwaltung Ansbach, Registratur des OB.

verfaßte zusammen mit dem Landesbischof der Evangelisch-Lutherischen Kirche in Bayern, Hans Meiser, ein energisches Protestschreiben an die Militärregierung, in dem sie die politische Säuberung heftig kritisierten. „Es müßte das Vertrauen zu einer geradlinigen Rechtspflege auf das schwerste erschüttern, wenn *die einfache Zugehörigkeit zur Partei* nach einem blinden Schema unterschiedslos mit so schwerer Strafe geahndet würde, wie es die plötzliche Entlassung aus Amt und Stelle ist. Wir sprechen allen rechtlich und human gesinnten Menschen aus der Seele, wenn wir fordern: Jeder Einzelfall muß *persönlich behandelt* werden."[95] Ministerpräsident Fritz Schäffer legte am 1. August 1945 ein Grundsatzmemorandum vor, das man auch in den höheren Stäben der Militärregierung zur Kenntnis nahm. Darin hieß es: Die Entnazifizierung lege ganze Verwaltungszweige lahm; die Belebung der Wirtschaft werde blockiert; die entlassenen Beamten könnten keine andere Arbeit finden, ihre Familien hungerten. Das Gefühl allgemeiner Hilflosigkeit breite sich aus[96]. Er schlug deshalb vor, alle leitenden Positionen mit untadeligen Personen zu besetzen, die „aktiven Nazis" zu feuern und die nur „formellen" Pgs in ihren Stellungen zu belassen.

Regierungspräsident Reichard nahm ebenfalls kein Blatt vor den Mund. „Nominelle Parteimitgliedschaft", so heißt es in einer Aufzeichnung Dorns über ein Gespräch mit dem Regierungspräsidenten, „sei seines Erachtens das schlechteste von allen Kriterien für die Entfernung aus dem Amt. Er glaubt, daß jeder Fall für sich von einem Expertenkreis oder etwas Vergleichbarem gewürdigt werden sollte ... Ohne nominelle Pgs, die ansonsten zuverlässig seien, könne er niemals eine funktionierende Verwaltung für den Regierungsbezirk bilden."[97] Als erfahrener Beamter erkannte Reichard die Ungerechtigkeiten gegenüber Einzelnen, die in den amerikanischen Maßnahmen oft steckten. Außerdem sperrte er sich gegen Entlassungen ohne rechtliche Grundlage; eingeschworen auf die Grundsätze des deutschen Beamtentums und blind für die politischen Erfordernisse der Stunde ging er aber häufig so weit, daß er im Endeffekt auch wirklich belastete Parteigenossen in Schutz nahm. Etwa wenn er zum Widerstand gegen die Anordnungen der Besatzungsmacht aufrief oder in der Besprechung mit den Oberbürgermeistern und Landräten am 30. Juli 1945 pauschal erklärte: „Die Rechte der Behördenangehörigen bleiben gewahrt, sie ruhen nur für die Dauer des Gewaltaktes. Um einen Beamten oder Angestellten auch im Rechtsinne aus seinem Amt zu entfernen, müßten die im deutschen Recht vorgeschriebenen Vorschriften und Formen beachtet werden, selbst wenn es sich wirklich um aktive Nationalsozialisten handle."[98]

Die neuen Landräte und Oberbürgermeister stimmten mit Reichard im Grunde überein. Auch die sozialdemokratischen Amtschefs wollten mit einem derart radikalen Neuanfang im Beamtentum nichts zu tun haben. Hans Schmidt, zunächst stellvertretender, dann kommissarischer Oberbürgermeister von Fürth, bemühte sich so hartnäckig, Entlassungen zu verhindern oder rückgängig zu machen, daß ihm Cofer

[95] Faulhaber und Meiser an MilReg, 20. Juli 1945, in: LKA Nürnberg, Bestand: Ev.-Luth. Landeskirchenrat, Z. III 264 (MilReg).
[96] Vgl. Niethammer, Entnazifizierung, S. 176 f.
[97] Walter L. Dorn an Harold and Chan, 17. Juni 1945, in: NA, RG 226, Europe-Africa Division, Records Relating to Outposts in Germany, Folder Title: Germany 3/1/45-26/6/45.
[98] Besprechung des RegPräs mit OB und LR, 30. Juli 1945, Prot. in: StA Nürnberg, Reg von Mittelfranken (1978), Nr. 213.

schließlich jegliche Intervention untersagte[99]. Ansbachs Oberbürgermeister Ernst Körner trat im Januar 1946 an die Militärregierung heran, hob hervor, daß weder für das Rechnungsjahr 1944/45 noch für 1945/46 ein Haushaltsplan ausgearbeitet worden sei, und bat, „zum Zwecke der Aufarbeitung der großen Rückbestände Herrn Beuschel in untergeordneter Angestelltenstellung ... beschäftigen zu dürfen"[100]. Körner, der auch später immer wieder ein gutes Wort für die Entlassenen einlegte, hatte vorher noch nie eine Behörde geleitet, ohne die Hilfe der alten eingearbeiteten Beamten glaubte er die neuen Aufgaben nicht meistern zu können. Außerdem fürchtete er als politischer Außenseiter in der überwiegend konservativen Stadt wohl auch, sich noch weiter ins Abseits zu begeben, wenn er den entsprechenden Einsatz für die alten Beamten vermissen ließ. Er war deshalb häufig zu Kompromissen bereit und setzte sich entgegen seiner Überzeugung auch für die Wiederverwendung von wirklich belasteten Beamten ein.

Bornkessel, der erfahrene Verwaltungsfachmann, brauchte im sozialdemokratischen Fürth solche Rücksichten nicht zu nehmen. Als politisch Verfolgter, der während der NS-Zeit zweimal verhaftet worden war, hatte er sich anfangs von jedem Beamten distanziert, „der einen braunen Fleck auf seiner Weste hatte", wie sich einer seiner engsten Vertrauten erinnert[101]. Als aber die Entlassungen immer weitere Kreise zogen und „solche" und „solche" gleichermaßen betrafen, änderte er seine Haltung schnell. Jetzt weigerte auch er sich, die amerikanische Säuberungspolitik mitzutragen und versuchte, den alten Beamtenstamm – unabhängig von seiner NS-Vergangenheit – zusammenzuhalten.

Schmidt, Körner und Bornkessel drangen mit ihren Bitten und Anträgen, die sie meist mit dem Hinweis auf ein drohendes Chaos in der Verwaltung bekräftigten, jedoch selten durch. Whitaker, der Leiter der Militärregierung in Ansbach, stellte zwar einige zeitweilige Arbeitsgenehmigungen für belastete Beamte aus, im Grunde aber spottete er über die Argumente der Bürgermeister: „Roosevelt starb einige Wochen vor dem Kriegsende: er mußte ersetzt werden. Churchill schied aus – er mußte ersetzt werden! Sehen Sie, in diesem Punkte scheiden sich die Geister! Sie haben in Deutschland Beamte, die haben einem Wilhelm II. gedient! Sie haben im Weimarer System Dienst geleistet und sie haben auch Hitler die Treue gehalten, dafür haben wir kein Verständnis, das sind letztlich Beweise dafür, daß Deutschland zur Demokratie noch nicht fähig ist."[102] Er blieb wohl auch deshalb meist hart, weil er den Eindruck gewonnen hatte, daß sich die Bürgermeister nur selten ernsthaft um Ersatz für die Entlassenen bemühten. Gerade der Ansbacher Oberbürgermeister konnte sich über mangelnde Bewerbungen nicht beklagen. Viele Flüchtlinge aus den überwiegend katholischen ehemaligen Sudetengebieten, die nach eigenem Bekunden schon im öffentlichen Dienst gearbeitet hatten, boten ihre Dienste an, wurden in aller Regel aber abgelehnt. Im protestantischen Ansbach, wo man schon auf die Ernennung des Katholiken Hans Schregle zum Oberbürgermeister gereizt reagiert hatte, befürchtete man eine weitere Überfremdung. Als Schregle aushilfsweise einige Katholiken anstellte, sahen

---

[99] Schriftliche Mitteilung von Alfred Schmidt vom 10. November 1984.
[100] Vgl. Prot. der Stadtratssitzung vom 15. Januar 1946, in: Stadtverwaltung Ansbach, Registratur des OB.
[101] Schriftliche Mitteilung von Alfred Schmidt vom 10. November 1984.
[102] So gab Schregle im Beratenden Ausschuß der Stadt Ansbach die Worte Whitakers wieder. Niederschrift der Sitzung des Ausschusses vom 9. Oktober 1945, in: Stadtverwaltung Ansbach, Registratur des OB.

manche dahinter eine „Generallinie" der Staatsregierung in München mit dem angeblichen Ziel, Beamtenstellen in Bayern „möglichst mit katholischen Kräften zu besetzen"[103].

Anstatt Ersatzkräfte einzustellen, bedienten sich die Oberbürgermeister und Landräte lieber allerlei „Taschenspielertricks" (Schregle), um ihr Stammpersonal zu halten[104]. Der Fürther Landrat Hörndlein stellte einen Kreisinspektor (Pg seit 1935), den er auf Weisung der Militärregierung hatte entlassen müssen, wenig später wieder ein, führte ihn aber nicht in den Personallisten. Dem Hausmeister des Landratsamts (Pg seit 1933) mußte Hörndlein nach einigem Zögern zwar die Entlassungspapiere ausstellen, am selben Tag tauchte aber die Frau des Hausmeisters in der Personalliste auf[105]. Der „Ehefrauen-Trick" erfreute sich offenbar so großer Beliebtheit, daß auch die Regierung in München darauf aufmerksam wurde: „Da die Einstellung von Ehefrauen nicht mit Unrecht als Umgehung des Verbotes, die Entlassenen weiterhin zu beschäftigen, gedeutet werden könnte, sind derartige Bewerbungsversuche grundsätzlich abzulehnen. Dies gilt auch dann, wenn die Ehefrau selbst politisch völlig unbelastet ist."[106]

„We talk tough, but we act soft", „The Bavarian Scandal" und „How the Nazis stay in", so lauteten nur einige der Schlagzeilen[107], mit denen die amerikanische Presse im Frühherbst 1945 ihre Leser auf die Verzögerungen bei der Entnazifizierung in Bayern aufmerksam machte. Diese stark übertriebenen Meldungen riefen in der amerikanischen Öffentlichkeit Erinnerungen an die hochgespielten Entnazifizierungspannen in Aachen vom Herbst 1944 wach und erhielten neue Nahrung, als sich General Patton, der wegen seiner Nachlässigkeit in der Entnazifizierung schon früher in das Kreuzfeuer der Kritik geraten war, in einer improvisierten Pressekonferenz in seinem Hauptquartier in Bad Tölz zu einem unglücklichen Vergleich der amerikanischen Parteien mit der NSDAP hinreißen ließ. Von einem Reporter befragt: „After all, General, didn't most ordinary Nazis join their Party in about the same way that Americans become Republicans or Democrats?", soll der alte Haudegen ebenso trocken wie blauäugig geantwortet haben: „Yes, that's about it."[108]

Die Wogen gingen daraufhin noch höher und unterspülten schließlich auch die Stellung des bayerischen Ministerpräsidenten Fritz Schäffer, der wegen seiner wiederholten Kritik an den überzogenen amerikanischen Säuberungsmaßnahmen zur Symbolfigur des Widerstandes gegen die Entnazifizierung geworden war. Angesichts der aufgeregten Meldungen in der Presse war für die amerikanische Militärregierung schnelles Handeln oberstes Gebot. Für ein Umschwenken auf einen angemessenen Säuberungskurs, wie ihn auch viele in den Reihen der Amerikaner forderten, oder die gründliche Prüfung von Schäffers Argumenten war jetzt die denkbar ungünstigste Zeit. Als Eisenhower die „Wahrheit über die Schäffer-Regierung" erfuhr, fragte er zor-

---

[103] Besprechung des RegPräs mit OB und LR, 30. Juli 1945, Prot. in: StA Nürnberg, Reg von Mittelfranken (1978), Nr. 213.
[104] So RegPräs Schregle in der Besprechung mit OB und LR, 10. Dezember 1945, Prot. in: StA Nürnberg, LRA Scheinfeld, Nr. 367.
[105] Nicht näher bezeichneter Bericht über das LRA Fürth, in: NA, RG 260, 9/124-2/34.
[106] Mitteilung des bay. Finanzministeriums, wiedergegeben auf einer Schulleitertagung in Fürth am 19. Juni 1946, in: Stadtverwaltung Fürth, EAP 210.
[107] Vgl. Lutz Niethammer, Zwischen Verwaltungstradition und politischen Parteien, S. 195 ff.
[108] Ebenda, S. 200.

nig, „was zum Teufel" die Amerikaner in Deutschland zu suchen hätten, wenn sie nicht für eine Säuberung der deutschen Regierung und Verwaltung sorgten, und befahl am 28. September 1945 die sofortige Entlassung Schäffers[109]. Zugleich mußten mehrere Minister, Staatssekretäre und leitende Beamte ihre Plätze räumen. Auch in der Provinz blieb das Beben in München nicht ohne Folgen. In Ober- und Mittelfranken wurden mehr als ein Dutzend Landräte und auch Regierungspräsident Reichard vom Dienst suspendiert, weil sie die Entnazifizierung verzögert oder blockiert hatten. Daß Reichard sich überhaupt so lange hatte halten können, kam einer kleinen Sensation gleich, denn seine Vorstellungen einer Säuberung waren mit den Anschauungen der Besatzungsmacht von Anfang an nicht in Einklang zu bringen gewesen[110].

Die Entscheidung über seine Nachfolge lag im Herbst 1945 nicht mehr allein in den Händen der Militärregierung. So jedenfalls glaubte das neue bayerische Kabinett von Ministerpräsident Wilhelm Hoegner (SPD). Der selbstbewußte Emigrant und entschiedene NS-Gegner hielt es für selbstverständlich, daß die Militärregierung seinem Kabinett ein Mitspracherecht bei der Auswahl der Spitzenbeamten einräumte. Als er aus der Zeitung erfuhr, daß die Militärregierung ohne sein Wissen einen Nachfolger für Reichard ernannt hatte, war er außer sich. Es besänftigte ihn auch nicht, daß der neue Mann, der bisherige Ansbacher Oberbürgermeister Hans Schregle, aus den Reihen der eigenen Partei kam. Im Gegenteil: Gerade ein Sozialdemokrat mußte wissen, daß „ihn die Militärregierung nicht allein" einsetzen dürfe. In der ersten Erregung beauftragte Hoegner Innenminister Josef Seifried, ein „geharnischtes Schreiben nach Ansbach zu schicken" und Schregle das Gehalt zu sperren. Die lapidare Bemerkung seines Innenministers, er könne von sich aus nichts unternehmen, „wenn die lokalen Militärregierungen nicht zustimmten", zwang Hoegner allerdings zu der schmerzlichen Einsicht, daß sein Spielraum geringer war, als er angenommen hatte. Man einigte sich deshalb darauf, mit Maßnahmen einstweilen noch zu warten, „da man sich hierdurch eine ganze Menge Konflikte sparen könne"[111].

Schregle schien für die Militärregierung der geeignete Mann zu sein. Er genoß nicht nur hohes Ansehen als NS-Gegner, sondern war auch – anders als Reichard – zu der Überzeugung gelangt, daß eine weitere deutsche Obstruktion gegen die amerikanischen Säuberungsmaßnahmen politisch verfehlt sei. Bei der monatlichen Zusammenkunft mit den Landräten und Oberbürgermeistern seines Regierungsbezirks führte er sich gleich mit einem Paukenschlag ein: „Ich bin der Auffassung, daß alle jene Beamten, die sich irgendwann einmal zur Partei gestellt haben, abtreten müssen. Sie haben aus ihren bisherigen Amtsstellen zu verschwinden und zwar rücksichtslos ... Es gibt keinen Stichtag zur Zeit, nach dem eine Unterscheidung der Parteigenossen zu erfolgen hat. Auch die Nichtparteigenossen sind unter die Lupe zu nehmen ..." Selbst Pgs, deren Beschäftigung von der Militärregierung genehmigt worden war, sollten „nach und nach entfernt" werden[112]. Dieser Ton beunruhigte die Landräte und Oberbürgermeister, die bis dahin vom Regierungspräsidenten eher Beschwichtigungen gehört hatten. Der neue Mann, der als Ansbacher Oberbürgermeister mit Kritik an den ame-

---

[109] Ebenda, S. 205 ff.
[110] Vgl. Hist. Rep., Det. für Ober- und Mittelfranken, September 1945, in: NA, RG 260, 10/81-3/8.
[111] Bayerischer Ministerrat, 24. Oktober 1945, in: IfZ-Archiv, ED 120/354.
[112] Besprechung des RegPräs mit OB und LR, 29. Oktober 1945, Prot. in: StA Nürnberg, LRA Scheinfeld, Nr. 367.

rikanischen Anweisungen selber nicht gespart hatte, war anscheinend päpstlicher als der Papst geworden, wie Nürnbergs Oberbürgermeister meinte: „Die Amerikaner sind bei weitem nicht so streng mit der Entnazifizierung wie wir selbst. Das Wohl des Volkes steht doch noch vor der Entnazifizierung."[113]

Schregle hatte gute Gründe für seinen säuberungspolitischen Tatendrang. Die Offiziere der Militärregierung ließen bei seiner Amtseinführung keinen Zweifel daran, daß der bisherige Verzögerungs- und Obstruktionskurs nicht mehr länger hingenommen werde. Zugleich verwiesen sie auf die USFET-Direktive vom 5. Oktober 1945, in der es hieß: „At the earliest possible date and not later than 31 december, 1945, Military Government authority over German authorities will be exercised at the level of the state Government and all instructions to German authorities from Military Government authorities will be through the Minister President and the functional ministers of their respective state."[114] Diese Direktive, deren Erlaß angesichts des massiven Personalabbaus der amerikanischen Truppen im Sommer/Herbst 1945 unumgänglich geworden war, werde aber nur in die Tat umgesetzt, wenn, so bedeutete man Schregle, die Deutschen endlich ernst machten mit der Entnazifizierung. Schregle, der die Aussicht auf den „Wiedergewinn der Autonomie" nicht gefährden wollte, war deshalb sogar bereit, zeitweise übertriebene Säuberungsmaßnahmen in Kauf zu nehmen. Auf dem „Weg zum Wiedergewinn der Autonomie" sei „die Entfernung nationalsozialistischer Mitarbeiter aus unseren Ämtern" unabdingbar, so Schregle gegenüber den Landräten und Oberbürgermeistern. „Wir müssen beweisen, daß wir uns auch ohne Pg zu verwalten wissen."[115] Je höher das „Tempo in der Denazifizierung", fuhr er fort, desto eher „werden wir Herr über uns selbst, werden wir wieder in den Besitz unserer Verwaltungshoheit gelangen"[116]. In bayerischen Regierungskreisen fand sein Vorschlag einer säuberungspolitischen Roßkur kaum Beifall. Selbst Hoegner, der sich in Entnazifizierungsfragen nicht leicht zu Zugeständnissen bereit fand, empfahl Schregle Ende November 1945, seinen „Radikalismus vorläufig etwas dosiert anzuwenden"[117].

Die strenge Zügelführung Schregles erfüllte ihren Zweck. Sie hielt die Amtschefs zu erhöhten Säuberungsanstrengungen an und erleichterte es so der Militärregierung, an ihrem Fahrplan festzuhalten: Am 15. November 1945 wurde die Verwaltung der Städte und Landkreise und am 15. Dezember 1945 die Verwaltung der Regierungsbezirke auf deutsche Behörden übertragen[118]. Künftig wollte die Besatzungsmacht den unteren und mittleren Verwaltungsinstanzen völlig freie Hand lassen und sie, wie in der USFET-Direktive vom 5. Oktober angekündigt, nur noch indirekt über die Länderregierungen beaufsichtigen. Dies war der „Anfang vom Ende", kommentierte die Militärregierung von Ober- und Mittelfranken etwas wehmütig[119]. Einigen Offizieren fiel der Abschied von der Macht tatsächlich schwer. Sie bedauerten es, daß ihnen nun

[113] Ebenda.
[114] James K. Pollock u.a., Germany under Occupation, Ann Arbor 1949, S. 145.
[115] Besprechung des RegPräs mit OB und LR, 29. Oktober 1945, Prot. in: StA Nürnberg, LRA Scheinfeld, Nr. 367.
[116] Ebenda.
[117] So berichtete Schregle am 10. Dezember 1945 den OB und LR über ein Telefonat mit Hoegner, Prot. in: StA Nürnberg, LRA Scheinfeld, Nr. 367.
[118] Vgl. Anm. 114. Vgl. dazu auch Hist. Rep., Det. für Ober- und Mittelfranken, Dezember 1945, in: NA, RG 260, 10/81-3/8.
[119] Hist. Rep., Det. für Ober- und Mittelfranken, Dezember 1945, in: Ebenda.

„das Recht genommen" wurde, „Befehle zu erlassen"[120]. Andere hielten die Zeit noch nicht für reif und zweifelten an der Fähigkeit der Deutschen, „allein zu denken, d. h. Entscheidungen zu treffen und Tätigkeiten zu überwachen ohne genaue Anweisungen"[121]. Außerdem bereitete es manchen Militärregierungsdetachments Schwierigkeiten, ihren eigenen Apparat der neuen Lage anzupassen, die weniger eine energische Hand als Fingerspitzengefühl erforderte. Sie machten so noch einige Zeit im alten Stil weiter und berichteten, daß es „keine Reduzierung des Umfangs ihrer Arbeit" gegeben habe und daß der „Übergang mit dem damit verbundenen Personalrückgang" nichts anderes bedeute, als daß weniger Leute die gleiche Arbeit wie früher täten[122]. Ihre „große" Zeit aber war vorbei, nach einigen Wochen forderte auch hier der Personalmangel seinen Tribut.

Die meisten Militärregierungsoffiziere aber begrüßten die Politik des „Turn it over to the Germans". Sie zogen sich bereitwillig aus der praktischen Arbeit zurück und beschränkten sich auf Beraterfunktionen. „Ich kannte eine große Anzahl Offiziere", schrieb Dorn in seinen Erinnerungen, „und unter ihnen erinnere ich mich noch besonders lebhaft an Oberst Whitaker in Ansbach in Nordbayern, denen es gelang, ihre Regierungspräsidenten, Bürgermeister und Landrat nach der Konsolidierung ihrer Behörden wirklich zu beraten und eine weit wichtigere Funktion auszuüben, nachdem sie keine Befehle mehr erlassen konnten. Nun wuchsen sie in die Aufgabe hinein, die Deutschen durch moralische Überzeugungskraft dafür zu gewinnen, bestimmte Dinge zu tun ..."[123] Steward Hillard, Cofers Nachfolger in Fürth, traf sich häufig zu einer Tasse Kaffee mit Oberbürgermeister Bornkessel im Fürther Rathaus, der später zu Hillards Abschied sagte: „... es habe kaum ein menschliches und kommunales Thema gegeben, das in den fast alltäglichen Diskussionen in der beliebten ‚Kaffeestunde' nicht eingehend behandelt wurde."[124] Regierungspräsident Schregle konnte seit der Jahreswende 1945/46 sogar an den regelmäßigen Treffen der Chefs der amerikanischen Militärregierung in Ober- und Mittelfranken teilnehmen und so unmittelbar mit den amerikanischen Vorstellungen vertraut werden. Er stellte dabei fest, daß „weitaus die überwiegende Mehrzahl aller Amerikaner ... von dem festen Willen beseelt ist, uns Deutschen zu helfen, und zwar in dem Maße mehr, als sie zu unterscheiden gelernt haben zwischen den Nationalsozialisten und den Millionen anständiger Deutscher"[125].

Immer öfter ergaben sich nun auch private Kontakte zwischen den amerikanischen Offizieren und den deutschen Honoratioren. Col. Whitaker, der mittlerweile seine Frau und seine beiden Kinder nach Ansbach hatte nachkommen lassen, lud Oberbürgermeister Körner und Landrat Neff zu sich in die beschlagnahmte Lingmann-Villa ein[126]. Man aß, trank und plauderte miteinander, lernte sich besser kennen, und die anfängliche Befangenheit löste sich schnell. Damit waren die Schwierigkeiten im Umgang miteinander gewiß noch längst nicht ausgeräumt. Die Militärregierung war aber

[120] Dorn, Inspektionsreisen, S. 55.
[121] Hist. Rep., Det. für Ober- und Mittelfranken, Dezember 1945, in: NA, RG 260, 10/81-3/8.
[122] Ebenda.
[123] Dorn, Inspektionsreisen, S. 55.
[124] Fürther Nachrichten vom 2. März 1949.
[125] Besprechung des RegPräs mit OB und LR, 6. Mai 1946, Prot. in: StA Nürnberg, LRA Scheinfeld, Nr. 367.
[126] Mündliche Mitteilung von Ernst Körner jr. vom 28. November 1983.

nicht mehr die unberechenbare, allmächtige Instanz, als die sie kurz nach dem Einmarsch erschienen war[127].

Etwa zur gleichen Zeit, als die Auseinandersetzungen zwischen der Militärregierung und den deutschen Verwaltungschefs über die Massenentlassungen dem Höhepunkt zusteuerten, kam es auch innerhalb der amerikanischen Besatzungsmacht auf allen Ebenen zu Konflikten über einen angemessenen Säuberungskurs. Man könne nicht „Eisenbahnen mit Ladengehilfen betreiben und die Fabriken von Schuhputzern leiten lassen", meinten die Anhänger einer eher pragmatisch-konservativen Linie in der Militärregierung, die sich für eine baldige Wende in der Säuberungspolitik einsetzten, während die Entnazifizierungsabteilung, Angehörige der Erziehungsabteilung und die überwiegend linksstehenden Investigatoren der Psychological Warfare Division eine Intensivierung der Säuberung forderten[128]. Hauptkonkurrenten waren in Fürth das Militärregierungsdetachment des pragmatischen Cofer und das CIC, das als Abschirmdienst der amerikanischen Streitkräfte natürlich vor allem die Sicherheit der eigenen Truppen im Auge hatte, und, überspitzt formuliert, in jedem Parteigenossen eine potentielle Gefahr witterte[129].

Lieutenant Thomas K. Hodges, der Chef des Fürther CIC, ermittelte im Sommer 1945 gegen ein junges Fräulein, das seit April 1945 im Büro von Captain Cofer arbeitete. Als britische Staatsbürgerin, die sich bei Kriegsende in Deutschland aufgehalten hatte und nicht interniert gewesen war, galt sie automatisch als Verdachtsperson. Das Fräulein hieß Mary Morton[130]; sie war 1911 in Belfast geboren worden und stammte aus einer angesehenen britischen Familie, die in den zwanziger Jahren nach Leningrad umgezogen war. Als die deutsche Wehrmacht im Sommer 1941 den Feldzug gegen Rußland begann, wurde die mittlerweile mit einem Offizier der Roten Armee verheiratete Mary in den Kaukasus evakuiert, dort von Wehrmachtseinheiten aufgegriffen und nach einer längeren Odyssee durch halb Europa nach Nürnberg gebracht. Hier bekam es Mary mit der Gestapo zu tun. Sie stand in dem – unbegründeten – Verdacht für den britischen Geheimdienst zu arbeiten.

Die Nachforschungen von Hodges waren zunächst nichts weiter als eine Routineprüfung. Zur selben Zeit machte aber in den Reihen von CIC ein Bericht über zwei im Raum Fürth tätige Gestapo-Agentinnen die Runde, der offenbar auch auf dem Schreibtisch von Hodges landete. Eine der gesuchten Personen mochte gewisse Ähnlichkeiten mit Fräulein Morton haben, die gleich doppelt verdächtig erschien, als sich herausstellte, daß sie ein russisches Mädchen zur Freundin hatte. Was lag näher, als in ihr die zweite Agentin zu sehen, zumal sie mit Vornamen Natalie hieß, ein Name, der nach den Erkenntnissen des amerikanischen Abschirmdienstes von Gestapo-Agentinnen häufig benutzt wurde. CIC hegte also den ungeheuerlichen Verdacht, der Leiter der Fürther Militärregierung beschäftige eine ehemalige Agentin der Gestapo als Schreibkraft. Ein Eingreifen des militärischen Abschirmdienstes schien dringend geboten.

[127] Vgl. Anm. 53.
[128] Vgl. Niethammer, Entnazifizierung, S. 232 f.
[129] Zum CIC allgemein vgl. History of the Counter Intelligence Corps, in: US Army Intelligence and Security Command, Fort George G. Meade, Maryland.
[130] Alle Belege für den Fall Miss Mary Morton, in: NA, RG 260, 9/122-5/13.

Die Untersuchung durch einen fähigen Agenten erbrachte wenig Konkretes, erregte umso mehr aber den Unwillen Cofers. Der Chef der Fürther Militärregierung, selbstbewußt und ein Mann mit Augenmaß, erblickte in den Nachforschungen, die das CIC hinter seinem Rücken anstellte, eine Untergrabung seiner Autorität. Außerdem zweifelte Cofer schon seit längerem an den Fähigkeiten von Hodges und seiner CIC-Einheit, die nicht immer mit der gebotenen Sorgfalt arbeitete. Er drohte sogar, seinerseits gegen das CIC vorzugehen, wenn sich der Geheimdienst länger in seine Angelegenheiten mische. „Ich war nicht gewillt", so Cofer, „dem CIC zu erlauben, die Art und Weise meiner Amtsführung zu bestimmen." Der CIC-Agent stellte daraufhin die Untersuchung ein. Wenig später wurde die wahre Gestapo-Agentin in Bamberg aufgegriffen. Fräulein Morton war somit von jedem Verdacht befreit. Der Sturm im Wasserglas hätte sich legen können, aber das Gegenteil geschah.

Lt. Hodges fertigte im September 1945 einen Bericht über den Stand der Entnazifizierung an, in dem die unterschiedlichen Auffassungen über den richtigen Säuberungskurs deutlich zum Ausdruck kamen. Captain Cofer, so lautete die Quintessenz des Berichts, verhindere in seinem Wirkungsgebiet eine gründliche Entnazifizierung und halte sogar an einem Mann als Oberbürgermeister fest – gemeint war Schwiening – der, „vom politischen Standpunkt aus unzuverlässig", wegen seiner früheren NSDAP-Zugehörigkeit Gegenstand erheblicher Mißstimmung in Fürth sei. Außerdem beklagte sich Hodges darüber, daß Cofer eine gedeihliche Zusammenarbeit von Militärregierung und CIC systematisch boykottiere. Zum Beweis dafür wärmte er den Fall Morton wieder auf. Angesichts dieser schweren Vorwürfe wurde nun auch die Militärregierung in München hellhörig. Sie schien daran zu zweifeln, ob der dubiose Fall Morton tatsächlich geklärt war. Colonel Roy L. Dalferes, als G-5 Offizier der 3. Armee damals auch interimistischer Leiter der Militärregierung in Bayern, beauftragte deshalb am 19. Oktober 1945 Colonel Haight von der Militärregierung in Mittel- und Oberfranken mit einer erneuten Untersuchung des Falles Morton, der längst zum Fall Cofer geworden war. „Es wird gewünscht", so hieß es in der Anweisung von Dalferes, „daß Sie eine Untersuchung über die Entnazifizierung in Fürth vornehmen ... Aus CIC-Berichten geht eindeutig hervor, daß zwischen dem CIC und der Militärregierung diesbezüglich nicht die besten Beziehungen bestehen ... Da Captain Cofer und nicht CIC die Verantwortung für die Entnazifizierung trägt, ist es einleuchtend, daß Captain Cofer Nachforschungen und Empfehlungen des CIC nicht begrüßt. Er ist sogar soweit gegangen, CIC-Offizieren und -Agenten Kriegsgerichtsverfahren anzudrohen." Außerdem sollte Haight dem Chef der Fürther Militärregierung zu verstehen geben, daß er allein für die Entnazifizierung verantwortlich sei, man aber von ihm erwarte, „mit dem CIC bei dessen Tätigkeit engstens zusammenzuarbeiten".

Haight schickte sofort einen Public-Safety-Offizier, Major Garret Houman, nach Fürth, der schon am 1. November 1945 einen detaillierten Bericht vorlegte. Die Vorwürfe, die aus den Reihen des CIC gegen Cofer erhoben worden waren, erwiesen sich als unbegründet. Von einer Verzögerung der Entnazifizierung in Fürth könne keine Rede sein: „Die Direktiven werden streng gehandhabt ... Die Säuberungsarbeit in der Gegend ist weit fortgeschritten und gut gemacht worden." Zum Vorwurf, Cofer halte einen Mann mit NS-Vergangenheit als Oberbürgermeister, habe sich nichts ergeben, was nicht schon bei der Einsetzung von Schwiening, dem auch nun wieder von allen Seiten seine antinazistische Gesinnung bescheinigt werde, bekannt gewesen sei; auch die neuerliche Untersuchung des vor Monaten schon zu den Akten gelegten Falls Morton habe keine neuen Aufschlüsse erbracht.

Major Haight leitete den Bericht von Major Houman an den mittlerweile amtierenden Direktor der Militärregierung von Bayern, General Walter J. Muller, mit der Bemerkung weiter: „Meiner Ansicht nach ergibt sich aus dem Untersuchungsbericht kein Grund für irgendeine Aktion gegen Captain Cofer." Muller wollte dem gerne zustimmen, merkte in seiner Antwort vom 15. Dezember 1945 aber an: „Es ist jedoch offensichtlich, daß Captain Cofer es versäumt, vom CIC vollen Gebrauch zu machen ... Es wird angeordnet, daß der Entnazifizierung in Fürth besondere Aufmerksamkeit geschenkt und ein formloser Bericht angefertigt wird, dessen Ergebnis mir vorgelegt werden muß."

Noch vor Weihnachten 1945 wurde der Anweisung Mullers entsprochen und ein kurzer Bericht angefertigt, in dem es wieder hieß, daß sich das Fürther Detachment in Sachen Entnazifizierung nichts vorzuwerfen habe. Das CIC, dessen Stern allgemein zu sinken begann, als sich auch in den obersten Stäben der Militärregierung die Erkenntnis durchsetzte, daß von deutscher Seite wenig für die Sicherheit der amerikanischen Streitkräfte zu befürchten war, mußte in Fürth zurückstecken. Cofer aber hatte sich in der harten Auseinandersetzung behaupten können und gewann nun wieder einiges von jenem Spielraum zurück, der nach dem Erlaß der Juli-Direktive fast ganz verlorengegangen war.

3. „Renazifizierung" des öffentlichen Dienstes 1947/48?

Die Entlassungswelle vom Sommer und Herbst 1945 hatte in Ansbach u.a. die Spitzenbeamten Friedrich Böhner, Friedrich Wilhelm Beuschel und Albert Aker getroffen. Jeder von ihnen wies den Vorwurf, Nationalsozialist gewesen zu sein, weit von sich. Der frühere Freimaurer Beuschel empfand es als eine „unerträgliche seelische Belastung", als ihn die Spruchkammer im Februar 1947 in die Gruppe IV der sogenannten Mitläufer einreihte. Als Mitläufer, so argumentierte er, werde er in „einen Topf mit jenen" geworfen, die „mich als Gegner betrachten mußten und die nicht wie ich in den vergangenen zwölf Jahren immer damit rechnen mußten, schon am nächsten Tage ihres Dienstes enthoben zu sein"[131]. Nach seiner Einschätzung hatten er und seine beiden Kollegen während der NS-Zeit lediglich ihre Pflicht getan. Einer Mitverantwortung für das NS-Regime und seiner schlimmen Hinterlassenschaft war sich keiner bewußt, sie nahmen im Gegenteil für sich in Anspruch, die von oben kommenden Anordnungen in vielen Fällen abgemildert zu haben. Den „geringen Einfluß", den ihm seine Parteimitgliedschaft gewährt habe, so schrieb Böhner 1946, habe er „ausschließlich zum Nutzen der Stadt und ihrer Einwohner"[132] geltend gemacht.

Der Verlust ihrer Stellung und ihrer Dienstbezüge nach jahrzehntelanger Tätigkeit war für viele Betroffene ideell und psychisch schwerer zu ertragen als materiell. Albert Aker z.B. war ein vermögender Mann. Er widmete sich während seiner „Arbeitslosigkeit" dem Wiederaufbau des im Besitz der Aker'schen Erbengemeinschaft befindli-

---

[131] Beuschel an Spruchkammer Ansbach-Stadt, 26. Februar 1947, in: Amtsgericht Ansbach, Registratur S: Nr. 5.
[132] Böhner an Spruchkammer Ansbach-Stadt, 10. Dezember 1946, in: Ebenda: Nr. 4.

chen Anwesens in der Bahnhofstraße, das bei den Luftangriffen vom 22./23. Februar
1945 beschädigt worden war. Außerdem verrichtete er leichtere Arbeiten für das katholische Pfarramt[133]. Der ebenfalls entlassene Florian Groganz (Pg seit 1933), der frühere stellvertretende Stadtbaurat, arbeitete nun vorübergehend als Hilfsarbeiter im
Stadtbauamt – seiner alten Behörde also, dürfte dabei aber kaum zu Schaufel und
Spitzhacke gegriffen haben[134]. Sein gleichfalls dispensierter ehemaliger Vorgesetzter
Willy Flach (Pg seit 1933) wußte seine in der Stadtverwaltung erworbenen Bauplan-
kenntnisse unternehmerisch umzusetzen, indem er ein Architekturbüro leitete[135]. Der
60jährige Friedrich Böhner dagegen, vielleicht der Couragierteste unter den höheren
Beamten der Ansbacher Stadtverwaltung, mußte als Hilfsarbeiter einer Baufirma
schwere körperliche Arbeit leisten[136].

Gleichwohl konnte auch er sicher sein, nach wie vor zur Ansbacher Beamtenschaft
gezählt zu werden. Geächtet war keiner der Entlassenen; das zeigte sich an den Bemühungen des Stadtrats um ihre Wiedereinstellung und noch mehr im Umgang mit den
alten Kollegen, von denen sie wie Beamte auf Kur oder im Krankenstand behandelt
wurden. Auch in der Öffentlichkeit genossen die Entlassenen weiterhin kaum vermin-
dertes Ansehen, und selbst die Regierung von Ober- und Mittelfranken stärkte ihnen
den Rücken[137]. Regierungspräsident Reichard richtete sogar eine Betreuungsstelle für
die entlassenen Beamten und Angestellten ein, deren Aufgabe es war, Hilfesuchenden
eine geeignete Beschäftigung zu vermitteln. „Sie werden gebeten", so appellierte der
Regierungspräsident an die Landräte und Oberbürgermeister, „alles zu tun, um das
Los der Stellensuchenden" zu erleichtern[138].

Unterdessen debattierte der Ansbacher Stadtrat fast in jeder Sitzung über Wege zur
Wiedereinstellung der Entlassenen. Als im Sommer 1946 die Spruchkammer ihre Arbeit aufnahm, wurde sie bestürmt, die Verfahren der höheren Beamten bevorzugt zu
behandeln. Ende 1946 hatten diese Bemühungen erstmals Erfolg, als der Verwaltungs-
inspektor Martin Winkler, der von der Spruchkammer das Prädikat „nicht betroffen"
erhielt, in seine frühere Position zurückkehren konnte[139]. Im Frühjahr 1948 war die
alte Garde bis auf den ehemaligen Oberbürgermeister und Kreisleiter Richard Hänel,
der noch im Interniertenlager saß, und seinen früheren Stellvertreter Albert Böhm
wieder komplett. Beuschel, von der Spruchkammer ebenfalls als „nicht betroffen" eingestuft, kehrte im Februar 1948 als städtischer Verwaltungsdirektor in das Stadthaus
zurück[140]. Aker, dessen Spruchkammerverfahren mit der Einstufung als Mitläufer endete, wurde im März 1948 zunächst als Angestellter, dann im April als Beamter wieder
angestellt. Ihm unterstand mit der Dienststelle 12 das gesamte Gewerbewesen[141].
Böhner, der aus dem Spruchkammerverfahren als Entlasteter hervorging, erhielt vor
Weihnachten 1947 die Ernennung zum berufsmäßigen Stadtrat, und zweieinhalb

---

[133] Ebenda: Nr. 6.
[134] Ebenda: Nr. 7.
[135] Ebenda: Nr. 8.
[136] Ebenda: Nr. 4.
[137] Besprechung des RegPräs mit OB und LR, 30. Juli 1945, Prot. in: StA Nürnberg, Reg von Mittelfranken
(1978), Nr. 213.
[138] Besprechung des RegPräs mit OB und LR, 27. August 1945, Prot. in: Ebenda.
[139] Vgl. dazu die Prot. der Stadtratssitzungen vom 17. September, 8. Oktober, 5. November und 20. Dezember
1946, in: Stadtverwaltung Ansbach, Registratur des OB.
[140] Vgl. dazu das Prot. der Stadtratssitzung vom 2. Februar 1948, in: Ebenda.
[141] Vgl. dazu die Prot. der Stadtratssitzungen vom 15. März und 26. April 1948, in: Ebenda.

Jahre später, im Juli 1950, löste er Ernst Körner als Oberbürgermeister von Ansbach ab[142].

Die Betroffenen selbst und die Ansbacher Bevölkerung erblickten in der Rehabilitierung nach zwei-, dreijährigem Berufsverbot einen Akt der Wiedergutmachung des im Zuge der amerikanischen Massenentlassungen 1945 entstandenen Unrechts. Die Tendenz, die damaligen Ungerechtigkeiten aus der Welt zu schaffen, kam freilich nicht nur Böhner und Aker zugute, von ihr profitierten bald auch zahlreiche Beamte und Angestellte, die mehr als nur nominelle Pgs gewesen waren. Sie drangen allerdings nur in die unteren und mittleren Dienst der Ansbacher Stadtverwaltung ein, leitende Positionen blieben ihnen verschlossen.

Die Rückkehr ehemaliger Parteigenossen in den öffentlichen Dienst ließ sich ab Ende 1946 in ganz Bayern beobachten. „Die Türen der Ämter" wurden, wie Regierungspräsident Schregle prophezeit hatte, „weit aufgerissen"[143]. Durch sie ergoß sich eine Flut von Mitläufern. Um die Jahreswende 1946/47 betrug der Anteil der ehemaligen Pgs in leitenden Positionen im Regierungsbezirk Ober- und Mittelfranken bereits wieder etwa 35 Prozent[144]; ein Jahr zuvor war er noch verschwindend gering gewesen. Die Wiedereinstellungspraxis der Oberbürgermeister und Landräte stand dabei, zumindest bis zum Frühjahr 1947, im scharfen Gegensatz zur offiziellen Politik der bayerischen Regierung. Die Anordnungen von oben wurden, so Regierungspräsident Schregle, „mißachtet oder in einem Umfange dagegen verstoßen … daß man geneigt ist, hier von einer merkwürdigen Unbotmäßigkeit von Beamten zu sprechen"[145]. Erst im März 1947 gab auch die bayerische Regierung grünes Licht für die Wiederverwendung ehemaliger Pgs im öffentlichen Dienst, sofern deren Spruchkammerurteil rechtskräftig war, die Zustimmung der amerikanischen Militärregierung vorlag und der Betreffende die „Gewähr dafür bietet, daß er am Ausbau und der Sicherung dauernder Grundlagen eines demokratischen Staatslebens positiv mitwirken wird"[146].

Zwei, drei Jahre nach dem Erlaß der USFET-Direktive vom 7. Juli 1945 war der revolutionäre Bruch mit den Traditionen des deutschen Berufsbeamtentums gleichsam wieder „geheilt". Alles beim alten also? Gaben nun tatsächlich wieder Nationalsozialisten in den Ämtern den Ton an, wie es im zeitgenössischen Schlagwort von der „Renazifizierung" des öffentlichen Dienstes mitschwingt? Einer, der dies behauptete, war Regierungspräsident Schregle. Gegenüber der amerikanischen Intelligence Division äußerte er im August 1949: „Ja, ich bin der Ansicht, daß sich in Bayern eine Renazifizierung des öffentlichen Lebens bemerkbar macht … Die Tatsache, daß mehr und mehr ehemalige Nazis in ihre früheren Stellungen zurückgekehrt sind, birgt an sich schon die Gefahr des Wiedererwachens alter Nazi-Instinkte in sich. Sie fühlen sich ge-

---

[142] Vgl. dazu die Prot. der Stadtratssitzungen vom 9. und 23. Dezember 1947, in: Ebenda. Vgl. auch Fränkische Landeszeitung vom 19. Juli 1950.
[143] Besprechung des RegPräs mit OB und LR, 20. März 1947, Prot. in: StA Nürnberg, Reg von Mittelfranken (1978, Zusatz), Nr. 25.
[144] Ebenda.
[145] Besprechung des RegPräs mit OB und LR, 20. März 1947, Prot. in: StA Nürnberg, Reg von Mittelfranken (1978, Zusatz), Nr. 25.
[146] Vgl. die am 18. März 1947 veröffentlichte Verordnung Nr. 113 zur Regelung der Rechtsverhältnisse der vom Gesetz zur Befreiung von Nationalsozialismus und Militarismus betroffenen Beamten vom 29. Januar 1947, in: BGVBl. 7/1947. Siehe auch die Ausführungen Schregles in der Besprechung des RegPräs mit OB und LR vom 20. März 1947, Prot. in: StA Nürnberg, Reg von Mittelfranken (1978, Zusatz), Nr. 25.

wissermaßen rehabilitiert, was gleichbedeutend damit ist, daß sie letzten Endes doch Recht behalten haben."[147]

Schregle stand mit dieser Meinung nicht allein. Viele Sozialdemokraten, Kommunisten, Verfolgte des NS-Regimes und Liberale, die häufig selbst bei der Rehabilitierung vieler kleiner Pgs mitgeholfen hatten, nun aber einsehen mußten, daß sie möglicherweise zuviele Kompromisse geschlossen hatten und damit auch die politische Atmosphäre in den Städten und Dörfern zu ihren Ungunsten beeinflußt hatten, klagten 1948/49 heftig über eine Renazifizierung des öffentlichen Lebens. „Man muß sich nur einmal in ein Auto setzen und von Amt zu Amt fahren, dann sieht man die verhängnisvolle Personalpolitik, die in der ganzen Beamtenschaft getrieben wird", meinte etwa der Coburger Landtagsabgeordnete Georg Schneider (FDP). „Unbelastete werden gar nicht oder nur sehr zögernd befördert. Die Nazis, die es durch irgendwelche Mittel fertiggebracht haben, durch die defekte Entnazifizierungsmaschinerie zu rutschen, spielen sich gegenseitig die Bälle zu."[148]

Zu einer wesentlich differenzierteren Beurteilung des Problems der Renazifizierung kam ein amerikanischer Militärregierungsoffizier in Dinkelsbühl, der sehr genau wußte, daß die vielen kleinen Parteigenossen vom Typ eines Böhner, Aker oder Beuschel wohl kaum als Nationalsozialisten zu bezeichnen waren. Wenn man annehme, „daß jeder, der Parteimitglied war, als ein ehemaliger Nationalsozialist betrachtet werden muß", dann könne man tatsächlich von einer Art Renazifizierung sprechen. Aber, so gab er in seinem Bericht an das Hauptquartier der bayerischen Militärregierung zu bedenken, „wenn wir nur diejenigen als ehemalige Nationalsozialisten betrachten, die früher führende Positionen in der NSDAP und den ihr angeschlossenen Organisationen innehatten", dann werde man erkennen, daß nur ganz wenige „real Nazis"[149] in ihre früheren Positionen zurückgekehrt seien. „Die alten Beamten sind zurück", hielt auch Professor Dorn im März 1949 in seinen Aufzeichnungen fest, „aber jedermann versichert mir, daß Schwerbelastete, Belastete und Minderbelastete nicht darunter seien."[150]

Und schließlich, so wird man den, wie das Beispiel der Ansbacher Stadtverwaltung zeigt, zutreffenden Feststellungen Dorns, noch hinzufügen müssen, wurden in der zweiten Hälfte der Besatzungszeit nicht alle Ergebnisse der amerikanischen Säuberungs- und Personalpolitik rückgängig gemacht. Gewiß, die entlassenen Beamten und Angestellten strömten wieder zurück, aber zu einem Comeback großen Stils von Bürgermeistern, Landräten und Ratsherren aus dem Lager der NSDAP kam es nicht. In einer Untersuchung der Intelligence Division, die von der bayerischen Militärregierung nach den Kommunalwahlen von 1948 in Auftrag gegeben worden war, hieß es: „Ehemalige Mitglieder der NSDAP haben jetzt zwischen 10 und 30 Prozent der ‚key local elective posts' in allen Kreisen des Landes inne. In den einflußreichen Kreistagen halten ehemalige Pgs nun zwischen 15 und 30 Prozent der Sitze ... In den Stadträten ... stellen NSDAP-Mitglieder zwischen 20 und 40 Prozent der Ratsherren ... Und von

---

[147] ID-Research Branch, Nürnberg, Munich Brief, No. 162: Renazifizierung, 8. August 1949, in: NA, RG 260, 10/70-2/8.
[148] Stellungnahme von Schneider, in: Ebenda.
[149] FOD Dinkelsbühl an OMGB, Intelligence Division, 15. September 1948, in: NA, RG 260, 9/143-1/6.
[150] Dorn, Inspektionsreisen, S. 143.

den Bürgermeistern in den tausenden kleinen ländlichen Gemeinden Bayerns sind zwischen 10 und 25 Prozent ehemalige Pgs."[151]

In der Region um Ansbach und Fürth saßen 1948 die von den amerikanischen Offizieren eingesetzten, gänzlich unbelasteten Bürgermeister und Landräte fest im Sattel. Bornkessel, Hörndlein, Neff und Wiesinger – sie alle blieben bis in die sechziger Jahre im Amt. Lediglich Körner mußte 1950 seinen Platz für Böhner räumen[152]. Von den 82 Bürgermeistern des Landkreises Ansbach, die 1948 amtierten, hatten 14 (= 17 Prozent) der NSDAP angehört, zehn davon waren schon während der NS-Zeit im Amt gewesen. Unter den 34 Bürgermeistern des Landkreises Fürth befanden sich fünf (= 14 Prozent) ehemalige Mitglieder der NSDAP. Im neugewählten Stadtparlament von Fürth lag der Anteil von Pgs deutlich unter 10 Prozent, im Ansbacher Stadtrat etwas über 10 Prozent[153]. Die politische Kontrolle über die ehemaligen Parteigenossen in den Ämtern blieb alles in allem also gewahrt und konnte umso leichter aufrecht erhalten werden, als die führenden Beamten nach der korrumpierenden Indienstnahme durch die Nationalsozialisten den früheren Anspruch verloren hatten, die Stadt oder sogar den Staat zu repräsentieren. Außerdem hätte jeder, der es wagte, die Wiederbelebung nationalsozialistischer Ideen zu propagieren, im öffentlichen Dienst einen schweren Stand gehabt und es riskiert, sich politisch und moralisch zu isolieren. Tatsächlich bestand in den Anfangsjahren der Bundesrepublik kaum je Anlaß von oben her wegen solcher Gefahren einzuschreiten. Von den wiedereingestellten Mitläufern des Nationalsozialismus ging – wie wir auch an anderer Stelle noch sehen werden[154] – keine ernsthafte Gefahr für den demokratischen Neubeginn aus[155].

[151] Special Report der Intelligence Division über Ex-Nazis in the Bavarian Elections, undatiert (1948) in: NA, RG 260, 10/109-1/17.
[152] Vgl. Fränkische Landeszeitung vom 19. Juli 1950.
[153] Vgl. Weekly Intelligence Report, Ansbach Office, 16. Juni 1948, in: NA, RG 260, 9/143-1/6; Annual Hist. Rep., Det. Fürth, 1. Juli 1947–Juni 1948, in: NA, RG 260, 9/96-3/11.
[154] Siehe S. 163.
[155] Vgl. hierzu Henke, Die Grenzen der politischen Säuberung in Deutschland nach 1945, S. 132.

IV. Die deutsche Entnazifizierung –
Das Dilemma der Spruchkammern

1. Das Befreiungsgesetz

Die amerikanische Säuberungspolitik geriet im Herbst 1945 in eine Sackgasse. Die zahllosen Entlassungen aufgrund rein formaler Belastungen drohten, wie gezeigt[1], Verwaltung und Wirtschaft zugrunde zu richten. So wie bisher, darin stimmten Deutsche und Amerikaner überein, konnte es nicht weitergehen. Die Verhaftung der höheren NS-Chargen unmittelbar nach der Besetzung war auf volles Verständnis der Bevölkerung gestoßen und weithin sogar begrüßt worden. Viele hielten es auch für richtig, daß belastete Parteigenossen keine Spitzenpositionen in der Verwaltung behalten konnten. Als die Entnazifizierung nach Erlaß der Direktive vom 7. Juli 1945 aber immer weitere Kreise zog und auch viele kleine Parteigenossen aus dem öffentlichen Dienst entlassen wurden, traf das fast nur noch auf Mißbilligung. Besonderen Unmut erregte das Gesetz Nr. 8 vom 29. September 1945 über die Entnazifizierung der Wirtschaft, das viele kleine Geschäftsleute und Handwerker zwang, ihre Läden und Betriebe zu schließen oder sie – häufig auswärtigen und branchenfremden – Treuhändern anzuvertrauen[2]. Dieses Gesetz sah aber zugleich eine beratende deutsche Mitwirkung vor und leitete damit eine Zuständigkeitsverlagerung ein, die langfristig eher einen Entlastungseffekt hatte. Weil es den Amerikanern gerade auf dem Gebiet der Wirtschaft an genügenden Personalunterlagen und -kenntnissen fehlte, wurden in den Städten und Landkreisen Vorprüfungsausschüsse aus mindestens drei politisch unbelasteten Deutschen bestellt, die mit ihren Empfehlungen die Militärregierung beraten sollten. Auf eine solche Mitwirkung hatten alle verantwortlichen deutschen Politiker gehofft, die sich seit dem Sommer 1945 Gedanken machten, wie die bisherige Säuberungspraxis korrigiert werden könne.

Auch auf lokaler Ebene entstanden deutsche Gegenentwürfe zur amerikanischen Entnazifizierungspolitik. Die wirklichen Nationalsozialisten sollten unnachsichtig bestraft werden; wer ein überzeugter Parteigenosse gewesen war, könnten allein die Deutschen beurteilen, die mit den örtlichen Verhältnissen während der NS-Zeit vertraut seien, erklärte zum Beispiel der Fürther Landrat Hörndlein in einer ausführlichen, „aus der Praxis heraus" erarbeiteten Denkschrift vom Februar 1946, die er der örtlichen Militärregierung und auch dem bayerischen Ministerpräsidenten Wilhelm

---

[1] Vgl. dazu S. 99–102.

[2] „The publication of Law No. 8", so schrieb die Fürther Militärregierung in ihrem Jahresbericht vom 20. Juni 1946, „caused the greatest consternation of any order of the occupying forces to date. Reports from German sources at this time were to the effect that although the population generally was in favor of Denazification it had not been expected that Denazification would reach down to such ‚little people'". Annual Hist. Rep., 20. Juni 1946, Det. Fürth, in: NA, RG 260, 10/81-1/5. Vgl. auch S. 245–249.

Hoegner unterbreitete[3]. Eine „wesentliche Vereinfachung und Beschleunigung der Entnazifizierung" könne garantiert werden, wenn die Entnazifizierung ganz in deutsche Hände gelange. Der Fürther Landrat glaubte dafür ein unkompliziertes Verfahren vorschlagen zu können: In allen Gemeinden bis zu 3000 Einwohnern sollte ein Prüfungsausschuß unter der Leitung des Bürgermeisters, in den größeren Städten in jedem Stadtteil ein solcher Ausschuß mit einem politisch zuverlässigen Distriktvorsteher an der Spitze eingerichtet werden. Im Rahmen einer Gesamtüberprüfung sollten die Ausschüsse die „wirklichen Aktivisten namentlich feststellen und der Aufsichtsbehörde melden". Fehlurteile seien dabei weitgehend ausgeschlossen, so Hörndlein, „da ja in einer Gemeinde jede einzelne Person dem Ausschuß persönlich bekannt ist". Die Aktivisten sollten dann vor ein Schöffengericht gebracht werden, die „übrigen Volksgenossen die ihnen gebührenden allgemeinen Lebensrechte" zurückerhalten. Die Entnazifizierung, glaubte Hörndlein, könne so „in 8–14 Tagen für die gesamte amerikanische Zone durchgeführt werden"[4].

So illusionär Hörndleins Vorschläge waren, sie trafen sich mit vielen ähnlichen 1945/46 kursierenden deutschen Vorstellungen von einem vernünftigen Entnazifizierungsverfahren. Von ähnlichen Auffassungen war auch das bayerische Kabinett unter der Leitung Hoegners ausgegangen, als es schon am 24. November 1945 ein „Gesetz zur Reinigung Bayerns vom Nationalsozialismus und Militarismus" der Militärregierung zur Genehmigung vorlegte. Das Gesetz sah in Anlehnung an die ordentliche Strafverfolgung vor, daß nur beim Vorliegen einer persönlichen Schuld Sanktionen erfolgen sollten. Die Aussichten, den ebenfalls vor allem auf die Rehabilitierung der Masse der kleinen Parteigenossen abzielenden Gesetzentwurf durchzubringen, wurden in bayerischen Regierungskreisen anscheinend günstig beurteilt. Das am 22. Oktober eingerichtete Sonderministerium für Entnazifizierung forderte schon Anfang Dezember 1945 die Landräte und Oberbürgermeister auf, sich auf einen baldigen Start der Säuberungsmaschinerie einzurichten und noch vor Weihnachten Vorschlagslisten für das Personal der Entnazifizierungsausschüsse einzureichen[5].

Die Militärregierung dachte aber nicht daran, den bayerischen Gesetzentwurf zu genehmigen, obwohl wesentliche Elemente des Entwurfs Überlegungen nahekamen, die im Herbst 1945 auch im Kreise der führenden Mitarbeiter[6] General Clays zur Revision des harten Entnazifizierungskurses angestellt worden waren. Clay blieb sich aber der politisch heiklen Materie zu sehr bewußt, als daß er solchen Vorstellungen ohne weiteres Raum zu geben bereit gewesen wäre. Zunächst reagierte die Militärregierung bloß formalistisch: Ein bayerischer Alleingang komme nicht in Frage, angestrebt sei

[3] LR Fürth an MinPräs Hoegner, 12. Februar 1946, in: LRA Fürth, EAP 150/11.
[4] Ebenda.
[5] Vgl. Anordnung des bayerischen Staatsministeriums für Sonderaufgaben, 10. Dezember 1945, in: Ebenda. Kaum hatte der Fürther Oberbürgermeister die Anweisung des Ministeriums erhalten, rief er die Vorsitzenden der Parteien zusammen und drängte sie, aus ihren Reihen Kandidaten für die Positionen der Spruchkammervorsitzenden und Beisitzer zu benennen. Mit Erfolg, denn bereits am 19. Dezember 1945 konnte er dem Sonderminister eine komplette Liste überreichen. Vgl. Vorschlagsliste der KPD, DDP, SPD sowie Schreiben des OB an Staatsminister für Sonderaufgaben, 19. Dezember 1945, in: Stadtverwaltung Fürth, EAP 2. In Ansbach war man dagegen etwas langsamer. „Eine Vorschlagsliste wird", so klagte Oberbürgermeister Ernst Körner vor dem Beratenden Ausschuß der Stadt, „kaum eingereicht werden können, weil die Männer fehlen." Prot. des Beratenden Ausschuß vom 15. Januar 1946, in: Stadtverwaltung Ansbach: Registratur des OB.
[6] Vgl. Niethammer, Entnazifizierung, S. 272 f.

eine zonale Lösung des Entnazifizierungsproblems[7]. Als daraufhin wiederum unter Hoegners maßgeblicher Initiative im Länderrat des amerikanischen Besatzungsgebietes in Stuttgart im Dezember 1945 ein Entnazifizierungsausschuß ein zoneneinheitliches Säuberungsgesetz erarbeitete, das wesentliche Punkte des bayerischen Entwurfes übernahm (Abkehr von rein formalen Belastungskriterien zugunsten des Kriteriums faktischer individueller Verantwortlichkeit), mußte die Militärregierung Farbe bekennen. Hoegners Kollegen, Reinhold Maier (Württemberg-Baden) und Karl Geiler (Hessen), die dem Gesetz am 8. Januar 1946 ebenfalls zustimmten, erfuhren aber schnell, daß die Amerikaner sich die Initiative nicht aus der Hand nehmen lassen wollten und auch nicht mehr konnten. Denn zur gleichen Zeit waren im Alliierten Kontrollrat in Berlin Verhandlungen im Gange mit dem Ziel, ein Säuberungsgesetz für alle vier Zonen zu schaffen. Am 12. Januar gelangten die auf der Basis eines amerikanischen Vorschlags geführten Verhandlungen nach monatelangen Beratungen zum Abschluß. Der Alliierte Kontrollrat erließ die Direktive Nr. 24, die weiter an der Formalität der Parteimitgliedschaft als Hauptkriterium der Belastung festhielt[8].

Die Ministerpräsidenten waren tief bestürzt, als Clay ihnen eröffnete, die Kontrollratsdirektive sei für die gesamte US-Zone bindend und müsse in den vom Länderrat verabschiedeten Gesetzentwurf eingearbeitet werden. Es blieb ihnen aber keine Wahl, als sich dem Diktat zu unterwerfen. Am Faschingsdienstag, 5. März 1946, hatten sich Deutsche und Amerikaner endlich auf ein Säuberungsgesetz „geeinigt". Während die Narren auf dem Münchener Marienplatz den ersten Fasching nach Kriegsende feierten, trafen sich die Mitglieder des Länderrats ein paar Schritte weiter zu einer Sondersitzung im festlich geschmückten Rathaus und unterzeichneten in Anwesenheit von General Clay das „Gesetz zur Befreiung von Nationalsozialismus und Militarismus"[9].

Als die Presse am nächsten Tag die neue Entnazifizierungsrichtlinie vorstellte, war das Erstaunen groß. Das sogenannte Befreiungsgesetz enthielt zwei Bestimmungen, die der deutschen Rechtstradition zuwiderliefen. Der Angeklagte – nicht der Kläger – hatte die Beweislast. Nach Ansicht deutscher Juristen verletzte das Gesetz außerdem das Rückwirkungsverbot. Das Gesetz sah justizförmige Spruchkammern vor, die über jeden einzelnen Fall zu entscheiden hatten. An der Spitze der Spruchkammer standen ein Vorsitzender und einige Beisitzer, die ihre Entscheidungen per Abstimmung fällten. Die Funktion des Staatsanwalts übernahm der sogenannte öffentliche Kläger. Das Gesetz unterschied fünf Stufen politischer Belastung: Hauptschuldige (I), Belastete oder Aktivisten (II), Minderbelastete (III), Mitläufer (IV), Entlastete (V). Für jede dieser Gruppen waren spezielle Sühnemaßnahmen vorgesehen, die von geringfügigen Geldstrafen bis zu langjähriger Arbeitslagerhaft reichten.

Mit dem Befreiungsgesetz war niemand glücklich. Am besten damit leben konnte wohl General Clay, denn das Gesetz war ein weiterer Schritt seiner in den eigenen Reihen nicht unumstrittenen Politik des „Turn-it-over-to-the-Germans". Es ließ sich zudem in den Vereinigten Staaten, wo man immer noch auf eine durchgreifende Säu-

---

[7]   Ebenda, S. 279 f.
[8]   Die Kontrollratsdirektive Nr. 24 spiegelte zwar nicht die neuesten Überlegungen im Umkreis von Clay wider, wurde aber von der amerikanischen Militärregierung dennoch als Erfolg verbucht, denn immerhin hatte sich der Kontrollrat, dessen Arbeit öfter gestockt hatte, als arbeitsfähig erwiesen.
[9]   Vgl. Gesetzestext, in: Erich Schullze (Hrsg.), Gesetz zur Befreiung von Nationalsozialismus und Militarismus, München 1946.

berung erpicht war, gut präsentieren, und stellte zugleich vorsichtig die Weichen für die Rehabilitierung der Masse der kleinen Parteigenossen. Die Deutschen waren weniger zufrieden. Sie erreichten zwar, daß die Entnazifizierung endlich in ihre Zuständigkeit überging und die einzelnen Fälle von den Spruchkammern unter „Würdigung der Gesamtpersönlichkeit" individuell beurteilt werden konnten. Zu ihrem Leidwesen hatten die Amerikaner aber auf einer vollständigen Übernahme der Kontrollratsdirektive Nr. 24 bestanden und so die unselige Tradition pauschaler Disqualifikation fortgeführt, die mit dem Erlaß der USFET-Direktive vom 7. Juli 1945 begründet worden war. In der Praxis hatten die Kläger deshalb die Pflicht, alle Betroffenen aufgrund formaler Belastungen in die Klassen I bis V einzustufen. Für die Betroffenen hatte das gravierende Folgen: So mußte z. B. jeder Parteigenosse, der vor 1937 der NSDAP beigetreten war, automatisch in die Gruppe II der Belasteten eingereiht werden. Er galt bis zur Widerlegung der Schuldvermutung, also bis zum Abschluß der Verhandlungen seines Falles vor der Spruchkammer, als Belasteter und konnte solange keine berufliche Position einnehmen, die höher rangierte als „gewöhnliche Arbeit". Für die große Mehrheit der 1945 entlassenen Beamten und Angestellten kam das einem Berufsverbot bis zum Verhandlungstag gleich[10].

Als Voraussetzung der neuen Säuberungsprozedur mußte im Frühjahr 1946 jeder Deutsche über 18 Jahre die Kurzfassung des sogenannten Fragebogens, einen Meldebogen mit 14 Fragen zur Person, zur Mitgliedschaft in NS-Organisationen und zum beruflichen Werdegang seit 1932 ausfüllen und auf der Polizei oder im Bürgermeisteramt einreichen. Eine sinnreiche Erfindung sorgte dafür, daß sich kaum einer um die Meldung herumdrücken konnte. Dem Meldebogen war nämlich ein kleiner Abschnitt beigegeben, der bei der Abgabe abgestempelt und dem „Kunden" wieder ausgehändigt wurde. Nur wer diesen abgestempelten Abschnitt vorzuweisen vermochte, konnte weiter Lebensmittelmarken beziehen.

2. Die Spruchkammern 1946–1949: Aufbau, Personal, Tätigkeit, Ansehen in der Öffentlichkeit

a. Fehlstart 1946

Der Beginn der Spruchkammertätigkeit war von großen Hoffnungen und schlimmen Befürchtungen begleitet. Die Deutschen, so berichtete die Intelligence Division der Militärregierung im April 1946, „sind wie ein kranker Mann, der vor einer schweren und überaus kitzligen Operation steht, die aber notwendig ist, wenn er je jemals wieder genesen will ... Die wichtigsten Fragen, die sich die Deutschen stellen ... kann man ebenfalls in medizinischen Ausdrücken umschreiben: Wie kräftig ist der Patient? Wie fähig ist der Chirurg? Wie lange wird es dauern, bis der Patient wieder arbeiten kann? Wird das die letzte Operation sein?"[11] Die meisten Deutschen erwarteten vor allem

---

[10] Vgl. Erich Schullze (Hrsg.), Gesetz zur Befreiung von Nationalsozialismus und Militarismus mit den Ausführungsvorschriften und Formularen, München 1946. Vgl. auch die Ausführungen von Staatssekretär Hans Ehard in einer Versammlung der Spruch- und Berufungskammern Ober- und Mittelfrankens in Ansbach am 27. März 1946, Prot. in: Stadtverwaltung Fürth, EAP 2.

[11] OMGB, Periodic Report for Week Ending 24 April 1946, an Director of Intelligence, OMGUS (künftig: Wochenbericht der Intelligence Division von OMGB), in: NA, RG 260, 10/85–3/1.

eine baldige Rehabilitierung der ihrer Meinung nach im Zuge der rigorosen amerikanischen Entnazifizierung zu Unrecht entlassenen Beamten und Angestellten und eine
Lockerung der Maßnahmen zur Säuberung der Wirtschaft nach den Bestimmungen
des Gesetzes Nr. 8. Der Fürther Landrat hoffte, daß „durch die Spruchkammern das
Entnazifizierungsverfahren nunmehr beschleunigt zur Ausführung gebracht werden
kann und damit die bisherige Lähmung der Wirtschaft beseitigt" wird[12], sowie, daß
nach „erfolgreicher" Säuberung „eine größere Anzahl von geschulten Verwaltungsbeamten in ihre früheren Dienststellen" zurückgeführt werden könne[13]. In den Kreisen
der ehemaligen Parteigenossen war die Stimmung geteilt. Manche erblickten in dem
neuen Gesetz ein Zeichen, daß der bisherige harte Kurs unverändert fortgesetzt werde
und die Amerikaner noch immer nicht zum Einlenken bereit seien; andere hofften,
die „Zeit für eine allgemeine Toleranz" sei gekommen, Strafen seien wahrlich genug
verhängt worden[14].

Die Hoffnung auf ein schnelles Verfahren zerschlug sich aber schnell, denn der
Aufbau des Säuberungsapparates erwies sich als schwierig. Es dauerte bis zum Sommer bzw. Herbst 1946, bis die Spruchkammern ihre ersten Entnazifizierungsfälle anpacken konnten. An Richtlinien fehlte es nicht. Das Staatsministerium für Sonderaufgaben wies die Regierungspräsidenten, Oberbürgermeister und Landräte schon wenige
Tage nach Erlaß des Gesetzes zur Befreiung von Nationalsozialismus und Militarismus
an, für eine schleunige Besetzung der Spruch- und Berufungskammern zu sorgen.
„Ankläger wie Vorsitzende der Spruchkammer *sollen*", so hieß es im Rundbrief des
Sonderministeriums vom 11. März 1946, „müssen jedoch nicht Juristen sein. Alle Mitglieder der Spruchkammer müssen einwandfreie Antifaschisten sein, dürfen also nicht
Mitglieder der NSDAP oder einer ihrer angeschlossenen Gliederungen gewesen sein.
Sie dürfen in den betreuten oder anderen Naziorganisationen keine Funktion gehabt
haben."[15] Die Parteien wurden aufgefordert, aus ihren Reihen eine bestimmte Anzahl
von Beisitzern zu benennen. Die vorgeschlagenen Kandidaten mußten den großen
Fragebogen und einen Lebenslauf beim Sonderministerium und bei der Militärregierung einreichen. Erst nachdem von beiden Stellen grünes Licht gegeben war, konnten
sie vereidigt werden und ihren Dienst antreten.

Es zeigte sich aber bald, daß der Kreis derjenigen, die jetzt in den Spruchkammern
das „Feuer eines politischen Purgatoriums" entfachen sollten, verschwindend klein
war[16]. Am „fühlbarsten" machte sich, so Regierungspräsident Schregle an die bayerische Staatsregierung, „der Mangel an unbelasteten Juristen" bemerkbar, die für die Posten der Spruchkammervorsitzenden und Ankläger in Frage kamen[17]. Den wenigen
Juristen, die nicht mit dem Makel der Parteimitgliedschaft belastet waren, fehle es an
„Zivilcourage", sie schreckten vor den Spruchkammern zurück, „als wären sie etwas
Schmutziges"[18], und zögen es stattdessen vor, im sicheren Justizdienst zu bleiben, wo

[12] LR Fürth an RegPräs, Monatsbericht für März 1946, in: StA Nürnberg, LRA Fürth (1962), Nr. 40/2.
[13] Monatsbericht für April 1946, in: Ebenda.
[14] So RegPräs Schregle auf der Versammlung der Spruch- und Berufungskammern Ober- und Mittelfrankens
     am 27. März 1946, Prot. in: StA Nürnberg, LRA Scheinfeld, Nr. 367.
[15] Rundbrief des bayerischen Sonderministeriums, 11. März 1946, in: LRA Fürth, EAP 150/11.
[16] Henke, Die Grenzen der politischen Säuberung in Deutschland nach 1945, S. 127.
[17] RegPräs an bay. Staatsregierung, 15. Juni 1946, in: BayHStA, Reg von Mittelfranken, Berichterstattung
     1946, AZ 1–64, Bd. 6.
[18] Dorn, Inspektionsreisen, S. 115.

ihnen jetzt alle Türen offen standen. Vielfach mußte man deshalb auf alte, bereits pensionierte Juristen zurückgreifen. Damit konnten sich aber die Linksparteien SPD und KPD nur schwer anfreunden, hatten sie doch mit dieser Generation von Juristen, der sie nicht zu Unrecht vorwarfen, auf dem rechten Auge blind zu sein, in der Weimarer Zeit denkbar schlechte Erfahrungen gemacht. Im Landkreis Fürth kam es deshalb zu erbitterten Auseinandersetzungen, als die SPD, die aus den Kommunalwahlen als stärkste Partei hervorgegangen war, den vom Landrat vorgeschlagenen Spruchkammervorsitzenden, den parteilosen Rechtsrat und ehemaligen Oberbürgermeister von Selb, Victor Häublein (Jg. 1872), nicht akzeptieren wollte. Sie gab ihren Widerstand gegen Häublein erst auf, als ihr vom Sonderministerium in München zugesichert worden war, daß der stellvertretende Vorsitzende und der öffentliche Kläger aus ihren Reihen bestellt würden[19].

Heftig umstritten war der Vorsitz der Spruchkammer auch im Stadtkreis Fürth. Die tonangebende SPD hatte überraschenderweise darauf verzichtet, einen eigenen Kandidaten zu benennen, so daß sie sich vor die heikle Wahl zwischen dem 75jährigen ehemaligen Amtsgerichtsdirektor und CSU-Vorsitzenden Karl Drechsel und dem Emigranten und KZ-Häftling Fritz Sauber von der KPD gestellt sah. Sie entschied sich schließlich für den Vorsitzenden der CSU und erteilte Sauber, der sich durch heftige Angriffe auf Oberbürgermeister Schmidt viele Feinde in der SPD gemacht hatte („Der Sauber ist nicht ganz sauber"), eine Absage[20]. Im Zweifelsfall war den Sozialdemokraten ein alter Amtsgerichtsdirektor doch lieber als ein vielleicht allzu parteiischer Kommunist[21]. Unproblematisch verlief die Suche nach einem Vorsitzenden im Landkreis Ansbach. Die Parteien einigten sich hier auf den politisch integeren 78jährigen Botschafter a. D. Ernst-Arthur Voretzsch, wie Drechsel und Häublein ausgebildeter Jurist, den die CSU als stärkste Partei ins Spiel gebracht hatte.

Anders als im Stadt- und Landkreis Fürth und im Landkreis Ansbach, wo die politischen Parteien großes Interesse zeigten, in die führenden Positionen der Spruchkammern „ihre" Leute hineinzusetzen, schoben sich die Parteien in der Stadt Ansbach die Verantwortung gegenseitig zu. In der evangelischen Beamtenstadt, wo große Teile des örtlichen Beamtentums vor 1945 der NSDAP angehört oder ihr nahegestanden hatten, war die Spruchkammer offenbar besonders unpopulär. Die CSU schlug zwar im Frühjahr 1946 mit Hans Hufnagel einen Kandidaten vor, der auch gewillt schien, das schwere Amt zu übernehmen. Hufnagel bestand auch alle Prüfungen der Militärregierung und des Sonderministeriums und war am 13. Juli 1946 im Sitzungssaal des Ansbacher Schlosses vom Stellvertreter des Staatsministers für Sonderaufgaben feierlich vereidigt worden. Doch dann überlegte er es sich anders und erklärte, ohne in Aktion getreten zu sein, seinen Rücktritt. Als sich der Oberbürgermeister daraufhin erneut an die örtliche CSU wandte und bat, einen Ersatzmann für Hufnagel zu benennen, teilte diese lapidar mit, sie sehe sich dazu nicht imstande[22]. Daß sich die lokale CSU gar nicht ernsthaft um einen Vorsitzenden aus ihren Reihen bemühte, geht aus einem

---

[19] Zu den Modalitäten des Aufbaus der Spruchkammer Fürth-Land vgl. LRA Fürth, EAP 150/11.
[20] Mündliche Mitteilung von Konrad Grünbaum vom 29. November 1984.
[21] Vgl. Stadtverwaltung Fürth, EAP 2.
[22] OB Ansbach an Sonderbeauftragten für Ober- und Mittelfranken für das Staatsministerium für Sonderaufgaben, 1. August 1946, Amtsgericht Ansbach, Registratur S: Verwaltungsakten. Vgl. auch OB Ansbach an MilReg, Stimmungsbericht vom 2. August 1946, in: Stadtverwaltung Ansbach, EAP 022-95/19.

vertraulichen Bericht der Militärregierung hervor: „Aus verschiedenen Quellen wird
deutlich", so urteilte sie über die Ansbacher Verhältnisse, „daß die CSU alles andere
als erpicht darauf ist, daß einer aus ihren Reihen Vorsitzender der Spruchkammer
wird, denn die Verbindung eines CSU-Mitglieds mit einer solchen Position schmälert
womöglich die Popularität der CSU."[23] Die SPD hielt sich mit einigem Recht ebenfalls zurück. Sie war in der Spruchkammer bereits mit dem stellvertretenden Kläger,
einigen Beisitzern und dem Personal des Ermittlungsdienstes vertreten; zur Angelegenheit einer Partei sollte die Entnazifizierung denn noch nicht werden.

Oberbürgermeister Körner bat deshalb den Regierungspräsidenten, einen Juristen
aus der Regierungsbezirksverwaltung als Spruchkammervorsitzenden abzustellen.
Aber auch von dort war keine Unterstützung zu erwarten. Die Stadt mußte also selbst
Abhilfe schaffen. Im September schien mit dem stellvertretenden Vorsitzenden der
Spruchkammer Gerolzhofen/Unterfranken tatsächlich ein Vorsitzender gefunden[24].
Aber auch der Plan einer Lösung von „außen" zerschlug sich; der Stadtrat mußte sich
deshalb im September und Oktober 1946 erneut mit der leidigen Angelegenheit befassen. Um die Spruchkammer endlich funktionsfähig zu machen, schlug Oberbürgermeister Körner jetzt vor, einen bisher bei der Militärregierung beschäftigten Angestellten zum Kläger und ein Mitglied der KPD zum Vorsitzenden zu machen. Körner,
der dem linken Flügel der SPD angehörte, war der Meinung, daß „ein kommunistischer Vorsitzender nichts schaden" könne, „wenn die Beisitzer auf der Höhe" seien,
denn letzten Endes werde über jeden Fall abgestimmt. „Nachdem keine der Parteien
Vorschläge gemacht" habe, sei er gezwungen, „die ihm noch geeignet erscheinenden
Leute heranzuziehen" – das letzte Aufgebot also[25].

Die bürgerliche Mehrheit des Stadtrats konnte sich jedoch für den Vorschlag Körners nicht erwärmen, und schließlich versagte auch die Militärregierung ihre Zustimmung[26]. Neun Monate nach Erlaß des Gesetzes zur Befreiung von Nationalsozialismus
und Militarismus vom 5. März 1946 war damit Ansbach noch immer ohne Spruchkammervorsitzenden.

Bei der Suche nach stellvertretenden Vorsitzenden, Klägern und Beisitzern sowie
der Einrichtung eines Ermittlungsdienstes, der dem Kläger bei der Vorbereitung der
einzelnen Fälle zuarbeiten sollte, ergaben sich im allgemeinen weniger Schwierigkeiten als bei der Auswahl der Vorsitzenden. Die *öffentlichen Kläger* kamen in den
Spruchkammern der Stadt- und Landkreise Fürth und Ansbach fast sämtlich aus den
Reihen der Linksparteien SPD und KPD – ein auffallender Kontrast zur politischen
Einstellung der Vorsitzenden, die sich entweder zur CSU bekannten oder parteilos
waren. Die meisten Kläger hatten während der NS-Zeit Monate oder Jahre in Schutzhaft oder im Konzentrationslager verbracht und konnten so gleichsam einen moralischen Anspruch auf das Amt geltend machen. Keiner war für die übernommene Aufgabe juristisch qualifiziert, so daß schon zu Beginn der politischen Säuberung ein be-

---

[23] Denazification Field Inspection Report, Det. Ansbach, 12. Februar 1947, in: NA, RG 260, 15/119-1/7.

[24] Vgl. OB Ansbach an MilReg, Stimmungsbericht vom 11. September 1946, in: Stadtverwaltung Ansbach, EAP 022-95/19.

[25] Prot. der Sitzung des Ansbacher Stadtrats vom 8. Oktober 1946, in: Stadtverwaltung Ansbach, Registrar des OB. Vgl. auch OB Ansbach an Sonderministerium, 28. September 1946, in: Amtsgericht Ansbach, Registratur S: Verwaltungsakten.

[26] Vgl. OB Ansbach an MilReg, Stimmungsbericht vom 4. Dezember 1946, in: Stadtverwaltung Ansbach, EAP 022-95/19.

trächtliches Qualifikationsgefälle zwischen den Vorsitzenden, die durchwegs eine juristische Ausbildung genossen hatten und im Umgang mit Paragraphen und Verordnungen geübt waren, und den Laien im Anklägeramt bestand.

Während sich die Bestellung der Kläger in ganz Mittel- und Oberfranken schnell und relativ problemlos vollzog, gehörte Ansbach auch hier zu den Nachzüglern. Die Spruchkammer Ansbach-Land war noch im August 1946 ohne Kläger[27]. Und in Ansbach-Stadt kam es wegen der Bestellung des öffentlichen Anklägers zu einer Affäre, die – so undurchsichtig sie im ganzen ist – doch deutlich macht, daß es auch in den Linksparteien zu unschönen Intrigen kommen konnte, wenn ein ihnen nicht genehmer, unberechenbarer Außenseiter diese Stellung beanspruchte. Um einen solchen Mann ging es bei Ernst Woop, der sich am 27. März 1946 um das Amt des öffentlichen Klägers beworben hatte[28]. Woop schien dafür die besten Voraussetzungen mitzubringen: Er gehörte der KPD an, hatte mehrere Jahre im KZ gesessen, war Mitglied der Liga für Menschenrechte gewesen und hatte ein Jüdin zur Frau. Oberbürgermeister Körner unterstützte die Kandidatur Woops zunächst uneingeschränkt. Aber der Mann stammte nicht aus der Ansbacher Gegend, sondern aus Berlin und hatte sich offenbar vorgenommen, ohne Rücksicht auf Personen ordentlich „aufzuräumen" und hierfür schon, während seine Bewerbung noch lief, einen außerordentlichen Eifer an den Tag zu legen begonnen, der selbst vielen NS-Gegnern suspekt erschien. Es kam deshalb offenbar innerhalb der Ansbacher SPD und KPD zu einer Verschwörung gegen Woop, in die auch Oberbürgermeister Körner verwickelt wurde. Während die Militärregierung Ende Juni 1946 mitteilte, sie habe gegen Woop nichts einzuwenden, hatte Körner mit dem persönlich umgänglicheren und politisch weniger radikalen Kommunisten Julius Gäbel überraschend einen Ersatzmann in Vorschlag gebracht, der sich freilich zu einer Kandidatur nur unter der Bedingung bereitfand, daß sein Genosse Woop von den Amerikanern nicht angenommen würde. Daraufhin scheuten sich Körner und die Ansbacher SPD anscheinend nicht, Woops Vergangenheit bei der Militärregierung ins Zwielicht zu rücken. Im Juli erhielt dieser die Nachricht, daß er als Kläger abgelehnt sei. Er selbst erklärte zu der Entscheidung: „Ich habe das Gefühl, als wenn Kräfte innerhalb der SPD bemüht sind, ihre belasteten Freunde und Bekannten zu schonen und sie zu decken." Die SPD-Spitze habe deshalb der Militärregierung souffliert, er habe im KZ Auschwitz eng mit der SS zusammengearbeitet. Damit sei seine Karriere natürlich beendet gewesen[29].

Die *Beisitzer* sollten nach den Bestimmungen des Befreiungsgesetzes zu etwa gleichen Teilen von den Parteien gestellt werden. Davon erhofften sich die Väter des Gesetzes zweierlei: Einmal sollte damit die politische Kontrolle der Spruchkammern gewährleistet werden. Zum anderen sollten alle Parteien in die Verantwortung genommen und es ihnen so unmöglich gemacht werden, gegen die politische Säuberung offen Sturm zu laufen. Im Land- und Stadtkreis Fürth, wo die Parteien im April und Mai jeweils sechs Kandidaten benannten, verfuhr man nach der Anregung, die Beisit-

[27] Amtsgericht Ansbach, Registratur S: Verwaltungsakten.
[28] Die Akten zum Fall „Woop" finden sich ebenda.
[29] Kurz zuvor hatte es ganz anders geheißen: „Die Vereidigung", schrieb der Sonderbeauftragte am 28. Juni 1946 an Woop, sei „nur noch eine Frage technischer Bedeutung. Ich ersuche Sie ... beim Oberbürgermeister, Herrn Körner, vorzusprechen und die organisatorischen Vorarbeiten für die Tätigkeit der Spruchkammer des Stadtkreises Ansbach sofort aufzunehmen." Ebenda.

zerposten paritätisch zu besetzen. Im Landkreis Ansbach wichen die Parteien nur geringfügig davon ab: Die beiden großen Parteien CSU und SPD stellten jeweils fünf, die beiden kleinen Parteien FDP und KPD jeweils drei Beisitzer. Die Stadt Ansbach machte dagegen eine krasse Ausnahme. Während SPD und FDP im August mit jeweils sechs Beisitzern vertreten waren, kam aus den Reihen der KPD kein Beisitzer und aus der CSU nur einer. Die politische Säuberung in Ansbach mußte so fast ohne Mithilfe der CSU beginnen, die in den Wahlen zur Verfassunggebenden Landesversammlung in der Stadt über 40 Prozent der Stimmen erhalten hatte. Die neugegründete CSU hatte zwar einige Kandidaten benannt, sie waren aber fast alle wegen ihrer NS-Vergangenheit von der Militärregierung abgelehnt worden. Absagen der Militärregierung handelten sich aber auch Freie Demokraten und Kommunisten und einige Sozialdemokraten ein, die ebenfalls eine nicht ganz weiße Weste hatten. Die Parteien, so schilderte Ansbachs Stadtoberhaupt vor der Versammlung der Landräte und Oberbürgermeister Ober- und Mittelfrankens seine diesbezüglichen Erfahrungen, gingen „teilweise mit einem sträflichen Leichtsinn an die Benennung der Beisitzer" heran und schlugen Leute vor, die schon „vom Fragebogen her" nicht einwandfrei waren[30].

Der mit den Voruntersuchungen beauftragte *Ermittlungsdienst* der Spruchkammer sollte, so hieß es in einer Rundmeldung der Regierung in Ansbach vom April 1946, aus „politisch und charakterlich tadellose(n) Personen mit kriminalistischen Fähigkeiten und betonter antinationalsozialistischer und antimilitaristischer Gesinnung … im Alter etwa zwischen 25 und 45 Jahren" bestehen[31]. Die Spruchkammern konnten sich anfangs über einen Mangel an Bewerbern nicht beklagen. Ermittler zu sein, so berichtete das bayerische Sonderministerium am 15. Juni 1946 an die Militärregierung, war ein begehrter Posten: „Es herrscht vielfach die Ansicht, daß dies eine denkbar einfache, angenehme und gut bezahlte Stellung ist. Bei der Überprüfung ihres Könnens zeigte sich aber dann schon meist, daß ihr Wissen für einen Ermittler, der vor allen Dingen politische und geschichtliche Kenntnisse aus der Vergangenheit haben muß, gleich Null ist."[32] Diese Erfahrung mußte auch der Fürther Landrat machen, der große Mühe hatte, entsprechend qualifizierte Leute zu finden. Am 18. April schlug er deshalb dem Sonderbeauftragten des Sonderministeriums nur vier Kandidaten vor, die bis dahin nicht durch besondere kriminalistische Fähigkeiten aufgefallen waren: einen 70jährigen Pensionär, einen Schuhmachermeister, den Bürgermeister von Stadeln, der gelernter Bierbrauer war, und einen Oberwachtmeister, der zwischen 1942 und 1945 der Schutzpolizei in Fürth bzw. Burgfarrnbach angehört hatte. Mit Ausnahme des Pensionärs waren die künftigen Ermittler Mitglieder der SPD[33]. Auch im Stadtkreis Ansbach hatten sich nur Laien ohne kriminalistische Ausbildung für den Ermittlungsdienst finden lassen: 1948 und 1949 bestand er aus drei Kaufleuten und einem Friseur. Zwei Mitglieder waren von der SPD benannt worden, je einer von den Gewerkschaften und der KPD. Die bürgerlichen Parteien CSU und FDP waren unter den Ermittlern, die, wie sich bald herausstellte, eine von der Öffentlichkeit nicht gerade hoch

[30] So OB Ansbach in der Besprechung des RegPräs mit den OB und LR, 8. Juli 1946, Prot. in: StA Nürnberg, LRA Scheinfeld, Nr. 367. Vgl. auch LRA Fürth, EAP 150/11.
[31] Rundmeldung der Regierung für Ober- und Mittelfranken, 9. April 1946, in: LRA Fürth, EAP 150/11.
[32] Bayerisches Sonderministerium an MilReg, 15. Juni 1946, in: BayHStA, Bestand Sonderministerium: Militärregierung 1946–1950, AZ 2–82, Bd. 1.
[33] Vgl. LRA Fürth, EAP 150/11.

geschätzte Aufgabe zu erfüllen hatten, ebensowenig vertreten wie unter den sonstigen Angestellten der Spruchkammern[34].

In der *Berufungskammer* für Ober- und Mittelfranken, die im September 1946 soweit intakt war, daß sie die Aufsicht über die Spruchkammern des Regierungsbezirks übernehmen konnte, spielten Repräsentanten der Parteien dagegen kaum eine Rolle. Die zweite Instanz war fest in der Hand parteiloser Juristen. Präsident der Berufungskammer, die ihren Sitz in Ansbach hatte, war der Vorsitzende des Landgerichts in Ansbach, der 58jährige Heinrich Wehrl, der allerdings keinen übertriebenen Entnazifizierungseifer an den Tag legte. Mit dem Befreiungsgesetz konnte er sich nie recht anfreunden. Gegenüber der Fränkischen Landeszeitung vertrat er die Meinung, die NS-Weltanschauung sei bereits durch den Ausgang des Krieges ausgetilgt worden[35].

Daß der Aufbau der Spruchkammern solche Schwierigkeiten bereitete und selbst im Herbst 1946 noch nicht ganz abgeschlossen war, lag auch an der Militärregierung, die der Aufgabe, das vorgeschlagene Personal zu überprüfen, zunächst nicht ganz gewachsen war. Sie beklagte sich zwar laufend über die Verzögerungen, sorgte aber nicht dafür, daß die von den Landräten und Oberbürgermeistern eingereichten Unterlagen schnellstens bearbeitet wurden[36]. „Es wäre unsere Pflicht", forderte Schregle die Oberbürgermeister und Landräte seines Regierungsbezirks auf, die Militärregierung zu einem etwas höheren Tempo anzutreiben und „sich bei den Dienststellen der Besatzungsmacht mit Nachdruck dafür einzusetzen, daß die Fragebogen rascher durchgeprüft werden"[37]. Vorerst aber war mit solchen Appellen nur wenig zu erreichen, denn die Militärregierung, die bisher die Entnazifizierung in eigener Regie ohne deutsche Mithilfe durchgeführt hatte, paßte ihren Apparat erst im Sommer 1946 den veränderten Bedingungen an und hatte bis dahin alle Mühe, die anfallenden Arbeiten einigermaßen zu bewältigen[38].

Wenn es – wie in Ansbach-Stadt – zum Teil auch nicht gelungen war, die Spruchkammern parteipolitisch repräsentativ zu besetzen, so entsprach doch das Sozialprofil der Spruchkammerangehörigen weitgehend der Sozialstruktur des Milieus, das sie entnazifizieren sollten. In Fürth, dessen Erwerbsleben hauptsächlich von mittleren Handwerksbetrieben und einigen größeren Industriebetrieben mit einer entsprechend großen Zahl von Arbeitern und Angestellten geprägt war, setzte sich die aus 28 Mitgliedern bestehende Spruchkammer am 22. Mai 1946 überwiegend aus Handwerkern, Industriearbeitern und selbständigen Händlern zusammen. Die Beamtenschaft war fast nicht vertreten. Der Spruchkammer der Beamten- und Angestelltenstadt Ansbach gehörten am 24. Februar 1947 neben einem Arbeiter und einigen wenigen Handwerkern und kleineren Händlern hauptsächlich Angestellte und Beamte an. Und auf dem

[34] Vgl. Amtsgericht Ansbach, Spruchkammerakten: Verwaltungsakten. Niethammer, Entnazifizierung, S. 526, kommt bei der Untersuchung der parteipolitischen Zusammensetzung des Ermittlungsdienstes zu ganz ähnlichen Ergebnissen.
[35] Vgl. Fränkische Landeszeitung vom 21. August 1948. Vgl. auch bay. Sonderministerium an OB Fürth, 16. September 1946, in: Stadtverwaltung Fürth, EAP 2; Fränkische Landeszeitung vom 2. November 1946 und Amtsgericht Ansbach, Registratur S: Verwaltungsakten.
[36] Vgl. Wochenbericht der Intelligence Division vom OMGB, 17. Mai 1946, in: NA, RG 260, 10/85-3/1.
[37] Besprechung des RegPräs mit den OB und LR, 3. Juni 1946, Prot. in: StA Nürnberg, Reg von Mittelfranken (1978, Zusatz), Nr. 25.
[38] Vgl. MilReg für Ober- und Mittelfranken an Directors of all Military Government Liaison and Security Offices, Regierungsbezirk Ober- und Mittelfranken, 25. September 1946, in: NA, RG 260, 9/114-3/20; vgl. auch Wochenbericht der Intelligence Division von OMGB, 16. August 1946, in: NA, RG 260, 10/85-3/1.

Lande standen sich vor und hinter den Schranken der Spruchkammer fast durchweg
Bauern gegenüber. Solche Übereinstimmung bestand, wie schon dargelegt, in politischer Hinsicht nicht. Die Linksparteien SPD und KPD waren nicht nur in ihrer
Hochburg Fürth überproportional vertreten, sondern auch in den Landkreisen mit einer eher konservativ gesinnten Bevölkerung, die in den Wahlen des Jahres 1946 überwiegend für die CSU gestimmt hatte. Das linke Übergewicht wurde allerdings dadurch
wettgemacht, daß die Schlüsselpositionen des Spruchkammervorsitzenden meist mit
CSU-Mitgliedern oder Parteilosen besetzt waren, wie auch dadurch, daß die Berufungskammern eine Domäne parteiloser bzw. bürgerlicher Juristen darstellte.

Die Parteien der Region Ansbach und Fürth entsandten 1946 in aller Regel ihre besten Leute in die Spruchkammern. Von den 24 Beisitzern der Spruchkammer Fürth-
Stadt vom Mai 1946 gehörten 16 dem Stadtrat bzw. Beratenden Ausschuß der Stadt
an. Nicht viel anders war es im Landkreis Ansbach, wo 9 von 16 Beisitzern im Kreistag oder Gemeinderat vertreten waren. Die Entnazifizierung war also keineswegs in
die „Hände von ‚Minderwertigen‘ geraten, weil sie die einzigen Unbelasteten sind",
wie Clays Entnazifizierungsberater, Professor Walter L. Dorn, nach einem Besuch der
Spruchkammer in Bad Kissingen im Frühjahr 1947 in seinem Tagebuch notierte.
„Wir müssen Leute finden", so Dorn weiter, „die den großen Nazis intellektuell und
sozial die Waage halten können, wenn diese Aufgabe gelöst werden soll – oder sie
wird nicht gelöst werden."[39] In Ansbach und Fürth waren die Bedingungen, die der
amerikanische Professor vielleicht mit etwas zu viel Respekt vor den großen Nazis
stellte, im großen und ganzen durchaus erfüllt[40].

Trotz vielfältiger Schwierigkeiten beim Aufbau der Spruchkammern war es im Juni
1946 in Fürth so weit. „Erster Spruchkammertag 26. Juni. Entnazifizierung in Fürth
beginnt", meldeten die Nürnberger Nachrichten. Die ersten Spruchkammern in Bayern hatten schon etwa einen Monat früher zu arbeiten begonnen. Den Anfang hatte
am 20. Mai die Spruchkammer in Fürstenfeldbruck gemacht, wo sich aus Anlaß des
historischen Ereignisses auch führende Vertreter der Militärregierung und Sonderminister Schmitt einfanden[41]. Die Fürther Spruchkammer, so hieß es in der Zeitung,
„nimmt ihre Tätigkeit am kommenden Mittwoch, den 26. Juni in Fürth, Hornschuchpromenade 6, 2. Stock, Zimmer 27 auf … Im allgemeinen werden zunächst die schweren Fälle der Gruppen I und II zur Aburteilung kommen. Es werden aber auch auf
ministerielle Anordnung hin als vorrangig bezeichnete Fälle minderbelasteter Personen aus wirtschaftlichen Gründen … bevorzugt rasch an die Reihe kommen. Auch soziale Umstände können für eine raschere Abfertigung maßgebend sein."[42]

---

[39] Dorn, Inspektionsreisen, S. 106.
[40] Für die Untersuchung standen zur Verfügung: die Liste des Personals der Spruchkammer Fürth-Stadt I
vom 22. Mai 1946, ein Vorschlag für die personelle Besetzung der Spruchkammer Fürth-Land vom 17.
April 1946, eine Liste des Personals der Spruchkammer Ansbach-Land vom 17. August 1946, eine Liste des
Personals der Spruchkammer Ansbach-Land vom 20. August 1946 sowie Listen des Personals der Berufungskammer Ansbach vom 4. Mai 1948 und 2. Mai 1949. Die Listen enthalten in der Regel Angaben über
Parteizugehörigkeit, Beruf und Geburtsjahr der Kammerangehörigen. Wo diese fehlten, konnten sie häufig
durch verstreute Angaben in den Sachakten ergänzt werden. Die Listen finden sich in: Amtsgericht Ansbach, Registratur S: Verwaltungsakten; LRA Fürth, EAP 150/11; Stadtverwaltung Fürth, EAP 2.
[41] Vgl. Süddeutsche Zeitung vom 21. Mai 1946.
[42] Nürnberger Nachrichten, Fürther Ausgabe, vom 19. Juni 1946.

Der Spruchkammervorsitzende Drechsel eröffnete am 26. Juni 1946, 8.00 Uhr, die erste öffentliche Sitzung. Der erste Angeklagte war der 57jährige Schmied Gerhard König, Pg seit 1933 und von 1944–1945 Blockleiter. Die Verhandlung glich von Beginn an einem politischen Tribunal. Der Kläger, offenbar ein engagierter Verfechter eines harten Säuberungskurses, agierte wie ein scharfer Staatsanwalt und faßte den Betroffenen nicht mit Glacehandschuhen an. Er bezeichnete ihn als „König der Denunzianten" und als einen der 10 000 „kleinen Hitler", die es durch Terror und Druck auf ihre Umgebung ermöglicht hatten, daß das verbrecherische Regime zwölf Jahre dauern konnte. Auch sonst sei König ein „eifriger Mundpropagandist des Nazitums", ein „Droher", „Aushorcher" und „Zungenzieher" gewesen. Das Urteil war entsprechend: Einreihung in die Gruppe I der Hauptschuldigen, vier Jahre Arbeitslager und laufende Abgaben an Wiedergutmachungsfonds[43]. Im Landkreis Ansbach begann die Entnazifizierung nicht weniger spektakulär. Auch hier stand als erster ein bekannter Denunziant, ein ehemaliger Verwaltungsoberinspektor beim evangelischen Landeskirchenrat, vor der Spruchkammer. Es zeigte sich dabei, daß die Wahl des energischen Botschafters a. D. Ernst-Arthur Voretzsch zum Vorsitzenden ein Glücksgriff gewesen war. Der alte NS-Gegner ließ sich nicht sonderlich beeindrucken, als der Denunziant mit einigen wohlwollenden Entlastungsschreiben von prominenten evangelischen Kirchenmännern (u. a. von Landesbischof Hans Meiser) aufwartete und verurteilte den Oberinspektor als Aktivist der Gruppe II zu eineinhalb Jahren Arbeitslager und 50-prozentigem Vermögenseinzug[44].

Dieser Auftakt entsprach allem Anschein nach den Erwartungen der Öffentlichkeit. So hatte man sich in weiten Kreisen der Bevölkerung die Entnazifizierung vorgestellt und nicht so, wie sie die Militärregierung 1945 durchführte. Denunziation galt als die klassische NS-Missetat („Der schlimmste Mann im ganzen Land, das ist und bleibt der Denunziant"), sie konnte gar nicht hart genug bestraft werden. Die Erwartungen, die der Auftakt geweckt hatte, erfüllten sich aber nicht. Die Spruchkammern in Ansbach und Fürth beschäftigten sich in den folgenden Wochen und Monaten zwar noch einige Male mit windigen Denunzianten, meistens standen aber kleinere Parteigenossen vor den Schranken der Kammer. „Tag der Mitläufer", meldeten die Nürnberger Nachrichten, Fürther Ausgabe, am 20. Juli. „Wettlauf der Mitläufer", war ein Artikel am 24. Juli überschrieben. Und am 18. September hieß es: „Die Spruchkammern verhandeln ‚Nominelle'." Es war deshalb durchaus berechtigt, wenn die Nürnberger Nachrichten im Herbst 1946 fragten: „Wann kommen ‚wirkliche Nazis'?"[45] Für Ansbach-Stadt hätte die Frage lauten können: Wann kommen endlich die ersten öffentlichen Verfahren? Dort hatte man im Sommer 1946 immer noch keinen Vorsitzenden gefunden, so daß bislang keine mündlichen Verfahren abgewickelt werden konnten. Seit August arbeitete aber immerhin der kleine Senat, der sich aus der stellvertretenden Vorsitzenden Eva Reiner, dem stellvertretenden Kläger Josef Otta und zwei Beisitzern zusammensetzte.

In der Öffentlichkeit war vom kleinen Senat der Spruchkammer, der in *schriftlichen* Verfahren die vielen kleinen Fälle erledigen durfte, wenig zu spüren. Er beschränkte

[43] Nürnberger Nachrichten, Fürther Ausgabe, vom 29. Juni 1946 und Amtsgericht München, Registratur S: Nr. 2.
[44] Vgl. Fränkische Landeszeitung vom 21. August 1946 und Amtsgericht Ansbach, Registratur S: Nr. 9.
[45] Nürnberger Nachrichten, Fürther Ausgabe, vom 25. September 1946.

sich darauf, die „notwendigen Vorarbeiten und Vorerhebungen zum Zwecke der Durchführung der schriftlichen oder mündlichen Verfahren" durchzuführen[46]. Das hieß beileibe nicht Untätigkeit. Im Frühsommer 1946 wurde die Spruchkammer mit etwa 22 000 Meldebogen überflutet. Diese mußten nun gesichtet und je nach den Belastungen der Beschuldigten geordnet werden. Die Nichtbetroffenen wurden sofort ausgeschieden und darüber informiert, daß sie von der Spruchkammer nichts zu befürchten hatten. In allen übrigen Fällen begannen dann die Ermittlungen. Dabei war in jedem einzelnen Fall ein regelrechter Papierkrieg zu führen. Der öffentliche Kläger fragte bei insgesamt sieben Stellen nach, ob gegen den Beschuldigten etwas vorliege: Bei der Stadtpolizei und beim Ausschuß der politischen Parteien, bei den örtlichen Gewerkschaften und im Rathaus, beim Arbeits- und Finanzamt und bei der Berufsvertretung. Außerdem bat er Special Branch, die im Meldebogen angegebenen Daten zu überprüfen. Wenn diese Routineprüfungen abgeschlossen waren, wurden die Beschuldigten in die Büros der Spruchkammer zitiert und vom stellvertretenden Kläger verhört. Danach kam der Ermittlungsdienst an die Reihe. Dieser sah – soweit vorhanden – in der Regel die Personalakten durch und befragte einige Ansbacher Bürger über die Vergangenheit des Beschuldigten. Dort, wo es gelungen war, Dokumente der NS-Stellen vor dem Feuer zu retten, wurden natürlich auch diese in die Ermittlungen miteinbezogen. Die Ansbacher Spruchkammer bereitete 1946 so eine ganze Reihe von Fällen vor, die der Vorsitzende – sollte denn je einer gefunden werden – sofort nach Amtsantritt anpacken konnte. Über diesen Vorarbeiten kamen aber die eigentlichen Aufgaben des kleinen Senats, nämlich schriftliche Verfahren durchzuführen, zu kurz. Ende des Jahres waren kaum 8 Prozent aller Verfahren abgeschlossen. Die Spruchkammer Fürth-Land, eine der besten in ganz Nordbayern, meldete dagegen zu Weihnachten 1946: Landkreis Fürth zu 38,5 Prozent entnazifiziert[47].

Daß sich die Spruchkammern zunächst fast ausschließlich mit „kleinen Fischen" befaßten, lag nicht in der Absicht der Väter des Befreiungsgesetzes. Es war auch kein Versagen der Spruchkammern, sondern unter den herrschenden Bedingungen fast unvermeidlich: Ganze Heerscharen von Beamten, Angestellten und Freiberuflern hatten 1945 im Zuge der pauschalen amerikanischen Säuberungspolitik ihre Posten verloren, in die sie erst nach „erfolgreicher" Entnazifizierung durch die Spruchkammern wieder zurückkehren konnten. Sie mußten sich nun anderweitig durchschlagen und hofften, daß das ihnen angetane Unrecht bald rückgängig gemacht würde. Als die Spruchkammern im Sommer 1946 ihre Pforten öffneten, wurden sie mit Bittbriefen bombardiert, in denen die Bittsteller lang und breit begründeten, wieso gerade ihr Fall einer raschen Behandlung bedürfe. Außerdem hatte sich mittlerweile eine Reihe von Sachzwängen ergeben, die die Verantwortlichen in Sachen Entnazifizierung zunehmend mehr bekümmerten. Überall fehlte es an Lehrern, Richtern, Ärzten und vor allem an erfahrenem Verwaltungspersonal. Gleichzeitig standen aber zahllose Angehörige dieser Berufsgruppen, die 1945 vielfach nur aufgrund von formalen Belastungen entlassen worden waren, auf der Straße. Was lag für die Behördenchefs und Stadtoberhäupter also näher, als die Spruchkammern zu bestürmen, diese Berufsgruppen bevorzugt zu ent-

---

[46] OB Ansbach an MilReg, Stimmungsbericht vom 18. September 1946, in: Stadtverwaltung Ansbach, EAP 022-95/19.
[47] Nürnberger Nachrichten, Fürther Ausgabe, vom 28. Dezember 1946.

nazifizieren? Der Stadtrat von Ansbach beispielsweise sandte Bittschreiben um Bittschreiben an die Spruchkammer. Allein am 2. August 1946 erstellte er eine Liste mit den Namen von zehn entlassenen Beamten, die der Spruchkammer „mit der Bitte um bevorzugte Durchschleusung" zugeleitet wurde[48]. Der Druck aus allen Verwaltungszweigen auf die Spruchkammern nahm im Herbst 1946 derartig zu, daß die bayerische Regierung ausdrücklich anordnete, daß Fälle mit geringer Belastung bevorzugt an die Reihe kommen sollten, während schwerer Belastete für den Augenblick grundsätzlich zurückgestellt werden müßten[49]. Zunächst sollten also die Fehler der amerikanischen Säuberungspolitik ausgebügelt werden. Daß man die Fälle der Kleinen aus solchen Gründen vorzog, schuf freilich die fatale Optik, als sollten die schweren Fälle bis zum Sankt Nimmerleinstag hinausgezögert werden.

Die Spruchkammern konnten der Anweisung aus München mit umso ruhigerem Gewissen folgen, als die prominentesten Nationalsozialisten ihrer Zuständigkeit ohnehin entzogen waren. Die am schwersten belasteten Personen hatten sich in den alliierten Kriegsverbrecherprozessen zu verantworten. Die Kreis- und Ortsgruppenleiter sowie zahlreiche SS-Führer waren 1945 vom CIC aufgespürt und in Internierungslager gesteckt worden, wo sie ihren Verfahren vor den Lagerspruchkammern entgegensahen. Die „Heimat"-Spruchkammern rechneten offenbar nicht damit, mit diesen Fällen befaßt zu werden und trafen daher kaum Vorbereitungen. Ihnen blieb nur die undankbare Aufgabe, die ganze deutsche Bevölkerung durchzukämmen, um gleichsam die dritte und vierte Garnitur der Nationalsozialisten ausfindig zu machen: die Denunzianten und engstirnigen kleinen Fanatiker, die in der NSDAP kaum höhere Posten innegehabt, im Dorf bzw. in der Nachbarschaft aber teilweise erhebliches Unheil angerichtet hatten. Ansonsten waren die Spruchkammern von vornherein nur „Spezialisten für Zweitrangiges"[50], in der Öffentlichkeit genossen sie nur geringes Ansehen. Größere Aufmerksamkeit hätten sie gewiß erlangen können, wenn ihre Tätigkeit mit einer Reihe von wirklichen Paukenschlägen begonnen, wenn es etwa geheißen hätte: April 1946 – Oberbürgermeister und Kreisleiter Richard Hänel vor der Ansbacher Spruchkammer. Mai 1946 – Kreisleiter Wilhelm Seitz als Hauptschuldiger angeklagt. So wie die Dinge lagen, standen sich aber politische, rechtliche und pragmatische Zwänge unvereinbar gegenüber. Der Konzentration auf überzeugende Fälle von NS-Aktivisten, die um der politisch-moralischen Glaubwürdigkeit der Kammern willen zu wünschen gewesen wäre, widersprach die aufgrund der Wiederherstellung der Gerechtigkeit und der Behebung des Personalmangels im öffentlichen Dienst nicht minder erwünschte schnelle Abwicklung der vielen kleinen Fälle.

Die große Masse der kleinen Pgs, die noch immer auf ein Verfahren wartete, wurde immer unzufriedener. Sie hatten besonders unter Art. 58 des Befreiungsgesetzes zu leiden, wonach „Personen, die in Klasse I oder II … aufgeführt sind oder die sonst Mitglieder der NSDAP oder einer ihrer Gliederungen … waren, in der öffentlichen Verwaltung, in Privatunternehmungen, in gemeinnützigen Unternehmen und Wohlfahrtseinrichtungen sowie in freien Berufen nicht anders als in gewöhnlicher Arbeit

[48] Prot. der Sitzung des Stadtrats von Ansbach vom 2. August 1946, in: Stadtverwaltung Ansbach, Registratur des OB.
[49] Vgl. Nürnberger Nachrichten, Fürther Ausgabe, vom 18. September 1946.
[50] Niethammer, Entnazifizierung, S. 549.

beschäftigt werden" durften. Dieses Beschäftigungsverbot galt bis zur rechtskräftigen Entscheidung durch die Spruchkammer. Gerade die ließ aber auf sich warten. Viele kleine Pgs standen deshalb bereits mehr als ein Jahr auf der Straße. Niemand wußte, wann die Warterei zu Ende sein würde. Der Ansbacher Landrat Richard Neff schilderte die Situation der kleinen Parteigenossen in einem Bericht an die Militärregierung zutreffend so: „Das, was an dem Säuberungsgesetz am einschneidensten für die große Masse der Bevölkerung war und ist ... sind nicht die Folgen der endgültigen Entscheide, sondern die Auswirkungen der vorläufigen Maßnahmen, insbesondere des Beschäftigungsverbotes ... Die Folgen dieser Ungerechtigkeit werden aber immer größer und schwerwiegender, je länger es dauert, bis die Entscheidung ergehen kann. Die wichtigste Entscheidung eines öffentlichen Klägers oder der Spruchkammer überhaupt ist heute nicht mehr die, welche Strafe sie einem Betroffenen auferlegen soll, sondern die, welcher Betroffene zuerst zur Verhandlung kommen, und welcher noch weiter zuwarten soll. Mir ist nicht bekannt, daß für diese wichtige Entscheidung der Spruchkammern irgendwelche Vorschriften gegeben sind, und die Folge ist, daß die Entscheidung über die Reihenfolge tatsächlich mehr oder minder dem Zufall überlassen wird. Ich habe noch von keinem Betroffenen gehört, der sich bei mir über den *Spruch* beklagt hätte, wohl aber alltäglich kommt die Klage zu mir, daß es *zu lange dauere* und ob nicht der eine oder andere bevorzugt zur Verhandlung kommen könnte."[51]

Der Unmut unter den kleinen Pgs wurde noch größer, als man in der zweiten Hälfte des Jahres 1946 in der Zeitung lesen konnte, daß manch einer, der im Dritten Reich im Rampenlicht gestanden hatte, vor der Spruchkammer recht glimpflich davongekommen war. Die Zeitungen waren zwar voll mit Meldungen über drastische Spruchkammerurteile. Doch nicht diese blieben im Gedächtnis haften, sondern die auffallend milden Urteile. So machte es im Oktober 1946 Schlagzeilen, daß der Star des nazistischen Tendenzfilms „SA-Mann Brand", der Schauspieler Manfred Kömpel, im unterfränkischen Bad Brückenau als Mitläufer eingereiht worden war[52]. Im selben Monat meldete die Presse, daß der bekannte Textilfabrikant Josef Witt aus Weiden, der der NSDAP enorme Summen gespendet hatte, in seiner Heimatstadt zum Mitläufer gestempelt worden sei. Gerade dieses Urteil löste in ganz Nordbayern, wo man Witt ja überall kannte, heftige Diskussionen aus. „Es lohnt sich nicht, über eine solche Komödie auch nur ein Wort zu verlieren", so der ätzende Kommentar des Herausgebers der Nürnberger Nachrichten Dr. Joseph E. Drexel. „Da kann man nur sagen: macht Schluß mit dieser Komödie! Wir haben uns schon lächerlich genug gemacht."[53] Ebenso regte man sich in den Reihen der kleinen Parteigenossen über die Freisprüche von Hjalmar Schacht, Franz von Papen und Hans Fritzsche durch das Internationale Militärgericht in Nürnberg auf, und vor allem darüber, daß Schacht sich weigerte, anschließend vor einer bayerischen Spruchkammer zu erscheinen. „Jede Aktion der bayerischen Spruchkammer betrachte ich als ungesetzlich", so Schacht, der lieber in der britischen oder französischen Zone entnazifiziert werden wollte, wo in

[51] LR Ansbach an MilReg, 17. September 1947, in: NA, RG 260, 9/144-2/2.
[52] Süddeutsche Zeitung vom 25. Oktober 1946.
[53] Nürnberger Nachrichten, Fürther Ausgabe, vom 9. Oktober 1946. Vgl. auch Süddeutsche Zeitung vom 5. November 1946.

der Regel viel mildere Urteile gefällt wurden. Manche kleinen Pgs fragten sich, ob der „große" Schacht sich die Spruchkammer selbst aussuchen könne[54]. Der Verdacht breitete sich aus, es würde mit zweierlei Maß gemessen. Diese Meinungen erhielten durch eine Reihe von skandalösen Urteilen der Berufungskammer für Ober- und Mittelfranken in Ansbach noch weiter Auftrieb. Die den bürgerlichen Parteien angehörenden bzw. parteilosen Juristen der Berufungskammer empfanden die politische Säuberung als überflüssig und lehnten vor allem das Befreiungsgesetz, das in wesentlichen Punkten der von ihnen hochgeschätzten deutschen Rechtstradition zuwiderlief, ab. Sie taten alles, um das Befreiungsgesetz zu unterlaufen und es seines politischen Charakters zu entkleiden. Sie hatten dabei oft leichtes Spiel, denn die Urteilsbegründungen der mit juristischen Laien besetzten ersten Instanz ließen häufig zu wünschen übrig. Außerdem richteten sich die Augen der Öffentlichkeit mehr auf die Spruchkammer in der eigenen Stadt. Die Berufungskammer für den Regierungsbezirk Ober- und Mittelfranken stand dagegen im Schatten solcher Aufmerksamkeit und konnte ihre Verfahren fast unbehelligt von öffentlichen Stimmungen und Erwartungen abwickeln.

Die wenigen größeren Nationalsozialisten, die im Sommer und Herbst 1946 in der ersten Instanz zu schweren Strafen verurteilt wurden, gingen aus den Berufungsverfahren meist als Minderbelastete oder Mitläufer hervor. Einer der Vorsitzenden der zweiten Instanz, der frühere Direktor des Amtsgerichts Ansbach, Friedrich Stöhr, trieb es aber anscheinend zu weit; einmal stufte er sogar einen KZ-Aufseher, der Häftlinge geschlagen hatte, als vom Gesetz nicht betroffen ein[55]. Er mußte entlassen werden, weil „seine systematische Herabstufung ein öffentlicher Skandal geworden" war[56]. Viele Spruchkammervorsitzende waren über die weiche Linie der Berufungskammer, die ihre bescheidenen Erfolge bei der politischen Säuberung vielfach wieder zunichte machte, so verärgert, daß sie, wie Dorn nach einer Rundreise durch Franken in seinen Erinnerungen schrieb, „zum Rücktritt geneigt" waren[57].

Es waren freilich nicht nur restaurative Stimmungen, die das Ansehen der Entnazifizierung weiter herabsetzten, je mehr die Fragwürdigkeit der ganzen Säuberungsprozedur zutage trat. Das Befreiungsgesetz war den Deutschen aufgenötigt worden, viele sahen es als ein Gesetz der Amerikaner an, auch deshalb, weil es ihren Gerechtigkeitsvorstellungen so wenig entsprach. Es gebe nicht wenige Menschen, schrieb im Oktober 1946 der Ansbacher Oberbürgermeister in seinem Stimmungsbericht an die Militärregierung, „die den Spruchkammern direkt ablehnend gegenüberstehen"[58]. Biedere ehemalige kleine Pgs mißbilligten die Pauschalität der Säuberung ebenso wie viele ihrer unbelasteten Nachbarn und Berufskollegen, die zwischen „solchen" und „solchen" Nationalsozialisten während der zwölf Jahre des Dritten Reiches wohl zu unterscheiden gewußt hatten. Entscheidend für sie war, ob einer anständig geblieben war oder

---

[54] Vgl. Nürnberger Nachrichten, Fürther Ausgabe, vom 26. Oktober 1946. Vgl. auch Opinion Surveys, Report Number 33, Information Control Division, OMGUS, Washington National Records Center, Washington D. C. 1970 und Wochenbericht der Intelligence Division von OMGB, 11. Oktober 1946, in: NA, RG 260, 10/85-3/1.
[55] Vgl. Fränkische Landeszeitung vom 8. März 1947.
[56] Dorn, Inspektionsreisen, S. 108.
[57] Ebenda, S. 107.
[58] OB Ansbach an MilReg, Stimmungsbericht vom 30. Oktober 1946, in: Stadtverwaltung Ansbach, EAP 022-95/19.

nicht. Die Frage der nominellen Mitgliedschaft oder Nichtmitgliedschaft in der NSDAP, oft vor allem bedingt durch die berufliche Situation, hatte dagegen viel geringere Bedeutung als die meisten Amerikaner oder auch manche Antifaschisten annahmen. Die nachbarschaftlichen und sonstigen sozialen Beziehungen waren davon meist nicht gestört worden. Gerade im mittelstädtischen und dörflichen Milieu, wo jeder jeden kannte, war das Netz dieser sozialen Beziehungen, waren die oft gravierenden Unterschiede zwischen den Anschauungen des Mannes auf der Straße und den Einstufungen der persönlich bekannten Fälle durch die Spruchkammer meist entscheidend für die Einstellung gegenüber der Entnazifizierung insgesamt. Obwohl die Kammern ihre Arbeit noch gar nicht richtig begonnen hatten, versackte ihre Überzeugungskraft so zunehmend im Geflecht dieser nachbarschaftlichen, kollegialen und gesellschaftlichen Beziehungen. Davon profitierten zunächst vor allem die kleinen und mittleren Nationalsozialisten, nicht aber die prominenten Repräsentanten des NS-Regimes, die in ihren Heimatorten meist unbeliebt oder gar verhaßt waren.

Als die Fälle der kleinen Pgs zur Behandlung anstanden, sandten die Betroffenen meist gleich ganze Pakete von Entlastungszeugnissen, sogenannte Persilscheine, von Freunden, Nachbarn und Kollegen an die Spruchkammer, in denen sie im günstigsten Licht erschienen: als ganz und gar unpolitische Menschen, die auch in der NS-Zeit völlig integer geblieben und nur auf ihr privates Fortkommen bedacht gewesen seien. Das meist tatsächlich wohl untadelige Verhalten des Betroffenen als Nachbar, Berufskollege oder Familienvater wurde ganz in den Vordergrund gerückt, die politische Tätigkeit als Blockwart oder SA-Führer dagegen weitgehend unterschlagen. Ein Ansbacher Postbetriebswart animierte fast die ganze Gneisenaustraße, in der er als Briefträger bekannt war, Persilscheine für ihn auszustellen[59]. Ein kleiner Geschäftsmann, Pg seit 1935, der vor allem den Vorwurf zu entkräften hatte, während seiner Tätigkeit als Blockwalter NS-Propaganda betrieben zu haben, machte sich mit einer vorgetippten Bescheinigung auf den Weg, die jeder in seinem früheren Block unterschreiben sollte. Ein schwerer Gang durch die Nachbarschaft war das für den Geschäftsmann anscheinend nicht. Insgesamt 29 Unterschriften brachte er auf diese Weise zusammen[60]. Auch ein nicht weiter belasteter „Alter Kämpfer", Pg seit 1925, hatte keine Mühe, in der Ansbacher Blumenstraße eine Reihe von Persilscheinen zu bekommen. Da er noch im Interniertenlager Nürnberg-Langwasser einsaß, schickte er im Dezember 1946 anscheinend einen Vertrauensmann los. Dieser hatte gleich seine Schreibmaschine mit dabei und verfaßte zusammen mit wohlmeinenden Nachbarn jeweils kurze Entlastungszeugnisse. Recht einfallsreich war er nicht. In fast jedem Persilschein tauchten die gleichen Wendungen auf[61]: „Soviel mir bekannt ist, war er Mitglied der Allgemeinen SS. Über seine politische Tätigkeit ist mir nichts bekannt. Herr *Behle* hat sich immer als hilfsbereiter und entgegenkommender Mensch gezeigt und auch politisch anders Gesinnten stets geholfen." Oder: „Mir ist bekannt, daß er Mitglied der Allgemeinen SS war. Über seine politische Tätigkeit ist mir nichts bekannt. Herr *Behle* war stets ein zuvorkommender und hilfsbereiter Mensch, der sich auch für Nicht-Parteigenossen jeder Zeit einsetzte und behilflich war."

[59] Amtsgericht Ansbach, Registratur S: Nr. 10.
[60] Ebenda: Nr. 11.
[61] Ebenda: Nr. 12.

Je angesehener der Betroffene in der Stadt war, desto sicherer war er im sozialen Geflecht aufgehoben. Ein Paradebeispiel dafür war der Fall des Geschäftsführers der Gewerbebank Ansbach, Hans *Bamm* – einer von den „besseren Leuten" der Stadt. *Bamm* hatte die Geschäftsführung der Bank 1919 übernommen und war 1933 der NSDAP beigetreten, weil er , so schrieb er der Spruchkammer, sonst seine Existenz gefährdet hätte. Außerdem wollte er die „unparteiliche Fortführung der Genossenschaft" gewährleisten. Seine insgesamt 14 Persilscheine stammten von den besten Adressen Ansbachs. Der stellvertretende Leiter der Landeszentralbank von Bayern, ein Reichsbankrat, der *Bamm* seit 1920 kannte, versicherte: „Jeder, der Herrn *Bamm* näher kannte und Gelegenheit hatte, mit ihm öfter zu sprechen, wußte, daß er ausgesprochener Nazigegner war. Wenn er trotzdem der Partei beitreten mußte, so geschah dies, um die Bank nicht unter nationalsozialistische Führung kommen zu lassen und damit sein Lebenswerk zu gefährden. Nie hatte Herr *Bamm* sich für die Partei propagandistisch betätigt." Dem stimmten eine praktische Ärztin, ein Kaufmann und der Vorstand der Vereinigten Innungen von Ansbach und Umgebung zu. Sie hoben besonders hervor, daß Herr *Bamm* „in der gesamten Geschäftswelt ... eine beliebte Persönlichkeit" sei, „die allseits das größte Vertrauen genießt". Ein Buchbindermeister und eine Klavierlehrerin, beide Nachbarn von *Bamms,* betonten, daß der Betroffene „als schlichter und einfacher Mann ... stets beste nachbarliche Beziehungen" unterhalten habe. „Er benützte vielfach", so der Buchbindermeister, die Anrede „Grüß Gott Herr Nachbar!"[62] Das mußte überzeugend wirken.

Unter den Honoratioren, Nachbarn und Kollegen, die so bereitwillig Persilscheine ausstellten, befanden sich nicht nur Leute mit politisch weißer Weste, sondern auch viele Parteigenossen, die eben erst selbst entnazifiziert worden waren oder noch auf ihr Verfahren warteten. Die früheren Pgs fanden offenbar nichts dabei, sich untereinander diesen Gefallen zu tun. Diese Art der Hilfe von Pg zu Pg war auch in den Kreisen der höheren Ansbacher Beamtenschaft weit verbreitet. Der schon mehrfach genannte frühere Stadtrechtsrat, Friedrich Böhner, gab über den früheren Oberinspektor und Leiter des Polizeiamtes, Albert Aker, zu Protokoll: „Durch die jahrelange Zusammenarbeit kamen wir uns natürlich auch persönlich näher und trugen bei dem gegenseitig herrschenden Vertrauen auch keine Bedenken, uns über die Verhältnisse im sogenannten 3. Reich offenherzig auszusprechen ... Herr Aker brachte dabei immer wieder seine Abneigung gegen die Ziele und Methoden der Partei deutlich zum Ausdruck und teilte meine Meinung, daß das alles zu keinem guten Ende führen könne." Als dann Böhners Fall vor der Spruchkammer verhandelt wurde, war Aker an der Reihe: Er habe „in der ganzen Zeit des sogenannten 3. Reiches fast täglich mit ihm (Böhner) dienstliche Angelegenheiten besprochen. Dabei wurden häufig auch politische Fragen erörtert, und weil wir gegenseitig unsere übereinstimmende Gesinnung kannten, sehr offenherzig behandelt. Ich weiß daher sehr wohl, daß Herr Böhner der Partei gegenüber beginnend schon bald nach seinem Eintritt, eine schroff ablehnende Haltung einnahm und von sich aus nichts unternahm, um ihre Ziele zu fördern." Die beiden Schreiben glichen sich im Tenor und waren anscheinend auf derselben Schreibmaschine getippt worden[63]. Eine Hand wusch eben die andere.

---

[62] Ebenda: Nr. 13.
[63] Ebenda: Nr. 4, 6.

Einer der wichtigsten Produzenten von Persilscheinen war die evangelische Kirche.
Der Rat der Evangelischen Kirche in Deutschland meldete schon im Juni 1946 in einem ausführlichen Schreiben an die amerikanische Militärregierung „schwerwiegende
Bedenken" gegen die Grundauffassung des ganzen Befreiungsgesetzes an. Die Kirche
beanstandete vor allem, daß durch das Gesetz Handlungen bestraft würden, die lange
vor dem Erlaß des Gesetzes lagen. Es handle sich außerdem vielfach um Verstöße gegen die „göttliche Gerechtigkeit", so die EKD, eine menschliche Obrigkeit könne
nicht zu strafen unternehmen, was allein nach göttlichem Recht als Unrecht zu gelten
habe[64]. Selbst der Ansbacher Oberkirchenrat Kern, ein beherzter Gegner der Nationalsozialisten und ein über die Grenzen Ansbachs hinaus bekannter Meinungsführer
im evangelischen Kirchenkampf, teilte diesen Standpunkt. In seinen Sonntagspredig-
ten hieß es: „Die Menschen haben nicht zu richten, sondern nur Gott." Oberbürgermeister Körner reagierte darauf mit der bissigen Bemerkung: „Die Erklärungen von
ihm in Bezug auf die Spruchkammer ... sind nicht gerade angetan, das an sich nicht
einfache Entnazifizierungswerk zu erleichtern und noch viel weniger das m. E. künst-
lich geschürte Mißtrauen gegen diese Einrichtung zu beseitigen ..."[65] Es zirkulierte sogar ein „richtiggehender Führer für Geistliche mit Hinweisen, wie sie vor der Spruchkammer zugunsten ihrer Gemeindemitglieder aussagen können"[66].

Die Vertreter der evangelischen Kirche in Ansbach hatten immer ein offenes Ohr
für die Bitten um politische Leumundszeugnisse. Ihre Barmherzigkeit kannte dabei
keine gesellschaftlichen Grenzen. Oberkirchenrat Kern, Dekan Eckhardt, Landesbischof Meiser und die Stadtpfarrer schrieben schon 1946 zahllose Persilscheine, in
denen sie vor allem die kirchliche Bindung der Beschuldigten hervorhoben: Der Betroffene, so schrieb etwa Meiser über einen prominenten Arzt Ansbachs, „gehört mit
seiner Familie der Familie der evang.-luther. Kirche in Bayern an. Seine Ehe ist
kirchlich getraut, seine Kinder sind getauft und konfirmiert. Dr. *Faber* hat sich mit
seiner Familie von der Kirche auch dann nicht gelöst, als die Partei einen immer stär-
keren weltanschaulichen Druck ausübte, sondern sich nach wie vor am kirchlichen
Leben beteiligt."[67] Christliches Bekenntnis wurde damit zum Attest der politischen
Unbedenklichkeit[68].

Selbst einer Reihe von schwererbelasteten Nationalsozialisten stand die evangelische Kirche vor der Spruchkammer bei, sofern sie während der NS-Zeit nicht aus der
Kirche ausgetreten waren. Während die neue Stadtspitze und die Honoratiorenschaft
noch eine gewisse Scheu zeigten, prominenten Nationalsozialisten beizuspringen,
kannte die Kirche kaum solche Berührungsängste. Obersteuerinspektor Hans *Bebel*,
Pg seit 1923 und nach Auskunft des örtlichen Gewerkschaftsbundes ein überzeugter
Pg, konnte zu seiner Entlastung ein Schreiben des Pfarrers der 3. Evangelisch-Lutherischen Pfarrstelle St. Gumbertus vorlegen, das einer Expertise über die Kinder des Betroffenen glich: „Seine älteste Tochter Herta war damals meine Schülerin; sie gehörte

---

[64] Süddeutsche Zeitung vom 4. Juni 1946.
[65] OB Ansbach an MilReg, Stimmungsbericht vom 25. September 1946, in: Stadtverwaltung Ansbach, EAP
022-95/19.
[66] Dorn, Inspektionsreisen, S. 115.
[67] Amtsgericht Ansbach, Registratur S: Nr. 14.
[68] Vgl. dazu Niethammer, Entnazifizierung, S. 612 f. Seines Erachtens gehörten die Kirchen nicht zu den
Hauptproduzenten von Persilscheinen. Dieser Eindruck ergibt sich aus den Akten der Spruchkammer Ansbach nicht. Dort wimmelt es von Persilscheinen von Geistlichen.

einer Klasse der evangelischen Bekenntnisschule an, ein Zeichen dafür, daß es der Familie *Bebel* ein Anliegen war, ihre Kinder in christlich-kirchlichem Sinn erziehen zu lassen. Die Art des Kindes und seine Treue in der Mitarbeit, zumal auch später im Konfirmandenunterricht (1940) ließen mich einen Einblick in den christlichen Geist ihres Elternhauses gewinnen ... Die beiden jüngeren Töchter Gerlinde und Mechthild waren in den Jahren vor ihrem Schulbesuch in einem kirchlich geleiteten evangelischen Kindergarten untergebracht; die Eltern lehnten es ab, sie einem, in erreichbarer Nähe befindlichen, im Sinne der Partei geführten NSV-Kindergarten anzuvertrauen. Ebenso waren sie regelmäßig Besucher des Kindergottesdienstes, wie auch die Familie am gottesdienstlichen Leben der Gemeinde teilnahm, alles Tatsachen, die mit einer national-sozialistischen Geisteshaltung nichts zu tun hatten"[69].

Der Kreis der Befürworter einer politischen Säuberung wurde demgegenüber immer kleiner. Die Parteien, die noch im Juni 1946 versichert hatten, entschlossen und rückhaltlos hinter dem Befreiungsgesetz zu stehen und alles in ihrer Macht stehende zu tun, um seine „rasche und reibungslose Durchführung zu gewährleisten", rückten von dieser Erklärung langsam wieder ab[70]. Sie brauchten Stimmen, und es konnte wahlentscheidend sein, welche Partei in den Reihen der kleinen Parteigenossen den größten Anklang fand. Am weitesten wagte sich die Wirtschaftliche Aufbau-Vereinigung vor, deren Vorsitzender Loritz die Spruchkammern als einen „Schlag ins Gesicht des deutschen Volkes" bezeichnete[71]. Der Kurs der CSU war weniger eindeutig. Während die Landesleitung, um die Militärregierung zu besänftigen, ihren Entnazifizierungswillen beteuerte, zogen die Kreisverbände nach und nach ihre Mitglieder aus den Spruchkammern zurück und warben gleichzeitig offen um die Stimmen der kleinen Pgs. „Briefe aus kleineren Gemeinden scheinen anzudeuten", so die Erkenntnis der Intelligence Division der Militärregierung im August 1946, „daß die CSU den früheren Pgs sehr häufig Hilfe und Beistand leistet. In mehreren Briefen wird die CSU deshalb CNSU genannt, d.h. Christlich Nationalsozialistische Union."[72] Auch in der SPD tauchten Zweifel auf, ob die Befürwortung des Entnazifizierungsgesetzes noch länger opportun sei. Der Bezirksvorsitzende der fränkischen SPD forderte seine Parteifreunde sogar ausdrücklich auf, die Mitarbeit in den Spruchkammern einzustellen, was den Parteivorsitzenden Wilhelm Hoegner zeitweise fürchten ließ, die Amerikaner könnten deshalb in Franken die SPD verbieten[73].

Selbst viele entschiedene Gegner des Nationalsozialismus, die auf eine gerechte Entnazifizierung gehofft hatten, distanzierten sich vom Befreiungsgesetz, das in ihren Augen nur neue Ungerechtigkeiten schuf[74]. Man machte höchstens noch bittere Witze, in denen die von den Spruchkammern verhängten Bußgelder mit den kirchlichen Ablässen am Vorabend der Reformation verglichen wurden: „Zu Zeiten von

[69] Amtsgericht Ansbach, Registratur S: Nr. 15.
[70] Wilhelm Hoegner, Der schwierige Außenseiter. Erinnerungen eines Abgeordneten, Emigranten und Ministerpräsidenten, München 1959, S. 234 f.
[71] Hans Woller, Die Loritz-Partei. Geschichte, Struktur und Politik der Wirtschaftlichen Aufbau-Vereinigung (WAV) 1945–1955, Stuttgart 1982, S. 44.
[72] Wochenbericht der Intelligence Division von OMGB, 30. August 1946, in: NA, RG 260, 10/85-3/1.
[73] Vgl. Henke/Woller, Lehrjahre der CSU, S. 76. Vgl. auch Dorn, Inspektionsreisen, S. 98.
[74] Vgl. Niethammer, Entnazifizierung, S. 662; Walter Dirks, Folgen der Entnazifizierung. Ihre Auswirkungen in kleinen und mittleren Gemeinden der 3 westlichen Zonen, in: Sociologica, Festschrift für Max Horkheimer, Frankfurt/Main 1953, S. 446 f.

Martin Luther konnte man sich von seinen Sünden reinigen, wenn man einen bestimmten Betrag an die Kirche entrichtete. Ein zeitgenössischer bayerischer Vers parodiert dieses Thema in bezug auf die Entnazifizierung:

> ‚Wenn das Geld im Kasten klingt,
> die Seele in den Himmel springt.
> Wenn das Geld im Kasten klingt,
> der Nazi aus dem Braunhemd springt'.[75]

So war es kein Wunder, daß das nie besonders große Ansehen der Spruchkammern weiter abnahm. Die Vorsitzenden und Kläger fühlten sich isoliert und als „Diener der Amerikaner" mißachtet[76]. Die Ermittler galten als Schnüffler und Spitzel, denen man am besten aus dem Weg ging. Um nicht allzuweit ins gesellschaftliche Abseits zu geraten, überlegte es sich mancher von ihnen sicher zweimal, ob er überhaupt etwas entdecken sollte. Die Vorsicht der Ermittler war schon so stark ausgeprägt, daß sie auch der Militärregierung nicht verborgen blieb. Sie „kommen deshalb oft mit positiven Berichten über die Betroffenen zurück, weil sie ihre Befragungen auf Personen beschränkten, die ihnen vom Betroffenen selbst benannt wurden", hieß es in einem Bericht der Militärregierung vom Februar 1947[77].

Das bedeutete nun aber andererseits nicht, daß die schlimmen Ereignisse der NS-Zeit gänzlich vergessen und vergeben gewesen wären. Wann immer in der Öffentlichkeit bekannt wurde, daß Verfahren gegen prominente Nationalsozialisten oder verhaßte Denunzianten anstünden, meldeten sich genug Belastungszeugen. So wurde die Spruchkammer Ansbach-Land im Sommer 1946 mit Briefen und Anzeigen regelrecht bombardiert, die den ehemaligen Ortsgruppenleiter von Flachslanden, Friedrich Strobel, als um „kein Haar besser als Streicher" charakterisierten[78]. Über den früheren Ortsgruppenleiter von Windsbach, Hans Hagelauer, hieß es, er sei „Nazi mit Leib und Seele" gewesen und habe die Schuld daran, daß „jetzt soviel Leid aufgrund des Entnazifizierungsgesetzes in verschiedenen Familien unserer Gemeinde einzieht"[79].

Unter dem Eindruck des allgemeinen Ansehensverlustes der Spruchkammern schien sich allerdings auch hier eine Änderung anzubahnen. Die Zahl der Belastungszeugen wurde kleiner, was freilich auch andere Gründe hatte: „Ein großer Teil der Bevölkerung", so die etwas übertriebene Beobachtung der Militärregierung vom Oktober 1946, „der die Rückkehr der Nazis an die Macht fürchtet, schreckt mehr und mehr davor zurück, als Belastungszeuge aufzutreten, sogar dann, wenn es sich um stadtbekannte Nazis handelt. In einigen Fällen haben einflußreiche Nazis tatsächlich moralischen Druck ausgeübt, um Zeugen davon abzuhalten, belastende Aussagen zu machen."[80] Die Mehrzahl der Verfahren gegen kleine Pgs mußte so ohne Belastungszeugen stattfinden. „Soll ausgerechnet ich den Denunzianten machen? Das fällt mir ja gar nicht ein, sagten sich viele."[81] Die Bevölkerung, so hieß es in einem Bericht des Ans-

---

[75] Wochenbericht der Intelligence Division von OMGB, 19. April 1946, in: NA, RG 260, 10/85-3/1.
[76] Dorn, Inspektionsreisen, S. 98.
[77] Denazification Field Inspection Report, Det. Ansbach, 12. Februar 1947, in: NA, RG 260, 15/119-1/7.
[78] Urteil der Spruchkammer Ansbach-Land vom 27. Juli 1948, in: Amtsgericht Ansbach, Registratur S: Nr. 16.
[79] Bericht des Landjägereikommissars aus Windsbach, 6. September 1946, in: Ebenda: Nr. 17.
[80] Wochenbericht der Intelligence Division von OMGB, 25. Oktober 1946, in: NA, RG 260, 10/85-3/2.
[81] Fränkische Landeszeitung vom 6. November 1946.

bacher Ermittlungsdienstes, „ist allgemein sehr kontra gegen die ganze Entnazifizierung eingestellt, so daß die Ermittlungen erschwert (waren) und kein besseres Ergebnis zeitigten"[82].

b. Clays Donnerwetter 1946 und die Folgen – „White-washing" im Zeichen der Amnestien

Die Entnazifizierung steckte bereits ein halbes Jahr nach Erlaß des Gesetzes zur Befreiung von Nationalsozialismus und Militarismus in einer ernsten Krise. Wie sollte man sie meistern? Die Ministerpräsidenten und Parteiführer forderten – auf einen einfachen Nenner gebracht – die Abkehr vom Befreiungsgesetz und eine Generalamnestie für alle kleinen Nationalsozialisten, damit den Spruchkammern ausreichend Zeit bliebe, sich mit den schweren Fällen zu befassen. An eine Generalamnestie war aber nicht zu denken, denn die amerikanische Militärregierung bestand auf der strikten Einhaltung des Gesetzes. Schon im Sommer 1946 ließ sie keinen Zweifel daran, daß sie die dauernden Verzögerungen beim Aufbau der Spruchkammern nicht durchgehen lassen werde. Ministerpräsident Wilhelm Hoegner informierte im Juni 1946 seine Kabinettskollegen im Ministerrat über Unterredungen mit Militärgouverneur Walter J. Muller, der ihm unverblümt mitgeteilt hatte, daß General Clay über die Lage in Bayern bestürzt sei: „Wenn die bayerische Regierung die Entnazifizierung nicht rasch und zufriedenstellend durchführen könne, werde die Militärregierung einschreiten und das Besatzungsheer zur Denazifizierung heranziehen."[83] Zugleich würden die Deutschen das Recht zur Selbstregierung, das sie erst wenige Monate vorher erworben hatten, wieder verlieren[84]. Durch diese unzweideutigen Drohungen ließen sich die Spruchkammern in den Städten und Landkreisen aber nicht beeindrucken. Sie hielten auch weiterhin an ihrem Kurs fest, zunächst die große Zahl der 1945 zu Unrecht entlassenen kleinen Pgs zu rehabilitieren und erst dann die schweren Fälle auf die Tagesordnung zu setzen.

In der zweiten Hälfte des Jahres 1946 wuchsen in den Reihen der Militärregierung deshalb die Zweifel am deutschen Entnazifizierungswillen. Die „Falken" wollten von den Spruchkammern endlich Taten sehen; sie übersahen aber völlig, daß sie ja selbst die Suppe miteingebrockt hatten, die die Spruchkammern jetzt auslöffeln mußten. Bei nicht wenigen von ihnen galt die Hauptsorge aber auch nicht so sehr der „Rache" selbst als der Besänftigung ihrer Vorgesetzten in Washington, die, so fürchteten sie, wohl kaum zufrieden sein würden, wenn sie erfuhren, daß bisher fast ausschließlich kleine Pgs vor den Spruchkammern gestanden hatten. Außerdem konnten sie es nur schweren Herzens mitansehen, wie die Spruch- bzw. Berufungskammern in der gesamten Besatzungszone reihenweise solche Parteigenossen zu Mitläufern stempelten, die sie selbst ein Jahr zuvor aufgrund von formalen Belastungen als „gefährliche Nazis" angesehen und aus den Ämtern entlassen hatten. Die „Falken" hatten es von Anfang an für verfehlt gehalten, die Entnazifizierung nach Erlaß des Befreiungsgesetzes ganz den Deutschen zu überlassen, sich mit dieser Meinung aber nicht durchsetzen können. Offizielle Politik der Militärregierung war, so versicherte Oberst Whitaker von

---

[82] Amtsgericht Ansbach, Registratur S: Nr. 18.
[83] Hoegner, Außenseiter, S. 234.
[84] Vgl. AVBRD, Bd. 1, S. 1015 f.

der Ansbacher Militärregierungseinheit dem Landrat Richard Neff, daß die Militärregierung keinen „Einfluß auf die Entscheidungen der Spruchkammer nimmt"[85].

Nachdem diese Großzügigkeit aber in den Augen vieler Militärregierungsoffiziere ausgenützt worden war, gewannen die Verfechter einer harten Entnazifizierungslinie wieder Oberwasser. Sie drängten darauf, die politische Säuberung in amerikanische Hände zurückzulegen oder zumindest die Spruchkammern unter ihre Kontrolle zu bringen. Im Sommer 1946 wurde deshalb das „Delinquency and Error Report System" aufgebaut, das jede Entscheidung der Spruchkammern der Nachprüfung durch die Besatzungsmacht unterwarf. Stellte man dabei Verfahrens- oder Beurteilungsfehler der Kammern fest, so wurde das Befreiungsministerium eingeschaltet und der Spruch einstweilen storniert[86]. Außerdem schuf man für jeden Regierungsbezirk sogenannte Special Branch Advisory Teams, die den amerikanischen Säuberungsapparat vor Ort inspizieren und dazu anhalten sollten, den Spruchkammern etwas mehr auf die Finger zu sehen. Die ersten Berichte dieser Teams, die im Sommer 1946 in den amerikanischen Zentralen einliefen, übertrafen noch die Befürchtungen, die zu ihrem Einsatz geführt hatten[87]. In einem Memorandum von Special Branch über den Stand der Entnazifizierung in Bayern vom 17. September 1946 hieß es, die Spruchkammern hätten sich darauf spezialisiert, ein großangelegtes „white-washing" zu betreiben. Nur ein verschwindend geringer Prozentsatz der Betroffenen sei in die Gruppen I bis III eingestuft worden[88]. Wieder verdichtete sich die Stimmung zu der Überzeugung: So kann es nicht weitergehen. Ein Zusammenstoß mit den verantwortlichen Deutschen war unvermeidlich.

Clay tobte, als ihm die Berichte zu Gesicht kamen. Er hatte für das Befreiungsgesetz sein ganzes politisches Prestige eingesetzt und wollte unter allen Umständen an ihm festhalten. Voraussetzung aber war, daß es so durchgeführt wurde, daß es ihm den Rücken freihielt gegen alle Angriffe der in Sachen Entnazifizierung nicht gerade zimperlichen amerikanischen Presse. Nichts wäre ihm im Herbst 1946 ungelegener gekommen als eine neue Entnazifizierungsdebatte. Eine Änderung des Befreiungsgesetzes, wie es die Deutschen forderten, kam aber auch deshalb nicht in Frage, weil die Amerikaner ihr Gesetz gerade erst im Alliierten Kontrollrat eingebracht und als Modell für alle anderen Besatzungszonen empfohlen hatten[89]. Clay wußte zwar, daß ein wesentliches Ziel des Befreiungsgesetzes die Rehabilitierung der im ersten Jahr der Besatzung Entlassenen war. Das durfte aber keinesfalls so weit gehen, daß, wie es jetzt an der Tagesordnung zu sein schien, selbst Schwerbelastete zu Mitläufern des Nationalsozialismus gestempelt würden. Einen Ausweg aus dieser Zwickmühle gab es nur, wenn es gelang, die Deutschen zu härterem Durchgreifen zu veranlassen.

Diesen Versuch unternahm Clay am 5. November 1946 anläßlich der 14. Tagung des Länderrats der amerikanischen Zone in Stuttgart. Die Ministerpräsidenten und Minister, die sich in der Villa Reitzenstein versammelt hatten, befanden sich in bester Stimmung. Der württembergisch-badische Kabinettschef Reinhold Maier hatte gerade eine Rückschau auf ein Jahr Länderratsarbeit gegeben und dabei mit Lobesworten

---

[85] So gab Neff den Chef der örtlichen Militärregierung in einer Kreisausschußsitzung wieder. Prot. der Kreisausschußsitzung vom 25. September 1946, in: LRA Ansbach, EAP 01-014.
[86] Vgl. Niethammer, Entnazifizierung, S. 407.
[87] Vgl. dazu die Berichte, in: NA, RG 260, 13/92-1 und 13/92-2.
[88] Vgl. Niethammer, Entnazifizierung, S. 410.
[89] Ebenda, S. 417.

nicht gespart, da setzte Clay zu einer ebenso kurzen wie schneidenden Philippika an: Er sei „tief enttäuscht" über die Art der Durchführung des Befreiungsgesetzes. Was bisher geschehen sei, zeige, daß die Deutschen noch nicht fähig seien, sich selbst zu regieren, und offenbare einen beträchtlichen Mangel an Willen zur Demokratie: „Ich habe Ihnen schon bei mehreren Gelegenheiten gesagt, daß die Militärregierung fest entschlossen ist, ihre Besatzungszone zu entnazifizieren. Wir beabsichtigen, alle jene aus einflußreichen Positionen zu entlassen, die sich verschworen hatten, um die Welt in Ruin und Zerstörung zu stürzen. Wir sind in unserem Entschluß nicht wankend geworden. Wenn das deutsche Volk diese Aufgabe nicht übernehmen will, kann und wird die Militärregierung die Aufgabe erfüllen ... Damit wir uns nicht mißverstehen. Entnazifizierung ist eine absolute Notwendigkeit."[90] Das saß. Die Entnazifizierungsminister boten ihren Rücktritt an, der aber weder von der Militärregierung noch von den Ministerpräsidenten angenommen wurde[91]. Selbst in den Städten und Kreisen horchte man auf. Regierungspräsident Schregle hielt die Landräte und Oberbürgermeister seines Regierungsbezirks sofort zu einem schärferen Entnazifizierungskurs an: „General Clay hat uns sechs Wochen Frist gesetzt. Wenn wir diese Frist mit Nachdruck auswerten, dann ... wird nach sechs Wochen die Situation für uns alle grundlegend besser werden. Es muß denazifiziert werden ..."[92]

Tatsächlich aber verpuffte die Wirkung von Clays Philippika bald. Die Presse hatte zugkräftige Schlagzeilen, in der Praxis aber blieb alles beim alten: Die Spruchkammern widmeten sich auch weiterhin vor allem der Rehabilitierung der kleinen Pgs. Als die Intelligence Division der Militärregierung Anfang Dezember 1946 eine erste Bilanz der seit dem denkwürdigen 5. November unternommenen Entnazifizierungsanstrengungen zog, mußte sie feststellen, daß sich auch an den Rahmenbedingungen der politischen Säuberung nichts geändert hatte: „ ... Die deutsche Öffentlichkeit ist aber auch nicht immer zur Mitarbeit bereit. Aus Angst vor späteren Vergeltungsmaßnahmen ist man sehr reserviert, wenn es gilt, als Zeuge auszusagen; außerdem sind kirchliche Würdenträger und weltliche Honoratioren im allgemeinen schnell bereit, ‚Persilscheine' auszustellen. Manchmal sitzen Sympathisanten auf den Richterstühlen; manchmal versuchen die Parteien die Urteile zu beeinflussen. Einige Urteile waren viel zu milde, in verschiedenen Orten weichen die Urteile sehr voneinander ab, von Einheitlichkeit der Verfahren kann keine Rede sein und fast überall dauern die Verfahren viel zu lange. Wie man uns erneut berichtet ... wird die Arbeitsweise der Spruchkammern in etwa so bezeichnet: gleichgültig, desinteressiert, zögerlich, gemächlich, unfähig; einmal zu sehr vom Klerus beeinflußt, ein andermal zu sehr zum Vorteil der früheren Nazis."[93]

Natürlich hatte Clays Strafpredigt auch dem desolaten Zustand der Spruchkammer Ansbach-Stadt nicht aufzuhelfen vermocht. Um die Jahreswende 1946/47 war die Stelle des Vorsitzenden noch immer vakant. Im Dezember glaubte der Stadtrat zwar drei Kandidaten gefunden zu haben, aber alle drei winkten schließlich ab, so daß die

---

[90] Clays Ausführungen vom 5. November 1946, in: AVBRD, Bd. 1, S. 1016 f.
[91] Vgl. AVBRD, Bd. 1, S. 1017; Hoegner, Außenseiter, S. 236 f.
[92] Besprechung des RegPräs mit den OB und LR, 11. November 1946, Prot. in: StA Nürnberg, LRA Scheinfeld, Nr. 367.
[93] Wochenbericht der Intelligence Division von OMGB, 6. Dezember 1946, in: NA, RG 260, 10/85-3/2; vgl. auch Wochenbericht vom 25. Dezember 1946, in: NA, RG 260, 10/85-2/1.

Suche von neuem beginnen mußte[94]. Kurz vor Weihnachten erlitt zu allem Unglück auch noch die stellvertretende Vorsitzende, Eva Reiner, einen Unfall und mußte das Bett hüten. Mitte Januar konnte sie ihre Tätigkeit wenigstens mit halber Kraft wieder aufnehmen[95]. Ein Witz, der damals gerne erzählt wurde, schien sich in Ansbach zu bewahrheiten: „Hitlers 1000jähriges Reich kann rein rechnerisch so aufgeteilt werden: zwölf Jahre Hitler und 988 Jahre Entnazifizierung."[96] Es kam aber noch schlimmer für die Ansbacher Spruchkammer. Im Februar 1947 ruhte die Arbeit fast ganz. Der erste Kläger, Julius Gäbel von der KPD, befand sich in Urlaub, und man begann zu munkeln, daß er sich wegen der Niederlage seiner Partei in der Landtagswahl vom 1. Dezember 1946 vielleicht ganz aus der Entnazifizierung zurückziehen werde. Sein Stellvertreter Josef Otta, Sozialdemokrat und 1. Vorsitzender der VVN in Ansbach, enthielt sich aus „Protest gegen die unqualifizierbaren Urteile der Berufungskammer in Ansbach … jeder Mitarbeit"[97]. Otta, der im Dritten Reich vielen Verfolgungen ausgesetzt gewesen war und als ein energischer Entnazifizierer galt, wollte mit seinem Streik auf einen in seinen Augen unhaltbaren Zustand aufmerksam machen, daß nämlich im Stadtkreis Ansbach noch keiner der größeren Nationalsozialisten vor der Spruchkammer gestanden hatte, während die wegen ihrer Milde bekannte Ansbacher Berufungskammer schon damit beschäftigt war, die in erster Instanz hart bestraften Pgs aus dem ganzen Regierungsbezirk Ober- und Mittelfranken zu rehabilitieren.

Kaum hatte man Otta zum Weitermachen überredet, schied Gäbel tatsächlich aus. Auch in vielen anderen Spruchkammern Bayerns legten um diese Zeit kommunistische Kläger und Beisitzer ihre Ämter nieder, weil sie befürchteten, ohne Fraktion im Landtag keinen Einfluß mehr auf die Entnazifizierungspolitik zu haben. „Es ergibt sich dadurch für jeden Kommunisten, der in den Apparat der Entnazifizierung unten eingespannt ist, die Gefahr", so schrieb ein Beisitzer der Spruchkammer Ansbach-Land, „daß er zu Maßnahmen, die ihm von oben her aufgezwungen werden, mißbraucht wird, auf die er bzw. seine Partei jedoch von oben her keinen Einfluß, nicht einmal ein Mitspracherecht hat."[98] Dieser Standpunkt war in der KPD freilich sehr umstritten, wie sich auf einer Tagung am 19. Januar 1947 in Nürnberg gezeigt hatte. Manche der KPD angehörenden öffentlichen Ankläger hielten es für falsch, den Dienst zu quittieren. Angesichts dieser gegensätzlichen Ansichten in den eigenen Reihen gab die KPD-Landesleitung die Devise aus, so lange in den Spruchkammern zu bleiben, wie eine erträgliche Zusammenarbeit mit den anderen Parteien möglich sei[99].

Wesentlich besser als um die Spruchkammer Ansbach-Stadt war es um die übrigen Spruchkammern in der Region Ansbach und Fürth bestellt. Die Kammern in Fürth funktionierten sogar relativ gut, wenn auch die Fürther Ausgabe der Nürnberger Nachrichten immer wieder mahnen mußte, doch endlich die schweren Fälle anzupak-

[94] Vgl. Prot. der Sitzung des Stadtrats von Ansbach vom 6. Dezember 1946, in: Stadtverwaltung Ansbach, Registratur des OB.
[95] Vgl. OB Ansbach an MilReg, Stimmungsberichte vom 15. Januar 1947 und 24. Dezember 1946, in: Stadtverwaltung Ansbach, EAP 022-95/19.
[96] Wochenbericht der Intelligence Division von OMGB, 4. Oktober 1946, in: NA, RG 260, 10/85-3/1.
[97] OB Ansbach an MilReg, Stimmungsbericht vom 18. Februar 1947, in: Stadtverwaltung Ansbach, EAP 022-95/19.
[98] Fritz Zenger, Beisitzer der Spruchkammer Ansbach-Land, an Vorsitzenden der Spruchkammer Ansbach-Land, 24. März 1947, in: Amtsgericht Ansbach, Registratur S: Verwaltungsakten.
[99] Vgl. Denazification Field Inspection Report, Det. Ansbach, 12. Februar 1947, in: NA, RG 260, 15/119-1/7.

ken[100]. Die Spruchkammer Ansbach-Land hatte hingegen Ende 1946 eine ihrer Stützen, den ersten Kläger, verloren; ein Ersatzmann war im August 1947 noch nicht gefunden worden[101].

Daß Clays Ermahnung vom November 1946 in Bayern weitgehend folgenlos blieb, lag zum Teil auch an dem neuen Mann an der Spitze des bayerischen Sonderministeriums, dem WAV-Vorsitzenden Alfred Loritz, der seit dem 21. Dezember 1946 das Befreiungsministerium leitete. Das war bereits die dritte Besetzung dieses Postens. Der KPD-Minister Heinrich Schmitt, der von Oktober 1945 bis Juli 1946 das Sonderministerium führte, hatte sich mit seinem Konzept einer von gesellschaftlicher Umschichtung begleiteten antifaschistischen Säuberung gegen die Widerstände der Bürokratie und der Militärregierung nicht durchsetzen können. Sein Nachfolger Anton Pfeiffer von der CSU war bestrebt gewesen, die Entnazifizierung zu entpolitisieren und in die Hände von unabhängigen Juristen zu legen. Beide hatten zwar im Ministerium den Ton anzugeben vermocht, zu den Spruchkammern vor Ort waren sie jedoch nicht durchgedrungen[102]. Zu Zeiten von Schmitt und Pfeiffer waren die Kammern aber wenigstens mit den neuesten Richtlinien ausgestattet worden. Beide hatten außerdem zumindest versucht, die Tätigkeit der Kammern zu überwachen. Unter Loritz wurde dagegen vieles anders. Dem eigenwilligen Minister, der bei seinem Amtsantritt verkündet hatte, daß die Nationalsozialisten nun nichts mehr zu lachen hätten, fehlte jegliche Voraussetzung für die Leitung einer so gewaltigen Unternehmung wie die Entnazifizierung. Innerhalb weniger Wochen verwandelte er alles, was bisher noch leidlich funktioniert hatte, in ein vollständiges Chaos.

Vor allem in der Ära Loritz vollzog sich der „kleinmütige Rückzug" vom Befreiungsgesetz[103]. Die Weichen dafür hatte die Militärregierung schon vor dem Amtsantritt von Loritz durch den Erlaß zweier Amnestien selbst gestellt, die ein „großes Loch in das Gewebe des Befreiungsgesetzes" rissen, „durch das Berufene und Unberufene schlüpften"[104]. Dabei handelte es sich einmal um die am 6. August 1946 auf Drängen der Ministerpräsidenten genehmigte „Jugendamnestie", die alle nach dem 1. Januar 1919 Geborenen von Sühnemaßnahmen befreite, sofern nicht Hauptschuldige, Belastete oder Minderbelastete davon profitierten[105]. Ferner hatte der Oberbefehlshaber der amerikanischen Zone, General Joseph McNarney, kurz vor dem Heiligen Abend 1946 in einer Ansprache vor dem Frankfurter Römer eine „Weihnachtsamnestie" verkündet, die Körperbehinderte und einkommensschwache Personen von der Entnazifizierung ausnahm, vorausgesetzt sie waren vom Kläger nicht in die Gruppen I–III eingestuft worden.

Ohne daß es so geplant gewesen wäre, konnte damit ein Riesenschritt in Richtung auf die Rehabilitierung der vielen kleinen, aber auch zahlreicher größerer Nationalsozialisten getan werden. Loritz forderte die Landräte und Oberbürgermeister Mittel- und Oberfrankens am 2. März 1947 unter Hinweis auf die Absichten der Militärregierung sogar eigens dazu auf, den Anklägern und Vorsitzenden ihrer Spruchkammer

[100] Vgl. Nürnberger Nachrichten, Fürther Ausgabe, vom 12. März 1947.
[101] Vgl. Annual Hist. Rep., 11. August 1947, Det. Ansbach, in: NA, RG 260, 10/80-3/6.
[102] Vgl. Woller, Loritz-Partei, S. 53.
[103] Niethammer, Entnazifizierung, S. 436. Vgl. auch Korman, Denazification Policy, S. 113 f.
[104] Niethammer, Entnazifizierung, S. 440.
[105] Vgl. Justus Fürstenau, Entnazifizierung. Ein Kapitel deutscher Nachkriegspolitik, Neuwied 1969, S. 83.

mitzuteilen, daß sie es mit den Paragraphen der Weihnachtsamnestie nicht allzu genau nehmen sollten. Die Amerikaner wollten, so interpretierte Loritz die Absichten
der Besatzungsmacht, „mit möglichst guten Zahlen aufwarten gegenüber den Russen,
damit sie ihnen sagen können, in unserer Zone sieht es in dieser Beziehung bereits am
besten aus". Folglich solle nicht lange an „Problemen herumgedoktert" werden.
„Wenn es sich um einen kleinen Bauern handelt, dann steht es fest, daß der Mann unter die Amnestie fällt. Es ist nicht lange zu entscheiden bei Fällen, wo die Grenze ein
wenig überschritten wird, diese können auch noch amnestiert werden ... " Man solle ja
„nicht so kleinlich (sein) bei der Bearbeitung der Weihnachtsamnestie"[106]. Zugleich
mit der Durchführung der Weihnachtsamnestie wollte man die immer wieder auf die
lange Bank geschobene Jugendamnestie endlich abschließen, und außerdem sollten –
eine Arbeit, die längst fällig war – alle Nichtbetroffenen „durchgeschleust" werden.
Die ganze Blitzaktion werde Ende April 1947 abgeschlossen sein, prophezeite der op-
timistische Sonderminister.

Mit den bescheidenen Kräften der Spruchkammern war dieses ehrgeizige Ziel jedoch nicht zu erreichen. Im bayerischen Kabinett einigte man sich deshalb darauf,
den Spruchkammern aus anderen Verwaltungszweigen kurzfristig soviel Personal wie
nur irgend möglich zur Verfügung zu stellen. Die Stadtverwaltungen von Fürth und
Ansbach legten vorübergehend sogar einige Dienststellen fast völlig still, um die Entnazifizierung vorantreiben zu können[107]. Die abgestellten Beamten, so erklärte Loritz
den Oberbürgermeistern und Landräten Ober- und Mittelfrankens dieses Patentre-
zept, „arbeiten von 8–12 Uhr für die Aufgaben des Landrats, Amtsgerichts, Finanz-
amts usw. und nachmittags für die Aufgaben des öffentlichen Klägers oder Spruch-
kammer-Vorsitzenden ... Es ist die Aufgabe der abgestellten Beamten, die Sachen vor-
zubereiten, die Sache vorzukauen ... die grobe Arbeit zu leisten. 90 oder 95 Prozent
der Fälle, die leicht zu bearbeiten sind, sind selbständig zu bearbeiten, so daß der öffentliche Kläger einfach unterschreiben kann. Die restlichen schwierigen Fragen, die
wird er sich selbst ansehen, die müssen ihm vorgelegt werden, die leichten Fälle müssen zuerst weggearbeitet werden."[108]

Das großzügige Verfahren zur Durchführung der Amnestien verlegte die politische
Säuberung in der Praxis auf die Schreibtische von Beamten, die darauf getrimmt waren, die einzelnen Fälle nicht lange zu prüfen, sondern gewissermaßen für die Statistik
zu arbeiten. Dutzende von Fällen gingen so täglich über die Schreibtische der Kläger,
die höchstens noch einen kurzen Blick in die Akten warfen. Eine politische Kontrolle
dieser im Schnellverfahren gefällten Sprüche war nicht mehr möglich. Sowohl die Öffentlichkeit als auch die Parteien, die bis dahin durch die Beisitzer an der Entnazifizierung mitgewirkt hatten, waren von der Spruchkammerarbeit nun weitgehend ausgeschlossen. So war es kein Wunder, daß auch zahlreiche Unbefugte in den Genuß der
Amnestien kamen. Bei vielen Pgs wäre die Belastung eigentlich zu groß gewesen, bei
anderen wiederum war das Einkommen zu hoch. Und schließlich ließen sich auch

[106] So Loritz in der Besprechung des RegPräs mit den OB und LR, 20. März 1947, Prot. in: StA Nürnberg, Reg
von Mittelfranken (1978, Zusatz), Nr. 25.
[107] Vgl. OB Fürth an RegPräs, 22. Mai 1947, in: Stadtverwaltung Fürth, EAP 4; OB Ansbach an MilReg,
Stimmungsbericht vom 19. März 1947, in: Stadtverwaltung Ansbach, EAP 022-95/19.
[108] So Loritz in der Besprechung des RegPräs mit den OB und LR, 20. März 1947, Prot. in: StA Nürnberg, Reg
von Mittelfranken (1978, Zusatz), Nr. 25.

viele durch dubiose medizinische Atteste zu Schwerbeschädigten erklären. Ihnen allen konnte, wenn man nur die Paragraphen weit genug auslegte, die Weihnachtsamnestie gewährt werden. Besonders großzügig wurde beispielsweise der vielfache NS-Funktionär (u. a. Pg seit 1933 und stellvertretender Blockleiter, seit 1933 SA-Mitglied und Truppführer) und Strafvollzugsbeamte Michael *Zaglauer* aus Ansbach „entnazifiziert". Auf ihn hätte die Weihnachtsamnestie keinesfalls Anwendung finden dürfen; allein schon seine langjährige Parteizugehörigkeit erforderte ein öffentliches Verfahren. Außerdem war *Zaglauer* in den Verdacht geraten, als Gefängniswärter einige Gefangene mißhandelt zu haben – womöglich also sogar ein Fall für den Staatsanwalt. Die Kammer stellte das Verfahren ein mit der Begründung, *Zaglauer* sei zu 40 Prozent kriegsbeschädigt. Selbst dabei verstieß die Spruchkammer noch gegen die Buchstaben der Amnestie, denn eigentlich sollte die Weihnachtsamnestie nur „Körperbeschädigte(n), die ... zu 50 und mehr Prozent als versehrt gelten", zugute kommen[109].

Dem Ankläger der Spruchkammer Fürth-Stadt gingen die dauernden Verstöße gegen Geist und Buchstaben der Weihnachtsamnestie zu weit. Er wandte sich vor allem gegen die skandalös großzügige Interpretation der Bestimmung, daß „Körperbeschädigte, die aufgrund der bestehenden Versorgungs- und Unfallfürsorgegesetze zu 50 und mehr Prozent als versehrt gelten", unter die Amnestie fielen[110]. Der 50-Prozent-Paragraph, so teilte er der Intelligence Division mit, „erlaubt fast jedem Nazi, sich von seinem Arzt das erforderliche ärztliche Attest zu verschaffen. Die Amtsärzte, die die Atteste prüfen, nennen die 50-Prozent-Regelung und deren gängige Auslegung eine offene Hilfe für die Nazis."[111] Das war keine Fürther Spezialität. Alle amerikanischen Detachments in den Landkreisen und Städten berichteten übereinstimmend, „daß die Anweisung von Loritz an die Spruchkammern, die Amnestien großzügig anzuwenden, zu Mißbrauch und Fehlurteilen geführt" habe[112].

Wen kümmerten aber diese kritischen Bemerkungen? Was zählte war einzig, daß im Mai 1947 die Amnestien durchgeführt waren. Die Spruchkammer Ansbach-Land meldete schon in der zweiten Aprilwoche 1947, daß die Weihnachts- und Jugendamnestie abgeschlossen sei und jeder vom Befreiungsgesetz Nichtbetroffene seine „weiße Karte"[113] – eine Postkarte mit der Unterschrift des Ministers – bekommen habe. Damit waren 86 Prozent aller Fälle erledigt[114]. Zur Behandlung waren noch geblieben: 25 der ursprünglich 39 Fälle der unter Klasse I (= Hauptschuldige) angeklagten, 3510 Aktivisten der Gruppe II und 1563 Betroffene der Gruppen III und IV[115]. Die Spruchkammern in Fürth konnten auf ähnlich prachtvolle Erfolgsbilanzen verweisen. Am 14. Mai 1947 berichtete die Fürther Ausgabe der Nürnberger Nachrichten stolz: „93,4 Prozent aller Fürther entnazifiziert." Selbst das Sorgenkind unter den Spruchkammern der Region, die Spruchkammer Ansbach-Stadt, hatte mit Unterstützung der

[109] Vgl. Amtsgericht Ansbach, Registratur S: Nr. 17. Zu den Bestimmungen der Weihnachtsamnestie vgl. Schullze (wie Anm. 10).
[110] Vgl. dazu Schullze, Ausführungsvorschrift 48 (wie Anm. 10).
[111] Wochenbericht der Intelligence Division von OMGB, 11. Juni 1947, in: NA, RG 260, 10/85-2/8.
[112] Ebenda.
[113] Niethammer, Entnazifizierung, S. 452.
[114] Vgl. Fränkische Landeszeitung vom 12. April 1947.
[115] Ebenda.

Stadtverwaltung die Amnestie im April 1947 durchgeführt[116]. Damit war der erste große Schritt, die Rehabilitierung der großen Masse der kleinen Pgs, getan. Daß auch viele stärker Belastete von den Amnestien profitierten, ging im allgemeinen Papierkrieg fast völlig unter. Das Gröbste war geschafft, das war die Hauptsache. Nun konnten sich die Spruchkammern an die Behandlung der schweren Fälle machen, obgleich die prominentesten Nationalsozialisten noch immer in den Internierungslagern saßen und wenig Hoffnung bestand, sie vor das Tribunal der Heimatspruchkammern ziehen zu können.

In Fürth erlebte die Entnazifizierung nach der Abwicklung der Amnestien tatsächlich einen Aufschwung. Die Redaktion der Fürther Ausgabe der Nürnberger Nachrichten hatte nun keinen Anlaß mehr für ihre fast schon obligatorische Klage, es würden nur die kleinen Pgs vor die Spruchkammer zitiert. Monat für Monat konnte die Zeitung nun über schwere Fälle berichten und unverhohlen Beifall spenden, wenn die Urteile angemessen hart ausfielen[117]. Das Interesse richtete sich dabei hauptsächlich auf Denunzianten, die in den Augen der Öffentlichkeit gar nicht hart genug bestraft werden konnten. Als im September 1947 ein Fürther Diplom-Ingenieur in die Gruppe II eingereiht, zu einem Jahr Sonderarbeit und 20-prozentigem Vermögenseinzug verurteilt wurde, schrieben die Nürnberger Nachrichten: „Hätte sich der 61jährige Dipl.-Ing. Hans Markert nicht so nazistisch aufgebläht, so wäre ihm ein schwerer Lebensabend erspart geblieben."[118]

Die Spruchkammer Ansbach-Stadt hinkte hinter dieser allgemeinen Entwicklung her: Bisher war noch gegen keinen der 69 vermutlich „Hauptschuldigen" der Stadt ein Verfahren eröffnet worden. Von den etwa 2600 Verfahren mit angeklagten Aktivisten der Klasse II waren durch die Weihnachts- und Jugendamnestie erst etwa 600 abgeschlossen worden[119]. Der designierte Nachfolger Whitakers im Amt des leitenden Militärregierungsoffiziers, Oberst Frank Yardley, nahm diese Rückstände zum Anlaß, die Vertreter der Parteien, einige Spruchkammerangehörige und Behördenvertreter zusammenzurufen und ihnen seine Unzufriedenheit zu erklären. „Es entspreche nicht dem Sinne des Gesetzes", so berichtete die Fränkische Landeszeitung am 17. Mai 1947 über die Zusammenkunft, wenn man vielleicht erst nach zwei Jahren oder noch später, „Menschen für etwas zur Verantwortung ziehe, das heute schon mehrere Jahre zurückliegt. Es müßten Maßnahmen ergriffen werden, die eine Beendigung aller Spruchkammerarbeit spätestens in Jahresfrist gewährleisten."

So schnelle Abhilfe, wie Yardley sie verlangt hatte, war aber nach Lage der Dinge nicht zu erwarten. In der Ära Loritz hatte sich am beklagenswerten Zustand der Ansbacher Spruchkammer nichts geändert. Die Positionen des Vorsitzenden und des ersten Klägers waren nach den durchgepeitschten Amnestien im Frühjahr 1947 noch immer vakant. Außerdem hatte der stellvertretende Kläger Josef Otta, der mit der schnellen Rehabilitierung nicht einverstanden war, durchblicken lassen, daß er Ende Juli zurücktreten werde, und schließlich hatte die stellvertretende Vorsitzende Eva

[116] Vgl. OB Ansbach an MilReg, Stimmungsberichte vom 1. und 8. April 1947, in: Stadtverwaltung Ansbach, EAP 022-95/19.
[117] Vgl. Nürnberger Nachrichten, Fürther Ausgabe, vom 14. Juni, 20. August und 1. Oktober 1947.
[118] Ebenda, 10. September 1947.
[119] Vgl. Fränkische Landeszeitung vom 17. Mai 1947.

Reiner, eine tapfere und resolute Frau, die sich selbst als Antifaschistin bezeichnete und bisher die Bürden der Entnazifizierung fast allein getragen hatte, einen schweren Herzanfall erlitten und war in das Krankenhaus eingeliefert worden[120]. Der Weggang Ottas schien nicht weiter tragisch zu sein, denn es fand sich schnell ein Nachfolger, auf den man anfangs große Stücke hielt. Schon bald zeigte sich aber, daß der neue Mann, ein 50jähriger parteiloser Kaufmann, zu allem taugen mochte, nur nicht zum öffentlichen Kläger. „Selbst nach vier Monaten", so schrieb die Ansbacher Militärregierung in ihrem Vierteljahresbericht vom 27. Januar 1948, „kennt er das Befreiungsgesetz noch nicht, er fertigt laufend fehlerhafte Anklageschriften an. In öffentlichen Verhandlungen verliest er lediglich die Anklageschrift, danach ist er passiv. Sein einziges Interesse besteht darin, nach Beendigung der Entnazifizierung in Ansbach einen guten Posten im öffentlichen Dienst zu ergattern."[121]

Ottas Ausscheiden im Sommer 1947 fiel mit einer größeren Überraschung zusammen. Man hatte sich in Ansbach fast schon damit abgefunden, daß die Stelle des ersten Vorsitzenden für immer unbesetzt bleiben würde, als im Juli 1947 doch ein Vorsitzender gefunden wurde: Dr. Leopold Becker, ein 1880 in Breslau geborener Rechtsanwalt, der seit 1945 im Dienst des Bayreuther Arbeitsamtes und der Regierung von Ober- und Mittelfranken gestanden hatte. Becker, ein kleiner schmächtiger Mann, hatte sich nicht freiwillig für die Spruchkammer gemeldet, sondern war aufgrund des „Gesetzes über die Staatsbürgerliche Pflicht zur Mitarbeit an Staatsaufgaben" verpflichtet worden[122]. Mit seinem Dienstantritt, Anfang Juli 1947, konnten endlich auch in Ansbach öffentliche Verfahren beginnen.

Die erste Verhandlung fand am Donnerstag, den 10. Juli 1947, statt[123]. Verhandlungsort war das frühere Wohnhaus des Baumeisters und Begründers des Ansbacher Markgrafenstils Karl Friedrich von Zocha, das sogenannte Zochaschlößchen in der Nähe des Bahnhofsplatzes, das im Krieg schwer beschädigt worden war. Der kleine, 1946 nur notdürftig hergerichtete Sitzungssaal war gefüllt mit Schaulustigen. Die Lokalredaktion der Fränkischen Landeszeitung hatte extra einen Reporter entsandt. Die Erwartung war groß. Die Spruchkammer hatte sich vorgenommen, gleich am ersten Tag die Fälle des Steuerbetriebsassistenten Georg *Deinlein* und des Kontrolleurs Ernst *Mühler* zu entscheiden. *Deinlein,* Pg seit 1935, war ein armer Schlucker, der 1945 von der Militärregierung aus seinem Posten im Finanzamt entlassen worden war. Da er außerdem seit dem Ersten Weltkrieg zu 60 Prozent schwerbeschädigt war, hätte es niemanden erstaunt, wenn er in den Genuß der Weihnachtsamnestie gekommen wäre. Im Laufe der routinemäßigen Vorermittlungen im Sommer 1946 hatte sich aber der Verdacht ergeben, daß *Deinlein* ein Denunziant gewesen war. Der örtliche Ausschuß des Allgemeinen Deutschen Gewerkschaftsbundes hatte nämlich auf dem Arbeitsbogen des Klägers vermerkt: „*Deinlein* war Nationalsozialist, man mußte sich vor ihm hüten, eine andere Meinung zu bekunden. *Deinlein* war seinen Mitarbeitern gegenüber nicht aufrichtig." Der aus einem Sozialdemokraten und einem Kommunisten bestehende Ermittlungsdienst, der daraufhin tätig geworden war, hatte das Urteil der Ge-

---

[120] Vgl. OB Ansbach an MilReg, Stimmungsbericht vom 9. Juli 1947, in: Stadtverwaltung Ansbach, EAP 022-95/19. Vgl. auch die Stimmungsberichte vom 18. Juni 1947 und 30. Juli 1947, in: Ebenda.
[121] Quarterly Hist. Rep., 27. Januar 1948, Det. Ansbach, in: NA, RG 260, 10/80-3/6.
[122] Fränkische Landeszeitung vom 12. Juli 1947.
[123] Vgl. ebenda und Amtsgericht Ansbach, Registratur S: Nr. 10.

werkschaften bekräftigt. Er war aber dabei offensichtlich politischen Vorurteilen gefolgt und hatte sich mehr auf Gerüchte als auf Tatsachen gestützt. Der öffentliche Kläger stellte den Antrag, *Deinlein* in die Gruppe II der Belasteten einzureihen und mit zwei Jahren Sonderarbeiten und 50-prozentigem Vermögenseinzug zu bestrafen.

Die Aufgabe der Spruchkammer war nicht leicht. In der Zeugenvernehmung tauchten erhebliche Zweifel auf, ob *Deinlein* tatsächlich als Denunziant anzusehen war. Hielt sich die Kammer an den Satz „in dubio pro reo", mußte sie *Deinlein* als Mitläufer einstufen. Andererseits war der neue Vorsitzende offensichtlich um einen guten Einstand bemüht, und auch die Spruchkammer, in der an diesem Tag die Befürworter eines energischen Säuberungskurses überwogen, stand unter einem gewissen Erwartungsdruck der Öffentlichkeit. Würde sie nicht den ohnehin nur geringen Kredit weitgehend verspielen, wenn sie ihre Arbeit mit einem Mitläufer-Urteil eröffnete? Zwischen öffentlicher Erwartung und ungenügenden Beweisen wählte die Kammer einen Mittelweg, indem sie *Deinlein* in die Gruppe III der Minderbelasteten einstufte und ihn zu zwei Jahren Sonderarbeit und 20-prozentigem Vermögenseinzug verurteilte – verglichen mit späteren Urteilen in ähnlich gelagerten Fällen ein bemerkenswert hartes Urteil. Im Fall *Mühler* zog die Spruchkammer ebenfalls harte Saiten auf. *Mühler*, Pg seit 1932 und Kreiswart bei KdF, konnte neben einer Denunziation an den „Stürmer" auch nachgewiesen werden, an der Zerschlagung der Gewerkschaften aktiv beteiligt gewesen zu sein. Der Spruch der Kammer lautete: Zwei Jahre Arbeitslager und Einziehung von 30 Prozent seines Vermögens[124]. Becker schien auf dem richtigen Weg zu sein. Daß er die Fälle der beiden Denunzianten als erste behandelt hatte, entsprach durchaus der Erwartung der Bevölkerung.

Bereits zwei Wochen später, am Donnerstag den 24. Juli, stand endlich auch einer der großen Nationalsozialisten der Stadt vor der Spruchkammer: der ehemalige zweite Bürgermeister von Ansbach, Albert Böhm (Pg seit 1926), ein fanatischer Parteigänger und Nutznießer des Dritten Reiches, der, so die örtliche Gewerkschaft, auch an der Einweisung mehrerer Personen in das KZ Dachau mitschuldig gewesen sei. Die Teilnahme der Bevölkerung war wieder außerordentlich groß, schon lange vor Beginn der Verhandlung war der Zuschauerraum überfüllt. Die Verhandlung begann um 16 Uhr und endete erst um 22.45 Uhr. Wieder fällte die Kammer ein Urteil, das dem Geist und den Buchstaben des Befreiungsgesetzes durchaus nahe kam. Böhm wurde in die Gruppe I der Hauptschuldigen eingereiht, für 2½ Jahre in ein Arbeitslager eingewiesen, außerdem sollte sein gesamtes Vermögen eingezogen werden[125]. Der Auftakt unter dem neuen Vorsitzenden war recht vielversprechend. Die Spruchkammer nahm sich auch in den folgenden Wochen die schwereren Fälle vor, die Urteile konnten sich durchaus sehen lassen.

Das änderte sich um die Jahreswende 1947/48 nicht nur in Ansbach, sondern überall in der amerikanischen Zone. Nachdem die Spruchkammern nach Abschluß der Amnestien eine Reihe von spektakulären Fällen behandelt hatten, mußten sie sich wieder mit Zweitrangigem befassen. Die örtliche NS-Prominenz saß bis auf wenige Ausnahmen noch immer in den Internierungslagern und wartete dort auf ihre Verfahren vor den Lagerspruchkammern. Das Interesse der Öffentlichkeit an der Arbeit der

[124] Vgl. Fränkische Landeszeitung vom 12. Juli 1947.
[125] Vgl. Fränkische Landeszeitung vom 26. Juli 1947 und Amtsgericht München, Registratur S: Nr. 1.

Spruchkammern flaute wieder ab. Mehr als zwei Jahre waren inzwischen seit dem Ende der NS-Herrschaft vergangen, immer stärker drängten nun die Sorgen der täglichen Lebensbewältigung die Erinnerung an die schlimmen Vorkommnisse im Dritten Reich in den Hintergrund. „Wenn man sie nach ihrer Meinung über die Entnazifizierung fragt, reagieren viele Deutsche böse. Die meisten meinen", berichtete die Intelligence Division der Militärregierung schon im Juli 1947, „daß die Zeit über das Entnazifizierungsgesetz hinweggegangen ist, daß die Bevölkerung nicht mehr an Nationalsozialismus und Entnazifizierung interessiert ist und daß viele Probleme vorhanden sind, die weit wichtiger sind als der Vollzug eines unseligen Gesetzes ..."[126]

Das soziale Geflecht zur Abwehr der überzogenen Entnazifizierung wurde nun noch dichter als schon 1946. Symptomatisch dafür war, daß immer häufiger Belastungszeugen, die dem Ermittlungsdienst 1946/47 noch bereitwillig Auskunft gegeben hatten, später „umfielen". Über den Gelegenheitsarbeiter Hans *Raßler,* Pg und SS-Mann seit 1931, hatte Amtsdirektor Christian Stecher im Sommer 1947 den Ermittlern berichtet: „Aufgrund seiner Zugehörigkeit zur SS und Partei und als persönlicher Günstling der Parteigrößen wurde er bei der Stadtverwaltung Ansbach angestellt. Ohne Prüfung wurde er Beamter und schaffte es bis zum Marktmeister." Ein Mitglied des Ausschusses der Parteien hatte assistiert: „Er ist ein Nutznießer, da er die Partei und SS benützte, seine persönlichen Wünsche verwirklichen zu können. Bei Aufmärschen und Kundgebungen marschierte er immer mit an der Spitze und zeigte überall den großen Mann." In der öffentlichen Verhandlung vor der Spruchkammer im Jahre 1948 hörten sich die Aussagen dann ganz anders an. Der Amtsdirektor gab nun zu Protokoll: *Raßler* „war wohl derjenige Pg, der sich am anständigsten verhalten hat ... Seinen Dienst hat er pünktlich versehen, war immer anständig und objektiv. Mir sind keine Klagen über ihn zu Ohren gekommen ... Die Aussage im Ermittlungsbericht stammt nicht von mir." Das Mitglied des Ausschusses der politischen Parteien druckste in der mündlichen Verhandlung kleinlaut herum: „ ... Meiner Meinung nach war er ein überzeugter Nazi. Über seine Einstellung kann ich nichts sagen ... Es ist mir nicht bekannt geworden, daß er sich werbend oder propagandistisch für die Partei eingesetzt hat. Ich habe dem Ermittler nur die allgemeine Meinung gesagt. Ich kann nicht behaupten, daß der Betr. ein Nutznießer war"[127].

Der lokale Filz aus Nachbar- und Freundschaften schien jetzt eine Art von Zwang zur Rehabilitierung auszuüben. Wollte man dabei nicht mitmachen, so riskierte man, schief angesehen zu werden. Selbst Opfer des Nationalsozialismus machten sich zuweilen für Pgs stark. Der Treuhänder für ehemaliges jüdisches Eigentum im Stadt- und Landkreis Ansbach, Ceslanski, schrieb über einen belasteten Bankdirektor (Pg seit 1933): „Ich habe gewußt, daß *Bamm* Mitglied der Partei ist, konnte aber niemals feststellen, daß er für den Hitlerkurs eine gute Meinung gehabt hätte. Sein Verhalten gegen Jedermann war immer objektiv und sein freundliches und zuvorkommendes Wesen machte auf mich nur den besten Eindruck."[128] Mochte für gesellschaftliche Außenseiter wie Ceslanski das Ausstellen eines politischen Unbedenklichkeitszeugnisses eine Möglichkeit eröffnen, aus dem Abseits wieder herauszukommen, in das sie während der NS-Zeit geraten waren, so hatten Sozialdemokraten und Gewerkschaftler auch

---

[126] Wochenbericht der Intelligence Division von OMGB, 4. Juli 1947, in: NA, RG 260, 10/85-2/11.
[127] Amtsgericht Ansbach, Registratur S: Nr. 19.
[128] Ebenda: Nr. 13.

andere Gründe, kleinen Parteigenossen vor der Spruchkammer zu helfen. Sie waren –
trotz der Verfolgung nach der Machtergreifung – ein Bestandteil der örtlichen „Gesellschaft" geblieben und den Nationalsozialisten nicht nur als politische Gegner, sondern
auch als Kollegen und Nachbarn begegnet; in Notfällen – das haben viele Sozialdemokraten erfahren – konnte auf sie durchaus Verlaß sein[129]. Das dämpfte den Willen zur
Abrechnung ebenso wie die in der SPD weitverbreitete Meinung, angesichts der allgemeinen Misere den Blick nach vorne zu richten und die alten Konflikte möglichst beiseite zu schieben.

Während aber die SPD fast verstohlen um die Gunst der kleinen Pgs warb, wurden
die bürgerlichen Parteien CSU und FDP zu einem immer wichtigeren Faktor der Rehabilitierung. Einige ihrer führenden Vertreter standen als Anwälte vor den Spruchkammern gleichsam an der Spitze des Widerstandes gegen die Entnazifizierung: So
der zeitweilige Vorsitzende der CSU in Ansbach, Dr. Konrad Ebert und sein Parteifreund, Dr. Hans Reichard, Bürgermeister von Leutershausen und einer der Grün-
dungsväter der CSU im Landkreis Ansbach[130]; auch der profilierteste Politiker des
bürgerlichen Lagers in Ansbach, Justizrat Dr. Adolf Bayer, den man sich seiner politischen Vergangenheit nach gut als Vorsitzenden oder Ankläger der Spruchkammer
hätte vorstellen können, verteidigte zahlreiche kleine und größere Pgs. Bayer, ein welt-
läufiger, finanziell unabhängiger und kunstsinniger Mann, war als entschiedener Liberaler schon frühzeitig in Gegnerschaft zum Nationalsozialismus geraten. Während das
nationalgesinnte Bürgertum seiner Heimatstadt in den zwanziger Jahren mehr und
mehr zu den Nationalsozialisten umgeschwenkt war, hatte der Justizrat in vielen politischen Prozessen gegen die NS-Bewegung an vorderster Front gestanden[131]. 1946
zum Ehrenbürger ernannt, war Bayer so etwas wie die graue Eminenz von Ansbach,
und es machte natürlich großen Eindruck, wenn eine Persönlichkeit von so hohem
Ansehen wie der Justizrat oder auch der örtliche CSU-Vorsitzende für die Einstufung
eines Betroffenen in die Klasse der Mitläufer plädierte. Vor allem aber war das Engagement der starken Männer von CSU und FDP im Dienste der kleinen und größeren
Pgs ein Zeichen für viele andere. Wenn sich diese Respektspersonen nicht zu schade
waren, eine große Zahl von „Ehemaligen" vor der Spruchkammer zu verteidigen,
warum sollte dann nicht jeder x-beliebige Ansbacher zugunsten eines Betroffenen aussagen bzw. diesem einen Persilschein ausstellen?

Das soziale Geflecht wurde aber 1947/48 nicht nur dichter, sondern schützte nun
auch die größeren und prominenteren Pgs. Das zeigte sich, nachdem am 8. Oktober
1947 in der Fränkischen Landeszeitung zwischen Anzeigen über Tiermärkte und Ver-
anstaltungshinweisen folgender Aufruf erschienen war: „Gegen den Hänel Richard,
ehem. Kreisleiter, Oberbürgermeister ... findet demnächst Verhandlung vor d. Lagerspruchkammer Regensburg statt. Personen, die hierzu sachdienliche Mitteilung machen können, wollen diese umgehend beim Oeffentlichen Kläger der Spruchkammer
des Lagers Regensburg, Straubinger Straße, mündlich oder schriftlich vorbringen." Bis

[129] Vgl. S.176f.
[130] Vgl. Annual Hist. Rep., 1. September 1946, Det. Ansbach, in: NA, RG 260, 10/80-3/6. Vgl. auch Amtsgericht Ansbach, Registratur S (vor allem die Fälle der Buchstaben B und H).
[131] Zu Bayer vgl. Fränkische Landeszeitung vom 4. Juli 1952, 11. Oktober 1962, 11. Februar 1961, 11. Februar
1956, 13. Februar 1956, 11. Februar 1976 und 2. Februar 1976 sowie Weise, Justizrat Dr. Adolf Bayer zum
75. Geburtstag, Ansbach 1951.

zum Prozeßbeginn liefen insgesamt dreißig Schreiben bei der Regensburger Lagerspruchkammer ein: zehn Belastungsschreiben und zwanzig Persilscheine. Die Entlastungsschreiben stammten fast alle von den Angehörigen der Ansbacher Honoratiorenschaft, mit denen sich der frühere Oberbürgermeister und Kreisleiter in seiner
Amtszeit arrangiert hatte. Der Dekan, der Stadtpfarrer, der Rechtsrat der Stadt,
Rechtsanwälte, der Schlachthofdirektor, der frühere Direktor der Stadtwerke – sie alle
waren bereit, dem früheren Stadtoberhaupt zu helfen, meldeten sich aber nicht spontan von sich aus, sondern wurden vom Rechtsanwalt bzw. der Familie Hänels um
diese kleine Gefälligkeit gebeten. Eine gewisse Scheu, dem schwerbelasteten Hänel
beizuspringen, bestand wohl immer noch, denn nicht wenige der honorigen Entla-
stungszeugen wollten sich nur schriftlich, nicht aber in einem mündlichen Verfahren
vor der Spruchkammer äußern[132].

Angesichts des allgemeinen Nachlassens des Säuberungswillens konnte es nicht
ausbleiben, daß auch der anfängliche Elan des Spruchkammerpersonals dahinschwand.
Wozu sollte man sich noch anstrengen, wenn niemand mehr an Entnazifizierung interessiert war bzw. die Berufungskammer fast automatisch die Urteile der ersten Instanz revidierte? Man machte sich höchstens unbeliebt, wenn man auf eine härtere
Gangart drängte. Wer wollte schon einem Nachbarn oder Bekannten, mit dem man
vielleicht noch lange Jahre Haus an Haus zu wohnen hatte, allzu weh tun? Mußte der
Bäcker- oder Schuhmachermeister nicht um seinen Kundenkreis fürchten, wenn er
als Beisitzer auf harten Urteilen beharrte? Die Angeklagten von heute konnten schon
morgen wieder in irgendeiner Behörde einen wichtigen Posten bekleiden. Die stellvertretende Vorsitzende der Ansbacher Spruchkammer, die Frau des 1945 verstorbe-
nen Regierungsvizepräsidenten, Eva Reiner, die erst 1945 nach Ansbach zugezogen
war und deshalb auf Nachbarn und Freundschaften weniger Rücksicht zu nehmen
brauchte, wußte, wie wirksam der „soziale Filz" die Säuberung dämpfen konnte. 1947
beklagte sich die parteilose Juristin bei der Militärregierung darüber, daß sie sich mit
ihrer Meinung innerhalb der Spruchkammer häufig nicht durchsetzen könne. Sie
werde von den Beisitzern, die offensichtlich dazu neigten, mit Rücksicht auf die Ansbacher Verhältnisse Milde walten zu lassen, einfach überstimmt[133].

Auf der anderen Seite zeigte es sich auch in Ansbach, daß bestimmte skandalöse
Vorgänge aus der NS-Zeit, die vor die Spruchkammer kamen, durchaus geeignet waren, den Willen zur politischen Säuberung wieder zu beleben. Einen solchen Fall behandelte die Spruchkammer Ansbach am 26. April 1948. Es ging dabei um eine Denunziation aus dem Jahre 1944, die dem Oberleutnant Wilhelm Gareis sieben Wochen Dunkelhaft im Gestapogefängnis Nürnberg und die anschließende Verurteilung
zu zehn Jahren Zuchthaus, fünf Jahren Ehrverlust und die Degradierung zum einfachen Soldaten eingebracht hatte. Im Herbst 1944 war die üble Denunziation Stadtge-
spräch gewesen, fast vier Jahre später verursachte sie wieder heftige Debatten. Den
Vorsitz der Verhandlung führte Dr. Becker, der, wie schon dargelegt, im Sommer/
Herbst 1947 bei einer Reihe von schweren Fällen strenge Maßstäbe angelegt hatte. Inzwischen aber war der 67jährige, der eigentlich längst reif für die Pensionierung war,
zunehmend bemüht, sich der Ansbacher Stimmung anzupassen. Verschiedentlich

---

[132] Amtsgericht Ansbach, Registratur S: Nr. 1.
[133] Vgl. Denazification Field Inspection Report, Det. Ansbach, 12. Februar 1947, in: NA, RG 260, 15/119-1/7.

hatte er es sogar darauf angelegt, Kläger und Belastungszeugen einzuschüchtern und die Betroffenen, wo es nur ging, zu begünstigen[134].

Ein Paradebeispiel für seinen Sinneswandel lieferte er unter den Augen vieler Zuschauer in der Verhandlung des Denunziantenfalles. Wilhelm Wiedfeld, der Herausgeber der Fränkischen Landeszeitung, griff daraufhin persönlich zur Feder und verfaßte einen geharnischten Artikel mit dem Titel „Eine blamable Spruchkammer-Angelegenheit"[135], in dem es u.a. hieß: „Der Vorsitzende ist offensichtlich unfähig, die Verhandlung zu führen. Von Konzentration keine Spur ... Der so unbeherrschte Vorsitzende fuhr wiederholt den Öffentlichen Kläger grob an und dieser den Vorsitzenden. Die Akten klatschten und die Hände knallten auf den Tisch. Das Verhalten beider wurde immer feindseliger. Die Zuhörer lächelten, lachten, schüttelten die Köpfe. Der Spott wurde immer offensichtlicher, die Schadenfreude mancher immer offenkundiger ... Ein einarmiger Belastungszeuge, ungewandt, der Kompliziertheit des Falles und der Situation geistig nicht gewachsen, wurde derart angefahren und mit der Androhung einer zehnjährigen Zuchthausstrafe eingeschüchtert, daß dieser vollends die Sprache verlor. Frau M., die der Denunziation Beschuldigte, nannte er (d. i. Becker) voller Mitgefühl die ‚arme Frau', und für diese ‚arme Frau' setzte er sich offensichtlich immer wieder ein. Ungezählte Suggestivfragen hatten nur das Ziel, sie zu entlasten. Der Zeuge G., den die Denunziation größtes Leid und um ein Haar den Kopf kostete, wurde von dem Vorsitzenden ohne jeden Anlaß geradezu angebrüllt, so daß dieser mit Recht fragte, ob er vielleicht vor dem Tribunal stünde. Die Beisitzer der Spruchkammer mußten einmal, zweimal öffentlich von ihrem Vorsitzenden abrücken."

Oberbürgermeister Ernst Körner, der sich mit den ungeheuerlichen Vorkommnissen ebenfalls zu befassen hatte, schrieb in seinem Stimmungsbericht vom 5. Mai 1948 an die Militärregierung, daß sich Becker soweit verstiegen habe, „den als Zeugen auftretenden ehem. Kreisleiter der NSDAP und früheren Oberbürgermeister Hänel nicht nur ständig als Oberbürgermeister, sondern in einem Fall, wie durch Zeugenaussagen bewiesen werden kann, sogar als Kreisleiter zu titulieren"[136]. Die „ohnehin schon im allgemeinen umstrittene Tätigkeit der Spruchkammer" habe durch das Verhalten Bekkers, so Körner weiter, „einen weiteren ganz bedenklichen Stoß erhalten". In der Presse wurde die Forderung erhoben: „Wir hoffen, in der auf den 10. Mai vertagten Verhandlung entweder einen gewandelten oder einen anderen Vorsitzenden zu sehen."[137]

Becker sah nun wohl selbst ein, was er angerichtet hatte, und verzichtete von sich aus auf die Führung des Verfahrens. Doch damit hatte es nicht sein Bewenden. Körner bat den Staatsminister für Sonderaufgaben, Becker „sofort vom Dienste zu suspendieren, weil bei einer Fortsetzung seiner unheilvollen Tätigkeit die Gefahr besteht, daß die Ruhe und Sicherheit in der Stadt nicht unerheblich gefährdet wird"[138]. Zugleich

[134] Vgl. dazu einen längeren Vorgang, in: Amtsgericht Ansbach, Registratur S: Nr. 1; vgl. auch August Ströhlein an Vizepräsident der Regierung von Ober- und Mittelfranken, 4. Mai 1948, in: NA, RG 260, 9/124-3/18.
[135] Fränkische Landeszeitung vom 30. April 1948.
[136] OB Ansbach an MilReg, Stimmungsbericht vom 5. Mai 1948, in: Stadtverwaltung Ansbach, EAP 022-95/19.
[137] Fränkische Landeszeitung vom 30. April 1948.
[138] OB Ansbach an MilReg, Stimmungsbericht vom 5. Mai 1948, in: Stadtverwaltung Ansbach, EAP 022-95/19.

leitete die Regierung von Mittelfranken eine Untersuchung des Falles Becker ein[139]. Und schließlich verfaßten die vier größeren Parteien Ansbachs und der Ortsausschuß des Bayerischen Gewerkschaftsbundes am 7. Mai 1948 ein energisches Schreiben an den Sonderminister, in dem sie hervorhoben: „Die Entnazifizierung, ohnehin zur Farce herabgewürdigt, wird durch Vorgänge, wie sie sich in der Verhandlung vor der Spruchkammer Ansbach-Stadt am 26. 4. 1948 unter dem Vorsitz von Herrn Dr. Leopold Becker abspielten, völlig entwürdigt … Wenn drei Jahre nach dem Zusammenbruch des Naziregimes der Vorsitzende einer Spruchkammer den aus dem Internierungslager Regensburg als Zeugen herbeigeholten berüchtigten ehemaligen Nazi-Oberbürgermeister Hänel mit diesem Amtstitel anspricht, dessen Verwahrung gegen den Wortgebrauch ‚nazistisch‘ widerspruchslos zur Kenntnis nimmt und duldet, daß dieser ehemalige Nazi-Oberbürgermeister sich in Positur setzt und arrogant erklärt: ‚Ich bin kein Nazi, sondern Nationalsozialist‘, so hat sich ein solcher Vorsitzender damit von selbst gerichtet und unmöglich gemacht." Sie hielten die sofortige Abberufung Beckers für dringend erforderlich. Und weiter hieß es in dem Schreiben: „Eine Überprüfung der von Herrn Dr. Becker bisher gefällten Sprüche erscheint unbedingt geboten."[140]

Angesichts einer so breiten Mißstimmung war Becker nicht mehr zu halten. Im Juni 1948 war die Stelle des Vorsitzenden der Spruchkammer Ansbach-Stadt wieder frei. Das schon begonnene Verfahren, das Becker schließlich seinen Posten kostete, wurde in der zweiten Mai-Woche unter der Leitung des Vorsitzenden der Dinkelsbühler Spruchkammer, der eigens deshalb nach Ansbach abkommandiert worden war, neu aufgerollt und am 12. Mai 1948 zu Ende geführt[141]. Trotz aller Empörung wollten aber nur die wenigsten ernsthaft eine neue Entnazifizierungsanstrengung unternehmen und alle in der Ära Becker gefällten Urteile überprüfen lassen. Nachdem sich die allgemeine Aufregung gelegt hatte, begann sich in allen politischen Lagern die Meinung durchzusetzen, daß man mit einer Generalrevision weitere Verzögerungen verursachen würde und schließlich auch die Glaubwürdigkeit der Spruchkammern nur noch weiter herabgesetzt hätte.

c. Das letzte Stadium der Entnazifizierung 1948/49

Durch die Amnestien der Jahre 1946/47 war zwar das Problem der Mitläufer weitgehend gelöst worden, zugleich hatten aber die Spruchkammern die Fälle der Hauptschuldigen und Belasteten weiter und weiter vor sich herschieben müssen. In ganz Bayern waren Mitte 1947 erst 14 Prozent der großen Fälle behandelt worden[142]. Die Länderchefs, die Clay seit 1946 zu Änderungen des Befreiungsgesetzes veranlassen wollten, verstärkten deshalb mit Unterstützung der Landtage ihre Bemühungen, den

---

[139] Vgl. Reg von Ober- und Mittelfranken an bay. Staatsministerium für Sonderaufgaben, 4. Mai 1948, in: NA, RG 260, 9/124-3/18.
[140] Schreiben der Parteien und Gewerkschaften vom 7. Mai 1948, in: Amtsgericht Ansbach, Registratur S: Nr. 1.
[141] Die beiden Hauptdenunziantinnen wurden in die Gruppe II der Belasteten eingestuft und auf je drei Jahre in ein Arbeitslager eingewiesen. Die beiden Mitschuldigen kamen mit der Einreihung in Gruppe III und IV und geringfügigen Geldstrafen glimpflich davon. „Damit findet eine Spruchkammerverhandlung ihren Abschluß", so kommentierte die Fränkische Landeszeitung am 15. Mai 1948, „die durch ihre insgesamt viertägige Verhandlungsdauer, die rege Anteilnahme der Bevölkerung, die große Zahl der Zeugen und nicht zuletzt durch den Wechsel des Vorsitzenden ohne Vorbild war."
[142] Vgl. Niethammer, Entnazifizierung, S. 506.

Militärgouverneur von seinem starren Festhalten am Befreiungsgesetz abzubringen und ihn für weitere Amnestien zu gewinnen. Clays Widerstand gegen eine Änderung des Gesetzes hatte sich tatsächlich abgeschwächt, seit sich nach dem Fiasko der Moskauer Außenministerkonferenz vom März/April 1947 in Washington die Tendenz durchzusetzen begann, die Westzonen als wirtschaftliche und politische Partner zu gewinnen. Die Entnazifizierung, der bisher im Zielkatalog der Militärregierung höchste Priorität zugekommen war, hatte in diesem Konzept keinen Platz mehr, sie sollte bis zum 1. April 1948 beendet sein. Das Klima hatte also umgeschlagen, und Clay konnte jetzt das Befreiungsgesetz lockern, ohne eine Entnazifizierungsdebatte in den Vereinigten Staaten zu provozieren.

Das erste Änderungsgesetz wurde nach einer Reihe von Kontroversen zwischen Deutschen und Amerikanern am 7. Oktober 1947 erlassen. Es enthielt neben einer Lockerung des Beschäftigungsverbots für Personen, die nicht unter den Klassen I und II angeklagt worden waren, vor allem eine wichtige Verfahrenserleichterung: Von nun an konnten diejenigen, die nominell unter die Gruppe der Belasteten fielen, ohne öffentliches Verfahren von den Klägern als Mitläufer eingestuft werden[143]. Die Befreiungsminister begrüßten diese neuen Regelungen zwar, rechneten der Militärregierung aber vor, daß damit keine wesentliche Beschleunigung bei der Aburteilung der Hauptschuldigen erreicht werde[144]. Das Ende der Entnazifizierung sei vor Ende 1949 nicht zu erwarten. Der Druck aus Washington nahm aber nach dem Scheitern der Londoner Konferenz vom November/Dezember 1947 zu. Theo Hall, der Chef der Public Safety Division von OMGUS, sagte den Befreiungsministern Anfang 1948 offen: „Der Kongreß hat 800 Millionen Dollar in die Zone geschickt ... Der Kongreß kann diesen Ausgaben nicht zustimmen, solange noch ein Programm [Entnazifizierungsgesetz] besteht, welches diesen Haushalt [Budget der USA] noch mehr belastet ... Deshalb muß das Gesetz geändert werden, daß kein Verdacht aufkommen kann, daß hier noch eine der Gesundung der Verhältnisse entgegenstehende Maßnahme durchgeführt wird." Künftig sollten nach dem Willen der Amerikaner für Personen, deren Entnazifizierungsverfahren noch nicht abgeschlossen waren, in der privaten Wirtschaft und in den freien Berufen keine Beschäftigungsbeschränkungen mehr bestehen[145].

Diese abrupte Kursänderung wollten die Befreiungsminister nicht mitmachen. Sie hielten es für nicht vertretbar und ungerecht, das Verfahren nun, nachdem die kleinen Parteigenossen zur Verantwortung gezogen worden waren, „mehr oder minder abzubrechen, bevor die wirklich Belasteten vor der Spruchkammer gestanden" hatten[146]. Der Stein, der ins Rollen gekommen war, ließ sich aber durch „einige Bedenken"[147] der Befreiungsminister nicht mehr aufhalten. Am 25. März 1948 wurde ein zweites Änderungsgesetz zum Befreiungsgesetz durchgepaukt, das erneut große Löcher in die ursprüngliche Säuberungskonzeption riß. Das Beschäftigungsverbot, noch vor einem Jahr gewissermaßen die Geißel der kleinen Pgs, galt jetzt nur noch für Hauptschuldige. Den Amerikanern konnte es nun nicht schnell genug gehen. Die Spruchkammern hatten alle Mühe, dem Tempo zu folgen, das die Militärregierung anschlug. Sie

---

[143] Vgl. Fürstenau, Entnazifizierung, S. 91.
[144] Vgl. ebenda, S. 92.
[145] Vgl. Entnazifizierungsausschuß des Länderrats, 19. März 1948, zit. nach Niethammer, Entnazifizierung, S. 513.
[146] Niethammer, Entnazifizierung, S. 513.
[147] Entnazifizierungsausschuß des Länderrats, 30. Januar 1948, zit. nach Niethammer, Entnazifizierung, S. 513.

hatten nun immer weniger Zeit, die einzelnen Fälle gründlich zu durchleuchten. Vier Fälle pro Tag bearbeiteten die Spruchkammern im Durchschnitt. Wer konnte schon die Akten von vier Fällen bewältigen, geschweige denn, sich ein gerechtes Bild von den Angeklagten machen?

So breitete sich weiter die Neigung aus, Gnade vor Recht ergehen zu lassen. Die Vorsitzenden, Kläger und Richter waren froh, wenn wieder ein Aktenbündel vom Tisch war. Einer Reihe von mittleren und größeren Nationalsozialisten kam das zweifellos zugute, wie die folgenden zwei Beispiele aus Ansbach zeigen: Hans *Bebel,* Angehöriger des Freikorps „Oberland" und Pg seit 1923, war nach den Erkenntnissen des Ermittlungsdienstes „ein begeisterter Anhänger der NSDAP" gewesen. In seinem Arbeitsbereich „ließ er keine andere politische Meinung aufkommen ... Er war ein Idealist, der bis zum Zusammenbruch an den Endsieg glaubte. Aufgrund seiner alten Parteizugehörigkeit wurde er vom Obersekretär zum Steueroberinspektor befördert." Die Ansbacher Spruchkammer brachte den Fall in aller Eile zu Ende; sie ließ Zeugen nur ganz kurz befragen und schusterte dann ein Urteil zusammen, in dem es hieß: „Der Betroffene ist Mitläufer ... er hat nicht mehr als nominell am Nationalsozialismus teilgenommen ... Ein einmaliger Sonderbeitrag zu einem Wiedergutmachungsfond in Höhe von 500,- (fünfhundert) RM wird angeordnet."[148] Auch Heinrich *Weichmann,* Pg seit 1935 und Ortsgruppenleiter seit 1939, war in den Augen des Ermittlungsdienstes ein begeisterter Nationalsozialist gewesen, der sich mit allen Kräften für den Nationalsozialismus engagiert hatte. Das Urteil vom 7. Juli 1948 lautete dennoch: Mitläufer und 100,- DM Sühnebeitrag[149].

Der Wille zur Entnazifizierung war allerdings noch nicht ganz erloschen. Während die Militärregierung ihre alten Vorsätze völlig umstieß, war in der deutschen Bevölkerung anscheinend doch noch etwas vom Geist der gerechten Säuberung lebendig. Wenigstens die wirklich prominenten Pgs sollten, so dachten wohl die meisten, ihrer gerechten Strafe nicht entgehen. Man empörte sich beispielsweise darüber, daß die Fälle der ehemaligen „NS-Diktatoren", der „Nazis mit Leib und Seele" und der „typischen Schergen der Hitler-Diktatur" vor den Lagerspruchkammern behandelt werden sollten, die in dem Ruf standen, keine allzu strengen Maßstäbe anzulegen. Der Ansbacher Landrat Neff ließ diese Empörung deutlich anklingen, als er sich im Januar 1948 mit folgendem Schreiben an das bayerische Staatsministerium für Sonderaufgaben wandte: „Schon wiederholt habe ich mich bei den zuständigen Stellen dafür eingesetzt, daß der ehemalige Ortsgruppenleiter und Kreisbauernführer Friedrich Strobel aus Flachslanden, der schon seit längerer Zeit im Lager Langwasser untergebracht ist, nicht vor der dortigen Lagerspruchkammer, sondern vor der zuständigen Spruchkammer Ansbach-Land zur Aburteilung kommt. Nun erfahre ich, daß trotz dieser wiederholten Anträge doch eine Aburteilung durch die Lagerspruchkammer in Aussicht genommen sei und daß die Hauptverhandlung unmittelbar bevorstehe. Daraufhin hat sich gestern der Kreisausschuß des Landkreises Ansbach mit der Angelegenheit befaßt. Der Kreisausschuß fordert einstimmig, daß dem Sinne des Säuberungsgesetzes entsprechend der Betroffene Strobel dort zur Aburteilung kommt, wo er als mehrfacher Amtswalter viele Jahre hindurch sich im besonderen Maße aktivistisch betätigt

---

[148] Amtsgericht Ansbach, Registratur S: Nr. 15.
[149] Ebenda: Nr. 20.

hat, nämlich vor der Spruchkammer Ansbach-Land. Indem ich von diesem Beschluß Kenntnis gebe, darf ich noch hinzufügen, daß es von der Bevölkerung des Landkreises, bei der Strobel als führender Nationalsozialist des Landkreises allgemein bekannt ist, in keiner Weise verstanden würde, wenn dieser Mann seinem zuständigen Richter entzogen und womöglich eine Einstufung erfahren würde, die seinem hiesigen Wirken nicht gerecht würde. Wie dieser Mann einzustufen ist, kann nur hier an Ort und Stelle beurteilt werden."[150]

Neff hatte nicht nur im Fall Strobel Erfolg mit seiner Initiative, und so konnten immerhin einige der prominenten Pgs an der Stätte ihres Wirkens vor die Spruchkammer zitiert werden. Die Heimatspruchkammern gaben dann auch kein Pardon. Strobel bekam es vor der Spruchkammer Ansbach-Land deutlich zu spüren, daß seine „große Zeit" als Ortsgruppenleiter von Flachslanden noch nicht vergessen war. Als die Spruchkammer am 27. Juli 1948 das Verfahren gegen ihn eröffnete, fanden sich noch genügend Belastungszeugen. Einige waren zwar durchaus geneigt, Strobels Untaten nun in etwas milderem Licht zu sehen. Die Kammer wußte aber nur zu gut, daß sich „infolge Zeitablauf und Einflußnahme auf Zeugen" allgemein die Tendenz bemerkbar machte, die „Schuld des Betroffenen zu bagatellisieren". Sie ließ sich davon nicht beirren und hielt es für erwiesen, daß Strobel im Landkreis Ansbach als der „schlimmste Vertreter der nationalsozialistischen Gewaltherrschaft allgemein bekannt und gefürchtet" gewesen war. Entsprechend hart fiel das Urteil aus, das der Vorsitzende Dr. Voretzsch nach einer ganztägigen Verhandlung gegen 20.00 Uhr verlas: „Der Betroffene ist Belasteter (Gruppe II) ... Der Betroffene wird auf die Dauer von 5 Jahren in ein Arbeitslager eingewiesen, um Wiedergutmachungs- und Aufbauarbeiten zu verrichten ... Sein Vermögen ist als Beitrag zur Wiedergutmachung ganz einzuziehen. Es ist nur der Betrag zu belassen, der unter Berücksichtigung der Familienverhältnisse und der Erwerbsfähigkeit zum notdürftigsten Lebensunterhalt erforderlich ist."[151]

Die in ganz Nordbayern wegen ihrer Schärfe bekannte Spruchkammer Ansbach-Land schoß in ihrem Säuberungseifer bisweilen auch etwas übers Ziel hinaus, wie aus folgendem Fall[152] ersichtlich ist: Der ehemalige Ortsgruppenleiter des östlich von Ansbach gelegenen 1500 Seelen-Dorfes Eyb wurde im Sommer 1947 nach mehr als zweijähriger Haft aus dem Internierungslager Moosburg entlassen und fiel damit in den Zuständigkeitsbereich der Ansbacher Spruchkammer, die mit ihren Ermittlungen denn auch sofort begann. Allzu große Mühe wollte man sich offenbar nicht machen: Johann Stich, Pg seit 1931 und Mitglied der SS seit 1932, galt als einer der aggressivsten Nationalsozialisten im Landkreis. Der Fall war klar, wozu sollte man also noch langwierige Ermittlungen anstellen? Die Aussagen der wenigen Belastungszeugen, die sich beim Ermittlungsdienst gemeldet hatten, waren eindeutig. „Stich ist als Ortsgruppenleiter mit aller Schärfe vorgegangen", sagte etwa der Bürgermeister von Brodswinden. Ein früherer Kollege von Stich erwähnte: „Ich bin von Stich nach allen Regeln der Kunst schikaniert worden." Ein anderer Zeuge erzählte dem Ermittlungsdienst, Stich habe immer gegen die Pfarrer „losgezogen". Einmal habe er den Ausdruck ge-

[150] LR Ansbach an bay. Staatsministerium für Sonderaufgaben, 31. Januar 1948, in: Amtsgericht Ansbach, Registratur S: Nr. 16.
[151] Ebenda.
[152] Ebenda: Nr. 21.

braucht: „Die Kirche gehört weg, da ist ein schöner freier Platz, da gehört ein Theater hingebaut."

Am Morgen des 16. Januar 1948 stand Stich vor der Spruchkammer. Den Vorsitz führte wie immer der energische Botschafter a. D. Ernst-Arthur Voretzsch (CSU), zwei Sozialdemokraten und zwei CSU-Mitglieder assistierten ihm als Beisitzer. Die Anklage vertrat Leo Sessler, ein Vertreter der Linksparteien, der eine Klageschrift angefertigt hatte, in der es hieß: „Der Betroffene ist Hauptschuldiger, und ihn hat die ganze Härte des Gesetzes zu treffen ... Er ist auf die Dauer von 8 Jahren in ein Arbeitslager einzuweisen." Ein hartes Urteil war zu erwarten, dies umso mehr, als Stich, anders als der frühere Kreisleiter und Oberbürgermeister von Ansbach, Richard Hänel, zu dessen Gunsten fast die halbe Ansbacher Honoratiorenschaft ausgesagt hatte, kaum jemanden auf seiner Seite hatte. Stich, politisch naiv und alles andere als wortgewandt, war gelernter Bauschlosser, der sich im Laufe der Jahre zum Werkmeister hochgedient hatte. Im Dritten Reich war er aufgrund seiner Zugehörigkeit zur NSDAP zum hauptamtlichen Kreisleiter und Kreisobmann der DAF aufgestiegen. Für die Kollegen noch immer der unbeliebte Vorarbeiter und Antreiber, der offenbar häufig zur lautstarken Demonstration seiner Macht geneigt hatte, in den Augen der Honoratioren der kleine Bauschlosser, saß Stich damit zwischen allen Stühlen. Sieben Zeugen (unter ihnen nur ein Entlastungszeuge) waren erschienen – ein Spruchkammerverfahren auf Sparflamme. Das kam auch darin zum Ausdruck, daß nur vier Stunden verhandelt wurde, ehe Voretzsch das Urteil verkündete: „Der Betroffene ist Hauptschuldiger ... Er wird auf die Dauer von 5 Jahren in ein Arbeitslager eingewiesen." Am nächsten Tag wurde Stich wieder in das Lager Moosburg eingeliefert.

Das Verfahren gegen Stich war ein Beispiel für ein politisches Tribunal gegen einen Exponenten des NS-Regimes im Landkreis. Für die Spruchkammer stand das Urteil gewissermaßen schon vor der Verhandlung fest. Die Urteilsbegründung war nur gut eine Seite lang und bestand überwiegend aus Zitaten aus der Anklageschrift. U. a. hieß es: „Er hat als Kreisredner eine starke politische Tätigkeit entfaltet und unter seinen Arbeitsgenossen den Einpeitscher für die Partei abgegeben und durch Zwang und Drohung und ungerechte Maßnahmen, durch seine Beteiligung an der Zerschlagung von Genossen- und Gewerkschaften sich als ein vorbildlicher Vertreter der nationalsozialistischen Gewaltherrschaft und ihrer Methoden erwiesen ... Es kann nicht dem geringsten Zweifel unterliegen, daß die Tätigkeit des Betroffenen für die nationalsozialistische Gewaltherrschaft eine ungewöhnliche, dazu auf Überzeugung gestützte, energische und begeisterte und damit eine außerordentliche gewesen ist ... Geschlossen und gefertigt ..." Entlastende Aussagen, die im Rahmen der Ermittlungen aufgetaucht waren, wurden nicht weiter berücksichtigt, obwohl sich in einer ganzen Reihe von Zeugenaussagen Hinweise darauf gefunden hatten, daß Stich zwar ein Rabauke und Schreier, aber doch kein Hauptschuldiger war. Das Urteil konnte wohl nur deshalb so hart ausfallen, weil Stich durch die Maschen des sozialen Protektionsnetzes fiel, die bei gesellschaftlich angeseheneren Pgs enger waren als bei dem ehemaligen Bauschlosser.

Während in der ersten Instanz selbst 1948 noch ein ausgeprägter Säuberungswille zum Ausdruck kommen konnte, setzte die Berufungskammer ihren schon 1946/47 eingeschlagenen Rehabilitierungskurs fort. Noch mehr als das schon 1946/47 deutlich geworden war, trat nun eine schroffe Kluft zwischen der ersten und zweiten Instanz in

156 IV. Die deutsche Entnazifizierung

der Auslegung des Befreiungsgesetzes auf. Das zeigte sich auch im Fall von Richard Hänel[153], der sich vom 15. bis 17. September 1948 in erster Instanz vor der Lagerspruchkammer Regensburg und neun Monate später in zweiter Instanz vor der Berufungskammer ins Ansbach verantworten mußte. Hänel, 1895 in Ansbach geboren, im deutschnationalen Milieu groß geworden und Freiwilliger im Ersten Weltkrieg, hatte sich bereits Anfang der zwanziger Jahre zur NSDAP hingezogen gefühlt. Er war stolz darauf – und ließ später keine Gelegenheit aus, es zu betonen –, daß er 1923 die Ortsgruppe der NSDAP als Schriftführer mitgegründet hatte. Laut, vital und außerordentlich aktiv, war er bei vielen kleinen und politisch unbequemen Leuten als Diktator und Großtuer gefürchtet gewesen, mit der Honoratiorenschaft und den leitenden Herren der Stadtverwaltung hatte sich der kleine Angestellte dagegen selten angelegt. Der Ermittler bezeichnete Hänel „als 100prozentigen und äußerst fanatischen Nazi seit 1923 ... darüber hinaus will er ja auch noch heute Nationalsozialist sein ..."

Das Urteil vom 17. September 1948 lautete: Hauptschuldiger. Hänel „wird auf die Dauer von 4 Jahren und 6 Monaten in ein Arbeitslager eingewiesen ... Sein Vermögen ist als Beitrag zur Wiedergutmachung einzuziehen ... Er verliert seine Rechtsansprüche auf eine aus öffentlichen Mitteln zahlbare Pension oder Rente." In der knappen Urteilsbegründung wurde deutlich, daß die Spruchkammer das Verfahren gegen Hänel in erster Linie als ein politisches Verfahren ansah. Ihr ging es nicht so sehr darum, die Beteiligung Hänels an einzelnen Denunziationen und sonstigen Missetaten zu beweisen, als vielmehr darum, die politische Verantwortung des ehemaligen Kreisleiters und Oberbürgermeisters festzuhalten. Entlastende Momente, wie etwa der durchaus korrekte Umgang mit seinen Untergebenen im Ansbacher Rathaus, blieben weitgehend außer Betracht. U.a. hieß es in der Urteilsbegründung: „Der Betr. hat als Kreisleiter, Oberbürgermeister und gleichzeitig als Polizeichef der Stadt Ansbach die unumschränkte Macht in seinen Händen gehabt. Sowohl die Aktenlage als auch das Geständnis des Betr. beweisen, daß er sich als überzeugter Anhänger der nat. soz. Gewaltherrschaft betätigt hat. Auf seinen Befehl hin wurde in der Nacht vom 9. zum 10. November 1938 die Synagoge von Ansbach in Brand gesteckt, auf seinen Befehl mußte die SA sämtliche Juden dieser Stadt verhaften, auf seinen Befehl hin wurden die Wohnungseinrichtungen der Juden durch die SA beschädigt. Als weitere Folge dieser Maßnahmen veranlaßte er die Ausweisung der Juden aus seinem Kreis terminmäßig bis zum Dezember 1938 und als Folge davon auch gleichzeitig die Arisierung jüdischen Besitzes ... Wenn auch nicht erwiesen ist, daß der Betr. sich direkt als Denunziant betätigt hat, so steht jedoch andererseits fest, daß er durch die Weiterleitung der Anzeigen an die Gestapo zur Verfolgung von Gegnern der NSDAP beigetragen hat und sich damit als überzeugter Anhänger der n. s. Gewaltherrschaft erwiesen hat. ... Zusammenfassend wird festgestellt: Der Betr. hat durch seine Stellung und Tätigkeit als Kreisleiter und Oberbürgermeister die Gewaltherrschaft der NSDAP wesentlich gefördert, hat seine Stellung als Kreisleiter zu Drohungen ausgenützt und sich als überzeugter Anhänger der nationalsozialistischen Gewaltherrschaft, insbesondere auch ihrer Rassenlehre erwiesen ... Er ist im Dienste des Nationalsozialismus hetzerisch und gewalttätig gegen Kirchen und Religionsgemeinschaften aufgetreten, hat sich aktiv bei der Zerschlagung der Gewerkschaften beteiligt und wurde nur aufgrund seiner

[153] Ebenda: Nr. 1.

Zugehörigkeit zur NSDAP in das Amt eines Oberbürgermeisters berufen. Er ist verantwortlich für Ausschreitungen, hat sich in einer führenden Stellung der NSDAP und einer ihrer Gliederungen betätigt und hat auch sonst der nationalsozialistischen Gewaltherrschaft eine außerordentliche Unterstützung gewährt."

In der Berufungsverhandlung vom 1. bis 3. Juni 1949 war von einem politischen Tribunal nichts mehr zu spüren. Die Berufung ähnelte einem gewöhnlichen Gerichtsverfahren. Vor allem aber änderte sich die Art der Urteilsbegründung grundlegend. Die Berufungskammer bestätigte zwar viele Einschätzungen der ersten Instanz ausdrücklich, so etwa, daß Hänel der nationalsozialistischen Gewaltherrschaft außerordentliche politische und propagandistische Unterstützung gewährt, sich als überzeugter Anhänger der Gewaltherrschaft erwiesen und seine Stellung zu Drohung und Druck ausgenützt habe oder daß er an der Zerschlagung der Gewerkschaften aktiv beteiligt gewesen war. In wesentlichen Punkten wich die Berufungskammer aber von der Begründung der ersten Instanz beträchtlich ab. Insbesondere hob sie mehrmals hervor, daß Hänel nur ein schwaches Glied in einer Kette gewesen sei, so daß man ihm kaum etwas vorwerfen könne. „Die Feststellung der Erstkammer", so ist in der Begründung zu lesen, „der Betr. habe sich in einer ‚führenden Stellung' der NSDAP betätigt und sei auch deshalb Hauptschuldiger, ist rechtsirrig ... " Die Berufungskammer konnte auch in der Beteiligung Hänels an Denunziationen bzw. der Weiterleitung von Denunziationen keine Belastungen sehen. Hier, wie auch bei der Zerschlagung der Gewerkschaften, habe der Betroffene nur im Rahmen seiner Dienstpflicht bzw. auf Befehl gehandelt. Und schließlich sei auch die Beurteilung des Betroffenen als Nutznießer („Nutznießer ist ... wer nur aufgrund seiner Zugehörigkeit zur NSDAP in ein Amt berufen ... wurde") zu Unrecht erfolgt. „Die Posten eines Oberbürgermeisters wie der eines Landrats sind sowohl im Weimarer Staat, wie im sog. 3. Reich politische Posten gewesen, wie sie dies auch heute in der jungen deutschen Demokratie wiederum sind, d.h. diese Posten waren und werden überwiegend unter politischen Gesichtspunkten besetzt. Es wäre unverständlich und ungerechtfertigt, wollte man heute ... etwas als politische Belastung ansprechen, was gleichzeitig im politischen Leben der Jetztzeit tagtäglich geübt wird."

War mit dieser streckenweise sehr eigentümlichen Argumentation das Urteil der ersten Instanz schon stark erschüttert, so mußte es vollends ins Wanken geraten, als die Berufungskammer, anders als die Lagerspruchkammer, die Persilscheine für Hänel als sachdienlich und durchaus glaubhaft bezeichnete. Der Betroffene vermochte zu beweisen, so die Urteilsbegründung, „daß er, sei es als Kreisleiter der NSDAP, sei es als Oberbürgermeister der Stadt Ansbach, menschlich gehandelt hat, sich bemühte objektiv zu sein, in seiner Haltung großzügig war und für seine Person manches ‚eingesteckt' hat, was andere Kreisleiter sicher zum Einschreiten veranlaßt hätte, seine Beamten und Angestellten keinem Druck aussetzte ... Darüberhinaus hat sich der Betr. nachweislich sogar für Leute, die aus polit. Gründen straffällig geworden waren, eingesetzt und seinen Einfluß aufgeboten, um diese vor Bestrafung zu bewahren." Seine Einreihung in die Gruppe I der Hauptschuldigen stehe in keinem Verhältnis zu seiner „tatsächlichen *Gesamthaltung*". Seine „Gesamthaltung aber, die so viele ansprechende und menschliche Züge aufzuweisen hat, berechtigt ... zu einer Milderung hinsichtlich der Einreihung". Hänel wurde somit Belasteter (Klasse II). Er verlor zwar alle Rechtsansprüche auf „eine aus öffentlichen Mitteln zahlbare Pension oder Rente", das Wahlrecht und das Recht, sich „irgendwie politisch zu betätigen". Aber er mußte nicht wieder in das Internierungslager zurück, denn auf die zwei Jahre Arbeitslager, zu denen ihn die Berufungskammer verurteilte, wurde die seit dem 19. Mai 1945 erlittene politische Haft voll angerechnet[154].

Die Praxis der Berufungskammer, das Befreiungsgesetz wie ein gewöhnliches Strafgesetz auszulegen, konnte, wie am Beispiel Hänels gezeigt, für schwerbelastete Nationalsozialisten durchaus von Vorteil sein. Darauf war wohl auch die vielleicht etwas überspitzte Bemerkung des Ansbacher Oberbürgermeisters Körner gemünzt, der Ende 1948 an die Militärregierung schrieb: „Eine rasche Beendigung (der Entnazifizierung) muß als dringend geboten erachtet werden, da die Spruchkammern in der Meinung der Bevölkerung zutiefst gesunken sind. Zurückzuführen ist dies in erster Linie darauf, daß hauptsächlich in der Berufungsinstanz die Tätigkeit ... scheinbar ausschließlich darauf ausgerichtet war, selbst die schwerstbelasteten Nazis reinzuwaschen und zu mindestens zu harmlosen Mitläufern zu machen."[155]

Das war es aber nicht allein. Die Berufungskammern wurden auch zum Ärgernis wegen ihrer skandalösen Behandlung von minimalbelasteten Pgs, die sich mit dem Mitläufer-Etikett nicht abfinden wollten. Nicht wenige dieser „Karteigenossen" sahen es als Beleidigung an, mit zahlreichen, ebenfalls zu Mitläufern gestempelten „Alten Kämpfern", Multi-Funktionären, Nutznießern und Denunzianten, die in den Dörfern und Städten das NS-Regime repräsentiert hatten, auf eine Stufe gestellt zu werden. Sie gingen deshalb in die Berufung mit dem Ziel, als Entlastete eingestuft zu werden. Während aber die Berufungskammern Belastete und Minderbelastete sehr großzügig behandelten und fast automatisch um eine oder zwei Klassen zurückstuften, hatten sie für die Anliegen der Mitläufer wenig Verständnis. Sie hielten sich genauestens an die Bestimmungen des Befreiungsgesetzes und legten Art. 13 („Entlastet ist: wer trotz seiner formellen Mitgliedschaft oder Anwartschaft ... sich nicht nur passiv verhalten, sondern nach dem Maß seiner Kräfte aktiv Widerstand gegen die nationalsozialistische Herrschaft geleistet und dadurch Nachteile erlitten hat") so restriktiv wie nur möglich aus.

Der frühere Sozialdemokrat und Gewerkschafter Rudolf *Beil*[156] beispielsweise mußte von Pontius zu Pilatus laufen, ehe er von der Berufungskammer im Juni 1949 als Nichtbetroffener eingestuft wurde. Eigentlich hätte er schon 1946 darüber informiert werden können, daß er vom Befreiungsgesetz nicht betroffen sei, denn die einzige braune Stelle in seinem ansonsten weißen Fragebogen bezog sich auf seine SA-Mitgliedschaft vom November 1933 bis Dezember 1934, die, so *Beil*, auf Druck seiner Vorgesetzten zustandegekommen war. Daß er sich darüber hinaus nicht engagiert hatte, war ihm während der NS-Zeit häufig als „Lauheit" angekreidet worden und auch der Grund gewesen, daß *Beil* nicht befördert wurde, obwohl er längst an der Reihe gewesen wäre. Aus dem Kreise seiner Kollegen wurde ihm bescheinigt, daß er „stets ein großer Gegner der Nazi" gewesen war. Einer versicherte eidesstattlich, *Beil* sei öfter mit der Gestapo „zusammengerückt", weil er sich für einige russische Fremdarbeiter eingesetzt hatte, die bei der Reichsbahn beschäftigt gewesen waren.

Die Spruchkammer Ansbach wollte sich mit dem Fall nicht lange aufhalten und

[154] Ebenda.
[155] OB Ansbach an MilReg, Stimmungsbericht vom 9. Dezember 1948, in: Stadtverwaltung Ansbach, EAP 022-95/19.
[156] Vgl. Amtsgericht Ansbach, Registratur S: Nr. 22.

stufte *Beil* im Dezember 1947 in die Gruppe der Mitläufer ein und belegte ihn mit 300,– RM Geldsühne. Diese starre Auslegung des Befreiungsgesetzes erregte *Beil* sehr. Er wollte es nicht auf sich sitzen lassen, Mitläufer zu sein, „genauso wie die vielen anderen, die bis zuletzt bei der Partei oder ihren Gliederungen oder bei beiden waren und es auch heute noch wären, wenn der Krieg nicht verloren wäre". Er beantragte deshalb Berufung: „Dafür, daß ich so standhaft blieb und zu Nazis Zeiten wegen meiner nichtnationalsozialistischen Haltung nicht befördert wurde, und dafür, daß ich als bekannter Nichtnazi an den gefährdetsten Punkten eingesetzt wurde, während die Herren Parteigenossen daheim auf sicheren Posten saßen oder wenn es hoch kam im sog. Generalgouvernement sich ein angenehmes Leben machten, und dafür, daß ich so viele Demütigungen erdulden mußte, soll ich mich heute als Mitläufer einstufen lassen. Das spricht nicht nur jeder Gerechtigkeit Hohn, sondern trägt auch sehr viel zur Genugtuung der wirklichen Nazis bei, die sich ins Fäustchen lachen ... Ich empfinde es empörend, daß man mich, der ich stets meine aufrechte, freiheitliche und demokratische Gesinnung bewahrte und noch keine Minute mit den Nazis sympathisierte, mit alten Nazis und mit alten Kämpfern, die ja auch zum Teil als Mitläufer herauskamen, auf die gleiche Stufe stellt." Sein Ziel, als Entlasteter eingestuft zu werden, erreichte er auch vor der Berufungskammer, die sich im Juni 1949 mit seinem Fall beschäftigte, nicht. Letztlich mußte sich *Beil* damit zufriedengeben, Nichtbetroffener zu sein.

Solche Fälle sorgten natürlich für Gesprächsstoff und trugen dazu bei, daß die Autorität der Spruchkammern schließlich ganz verfiel. Ansbachs Oberbürgermeister Körner stand mit seiner Meinung sicherlich nicht allein, als er 1949 an die Militärregierung berichtete: „... Heute muß festgestellt werden, daß die verheerende Tätigkeit der Spruchkammer eines der größten Hemmnisse in der demokratischen Entwicklung Bayerns überhaupt darstellt."[157]

Während man in der Öffentlichkeit über Sinn und Unsinn der Entnazifizierung debattierte, war das Personal der Spruchkammern von ganz anderen Sorgen geplagt. Den Vorsitzenden und Klägern war bei ihrem Dienstantritt mehrfach vor Augen gehalten worden, wie wichtig ihre Tätigkeit im Dienste einer politischen Erneuerung sei. Zugleich war ihnen zugesichert worden, daß nach Beendigung der Entnazifizierung selbstverständlich in angemessener Weise für sie gesorgt würde. Dies waren aber nur schöne Worte gewesen. Die meisten Spruchkammerangehörigen mußten schon nach kurzer Zeit erfahren, daß die Mitarbeit an einer erstrangigen staatspolitischen Aufgabe wie der Entnazifizierung keine Lorbeeren einbrachte. Im Gegenteil, die meisten waren in den Städten und Dörfern isoliert, zuweilen einem „regelrechten sozialen Boykott" ausgesetzt[158]. Kaum jemand verstand, wie man sich für so eine Tätigkeit „hergeben" konnte. Einige Spruchkammerangehörige bangten sogar um ihr Leben. Sie fürchteten, das Beispiel von Nürnberg, wo Anfang 1947 eine Reihe von Attentaten auf die dortige Spruchkammer verübt worden war, könne Schule machen. In Ansbach war die Stimmung zeitweise so aufgeheizt, daß Oberbürgermeister Körner einen Polizeibeamten vor dem Sitz der Spruchkammer postieren mußte[159]. Auch Voretzsch, der beherzte

---

[157] OB Ansbach an MilReg, Stimmungsbericht vom 5. März 1949, in: Stadtverwaltung Ansbach, EAP 022-95/19.
[158] Dirks, Folgen der Entnazifizierung, S. 461.
[159] Vgl. OB Ansbach an MilReg, Stimmungsbericht vom 12. Februar 1947, in: Stadtverwaltung Ansbach, EAP 022-95/19.

Vorsitzende der Spruchkammer Ansbach-Land, fühlte sich zeitweilig bedroht; eines Tages waren nämlich – als Zeichen des dörflichen Protestes gegen seine Mitwirkung in der Spruchkammer – seine Hühner abgeschlachtet, die Hühnerköpfe am Gartenzaun aufgespießt worden[160]. Das Personal der Spruchkammern wurde deshalb immer unzufriedener. Vor allem wollte es endlich Sicherheit über seine berufliche Zukunft haben. Die stellvertretende Vorsitzende der Spruchkammer Ansbach-Stadt, Eva Reiner, schrieb am 12. November 1947 an den Präsidenten der Berufungskammer: „Die Stimmung und damit die Arbeitsfreudigkeit der in der Entnazifizierung für Ansbach-Stadt tätigen Personen wird wesentlich gesteigert, wenn der betroffene Personenkreis eine feste und verbindliche Zusage für eine spätere Weiterführung im öffentlichen Dienst erhält."[161]

Die Befreiungsminister der amerikanischen Zone kannten die gedrückte Stimmung in den Spruchkammern. Aus Sorge, das Personal der Spruchkammern könne einfach auseinanderlaufen, drängten sie schon seit längerem auf eine rasche gesetzliche Regelung der Versorgungsansprüche. Aber erst am 27. März 1948 wurde in Bayern das „Gesetz zur Überführung der bei der politischen Befreiung tätigen Personen in andere Beschäftigungen" verabschiedet, das den Angehörigen der Spruchkammern die Übernahme in den öffentlichen Dienst in Aussicht stellte bzw. ihnen einen Rechtsanspruch auf die Hilfe des Staates bei der Suche nach einem Arbeitsplatz in der freien Wirtschaft einräumte[162].

Als dann im Sommer 1948 die meisten Kammern ihre Arbeit getan hatten und das Spruchkammerpersonal auf seine Rechte pochte, erlebte es eine herbe Enttäuschung. Die Amtschefs in den Städten und Landkreisen zeigten nur wenig Neigung, die größtenteils ungeschulten Kräfte in ihren Behörden aufzunehmen. Die Entnazifizierung sei eine Aufgabe des Staates gewesen, so betonten sie, dieser, nicht die Städte und Kommunen, sei nun in erster Linie verpflichtet, „diese Leute jetzt einzubauen"[163]. Die Entnazifizierten waren ihnen allemal lieber als die Entnazifizierer[164]. Außerdem waren nach der Währungsreform vom 20. Juni 1948 die Kassen leer. Eine Reihe von Ämtern mußte sogar Stammpersonal entlassen. Regierungspräsident Schregle berichtete am 11. Januar 1949 an die bayerische Staatsregierung nach München: „ ... seitdem die Spruchkammern ihre Tätigkeit größtenteils eingestellt haben, (vergeht) kein Tag, an dem nicht früher bei der Spruchkammer Beschäftigte bei der Regierung um Übernahme in den Verwaltungsdienst nachsuchen. Sie führen Klage darüber, daß sie nach ihrer mehrjährigen Tätigkeit im Dienste der Entnazifizierung ‚stempeln gehen' müssen oder auf die Fürsorge angewiesen sind. Ferner weisen sie darauf hin, daß die Stellen in der öffentlichen Verwaltung zwischenzeitig mit den von ihnen entnazifizierten Personen besetzt sind. Hiergegen muß den Stellenbewerbern in Erinnerung gebracht werden, daß aufgrund der Tatsache, daß keine Stellen frei sind und der Abbau des vorhandenen Personals um 20 Prozent angeordnet ist, eine Einstellung unmöglich ist ..."[165]

[160] Mündliche Mitteilungen von Dr. Ludwig Schönecker und Wilhelm Eichhorn vom 17. August 1983.
[161] Eva Reiner, stellv. Vors. der Spruchkammer Ansbach-Stadt, an Präsidenten der Berufungskammer, 12. November 1947, in: Amtsgericht Ansbach, Registratur S: Verwaltungsakten.
[162] Vgl. BGVBl. 8/1948.
[163] So OB Ansbach in der Besprechung des RegPräs mit den OB und LR, 7. März 1949, Prot. in: StA Nürnberg, LRA Scheinfeld, Nr. 367.
[164] Vgl. Niethammer, Entnazifizierung, S. 534.
[165] RegPräs an bay. Staatsregierung, 11. Januar 1949, in: BayHStA, MWi 11715.

Die wiederholten Klagen des Spruchkammerpersonals fruchteten nur wenig. Auch der Aufruf der Regierung von Mittelfranken an die Oberbürgermeister und Landräte des Regierungsbezirks vom März 1949, „mitzuteilen, wieviel sie von diesen Leuten bei der Selbstverwaltung oder größeren Stadtverwaltungen unterbringen könnten", endete mit einem Fiasko[166]. Es meldete sich nämlich nur ein Landkreis, der eventuell bereit war, einen Mann aufzunehmen. Die relativ größten Chancen, im öffentlichen Dienst unterzukommen, hatten die Vorsitzenden und Ankläger, für die sich manche Landräte und Oberbürgermeister stark machten. In der freien Wirtschaft aber waren ihnen die Türen verschlossen. Es sei völlig klar, so äußerte sich der Landrat von Nürnberg in der Besprechung des Regierungspräsidenten mit den Oberbürgermeistern und Landräten von Mittelfranken am 7. März 1949, „daß, wer Vorsitzender oder Kläger war, keine Anstellung in der Privatindustrie findet". Noch schlechter erging es dem Personal der Ermittlungsdienste, dem nach dem Ende der Spruchkammertätigkeit oft nichts anderes übrig blieb, als um öffentliche Fürsorge einzukommen. Darüber hinaus mußten sie sich auch noch sagen lassen, daß sie an ihrem Schicksal selbst Schuld hätten. Die schönen Worte von 1946 über die ehren- und verantwortungsvolle Mitarbeit an der politischen Säuberung waren vergessen. Schon beinahe zynisch wies der Ansbacher Oberbürgermeister ihre Ansprüche 1949 ab: „Die meisten Leute sind nur wegen der anständigen Bezahlung in diese Stellung gegangen. Ich habe kein Verständnis dafür, wenn irgendeiner seine Stellung als Fachmann aufgab, um einen Ermittler zu machen."[167] Ihre Tätigkeit war alles andere als ein „Sprungbrett für eine Nachkriegskarriere"[168]. Sie waren, so urteilte Regierungspräsident Hans Schregle im März 1949 treffend, das „peinliche Erbe" der Entnazifizierung[169].

Als die Spruchkammer Ansbach-Stadt kurz vor Weihnachten 1948 ihre Pforten schloß, konnte sie an das Bayerische Staatsministerium für Sonderaufgaben berichten, daß in Ansbach die Meldebogen von ca. 22 000 Personen bearbeitet worden waren. Über 19 000 (= 86 Prozent) hatten im Laufe der Jahre 1946 und 1947 die Mitteilung erhalten, daß sie vom Gesetz zur Befreiung von Nationalsozialismus und Militarismus nicht betroffen waren[170]. Lediglich gegen 2 500 Personen hatte die Spruchkammer überhaupt ein Verfahren eröffnet, die meisten davon waren schriftlich abgewickelt worden. Nur etwa 20 Prozent aller Beschuldigten (= 500) hatten sich in öffentlicher Verhandlung zu verantworten. Die Masse der Verfahren war also eine reine Schreibstubenangelegenheit gewesen. Von den 2 500 Personen wurden eingestuft in die Gruppen

I	(= Hauptschuldige)	3
II	(= Belastete)	31
III	(= Minderbelastete)	280
IV	(= Mitläufer)	1294
V	(= Entlastete)	59.

---

[166] So die Ausführungen von Oberregierungsrat Ziegler in der Besprechung des RegPräs mit den OB und LR, 7. März 1949, Prot. in: StA Nürnberg, LRA Scheinfeld, Nr. 367.
[167] So Körner in der Besprechung des RegPräs mit den OB und LR, 7. März 1949, Prot. in: Ebenda.
[168] Niethammer, Entnazifizierung, S. 536.
[169] So Schregle in der Besprechung des RegPräs mit den OB und LR, 7. März 1949, Prot. in: StA Nürnberg, LRA Scheinfeld, Nr. 367.
[170] Vgl. die einzelnen Fälle in: Amtsgericht Ansbach, Registratur S.

Unter die Weihnachtsamnestie fielen 317, unter die Jugendamnestie 270. In 213 Fällen wurde das Verfahren eingestellt oder der Angeklagte erhielt das Prädikat „nicht betroffen" bzw. „nicht belastet". 49 Personen kam die Heimkehreramnestie zugute[171]. Nach Lage der Dinge konnte die Bilanz der Spruchkammer Ansbach-Stadt kaum grundlegend anders aussehen, denn auch sie war – wie dargelegt – nur ein Spezialist für „Zweitrangiges"[172]. Unter den 2 500 Fällen finden sich hauptsächlich einfache Parteigenossen, kleine Funktionäre wie z. B. DAF-Obmänner, Schar-, Trupp- und Rottenführer oder SA- und BDM-Führerinnen sowie niedrigere SS-Chargen. Die NS-Prominenz kam nicht oder nur selten vor die Ansbacher Spruchkammer. Die wenigen Pgs mit größerer Belastung wurden in der ersten Instanz durchaus hart angefaßt und zu Arbeitslager, Vermögenseinzug oder Sonderarbeiten verurteilt. Ihnen stand aber noch der Weg in die Berufung offen, den sie auch beschritten – meist mit Erfolg, wie die folgende Tabelle zeigt, die auf einer Stichprobe von 240 Fällen des Buchstaben H basiert.

Bilanz nach der zweiten Instanz (in Klammern die Entscheidungen nach der ersten Instanz):

Gruppe I	–	(1)
Gruppe II	1	(2)
Gruppe III	2	(30)
Gruppe IV	130	(124)
Gruppe V	4	(2)
Weihnachtsamnestie	52	(35)
Jugendamnestie	36	(34)
Nichtbelastete bzw. Nichtbetroffene	10	(5)
Sonstige	9	(7)

Im Endeffekt – in Ansbach wie im gesamten amerikanischen Besatzungsgebiet – fast nur eine Bilanz der Rehabilitation[173]. Das hat Lutz Niethammer in seinem großen Buch über die Entnazifizierung in Bayern dazu verleitet, die Spruchkammern als „Mitläuferfabriken" zu bezeichnen und den historisch-politisch so bedeutsamen Versuch einer politischen Säuberung in Deutschland insgesamt als gescheitert anzusehen. Wenn aber gilt, daß wir der Geschichte der Entnazifizierung nicht weniger schuldig sind als jeder anderen Vergangenheit, nämlich genau hinzusehen und vom Gesehenen so gerecht wie möglich zu berichten, so wird man Niethammers Ergebnisse in zweierlei Hinsicht wesentlich korrigieren müssen. Die Rehabilitierung zahlloser kleiner Par-

---

[171] Mit „Nichtbelastete" bzw. „Nichtbetroffene" sind alle jene Fälle gemeint, bei denen sich erst nachträglich herausstellte, daß eigentlich kein Verfahren hätte eröffnet werden brauchen. Unter „Sonstige" fallen beispielsweise Verstorbene, deren Verfahren eingestellt wurde, oder von Ansbach Weggezogene. Alle Urteilssprüche der Spruchkammer Ansbach-Stadt finden sich im Amtsgericht München, Registratur S.

[172] Niethammer, Entnazifizierung, S. 549.

[173] Die Bilanz der Spruchkammer Ansbach-Stadt wäre anders ausgefallen, wenn die Kammer ihr Augenmerk mehr auf zwei, im Befreiungsgesetz ausdrücklich hervorgehobene Tatbestände gerichtet hätte, nämlich auf den Tatbestand der Nutznießerschaft und auf den Tatbestand der langjährigen Parteizugehörigkeit. „Nutznießer ist", so hieß es in Art. 9 des Gesetzes zur Befreiung von Nationalsozialismus und Militarismus, „wer aus der Gewaltherrschaft der NSDAP, aus der Aufrüstung oder aus dem Kriege durch seine politische Stellung oder seine politischen Beziehungen für sich oder andere persönliche oder wirtschaftliche Vorteile in eigensüchtiger Weise herausgeschlagen hat." Diese Bestimmung war in das Befreiungsgesetz aufgenommen worden, um auch solche Personen erfassen zu können, die keiner NS-Organisation angehört hatten, ihre Einkünfte aber dem NS-Regime zu verdanken hatten. Vgl. dazu auch Niethammer, Entnazifizierung, S. 591. In der Praxis spielte der Vorwurf der Nutznießerschaft nur eine geringe Rolle. Er wurde allenfalls neben an-

teigenossen war – wie gesehen[174] – in vielen Fällen berechtigt und machte oft vorher begangenes Unrecht wieder gut. Außerdem gingen der schließlichen Rehabilitierung häufig Strafen voraus, die eine materiell fühlbare Wirkung hatten: Unter den 240 Personen unserer Stichprobe des Buchstaben H finden sich immerhin 87 (= 36 Prozent), die nach Kriegsende z. T. drastische Sanktionen zu erleiden hatten; abgesehen vom zeitweisen Verlust aller politischen Rechte wurden sie aus ihren beruflichen Stellungen entlassen oder durften ihr Geschäft bzw. ihren Handwerksbetrieb nicht mehr weiterführen; 21 (= 9 Prozent) saßen im Interniertenlager. Erst seitdem sie den Mitläufer- oder Amnestierungsbescheid in der Tasche hatten, war die Entnazifizierung vorbei, und sie konnten wieder ihren früheren Berufen nachgehen. Das dauerte allerdings meistens zwei bis drei, in einigen Fällen sogar vier Jahre. Darin bestand der eigentliche „Denkzettel" für die Mitläufer und Minderbelasteten. In seiner Mischung aus fühlbarer Strafe und großzügiger Gnade war er so dosiert, daß er die Gefahr der Herausbildung eines Heeres von Entnazifizierungsgeschädigten weitgehend bannte, die spätere Bildung neuer Loyalitäten an den demokratischen Staat nicht übermäßig erschwerte und eher das kritische Nachdenken über antidemokratische Experimente und Ideologien förderte.

Einen Denkzettel anderer Art erhielten die prominenten Parteigenossen der Region. Sie waren nach dem Einmarsch der Amerikaner verhaftet worden und mußten bis zu drei Jahre im Internierungslager verbringen. Im Herbst 1948 befanden sich alle wieder auf freiem Fuß. Lediglich der ehemalige Ansbacher Oberbürgermeister Richard Hänel und der ehemalige Ortsgruppenleiter von Windsbach, Hans Hagelauer, mußten noch eine neunmonatige bzw. zweijährige Haftstrafe absitzen, zu denen sie von ordentlichen Gerichten wegen ihrer maßgeblichen Rollen bei der Reichskristallnacht 1938 verurteilt worden waren[175]. Aber keiner aus der alten Garde der hohen NS-Funktionäre fand nach Abschluß der politischen Säuberung Anschluß an die neuen Verhältnisse. Richard Hänel, als Ansbacher Oberbürgermeister und Kreisleiter früher die Nummer Eins in Ansbach und Umgebung, mußte nach seiner Haftentlassung im Oktober 1949 ganz von vorne anfangen. Bis 1952 konnte er keine Anstellung finden, so daß er auf öffentliche Fürsorge angewiesen war. Danach arbeitete er als klei-

---

deren schweren Vorwürfen erhoben. Dabei zeigte sich deutlich, daß die Spruchkammern nicht in der Lage waren, diesen sehr komplexen Tatbestand entsprechend zu würdigen. Die Betroffenen genossen meist beträchtliches Ansehen in der Öffentlichkeit und verkehrten in den Kreisen der örtlichen Honoratiorenschaft. Sie hatten es in der NS-Zeit zu etwas gebracht, das machte ihnen keiner zum Vorwurf. In den Akten der Ansbacher Spruchkammer finden sich die Fälle von 79 der rund 110 örtlichen Träger des Goldenen Parteiabzeichens, das durch Verfügung des Führers an alle Parteimitglieder verliehen wurde, die die Mitgliedsnummern 1 bis 100000 trugen. Unter den 79 waren viele, die die Ansbacher Ortsgruppe der NSDAP aus der Taufe gehoben hatten. Die wenigsten von ihnen hatten in der Ortsgruppe irgendwelche Positionen bekleidet. Die Spruchkammer sah in der langen Parteizugehörigkeit keine besondere Belastung und behandelte die „Goldenen" ebenso wie die Märzgefallenen oder die Pgs, die 1937 in die NSDAP eingetreten waren.
Einstufung der Träger des Goldenen Parteiabzeichens in der ersten Instanz in die Klassen I bis V:
Klasse I   -
Klasse II   5
Klasse III 32
Klasse IV 23
Klasse V   1
Weihnachtsamnestie, Jugendamnestie und sonstige Amnestien 18.
[174] Vgl. S. 102.
[175] Vgl. Amtsgericht Ansbach, Registratur S: Nr. 1, 17.

ner Handelsvertreter bei einer ortsansässigen Sperrholzgroßhandlung[176]. Sein früherer Stellvertreter, Bürgermeister Albert Böhm, stand nach seiner Entlassung aus dem Internierungslager vor dem Nichts[177]. Böhm war, wie dargelegt, in erster Instanz in die Gruppe I eingestuft worden. Außerdem hatte er alle Ansprüche auf Rente und Pension verloren. Zu 70 Prozent erwerbsunfähig, bereits weit über 60 Jahre alt und völlig mittellos, mußte auch er von der Fürsorgeunterstützung der Stadt Ansbach leben. 1948 legte Böhm mit folgender Begründung Berufung gegen das Urteil der Spruchkammer Ansbach ein: „Meine Frau ist halbtägig bei zwei alten Frauen im Haushalt tätig und verdient dort monatlich 20,– RM wovon 8,– RM für Krankenkasse abgezogen werden. Das sind unsere ganzen Einnahmen … Es ist für mich lebensnotwendig, daß ich die Rente aus der Angestelltenversicherung erhalte, die ich nun 35 Jahre lang eingezahlt habe." In diesem Punkt kam ihm aber die Berufungskammer nicht entgegen. Daraufhin richtete Böhm ein Gnadengesuch an das Sonderministerium, dem im September 1949 stattgegeben wurde. Der ehemalige Bürgermeister von Ansbach erhielt damit eine kleine staatliche Angestelltenrente, die ihm ein kärgliches Auskommen sicherte. Bis zu seinem Tod im Jahre 1957 versuchte er vergeblich, eine Revision des Urteils der Berufungskammer zu erzwingen. Er sah sich selbst als „Paria II. Klasse", ohne bürgerliche Rechte und der „seelischen und wirtschaftlichen Verelendung" überlassen und steigerte sich schließlich in einen fast grenzenlosen Haß auf den demokratischen Staat, der nicht den Mut fände, „hinter dieser so verunglückten Spruchkammer-Angelegenheit … einen Strich zu ziehen".

Böhm und Hänel bemühten sich in den fünfziger Jahren mehrmals, ihre Pensionsansprüche gegenüber der Stadt Ansbach durchzusetzen. Der Stadtrat blieb aber in beiden Fällen hart; 1953 beschloß er, „alle Ansprüche des fr. Bürgermeisters Albert Böhm grundsätzlich abzulehnen"[178]. 1956 wies er einen Antrag Hänels auf finanzielle Unterstützung zurück, weil beim Alt-Oberbürgermeister „weder unverschuldete Notlage gegeben" sei, noch ein „besonderer Härtefall" vorläge[179]. Den ehemaligen „Herren" der Stadt hatte man also noch lange nicht vergeben. Nicht viel anders als Hänel und Böhm erging es dem früheren Ortsgruppenleiter von Ansbach/Hofgarten und Zeilberg, Leonhard Rübig[180], und dem früheren Ortsgruppenleiter von Eyb, Johann Stich[181]. Rübig, dessen Frau während der langen Haftzeit ihres Mannes gestorben war und der außerdem im Krieg zwei Söhne verloren hatte, war nach Kriegsende völlig verarmt. Seine Ansbacher Wohnung, die 1945 demoliert und ausgeraubt worden war, mußte er an Flüchtlinge abtreten, so daß er buchstäblich auf der Straße stand, bis ihn schließlich eine Schwägerin in München aufnahm. Stich war nach der Haft im Internierungslager gesundheitlich schwer angeschlagen, und es dauerte geraume Zeit, bis er eine Anstellung als Autoschlosser fand. Seine geringen Einkünfte mußte er zum größten Teil sofort seinem Anwalt zuleiten, der ihm während seines langwierigen Spruchkammerverfahrens beigestanden hatte.

[176] Vgl. dazu ebenda: Nr. 1.
[177] Vgl. Amtsgericht München, Registratur S: Nr. 1.
[178] Stadtrat Ansbach an Minister für politische Befreiung, 28. Juli 1953, in: Ebenda.
[179] Stadtrat Ansbach an bay. Staatsministerium für Justiz, 26. Juni 1956, in: Amtsgericht Ansbach, Registratur S: Nr. 1.
[180] Vgl. Amtsgericht München, Registratur S: Nr. 4.
[181] Vgl. Amtsgericht Ansbach, Registratur S: Nr. 21.

In den fünfziger Jahren lebten die ehemaligen Ortsgruppen- und Kreisleiter in ihren Dörfern und Städten meist sehr zurückgezogen und wollten nicht mehr an ihre Vergangenheit erinnert werden. Der soziale Verkehr mit den Nachbarn und Kollegen blieb auch nach dem Ende der Entnazifizierung für sie schwierig. Der Haß, dem die meisten von ihnen nach 1945 begegnet waren, flaute zwar später ab, aber in gewisser Weise blieben sie am Rande der Gesellschaft. Bemerkenswerterweise konnte auch keiner ein politisches Comeback feiern, als in den sechziger Jahren mit der NPD eine politische Partei die Bühne betrat, die zumindest teilweise an die Tradition des Dritten Reiches anzuknüpfen versuchte und damit gerade im protestantisch-deutschnationalen Milieu Mittelfrankens beträchtlichen Zulauf erhielt[182]. Im Zuge der politischen Säuberung war die alte Garde der prominenten NS-Aktivisten also für immer ausgeschaltet worden.

---

[182] Zur NPD in Mittelfranken vgl. Bayern in Zahlen. Monatshefte des Bayerischen Statistischen Landesamts, Januar 1967, Heft 1, S. 1–4; Sechste Bundestagswahl in Bayern am 28. September 1969, Heft 291 a der Beiträge zur Statistik Bayerns, S. 134–159. Vgl. auch Fränkische Landeszeitung vom 10., 14., 16., 17., 18. und 19. März 1966, 16./17., 18., 21., 22. und 23. November 1966.

V. Die politischen Parteien –
Gründung und Entfaltung 1945–1949

„Tolle erste Tage! Die ganze Stadt war auf den Beinen, am Stachus wie am Marienplatz drängten sich manchmal tausendköpfige Mengen. Überall in der Altstadt stieß man auf politische Straßenredner, rundum lauschten die Zuhörer und stritten sich miteinander." So wie in München war es nach Kapitulation und Revolution im November 1918 im ganzen Deutschen Reich gewesen[1]. Alle schienen vom politischen Fieber gepackt. Der Kontrast zu den ersten Tagen und Wochen nach dem Ende des Zweiten Weltkrieges konnte kaum größer sein. 1945 schienen die Deutschen gedemütigt und betäubt, ohne Interesse für politische Fragen. „Übermäßig in Anspruch genommen von vitalen Problemen wie Essen und Wohnen, und auch niedergedrückt von den Auswirkungen der langen Jahre unter NS-Diktatur und der Belastung durch die totale Niederlage", berichtete General Lucius D. Clay im Juli 1945 nach Washington, „erscheint die große Mehrheit der Deutschen überall im Lande politisch apathisch."[2]

Gleichwohl gab es in den Großstädten ebenso wie in den entlegensten Winkeln der Provinz kleine Gruppen, die schon wenige Stunden nach dem Eintreffen der alliierten Truppen in Privatwohnungen und Notunterkünften zusammensaßen, um politische Programme und erste Maßnahmen zu besprechen. Sozialdemokraten und Kommunisten, Zentrumspolitiker, Liberale und BVP-Angehörige, die während der NS-Zeit ihrer Gesinnung treu geblieben waren und in KZs, Zuchthäusern oder in der „inneren Emigration" überlebt hatten, erhoben sich bei Kriegsende aus ihrer Deckung und gingen sofort an die Gründung von Parteien[3]. Daneben formierten sich vor allem in urbanen Regionen mit starker Arbeiterbewegungstradition sogenannte antifaschistische Ausschüsse, die sich zuweilen als Alternativen zu den gleichzeitig entstehenden Par-

---

[1] Karl Alexander von Müller, Mars und Venus. Erinnerungen 1914–1919, Stuttgart 1954, S. 273.
[2] Monthly Report of the Military Governor, U.S. Zone, Nr. 1: 20. August 1945, hrsg. von Office of Military Government for Germany (U.S.).
[3] Die Veröffentlichungen zur Wiedergründung von Parteien sind Legion. Vgl. u. a. Stöss, Parteien-Handbuch, 2 Bde.; Parteien in der Bundesrepublik. Studien zur Entwicklung der deutschen Parteien bis zur Bundestagswahl 1953, Stuttgart/Düsseldorf 1955; Alf Mintzel, Die CSU. Anatomie einer konservativen Partei 1945–1972, Opladen 1975; Kurt Klotzbach, Der Weg zur Staatspartei. Programmatik, praktische Politik und Organisation der deutschen Sozialdemokratie 1945 bis 1965, Berlin/Bonn 1982: Theo Pirker, Die SPD nach Hitler, München 1965; Jörg Michael Gutscher, Die Entwicklung der FDP von ihren Anfängen bis 1961, Meisenheim am Glan 1967; Hans Georg Wieck, Christliche und Freie Demokraten in Hessen, Rheinland-Pfalz, Baden und Württemberg 1945/46, Düsseldorf 1958; ders., Die Entstehung der CDU und die Wiedergründung des Zentrums im Jahre 1945, Düsseldorf 1953; Leo Schwering, Frühgeschichte der Christlich-Demokratischen Union, Recklinghausen 1963; Helga Grebing, Zur Problematik der personellen und programmatischen Kontinuität in den Organisationen der Arbeiterbewegung in Westdeutschland 1945/46, in: Herkunft und Mandat. Beiträge zur Führungsproblematik in der Arbeiterbewegung, Frankfurt/Köln 1976; Wolfgang Behr, Sozialdemokratie und Konservatismus; Ilse Unger, Die Bayernpartei. Geschichte und Struktur 1945–1957, Stuttgart 1979; Woller, Loritz-Partei; Henke/Woller, Lehrjahre der CSU.

teien verstanden. Ihr politisches Spektrum reichte von Sozialdemokraten über Kommunisten bis zu bürgerlichen NS-Gegnern. Eher spontane Selbsthilfeorganisationen als Vorboten oder Träger einer revolutionären Umwälzung, wirkten sie bei Aktionen zur kampflosen Übergabe ihrer Städte mit, beteiligten sie sich an der Trümmerbeseitigung und an Reparaturarbeiten an Häusern und Wohnungen oder begannen sie mit der politischen Säuberung. Außerdem fanden sich im Frühjahr 1945 kleine kirchliche Kreise, die während der NS-Zeit zur Bekennenden Kirche gehört hatten, Intellektuellenzirkel und Betriebsausschüsse zusammen und diskutierten politische Fragen[4]. Nach dem Willen der Besatzungsmächte hätte es dies alles nicht geben dürfen. Die obersten Stäbe der amerikanischen Militärregierung hatten nach dem Einmarsch ihrer Truppen ein allgemeines Verbot politischer Betätigung verhängt, das erst nach der Konferenz der „Großen Drei" in Potsdam schrittweise gelockert wurde. Die Amerikaner waren schon mehrere Monate in Deutschland, ehe sie im Frühherbst 1945 nach jeweils langwierigen Lizenzierungsverfahren die Bildung von politischen Parteien zunächst auf Kreisebene, ab Ende November 1945 auch auf Länderebene und im Februar 1946 schließlich auf Zonenebene erlaubten. Die Anträge auf Lizenzierung von Kreisparteien mußten von mindestens 25 bis 30 Personen – sogenannten sponsors – unterzeichnet sein, die über jeden Verdacht einer Mitgliedschaft in NS-Organisationen erhaben waren[5]. Die meisten politischen Initiativgruppen ließen sich von diesen restriktiven Bestimmungen nicht entmutigen. Im Verborgenen oder mit Duldung liberaler Militärregierungsoffiziere leiteten sie die Wieder- oder Neugründung ihrer Parteien ein, die in den Städten und Gemeinden der amerikanischen Zone wohl nur selten sehr viel anders verlief als in der mittelfränkischen Provinz um Ansbach und Fürth.

1. SPD und KPD – Die Linke formiert sich schnell

19. April 1945, die amerikanischen Panzer waren erst sechs, sieben Stunden in der Stadt, da saßen im Ansbacher Gasthaus „Am Drechselsgarten" einige Kommunisten zusammen, froh die langen Jahre der NS-Herrschaft überstanden zu haben und voller Zuversicht, daß nun die Stunde der KPD gekommen sei. Größere Bedeutung hatte die 1920 gegründete Ortsgruppe in der konservativen Beamtenstadt nie erlangen können; in den Reichstagswahlen zwischen 1920 und 1930 war ihr Stimmenanteil regelmäßig unter drei Prozent gelegen, zur Stadtratswahl von 1929 hatte sie nicht einmal eigene Kandidaten aufgestellt. Erst 1930 war die KPD stärker geworden, aber – wie in anderen Orten auch – sofort unter den staatlichen Druck der bayerischen BVP-Regierung geraten. Die Polizei hatte viele kommunistische Versammlungen verboten oder aufgelöst, Flugblätter beschlagnahmt, die Treffen im Gasthaus „Zum Walfisch" ständig überwacht. 1932 war der Ortsgruppe aus etwa 60 bis 70 Mitgliedern, darunter vor allem jüngere Erwerbslose, auch noch der eigentliche Motor, der 30jährige Hilfsarbeiter Michael Grüner, durch seinen Übertritt zur NSDAP verloren gegangen[6]. Nach der

---

[4] Zu den Antifas vgl. u. a. Niethammer/Borsdorf/Brandt, Arbeiterinitiative 1945.
[5] Vgl. dazu Woller, Loritz-Partei, S. 11–21.
[6] Zur KPD in Ansbach vor 1933 vgl. Fränkische Zeitung vom 9. Dezember 1929 und Stadtarchiv Ansbach, ABc K/3/21; vgl. auch Werner Bürger, 1933 in Ansbach, unveröffentlichtes Manuskript, Ansbach 1983.

nationalsozialistischen Machtergreifung war die ideologisch wenig gefestigte Gruppe fast ganz aufgerieben worden.

Nach Kriegsende erlebte die KPD in Ansbach einen erstaunlichen Aufschwung, sie verdankte ihn in erster Linie einem Mann: Hans Sessler[7], dem Pächter des „Drechselsgarten", in dem sich am Abend des 19. April einige Ansbacher Kommunisten trafen. Der 43jährige Sessler, untersetzt, rundliches Gesicht, nur noch wenige dunkelblonde Haare auf dem Kopf, war von Beruf Schreiner und stammte aus einer politisch rührigen Familie aus Geisengrund bei Ansbach. Der Vater, ein Waldarbeiter, war nach einer schweren Verwundung im Ersten Weltkrieg überzeugter Pazifist geworden und hatte sich der DDP zugewandt. Zwei Brüder, einer davon auch Gruppenführer des Wandervogels, sympathisierten mit der SPD. Mitte der zwanziger Jahre hatte Hans Sessler die Meisterprüfung abgelegt und war nach Marbach am Neckar übergesiedelt. Dort trat er 1929 der KPD bei, die ihm bald die Führung im Kampfbund gegen den Faschismus und wichtige Agitations- und Propagandaaufgaben übertrug. 1933 wurde Sessler, der in Marbach bald als der „Rote" verschrieen war, verhaftet und etwa ein halbes Jahr in das KZ Heuberg, später in ein Gestapo-Gefängnis in Stuttgart gebracht. Nach seiner Entlassung fand er im Württembergischen keine Stellung mehr, so daß er 1940 wieder in seine alte Heimat zurückging. „Aber schneller als ich selbst", so schrieb er später, „war in Ansbach bereits meine politische Belastung bekannt geworden."[8] Seine Bemühungen, das heruntergewirtschaftete Gasthaus „Am Drechselsgarten" in Pacht zu nehmen, scheiterten zunächst am Veto des Stadtrats – man verlangte von ihm, gleichsam als Geste seines guten Willens, ein Aufnahmegesuch an die NSDAP zu richten. Erst als Sessler, nicht zuletzt aus Sorge um seine drei kleinen Kinder, dieser Erpressung nachgegeben hatte, konnte er das Gasthaus übernehmen. Die Hürnerbrauerei, die sich beim Stadtrat für Sessler eingesetzt hatte, kümmerte sich um die politische Vergangenheit ihres Pächters wenig; sie wollte das Gasthaus nur in guten Händen wissen. Trotz des Kniefalls vor der NSDAP blieb Sessler seiner kommunistischen Gesinnung treu und verbreitete, obwohl dauernden Bespitzelungen durch die Gestapo ausgesetzt, seine Ideen weiter[9].

Bei Kriegsende war der Gastwirt sofort die führende Persönlichkeit der Ansbacher KPD. Er habe in der Beamtenstadt, so urteilte die Militärregierung, „einen guten Stand"[10]. Ein ganz anderer Typ als die meisten dogmatischen KP-Funktionäre Weimarer Prägung, wendig, durchsetzungsfähig und im Auftreten fast ein Bohemien, voller Idealismus und Begeisterung für die kommunistischen Ideen, war Sessler der geeignete Mann, die Ansbacher KPD aus ihrer früheren sektiererischen Enge herauszuführen. Zugleich war er der ideale Protagonist des neuen Kurses des ZK der KPD, dessen Vortrupp, aus dem Moskauer Exil kommend, Ende April/Anfang Mai in der

[7] Vgl. Amtsgericht Ansbach, Registratur S: Nr. 23 und mündliche Mitteilung von Peter Sessler vom 1. Februar 1984.
[8] Amtsgericht Ansbach, Registratur S: Nr. 23.
[9] Ebenda.
[10] Hist. Rep., Det. Ansbach, 9. März 1946, in: NA, RG 260, 10/80-3/6. 1945 wurde Sessler, von den Gewerkschaften vorgeschlagen, Mitglied des Beratenden Ausschusses der Stadt. Er war im Wohnungsausschuß und im Ausschuß zur Betreuung von Flüchtlingen und KZ-Insassen tätig. Vgl. Stadtarchiv Ansbach, ABc T/3/55. Vgl. auch Bericht über die erste Mitgliederversammlung der KPD, 15. Januar 1946, in: NA, RG 260, CO 447/4. Ebenda, Liste der Sponsors und Programm der Ansbacher KPD, das mit dem Aufruf des ZK der KPD vom 11. Juni 1945 fast identisch ist.

schwer zerstörten Reichshauptstadt Berlin gelandet war. In der Tasche führten Ulbricht und Genossen ein neues Programm mit, in dem sie den alten klassenkämpferischen und revolutionären Prinzipien weitgehend abschworen und den Weg einer „parlamentarisch-demokratischen Republik mit allen demokratischen Rechten und Freiheiten für das Volk" einzuschlagen versprachen. Es sei falsch, hieß es, Deutschland das Sowjetsystem aufzwingen zu wollen, vielmehr gelte es, zusammen mit der Sozialdemokratie und antifaschistischen bürgerlichen Kräften, die „1848 begonnene Demokratisierung ... zu Ende zu führen"[11].

Dieses offenkundige Abrücken von der alten KP-Programmatik ließ ebenso aufhorchen wie die moderate Erklärung des Ansbacher Kommunisten Rudolf Karmann zum Verhältnis seiner Partei zur Kirche. In einem amerikanischen Bericht hieß es dazu, „... daß die KPD sehr positiv eingestellt ist gegenüber der Kirche und daß die Zehn Gebote die Moral und Grundlage der Gesellschaft und jedes Staates sind."[12] Das neue Programm der KPD, bemerkte die Militärregierung für Ober- und Mittelfranken, erinnere mehr an eine gemäßigte als an eine extreme Linkspartei[13] und unterscheide sich nur wenig vom Programm der SPD. Unumstritten war der auch von Sessler vertretene neue Kurs innerhalb der Ansbacher Ortsgruppe freilich nicht. Hier, wie in allen kommunistischen Zellen und Gruppen der vier Besatzungszonen, fragten sich die mehrheitlich „1933 stehengebliebenen" Genossen, weshalb ihre Partei das hohe Ziel der Diktatur des Proletariats aufgegeben habe, für das sich so viele Genossen geopfert hatten. Sie wunderten sich, daß auch sie – wie im Gründungsaufruf der KPD zum Ausdruck gebracht – am Unheil des Hitlerfaschismus mitschuldig sein sollten, und konnten nicht verstehen, daß ihre Partei die Zusammenarbeit mit bürgerlichen und sogar kirchlichen Kreisen suchte, die sie früher heftig bekämpft hatte[14].

Anders als Ansbach war Fürth schon in der Weimarer Zeit eine Hochburg der KPD gewesen. In den Arbeitervierteln der Südstadt, im sogenannten Glasscherbenviertel, hatte sie bei den Wahlen im Jahr 1932 zwischen 30 und 40 Prozent der Stimmen zu gewinnen vermocht. Es war aber immer ein relativ kleiner Kern von etwa 100 Mitgliedern gewesen, der die aktive Organisationsarbeit der Partei getragen hatte[15]; um so stärker war der Zusammenhalt innerhalb dieser Gruppe auch während der harten Verfolgungsmaßnahmen der NSDAP gewesen. In den südlichen Wohngebieten hatten sich kleine Zirkel gehalten, die sofort nach Kriegsende wieder hervortraten. Ihr Eifer war anfangs kaum zu bremsen. Er jagte der amerikanischen Militärregierung zuweilen einen gehörigen Schreck ein und veranlaßte sie zu übertriebenen Befürchtungen: „In den Sommermonaten von 1945 wurde vorausgesagt: die kommunistische Partei gewinnt schnell an Einfluß, mit dem bevorstehenden Abzug der Amerikaner

---

[11] Zur Politik der KPD nach 1945 vgl. Hans Kluth, Die KPD in der Bundesrepublik. Ihre politische Tätigkeit und Organisation 1945–1955, Köln 1959, S. 17. Vgl. auch Helga Grebing, Die Parteien, in: Wolfgang Benz (Hrsg.), Die Bundesrepublik Deutschland, Bd. 1: Politik, Frankfurt/Main 1983, S. 134 f. Vgl. auch den großen Beitrag von Dietrich Staritz über die KPD, in: Stöss, Parteien-Handbuch, Bd. 2, S. 1681 ff.

[12] Political activity report, 2. Mai 1946, in: NA, RG 260, CO 481/1. Vgl. auch Political activity report, 2. März 1946, in: NA, RG 260, CO 481/1 und mündliche Mitteilung von Peter Sessler vom 1. Februar 1984.

[13] Hist. Rep., Det. für Ober- und Mittelfranken, 9. März 1946, in: NA, RG 260, 10/80-3/6.

[14] Vgl. dazu Staritz, KPD, in: Stöss, Parteien-Handbuch, Bd. 2, S. 1685.

[15] Zur KPD in Fürth vgl. Strauß, Fürth in der Weltwirtschaftskrise, S. 359 ff., Mehringer, Die KPD in Bayern 1919–1945, in: Bayern in der NS-Zeit, Bd. V, S. 43; Ulrich Neuhäußer-Wespy, Die KPD in Nordbayern 1919–1933, Nürnberg 1981.

werden die Kommunisten dominierend, und im Endeffekt tritt der Kommunismus an die Stelle des Nationalsozialismus."[16]

Der frühere Chef der KPD-Fraktion im Fürther Stadtrat, Anton Hausladen (Jg. 1894), klein, korpulent, ein wenig an Mussolini erinnernd, war die treibende Kraft. Der gelernte Metalldrücker gehörte der KPD schon seit 1919 an und war am Ende der Weimarer Republik als Mitglied der KPD-Bezirksleitung Nordbayerns und Leiter der Revolutionären Gewerkschaftsopposition zur Führungsmannschaft der KPD in Bayern aufgerückt. Im März 1933 verhaftet, hatte er zehn Jahre im Konzentrationslager zubringen müssen[17]. Wie kaum einer in der Fürther KPD glaubte er nach Kriegsende, daß nun das kommunistische Zeitalter anbrechen werde. „Dort, wo jetzt amerikanische Jeeps und Lastkraftwagen fahren", sagte er im Frühjahr zu einem alten Bekannten aus der SPD, „werden bald sowjetische Panzer rollen"[18].

Die Gruppe, die sich zur Wiedergründung der KPD in Fürth zusammenfand, war klein. Georg Metzler gehörte dazu, ein aus dem Moskauer Exil zurückgekehrter eingefleischter Stalinist, der sich dem neuen moderaten Kurs der Partei nur widerstrebend fügte, und Fritz Hopf, der während der NS-Zeit mehrmals inhaftiert gewesen war[19]. Einige alte Genossen waren dem NS-Terror zum Opfer gefallen, andere, wie etwa der aus der kommunistischen Jugend hervorgegangene Willi Schuster, hatten das Vertrauen in ihre Partei verloren und sich von ihr abgewandt. Schuster war 1933 nach Dachau verschleppt und bis Anfang der vierziger Jahre nicht wieder entlassen worden. Um aus Dachau zu entkommen, hatte er sich schließlich zum Bewährungsbataillon 999 an die Ostfront gemeldet. Dort war er zusammen mit einigen Kameraden zu den Russen übergelaufen. Auf den Zuruf „Wir kommen aus dem KZ" reagierten die Rotarmisten jedoch nicht, sondern empfingen die kommunistischen Deserteure mit MG-Salven. Dieses Erlebnis hatte Schuster belehrt: Wenn er nach Kriegsende Hausladen oder einem der anderen Fürther Kommunisten auf der Straße begegnete, wechselte er sofort die Seite[20].

Als erste der im Entstehen begriffenen Parteien reichte Anfang Oktober 1945 die Fürther KPD die Unterlagen für das Lizenzierungsverfahren ein. Am 1. November erhielt Hausladen die Zulassungsurkunde der KPD, die damit als erste Partei in Fürth offiziell auftreten konnte. Sessler in Ansbach mußte einen Monat länger warten[21]. Seine Unterlagen waren zunächst zurückgewiesen worden, weil die von der Militärregierung geforderten 30 „sponsors" nicht hatten aufgebracht werden können – ein Vorgang, der 1945 an der Tagesordnung war und alle Parteien betraf, am stärksten die bürgerlichen Parteien, die sich besonders schwer taten, „sponsors" mit politisch weißer Weste zu finden.

[16] Annual Hist. Rep., Det. Fürth, 20. Juni 1946, in: NA, RG 260, 10/81-1/5. „The Communists seem to be the most active and energetic party", hieß es auch im Weekly Summary des Det. Fürth vom 6. Oktober 1945, in: NA, RG 260, 9/96-2/12.
[17] Zu Hausladen vgl. Mehringer, Die KPD in Bayern 1919–1945, in: Bayern in der NS-Zeit, Bd. V, S.159. Vgl. auch Fürther Nachrichten vom 14. September 1949.
[18] Mündliche Mitteilung von Fritz Rupprecht vom 29. November 1984.
[19] Mündliche Mitteilung von Hans Blöth vom 26. Januar 1984. Zu Hopf und Metzler vgl. Nürnberger Nachrichten, Fürther Ausgabe, vom 25. Mai 1946.
[20] Mündliche Mitteilung von Konrad Grünbaum vom 29. November 1984.
[21] Vgl. Weekly Summary, Det. Fürth, 13. Oktober 1945, in: NA, RG 260, 9/96-2/12. Vgl. Hist. Rep., Det. Ansbach, 17. November 1945, in: NA, RG 260, 10/80-3/6. Vorläufige Erlaubnis zur Bildung der Kommunistischen Partei im Stadt- und Landkreis Ansbach, in: StA Nürnberg, LRA Ansbach (1961), Nr. 656.

Das neue demokratische Image der KPD und ihr Ansehen als antifaschistische Avantgarde, die am energischsten vor dem Kriegstreiber Hitler gewarnt und im Kampf gegen ihn viele Genossen verloren hatte, halfen manche früheren Hemmungen vor einem aktiven Engagement in der KPD abzubauen. Die offizielle Lizenzierung durch die Militärregierung tat ein übriges, um die KPD von ihrem Ruf des radikalen Außenseiters, der ihr vor allem im ländlich-agrarischen und mittelständisch-handwerklichen Milieu anhaftete, zu befreien. Anders als vor 1933 schien die KPD nun zum Spektrum der etablierten Parteien dazuzugehören: Kommunisten arbeiteten mit amerikanischen Stellen wie CIC und Special Branch eng zusammen, in Fürth waren das Arbeitsamt und die Polizei eine kommunistische Domäne, in den provisorischen Gemeindeparlamenten saßen bald Mitglieder der KPD und leisteten ordentliche Arbeit. Dies alles zahlte sich aus. Ende 1945 erreichte die Fürther KPD wieder ihre Weimarer Stärke und bis 1947 gewann sie nicht weniger als 1600 Mitglieder[22]. Erstaunlich erfolgreich war die KPD auch in dem ihr an sich viel ungünstigerem Milieu von Ansbach, wo sie Ende 1946 auf immerhin etwa 200 Mitglieder zählen konnte. Von den ersten vierzig Mitgliedern waren 18 Altgenossen, darunter einige auswärtige KZ-Häftlinge, die das Schicksal nach Ansbach verschlagen hatte; sieben hatten vor 1933 der SPD, die übrigen 15 früher keiner Partei angehört. Doch bald kamen mehr und mehr einheimische jüngere Arbeiter und Handwerker hinzu, so daß die Genossen aus der Zeit vor 1933 nur noch eine Minderheit bildeten. Auch der hochbegabte jüngste Sohn des sozialdemokratischen Regierungspräsidenten, Götz Schregle, schloß sich – enttäuscht von der Partei seines Vaters – der KPD an, die damit in Ansbach ihre früheren lumpenproletarischen Züge abgelegt zu haben schien[23].

Wenige Tage nachdem das Sternenbanner auf dem Fürther Rathaus gehißt worden war, treffen sich zum ersten gemeinsamen politischen Gespräch auch einige Fürther Sozialdemokraten, die einander seit der Weimarer Zeit kennen. Die Runde findet sich in der Küche des ehemaligen Landtagsabgeordneten Konrad Eberhard in der Schwabacherstraße zusammen, wo Emilie Eberhard, selbst eine Aktivistin der Partei, eine karge Mahlzeit anbietet. Eberhard, der allseits geachtete letzte Sekretär der Fürther SPD, hatte sich während der NS-Zeit mit den Einkünften aus einem kleinen Seifengeschäft über Wasser halten können, daß von ihm 1933 nach kurzer Schutzhaft eröffnet worden war. Nicht der inzwischen 70jährige Hausherr führt bei der ersten Zusammenkunft den Vorsitz, sondern Hans Rupprecht (Jg. 1882), der gelernte Schreiner mit der Nickelbrille und dem fast haarlosen Bauernschädel. Der ehemalige Vorsitzende des SPD-Kreisverbandes und Chef der Rathausfraktion hatte ein Jahr KZ-Haft in Dachau absitzen müssen. Er war es in den zurückliegenden Jahren vor allem gewesen, der trotz häufiger Bespitzelungen durch die Nationalsozialisten die Kontakte zu den Genossen aufrecht erhalten hatte. In der kleinen Schreinerei, die er seit Mitte der dreißiger Jahre betrieb, waren die alten politischen Freunde nicht selten zusammengesessen. Erst zehn Monate liegt es zurück, daß Rupprecht nochmals auf einer Verhaf-

---

[22] Zur Mitgliederentwicklung der Fürther KPD vgl. Annual Hist. Rep., Det. Fürth, Juni 1948, in: NA, RG 260, 9/96-3/11.

[23] Zur Mitgliederentwicklung der Ansbacher KPD vgl. Annual Hist. Rep., Det. Ansbach, 30. Juni 1948, in: NA, RG 260, 10/80-3/6.

tungsliste der Gestapo gestanden hatte. Damals hatten ihn wohlmeinende Nationalsozialisten aber so rechtzeitig gewarnt, daß er untertauchen konnte. Mit am Tisch in der Küche der Eberhards sitzt auch der frühere Fürther SPD-Bürgermeister Hans Schmidt mit dem Spitznamen der „Eichene". Schmidt, seit der Kaiserzeit eng mit Hans Böckler, dem späteren Vorsitzenden des DGB, befreundet, hatte 1933 aus der Stadtverwaltung ausscheiden müssen, war aber wegen seines Ansehens in der Stadt nicht nach Dachau verschleppt worden. Selbst der nationalsozialistische Oberbürgermeister Franz Jakob, ein hartgesottener Nazi, hatte Respekt vor ihm. Deshalb konnte er seinen Posten als Vorsitzender der AOK bis 1934 behalten, nach seiner Entlassung war ihm auch Ruhegeld gewährt worden[24].

Etwa zur selben Zeit riefen in Nürnberg Julius Loßmann und Josef Simon zur Wiedergründung der SPD auf. In München sammelten sich die alten Sozialdemokraten um Albert Roßhaupter, und in Hannover scharten sich Gesinnungsgenossen um den früheren Reichstagsabgeordneten Kurt Schumacher. In der Gründungsversammlung des hannoverschen Ortsvereins der SPD hielt Schumacher am 6. Mai 1945 das Referat „Wir zweifeln nicht!", das die Wandlung der SPD zu einer „gegenwartsorientierten" linken Volkspartei proklamierte. Einige Monate später war er unangefochten der erste Mann der SPD in den Westzonen[25].

In der Küche der Eberhards sitzen auch die beiden ehemaligen Stadträte Christian Bauermann (Jg. 1877) und Fritz Otto. Nach einigen Monaten Dachau-Aufenthalt im Jahre 1933 hatten sie, von den Nationalsozialisten als politisch ungefährlich eingestuft, die NS-Zeit weitgehend unbeschadet überstehen können. Bauermann konnte sein Friseurgeschäft weiterführen, Otto eine Anstellung als Lederzuschneider finden. Ähnlich war es Hans Fehn (Jg. 1901) ergangen; er hatte vor 1933 erst zur zweiten Riege der SPD gehört und nach der Machtergreifung seine Stelle bei der Reichsbahn behalten können. Während des Krieges war er sogar zum Werkmeister aufgestiegen[26].

Die Fürther Militärregierung wußte von den Treffen in der Schwabacherstraße und duldete sie. Captain Cofer, in seiner Heimat aktives Mitglied der Demokratischen Partei, war an der Wiederingangsetzung demokratischer parteipolitischer Aktivität besonders interessiert und hatte schon bald nach seiner Ankunft in Fürth im April 1945 Kontakt mit den Sozialdemokraten Hans Schmidt und Hans Teichmann aufgenommen, die ihn bei der Besetzung der wichtigsten Ämter der Stadtverwaltung berieten. Nach solcher Zusammenarbeit tolerierte Cofer die Treffen im kleinen Kreis, obwohl sie den besatzungspolitischen Grundsätzen zuwiderliefen.

Im Sommer 1945 wird die Küche der Eberhards zu klein, die Sozialdemokraten ziehen um in das Nebenzimmer der Gastwirtschaft „Rotes Roß", die der Genosse und ehemalige KZ-Häftling Hans Riedel betreibt. Der Kreis wird größer und größer. Inzwischen ist der frühere Stadtrat Hans Segitz, magenleidend, tiefe Furchen im schmalen Gesicht, nach Fürth zurückgekehrt. Nach fast einjähriger KZ-Haft hatte er seinen

---

[24] Zur Entwicklung der Fürther SPD nach 1945 vgl. Unveröffentlichte Memoiren von Stadtrat Georg Lederer (Privatbesitz Otto Gellinger); kurze Aufzeichnung von Konrad Grünbaum über die SPD nach 1945 (Privatbesitz Konrad Grünbaum); vgl. auch 110 Jahre Fürther SPD, Fürth 1982 und 1872–1962. 90 Jahre Fürther Sozialdemokratie, Fürth 1962; mündliche Mitteilungen von Konrad Grünbaum und Fritz Rupprecht vom 29. November 1984; mündliche und schriftliche Mitteilungen von Alfred Schmidt vom 11. und 30. Oktober 1984, 10. November 1984 und 3. Dezember 1984.
[25] Vgl. dazu Klotzbach, Der Weg zur Staatspartei, S. 43; Behr, Sozialdemokratie und Konservatismus, S. 98.
[26] Vgl. Anm. 24.

Arbeitsplatz als Werkmeister bei Zündapp in Nürnberg verloren und war lange Zeit arbeitslos geblieben, ehe er dann von 1940 bis 1945 als Betriebsleiter einer Zündapp-Niederlassung im oberfränkischen Naila unterkommen konnte. Aus kurzer Kriegsgefangenschaft ist Willy Fischer (Jg. 1904) heimgekommen. Dynamisch, gewandt und ein zupackender Redner wird er bald zu einer bestimmenden Figur in der Fürther SPD. Der kaufmännische Angestellte, der seit 1939 in der Wehrmacht gedient hatte, ist aus der sozialistischen Arbeiterjugend hervorgegangen, hatte sich nach 1933 im Widerstand betätigt und war wegen des Verdachts der Vorbereitung zum Hochverrat sieben Monate lang in Untersuchungs- und Schutzhaft gewesen.

Auch Fischers Altersgenosse und Freund aus der Arbeiterjugend Fritz Gräßler findet sich bald im „Roten Roß" ein. Wegen illegaler Tätigkeit 1934 kurze Zeit in Haft genommen, hatte er danach bei der AEG in Nürnberg als Kontrolleur für Schleiferei und Galvanik gearbeitet. Zum wieder aktiven Kern der Fürther SPD stoßen ferner im Sommer 1945 der Schreiner Georg Lederer (Jg. 1883), der Uhrmachermeister Julius Haller (Jg. 1883) und der Maurerpolier Sigmund Schmaus (Jg. 1894). Sie haben sich in den zurückliegenden Jahren häufig ducken müssen, vorsichtig sein und hart arbeiten, hatte ihre oberste Devise gelautet, die sie strikt beherzigten und so kaum Verfolgungen ausgesetzt waren. Im Herbst 1945 kehrt der ledige Metalldrücker Konrad Grünbaum (Jg. 1906) aus der französischen Kriegsgefangenschaft nach Fürth zurück. Hinter ihm liegen ein dreijähriger Gefängnisaufenthalt, weil er 1933 illegal gearbeitet, Kurierdienste geleistet und Propagandamaterial verteilt hatte, drei Jahre KZ in Dachau und sechs Jahre Dienst in der Wehrmacht. Von allen Fürther Sozialdemokraten hatte er in der NS-Zeit das schwerste Schicksal zu erleiden[27].

Aber die Lücken, die bleiben, sind groß. Von den 19 Stadträten, die vor der Machtergreifung zur SPD-Fraktion gehört hatten, sind nur noch fünf übrig. Acht sind seit 1933 verstorben, einer – der Jude Leo Bergmann – ist 1936 in die USA ausgewandert, vier fühlen sich zu alt, um wieder politisch aktiv zu werden, von Tobias Schorr hat niemand Nachricht[28]. Im Herbst fällt auch Konrad Eberhard aus, völlig unerwartet stirbt er an den Folgen einer harmlos scheinenden Wurstvergiftung[29] – ein schwerer Schlag für die Fürther SPD, denn Eberhard verkörperte wie kaum ein anderer die Kontinuität der SPD seit dem Kaiserreich und der Weimarer Republik.

Damals brachten die SPD-Aktivisten auch ihre Söhne und Töchter zu den Parteiveranstaltungen mit. Diesen früher fast selbstverständlichen familiären Nachwuchs gibt es jetzt nicht mehr; die jüngere Generation hat nicht mehr den gleich engen Kontakt zum Parteimilieu wie ihre Eltern und ist im „Roten Roß" kaum vertreten. Ein Beispiel ist Alfred Schmidt (Jg. 1910): Der Sohn des „Eichenen" war 1930 in die SPD eingetreten, die ihm aber schon damals betulich und altmodisch erschienen war. Anders als dem Vater wurde ihm die SPD nie Lebensinhalt. Nicht die „gute alte Zeit" der SPD hatte er erlebt, sondern ihr Scheitern 1933. Den ihm noch vom Vater vermittelten Posten bei der Stadtverwaltung konnte er nach 1933 unter der nationalsoziali-

---

[27] Ebenda und Amtliches Handbuch des Bayerischen Landtags, hrsg. vom Landtagsamt, München 1984, S. 72; Handbuch des Deutschen Bundestages, hrsg. von Fritz Sänger, Stuttgart 1952, S. 249.
[28] Vgl. zu den Daten über die SPD-Stadträte von 1933 Mitteilungen des Stadtarchivs Fürth vom 24., 26. und 30. Oktober 1984 und schriftliche Mitteilungen von Konrad Grünbaum vom 19. Juli und 19. Dezember 1983.
[29] Mündliche Mitteilung von Konrad Grünbaum vom 26. Oktober 1984.

stischen Stadtverwaltung beibehalten; 1938 wurde er zur Wehrmacht einberufen und blieb bis Kriegsende sieben Jahre lang Soldat. Nach der Rückkehr aus dem Krieg stand für ihn das berufliche Fortkommen ganz im Vordergrund. 1945 nimmt er zwar an einigen Parteisitzungen teil, fühlt sich dabei aber sofort wieder an die endlosen Diskussionen aus der Weimarer Zeit erinnert. So kehrt er – „ein Beamter der alten Schule", wie er sich später nannte – in die Stadtverwaltung zurück. Wie seine acht Geschwister blieb er Mitglied der SPD, aber keines der Schmidt-Kinder entfaltete größere politische Aktivitäten[30].

Die wenigen neuen Gesichter zwischen den Altgenossen fielen im „Roten Roß" zunächst kaum auf. Abgemagert, schüchtern wirkend, den kahlen Schädel etwas geneigt, nahm Leo Rosenthal (Jg. 1887) an den improvisierten Sitzungen teil. Er war Jude und hat die NS-Zeit – verheiratet mit einer „Arierin" – in Fürth überlebt. 1933 hatte er sich aus der Schuhfabrik „Schloß" zurückziehen müssen, später war er zu Zwangsarbeiten verpflichtet worden. Neu in dem Kreis der SPD-Genossen war auch Erich Herrmann, „ein Herr" vom Scheitel bis zur Sohle. Der gebürtige Schlesier (Jg. 1882) war Lehrer von Beruf; der SPD gehörte er seit Anfang der dreißiger Jahre an; zuvor war er Mitglied der Demokratischen Partei gewesen, die ihn 1925 in den Preußischen Landtag entsandt hatte. Nach 1933 mußte er aus dem Schuldienst ausscheiden, fand aber bald wieder eine gut dotierte Stelle in einem chemischen Werk in Fürth, dessen Direktor er im Krieg wurde. Der dritte Neuling stand ihm an Bildung und Geschick kaum nach: Dr. Wilhelm Kluth, ein 54jähriger Nervenarzt mit einer eigenen Praxis in Fürth. Bevor er sich für die SPD entschied, liebäugelte Kluth eine Weile mit den Liberalen. Als er das Aufnahmeformular unterschrieb, soll er gesagt haben, „es gelte jetzt eine linke Volkspartei zu etablieren, die ohne den Stempel und die Einengung als Arbeiterpartei für die progressiven bürgerlichen Wähler attraktiv" ist[31].

Auch in Ansbach taten sich die übriggebliebenen alten sozialdemokratischen Aktivisten schon kurz nach dem Einmarsch der Amerikaner wieder zusammen. Die ehemalige Residenzstadt war nie ein gutes Pflaster für die SPD gewesen. Der Ortsverein konnte zwar auf eine traditionsreiche Geschichte zurückblicken, mehr als ein Viertel der Wähler hatte er aber selten hinter sich bringen können, denn die vielfach noch in alten Zunfttraditionen verhafteten Gesellen und Arbeiter in kleinen Handwerksbetrieben und Geschäften mit stark paternalistischem Gefüge waren kaum klassenbewußt gewesen, hatten häufig konservativ gewählt und ein starkes Bedürfnis entwickelt, Anschluß an die dominierende Honoratioren- und Bürgerkultur zu finden[32]. Während der NS-Zeit hatten sich die ohnehin dünnen Reihen noch weiter gelichtet. Einige führende Genossen waren umgezogen, andere verstorben; der frühere Stadtrat Andreas Laudenbach war bei den schweren Luftangriffen vom Februar 1945 ums Leben gekommen.

Im Mai 1945 gab es nur noch eine kleine Gruppe. Sie sammelte sich um den früheren Landtagsabgeordneten Emil Pörschmann, der im KZ Dachau zum Krüppel ge-

---

[30] Mündliche und schriftliche Mitteilungen von Alfred Schmidt vom 11. und 30. Oktober 1984, 10. November 1984 und 3. Dezember 1984.
[31] Vgl. Anm. 24. Mündliche und schriftliche Mitteilungen von Hans Lotter vom 2. Februar und 27. Februar 1984.
[32] Zur Geschichte der SPD in Ansbach vgl. Adolf Lang, 100 Jahre Ansbacher SPD 1869–1969, Ansbach 1969 und das Protokollbuch der SPD Ansbach 1946 ff., in: Stadtarchiv Ansbach (o. Signatur). Mündliche Mitteilung von Karl Reichel vom 21. Januar 1982.

schlagen worden war. Die beiden früheren Stadträte Ludwig Setzer und Paul Fiedler, ihr Altgenosse Georg Liebel, der 1933 im Stadtrat mutig gegen die Verleihung der Ehrenbürgerrechte an Hitler und Hindenburg gestimmt hatte, Ernst Körner und der Sohn von Pörschmann gehörten der Gruppe an, der sich auch das frühere Mitglied der KPD-Ortsgruppe Heinrich Däschlein (Jg. 1905) hinzugesellte[33]. Viel Zeit, sich der Parteiarbeit zu widmen, blieb ihnen 1945/46 nicht, denn fast alle waren inzwischen beruflich oder ehrenamtlich in der Stadtverwaltung tätig. Wie sehr die Kräfte dieser kleinen Gruppe überbeansprucht waren, zeigte sich, als Anfang 1946 ein Vorsitzender gefunden werden sollte und fast alle prominenteren Mitglieder abwinkten. So gelangte schließlich ein „Auswärtiger" an die Spitze der Ansbacher SPD: Alfred May (Jg. 1901), ein aus Schweinfurt stammender Alt-Sozialdemokrat, der seit September 1945 in Ansbach arbeitete[34].

Mehr als drei Viertel der sozialdemokratischen Gründungsmitglieder in Ansbach und Fürth hatten schon vor 1933 der SPD angehört und dort ehrenamtliche Funktionen ausgeübt[35]. Einige hatten noch die SPD der Kaiserzeit erlebt. Parteipolitik war – wie vor 1933 – weiterhin Männersache, nur wenige Genossinnen verirrten sich in die Männergesellschaft. Die SPD war 1945 zwar keine überaltete Partei, der Altersdurchschnitt lag aber deutlich über 50 Jahre. Die unter 40jährigen ließen sich fast an den Fingern einer Hand abzählen. In den führenden Positionen gaben die 60jährigen den Ton an. Etwa die Hälfte der Gründerväter hatte während der NS-Zeit die Erfahrungen zeitweiliger Schutzhaft in Lagern und Gefängnissen machen müssen, aber nur einer, Konrad Grünbaum, mußte mehrere Jahre in Haft verbringen. Vor allem die Fürther SPD war – wie vor 1933 – eine „Partei der kleinen, aber gestandenen Leute", von denen viele, aufgrund der starken Position der Partei in der Stadt, in einflußreiche Stellungen gelangten und bald großes Ansehen genossen. Angestellte und Beamte sowie viele Handwerker (die meisten mit mittleren und kleineren Betrieben) prägten hier das Erscheinungsbild der SPD. Die wenigen Neulinge wie Herrmann und Kluth veränderten das Sozialprofil der SPD zwar nicht grundlegend, ihr sofortiger Aufstieg in leitende Positionen erweckte aber den Eindruck, daß sich die SPD – mehr denn je – zur bürgerlichen Mitte hin öffnete.

Anfangs drehten sich die Gespräche bei den Eberhards und im „Roten Roß" um die unterschiedlichen Erlebnisse und Erfahrungen in der NS-Zeit. Doch bald wurden aktuelle Themen immer drängender. Die SPD – darüber gab es keinen Zweifel – war die

---

[33] Vgl. dazu die Meldebögen und Spruchkammerakten der Ansbacher Sozialdemokraten, in: Amtsgericht Ansbach, Registratur S. Mündliche Mitteilungen von Ludwig Setzer vom 19. Juli 1984; Andreas Laudenbach vom 19. Juli 1984; Hilde Brendel vom 11. Oktober 1984; Hans Kern vom 11. Oktober 1984; Luise Pörschmann vom 19. Juli und 9. Oktober 1984; Georg Liebel vom 19. Juli 1984; Horst Däschlein vom 9. Oktober 1984; Norbert Kostorz vom 9. Oktober 1984; vgl. auch die schriftlichen Mitteilungen des Stadtarchivs Ansbach vom 31. Juli 1984, der Einwohnermeldeabteilung der Stadt Ansbach vom 8. August 1984, und des Einwohneramtes der Stadt Bamberg vom 11. Oktober 1984.

[34] May, vor 1933 Kassier und Redner der Schweinfurter SPD, verbrachte 1933 einige Monate in Schutzhaft und wurde dann in das KZ Dachau gebracht. Von Beruf Kaufmann siedelte er in den dreißiger Jahren nach Nürnberg über. Nach Kriegsende arbeitete er im Arbeitsamt Fürth, dann im Ansbacher Arbeitsamt und ab Juli 1946 wieder im Nürnberger Arbeitsamt. Mündliche Mitteilung von Otto Pilger (Bad Neustadt) vom 13. März 1984 und schriftliche Mitteilung des Einwohnermeldeamtes Ansbach vom 6. März 1984. Der Lizenzierungsantrag und das erste Programm der Ansbacher SPD finden sich in: NA, RG 260, CO 447/4.

[35] Die Daten beruhen auf einer Auswertung der Nürnberger Nachrichten, Fürther Ausgabe, der Fränkischen Landeszeitung sowie auf den schon genannten schriftlichen und mündlichen Mitteilungen von Zeitzeugen und der Stadtarchive Ansbach und Fürth.

tonangebende Partei in der Stadt. Nie zuvor war ihr Einfluß so groß. Seit Oktober 1945 stellte sie mit Hans Schmidt den kommissarischen Oberbürgermeister, fast alle wichtigen Referentenposten waren mit Sozialdemokraten besetzt: das Sozialreferat leitete Heinrich Burghart, Anton Kalthäuser war Polizeichef, Albert Schorer stand der städtischen Schulbehörde vor. Gleichwohl dachte man 1945/46 kaum daran, die neuen Machtpositionen systematisch für die Partei zu nützen. Die Inhaber der städtischen Posten wollten vor allem der Allgemeinheit dienen, sich durch rechtschaffene Arbeit der Verantwortung an der Stadtspitze würdig erweisen. Mehr denn je ging es darum, die alten, in der NS-Zeit diskriminierend verschärften Vorurteile der angeblichen gesellschaftlichen Minderwertigkeit der Sozialdemokraten zu widerlegen[36]. Deshalb waren die Genossen auch schnell bereit, unter die alten Konflikte mit der bürgerlichen Honoratiorenschaft und den ehemaligen Nationalsozialisten einen Strich zu ziehen, gewillt, die Augen nicht nach hinten, sondern nach vorne zu richten.

Die auf den ersten Blick auffällige Tatsache, daß in der SPD kaum ein Gefühl der Rache und Abrechnung gegenüber den Nationalsozialisten aufkam, erklärt sich aber auch aus den sozialen und persönlichen Erfahrungen in der NS-Zeit. Nach den ersten Verfolgungsmaßnahmen 1933/34 hatte die große Mehrheit der Fürther und Ansbacher SPD ihre berufliche bürgerliche Existenz relativ ungefährdet fortsetzen können. Einige machten nach zeitweiliger KZ-Haft und vorübergehendem Berufsverbot sogar kleine Karrieren in der freien Wirtschaft. Sie waren während der NS-Zeit zwar politisch, aber nicht sozial zu Außenseitern degradiert worden und respektierte Bestandteile der dörflichen und städtischen Gesellschaft geblieben. Sie hatten die örtlichen Nationalsozialisten nicht nur als Gegner, sondern auch als Nachbarn und Kollegen kennengelernt oder sogar, wie der spätere Ansbacher Oberbürgermeister Ernst Körner, als Helfer in prekären Situationen: Körner war 1940 nach Stettin übergesiedelt und hatte dort eine Stelle als Industriemeister angetreten, war aber jeden Sommer gewöhnlich für einige Wochen nach Ansbach zurückgekehrt. 1943 brachte er bei dieser Gelegenheit einige Feindflugblätter mit, wurde dabei ertappt und der NSDAP-Kreisleitung gemeldet. Wilhelm Wolf, Kreisamtsleiter und Pg seit 1932, der mit dem Fall Körner befaßt wurde, ließ die Angelegenheit jedoch auf sich beruhen. Er kannte den Sozialdemokraten und schätzte wohl auch seine Gesinnungstreue. 1948, als Wolf vor der Spruchkammer stand, schrieb Körner über ihn: Der „Alte Kämpfer" sei „ein wirklich anständiger Mensch" und habe sich „trotz seiner Zugehörigkeit zur Partei immer menschlich benommen"[37].

Ähnliche Erfahrungen machte der spätere SPD-Stadtrat Karl Stürzenhofecker aus Ansbach mit dem Ehrenzeichenträger und SA-Truppführer Johann Nebert. Schreiner der eine, Lokführer der andere, ergaben sich persönliche Beziehungen zwischen ihnen, die durch den politischen Gegensatz zwischen Sozialdemokraten und Nationalsozialisten wenig tangiert wurden. „Ich habe Herrn Nebert im Jahre 1928 kennengelernt. Ich wußte, daß er bei der Partei war und daß er ein guter Nazi war", sagte Stürzenhofecker nach Kriegsende vor der Spruchkammer aus. „1933 habe ich ihn besser kennengelernt. Er ist dann schon von seiner Anschauung zurückgegangen ... Ich

---

[36] Mündliche Mitteilungen von Fritz Rupprecht und Konrad Grünbaum vom 29. November 1984.
[37] Vgl. dazu Stellungnahme von Ernst Körner vom 22. Januar 1948, in: Amtsgericht Ansbach, Registratur S: Nr. 24.

wußte, daß ich zu Nebert offen reden kann, und daß er mich nicht anzeigt"[38]. Selbst Oberbürgermeister und Kreisleiter Richard Hänel (Pg seit 1923), in den Augen vieler ein „100prozentiger Nazi", wurde von einigen Sozialdemokraten das Prädikat „guter Nazi" ausgestellt. Wilhelm Zimmerer, vor 1933 Abgeordneter der SPD im bayerischen Landtag, nach der Machtergreifung nach Ansbach strafversetzt und einige Monate in Dachau inhaftiert, berichtete nach Kriegsende über Hänel: „Ich wurde schriftlich bei ihm denunziert. Hänel warf diesen Brief nicht nur in den Papierkorb, sondern ließ den Briefschreiber verständigen, daß es keines Hinweises von ihm über mich bedürfe, da er völlig über mich im Bilde sei. Durch seinen Fahrer ... ließ er mir sagen, ich solle vorsichtig sein, denn es gäbe in solchen Zeiten immer Leute, die glauben, besonders emsig sein zu müssen."[39] Der geringe Grad der Verfolgung nach der Machtergreifung und vor allem die zahlreichen, auch während der NS-Zeit nicht abgerissenen menschlichen, beruflichen und nachbarschaftlichen Kontakte zwischen Nationalsozialisten und Sozialdemokraten dämpften den Willen zur Abrechnung oder ließen ihn gar nicht erst aufkommen.

Im Oktober 1945 hielten die Fürther Sozialdemokraten die Zeit für reif, bei der Militärregierung die offizielle Zulassung als politische Partei zu beantragen. Die 30 „sponsors" zu finden, bereitete keine Schwierigkeiten, hatte die Fürther SPD doch inzwischen bereits Hunderte von Mitgliedern – alte Genossen zumeist, die nach Kriegsende ihre Parteibücher wieder hervorgeholt hatten, aber auch einige politische Neulinge und viele Konjunkturritter, die mit ihrem Eintritt in die SPD unterstreichen wollten, daß sie in den zurückliegenden Jahren mit der NSDAP nichts zu tun gehabt hätten. Nachdem die Militärregierung die Fragebogen der Bürgen genauestens durchleuchtet hatte, erhielten Rupprecht und Genossen am 6. November 1945 aus der Hand von Captain Cofer die Lizenzierungsurkunde. In Ansbach dagegen mußte die sozialdemokratische Gruppe bis zum 6. Januar 1946 warten, ehe sie offiziell als Kreisverband zugelassen wurde[40].

Im Dezember 1945 hatte die SPD im Bezirk Franken „fast wieder den Stand von 1933 erreicht"[41]. In allen Städten und größeren Marktflecken schossen Parteiorganisationen aus dem Boden, in der stillen Zeit um die Jahreswende fanden die Gründungsfeiern statt. Die Fürther Sozialdemokraten trafen sich am 23. Dezember 1945, 10.00 Uhr, im festlich geschmückten Stadttheater[42]. Die Stuhlreihen sind dicht besetzt, noch vor den Türen drängen sich viele Genossen. Hans Rupprecht begrüßt die Gäste, allen voran die Vertreter der Militärregierung, die in den ersten Reihen sitzen. Bürgermeister Schmidt gedenkt der in der NS-Zeit ums Leben gekommenen Genossen, dann folgt das Gewerkschaftsorchester mit dem Triumphmarsch aus Verdis Aida, der

[38] Anlage zum Prot. des Spruchkammerverfahrens gegen Johann Nebert vom 14. Januar 1948, in: Amtsgericht Ansbach, Registratur S: Nr. 25.
[39] Eidesstattliche Versicherung von Wilhelm Zimmerer vom 9. März 1949, in: Ebenda, Registratur S: Nr. 1.
[40] Vgl. Report of Authorized Political Parties, Det. für Ober- und Mittelfranken, 12. Januar 1946, in: NA, RG 260, 9/112-3/5.
[41] Nürnberger Nachrichten vom 3. Januar 1946; vgl. auch Hist. Rep., Det. für Ober- und Mittelfranken, Dezember 1945, in: NA, RG 260, 10/81-3/8.
[42] Vgl. Bericht über die Gründungsfeier der Fürther SPD, in: Nürnberger Nachrichten vom 29. Dezember 1945; Bericht über die Gründungsfeier der Zirndorfer SPD, in: Nürnberger Nachrichten vom 8. Dezember 1945. Vgl. auch Prot. der Gründungsversammlung der Ansbacher SPD am 14. Januar 1946, in: Protokollbuch der SPD Ansbach, in: Stadtarchiv Ansbach (o. Signatur) und in: NA, RG 260, CO 447/4.

Vortrag eines Gedichts durch den Parteineuling Erich Herrmann mit der Schlußstrophe: „Sei wachsam Volk, hüte der Freiheit Licht", dann der Chor des Arbeitersänger-kartells mit dem Lied „Empor zum Licht", ehe der Erlanger Oberbürgermeister Pöschke mit der Festrede beginnt. In feierlicher, ernster Stunde, so Pöschke, ist die SPD zusammengekommen, um zum zweiten Mal die Partei des schaffenden Volkes zu gründen. Fürth sei schon immer ein entschlossener, mutiger Vortrupp der Partei gewesen. Die „kommende Demokratie", so der Redner, „muß straff diszipliniert, hart sein; heute sind wir noch weit entfernt davon". Sie habe „die überragende Aufgabe, die deutsche Jugend zu überzeugen und nie wieder auf die Schlachtfelder zu schik-ken". Pöschke erhält viel Beifall, anschließend erklingt die Jubelouvertüre von Bach, ein Genosse rezitiert das Gedicht „Wir haben noch Kraft". Mit der „Suite Orientale" von Popy, dem alten Kampflied „Brüder, zur Sonne, zur Freiheit" und dem Sozialistenmarsch von Gramm klingt die Feier aus.

Wieder einmal, wie nach dem Sozialistengesetz unter Bismarck und im November 1918, konnte sich die SPD dem stolzen Gefühl überlassen, vor der Geschichte recht behalten zu haben. Zwar hatten nur wenige eine zeitlang aktiven Widerstand riskiert, fast alle aber den propagandistischen Verführungen der Nationalsozialisten standgehalten, wie sich am Beispiel der führenden Sozialdemokraten Ansbachs exemplarisch zeigen läßt[43]. Aus den Lebensdaten einer 14köpfigen Gruppe von SPD-Aktivisten, die genau rekonstruiert wurden, ergibt sich: Nur einer von diesen 14 schloß sich 1933 der NSDAP an, nämlich der Bruder des späteren SPD-Ortsvorsitzenden und Arbeitsamts-direktors Karl Reichel, weil er sonst seine gerade erst angetretene Stelle bei der Sparkasse Ansbach verloren hätte. Einige mußten zwangsweise zur DAF gehen, doch schon die Aufnahme in andere sekundäre Organisationen wie NSV vermied man tun-lichst. Auch die Ehefrauen, Söhne und Töchter der Ansbacher Sozialdemokraten blieben gegenüber der NSDAP weitgehend immun. Lediglich der Sohn eines späteren Stadtrats war zeitweise stellvertretender Scharführer der Hitlerjugend.

Gleichwohl hatte die NS-Zeit Spuren hinterlassen und den Zusammenhalt nicht durchweg gestärkt. Das vom Festredner Pöschke in Fürth entworfene Bild sozialde-mokratischer Solidarität zeigte auch einige deutliche Risse. Die Genossen hatten in den zurückliegenden Jahren z.T. ganz Unterschiedliches erlebt und waren nicht die Alten geblieben. Einige gingen sich aus dem Weg, trauten einander nicht mehr. Hans Teichmann beispielsweise, von 1919 bis 1925 Vorsitzender des SPD-Kreisverbandes und später Vorsitzender des Reichsbanners, mußte sich viele schiefe Blicke gefallen lassen. Als Direktor einer Blattmetallfirma hatte sich der passionierte Jäger im Westen von Fürth ein Jagdrevier leisten können, auf dem er häufig Ärzte, Richter, Anwälte und höhere Verwaltungsbeamte zu Gast hatte, die – allesamt Pgs – ihrerseits später dafür sorgten, daß Teichmann in der NS-Zeit unbehelligt blieb. Und warum, so fragten sich einige, war seine Tochter 1933 so problemlos im Büro der Firma „Quelle" des späteren NS-Ratsherrn Gustav Schickedanz untergekommen[44]. Manchem verdachte man, daß er sich zu vorsichtig verhalten hatte. Dem kommissarischen Oberbürgermei-ster Hans Schmidt vergaß man nicht, daß er sich 1933 geweigert hatte, der sozialde-

---

[43] Vgl. dazu Amtsgericht Ansbach, Registratur S: Nr. 26–57.
[44] Schriftliche und mündliche Mitteilungen von Konrad Grünbaum vom 19. Dezember 1983 und 23. November 1984.

mokratischen Stadtratsfraktion anzugehören, die sich nach der Märzwahl neu bildete. Als Feigheit war ihm das damals vor allem von den jüngeren Genossen ausgelegt worden[45].

Die feierliche Stimmung bei den Gründungsfeiern wurde noch durch weitere Ressentiments getrübt – vor allem durch Neid und Mißgunst. Einige Genossen machten nach Kriegsende vorher nie erträumte steile Karrieren im öffentlichen Dienst. Selbst in der Beamtenstadt Ansbach saßen nun Sozialdemokraten in Chefsesseln: Paul Fiedler, vor 1933 Vorstand des Konsumvereins, danach selbständiger Helfer in Steuersachen, leitete das Finanzamt. Karl Reichel, von 1932 bis Kriegsende kleiner Angestellter im Arbeitsamt, fungierte nun als Direktor seiner alten Behörde. Und Ernst Körner, der gelernte Sattler, war das neue Stadtoberhaupt. Viele andere Genossen fühlten sich übergangen oder waren erst im Herbst oder Winter 1945 aus der Kriegsgefangenschaft zurückgekehrt, als, in ihren Augen, die besten Plätze schon vergeben waren. Nicht wenige glaubten so, zu kurz gekommen zu sein. Der Ansbacher Sozialdemokrat Friedrich Eisenmann, vor 1933 zweiter Vorsitzender der Naturfreunde, konnte es nie verwinden, daß Paul Fiedler und Karl Reichel gutdotierte Posten bekommen hatten, während er wieder in seinen alten Beruf als Schreiner zurückkehren mußte. Aus Verbitterung ließ er sich in der SPD nur noch selten sehen[46].

Unterschiedliche Schicksale und Erfahrungen beeinflußten auch die Einstellung zu wichtigen politischen Fragen, vor allem bei der Frage der Zusammenarbeit mit der KPD. Einzelne Sozialdemokraten hatten in Dachau oder in Rüstungsbetrieben positive Erfahrungen im Umgang mit Kommunisten sammeln können. Sie glaubten aufgrund der gemeinsam erlittenen Unterdrückung und Verfolgung die schlimmen Bruderkämpfe von ehedem überwunden und setzten auf den Gedanken der Volksfront zwischen SPD und KPD. In zahlreichen Städten kam es nach Kriegsende tatsächlich zu spontanen Zusammenschlüssen von Kommunisten und Sozialdemokraten. Der „Wille zur neuen sozialistischen Einheit"[47] zeigte sich etwa in Hamburg, im Ruhrgebiet, in München und in Bremen, wo die lokalen Ortsgruppen und Bezirksverbände bereits Abkommen über eine Aktionseinheit beider Parteien schlossen[48].

In der Fürther Parteispitze stießen Bestrebungen zur Schaffung einer sozialistischen Einheitspartei von Anfang an auf Ablehnung. Im Funktionärskader, so erinnern sich die Gründerväter der Fürther SPD, gab es starke Vorbehalte gegen die Kommunisten, die sogar häufig mit den Nationalsozialisten auf eine Stufe gestellt wurden[49]. Die frühere kommunistische Abstempelung der Sozialdemokraten als „Sozialfaschisten" war ebensowenig vergessen wie die von den Kommunisten vor 1933 unternommenen Versuche, das Vereins- und Genossenschaftswesen der Arbeiterbewegung zu spalten. Erschwert wurde eine Zusammenarbeit in Fürth vor allem auch dadurch, daß sich 1927 eine Reihe prominenter kommunistischer Funktionäre der SPD angeschlossen hatte: Willy Fischer etwa, der in Moskau ausgebildet worden war und bis zu seinem

[45] Ebenda.
[46] Mündliche Mitteilung von Friedrich Eisenmann vom 5. April 1984.
[47] Klotzbach, Auf dem Weg zur Staatspartei, S. 68.
[48] Vgl. den Beitrag von Staritz über die KPD in: Stöss, Parteien-Handbuch, Bd. 2, S. 1669. Vgl. auch Klotzbach, Auf dem Weg zur Staatspartei, S. 68 (Anm. 170).
[49] Mündliche Mitteilungen von Fritz Rupprecht und Konrad Grünbaum vom 29. November 1984 und schriftliche Mitteilung von Alfred Schmidt vom 3. Dezember 1984.

Übertritt als die große Hoffnung der Fürther KPD gegolten hatte[50]. Fischer, damals als Renegat verhöhnt, saß jetzt in der Führung der SPD und winkte sofort ab, wenn das Gespräch auf eine Zusammenarbeit mit der KPD kam. Wie sehr manche alten Differenzen zwischen KPD und SPD aus der Weimarer Zeit das Jahr 1933 überdauerten, belegt auch eine Erzählung Konrad Grünbaums. Mitte der dreißiger Jahre nach Dachau gebracht, traf Grünbaum dort auf den Kommunisten Gustav Schneider, der 1932/33 versucht hatte, die sozialdemokratischen Naturfreunde unter kommunistische Regie zu bringen, dabei aber an Grünbaum gescheitert war. Voller Haß habe ihm Schneider bei ihrer ersten Begegnung in Dachau ins Gesicht gesagt: „Hoffentlich kommst Du hier nicht mehr raus!"[51]

Zu solchen Hypotheken aus der Vergangenheit kamen neue Belastungen. Die Fürther Kommunisten hatten es 1945 verstanden, das Arbeitsamt zu ihrer Domäne zu machen und operierten hier zuweilen nicht sehr diplomatisch. Als Grünbaum im November 1945 aus französischer Kriegsgefangenschaft zurückkehrte und sich beim Arbeitsamt meldete, wurde er von einem Kommunisten, der ihn aus dem KZ kannte, „sofort zu den Nazis zum Baumfällen eingeteilt"[52]. Eine Maßnahme, die alte Narben ebenso aufbrechen ließ wie der Fall Gleixner[53], der noch heute die Gemüter der Fürther Altgenossen bewegt: Der Kommunist Gleixner saß im Sommer 1945 in der Gastwirtschaft Bleisteiner in der Friedrichstraße mit etwa 15 bis 20 Sozialdemokraten zusammen, die glaubten, Gleixner habe sich gewandelt und suche Anschluß an die SPD. Nachdem er sich die Namen seiner früheren politischen Gegner notiert hatte, gab er sich als Mitarbeiter des CIC zu erkennen, verwies auf eine Verordnung der Militärregierung, wonach sich nicht mehr als fünf Personen an einem Ort versammeln durften, und forderte die Sozialdemokraten auf, die Gastwirtschaft zu verlassen.

Da und dort schien sich aber auch in „unserer" Region die Hoffnung auf ein Zusammengehen der beiden Arbeiterparteien zu erfüllen. In der Arbeitersiedlung Oberasbach im Süden von Nürnberg arbeiteten Kommunisten und Sozialdemokraten in einer Antifaschistischen Einheitsfront zusammen[54]. In Vach rief die KPD ihre Anhänger auf, den sozialdemokratischen Bürgermeister zu unterstützen[55]. In Fürth organisierten ehemalige KZ-Häftlinge aus beiden Parteien mit Hilfe der amerikanischen Militärregierung eine Transportgenossenschaft; auch die Arbeit in der städtischen KZ-Betreuungsstelle ergab manche gute Kooperation[56]. Vor allem die Gedenkfeiern für die Opfer des Faschismus hielten den Gedanken an eine Vereinigung der beiden Arbeiterparteien wach, etwa in Burgfarrnbach, wo sich im März 1946 rund 300 Kommunisten und Sozialdemokraten ihrer Märtyrer erinnerten[57].

Diesen Ansätzen bereitete vor allem Kurt Schumacher ein Ende. Überzeugt davon, daß es der KPD – wie in Weimar – nicht gelingen werde, sich von der Rolle als Handlanger der sowjetischen imperialistischen Außenpolitik freizumachen, sprach er den

[50] Vgl. dazu Fränkische Tagespost vom 7. und 14. Oktober 1927 und schriftliche Mitteilung von Konrad Grünbaum vom 8. Januar 1984; vgl. auch Strauß, Fürth in der Weltwirtschaftskrise, S. 359.
[51] Mündliche Mitteilung von Konrad Grünbaum vom 29. November 1984.
[52] Schriftliche Mitteilung von Konrad Grünbaum vom 8. Januar 1984.
[53] Zum Fall Gleixner vgl. die in Anm. 24 genannten Festschriften der Fürther SPD.
[54] Vgl. dazu das Kapitel über den Verwaltungsaufbau nach 1945, S. 88 ff.
[55] Vgl. Nürnberger Nachrichten vom 26. Januar 1946.
[56] Zur Tätigkeit der KZ-Betreuungsstelle vgl. StA Nürnberg, Reg von Mittelfranken (1978), Nr. 6871.
[57] Vgl. Nürnberger Nachrichten, Fürther Ausgabe, vom 9. und 13. März 1946.

Kommunisten die Fähigkeit ab, „am deutschen Wiederaufbau als eigenständige, die nationalen Interessen gebührend berücksichtigende Kraft teilzunehmen"[58]. Eine Verständigung mit der KPD war somit ausgeschlossen. Als er im Frühjahr 1946 vor den überfüllten Rängen des Stadttheaters in Fürth sprach, schärfte er seinen Genossen diesen Standpunkt erneut ein: Ein Zusammengehen mit den Kommunisten, diesen „rotlackierten Nazis", wie er sie zuweilen nannte, komme nicht in Frage. Hausladen und die Fürther Kommunisten schäumten und entfesselten eine Propagandakampagne gegen den SPD-Vorsitzenden. Das Klima zwischen KPD und SPD war seitdem auf Jahre hinaus vergiftet[59].

So sehr die alten Weimarer die Absage Schumachers an die Kommunisten begrüßten, so wenig behagte ihnen das Diktum aus Hannover: „Nicht Wiederaufbau, sondern Neuaufbau" der Partei sei das Gebot der Stunde, die SPD müsse eine große linke Volkspartei werden und sich deshalb mit Nachdruck darum bemühen, die Mittelschichten zu gewinnen[60]. Als Traditionalisten reinsten Wassers waren Hans Rupprecht, Hans Teichmann und Hans Schmidt Neuerungen gegenüber skeptisch, andererseits kamen sie als disziplinierte Parteiarbeiter gar nicht auf den Gedanken, sich der Parteispitze zu widersetzen. Ohne innere Überzeugung machten sie die Öffnung zur Mitte hin mit, die in Fürth vor allem von Parteineulingen wie Erich Herrmann und Wilhelm Kluth und von jüngeren Genossen forciert wurde. Diese hatten sich in den zurückliegenden Jahren namentlich durch die Zeit bei der Wehrmacht vom alten sozialdemokratischen Milieu entfernt, dessen Enge und Isolation sie zunehmend mehr verspürten. Ihre Bejahung der Parolen Schumachers, nun die SPD auch für Bürgerliche wählbar zu machen, führte sie auch zu starker Zurückhaltung, als die SPD 1945/46 darüber beriet, ob die sozialdemokratischen Arbeitervereine wieder ins Leben gerufen werden sollten.

Exkurs: *„Heraus aus dem Ghetto" – Die Auseinandersetzungen um die Wiedergründung der Arbeitervereine*

Ein klassenspezifisches „Lager"[61] mit eigenen Kultur-, Konsum-, Selbsthilfe- und Freizeitorganisationen war in Ansbach und Fürth vor 1933 weniger stark ausgebildet gewesen als in den großstädtischen Industrieregionen im Ruhrgebiet oder in Mittel-

---

[58] Klotzbach, Auf dem Weg zu Staatspartei, S. 70.
[59] Vgl. Nürnberger Nachrichten, Fürther Ausgabe, vom 20., 23. und 27. März 1946 und den Artikel von Staritz über die KPD, in: Stöss, Parteien-Handbuch, Bd. 2, S. 1805.
[60] Vgl. Klotzbach, Auf dem Weg zur Staatspartei, S. 54.
[61] Zum Begriff des „Lagers" und zum sozialdemokratischen Vereinswesen vor 1933 vgl. u. a. die Beiträge in dem von Gerhard A. Ritter herausgegebenen Sammelband, Arbeiterkultur, 1979 sowie Jürgen Kocka (Hrsg.), Arbeiterkultur im 19. Jahrhundert, Göttingen 1979 (in: Geschichte und Gesellschaft 5 (1979), Heft 1). Vgl. auch Hartmut Wunderer, Arbeitervereine und Arbeiterparteien. Kultur- und Massenorganisationen in der Arbeiterbewegung (1890–1933), Frankfurt/Main 1980; Horst Ueberhorst, Frisch, frei, stark und treu. Die Arbeitersportbewegung in Deutschland 1893–1933, Düsseldorf 1973, sowie die grundlegende Studie von Dieter Langewiesche, Zur Freizeit des Arbeiters. Bildungsbestrebungen und Freizeitgestaltung österreichischer Arbeiter im Kaiserreich und in der Ersten Republik, Stuttgart 1979. Vgl. auch ders., Politik–Gesellschaft–Kultur. Zur Problematik von Arbeiterkultur und kulturellen Arbeiterorganisationen in Deutschland nach dem 1. Weltkrieg, in: Archiv für Sozialgeschichte, XXII. Bd. (1982), S. 359–402. Vgl. auch Mehringer, Die bayerische Sozialdemokratie bis zum Ende des NS-Regimes, in: Bayern in der NS-Zeit, Bd. V, S. 307 und Anton Großmann, Milieubedingungen von Verfolgung und Widerstand. Am Beispiel ausgewählter Ortsvereine der SPD, in: Ebenda, S. 438.

deutschland, wo der Arbeitersportbund mit seinen über eine Million Mitgliedern (1928) oder der Deutsche Arbeiter-Sängerbund mit rund 320 000 Mitgliedern (1932) ihre stärksten Wurzeln hatten. Die Zusammensetzung aus Arbeitern, Handwerkern und kleinen Gewerbetreibenden mit ihren z. T. unterschiedlichen Bedürfnissen hatte es der SPD nicht erlaubt, von der Wiege bis zur Bahre alle Lebensbereiche ihrer Mitglieder so umfassend zu betreuen wie in reinen Industriegebieten. Mit Hilfe von sogenannten Patenschaften hatte sich aber auch hier das sozialdemokratische Vereinswesen von den Großstädten über Kleinstädte bis in den letzten Winkel der fränkischen Provinz ausgebreitet[62]. Selbst in Ansbach mit seinen wenigen größeren Gewerbebetrieben hatten am Ende der Weimarer Republik nicht weniger als zehn Arbeitervereine existiert: die Naturfreunde, der Arbeiterrad- und Kraftfahrerbund „Solidarität", der Gebirgstrachtenverein „Almenrausch und Edelweiß", eine Sektion der Proletarischen Freidenkerbewegung, ein Arbeiterschachklub, ein Freier Kraftsportverein, der Arbeitergesangsverein „Union", eine kleine Gruppe des Arbeiter-Esperanto-Bundes, der Verein Arbeiterwohlfahrt und der Turn- und Sportverein Fichte[63]. Auch in kleinen Dörfern und Marktflecken mit kaum mehr als tausend Einwohnern hatten sich Arbeiter, die sich im bürgerlichen Turn-, Kraftsport- und Gesangsverein nicht wohlfühlten oder dort gar nicht erst aufgenommen wurden, kurz nach der Jahrhundertwende zu eigenen Vereinen zusammengeschlossen. In Roßtal im Landkreis Fürth, das 1910 gerade 1300 Einwohner zählte, war ein Ableger der Solidarität, ein Arbeitergesangsverein und ein Arbeitersportverein gegründet worden[64]. Und auch in Boxdorf mit seinen 500 Einwohnern, damals ein kleines Bauerndorf mit einigen Pendlern nach Nürnberg und Fürth, hatte sich eine Gruppe von Arbeitern zu einem Gesangsverein „Liedertafel" und einer Sektion der „Solidarität" zusammengetan[65].

Die Auflösung auch der nichtpolitischen „marxistischen Organisationen" durch die nationalsozialistischen Machthaber war für die meisten der Arbeitervereine überraschend gekommen. Der Gesangsverein Lyra in Roßtal hatte in seiner Generalversammlung im Januar 1933 noch frohen Mutes ein Fest zum 25jährigen Bestehen des Vereins vorbereitet, das im Mai mit einem großen Ball gefeiert werden sollte. Wenige Wochen später notierte der Schriftführer Jean Greinel ins Protokollbuch: „Notgedrungen durch die gegenwärtige Lage wurde beschlossen, unseren Arbeiter-Gesangsverein ‚Lyra' laut Beschluß der Verwaltungssitzung vom 18. März 1933 aufzulösen."[66] Nach dem Erlaß der Gesetze über die Einziehung kommunistischen Vermögens vom 26. Mai 1933 und über die Einziehung volks- und staatsfeindlichen Vermögens vom

---

[62] Mündliche Mitteilung von Erich Löschner und Hans Kern vom 2. April 1984. Vgl. auch die Festschrift zum 75jährigen Bestehen der Solidarität Fürth/Vach aus dem Jahre 1983, die von ähnlichen Patenschaften berichtet.

[63] Vgl. dazu eine Aufstellung der Ansbacher Polizei vom 15. Februar 1934 über „Beschlagnahme von Vermögenswerten aus Anlaß der Staatsumstellung", in: Stadtarchiv Ansbach, ABc K/3/28.

[64] Mündliche Mitteilung von Ludwig Zahn vom 6. April 1984. Zum Vereinswesen im Landkreis Fürth vor 1933 vgl. das aus dem Jahre 1926 stammende Verzeichnis der nichtpolitischen Vereine, das aufgrund einer Verfügung des Bezirksamtes Fürth vom 21. November 1925 entstand, in: StA Nürnberg, LRA Fürth (1962), Nr. 103.

[65] Ebenda.

[66] Vgl. das Protokollbuch des Gesangsvereins Lyra Roßtal, in: Unterlagen des Gesangsvereins, die jeweils beim Schriftführer verwahrt werden.

14. Juli 1933 waren überall SA- und Polizeieinheiten angerückt[67] und hatten Klaviere, Turngeräte, Sportplätze, Bibliotheken und die im Eigenbau errichteten Heime beschlagnahmt. Nach Kriegsende dauerte es oft Jahre, bis die Vermögen der Arbeitervereine, wenn sie überhaupt noch vorhanden waren, zurückerstattet werden konnten. Der Turn- und Sportverein Fürth, den 1895 Hans Böckler und Hans Vogel mitgegründet hatten, mußte bis 1950 warten, ehe er sein altes Sportgelände wieder sein eigen nennen konnte[68], der TSV Fichte aus Ansbach sogar noch ein Jahr länger[69].

Vor allem aber fehlte es nach Kriegsende an Aktiven; viele waren gefallen, andere befanden sich noch in Kriegsgefangenschaft und Nachwuchs war kaum zu gewinnen, wie man an der Spitze der SPD richtig erkannte: „Die Sportler, die unter der Hitlerherrschaft aufgewachsen sind, kennen die frühere Arbeitersportbewegung überhaupt nicht, und werden dafür auch nicht ohne weiteres gewonnen werden können."[70] Der einst mitgliederstarke TSV Fichte konnte 1945 nur mit zwei Dutzend Aktiven rechnen, die aber durch HJ-Dienst und Krieg ganz aus dem traditionellen Kreislauf von Arbeit, Familie und Verein herausgerissen worden waren und sich so gezwungenermaßen vom alten „Fichte-Geist" emanzipiert hatten. Sie reagierten meist nur mit Unverständnis, wenn die alten Funktionäre von den früheren tiefgreifenden Gegensätzen zwischen „roten" und bürgerlichen Vereinen erzählten.

Viele Arbeitervereine machten deshalb in der Region um Ansbach und Fürth nach Kriegsende nicht einmal mehr den Versuch, die alten Traditionen fortzuführen, so etwa die Proletarischen Freidenker oder der Esperanto-Bund; über die von ihnen propagierten Ziele war die Zeit offenbar ebenso hinweggegangen wie über die Arbeiterbildungsvereine. Nur einige wenige Vereine holten nach Kriegsende die alten Fahnen, Lieder- und Protokollbücher, die sie 1933 versteckt hatten, wieder hervor und machten unbeirrt im alten Geist weiter. Die Lyra in Roßtal fand sich schon im Februar 1946 wieder zusammen. Bei der Gründungsfeier im Gasthaus Kandel traten ihr sogleich etwa 100 alte Sänger bei. Zum neuen Vorsitzenden wurde der alte Vorsitzende aus der Weimarer Zeit, Georg Haspel, gewählt, der Schlosser Jean Greinel („konnte der schön schreiben") fungierte wieder als Schriftführer[71]. In Zirndorf und Fürth taten sich alte Solidaritäts-Sportler wieder zusammen. Auch die Naturfreunde beider Städte erlebten eine Neuauflage, ebenso der Arbeitergesangsverein „Liedertafel" in Boxdorf.

---

[67] Vgl. dazu Aufstellung der Ansbacher Polizei vom 15. Februar 1934 über „Beschlagnahme von Vermögenswerten aus Anlaß der Staatsumstellung", in: Stadtarchiv Ansbach, ABc K/3/28 sowie Bericht der Stadt Ansbach über den Vollzug der Gesetze über Enteignung von zu nationalen Zwecken verwendetem Gut, 13. Mai 1933, in: Ebenda. Vgl. auch StA Nürnberg, LRA Ansbach (1961), Nr. 2316. Mündliche Mitteilung von Otto Gellinger vom 4. April 1984, Hans Kern vom 2. April 1984 und Ludwig Zahn vom 6. April 1984.

[68] Mündliche Mitteilung von Ernst Voigt vom 10. April 1984. Vgl. auch 75 Jahre. 1895–1970. Turn- und Sportverein Fürth e.V., Fürth 1970 und mündliche Mitteilungen von Karl Knöfel vom 8. Mai 1984 und Anton Schuster vom 8. Mai 1984.

[69] Prot. der Gründungsversammlung vom 7. August 1948, in: Privatarchiv Erich Löschner. Abschrift der Festrede zur 50. Jahresfeier des TSV Fichte, Ansbach vom 27. Juni 1953, in: Ebenda. Vgl. dazu die Prot. und sonstigen Unterlagen des TSV Fichte aus den Jahren 1948–1960, in: Ebenda. Vgl. auch Mitteilung der Wiedergutmachungsbehörde Ansbach vom 29. März 1984. Mündliche Mitteilungen von Erich Löschner und Hans Kern vom 2. April 1984.

[70] Fritz Wildung an Heinrich Sorg, 22. August 1946, abgedruckt in: Ueberhorst, Frisch, frei, stark und treu, S. 346.

[71] Schreiben von Georg Haspek, Vors. der Lyra, vom 16. Oktober 1945, in dem er um Lizenzierung des Gesangsvereins bittet, in: StA Nürnberg, LRA Fürth (1962), Nr. 106/14; Prot. der „General-Gründung u. Mitgliederversammlung" vom 3. Februar 1946, in: Unterlagen des Gesangsvereins, die jeweils vom Schriftführer verwahrt werden. Mündliche Mitteilung von Ludwig Zahn vom 6. April 1984; Festschrift: 75 Jahre Gesangsverein Lyra Roßtal 1908–1983, Roßtal 1983.

Die Fürther Arbeiterbaugenossenschaft „Eigenes Heim" lebte ebenso wieder auf wie die Arbeiterwohlfahrt und der 1932 gegründete Arbeitertennisverein „Grün-Weiß"[72]. Die große Mehrheit der alten Arbeitervereine hatte aber weder die personellen und materiellen Voraussetzungen, noch den Willen, an die Tradition von vor 1933 anzuknüpfen. Daß Schumacher zu den strikten Gegnern einer Wiedergründung der alten Arbeitervereine gehörte, weil – so schrieb der Sportreferent der SPD Fritz Wildung – seine „politische Konzeption ... weit über die Industriearbeiterschaft" hinausging und er „große Teile der bisher bürgerlichen Intelligenz für den Sozialismus gewinnen" wollte[73], dürfte die Entscheidung der Funktionäre der Arbeitervereine in Ansbach und Fürth kaum beeinflußt haben; denn Schumachers Meinung war ihnen meist nicht bekannt. Beispiele für diese halb erzwungene Neubesinnung der SPD sind aus einigen Orten der Region überliefert: Die Ansbacher Fichtesportler wollten ihr altes Image als roter Verein abstreifen und suchten die Zusammenarbeit mit bürgerlichen Vereinen[74]. In Stadeln einigten sich 29 Mitglieder des ehemaligen Arbeitergesangvereins „Lohengrin", die sich am 17. Februar 1946 im Gasthof „Kalb" getroffen und über die Zukunft ihres Vereins beratschlagt hatten, darauf, daß der „Name ‚Arbeiter' ... in Wegfall" kommen sollte, „da nur *ein* Verein bestehen soll"[75]. In Vach gab sich der frühere Arbeitergesangverein „Freiheit" den neutralen Namen „Volkschor", das gleiche taten die Unionssänger in Ansbach[76]. Auch der frühere Arbeitergesangverein „Unter uns" in Großgründlach verzichtete im neuen Namen auf den Zusatz „Arbeiter"[77].

In einigen Orten gingen sozialdemokratische Funktionäre sogar noch einen Schritt weiter. Zielstrebig bemühten sie sich um die Vereinigung der Überreste der ehemaligen roten und bürgerlichen Vereine. In Zirndorf war der frühere Stadtrat und spätere Landtagsabgeordnete Martin Loos die treibende Kraft bei den Vereinigungsbestrebungen. Der dynamische und gewandte Loos (Jg. 1904)[78], ein gelernter Mechaniker und Metalldrücker, der seit 1928 den elterlichen Metallwarenbetrieb führte, hatte durch seine berufliche Tätigkeit schon in der Weimarer Zeit den engen Kontakt zum sozialdemokratischen Milieu verloren. Die Machtergreifung der Nationalsozialisten hatte er auch als ein Scheitern seiner Partei empfunden, die, befangen in längst überlebter klassenkämpferischer Programmatik, zu einer volksparteilichen Ausweitung nicht fähig gewesen war. Als er 1940 einberufen und nach München dienstverpflichtet wurde, wo er kaum mehr mit Gleichgesinnten zusammentraf, hatte er sich der alten SPD fast ganz entfremdet. Selbst Sangesbruder und Sportkamerad, glaubte er, daß die frühere Klassensegmentierung des Vereinswesens nach den egalisierenden Erfahrungen von NS-Zeit, Krieg und Niederlage obsolet geworden sei. Wenn die SPD breitere Schich-

---

[72] Festschrift. 75 Jahre Solidarität Fürth-Vach 1983, Fürth 1983. Mündliche Mitteilungen von Friedrich Eisenmann vom 5. April 1984 und Walter Frank vom 4. April 1984. Vgl. die Unterlagen, in: StA Nürnberg, LRA Fürth (1962), Nr. 106/2 b. Jubiläumsschrift aus Anlaß des 50jährigen Bestehens der Baugenossenschaft Eigenes Heim in Fürth, Fürth 1958.

[73] Vgl. Anm. 70.

[74] Mündliche Mitteilungen von Erich Löschner und Hans Kern vom 2. April 1984.

[75] Gründungsprot. vom 17. Februar 1946, in: StA Nürnberg, LRA Fürth (1962), Nr. 106/15.

[76] Vgl. die Unterlagen in: Ebenda, Nr. 106/17. Mündliche Mitteilung von Ernst Eberlein vom 6. April 1984.

[77] Prot. der Gründungsversammlung vom 11. September 1946, in: StA Nürnberg, LRA Fürth (1962), Nr. 106/7.

[78] Zu Martin Loos vgl. Amtliches Handbuch des Bayerischen Landtags, München 1962. Vgl. auch Mehringer, Die bayerische Sozialdemokratie bis zum Ende des NS-Regimes, in: Bayern in der NS-Zeit, Bd. V, S. 363, 368.

ten erreichen wolle, müsse sie jetzt darauf verzichten, ihre alten Vereine wiederzugründen und stattdessen die Gunst der Stunde nutzend aktiv am Aufbau neuer Großvereine mitwirken.

Im Winter 1945/46 regte er deshalb zahlreiche Gespräche mit den führenden Männern des Arbeiterturn- und Sportvereins Jahn, des Arbeiter-Radfahrer-Vereins Solidarität und der beiden bürgerlichen Vereine 1. Fußballclub Zirndorf und Turn- und Sportverein Zirndorf 1861 an, die zu einer Fusion führen sollten, zunächst aber unter keinem guten Stern standen[79]. Vor allem die Funktionäre des TSV hätten ihren traditionsreichen Verein nur zu gerne wieder ins Leben gerufen.

Dem stand freilich ein Erlaß der Militärregierung entgegen, der besagte, daß die Mitgliedschaft in lizenzierten Vereinen nur für politisch einwandfreie Personen offen sei[80]. Den Funktionären des TSV Zirndorf wie auch allen anderen bürgerlichen Funk-

[79] Vgl. Niederschrift über die Sitzung des vorbereitenden Ausschusses zur Schaffung eines Großvereins vom 27. Februar 1946, in: StA Nürnberg, LRA Fürth (1962), Nr. 106/12; Niederschrift über die Gründungsversammlung des Allgemeinen Sportvereins Zirndorf am 7. April 1946, in: Ebenda. Mündliche Mitteilungen von Michael Egerer vom 5. April 1984 und Willi Knapp vom 6. April 1984. Vgl. 10 Jahre ASV Zirndorf, Zirndorf 1956.

[80] Mit Wichtigerem beschäftigt, hatte die Besatzungsmacht dem Sport und Vereinswesen nach dem Einmarsch ihrer Truppen kaum Beachtung geschenkt. Niemand wußte, ob es erlaubt war, die alten Vereine weiterzuführen oder neue zu gründen. „Die einzig maßgeblichen Autoritäten in dieser Zeit waren die Truppenkommandeure", schrieb Heinrich Sorg, ein führender Sportfunktionär der SPD. „Von ihnen hing alles ab. Man mußte ihnen die Sache vortragen und sie um eine Lizenz bitten ... Aber die Truppenkommandeure wechselten in rascher Folge, wenn man bei dem einen ungefähr klargekommen war, wurde er versetzt, und man hatte bei dem neuen Kommandeur das Spiel wieder von neuem zu beginnen. Aber es half alles nichts, man mußte ein ‚Papier' haben." Heinrich Sorg, Von der Stunde Null bis zum Deutschen Sportbund, in: Jahrbuch des Sports 1955/56, Frankfurt/Main 1955, S. 79. Erst im Zuge einer sich verschärfenden Entnazifizierungspolitik begannen sich die Besatzungsmächte auch für das Vereinswesen zu interessieren, nicht zuletzt weil sich wohl der Verdacht ergeben hatte, hinter harmlos klingenden Vereinsnamen könnten sich militärische oder paramilitärische Organisationen verbergen. Um dieser Gefahr zu begegnen, lösten die Besatzungsmächte mit der Kontrollratsdirektive Nr. 23 vom 17. Dezember 1945 alle bestehenden Sportvereine auf und räumten lediglich ein, daß das „Bestehen nicht-militärischer Sportorganisationen örtlichen Charakters auf deutschem Gebiet ... gestattet" sei, sofern diese Organisationen Sportarten pflegten, „denen in keiner Weise eine militärische Bedeutung zukommen" könne. Kontrollrats-Direktive Nr. 23: Beschränkung und Entmilitarisierung des Sportwesens in Deutschland, 17. Dezember 1945, in: Sammlung der vom Alliierten Kontrollrat und der Amerikanischen Militärregierung erlassenen Proklamationen, Gesetze, Verordnungen, Befehle, Stuttgart 1947 ff. (Sammlung Hemken). Damit war zumindest im Sport der „gesetzlose Zustand" (Sorg, Stunde Null, S. 81) beendet, die übrigen Vereine wußten noch immer nicht, woran sie waren. Dabei blieb es in der amerikanischen Zone bis zum Sommer 1946 – zumindest theoretisch, denn vor Ort genehmigten die Militärregierungen immer wieder Wander-, Kraftrad- und Gesangsvereine oder drückten beide Augen zu, wenn sie von „wilden" Gründungen erfuhren. Im August 1946 rückte OMGUS schließlich von der Kontrollratsdirektive Nr. 23 ab und erlaubte die Lizenzierung geselliger Vereine und bruderschaftlicher Vereinigungen auf Ortsebene. OMGUS an OMGB, 2. August 1946, in: StA Nürnberg, LRA Fürth (1962), Nr. 106 a; vgl. auch OMGB an MinPräs Hoegner, 26. August 1946, in: Ebenda, sowie Bay. Innenministerium an alle Regierungspräsidenten, 22. November 1946, in: Ebenda. Bis sich Amerikaner und Deutsche allerdings auf die Ausführungsbestimmungen zur OMGUS-Order einigten, verging ein halbes Jahr, und erst im Januar 1947 konnten die Landräte und Oberbürgermeister öffentlich bekanntgeben, daß sich „gesellige Vereinigungen ... auf örtlicher Basis (Gemeinde oder Kreis)" organisieren könnten. Vgl. das vom LR Fürth am 23. Januar 1947 herausgegebene Merkblatt, in: Ebenda. „Die Mitgliedschaft des Vereins ist nur für vollkommen politisch einwandfreie Personen offen und kann Personen umfassen, die auf Grund des Gesetzes zur Befreiung von Nationalsozialismus und Militarismus ... nur als *Mitläufer* erklärt wurden ... Ehemalige Kriegsteilnehmer sind nicht berechtigt, eine gesellige ... Vereinigung zu organisieren ... Vereine, die bereits von der Militärregierung nach früheren Richtlinien zugelassen worden sind, sind verpflichtet, ihre Mitglieder nach deren Weisungen zu überprüfen und Hauptschuldige, Belastete und Minderbelastete unverzüglich auszuschließen." Ebenda. Diese scharfen Bestimmungen blieben bis 1948 in Kraft. Bis dahin durften Mitläufer nur „einfache Mitglieder, aber keine Organe, z. B. Vorstandsmitglieder, sein". Lediglich Sportvereine genossen eine gewisse Sonderbehandlung. Mit Genehmigung der Militärregierung konnten nämlich Mitläufer *niedere* Funktionen wie „Fußballwarte, Geräteverwalter" ausüben. Bay. Innenministerium an alle Regierungspräsidenten, 30. Juni 1947, in: StA Nürnberg, LRA Fürth (1962), Nr. 106 a.

tionären waren somit die Hände gebunden, denn die „früheren Sportführer und Fachkräfte waren seinerzeit", so beurteilte der Chef der katholischen Jugend Ludwig Wolker die Lage in den Westzonen, „zum großen Teil von der NS-Sportorganisation übernommen" worden und „so zwangsläufig PG geworden". Sie konnten sich „deshalb jetzt nicht aktiv in die Führung des Sports" einschalten[81]. Da niemand sagen konnte, wann die Militärregierung ihre strengen Bestimmungen lockern würde, machten die TSV-Sportler wohl oder übel bei der Gründung des Großvereins mit, die ihnen auch dadurch etwas schmackhafter gemacht wurde, daß die Arbeitersportler, obwohl die Mehrheit im Verein, darauf verzichteten, die Vorstandschaft ganz aus den eigenen Reihen zu besetzen. Der erste Vorsitzende kam vom 1. Fußballclub, sein Stellvertreter vom TSV 1861[82].

Erfolgreiche Fusionen gab es auch in Roßtal[83] und in Cadolzburg. „Am 9. Dezember 1945 haben sich in Cadolzburg 80 Antifaschisten zur Gründung des Turn- und Sportclub Cadolzburg zusammengefunden", so hieß es in einem Schreiben der Vereinsführung. „Die Gründung hat sich aus dem bis 1945 bestehenden Turnverein 1886 und dem 1933 aufgelösten Arbeiter-Sportclub Cadolzburg vollzogen."[84] Die Initiative war von aktiven Sportlern des Turnvereins ausgegangen, die gleichsam heimatlos waren, „nachdem die ganze Vorstandschaft des Vereins politisch sehr belastet" und „eine Weiterführung des Vereins nicht möglich war"[85]. Die Arbeitersportler zögerten lange, ob sie das Angebot des Rest-TV, der vor 1933 als Verein der „Besseren" gegolten und auf Distanz zu den „Roten" gehalten hatte, annehmen sollten. Die älteren Sportgenossen liebäugelten mit der Wiedergründung ihrer „Germania", die bis 1933 vor allem das Ringen gepflegt hatte. Die Jüngeren aber, die mit dem Ringen allein nicht mehr zufrieden waren, sondern auch andere Sportarten treiben wollten, drängten auf den Zusammenschluß mit dem TV, der erfahrene Fußballer und Faustballer in seinen Reihen hatte. Schließlich gaben die Älteren nach, damit „in Zukunft ... auf dem Gebiet des Sportes eine Einheit geschaffen" werden könne[86]. Wie von Schumacher gefordert, hatte die SPD auch in Cadolzburg die gar nicht mehr so großen Überreste der Kultur der Arbeitervereinsbewegung über Bord geworfen und damit, so hofften die Parteiführer wenigstens, wesentliche Voraussetzungen für den politischen Durchbruch geschaffen.

---

[81] Ludwig Wolker, Jugendkraft. Vom Ziel und Aufbau des Sports in katholischer Gemeinschaft, Altenberg 1948, S. 6.
[82] Niederschrift über die Gründungsversammlung des ASV Zirndorf am 7. April 1946, in: StA Nürnberg, LRA Fürth (1962), Nr. 106/12. Mündliche Mitteilungen von Michael Egerer vom 9. April 1984 und Willi Knapp vom 6. April 1984.
[83] Vgl. StA Nürnberg, LRA Fürth (1962), Nr. 106/14; mündliche Mitteilung von Ludwig Zahn vom 6. April 1984.
[84] TSC Cadolzburg an Sportbeauftragten des Landkreises Fürth, 4. Juni 1946, in: StA Nürnberg, LRA Fürth (1962), Nr. 106/5; Prot. der Generalversammlung vom 9. Dezember 1945, in: Ebenda.
[85] Prot. der Generalversammlung vom 9. Dezember 1945, in: Ebenda. Vgl. TSC Cadolzburg an LRA Fürth, 26. Dezember 1947, in: Ebenda.
[86] Prot. der Generalversammlung vom 9. Dezember 1945, in: Ebenda. Mündliche Mitteilung von Georg Gesell vom 9. April 1984 und Günther Deindörfer vom 9. April 1984.

2. Die CSU – Mühseliger Start der interkonfessionellen Sammelpartei

Während Sozialdemokraten und Kommunisten bereits seit Monaten eine rege Tätigkeit entfalteten und z. T. auch schon die offizielle Lizenz der Militärregierung erhalten hatten, waren die bürgerlichen Kreise des fränkisch-protestantischen Milieus, das vor 1933 ein fruchtbarer Nährboden für völkisches und nationalistisches Gedankengut gewesen war, noch immer politisch gelähmt und orientierungslos. Rechtsparteien, die an nationalistische und nationalliberale Traditionen hätten anknüpfen können, waren nach dem Willen der Besatzungsmacht verboten, die meisten Träger dieser Tradition auch zu sehr belastet oder zu vorsichtig. Sie wagten nach dem Ende der NS-Herrschaft nicht, sofort wieder politisch hervorzutreten[87]. Als Kristallisationskerne für politische Aktivitäten auf bürgerlicher Seite blieben fast nur christlich-kirchliche Gesinnungsgemeinschaften und alte BVP-Gruppen. Daneben erlangten auch kleinere liberale Zirkel und Freundes- und Bekanntenkreise aus den kirchlichen Laienorganisationen sowie Reste der Freimaurerbewegung Bedeutung. Sie waren zwar während der NS-Zeit politisch zumeist nicht in Erscheinung getreten, hatten aber an ihrer Gesinnung festgehalten und waren gegenüber der nationalsozialistischen Ideologie und Propaganda immun geblieben[88]. Es dauerte so geraume Zeit, bis sich die Idee einer bürgerlichen Partei über freundschaftliche und bekanntschaftliche Beziehungen, die sich auch während der NS-Zeit bewährt hatten, ausbreitete und weitere Kreise erfaßte.

Seit Frühsommer 1945 war in Ansbach bekannt, daß sich in vielen Städten christlich gesinnte bürgerliche Gruppen zu einer interkonfessionellen Sammelpartei zusammengetan hatten. Man wußte: In Berlin bereiteten Andreas Hermes und Jakob Kaiser zusammen mit alten Zentrumspolitikern und christlichen Gewerkschaftlern die Gründung der CDU vor; ihr „Aufruf an das deutsche Volk" vom 26. Juni 1945 enthielt eine leidenschaftliche Verurteilung des Hitlerismus und die Aufforderung zur Sammlung der christlichen, demokratischen und sozialen Kräfte. In Köln verzichteten Zentrumsfunktionäre auf die Wiederbelebung ihrer alten Partei und verständigten sich mit evangelischen und liberalen Kreisen auf die Gründung einer CDU-Gruppe und die Verabschiedung der sozialreformerischen „Kölner Leitsätze". In Bayern – vor allem in München, Bamberg und Würzburg – propagierten Josef Müller und Adam Stegerwald die Idee einer „christlich-interkonfessionellen Sammlungsbewegung und Massenpartei mit sozialevolutionären Impulsen"[89]. Der Sammlungsgedanke lag damals in der Luft. Die heillose Zersplitterung der bürgerlichen Parteien in der Weimarer Zeit und deren Unfähigkeit, zwischen den verschiedenen sozialen Gruppen Brücken zu schlagen, hatten in den Augen vieler wesentlich zum Scheitern der Republik beigetragen. Auch die Erfahrung mit den antikirchlichen Maßnahmen und der antichristlichen Ideologie des NS-Regimes, die beide Konfessionen gleichermaßen bedroht hatten, förderte die Bildung einer „Einheitsfront aller christlichen Bekenntnisse". Die in bürgerlich-christli-

---

[87] Vgl. Mintzel, CSU, S. 84.
[88] Vgl. dazu besonders Martin Broszat, Resistenz und Widerstand. Eine Zwischenbilanz des Forschungsprojekts, in: Bayern in der NS-Zeit, Bd. IV, S. 691 ff.
[89] Mintzel, CSU, S. 83. Zur Wiedergründung der CDU/CSU vgl. neben der in Anm. 3 zitierten Literatur den Beitrag von Ute Schmidt über die CDU, in: Stöss, Parteien-Handbuch, Bd. 1, S. 490–660.

chen Kreisen nach 1945 virulente Furcht vor einem Linksrutsch tat schließlich ein übriges, Katholiken und Protestanten zusammenrücken zu lassen[90].

Der „Zusammenschlußgedanke" fand freilich keineswegs überall ungeteilten Beifall. In Westfalen und Niedersachsen fürchteten manche „Wächter der alten Zentrumstradition", in der gemischt-konfessionellen CDU könnten nationale und liberale protestantische Kreise das katholische Element in den Hintergrund drängen. Sie traten deshalb für die Wiedergründung des Zentrums ein, das in einigen katholischen Regionen tatsächlich zu einer ernsthaften Konkurrenz für die CDU wurde. Auf evangelischer Seite widersetzten sich ebenfalls viele dem Unions-Konzept; den einen war die CDU zu demokratisch-sozial, den anderen zu sozialistisch und den dritten zu westdeutsch-antipreußisch[91]. Auch in Bayern waren die Aussichten einer christlichen Sammelpartei von Katholiken und Protestanten nicht durchweg rosig. Vor allem im katholischen Altbayern hätten es viele vorgezogen, die BVP wieder ins Leben zu rufen. Er habe die Sorge, so meinte der designierte Vorsitzende der CSU, Josef Müller, „die unterschiedlichen Einstellungen der beiden Gruppen würden sich wieder geltend machen, wenn die anfängliche Furcht vor den Linken nachlasse. Die katholischen Separatisten oder die protestantischen Nationalisten oder beide könnten dann von der Union abfallen."[92]

Die Ansbacher Honoratiorenschaft war vorerst noch nicht bereit, dem Beispiel Berlins und Münchens zu folgen. Anders die evangelische Geistlichkeit, die der Vorsprung der beiden Arbeiterparteien zunehmend mehr bekümmerte. Führender Kopf war hier Oberkirchenrat Georg Kern[93], einst unversöhnlicher Kritiker des NS-Regimes. Um ihn hatten sich in der NS-Zeit zahlreiche, im evangelischen Kirchenkampf bewährte Christen gesammelt, die dem Nationalsozialismus gegenüber mehr und mehr auf Distanz gegangen waren. Kern, sein Duz-Freund Pfarrer Heinrich Seiler, der vor 1933 dem Christlich-Sozialen Volksdienst angehört hatte, und andere Mitglieder der Gruppe hatten vor 1945 oft miteinander diskutiert und waren dabei zu ähnlichen Ergebnissen gekommen wie die anderen Gründerzirkel der CSU. Sie täuschten sich nicht darüber, daß die Wiederbelebung der früher von der evangelischen Kirche favorisierten Deutschnationalen Volkspartei oder des nationalistischen Landbundes nach dem weitgehenden Verschleiß nationaler und völkischer Emotionen durch den Nationalsozialismus kaum größeren Anklang finden würde. Sie waren der Überzeugung, daß die im Namen der neuen Partei angedeutete Verbindung von Christlichkeit und sozialem Engagement am besten den Erfordernissen der Zeit entsprach. Schon in den während der letzten Kriegsphase wieder überfüllten Kirchen hatten sie erleben können, wie groß die Bereitschaft zum Rekurs auf den alten christlichen Glauben wieder geworden war, nachdem das NS-Regime seine Attraktivität verloren hatte. Und schließlich erkannten sie auch, daß im politischen Zusammenschluß von Katholiken

---

[90] Vgl. dazu Henke/Woller, Lehrjahre der CSU, S. 9.
[91] Vgl. dazu zusammenfassend den Beitrag von Helga Grebing über die Parteienentwicklung nach 1945, in: Benz, Die Bundesrepublik Deutschland, Bd. 1, S. 135–138.
[92] Zit. nach Borsdorf/Niethammer, Zwischen Befreiung und Besatzung, S. 235.
[93] Vgl. Woller, Demokratiebereitschaft in der Provinz, S. 337 f. Vgl. auch Emma Lösch, Aus dem Leben der Ansbacher Gemeinden während des Kirchenkampfes 1933–1945, unveröffentlichtes Manuskript (Privatbesitz Emma Lösch).

und Protestanten wohl die einzige Chance lag, eine Übermacht der Linksparteien zu verhindern[94].

Wie Kern und Seiler dachten damals nur wenige innerhalb der evangelischen Geistlichkeit im Raum Ansbach. Man war sich einig, „daß wir Christen nicht abseits von dem politischen Leben unseren kirchlichen Kohl bauen können, so verlockend das sein möchte". Übereinstimmung herrschte darüber, daß die CSU unter den gegebenen Umständen zu unterstützen sei – trotz der „Reminiszenzen, die wir als Evangelische gegen diese Union auf dem Herzen haben" und trotz der „Gefahr … daß das Wort von den protestantischen Rompilgern zu einer späten Wahrheit werden könnte"[95]. Strittig war aber die Frage, wie weit das Engagement der Geistlichen gehen sollte. Die Mehrzahl scheute den Weg in die Politik. Nach der politischen „Überhitzung" vieler evangelischer Pfarrer in der Weimarer Republik und in den dreißiger Jahren hatte ein Großteil den Rückzug ins Pfarrhaus auch als innere Reinigung empfunden. In einem Vortrag auf dem Pfarrkonvent in Leutershausen am 6. Mai 1946 wurden die Vorbehalte deutlich formuliert:

„Diejenigen, die dabei [Gründung der CSU] den Hintergedanken hatten, mittels dieser Partei die christliche Sache gegenüber dem Staat und der Öffentlichkeit zu stärken – übrigens ein ganz glaubensloser, unbiblischer Gedanke! – die werden erfahren, daß sie höchstens das Gegenteil erreichen, und daß das alte Wort auch heute noch wahr ist: ‚Verflucht ist, wer Fleisch für seinen Arm hält'. Die deutsche Christenheit von heute, die diesen Fluch am Schicksal der DC sich hat vollziehen sehn, sollte gegen eine Wiederholung dieses Experiments gefeit sein …
Der christliche Staat ist ein für allemal als ein unerfüllbarer Wunschtraum offenbar geworden. Deshalb sollte man Theologen nicht eigens darauf aufmerksam machen müssen, daß wir Pfarrer uns auf keinen Fall frisch-fröhlich in das gefährliche Fahrwasser des polit. Handelns stürzen können, sondern nur mit großen Hemmungen und mit höchster Vorsicht."[96]

Kern ließ sich von diesem Zögern nicht anstecken. Er war zur Gründung einer CSU-Ortsgruppe ins Ansbach fest entschlossen und beauftragte deshalb Seiler, erste Fühler nach geeigneten „zivilen" politischen Weggefährten auszustrecken. Aber wer war außer dem engeren Kreis der Gruppe um Kern noch da? Die Alten und Kranken, Wehruntaugliche und einige Ladenbesitzer und Handwerker, die es aufgrund ihrer Verbindungen fertig gebracht hatten, uk-gestellt zu werden. Die Sozialdemokraten und Kommunisten hatten es etwas leichter. Viele von ihnen, vor allem die Arbeiter in den Rüstungsbetrieben, waren nicht eingezogen worden, andere galten als wehrunwürdig, so daß sie bei Kriegsende sofort zur Stelle waren, um ihre Partei wieder ins Leben zu rufen. Als erstes trat Seiler an den 52jährigen Drogisten Friedrich Deffner heran, der das Amt eines „Trommlers" für die CSU übernehmen sollte. Deffner, ein kirchentreuer Protestant, der vorher nie in einer Partei gewesen war, zögerte lange, ließ sich aber dann doch überreden. „Ich vermag alles durch den, der mich mächtig macht", aus seinem Konfirmationsspruch, der von Seilers Vater – einem Ansbacher

---

[94] Mündliche Mitteilung von Heinrich Seiler vom 5. Januar 1984.

[95] Vortrag auf dem Pfarrkonvent in Leutershausen am 6. Mai 1946, in: LKA Nürnberg, Bestand: Ev.-Luth. Landeskirchenrat, III, 336 b (Slg) (694).

[96] Ebenda. Vgl. auch Franz Kühnel, Die CSU und der fränkische Protestantismus 1945 bis 1953, unveröffentlichte Magisterarbeit der Friedrich-Alexander-Universität Erlangen-Nürnberg, o. J. (1972).

Pfarrer – stammte, glaubte Deffner die Kraft für sein Amt schöpfen zu können[97]. Vor allem bei dem kleinen katholischen Lager in Ansbach fiel Seilers Initiative auf fruchtbaren Boden. Einige führende Katholiken trugen sich zwar mit dem Gedanken, die BVP wieder aufleben zu lassen, die überwiegende Mehrheit unter Führung von Pfarrer Joseph Fruth von der St. Ludwigskirche fand sich aber zur Zusammenarbeit mit den Protestanten bereit. Fruth und Seiler wurden so zu Geburtshelfern der CSU in Ansbach und ihr gutes Einvernehmen blieb auch in kritischen Zeiten der Zukunft das Rückgrat der Union in Ansbach[98].

Von der Stadt sprang der Funke auf den Landkreis über. Dort tat sich vor allem einer hervor: der spätere Landtagsabgeordnete Georg Mack aus dem kleinen Dorf Auerbach bei Leutershausen. Mack (Jg. 1899), ein arbeitsamer und evangelisch-kirchenfrommer Landwirt aus einer alten Bauernfamilie, der nebenberuflich ein gutgehendes Lagerhaus in seinem Heimatort führte, kannte die Verhältnisse in seinem Landkreis wie kaum jemand. Die Bauern der Umgebung kauften bei ihm ein, sein Lagerhaus war eine Börse für Informationen aller Art. Schon in jungen Jahren galt er als Bauernführer der Region[99]. Dieses Ansehen wuchs noch beträchtlich, als er während des Kirchenkampfes in der NS-Zeit mutig zu seiner Kirche stand und 1934 sogar mit einer kleinen Abordnung nach München fuhr, um bei Regierungs- und Parteistellen gegen die Arrestierung des Landesbischofs zu protestieren. „Die fränkischen Bauern sind ebenso fanatische Vorkämpfer für ihren Glauben, wie sie es gewesen sind für das 3. Reich", hieß es in einem Protestschreiben an Reichsstatthalter Ritter von Epp, das Mack mitunterzeichnet hatte[100]. Das Beharren auf seinen kirchlichen Bindungen war später auch die Ursache einer etwa 14tägigen Haft. Der bauernschlaue und derb-humorige Mack, der 1945 von den Amerikanern in seinem Heimatort als Bürgermeister eingesetzt worden war, war kein Mann der Öffentlichkeit und alles andere als ein mitreißender Redner, in bäuerlichen Zirkeln hatte er aber große Überzeugungskraft und wurde deshalb schnell zum Motor der CSU im Landkreis. Die Idee einer engen Zusammenarbeit mit den Katholiken hatte sich bei ihm schon 1934 herausgebildet, als Kardinal Faulhaber von München-Freising „für die verfolgte evangelische Kirche Fürbitte" gehalten hatte. „Hier", so Mack später, „liegt die Geburtsstunde einer christlich-politischen Einheitsfront."[101]

Um die Jahreswende 1945/46 waren die Vorbereitungen für die Gründung eines CSU-Kreisverbandes in Ansbach weitgehend abgeschlossen. Nun galt es nur noch, die von der Militärregierung geforderten 30 unbelasteten Bürgen zu finden. Unter Aufwendung aller Überredungskünste nahmen Seiler und Fruth auch dieses Hindernis, das zunächst unüberwindlich erschienen war. Am 2. Februar 1946 fand dann im hinteren Saal des Gasthauses „Zum Mohren" in der Pfarrstraße die Gründungsversamm-

---

[97] Mündliche Mitteilung von Heinrich Seiler vom 5. Januar 1984.
[98] Mündliche Mitteilung von Willibald Kornburger vom 13. Juni 1983.
[99] Zu Mack vgl. Fränkische Landeszeitung vom 13. Oktober 1973; Amtliches Handbuch des Bayerischen Landtags, München 1948 und schriftliche Mitteilung von Luise Platter, geb. Mack, vom 7. Februar 1984.
[100] Schreiben vom 22. Oktober 1934, abgedruckt in: Georg Mack, Entscheidungsvolle Tage der evangelisch-lutherischen Kirche in Bayern 1934, Ansbach 1958, S. 22 f.
[101] Ebenda. Eine Charakterisierung Macks durch Landrat Neff findet sich in einem Lagebericht des Landrats vom 4. Dezember 1946 an die Militärregierung, in: NA, RG 260, CO 481/1.

lung statt[102]. Der Kreis der Gründungsmitglieder war klein, nur etwa 20 bis 30 Personen fühlten sich damals zur CSU gehörig. Aus den unterschiedlichsten Gründen fanden sie sich im „Mohren" ein: Bei Frieda Lingmann (Jg. 1901), der selbstbewußten und resoluten Frau des Ansbacher Forstdirektors, war während der NS-Zeit das politische Interesse geweckt worden, als sie sich der Gruppe um den beherzten Oberkirchenrat Kern angeschlossen hatte. Begeistert von der Idee eines Zusammengehens der beiden Konfessionen in der CSU, bedurfte es bei ihr keiner langen Überlegungen, als Seiler sie zum CSU-Beitritt aufforderte[103]. Josef Estner (Jg. 1905) dagegen, wie Frieda Lingmann vor 1945 parteipolitisch nicht engagiert, zweifelte nach seiner Rückkehr aus dem Krieg lange, welcher Partei er beitreten sollte. Daß er sich politisch betätigen und am Wiederaufbau aktiv beteiligen müsse, stand für ihn aber spätestens fest, seitdem er im Frühjahr 1945 das Bahnhofsviertel und die Ludwigskirche in Trümmern gesehen hatte. Angebote von Parteien hatte der umtriebige Estner genug: Ernst Körner von den Sozialdemokraten trat an den angesehenen selbständigen Schreinermeister heran, die Liberalen bedrängten ihn und auch Pfarrer Seiler führte mit Estner einige Gespräche. In einem katholischen Elternhaus streng christlich erzogen, entschied er sich schließlich für die CSU. Die Sozialdemokraten schieden wohl auch deshalb aus, weil Estner nicht vergessen konnte, daß er 1923 als junger Schreinergeselle von einigen gewerkschaftlich organisierten Streikposten „grün und blau geschlagen" worden war, als er während eines Streiks arbeiten wollte[104].

Zu den politischen Neulingen vom Typ Lingmann und Estner gesellten sich einige prominente Repräsentanten des früher dominierenden protestantisch-nationalen Lagers, die 1933 – im Unterschied zu vielen anderen gleicher politischer Gesinnung – der Versuchung widerstanden hatten, sich der NSDAP anzuschließen. Zu ihnen gehörten der erzkonservative Rechtsanwalt Dr. Konrad Ebert[105] (Jg. 1886), vor 1933 Mitglied der DNVP und Vertreter des Bürgerblocks im Ansbacher Stadtrat, der nach 1933 die juristischen Belange der evangelischen Kirche gegenüber den Nationalsozialisten vertreten hatte und so mit dem Kreis von Oberkirchenrat Kern in Berührung gekommen war, und Karl Niebling (Jg. 1892), ein alteingesessener Bürsten- und Pinselmachermeister, der in der Reichstagswahl von 1928 für den „Völkischnationalen Block" kandidiert hatte[106]. Beide erblickten in der CSU die gleichsam geläuterte Neuauflage der DNVP.

Ein ganz anderer Typ unter den Gründern der Ansbacher CSU, aber doch dem protestantisch-nationalen Lager zuzuordnen, war der eher nationalliberale weltläufige ehemalige Botschafter des Deutschen Reiches in Tokio, Ernst-Arthur Voretzsch[107], der uns schon als energischer Vorsitzender der Spruchkammer Ansbach-Land begegnet ist. Nach seinem Ausscheiden aus dem diplomatischen Dienst saß er unausgelastet auf seinem Schloß in Colmberg. Fast schien es so, als habe er das Leben auf dem

---

[102] Vgl. Hist. Rep., Det. Ansbach, 9. März 1946, in: NA, RG 260, 10/80-3/6 und mündliche Mitteilung von Heinrich Seiler vom 5. Januar 1984.

[103] Mündliche Mitteilung von Frieda Lingmann vom 10. Oktober 1984.

[104] Mündliche Mitteilung von Josef Estner vom 16. Oktober 1984.

[105] Vgl. Amtsgericht Ansbach, Registratur S: Nr. 58, und Emma Lösch, Aus dem Leben der Ansbacher Gemeinden während des Kirchenkampfes 1933–1945 (Privatbesitz Emma Lösch).

[106] Vgl. Amtsgericht Ansbach, Registratur S: Nr. 59.

[107] Zu Voretzsch vgl. Mintzel, CSU, S. 256 und Wer ist's 1922, Bd. VIII, S. 1622.

Lande ausprobiert und es auf die Dauer für stumpfsinnig empfunden. Er wollte sich nun deshalb wieder politisch betätigen. Nicht in erster Linie christliche Gesinnung oder Begeisterung für eine Idee führten ihn nach Kriegsende zur CSU, sondern die Sorge, die Linke könne übermächtig werden, und das Gefühl, aufgrund seiner Lebenserfahrung und Charakterfestigkeit jetzt – mehr als zuvor – in einer neuen bürgerlichen Partei gebraucht zu werden.

Komplettiert wurde die kleine Runde, die sich Anfang Februar 1946 im „Mohren" traf, durch einige kleine Pgs, die sich nicht von der Mitarbeit in der CSU abhalten ließen, obwohl sie den eindeutigen Befehl der Militärregierung kannten, daß Mitgliedern der NSDAP die Betätigung in einer Partei verboten war. Einer von denen, die ihre politischen Hoffnungen auf die konservativ-christliche CSU setzten, war der frühere Polizeioberinspektor Albert Aker[108], ein Beamter der alten Schule, der sich in der Weimarer Zeit von allen Parteien ferngehalten hatte und 1933, so wurde ihm nach 1945 von allen Seiten bestätigt, nur auf Drängen von Oberbürgermeister Borkholder der NSDAP beigetreten war, da der Bürgermeister das Amt des Polizeichefs ungern einem „Alten Kämpfer" übertragen wollte. „Meinem Grundsatz, mich nicht politisch zu betätigen, blieb ich auch während meiner Mitgliedschaft bei der NSDAP treu", schrieb er später[109]. Im Sommer 1945 wegen seiner Parteizugehörigkeit aus der Stadtverwaltung entlassen, fand der gläubige Katholik im katholischen Pfarramt eine Beschäftigung, wo er häufig mit Pfarrer Fruth zusammenkam, der ihn schließlich zum Eintritt in die CSU bewog. Nicht unwesentlich mag seine Entscheidung für die CSU von der Überlegung beeinflußt gewesen sein, die größte bürgerliche Partei könne ihm bei seinen Bemühungen um die Rückkehr in die Stadtverwaltung behilflich sein.

Dank der Initiative Macks gelang es der CSU im Frühjahr 1946, auch viele der von der Militärregierung eingesetzten Dorfbürgermeister zu gewinnen. Er hatte dabei häufig ein hartes Stück Arbeit zu leisten, wie sich am Beispiel des Bürgermeisters des winzigen Bauerndorfes Bernhardswinden zeigen läßt: Der Landwirtschaftsgehilfe Georg Reindler (Jg. 1920)[110], der 1944 mit einem Schulterdurchschuß aus der Wehrmacht entlassen worden war, hatte nach Kriegsende von den Amerikanern förmlich gezwungen werden müssen, das Amt des Bürgermeisters zu übernehmen – falls er ablehnte, hatte man gedroht, werde ein Pole zum Bürgermeister ernannt. Sich der CSU anzuschließen, die im Landkreis Ansbach seit der Jahreswende 1945/46 von sich reden machte, kam ihm nicht in den Sinn, bis eines Tages Mack, ein alter Freund seines Vaters, im Hof stand und ihn zur Mitarbeit in der neuen Partei aufforderte.

Reindler sträubte sich; er fühlte sich zu jung, außerdem fürchtete er, die Mitgliedschaft in einer Partei könne – wie die Zugehörigkeit zur NSDAP – später wieder einmal eine Belastung sein. Schließlich überwand der in einem streng nationalen Haus aufgewachsene Reindler aber solche Bedenken aufgrund des Drängens von Mack, der ihm die CSU als neue Heimatpartei vorstellte, die es zu unterstützen gelte, wenn man in den kurz bevorstehenden Wahlen das Feld nicht ganz den Linken überlassen wolle. Zwar ließen sich bei weitem nicht alle Bürgermeister zu einem Parteieintritt bewegen; bei vielen war das Unbehagen gegenüber parteipolitischen Bindungen noch zu stark, ebenso der Verdacht, die CSU sei lediglich die Nachfolgerin der katholischen BVP.

---

[108] Vgl. Amtsgericht Ansbach, Registratur S: Nr. 6.
[109] Ebenda.
[110] Mündliche Mitteilung von Georg Reindler vom 16. Oktober 1984.

Über die Dorfbürgermeister, die dann doch auf den Listen der CSU kandidierten, bot sich der neuen Partei die große Chance, unter den protestantisch-kirchenfrommen Bauern des Landkreises Fuß zu fassen. Kaum einer dieser „Vorposten" der CSU im ländlichen Milieu hatte vor 1933 einer Partei angehört; fast alle bekannten sich zur evangelischen Kirche und waren – bei einem Durchschnittsalter von 55 Jahren – in der unpolitisch-patriotischen Atmosphäre der Kaiserzeit aufgewachsen[111].

Von fast gleicher sozialer Herkunft war die Gründergeneration der CSU in Fürth. Auch der Gründungsvorgang ähnelte dem in Ansbach, nur daß hier eine kleine BVP-Gruppe die Initiative ergriff. Es begann damit, daß im Sommer 1945 im Fürther Pfarramt „Unserer lieben Frau" das Telefon läutete. Geistlicher Rat Knapp, der den Anruf entgegennahm, war überrascht, die Stimme des künftigen CSU-Vorsitzenden Josef Müller zu hören. Müller berichtete, daß sich überall in Bayern Protestanten und Katholiken zu einer bürgerlichen Sammelpartei zusammenzuschließen begannen. Obwohl ein erklärter Gegner der „politisierenden Geistlichen"[112], scheute Müller sich nicht, die Geburtshelferdienste der Kirche in Anspruch zu nehmen und forderte den Geistlichen Rat unverblümt auf, sich für die Gründung eines Kreisverbandes der CSU in Fürth einzusetzen. Knapp, der mit Politik wenig zu tun haben wollte, wandte sich daraufhin an seinen Mesner, Fidelius Ulrich, der bis 1933 Mitglied der BVP gewesen war. Ulrich beriet sich mit seinem Sohn Hans und einigen Freunden und Bekannten, die sich vor 1933 in der BVP, im Kolping-Verein und im katholischen Arbeiterverein getroffen hatten und diese Kontakte auch während der NS-Zeit nicht hatten abreißen lassen – unter ihnen auch die einst dominierende Figur der Fürther BVP, Stadtrat Ludwig Hein, der 1933 erwogen hatte, sein Mandat als Hospitant der NSDAP weiter auszuüben[113]. Wie gesinnungsverwandte Gruppen in vielen anderen Orten Frankens, dachte auch der Kreis um Ulrich nicht ernsthaft an die Wiedergründung der BVP. Bei den ersten Gesprächen in der Druckerei von Hans Ulrich in der Schwabacherstraße 90 war man einer Meinung, daß eine Neuauflage der katholischen Partei im zu zwei Drittel evangelischen Fürth wohl ebensowenig Chancen haben würde, wie einst die BVP, die in der Weimarer Zeit nie über sieben Prozent der Stimmen hinausgekommen war. Eine Zusammenarbeit mit der evangelischen Seite schien unverzichtbar, wollte man sich nicht wieder mit einer politischen Randposition begnügen.

Die BVP-Anhänger traten deshalb an die evangelische Geistlichkeit heran und forderten sie auf, die früheren Gegensätze zu vergessen und eine gemeinsame bürgerlich-überkonfessionelle Partei ins Leben zu rufen. Die Begeisterung der evangelischen Pfarrer hielt sich jedoch in Grenzen, alte Ressentiments und Empfindlichkeiten waren noch immer lebendig. Lediglich Pfarrer Otto Ammler von der St. Michaels-Kirche, später Dekan in Schweinfurt, ein entschiedener Anhänger der Idee des christlichen Sozialismus, war sofort mit Feuereifer bei der Sache. Er warb erfolgreich in seinem Freundes- und Bekanntenkreis für die CSU; vorwiegend jüngere Leute, die in der Endphase der Weimarer Republik dem Christlich-Sozialen Volksdienst und während

---

[111] Die Daten beruhen auf einer Auswertung der Fränkischen Landeszeitung, auf verstreuten Hinweisen im OMGUS-Material und auf der mündlichen Mitteilung von Heinrich Seiler vom 5. Januar 1984.

[112] Henke/Woller, Lehrjahre der CSU, S. 85.

[113] Mündliche Mitteilung von Hans Ulrich vom 27. Februar 1984; zur Rolle Heins, der 1933 für kurze Zeit in Schutzhaft war, vgl. auch Sischka, Gleichschaltung in Fürth 1933/34, S. 64.

der NS-Zeit der Bekennenden Kirche nahegestanden hatten, erwärmten sich für den Gedanken einer Sammelpartei. Besonders aktiv waren der Volkswirt Hans Drechsel, ein ehemaliger Jugendführer bei den Pfadfindern, der allerdings offiziell nicht in Erscheinung treten konnte, weil er der NSDAP angehört hatte, und Georg Kracker, ein kleiner Beamter und engagierter Christ, der im Fürther Kirchenvorstand saß[114].

Um über den Vorschlag der katholischen Seite im größeren Kreis debattieren zu können, versammelten sich die politisch interessierten Evangelischen im ehemaligen CVJM-Heim in der Alexanderstraße 28, darunter Kirchenrat Schmetzer und einige Pfarrer. Sie hörten eine kurze Rede ihres Amtsbruders Ammler, der ihnen eindringlich nahelegte, das Angebot der Katholiken nicht auszuschlagen. Die Bedenken dagegen waren nicht leicht auszuräumen. Sie bezogen sich nicht nur auf den Verdacht, die BVP könne im Gewande einer interkonfessionellen Partei wiedererstehen. Einige Evangelische wollten sich auch andere politische Optionen offenhalten und sympathisierten mit Überlegungen ihres Kreisdekans Julius Schieder (Nürnberg), der schon im Frühjahr 1945 mit dem Vorschlag hervorgetreten war, zumindest „mit dem rechten Flügel der Mehrheitssozialdemokratie" Fühlung aufzunehmen[115]. Dennoch beschloß man, einen Versuch mit den Katholiken zu wagen.

Ende des Jahres 1945 fand die für die Geburt der Fürther CSU entscheidende Zusammenkunft statt. Im Gasthaus Reuel in der Karolinenstraße trafen sich etwa zwanzig Personen, zwei Drittel Katholiken und ein Drittel Protestanten, die versuchten, zu einer Übereinkunft über konkrete Fragen und personelle Verantwortlichkeiten für die zu gründende Partei zu gelangen. Wichtigster Tagesordnungspunkt war die Wahl eines Vorsitzenden, der – darin waren sich alle einig – nicht aus dem Kreis der alten BVP stammen sollte. Das war keine leichte Aufgabe, denn dem Kreis mangelte es an prominenten Persönlichkeiten, die über politisches Geschick und Gespür verfügten. Schließlich einigte man sich auf den fast 75jährigen Amtsgerichtsrat im Ruhestand Karl Drechsel, der in Erlangen und München studiert hatte und Mitglied der Burschenschaft Germania gewesen war[116]. Er genoß ein gewisses Ansehen in der Stadt, war aber in politischen Dingen gänzlich unerfahren und wohl auch nicht sonderlich begabt. Eine Notlösung, aber Drechsel hatte einen Vorzug, der den Ausschlag gab: Er war evangelisch, und mit ihm an der Spitze hoffte man im überwiegend evangelischen Fürth bei den Wahlen gut abzuschneiden. Auf katholischer Seite glaubte man durch seine Wahl auch das Mißtrauen der Protestanten abschwächen zu können. Nach der Zusammenkunft im Gasthaus Reuel reichte Drechsel die Lizenzierungsunterlagen bei der Militärregierung ein und kurze Zeit später (4. Januar 1946) kam per Post die Erlaubnis zur politischen Betätigung[117].

---

[114] Mündliche Mitteilung von Georg Kracker vom 18. Januar 1984.

[115] Nicht näher bezeichnete Aktennotiz: „Evangelische Kirche und Wahlfrage 1945", in: LKA Nürnberg, Bestand: Kreisdekan Nürnberg, Nr. 36–510.

[116] Vgl. Nürnberger Nachrichten, Fürther Ausgabe, vom 25. Mai 1946. Liste der Sponsors und Programm der Fürther CSU, in: NA, RG 260, CO 448/1.

[117] Mündliche Mitteilungen von Georg Kracker vom 18. Januar 1984 und Hans Ulrich vom 1. Februar 1984.

3. Die Liberalen – Anknüpfen an Weimar

Einige Tage vor der Zulassung der CSU war am 22. Dezember 1945 in Fürth auch die Deutsche Demokratische Partei offiziell lizenziert worden. Sie knüpfte hier vor allem an die Tradition der DDP an, die namentlich in der Frühzeit der Weimarer Republik unter den Bildungs- und Besitzbürgern Fürths beachtliche Erfolge erzielt hatte[118]. Die Initiative zur Wiederbegründung der Partei, die sich erst Jahre später in FDP umbenannte, ging von einem Triumvirat aus, das schon 1933 der DDP angehört hatte: Hans Hacker, Ludwig Byschl und Josef Ostler.

Hacker (Jg. 1888), ein erfahrener Verwaltungsfachmann, war 1933 von den Nationalsozialisten aus seinem Posten als Bürgermeister von Kulmbach verdrängt worden[119]. Byschl, von Beruf Lehrer, hatte sich nach längerem Zögern schließlich der NSDAP angeschlossen und konnte deshalb bis zum Abschluß seines Entnazifizierungsverfahrens offiziell nicht für die DDP in Erscheinung treten[120]. Primus inter pares war der 56jährige Gymnasialprofessor Josef Ostler, der an der Fürther Oberrealschule Deutsch, Geschichte und Erdkunde unterrichtete; zwischen 1918 und 1933 war er 2. Vorsitzender der DDP in Regensburg gewesen und hatte zugleich der Gauleitung des Reichsbanners und des Republikanischen Schutzbundes angehört. Nach der Machtergreifung war er kurzfristig in Haft genommen und anschließend nach Fürth strafversetzt worden[121]. Ein Schulmann alter wilhelminischer Prägung, aufbrausend und etwas herrisch, gehörte Ostler zum nationalliberalen Flügel der Demokraten. Die Militärregierung charakterisierte ihn so: „Es kann nicht bestritten werden, daß Professor Ostler als eher rechtsstehender Demokrat einen festen Standpunkt gegenüber dem Nationalsozialismus bezogen hat ... In einer Stadtratssitzung, die sich mit der Änderung von Straßennamen in Fürth befaßte, protestierte Professor Ostler gegen die Änderung der Hindenburgstraße. Er erklärte, daß die historische Größe von Feldmarschall Hindenburg einen Platz in der Geschichte des deutschen Volkes verdient habe ... Imperialistische Ideen aus der Zeit Wilhelms II. scheinen im Denken von Professor Ostler oft an die Oberfläche zu kommen."[122]

Wie die Gründer der CSU, versuchten auch die führenden Köpfe der DDP zuerst im Bekannten- und Freundeskreis Anhänger zu finden. Für die Fürther Demokraten spielte dabei die 1933 verbotene, in ihren persönlichen Kontakten aber auch während der NS-Zeit intakt gebliebene Loge „Zu Wahrheit und Freundschaft" eine ebenso maßgebliche Rolle wie für die Gründung der CSU die Kirche. Ostler und Hacker waren vor 1933 Freimaurer gewesen. Der letzte Meister vom Stuhl, Daniel Lotter, schickte seinen Sohn Hans in die DDP, der Ostler bald seinen Rang streitig machte und bis in die achtziger Jahre der führende Mann der Fürther FDP blieb. Er habe damals mitgemacht, so erinnerte sich Lotter später, weil er „bei diesem fundamentalen Neubeginn", als es galt, die Weichen „in Richtung Demokratie, Recht und Freiheit

[118] Vgl. dazu Strauß, Fürth in der Weltwirtschaftskrise, S. 298 ff.
[119] Vgl. Nürnberger Nachrichten, Fürther Ausgabe, vom 25. Mai 1946. Mündliche Mitteilung von Dieter Ostler vom 7. Februar 1984.
[120] Vgl. Nürnberger Nachrichten, Fürther Ausgabe, vom 25. Mai 1946.
[121] Ebenda. Vgl. Report of Authorized Political Parties, Det. für Ober- und Mittelfranken, 12. Januar 1946, in: NA, RG 260, 9/112-3/5. Vgl. auch Nürnberger Nachrichten vom 29. November 1945. Liste der Sponsors und Programm der DDP in Fürth, in: NA, RG 260, CO 448/1.
[122] Nicht näher bezeichneter Bericht, in: NA, RG 260, 9/97-1/32.

neu zu stellen und festzumachen", dabei sein wollte[123]. Der spätere Bundeskanzler
Ludwig Erhard, der mit Lotter verwandt war, sollte ebenfalls für die DDP gewonnen
werden[124]. Einige Unterredungen mit ihm blieben aber erfolglos. Ein Zusammengehen mit der CSU war für Ostler und seine Gruppe ausgeschlossen; dazu waren die Gegensätze zwischen den Freimaurern und der bald als „Pfaffenpartei" verspotteten CSU
zu groß. Im Winter 1945 zählten sich 80 Personen aus den besseren Kreisen Fürths
zur DDP, die sich zu ihren Veranstaltungen im Schwedenzimmer des Gasthauses
„Grüner Baum" trafen. Erst nach und nach stießen einige angesehene Landwirte aus
Buchschwabach, Kirchfarrnbach und Leichendorf hinzu.

Die Gründung der Demokratischen Partei in Ansbach geschah im wesentlichen
nach demselben Muster. Auch hier hatten kleine liberale Zirkel die NS-Zeit überdau-
ert. Die graue Eminenz der Stadt, Justizrat Bayer, in der Weimarer Zeit Fraktionschef
der DDP im Ansbacher Stadtrat, hatte auch im Dritten Reich, so gut es ging, die liberale Fahne hochgehalten. Um ihn scharten sich einige DDP-Veteranen und Mitglieder
der Loge „Alexander zu den 3 Sternen"[125]. Der Kreis um Bayer setzte sich fast ausschließlich aus alten honorigen Angehörigen des Besitzbürgertums zusammen. Die
meisten waren lange vor der Jahrhundertwende geboren, Bayer selbst 1876, Georg
Schlee, ein Wäschereibesitzer, 1878 und der Fabrikbesitzer Leonhard Stecher 1888.
Bald zogen die Liberalen in Ansbach auch jüngere politisch unbelastete Leute an, Geschäftsleute vor allem, die Bayer, Stecher und Schlee gut kannten und sich bei ihrer
Entscheidung für die Demokratische Partei wohl nicht zuletzt von der Überlegung leiten ließen, daß es nie verkehrt sein könne, diese einflußreichen Männer auf ihrer Seite
zu haben[126].

Während der Kreis um Bayer eher dem nationalliberalen Flügel des Liberalismus
zuzurechnen war, traten im Landkreis kleine Gruppen hervor, die liberale und soziale
Ziele verfolgten. Im erzkonservativen Leutershausen, das auf keinerlei liberale Tradition zurückblicken konnte, entstand ein solcher Zirkel um Hans Eschenbacher, einem
etwa 50jährigen Mechaniker, der in der Reichstagswahl vom November 1932 für die
„Nationale Freiheitspartei Deutschlands" kandidiert hatte. „Es sieht gegenwärtig nicht
so aus", so urteilte die Militärregierung, „als ob diese Partei außerhalb ihrer eigenen
ländlichen Gemeinde Bedeutung erlangen könnte. Möglicherweise geht sie in näch-
ster Zukunft mit einer der größeren Parteien zusammen, vielleicht mit der SPD, der
sie am nächsten steht."[127] In der Tat unterschied sich das wirtschaftspolitische Programm der Leutershausener Demokraten kaum von den Forderungen der Sozialdemokraten. So befürworteten sie namentlich die Sozialisierung aller Bodenschätze und
Großbanken und eine Bodenreform zur „Schaffung von Eigenheimen für alle schaffenden Menschen"[128]. In der Gesamtpartei blieben die Leutershausener krasse Außenseiter.

---

[123] Schriftliche Mitteilung von Hans Lotter vom 19. Februar 1984.
[124] Mündliche Mitteilung von Hans Lotter vom 2. Februar 1984.
[125] Zu Bayer vgl. Weise, Justizrat Dr. Adolf Bayer zum 75. Geburtstag, und Fränkische Landeszeitung vom 2.
und 11. Februar 1976. Mündliche Mitteilung von Friedrich Rabel vom 7. Februar 1984.
[126] Die Daten beruhen auf einer Auswertung der Fränkischen Landeszeitung.
[127] Annual Hist. Rep., Det. Ansbach, 1. September 1946, in: NA, RG 260, 10/80-3/6.
[128] Programm, in: StA Nürnberg, LRA Ansbach (1961), Nr. 681.

4. Weitere Parteigründungsversuche: Die Loritz-Partei (WAV) und die Königspartei

Im Frühjahr 1946 trat schließlich mit der WAV noch eine fünfte Partei hervor. Der Anstoß war von dem Münchener Rechtsanwalt Alfred Loritz ausgegangen, der Anfang 1946 aufgrund seiner besonderen Beziehungen zur Militärregierung eine Lizenz für eine Landespartei erhalten hatte und nun rastlos bemüht war, Anhänger zu finden[129]. Auf der Suche nach seiner Partei machte er im Frühjahr auch in Fürth Station, und seine rhetorischen Fähigkeiten verfehlten auch hier ihre Wirkung nicht. Arbeitslose, desorientierte Mittelständler und Intellektuelle, insgesamt kaum mehr als zwei Dutzend vorwiegend jüngere Personen, schlossen sich in Fürth der Loritz-Partei an, die sich besonders für die Interessen der kleinen Pgs einzusetzen versprach. Richard Leupoldt (Jg. 1907), ein ausgebombter, ehemals selbständiger Kaufmann, der auf Schriftsteller umgesattelt hatte und 1932/33 förderndes Mitglied der Roten Hilfe gewesen war, wurde zum Vorsitzenden gewählt[130]. Zusammen mit dem 38jährigen Werkmeister Hans Bauer zog er im Mai 1946 in den Fürther Stadtrat ein[131]. In Ansbach blieb Loritz ein ähnlicher Erfolg versagt, obwohl es zunächst anders ausgesehen hatte. Als er im Frühsommer erstmals an der Rezat auftauchte, konnte er sich über mangelndes Interesse nicht beklagen. Der Zulauf war ebensogroß wie in Fürth, so daß Loritz wieder nach München zurückfuhr im Bewußtsein, einen weiteren schlagkräftigen Kreisverband geschaffen zu haben. Bald bekam er aber zu hören, daß sich seine Ansbacher Anhängerschaft wieder zerstreut hatte[132].

Etwa zur selben Zeit, als Loritz in Mittelfranken Furore machte, liefen dort auch die Vorbereitungen zur Gründung der bayerischen Königspartei auf Hochtouren. Im Februar 1946 kam Walter Hemmeter, der Generalsekretär der neuen Partei, nach Ansbach und suchte den ehemaligen Hoflieferanten und Alt-Monarchisten Eugen Graf auf, um ihn für seine Idee zu gewinnen. Graf, Tabakhändler und Landwirt, zögerte nicht lange. Er reiste sofort in der Region herum und besprach sich mit alten Gesinnungsgenossen[133]. Unterstützung erhoffte er sich in den wenigen katholischen Enklaven der Region, die vor 1933 die BVP gewählt hatten, und von Teilen der konservativen Landbevölkerung, denn diese, so glaubte auch der Ansbacher Oberbürgermeister Ernst Körner, „liebten nach wie vor ihren ‚Bayerischen Käni‘"[134]. Die Militärregierung bereitete den überall in Bayern aufkeimenden monarchistischen Gruppierungen aber noch im Frühjahr 1946 ein Ende. Damit erhielt die CSU – ohnehin sehr heterogen aus Katholiken und Protestanten, ehemaligen Deutschnationalen und BVP-Politikern, kleinen Pgs und politischen Neulingen zusammengesetzt – noch Zuzug aus dem gar

---

[129] Vgl. Woller, Loritz-Partei, passim.

[130] Zur Fürther WAV und zu Leupoldt vgl. Nürnberger Nachrichten, Fürther Ausgabe, vom 18. Mai 1946 und 4. Januar 1947. Vgl. auch Aufstellung der wichtigsten Funktionäre vom 16. März 1947, in: LRA Fürth, EAP 070.

[131] Ebenda.

[132] Vgl. OB Ansbach an MilReg, Stimmungsbericht vom 28. Juni 1946, in: Stadtverwaltung Ansbach, EAP 022-95/19; ebenda, Stimmungsbericht vom 4. Dezember 1946.

[133] Vgl. Political Activity Report, Det. Ansbach, 2. April 1946, in: NA, RG 260, CO 447/4.

[134] Dorn, Inspektionsreisen, S. 69.

nicht so kleinen Lager der Monarchisten, die ihr aber 1948, als mit der Bayernpartei auch viele monarchistische Hoffnungen belebt wurden, wieder den Rücken kehrten[135].

5. Wahlkämpfe und Wahlen 1946

Nachdem es zuvor tagelang heftig geregnet und gestürmt hatte, herrschte am Samstag, den 13. Oktober 1945, mildes freundliches Herbstwetter. Eine „vieltausendköpfige Menschenmenge" – 7000 waren es nach den Schätzungen der Militärregierung – drängte sich auf dem Hindenburgplatz. Viele Transparente waren zu sehen, umgefärbte Wehrmachtsuniformen, dünn gewordene Arbeitsanzüge, wollene Joppen, Schirmmützen – schäbiges Grau und Blau der Mäntel, Jacken und Anzüge herrschte vor. Anlaß der Versammlung in der Fürther Innenstadt war das erste Auftreten unter freiem Himmel der offiziell noch nicht lizenzierten Parteien nach Kriegsende. Für die SPD sprach Stadtschulrat Albert Schorer, die Demokratische Partei schickte Professor Ostler, für die Kommunisten betrat Anton Hausladen das Rednerpult, der mit der moralischen Autorität des langjährigen KZ-Häftlings zur tonangebenden Figur der Veranstaltung wurde. Die CSU konnte im Oktober 1945 noch keinen Repräsentanten vorstellen[136].

Die Kundgebung auf dem Fürther Hindenburgplatz war der Wahlkampfauftakt für die Serie der Wahlen, die nach dem Willen der amerikanischen Militärregierung am 27. Januar 1946 mit den Kommunalwahlen in Gemeinden unter 20 000 Einwohnern beginnen sollte. Am 28. April 1946 standen Kreistagswahlen auf dem Programm, am 26. Mai Stadtkreiswahlen. Am 30. Juni 1946 war der Bürger aufgerufen, eine Verfassunggebende Landesversammlung zu wählen, am 1. Dezember 1946 sollte schließlich über die Zusammensetzung des Landtags entschieden werden[137]. Der frühe, von General Lucius D. Clay festgesetzte Wahltermin war innerhalb der amerikanischen Militärregierung heftig umstritten gewesen. Hochrangige Militärregierungsoffiziere wie etwa Professor James K. Pollock widersetzten sich ihrem Chef[138]. Die Wahlen, so argumentierten sie, seien nur von geringem Nutzen, weil die Parteien bisher organisatorisch kaum Fuß gefaßt hatten. Clays Berater zweifelten auch daran, ob das deutsche Volk schon kurze Zeit nach dem Ende der NS-Zeit politisch reif genug sei für eine so schwerwiegende Entscheidung. Außerdem befürchteten sie angesichts des Mangels an Lebensmitteln und des Lahmliegens der Industrie einen Wahlsieg der Kommunisten.

Ähnlich dachten die im süddeutschen Länderrat versammelten Ministerpräsidenten Wilhelm Hoegner, Karl Geiler und Reinhold Maier, die sich am 4. Dezember 1945 vehement für eine Verschiebung der Wahlen bis zum Frühjahr einsetzten. Die Anfälligkeit breiter Schichten des Volkes für demagogische Parolen in der Endphase der Weimarer Republik war ihnen wie auch vielen anderen Politikern noch frisch in Erinne-

---

[135] Vgl. dazu S. 221 ff.
[136] Weekly Summary, Det. Fürth, 13. Oktober 1945, 20. Oktober 1945, in: NA, RG 260, 9/96-2/12. Hist. Rep., Det. Fürth, Oktober 1945, in: NA, RG 260, 10/81-1/5; vgl. auch Annual Hist. Rep., Det. Fürth, 20. Juni 1946, in: NA, RG 260, 10/81-1/5.
[137] Zu den Wahlen vgl. Woller, Loritz-Partei, S. 165 ff.
[138] Vgl. Lucius D. Clay, Entscheidung in Deutschland, Frankfurt/Main 1950, S. 107.

rung. Ihr Vertrauen in die politische Mündigkeit der Wähler war – zumal nach zwölf Jahren NS-Propaganda – entsprechend gering. Das deutsche Volk sei, so faßte Hoegner seine Skepsis zusammen, „in seinem heutigen Zustand noch nicht so demokratisch erzogen, ... daß es zwischen Demokratie und Demagogie immer zu unterscheiden vermag. Es ist in den letzten zwölf Jahren so sehr mit Demagogie gefüttert worden, daß sein Unterscheidungsvermögen ... verhältnismäßig gering sein wird."[139] Besonders widerstrebte den Ministerpräsidenten der Vorschlag Clays, zu den Wahlen alle politischen Gruppen und freien Listen zuzulassen. „Die Zulassung freier Gruppen", so hieß es im Beschluß des Länderrats, „würde zu völliger Wahlzersplitterung und damit zu Zuständen führen, wie sie vor 1933 bestanden."[140]

Auch der evangelische Pfarrer Kurt Klein aus der Ortschaft Vach bei Fürth machte sich, nachdem er mit „Menschen verschiedenster Berufs- und Altersschichten, der Kirche fern und nahe stehenden" gesprochen hatte, Gedanken über den frühen Wahltermin – Gedanken, die damals wohl viele evangelische Geistliche teilten, die nach den bitter enttäuschten Hoffnungen auf das „positive Christentum" des Nationalsozialismus weit unsicherer und ratloser waren als große Teile der Wählerschaft. „Viele Menschen", schrieb er Anfang Dezember 1945, zeigen „politischen Handlungen und Entscheidungen gegenüber eine große Hilflosigkeit, Interessenlosigkeit und Resignation". Die „große Masse unseres Volkes", fuhr er fort, „ist von je politisch unmündig und unfähig gewesen und geblieben. Diese politische Unfähigkeit zeigte sich in den Jahren vor 1933 im demokratischen Parteienstaat, der schließlich der nationalsozialistischen Partei auf den Thron verhalf. Sie zeigte sich in der Zeit nach 1933 in einem blinden, oft nur aus Opportunismus und Egoismus entspringenden Nachläufertum und Hurrapatriotismus. Hand in Hand mit der politischen Fanatisierung aber ging eine entwürdigende politische Entmündigung. Das führte dazu, daß unser Volk heute weiterhin unfähig ist, eine politische Entscheidung zu treffen. Was bei einer solchen heraus käme, wäre eine aus Haß und Enttäuschungen gereifte Frucht, die dem Wiederaufbau hemmend entgegenstehen könnte." Noch ganz unter dem Eindruck von „Parteibonzentum" und „Meinungsknechtung", wie sie im nationalsozialistischen Staate ihre Blüten trieben", und offensichtlich mit wenig Vertrauen in die christliche Sammelpartei CSU ausgestattet, glaubte er, daß es langer Jahre der politischen Erziehung bedürfe, bis die Deutschen zu „parteipolitischer Tätigkeit im demokratischen Sinne, die das Allgemeinwohl im Auge hat, fähig" seien. Bis dahin gelte es, den Einfluß der Parteien so weit wie möglich einzudämmen[141].

Clay aber wischte die Einwände vom Tisch. Angesichts der schnellen Reduzierung der amerikanischen Truppen im besetzten Deutschland hatte er schon im Herbst 1945 die Verwaltung der Städte, Landkreise und Regierungsbezirke auf deutsche Organe übertragen, die allerdings immer noch „von der Besatzungsmacht ernannt und weder vom deutschen Volk gewählt, noch ihm Rechenschaft schuldig" waren[142]. Um ihnen eine demokratische Legitimation zu verschaffen und die „Methoden einer demokratischen Regierung schnellstens" einzuführen, bestand er auf dem frühen Wahl-

[139] Hoegner, Verfassungsausschuß der bay. Verfassunggebenden Landesversammlung, 8. Sitzung vom 30. Juli 1946, S. 178.
[140] AVBRD, Bd. 1, S. 178. Vgl. ebenda, S. 177.
[141] Kurt Klein an LR Fürth, 4. Dezember 1945, in: StA Nürnberg, LRA Fürth, Nr. 10.
[142] Clay, Entscheidung, S. 106.

termin. Ganz Militär, schrieb er dazu später in seinen Memoiren: Man müsse „ins Wasser gehen, um schwimmen zu lernen"[143].

Zwischen der öffentlichen Bekanntgabe des Wahltermins und dem Tag der Wahl lagen kaum mehr als zehn Wochen. Diese kurze Frist stellte die Parteien vor größte Schwierigkeiten. Um die Jahreswende 1945/46 existierten in Bayern gerade in der Hälfte aller Landkreise politische Organisationen, manchmal nur ein Kreisverband von KPD, SPD oder CSU, selten mehrere Parteien in einem Kreis. In 16 der 34 Gemeinden des Landkreises Fürth etwa stellten sich ausschließlich parteilose Kandidaten zur Wahl; in 6 Gemeinden trat nur eine Partei an, in weiteren 5 Gemeinden hatten die Bürger die Wahl zwischen zwei, in 6 Gemeinden zwischen drei Parteien. Nur in Zirndorf konnten sich alle vier damals lizenzierten Parteien an der Wahl beteiligen[144]. Im Landkreis Ansbach waren SPD, KPD und FDP überhaupt noch nicht hervorgetreten. Auch der unermüdliche Georg Mack von der CSU hatte seine Partei in der kurzen Zeit noch kaum bekannt machen können. Kein Wunder also, daß im Januar 1946 von Wahlkampf nicht viel zu spüren war. Lediglich die Sozialdemokraten und in geringerem Maße die KPD starteten kleine Wahlkampagnen, die zuweilen auch das flache Land erfaßten. Diese von der Militärregierung genau registrierten Schönheitsfehler fochten Clay in seiner Entscheidung für den frühen Wahltermin freilich nicht an. Wenn es den Parteien nicht gelänge, genügend ihrer Leute zu präsentieren, dann werde es eben die Tendenz geben, so berichtete er im Dezember 1945 lakonisch nach Washington, „vertrauenswürdige, gut bekannte Nachbarn zu wählen", die keiner Partei angehörten[145].

Die amerikanische Militärregierung maß der Wahl vom 20. Januar 1946 große Bedeutung bei. Vor allem Clay, der seinen Berater Pollock mit den Worten aufgezogen hatte, ein „liberaler Professor der Staatswissenschaften" versuche, „einem abgebrühten Soldaten" in den Arm zu fallen, wenn dieser „einem Volk, das seiner Stimme beraubt wurde, das Wahlrecht schnell" zurückgeben wolle[146], fieberte dem Ausgang der Wahl, mehr noch der Meldung über die Höhe der Wahlbeteiligung entgegen. Der erste Schritt der Deutschen „toward democratic processes"[147], wie er die ersten freien Wahlen seit 1933 bezeichnete, konnte leicht zum Ausrutscher werden, wenn die Wahlbeteiligung zu wünschen übrig ließ. Die Ergebnisse der Meinungsbefragungen, die in den Monaten vor der Wahl in seinem Büro einliefen, waren zunächst ganz und gar dazu angetan, ihn zu beruhigen. In seinem Monatsbericht für November 1945 konnte er nach Washington schreiben: „Mitte November wurden einige, die bevorstehenden Wahlen betreffenden Fragen in eine Meinungsumfrage aufgenommen, die eine kleine Gruppe von Deutschen, ausgewählt aus verschiedenen Schichten und Gegenden der US-Zone, betraf. Mit Bezug auf die angekündigten Kommunalwahlen in den Monaten Januar, März und Mai wurde die Frage gestellt: ‚Glauben Sie, daß Sie an diesen Wahlen teilnehmen?' 82 Prozent antworteten mit ‚Ja', 16 Prozent mit ‚Nein', die restlichen

[143] Ebenda, S. 107.
[144] Vgl. Ergebnisse der Gemeindewahlen im LK Fürth vom 27. Januar 1946, in: StA Nürnberg, LRA Fürth, Nr. 10.
[145] Monthly Report of the Military Governor, U.S. Zone, Nr. 6: 20. Januar 1946, hrsg. von Office of Military Government for Germany (U.S.).
[146] Clay, Entscheidung, S. 107.
[147] Monthly Report of the Military Governor, U.S. Zone, Nr. 6: 20. Januar 1946, hrsg. von Office of Military Government for Germany (U.S.).

zwei Prozent hatten keine Meinung oder gaben keine Anwort. Eine darauffolgende Frage ,Wie sicher sind Sie, daß Sie wählen gehen?' beantworteten 55 Prozent mit ,ganz sicher', 19 Prozent mit ,ziemlich sicher', sieben Prozent gaben keine Antwort ... Die Ergebnisse dieser Umfrage weisen wohl auf ein individuelles Interesse an Wahlen hin, das sich in der Tätigkeit der Parteien noch nicht geäußert hat."[148]

Als der Wahltag näherrückte, trafen bei Clay auch Meldungen ein, die zur Skepsis rieten. „Letzte Berichte zeigen, daß im ganzen Regierungsbezirk Niederbayern/Oberpfalz wenig Interesse an den bevorstehenden Gemeindewahlen herrscht", hieß es im zusammenfassenden Weekly Report der bayerischen Militärregierung vom 10. Januar 1946, „die meisten Militärregierungsoffiziere glauben, daß die Wahlen zu früh stattfinden, und würden vorschlagen, sie um einige Monate zu verschieben"[149]. Der gleiche Bericht sagte eine Wahlbeteiligung von nur 40 bis 50 Prozent in Ober- und Mittelfranken und von 60 bis 70 Prozent in Unterfranken voraus. Das politische Leben, so kommentierten auch die Nürnberger Nachrichten am 9. Januar 1946, befinde sich in „tiefem Schlafe mit mehr oder weniger wüsten Träumen". Der „Gemeindebürger" bewege sich „nach wie vor schlaftrunken im politischen Felde". Kurz vor der Wahl rechnete die bayerische Militärregierung, die eigens eine Untersuchung in allen Regierungsbezirken durchgeführt hatte, mit einer Wahlbeteiligung von 60 Prozent[150].

An Ermahnungen, vom Wahlrecht möglichst vollzählig Gebrauch zu machen, fehlte es in den Tagen vor der Wahl nicht. Regierungspräsident Schregle, die Landräte Neff und Hörndlein sowie die von der Militärregierung eingesetzten Bürgermeister riefen mehrmals zur Wahl auf. Auch die Zeitungen taten ihr Bestes. Man müsse, so hieß es in der auch im Fränkischen viel gelesenen Süddeutschen Zeitung, der „Besatzungsmacht zeigen, ob das bayerische Volk fähig und gewillt ist, sein politisches Schicksal wieder selbst in die Hände zu nehmen, nachdem es zwölf Jahre am Gängelband der Nazidiktatur geführt worden ist"[151]. Auch die evangelische Kirche verlangte: „Kein wahlberechtigtes Gemeindemitglied darf an der Wahlurne fehlen." In ihrer Erklärung hieß es: „Was sollen wir tun? Nicht wenige sind geneigt, sich politisch zurückzuziehen, indem sie sagen: Nach den bitteren Erfahrungen der Vergangenheit wollen wir mit der Politik nichts zu tun haben und sind es zufrieden, wenn wir nur unser täglich Brot essen dürfen. Wir verstehen diese politische Müdigkeit wohl, wir dürfen uns ihr aber nicht hingeben ... Wenn wir wollen, daß Gottesfurcht und Sittenreinheit, daß christliches Verantwortungsbewußtsein und Gehorsam gegen die Gebote Gottes wieder im Schwange gehen, daß die Kirche in Freiheit ihren Dienst tun darf und die Jugend in der Schule im christlichen Glauben unverkürzt unterwiesen wird, daß im politischen, im sozialen, wirtschaftlichen Leben Recht und Gerechtigkeit und die göttlichen Grundordnungen im Zusammenleben der Menschen Geltung haben und behalten sollen, dann müssen wir wählen und unsere Stimme solchen Männern geben, die Gewähr für die Durchführung dieser Grundsätze und für eine christliche Obrigkeit geben ... Zeigt, daß wir in den letzten zwölf Jahren etwas gelernt haben, daß wir nicht

[148] Ebenda, Nr. 5: 20. Dezember 1945.
[149] In: NA, RG 260, 10/85-3/6.
[150] Vgl. Weekly Military Government Report, 24. Januar 1946, in: Ebenda.
[151] Süddeutsche Zeitung vom 25. Januar 1946.

auf alle Schlagworte hereinfallen und nicht mehr dulden, mit Sprüchen abgespeist zu werden."[152]

Am 27. Januar 1946 um acht Uhr wurden die Wahllokale geöffnet. Amerikanische Soldaten und Offiziere konnte man an diesem Tag kaum sehen. Sie hatten von höchster Stelle Befehl erhalten, „sich an dem Tag so wenig wie möglich auf den Straßen zu zeigen"[153], um den Verdacht amerikanischer Wahlbeeinflußung gar nicht erst aufkommen zu lassen. Wahlberechtigt war, so hieß es in der Wahlordnung zur Gemeindewahl, wer das 21. Lebensjahr vollendet hatte, die deutsche Staatsbürgerschaft besaß und seit mindestens einem Jahr seinen ständigen Wohnsitz in der Gemeinde hatte[154]. In den späteren Wahlordnungen wurde diese strenge Regelung etwas gelockert; an der Landtagswahl vom 1. Dezember 1946 durfte jeder teilnehmen, der vor dem 1. Juli 1946 den dauernden Wohnsitz in Bayern genommen hatte[155]. Gleichwohl waren damit große Teile der Flüchtlinge von der Wahl ausgeschlossen; auch Pgs, die vor dem 1. Mai 1937 der NSDAP beigetreten waren, NS-Aktivisten und -Amtsträger sowie Internierte durften an der Wahl nicht teilnehmen. Die Quote der aus politischen Gründen nicht Wahlberechtigten schwankte in der Region Ansbach/Fürth zwischen sieben und elf Prozent[156].

Die große Überraschung der Wahlen vom 27. Januar 1946 war die Höhe der Wahlbeteiligung: 86,9 Prozent in Bayern. Das war, so kommentierte Clay später, „etwa das Doppelte dessen, womit wir in Amerika hätten rechnen können"[157]. Im Landkreis Fürth lag die Wahlbeteiligung mit 91,8 Prozent noch deutlich über dem Landesdurchschnitt, im Landkreis Ansbach mit 81 Prozent deutlich darunter. Die „vorausgesagte ‚Wahlmüdigkeit' und Lethargie der Wähler", mußten die Nürnberger Nachrichten am 30. Januar eingestehen, „wurde … durch die Tatsachen ganz beträchtlich widerlegt".

Ergebnisse der Gemeindewahlen vom 27. Januar 1946 in den Landkreisen Ansbach und Fürth in Prozent[158]:

	Wahlbeteilg.	CSU	SPD	KPD	FDP	Parteilos
Ansbach	81,0	11,8	4,1	0,3	0,9	82,9
Fürth	91,8	21,1	38,7	5,4	6,7	26,0
Bayern	86,9	43,6	16,6	2,3	0,8	36,7

---

[152] Kundgebung der Nürnberger Kirchenleitung zu den Gemeindewahlen, in: LKA Nürnberg, Bestand: Kreisdekan Nürnberg, Nr. 36–50.

[153] Clay, Entscheidung, S. 107.

[154] Wahlordnung für die Gemeindewahlen vom 18. Dezember 1945, in: BGVBl. 17/1946; vgl. auch Wahlordnung für die Kreistagswahlen vom 21. Februar 1946, in: Ebenda; Wahlordnung für die Wahlen zur Verfassunggebenden Landesversammlung, 14. Februar 1946, in: Ebenda 18/1946.

[155] Vgl. Gesetz Nr. 45 betreffend des Volksentscheids über die Bayerische Verfassung und die Wahl des Bayerischen Landtags vom 3. Oktober 1946, in: BGVBl. 21/1946.

[156] Vgl. Statistisches Jahrbuch für Bayern 1947, S. 304 ff.

[157] Clay, Entscheidung, S. 107.

[158] Zu den Wahlergebnissen vgl. Nürnberger Nachrichten vom 30. Januar 1946; StA Nürnberg, LRA Fürth, Nr. 10 und Statistisches Jahrbuch für Bayern 1947, S. 304 f.

Beobachter aus allen politischen Lagern waren sich nach dem Auszählen der Stimmen einig, daß der Ausgang der Wahl angesichts des schwachen Organisationsgrades der Parteien kaum Rückschlüsse auf deren wahre Stärkeverhältnisse erlaubte. Als Trend ließ sich aber beobachten: Die CSU erzielte ihre besten Ergebnisse in kleinen ländlich-dörflichen Gemeinden, die vor 1933 NSDAP- und/oder DNVP- oder BVP-Hochburgen gewesen waren. Die Chancen der SPD in rein agrarischen Gebieten Fuß zu fassen, waren begrenzt. Beständig hohe Gewinne verbuchte sie in ihren alten Hochburgen und in größeren gewerblichen Orten, die 1933 ebenfalls Domänen der NSDAP gewesen waren. Eine herbe Enttäuschung erlebte die KPD, die nicht einmal ihr früheres Wählerpotential in Arbeitersiedlungen ganz ausschöpfen konnte. Die Hoffnungen einiger Parteifunktionäre, nach dem Mitgliederzuwachs aus bürgerlichen und intellektuellen Kreisen könne es der KPD gelingen, ihr neues Image in politisches Kapital umzumünzen und neue Wähler zu gewinnen, erfüllten sich nicht. Die KPD wurde sogar noch von der äußerst organisationsschwachen FDP überflügelt, die ihre Anhängerschaft vor allem im gewerblichen Mittelstand fand[159].

Nach der Schließung der Wahllokale blieben den Parteien bis zu den Kreistags- und Stadtkreiswahlen (28. April bzw. 26. Mai 1946) bzw. den Wahlen zur Verfassunggebenden Landesversammlung am 30. Juni 1946 einige Monate Zeit, ihre Organisationen zu konsolidieren, Kandidaten aufzustellen und Wahlkampfstrategien zu entwickkeln. Sie nutzten diese Zeit. Vor allem die Funktionäre von SPD und KPD, die schon zu Weimarer Zeiten so manche Wahlkampfschlacht geschlagen hatten, schienen nun wieder in ihrem Element zu sein. Am aktivsten waren die Kommunisten, wie ein Blick in die Fürther Ausgabe der Nürnberger Nachrichten zeigt. 20. März: KPD-Veranstaltung im Alhambra-Theater mit Hans Singer aus Nürnberg; 23. März: Genosse Hermann Schirmer im Platzl; 27. März: Großkundgebung mit Anton Hausladen im Stadttheater ... so ging es bis zum Wahltag. Ende April fanden in Fürth und Umgebung täglich eine, manchmal mehrere KPD-Kundgebungen statt. Dabei versuchten Hausladen und seine Genossen immer wieder ihr neues demokratisches Image herauszustellen. Besonderen Wert legten sie auf Frauenkundgebungen und Treffen für Intellektuelle. Zu einer Versammlung im Kulturverein luden sie die Fürther Intelligenz sogar persönlich ein, der Vortragende, Dr. Ganse von der Universität Erlangen, hob hervor: „Die Intelligenz müsse mit den ideologischen Überresten, dem Ballast aus der bürgerlichen und feudalen Epoche brechen und auch gedanklich den Weg finden zu der Klasse, bei der einzig und allein die Zukunft liege, zu den Arbeitern und Schaffenden des Landes."[160]

Die Fürther Sozialdemokraten verfolgten eine andere Wahlkampfstrategie. Sie setzten vor allem auf spektakuläre, wohlinszenierte Großkundgebungen. Mitte März sprach der SPD-Vorsitzende Kurt Schumacher im Stadttheater, Anfang Mai war Nürnbergs Oberbürgermeister Ziegler zu Gast, Mitte Mai fand im Kulturverein eine Doppelveranstaltung mit Lisa Albrecht und Heinrich Stöhr statt und am 20. Mai kam Ministerpräsident Wilhelm Hoegner nach Fürth[161]. Voller Stolz, den Nationalsozialisten getrotzt zu haben, schien die SPD das Zutrauen zu sich selbst wieder gefunden

[159] Ebenda.
[160] Nürnberger Nachrichten, Fürther Ausgabe, vom 15. Mai 1946.
[161] Vgl. ebenda, 20. März 1946, 8., 15. und 22. Mai 1946.

und insbesondere die Fähigkeit wieder entdeckt zu haben, die Hoffnungen und Sehnsüchte der Bevölkerung anzusprechen. Kraftvoll präsentierte sie sich als verläßliche und rechtschaffene Retterin in der Not. Zugleich aber betonten Schumacher und Hoegner, ihre Partei sei eine moderne, sozialreformerische politische Kraft, eine allen offenstehende „wahre Volkspartei", die – einmal am Ruder – für wirtschaftlichen und nationalen Wiederaufstieg und soziale Egalität sorgen werde[162].

CSU und FDP suchten es den beiden Arbeiterparteien gleichzutun. Die Landesleitung der Christlich-Sozialen schickte im April/Mai den Münchener Oberbürgermeister Karl Scharnagl, den ehemaligen Botschafter Friedrich Wilhelm von Prittwitz-Gaffron, Landwirtschaftsminister Josef Baumgartner und auch den Parteivorsitzenden Josef Müller nach Fürth[163]. Die CSU betonte: „Wir sind nicht die Fortsetzung einer alten, überlebten Partei unter einem neuen Firmenschild und nicht die Reaktionäre von rechts und nicht die ‚Schwarzen' von ehedem."[164] Vor allem Josef Müller beschwor in seinen temperamentvollen Reden ein neues Aufbruchgefühl; man solle die Vergangenheit hinter sich lassen und etwas völlig Neues ohne Schema und Zwang schaffen. Geschickt appellierte er an die religiösen Gefühle seiner Zuhörer, wenn er etwa die Idee einer christlichen Gemeinschaft aller Wohlmeinenden vorstellte: Die diabolischen Kräfte, die in den zurückliegenden Jahren am Werk gewesen seien, müßten durch die Sammlung aller christlichen Konfessionen überwunden werden. Hauptziel sei es, „daß sich alle Menschen wieder vor Gott verantwortlich fühlen"[165].

Die Liberalen konzentrierten sich auf viele kleine Stadtteilversammlungen mit der Lokalprominenz. Im Zentrum ihrer Werbung standen der Aufruf, eine starke Partei der Mitte gegen die überkommenen konfessionellen und Klassenparteien zu schaffen, die Absage an alle sozialistischen Experimente[166], und – nicht zuletzt – die Anknüpfung an die traditionellen vaterländischen Gefühle der fränkischen Bevölkerung. Die FDP habe, so hieß es etwa bei den Fürther Liberalen, die „Einigkeit Deutschlands auf ihr Banner" geschrieben, „da nur auf diese Weise der völlige Untergang des Vaterlandes hintangehalten werden könne"[167]. In der Hitze der Wahlkämpfe blieb diese Vaterlandsliebe nicht immer frei von Tönen, die in den zurückliegenden zwölf Jahren fleißig strapaziert worden waren. „Deutsch sein und treu sein", lautete beispielsweise der Titel eines Referats der Fürther Liberalen. „Deutsch sein", so wandte sich Schulrat Dr. Korf aus Lauf an die Jugend, „heißt alle Dinge um ihrer selbst Willen tun, still, bescheiden und jeder an seinem Platz."[168]

Die kleinste und am spätesten gestartete Partei, die WAV, sorgte für die kräftigsten Farbtupfer im Wahlkampf. Sie nahm sich besonders des innenpolitischen Themas Nr. 1, der Entnazifizierung, an, das die anderen Parteien mit Rücksicht auf die Militärregierung nur streiften oder ganz vernachlässigten. So weit wie Loritz, der im Sommer 1946 unermüdlich von Stadt zu Stadt zog, ging kein anderer Redner. Die Spruchkam-

[162] Ebenda.
[163] Ebenda, 16. April 1946 und 22. Mai 1946.
[164] Ebenda, 25. Mai 1946.
[165] Ebenda, 26. Juni 1946.
[166] Ebenda, 4., 11. und 25. Mai 1946.
[167] Ebenda, 11. Mai 1946.
[168] Ebenda, 26. Juni 1946.

merverfahren seien eine „Unmöglichkeit"[169], ein Schlag ins Gesicht des deutschen Volkes. Im Onoldiasaal in Ansbach tönte Karl Meißner, die rechte Hand von Loritz: Das deutsche Volk sei nicht in seiner Gesamtheit schuldig zu sprechen. Die Ja-Sager des Ermächtigungsgesetzes seien die wirklichen Schuldigen, die „hineingepreßten" kleinen Pgs solle man ungeschoren davonkommen lassen[170].

Die lebhafte Tätigkeit der Parteien fiel durchaus auf fruchtbaren Boden. Im Laufe des Dauerwahlkampfes von 1946 verzeichneten zumindest die beiden Linksparteien einen enormen Mitgliederzuwachs. Die Kommunisten nahmen – wie gezeigt – einen nie erwarteten Aufschwung. Die Fürther Sozialdemokraten erreichten bald wieder ihre Stärke der Weimarer Zeit von 4000 Mitgliedern. Die Ansbacher SPD kam mit 400 Mitgliedern sogar weit über ihren alten Stamm hinaus. Die bürgerlichen Parteien CSU und FDP taten sich schwerer; sie hatten immer noch darunter zu leiden, daß die Amerikaner noch nicht entnazifizierten Pgs die Mitarbeit in Parteien verboten. Die Ansbacher CSU stagnierte nach einer ersten kleinen Eintrittswelle bei 100 Mitgliedern, die Fürther CSU konnte sich 1947 erst auf 250 Mitglieder stützen. Und der FDP waren in beiden Kreisverbänden etwas mehr als je 100 Mitglieder beigetreten[171].

Gewiß, viele – vor allem bürgerliche Kreise – hatten den Schock des Zusammenbruchs noch nicht überwunden, sahen sich von den Parteien nicht ausreichend repräsentiert oder waren noch zu sehr in alten Antiparteienressentiments befangen, um sich zum Parteieintritt entschließen zu können. Alles in allem aber war die von der amerikanischen Militärregierung vor allem in der Frühphase der Besatzungszeit so häufig beobachtete phlegmatisch-passive Einstellung der deutschen Bevölkerung längst einer politischen Aufgeschlossenheit gewichen. Keine der zahlreichen Wahlkundgebungen mußte – wie es in den zwanziger und frühen dreißiger Jahren oft gewesen war – abgesagt werden, weil Besucher ausblieben. Im Gegenteil, in den Sälen, Hinterzimmern und Kinos blieb meist kaum ein Platz unbesetzt. Nicht selten mußten Versammlungsräume sogar wegen Überfüllung geschlossen werden. Besonderes Interesse weckten Josef Müller, als er das Konzept einer interkonfessionellen Sammelpartei vortrug, und Schumacher, dessen Auftritt im Stadttheater von Fürth einen außergewöhnlichen Zulauf hatte[172]. Die Neugierde war groß. Viele, die den Führer der SPD ja nur aus der Zeitung kannten, wollten den Mann, dem der Ruf vorausging, bald die Geschicke Deutschlands zu bestimmen, persönlich sehen und seine politischen Vorstellungen kennenlernen. Auch Anton Hausladen, ein gewandter und zupackender Redner, erwies sich als Publikumsmagnet. Seine Reden im Stadttheater oder in Dorfwirtschaften lockten regelmäßig Hunderte von interessierten Zuhörern an.

Dabei waren es nicht nur eingeschriebene Mitglieder, die zu den Versammlungen ihrer Parteien strömten, sondern, so die Nürnberger Nachrichten, auch „‚unpolitische Menschen', die aber politischen Anschluß" suchten und sich deshalb bei allen Parteien umhörten. Unter diesem „großen Heer der Suchenden" befanden sich nach dem Urteil der gleichen Zeitung „viele neue … noch unerfahrene Gesichter, die neue Wege

[169] Vgl. Woller, Loritz-Partei, S. 44.
[170] Vgl. Fränkische Landeszeitung vom 9. November 1946.
[171] Vgl. Annual Hist. Rep., Det. Ansbach, 11. August 1947, in: NA, RG 260, 9/144-2/1; Quarterly Hist. Rep., Det. Fürth, 1. Januar–31. März 1948, in: NA, RG 260, 9/96-3/1-2.
[172] Vgl. Nürnberger Nachrichten vom 20. März 1946.

suchen und Wahrheiten erforschen wollen"[173]. Nur einer Minderheit ging es um neue, hochfliegende Zukunftspläne, die meisten erwarteten sich Antworten auf ihre brennenden Alltagsprobleme. Kleine Kaufleute wollten erfahren, wie es um die Währung bestellt war. Drohte eine Inflation, wie nach dem Ersten Weltkrieg? Invaliden und Hinterbliebene wollten etwas über staatliche Unterstützung erfahren, und die Masse der kleinen Pgs interessierte sich für die Vorstellungen der Parteien zur politischen Säuberung.

Ob sie fanden, was sie suchten? Diese Frage stellten die Journalisten der Nürnberger Nachrichten im Frühjahr 1946 einigen Versammlungsbesuchern[174]. Sie spürten dabei zwar ein beträchtliches Maß an enttäuschten Hoffnungen, aber kaum Indizien für allgemeine Anti-Parteien-Vorurteile auf. U.a. wurde etwa kritisiert, daß die Redner ihr Publikum mit allgemeinen Ausführungen zum Wiederaufbau oder oberflächlichen Darstellungen der Parteiprogramme abspeisten. Ein Arbeiter bedauerte, daß seine Partei, die KPD, die Frage der Einheitsfront mit der SPD zu sehr in den Mittelpunkt stellte. Ein Kaufmannsgehilfe beklagte sich über die heftigen Polemiken und persönlichen Angriffe, zu denen sich die Parteiführer immer wieder hinreißen ließen. Einige spotteten auch über die Angewohnheit der Redner, bei jeder Gelegenheit von Demokratie zu sprechen. Große Worte, so scheint es, wollte nach den Jahren der ideologischen Strapazierung und Mobilisierung im Zeichen des Nationalsozialismus niemand hören. Das Bedürfnis nach einem „grand design" war allgemein gering. Das Volk, schrieben die Nürnberger Nachrichten, hat nach den gemachten Erfahrungen gelernt, genauer abzuwägen. Die Bevölkerung, das bestätigte auch der Ansbacher Landrat, sei für „Propaganda wenig empfänglich". Nüchterner und skeptischer geworden, verlangte sie vor allem glaubwürdige Sachvorschläge[175].

Nach der Wahl hatten die Analytiker der Parteien das Wort. Bei der SPD herrschte Hochstimmung: „Der Wahlausgang hat gezeigt, daß wir nicht nur auf die Arbeiterstimmen, sondern auch auf die fortschrittlichen bürgerlichen Stimmen rechnen können, vor allem bei den Männern, bei den Frauen ist das noch nicht der Fall", so faßte der Ansbacher Sozialdemokrat Ludwig Kembügler[176] das wohl hervorstechendste Ergebnis der Wahlen vom Frühjahr bzw. Frühsommer 1946 in der Region um Ansbach und Fürth zusammen, daß es nämlich der SPD gelungen war, ihre alten Hochburgen wieder zu gewinnen und zugleich traditionelle sozialstrukturelle Barrieren zu überwinden, in das bürgerlich-protestantische Milieu einzudringen und auch ihre Basis in ländlich-agrarischen Regionen, die während der gesamten Weimarer Zeit zu ihren Sorgengebieten gehört hatten, wenigstens etwas zu verbreitern.

Ergebnisse der Kreistagswahlen vom 28. April 1946 in den Landkreisen Ansbach und Fürth in Prozent[177]:

---

[173] Ebenda, 10. April 1946.
[174] Ebenda.
[175] Ebenda und Memorandum von LR Neff über die Kreistagswahlen, in: StA Nürnberg, Reg von Mittelfranken (1978), Nr. 389. Zu Fragen der politischen Apathie vgl. auch Beatrix Hochstein, Die Ideologie des Überlebens. Zur Geschichte der politischen Ideologie in Deutschland, Frankfurt/New York 1984.
[176] Prot. der Mitgliederversammlung vom 3. Juni 1946, in: Stadtarchiv Ansbach, Protokollbuch der SPD Ansbach, o. Signatur.
[177] Vgl. dazu Statistisches Jahrbuch für Bayern 1947, S. 308–315.

	Wahlbeteilg.	CSU	SPD	KDP	FDP	WAV
Ansbach	67,8	83,2	12,2	1,5	3,1	–
Fürth	80,8	33,3	40,3	6,9	19,5	–
Bayern	73,1	67,9	22,9	3,9	1,5	0,5

Ergebnisse der Stadtkreiswahlen vom 26. Mai 1946 in den Städten Ansbach und Fürth in Prozent[178]:

	Wahlbeteilg.	CSU	SPD	KPD	FDP	WAV
Ansbach	84,9	44,0	38,0	2,4	15,6	–
Fürth	92,9	28,9	47,1	9,3	10,0	4,7
Bayern	86,8	45,1	38,0	6,9	3,9	3,3

Ergebnisse der Wahl zur Verfassunggebenden Landesversammlung vom 30. Juni 1946 in den beiden Landkreisen und Städten Ansbach und Fürth in Prozent[179]:

	Wahlbeteilg.	CSU	SPD	KPD	FDP	WAV
Ansbach/S	65,4	41,2	42,8	2,6	9,4	4,0
Ansbach/L	69,4	75,4	15,5	1,8	3,0	4,3
Fürth/S	80,9	24,8	47,7	9,9	6,4	11,2
Fürth/L	72,6	34,6	42,1	7,7	11,9	3,7
Bayern	72,1	58,3	28,8	5,3	2,5	5,1

Der Fürther Stimmbezirk „Siedlung Hard"[180] war während der Weimarer Zeit fest in der Hand der SPD gewesen. Nördlich und südlich der breiten Würzburgerstraße waren hier um die Jahrhundertwende auf dem sandigen Gelände auf Initiative der so-

[178] Vgl. ebenda, S.306f.
[179] Vgl. ebenda, S.316–325.
[180] Zu den Wahlergebnissen in Fürth vgl. Nürnberger Nachrichten, Fürther Ausgabe, vom 29. Mai 1946; Fürther Zeitung vom 1. August 1932; Fürther Tagblatt vom 6. März 1933. Informationen über die Siedlung „Hard" verdanke ich Konrad Grünbaum und Fritz Rupprecht. Der Vergleich von Wahlergebnissen aus den Jahren 1933 und 1946 ist mehr als problematisch, denn: dreizehn Jahrgänge an Neuwählern kamen seit 1933 hinzu; Krieg und NS-Zeit hatten viele Opfer gefordert; Evakuierte und Flüchtlinge waren in die Dörfer und Städte gekommen. Gleichwohl sind noch so problematische Vergleiche von Wahlergebnissen ein wichtiges Mittel, um Kontinuitäten und Brüchen in den politischen Orientierungen auf die Spur zu kommen. Zu methodischen Problemen der historischen Wahlforschung vgl. u.a. Peter Steinbach, Stand und Methode der historischen Wahlforschung. Bemerkungen zur interdisziplinären Kooperation von moderner Sozialgeschichte und den politisch-historischen Sozialwissenschaften am Beispiel der Reichstagswahlen im deutschen Kaiserreich, in: Hartmut Kaelble u.a. (Hrsg.), Probleme der Modernisierung in Deutschland,

zialdemokratischen Genossenschaft „Eigenes Heim" zahlreiche kleine Siedlerhäuschen, von Spöttern „Hundshütten" oder „Muckenhäuser" genannt, entstanden, die vor allem von den Facharbeitern der Möbel- und Spielwarenfabriken bewohnt wurden. Endlich ein eigenes Dach über dem Kopf zu haben, das verlohnten die Arbeiter der Siedlung Hard den Sozialdemokraten, die hier regelmäßig einen Stimmenanteil von 60 Prozent erreichten, der dann allerdings unter dem Eindruck der großen Arbeitslosigkeit Anfang der dreißiger Jahre, als fast jeder zweite Arbeiter auf der Straße stand, knapp unter 50 Prozent sank. Der NSDAP blieb das Facharbeiter-Milieu lange verschlossen. In der Märzwahl 1933 lag ihr Anteil hier aber immerhin bei 30 Prozent; die Kommunisten erreichten damals 16 Prozent der Stimmen. In der Stadtkreiswahl vom Mai 1946 kehrten viele Wähler, die vor 1933 das Vertrauen in die SPD verloren und sich der NSDAP bzw. den Kommunisten zugewendet hatten, wieder zur SPD zurück, die mit rund 60 Prozent der Stimmen an ihre alte Stärke aus den guten Weimarer Jahren anknüpfen konnte. Ähnlich verlief die Stimmbewegung im reinen Arbeiterbezirk „Wilhelmshöhe" nördlich der Würzburgerstraße. Auch hier wurde noch 1933 fast jede zweite Stimme für die SPD abgegeben. Die Nationalsozialisten brachten es auf etwas mehr als ein Drittel der Stimmen, die Kommunisten rangierten bei etwa 7 Prozent. Sie konnten diesen Anteil auch 1946 wieder erreichen, der Anteil der SPD aber lag wieder bei fast 60 Prozent [181]. Auch hier erzielte also die SPD in ihrer alten Hochburg wieder Stimmenanteile wie 1928/30.

In welchem Maße es der SPD gelang, Breschen in das ihr einst fast ganz verschlossene bürgerlich-protestantische Milieu zu schlagen und damit ehemalige NSDAP-Wähler auf sich zu ziehen, zeigte sich besonders deutlich am Beispiel des Fürther Stimmbezirks „Goldene Krone" in der Gustavstraße. Im Herzen der Altstadt wohnte der „bürgerliche Durchschnitt", wie es bei den Sozialdemokraten hieß, die hier über 30 Prozent kaum je hinausgekommen waren, während die Nationalsozialisten 1933 mehr als die Hälfte aller Stimmen erhalten hatten. Nach Kriegsende wandten sich viele kleine Industrielle, Händler und gutsituierte Rentner dieses Stadtteils weder der christkonservativen CSU, die bei der säkularisierten Stadtbevölkerung als „Pfaffenpartei" abgestempelt war, noch der FDP zu, die in Fürth im Ruf stand, eine Großbürgerpartei zu sein, sondern der anscheinend moderner gewordenen SPD, die im Wahlkampf eine Reihe von Veranstaltungen speziell für Geschäftsleute und Handwerker abgehalten hatte [182]. Hier, wie auch im Bezirk „Restaurant Kirschbaum" in der Heilstättenstraße konnte die SPD im Frühjahr 1946 ihren Stimmenanteil fast auf 50 Prozent hochschrauben. Heilstättenstraße, vor den Toren der Stadt – das war eine Gegend der kleinen Ackerbürger und schlecht bezahlten Angestellten sowie vieler ärmlicher Nebenerwerbslandwirte und sozial deklassierter Gelegenheits- und Hilfsarbeiter, die in den umgebauten Kasernen der ehemaligen Fürther Garnison zur Miete wohnten

Opladen 1978, S. 171–234, sowie Otto Büsch u. a. (Hrsg. und Bearbeiter), Wählerbewegung in der deutschen Geschichte, Berlin 1978 und Karl-Heinz Naßmacher, Regionale Traditionen als Bestimmungsfaktor des Parteiensystems, in: Wolfgang Günther (Hrsg.), Sozialer und politischer Wandel in Oldenburg. Studien zur Regionalgeschichte vom 17. bis 20. Jahrhundert, Oldenburg 1981, S. 153–187; ders., Kontinuität und Wandel eines regionalen Parteiensystems, in: Ebenda, S. 221–251.
[181] Vgl. Nürnberger Nachrichten, Fürther Ausgabe, vom 29. Mai 1946; Fürther Zeitung vom 1. August 1932; Fürther Tagblatt vom 6. März 1933.
[182] Vgl. Nürnberger Nachrichten, Fürther Ausgabe, vom 11. Mai 1946; vgl. auch Nürnberger Nachrichten vom 12. Dezember 1945.

und vor 1933 ihre politischen Hoffnungen auf die NSDAP gesetzt hatten. Die NSDAP fand hier 1933 mehr als doppelt soviele Wähler wie die SPD, die mit nur einem Viertel der Stimmen eines ihrer schlechtesten Ergebnisse im gesamten Stadtgebiet erzielte.

Aufgrund solcher Erfolge auch im bürgerlich-protestantischen Milieu war die SPD in 69 der 81 Fürther Stimmbezirke die stärkste Partei. Gegenüber dem Ergebnis der Märzwahl von 1933 konnte sie in vielen Bezirken 10- bis 20prozentige Zugewinne aus dem ehemals deutschnationalen bzw. später nationalsozialistischen Wählerpotential verbuchen; sie war insofern eine Haupterbin des NSDAP-Wählernachlasses in der Stadt. Übertroffen wurde sie freilich noch von der CSU, die in allen NS-Hochburgen überdurchschnittlich gut abschnitt: Das südlich der Fürther Altstadt gelegene, erst 1901 eingemeindete Dambach war schon 1930 eine Domäne der Nationalsozialisten gewesen. Der ehemals rein bäuerliche Vorort hatte nach der Jahrhundertwende seinen alten Dorfcharakter durch die Ansiedlung vieler städtischer Beamter und Angestellter verloren. In diesem halb bäuerlichen, halb Beamtenmilieu erreichten die Nationalsozialisten im Juli 1932 55 Prozent, 1933 sogar rund 60 Prozent. Die CSU erzielte in Dambach mit mehr als 45 Prozent der Stimmen ihr bestes Ergebnis in der Stadt. Im Stimmbezirk „Restaurant Rauscher" in der gutbürgerlichen Gebhardtstraße hatten die Nationalsozialisten vor 1933 ebenfalls Rekordergebnisse erzielen können; die CSU lag mit über 36 Prozent um mehr als 7 Prozent über ihrem Durchschnittswert in Fürth[183].

In einigen Fürther Wahlbezirken mischte sich die Demokratische Partei kräftig in den Kampf um die früheren NS-Wähler ein; erfolgreich vor allem dort, wo es sich um einstige Hochburgen der DDP bzw. Deutschen Staatspartei handelte, die nach 1930 an die NSDAP gegangen waren. Im Stimmbezirk „Humbserbräu" in der Friedrichstraße vermochte die Deutsche Staatspartei noch in der Juliwahl von 1932 annähernd 18 Prozent der Stimmen zu gewinnen, während sie im übrigen Stadtgebiet fast zur Bedeutungslosigkeit zusammengeschmolzen war. In dieser Gegend um den Bahnhof, in der große luxuriöse Geschäfte vorherrschten, wohnten vor dem Krieg die wohlhabenden Kaufleute und Fabrikanten der Stadt, die traditionell liberalen „höheren Stände" Fürths, die teilweise auch noch 1933 den Demokraten die Treue hielten. Im Mai 1946 konnten die Liberalen hier an ihre Weimarer Glanzzeiten anknüpfen und auch noch viele NS-Wähler hinzugewinnen, so daß sie schließlich auf ein Spitzenergebnis von über 21 Prozent kamen[184].

Mußte sich die CSU in den Städten das Potential der ehemaligen DNVP- bzw. NS-Wähler mit den Sozialdemokraten und – wenn auch in geringerem Maße – der FDP teilen, so trat sie auf dem flachen Lande häufig unangefochten die Nachfolge der früheren Rechtsparteien an. Vor allem im rein ländlich-agrarischen Landkreis Ansbach, der 1933 mit über 75 Prozent für die NSDAP und mit 17 Prozent für die Kampffront Schwarz-Weiß-Rot gestimmt hatte, konnte sie wahre Triumphe feiern, wie die folgenden Beispiele zeigen: Das kleine Dorf Kettenhöfstetten im Norden von Ansbach hatte in den zwanziger Jahren rund 350 Einwohner, von denen sich drei Viertel zum evangelischen Glauben bekannten. Während der gesamten Weimarer Zeit zeigte das

[183] Wie Anm. 181.
[184] Wie Anm. 181.

Wahlverhalten der überwiegend national eingestellten Bevölkerung Unsicherheit und
Ratlosigkeit, häufig blieben die Bauern der Wahl auch ganz fern, weil sie sich von keiner Partei recht vertreten sahen. Zunächst eine Domäne der DNVP, stimmten die
Kettenhöfstetter 1930 für das Landvolk, ehe sie im Juli 1932 fast geschlossen zu den
Nationalsozialisten umschwenkten; 1933 gaben 93 Prozent der Einwohner ihre
Stimme der NSDAP. Die CSU, die von vielen konservativen Protestanten als neue
christlich-konservative Heimatpartei in der Tradition der DNVP angesehen wurde, er-
rang hier 95 Prozent der Stimmen. Die Zwerggemeinde Malmersdorf mit ihren rund
220 Einwohnern, die überwiegend von den kärglichen Einkünften aus der Landwirtschaft lebten, war bis 1933 eine Hochburg der deutschnationalen Kampffront
Schwarz-Weiß-Rot geblieben. Die Kampffront erhielt in der Märzwahl 56 Stimmen,
die NSDAP 47, eine einzige Stimme wurde für die SPD abgegeben. Auch hier konnte
die CSU 1946 mit 94 Prozent der Stimmen glänzend abschneiden[185].

Nicht anders war es in den katholischen Gemeinden im Ostzipfel des Landkreises
Ansbach, die bis 1933 uneinnehmbare Hochburgen der BVP gewesen waren. In der
von einer wuchtigen Deutschordensburg beherrschten Bauerngemeinde Virnsberg mit
ihren 300 Einwohnern (95 Prozent römisch-katholisch) hatte die NSDAP 1930 keine
einzige Stimme erhalten. Die BVP behauptete selbst 1933 eine Dreiviertel-Mehrheit,
die offensichtlich auch später den Verführungen der NSDAP gegenüber resistent
blieb. „In Virnsberg besteht keine SA", schrieb der Kreisleiter im Juli 1935 verärgert
an das Ansbacher Bezirksamt, „und die Gründung einer HJ oder eines BdM ist überhaupt unmöglich". Die „Verhetzung" sei so groß, „daß der Dorfpfarrer Schüleraufsätze
schreiben läßt, die den Lehrer unmöglich machen sollen und zwar nur deshalb, weil er
Stützpunktleiter der NSDAP" sei. Im Frühsommer 1946 konnte die CSU, die hier offensichtlich als Nachfolgerin der BVP betrachtet wurde, mit 95,6 Prozent der Stimmen eines ihrer besten Ergebnisse im Landkreis erzielen; in Sondernohe (100 Prozent
r.k.) erhielt sie 99 Prozent, in Veitsaurach (90% r.k.) 91 Prozent der Stimmen[186].

Landrat Neff führte den überwältigenden Sieg der CSU im Landkreis Ansbach vor
allem auf das „Beiwort ‚christlich' im Namen der Christl. Soz. Union"[187] zurück, das
seine Wirkung weder bei der katholischen Minderheit noch bei der protestantischen
Mehrheit verfehlt habe, dies umso weniger, als sich die beiden Konfessionen – vor allem Kern, Seiler und Fruth – uneingeschränkt für die CSU erklärten und sich auch
von der Kanzel herab für die „christliche Sache" einsetzten. Außerdem machte es sich
für die CSU bezahlt, daß sie mit dem angesehenen Bauernführer der Region, Georg
Mack, einen glaubwürdigen Politiker an der Spitze hatte, der eine fast magnetische

---

[185] Die Ergebnisse beziehen sich auf die Wahl zur Verfassunggebenden Landesversammlung. Sie wurden nicht
   veröffentlicht und sind weder im LRA Ansbach, noch im StA Nürnberg vorhanden. Ich verdanke sie dem
   Bayerischen Statistischen Landesamt in München. Vgl. dazu auch Fränkische Zeitung vom 6. März 1933
   und Fränkische Zeitung vom 15. September 1930 sowie Fränkische Zeitung vom 1. August 1932. Angaben
   zur Sozialstruktur der Gemeinden im Landkreis Ansbach finden sich in: Amtliches Gemeindeverzeichnis
   für Bayern. Wohnbevölkerung nach der Volkszählung am 29. Oktober 1946. Heft 141 der Beiträge zur Statistik Bayerns, S. 101 f.
[186] Wie Anm. 185. NSDAP-Kreisleiter an BA Ansbach, 26. Juli 1935, in: StA Nürnberg, LRA Ansbach (1961),
   Nr. 4885.
[187] Memorandum von LR Neff über die Kreistagswahlen, in: StA Nürnberg, Reg von Mittelfranken (1978), Nr.
   389.

Wirkung auf die ländlichen Meinungsführer ausübte. Er gewann viele parteilose Bürgermeister für die CSU und sicherte sich die Unterstützung von Neff; auch der „Macher" der gerade aus der Taufe gehobenen Fränkischen Landeszeitung, der Katholik Wilhelm Wiedfeld, war auf seiner Seite. Gleichwohl gelang es der CSU im Landkreis Ansbach nicht, das frühere Wählerreservoir von NSDAP, DNVP, Christlich-Sozialem Volksdienst und BVP ganz aufzusaugen. Mochten Kreisdekan Kern und Mack noch so kräftig die Werbetrommel rühren, viele blieben ihren alten Anschauungen treu und höhnten nur über diejenigen, die so schnell ihre Hemden wechselten. Andere, vor allem die Neuem gegenüber traditionell skeptischen Bauern, wußten mit der interkonfessionellen CSU, die weder Fisch noch Fleisch zu sein schien, wenig anzufangen und blieben der Urne fern; bei den Kreistagswahlen und bei der Wahl zur Verfassunggebenden Landesversammlung war es im Landkreis Ansbach fast jeder dritte Wahlberechtigte[188].

Bescheidener fielen die Erfolge der CSU im Landkreis Fürth aus. Auch in kleinen, rein agrarischen Orten schnitt sie zuweilen relativ schlecht ab. Hier fehlten ihr der Beistand der evangelischen Geistlichkeit, die sich nur unter Vorbehalten zur CSU bekannt hatte und im Wahlkampf fast überhaupt nicht in Erscheinung getreten war, sowie die Schützenhilfe von Landrat und Presse, die sich in sozialdemokratischer Hand befand. Ein Handicap war es auch, daß sie keine zugkräftigen Kandidaten präsentieren konnte. Der steife, auf dem Lande fast unbekannte Diplomkaufmann Heinrich Emmert aus Nürnberg etwa, der später für den Landtag kandidierte, war kein Mack, der es verstanden hatte, der CSU das Image der neuen Heimatpartei zu verleihen[189].

Auch im Landkreis Fürth blieben so am Wahltag viele ehemalige NSDAP- oder DNVP-Wähler zu Hause oder gaben ihre Stimme der FDP, die einige respektable, im ländlichen Milieu festverwurzelte Bauern in ihren Reihen hatte, und außerdem mit ihrer Betonung des Nationalen gut an gleichsam brachliegende vaterländische Gefühle appellieren konnte. In einigen Gemeinden überflügelte sie die CSU sogar. Im Bauerndorf Großweismannsdorf mit seinen etwa 200 Wahlberechtigten hatten die Liberalen bis 1933 nie eine Rolle zu spielen vermocht. Die Bauern wählten deutschnational, 1933 zu fast 95 Prozent nationalsozialistisch. Als sie im April 1946 aufgerufen wurden, zur Urne zu gehen, blieben mehr als die Hälfte zu Hause; 53 gaben ihre Stimme der FDP, 30 der CSU. Dasselbe Bild bot sich im rein bäuerlichen Obermichelbach, das 1933 eine Domäne der Nationalsozialisten und Schwarz-Weiß-Roten gewesen war. Hier schnitten die Liberalen in der Wahl zur Verfassunggebenden Landesversammlung mit über 45 Prozent der Stimmen sehr günstig ab[190].

Die Chancen der SPD, in das konservative ländlich-agrarische Milieu der winzigen Dörfer einzudringen, waren – wie sich schon bei den Gemeindewahlen vom Januar 1946 gezeigt hatte – gegenüber der Weimarer Zeit kaum größer geworden. Daß sie auf

---

[188] Vgl. dazu Statistisches Jahrbuch für Bayern 1947, S. 312 und S. 320.
[189] Zu Emmert vgl. Nürnberger Nachrichten, Fürther Ausgabe, vom 30. November 1946 und Amtliches Handbuch des Bayerischen Landtags, München 1948.
[190] Die Wahlergebnisse beziehen sich auf die Kreistagswahlen am 28. April 1946. Die Ergebnisse für die einzelnen Gemeinden finden sich in: StA Nürnberg, LRA Fürth, Nr. 9. Daten zur Sozialstruktur der einzelnen Gemeinden in: Amtliches Gemeindeverzeichnis für Bayern. Wohnbevölkerung nach der Volkszählung am 29. Oktober 1946. Heft 141 der Beiträge zur Statistik Bayerns, S. 106. Vgl. auch StA Nürnberg, LRA Fürth (1962), Nr. 71.

dem flachen Lande dennoch einige spektakuläre Erfolge verbuchen konnte, verdankte sie vor allem einer Maßnahme der Militärregierung. Diese hatte nämlich 1945 in einigen ländlichen Dörfern Sozialdemokraten zu Bürgermeistern ernannt, die offensichtlich auch viele konservative Bauern zur SPD herüberziehen konnten, wie am Beispiel Seukendorfs deutlich wurde: 1933 errangen die Sozialdemokraten dort ganze 6 Prozent der Stimmen, in der Wahl zur Verfassunggebenden Landesversammlung – also schon in der Ära des sozialdemokratischen Bürgermeisters Burger – fast 44 Prozent, bei der Landtagswahl fünf Monate später über die Hälfte aller Stimmen[191].

In etwas größeren Orten (mit mehr als 1000 Einwohnern), die von der Industrialisierung nicht völlig unberührt waren, vermochte aber die SPD die ihr gegenüber reservierte oder feindliche Gesinnung zu durchbrechen und ihre bescheidenen Stimmanteile aus der Weimarer Zeit beträchtlich aufzustocken. Exemplarisch dafür war die Wählerbewegung in Großhabersdorf im Landkreis Fürth: Die zu 80 Prozent evangelische Gemeinde war seit der Jahrhundertwende – auch durch den Zuzug von Pendlern der Nürnberger MAN-Werke und der Vereinigten Deutschen Metallwerke – schneller gewachsen als die umliegenden Ortschaften. Die Zahl der Handwerksbetriebe stieg; einige profitierten vom Wirtschaftsboom im nahen Ballungsraum Nürnberg/Fürth und entwickelten sich zu kleineren Gewerbebetrieben, die meist wenig klassenbewußte Arbeiter beschäftigten. Das alte Gefüge von Normen und Traditionen büßte durch diesen rapiden Wandel innerhalb von zwei Jahrzehnten an Prägekraft ein – ein Prozeß, der während der NS-Zeit noch beschleunigt wurde, wie etwa Oberkirchenrat Kern[192] im nahegelegenen, ähnlich strukturierten Heilsbronn beobachtete: „... Die Haltung der Jugend dem kirchlichen Leben gegenüber zeigt schon, daß sich die elterliche Autorität nicht mehr in allen Fällen weder der Jugend noch den antikirchlichen Einflüssen gegenüber durchsetzt, besonders dort, wo die Väter im Felde sind ... Der autoritätswidrige Einfluß antikirchlicher Persönlichkeiten hat es dahin gebracht, daß selbst die Stadtbehörde der Jugend nicht mehr Herr wird." Die Nationalsozialisten gewannen in diesem heterogenen Handwerker-, Bauern- und Arbeitermilieu schnell die Oberhand. 1933 erhielten sie 80 Prozent, die Sozialdemokraten nur 12 Prozent der Stimmen, die sich aber nach Kriegsende mehr als verdreifachten: In der Wahl zur Verfassunggebenden Landesversammlung vom Juni 1946 erzielte die SPD in Großhabersdorf 43,8 Prozent[193]. Die SPD war hier – wie auch in vielen anderen halb-industrialisierten Landgemeinden der Region um Ansbach und Fürth – „salonfähig" geworden. Fast schien es so, als habe hier der Nationalsozialismus durch die Auflockerung traditioneller Strukturen und Gesinnungen der SPD gleichsam den Weg gebahnt. Ihre sozialreformerischen, modernen Züge kamen den in den „gebrochenen" Orten bestehenden vagen politisch-sozialen Emanzipationshoffnungen eher entgegen als das konfessionelle, konservative Image der CSU.

In den Reihen der KPD breitete sich nach den Wahlen vom Frühjahr bzw. Frühsommer Ernüchterung aus, weil sich der schon in den Gemeindewahlen beobachtete negative Trend fortsetzte. Die deutliche Zunahme der Mitgliederzahl, das große allgemeine Interesse an den Kundgebungen eines Hausladen oder Sessler, das fast bürger-

[191] Vgl. ebenda, Nr. 9. Vgl. auch Nürnberger Nachrichten, Fürther Ausgabe, vom 3. Juli 1946.
[192] Bericht über die Kirchenvisitation in Heilsbronn, 11. Juni 1944, in: LKA Nürnberg, Bestand: Kreisdekan Ansbach, Nr. 14/57.
[193] Vgl. Nürnberger Nachrichten, Fürther Ausgabe, vom 3. Juli 1946; Fürther Tagblatt vom 6. März 1933.

liche Image der KPD – dies alles schien zu großen Hoffnungen auf eine neue soziale Basis zu berechtigen. Doch weit gefehlt. Die erhoffte Hinwendung der bäuerlichen Bevölkerung zur KPD blieb aus, die Distanz zwischen Kommunisten und rückständig-konservativer Landbevölkerung war unüberwindlich. In vielen kleinen Dörfern erhielt die KPD keine Stimme, nur selten erreichte sie einen 5-prozentigen Stimmenanteil. Selbst im proletarischen Milieu kam sie nicht mehr an ihre Spitzenergebnisse aus dem Jahre 1932 heran, wie die Nahuntersuchung der Fürther Wahlbezirke verdeutlicht: Vor der Machtergreifung der NSDAP hatte die Fürther KPD im südlich des Bahnhofs gelegenen Viertel um die Flößau- und Waldstraße ihre größten Erfolge verbuchen können. Hier hatten die großen Spiegelglasfabriken von Weltruf wie Wiederer und Co. ihre Fertigungshallen. Gleich daneben, im sogenannten Glasscherbenviertel, wohnten viele Arbeiter, die häufig erst nach dem Ersten Weltkrieg aus dem agrarischen Umland zugezogen waren. In den ruhigen Weimarer Zeiten konnte die SPD im Wahlbezirk 54 „Frauenstraße" im Glasscherbenviertel glänzende Ergebnisse erzielen. Noch 1930, als die Weltwirtschaftskrise bereits ihre Schatten vorauswarf, wurde fast jede zweite Stimme für sie abgegeben. Zwei Jahre später, als einige der traditionsreichen Glasfabriken schließen mußten und zahlreiche Arbeiter stempeln gingen, war es nur noch jede dritte Stimme. Vom Rückgang der SPD profitierte vor allem die kämpferisch-radikale KPD, die von 6 Prozent im Jahre 1930 auf 40 Prozent im Juli 1932 anstieg. 1933 erreichten die Kommunisten noch einen Stimmenanteil von rund 28 Prozent. Im Mai 1946 blieben davon nicht einmal 12 Prozent übrig. Die SPD hingegen konnte mit fast zwei Dritteln der Stimmen ihre guten Weimarer Ergebnisse sogar noch übertreffen. Der Weimarer Trend, wonach die SPD in Krisenzeiten vor allem „infolge Abwanderung nach links"[194] Wähler verlor, hatte sich also in sein Gegenteil verkehrt: Die Sozialdemokraten erhielten Zuwanderung von links. Die angebliche Wandlung der KPD kam gerade im proletarischen Milieu kaum an, das schon vor dem allgemeinen Anwachsen antikommunistischer Ressentiments im Kalten Krieg gegen neue Appelle radikaler Ideologien besonders resistent war. „Wir haben die Nase voll gehabt mit Kommunismus, von Rußland her, wissen Sie?", erzählte später ein Arbeiter, und ein Sozialdemokrat, der 1932/33 selbst mit dem Gedanken gespielt hatte, kommunistisch zu wählen, meinte: „Ja, ich war sehr unzufrieden mit der SPD, aber als ich im KZ mit Kommunisten zusammenkam, war ich froh, daß die nicht an die Macht gekommen sind. Viel besser als die Nazis waren die auch nicht."[195]

Der Niedergang im proletarischen Milieu, der allerdings nicht überall solche Ausmaße hatte wie im Fürther Glasscherbenviertel, schlug nicht sofort auf das Gesamtergebnis der KPD durch, weil die Kommunisten zugleich bescheidene Zugewinne in fast allen mittelständischen Wohngebieten, die früher zu den Bastionen der NSDAP gehört hatten, notieren konnten. Der Wahlbezirk 29 „Schulhaus Rosenstraße" etwa war in der Weimarer Zeit kein gutes Pflaster für die KPD gewesen. Im Schatten von Rathaus und Theater wohnten kaum Arbeiter, sondern kleine Fabrikanten, Händler und viele städtische Angestellte, die in Zeiten wirtschaftlicher Prosperität liberal oder

---

[194] Mehringer, Die bayerische Sozialdemokratie bis zum Ende des NS-Regimes, in: Bayern in der NS-Zeit, Bd. V, S.323. Zu den Wahlergebnissen in Fürth vgl. Fürther Tagblatt vom 1. August 1932; Fürther Tagblatt vom 6. März 1933; Fürther Tagblatt vom 15. September 1930.
[195] Mündliche Mitteilungen von Ludwig Zahn vom 30. November 1984 und Konrad Grünbaum vom 29. November 1984.

sozialdemokratisch wählten, gegen Ende der Weimarer Republik aber – als viele kleine Existenzen bedroht waren – zu den Nationalsozialisten überliefen: Im Juli 1932 erhielten diese knapp 50 Prozent, 1933 etwas mehr als die Hälfte aller Stimmen. Die Kommunisten kamen im Wahlbezirk 29 auch zu ihren besten Zeiten kaum über 8 Prozent hinaus, während im gesamten Stadtgebiet annähernd 14 Prozent der Stimmen für sie abgegeben wurden. Im Mai 1946 holten sie hier immerhin 12,5 Prozent der Stimmen[196].

Das „große Heer der Suchenden", das die Fürther Ausgabe der Nürnberger Nachrichten vor den Wahlen beobachtet hatte, ging im Frühjahr bzw. Frühsommer 1946 trotz nicht zu übersehender Skepsis gegenüber den Parteien zu den Urnen. Die Entscheidungen aber, die in den Wahlkabinen getroffen wurden, ließen ein hohes Maß an Unsicherheit erkennen. Die Intensität und Stabilität der Zuwendung zu Parteien war nur in alten sozialdemokratischen Hochburgen sehr stark, in ehemaligen NSDAP- und DNVP-Hochburgen aber sehr gering[197], wie sich in der Wahl zum bayerischen Landtag vom 1. Dezember 1946 zeigte, die z.T. beträchtliche Änderungen in der Parteienlandschaft brachte. Die geringste Bindekraft konnte die so triumphal gestartete CSU entfalten, die anfangs große Teile des ehemaligen Wählerpotentials von NSDAP, DNVP und BVP auf sich zu ziehen vermocht hatte. Die mit bayerischer Derbheit geführten Richtungskämpfe an der Parteispitze mit ihrer schrillen Begleitmusik in der Presse begannen ihren Tribut zu fordern. In den evangelischen Gemeinden wuchs angesichts der oft beklagten Uneinsichtigkeit Hundhammers und Schäffers die Sorge, die CSU könne ganz in die Hände der alten BVP-Traditionalisten geraten und doch zur Neuauflage der BVP werden. Der „zarte Keim ‚Union'" drohe allzu früh zu ersticken, so der Sprecher der evangelischen Gruppe August Haußleiter. Noch einige „Schritte weiter auf diesem Wege", warnte er, „und wir erleben das gleiche wie nach 1918, nämlich nach ersten schüchternen Versuchen der interkonfessionellen Zusammenarbeit die Rückbildung zur katholisch-konfessionellen Partei mit einigen Renommier-Protestanten, die sich in einer unmöglichen und lächerlichen Lage befinden"[198]. In den katholischen Gebieten Ober- und Niederbayerns stellte sich – wie in den katholischen Enklaven der Region um Ansbach und Fürth – ebenfalls bald Unzufriedenheit ein. Der katholisch-konservative Flügel der Gesamtpartei war in der Frage der Verankerung eines bayerischen Staatspräsidenten in der neuen Verfassung gescheitert[199]. Dies war mehr als eine gewöhnliche Niederlage gewesen, es war das Ende des weiß-blauen Traumes von bayerischer Eigenstaatlichkeit, und ausgerechnet die evangelischen CSU-Abgeordneten um Josef Müller hatten seine Erfüllung vereitelt.

[196] Vgl. Anm. 181.
[197] Besonders deutlich zeigte sich dies im 500-Seelen-Dorf Puschendorf im Landkreis Fürth, wo das Heer der Suchenden offenbar immer Neues fand und einem Heer der Wechselwähler glich. Die Puschendorfer hatten 1933 fast geschlossen für die Nazis gestimmt; im Januar 1946 wählten sie einhellig die SPD. Fünf Monate später, bei der Wahl zur Verfassunggebenden Landesversammlung, sank der SPD-Anteil auf ca. 24 Prozent; die CSU erhielt fast zwei Drittel aller Stimmen. Als weitere fünf Monate darauf der Landtag gewählt wurde, nahm der SPD-Anteil auf über 44 Prozent zu, der CSU lief die Hälfte der Wähler wieder davon. Vgl. StA Nürnberg, LRA Fürth, Nr. 9, 10. Nürnberger Nachrichten, Fürther Ausgabe, vom 3. Juli 1946 und 4. Dezember 1946.
[198] Haußleiter an Schieder, 10. Juli 1946: Die Evangelische Gruppe in der Union. Eine Analyse ihrer Stellung nach den Wahlen vom 30. Juni 1946, in: LKA Nürnberg, Bestand: Kreisdekan Nürnberg, Nr. 36–510.
[199] Vgl. Henke/Woller, Lehrjahre der CSU, S. 13.

Der Stern der CSU begann zu verblassen. Die evangelische Geistlichkeit in Fürth ging nun auf noch größere Distanz zur CSU, und selbst die beiden Ansbacher Pfarrer Kern und Seiler zweifelten, ob es richtig gewesen war, sich so vorbehaltlos für die CSU eingesetzt zu haben. Auch sie schränkten ihr früheres Engagement ein. Und Mack, der Motor der Christsozialen im Landkreis Ansbach, büßte an Überzeugungskraft ein, weil er im fernen München manchmal etwas anders reden mußte als vor seinen mittelfränkischen Bauern. Das in der fränkischen Provinz vorherrschende, ebenso werbewirksame wie illusionäre Doppelimage der CSU als neue konservativ-nationale Heimatpartei *und* Nachfolgerin der BVP verlor an Glaubwürdigkeit. Schon in der Wahl zur Verfassunggebenden Landesversammlung vom Juni 1946 mußte die CSU in fast allen evangelischen Gemeinden der Region um Ansbach und Fürth leichte Verluste hinnehmen. Die Landtagswahl vom 1. Dezember 1946 endete dann mit einem Debakel.

Ergebnis der Landtagswahl vom 1. Dezember 1946 in der Region Ansbach/Fürth in Prozent[200] (in Klammern Ergebnis der Wahl zur Verfassunggebenden Landesversammlung vom 30. Juni 1946):

	CSU	SPD	KPD	FDP	WAV
Stadt Ansbach	32,9	37,8	4,5	7,8	7,8
	(41,2)	(42,8)	(2,6)	(9,4)	(4,0)
Stadt Fürth	20,3	44,9	11,6	10,0	13,2
	(24,8)	(47,7)	(9,9)	(6,4)	(11,2)
Landkreis Ansbach	65,1	16,5	2,7	11,0	4,7
	(75,4)	(15,5)	(1,8)	(3,0)	(4,3)
Landkreis Fürth	26,6	39,7	8,9	16,4	8,4
	(34,6)	(42,1)	(7,7)	(11,9)	(3,7)
Bayern insgesamt	52,3	28,6	6,1	5,6	7,4
	(58,3)	(28,8)	(5,3)	(2,5)	(5,1)

Seit dem Frühjahr 1946 hatte die CSU ein Viertel ihrer früheren Wählerschaft eingebüßt. Besonders groß war der Vertrauensverlust dort, wo sie einige Monate zuvor spektakuläre Erfolge hatte feiern können. Veitsbronn, die etwa 2000 Einwohner zählende Ortschaft im Nordwesten von Fürth, die 1933 zu fast 80 Prozent für die NSDAP gestimmt hatte, gehörte im Januar 1946 zu den wenigen Gemeinden im Landkreis Fürth, in denen es der CSU gelungen war, die SPD zu übertrumpfen. Mit 75,6 Prozent erzielte sie ein Ergebnis, das weit über dem Landkreisdurchschnitt lag. Daß dies freilich nur eine halbherzige Hinwendung zur CSU gewesen war, zeigte sich in den folgenden Wahlen immer deutlicher. Bis zur Landtagswahl im Dezember schrumpfte der stattliche Anteil zunächst auf 59 (April), dann auf 57 Prozent (Juni), schließlich wurde nur noch jede dritte Stimme für die CSU abgegeben. Im Fürther

[200] Vgl. Statistisches Jahrbuch für Bayern 1947, S. 340 f.

Stimmbezirk Dambach, wo vor allem Beamte, Angestellte und Ackerbürger wohnten, sank der CSU-Anteil zwischen Mai und Dezember von 45 auf 29 Prozent[201]. In den überwiegend katholischen Gemeinden hielten sich die Verluste der CSU in Grenzen, doch ließ sich auch hier der Erosionsprozeß nicht verkennen: In Virnsberg verlor die CSU 17 Prozent, in Veitsaurach über 12 Prozent und in Sondernohe sank ihr Anteil von 99 auf 90 Prozent[202].

Von den Verlusten der CSU in der Landtagswahl vom 1. Dezember 1946 profitierten FDP und WAV – die Liberalen vor allem auf dem Lande, die Loritz-Partei in den städtischen Gebieten. Daß die Liberalen im konservativ-bäuerlichen Milieu gute Chancen besaßen, hatte sich schon in den vorausgegangenen Wahlen gezeigt. Jetzt, da die Schwäche der CSU offenbar wurde und die Liberalen zugleich verstärkt nationale Töne vernehmen ließen, holte die FDP weiter auf und machte der CSU sogar häufig den Ruf einer Heimatpartei streitig.

Die WAV, im Frühjahr 1946 noch kaum mehr als die Ein-Mann-Partei des exzentrischen Münchener Rechtsanwalts Alfred Loritz, war inzwischen zur viertstärksten Landespartei aufgestiegen. Sie bezog ihre Dynamik freilich nicht in erster Linie aus der inneren Schwäche der CSU, sondern machte sich die besonders in den Städten aufgeheizte Stimmung zunutze, die wegen der politischen Säuberung, der zunehmenden Wohnungsnot und der gravierenden Versorgungsengpässe entstanden war. Vor allem die Auswirkungen der verfehlten amerikanischen Säuberungspolitik wurden von Loritz und seinen Leuten immer wieder aggressiv angeprangert[203]. Das zahlte sich aus. In der Beamtenstadt Ansbach und in den gutbürgerlichen Stadtbezirken von Fürth standen viele Angestellte und Beamte aufgrund ihrer politischen Belastung auf der Straße. Im Frühjahr hatten sie – wenn sie überhaupt wahlberechtigt gewesen waren – noch CSU gewählt, jetzt strömten sie der WAV zu. Besonders deutlich zeigte sich dies im Fürther Wahlbezirk „Rosenstraße", wo die WAV zwischen Mai und Dezember 1946 von 6,6 auf fast 20 Prozent zunahm, während die CSU im gleichen Zeitraum von 29 auf 16,7 Prozent abnahm. Auf dem Lande hingegen, wo das Entnazifizierungsproblem längst nicht die Schärfe erreichte wie in den Städten, blieb der WAV der Erfolg versagt. Die Propagandatöne von Loritz waren den nüchternen Bauern zu schrill.

Der gereizten Atmosphäre in den Städten verdankte auch die KPD leichte Gewinne in der Landtagswahl. Offensichtlich konnte sie viele Arbeiter gewinnen, die in der Endphase von Weimar kommunistisch gewählt und dann im Frühjahr 1946 auf die SPD gesetzt hatten. Enttäuscht darüber, daß sich unter dem sozialdemokratischen Ministerpräsidenten Wilhelm Hoegner die allgemeine Misere noch verschärfte, die Lebensmittel knapper und knapper wurden und die Wohnungsnot zunahm, kehrten sie nun zur KPD zurück. In ihren traditionellen Hochburgen im Glasscherbenviertel und im Arbeitervorort Ronhof machte die KPD so gegenüber der SPD einigen Boden gut, wenngleich sie auch jetzt ihre Weimarer Spitzenergebnisse weit verfehlte[204].

---

[201] Zu den Wahlergebnissen vgl. StA Nürnberg, LRA Fürth, Nr. 9, 10; Nürnberger Nachrichten, Fürther Ausgabe, vom 3. Juli 1946 und 4. Dezember 1946; vgl. auch Fürther Tagblatt vom 6. Mai 1933; Nürnberger Nachrichten, Fürther Ausgabe, vom 29. Mai 1946.
[202] Vgl. dazu Anm. 185. Die Ergebnisse der Landtagswahl vom 1. Dezember 1946 im Landkreis Ansbach wurden ebenfalls nicht veröffentlicht; ich verdanke sie dem Bayerischen Statistischen Landesamt.
[203] Vgl. dazu Woller, Loritz-Partei, S. 42 ff.
[204] Vgl. dazu Nürnberger Nachrichten, Fürther Ausgabe, vom 4. Dezember 1946.

Trotz vieler ungelöster sozialer Fragen blieben radikale Parteien in den Wahlen des Jahres 1946 schwach. Die Sorgen von Hoegner, der Anfang des Jahres mehrfach vor frühen Wahlen gewarnt hatte, weil er die politische Mündigkeit des Volkes in Zweifel zog und dessen Anfälligkeit für radikale Propaganda befürchtete, erwiesen sich als weitgehend unbegründet. Die Wähler gingen anscheinend viel nüchterner und mit größerem politischen Gespür zu den Urnen, als es der skeptische Sozialdemokrat erwartete, der zwölf Jahre im Schweizer Exil verbracht und womöglich die in den letzten Kriegsjahren massiv einsetzende politisch-ideologische Ausnüchterung großer Teile der Bevölkerung nicht erkannt hatte. Die KPD kam, wie in der Region Ansbach/Fürth so auch im gesamten Land Bayern, nicht mehr an ihre Glanzzeiten von Weimar heran. Sie konnte zwar bürgerliche Protestwähler erreichen, in ihren ehemaligen proletarischen Hochburgen aber büßte sie auch auf Landesebene zugunsten der SPD beträchtlich ein. Auch von der Protestpartei WAV mit ihrem „blonden Hitler" an der Spitze, dessen Wahlkampf zuweilen an die Propaganda der NSDAP erinnerte, ging zunächst keine größere Gefahr aus, obwohl sie im mittelständischen Milieu einige spektakuläre Erfolge erzielen konnte. Die ehemaligen NS-Wähler schienen – manche vielleicht auch nur mangels Gelegenheit, weil die Militärregierung der Gründung von radikalen Parteien einen Riegel vorgeschoben hatte – besonnener geworden zu sein und drängten zur politischen Mitte. Auf dem Lande wandten sie sich vor allem der CSU und in geringerem Maße der FDP zu, in den Städten sowie in den industriellen Dörfern und Marktflecken fiel das Erbe der NS-Stimmen häufig der SPD zu, die auf Landesebene gegenüber ihrem Ergebnis von 1933 so mächtig zulegen konnte (10 Prozent), daß man von einem Linksrutsch zu sprechen begann – übereilt, wie sich bei der Bundestagswahl von 1949 herausstellte.

6. Kräfteverschiebungen innerhalb des Parteiensystems vor der Bundestagswahl 1949

Die Wahlkämpfe des Jahres 1946 erschöpften die Kräfte der Parteien. Sich um den Aufbau der Organisationen zu kümmern, eingehende Programmdiskussionen zu führen – all das hatte man bis nach den Wahlen verschoben. Die Atempause nach den Monaten der angespannten Mobilisierung trat jedoch nicht ein. Die ohnehin überlasteten aktiven Parteimitglieder hatten sogar noch weitere öffentliche Ämter zu übernehmen. Sie saßen in Gemeinde- und Stadträten, einige seit Anfang 1947 zusätzlich noch im Landtag in München, auf ihren Schultern lastete die Arbeit von Spruchkammern und Flüchtlingsbetreuung. Die „Anstrengungen für uns sind manchmal so, daß Stunden der Resignation verständlich sind", schrieb im November 1947 der Münchener Sozialdemokrat Franz Marx. „Jede Minute ist ausgefüllt mit einer dringenden Arbeit, und man hat tatsächlich immer nur zu entscheiden zwischen der Möglichkeit diese Arbeit liegen zu lassen und dadurch sein Gewissen zu belasten oder diese Arbeit zu machen und dadurch seine physischen Kräfte bis an die äußerste Grenze oder vielleicht noch darüber hinaus anzuspannen."[205]

---

[205] Franz Marx an Joseph Lang, 2. November 1947, in: Helga Grebing (Hrsg.), Lehrstücke in Solidarität. Briefe und Biographien deutscher Sozialisten 1945–1949, Stuttgart 1983, S. 193.

Daß den Parteien nach den aufreibenden Wahlkämpfen so wenig Zeit blieb[206], ihre Organisationen zu festigen, hatte seinen Grund freilich auch in inneren und äußeren Einflüssen, die 1947/48 wirksam wurden. Es vollzogen sich innerhalb der Parteien tiefgreifende Umwälzungsprozesse, die bei der CSU die teilweise Preisgabe des interkonfessionellen Gründungsgedankens, bei der KPD das Ausscheiden eines eher bürgerlichen Flügels und bei der SPD die schrittweise Ablösung eines Teils der Gründergeneration durch neue Kräfte zur Folge hatten. Zugleich wurde das von der Militärregierung bisher abgeschirmte Parteiensystem auf eine ernste Bewährungsprobe gestellt, als neben den „etablierten" Parteien SPD, CSU, KPD, FDP und WAV Flüchtlingsorganisationen und die Bayernpartei die politische Bühne betraten und dort für schwere Erschütterungen sorgten.

Erste Veränderungen des Parteiensystems in Ansbach und Fürth bahnten sich an, als Anfang 1948 eine kleine Gruppe von Heimatvertriebenen und Flüchtlingen im Ansbacher Gasthaus „Mohren" eine Selbsthilfeorganisation gründete, die sie „Notgemeinschaft" nannten[207]. Die Anfänge dieser „Neubürger"-Initiative, die sich um die Nöte der rund 7000 Flüchtlinge in der Stadt kümmern wollte, reichten bis in das Jahr 1946 zurück. Damals hatten sich landsmannschaftliche Gruppen der Schlesier, Sudetendeutschen und Pommern gebildet, die in regelmäßigen Treffen in Wirtsstuben vor allem ihre Erfahrungen im Umgang mit den Behörden austauschten. Als die Kommunalwahlen des Jahres 1948 näherrückten, bekamen diese Treffen politischen Charakter. Die Jüngeren und Aktiveren fragten sich, wie sie ihre Interessen im künftigen Stadtrat besser zur Geltung bringen könnten: mit einer eigenen Partei oder über die Listen der anderen Parteien? Für politisch aktive Flüchtlinge, die schon in ihrer Heimat den Arbeiterparteien zugeneigt hatten, stellte sich diese Frage nicht. Sie schlossen sich, wie noch zu zeigen ist, sofort wieder der SPD bzw. KPD an und erhielten dort auch aussichtsreiche Listenplätze. Die anderen aber, die – wie es ein Flüchtling formulierte – „mit den Roten nichts im Sinn" hatten[208], schwankten. Die Bayernpartei schied als Partner aus, ebenso die Freien Demokraten, die zumindest in Ansbach eine Partei des einheimischen Besitzbürgertums waren und auf Distanz zu den Neuan-

---

[206] In den beiden bürgerlichen Parteien hatten Kreis- und Ortsvereinssitzungen ohnehin Seltenheitswert, jetzt schliefen sie ganz ein. Die Linksparteien trafen sich ebenfalls seltener, der Besuch von Sitzungen und Tagungen ging merklich zurück. Ausdruck dieser allgemeinen Kräfteüberspannung, die zuweilen in Ermattung umschlug, war auch die Stagnation der Mitgliederzahlen nach einer ersten Eintrittswelle im Jahre 1946. Die Sozialdemokraten in Fürth, die bald wieder die Stärke der Weimarer Zeit erreichten, blieben bei etwa 4000 Mitgliedern stehen. Vgl. dazu Quarterly Hist. Rep., Det. Fürth, 1. Januar–31. März 1948, in: NA, RG 260, 9/96-3/1-2. Die Ansbacher Sozialdemokraten übertrafen mit 400 Mitgliedern (1947) ihre Weimarer Stärke erheblich. Trotzdem war man im Ortsverein unzufrieden. Der „ganze Mitgliederstand", so hieß es in der Generalversammlung vom 15. Januar 1948 im Brandenburger Hof, „muß als sehr schlecht bezeichnet werden, gegenüber dem Vorjahre hatten wir fast keinen Zuwachs". Protokollbuch der SPD Ansbach, in: Stadtarchiv Ansbach, o. Signatur. Anlaß zur Unzufriedenheit hatten vor allem die bürgerlichen Parteien, die noch immer darunter zu leiden hatten, daß ehemalige Pgs, die noch nicht entnazifiziert waren, nicht als Mitglieder aufgenommen werden durften. Die Ansbacher CSU tat sich schwer, die 100-Mitglieder-Grenze zu erreichen; die Fürther Christlich-Sozialen, die sich 1946 auf nur 250 Mitglieder gestützt hatten, beklagten Abgänge. Vgl. Annual Hist. Rep., Det. Ansbach, 11. August 1947, in: NA, RG 260, 9/144-2/1; Quarterly Hist. Rep., Det. Fürth, 1. Januar–31. März 1948, in: NA, RG 260, 9/96-3/1-2. Lediglich bei den Kommunisten war trotz der entmutigenden Wahlergebnisse von 1946 von Stagnation noch nichts zu spüren. Ihre eingeschriebene Anhängerschaft schnellte in Ansbach von 150 in der Gründungsphase auf 350 im Jahre 1947 hoch, in Fürth von 1000 auf fast 1700 – ihre Weimarer Stärke hatte sich damit vervielfacht. Ebenda.
[207] Zur Gründung der Notgemeinschaft vgl. Weekly Intelligence Report, Det. Ansbach, 20. Mai 1948, in: NA, RG 260, 9/143-1/6. Mündliche Mitteilung von Hans Riedl vom 14. Februar 1984.
[208] Mündliche Mitteilung von Richard Glaser vom 14. Februar 1984.

kömmlingen hielten. So blieb nur die CSU, mit deren Vorsitzenden Rechtsanwalt Ebert auch einige Sondierungsgespräche geführt wurden, die aber erfolglos endeten, weil sich die CSU-Spitze nicht dazu entschließen konnte, Flüchtlingsvertreter auf vorderen Plätzen der Kandidatenlisten zu placieren[209]. Die Neubürger entschieden sich schließlich in einer Versammlung, an der Vertreter aller Landsmannschaften teilnahmen, mit einer eigenen Liste in die Wahl zu ziehen.

An der Spitze der Notgemeinschaft stand der Vorsitzende des Schlesierbundes, Dr. Waldemar Rumbaur, ein 58jähriger Augenarzt, den Zeitgenossen und Weggefährten als einen überaus ehrgeizigen und tatkräftigen Mann schilderten, der auf eine Karriere in der Politik zusteuerte[210]. Um Rumbaur, der als glänzender, manchmal allzu aggressiver Redner und guter Organisator galt, sammelten sich vor allem jüngere Flüchtlinge aus dem Mittelstand: ein Dentist, ein Landwirt, ein Diplom-Ingenieur, ein Arzt und viele Angestellte, die – im Unterschied zur Mehrzahl ihrer Schicksalsgenossen – in der neuen Heimat schon wieder etwas Fuß gefaßt hatten. Zu dieser „Flüchtlingsaristokratie" zählte der 34jährige Hans Riedl, ein aus Mies im Sudetenland stammender, kleiner Beamter, der im Sommer 1945 eher zufällig nach Ansbach gekommen war, wo er schon Ende des Jahres eine Stelle bei der Regierung von Ober- und Mittelfranken antreten konnte[211]. Auch Richard Glaser (Jg. 1905) aus der Hopfenstadt Saaz engagierte sich in der Notgemeinschaft[212]. Der Lebensmitteleinzelhändler, der im März 1945 einen Schenkeldurchschuß erlitten hatte, war nach dem Krieg in seine Heimat zurückgekehrt. Dort hatte man ihm eröffnet, daß sein Geschäft nun von einem Tschechen geführt werde. Wenig später war er verhaftet und zu Zwangsarbeit in einem Eisenwerk in Komotau verpflichtet worden. Neun Monate hatte er es ausgehalten, dann war er über Thüringen nach Leutershausen geflüchtet, wo ein Kamerad aus der Wehrmacht lebte. Zunächst arbeitslos und in einem Wirtshaussaal untergebracht, raffte sich der seit jeher agile Richard Glaser schnell wieder auf. Er sattelte auf Ofensetzer um und lernte dann den Ankläger der Spruchkammer Ansbach kennen, der ihn als Ermittler in seiner Behörde unterbrachte.

Die meisten Funktionäre der neuen Partei waren wie Glaser und Riedl eigentlich unpolitische Menschen. Durch Krieg und Verlust der Heimat waren sie aber aus ihren gewohnten Bindungen herausgerissen und in eine neue, teilweise feindlich gesonnene Umwelt gestellt worden. Wenn sie in ihrer Sache etwas erreichen wollten, mußten sie sich zwangsläufig – zumindest vorübergehend – in die Politik begeben. Eine Minderheit hatte sich in den dreißiger Jahren für den Nationalsozialismus begeistert und behielt Hitler auch nach der Vertreibung noch in guter Erinnerung, „weil er uns befreit hatte", wie ein ehemaliger Kreisrat aus Ansbach betonte[213]. Bei aller Unterschiedlichkeit der politischen Meinungen, eines war allen Angehörigen der neuen Partei gemeinsam: Sie wollten sich mit dem Verlust ihrer alten Heimat nicht abfinden. So war die „Notgemeinschaft" denn auch anfällig für nationalistische Töne, wie sie im Juni

[209] Mündliche Mitteilung von Hans Riedl vom 14. Februar 1984.
[210] Zu Rumbaur vgl. OB Ansbach an MilReg, Stimmungsbericht vom 19. Mai 1948, in: Stadtverwaltung Ansbach, EAP 022-95/19.
[211] Mündliche Mitteilung von Hans Riedl vom 14. Februar 1984.
[212] Mündliche Mitteilung von Richard Glaser vom 14. Februar 1984.
[213] Mündliche Mitteilung von Richard Glaser vom 14. Februar 1984. Vgl. auch Verzeichnis der neugewählten Stadträte Ansbachs, 10. Juni 1948, in: Stadtarchiv Ansbach, ABc T/11/9, aus dem die politische Vergangenheit der Stadträte hervorgeht.

1948 etwa auf einem Heimattreffen der früheren Einwohner von Saaz in Ansbach zu hören waren. Die Festrede in der Rezathalle enthielt, so Oberbürgermeister Körner, „nicht nur höchst gefährliche und bedenkliche Redewendungen und Formulierungen, sondern auch ganze Sätze und Stellen, mit denen er [der Redner] im Nazireich bestimmt alle Ehre eingelegt hätte. Nationalismus, Chauvinismus und unmißverständliche Drohungen waren in dieser Rede an der Tagesordnung."[214]

Die etablierten Parteien Ansbachs reagierten auf die Nachricht von der Gründung einer Flüchtlingspartei höchst aufgeregt. Altliberale vom Schlage Bayers, CSU-Angehörige wie der alteingesessene Deffner und selbst Sozialdemokraten wie Oberbürgermeister Körner konnten sich nur schwer mit dem Gedanken anfreunden, daß im künftigen Stadtrat eine neue Fraktion aus Flüchtlingsvertretern sitzen und über die Belange ihrer Stadt mitbestimmen würde. Bei vielen Gelegenheiten rechneten sie einander vor, wieviele Nicht-Ansbacher schon in den Ämtern und Behörden beschäftigt waren. Nun sollte es auch noch eine Flüchtlingsfraktion im Stadtrat geben, die vielleicht ebenso stark wäre wie die Liberalen oder die Sozialdemokraten. Sie wollten zwar nicht – wie es in anderen Orten durchaus vorkam – soweit gehen und den Flüchtlingen schlichtweg das Wahlrecht vorbehalten oder zum Boykott der Wahl aufrufen, wenn auch die „Neuen" daran teilnähmen. Als gute Demokraten mußten sie anerkennen, „daß es das gute Recht eines jeden ist, sich um ein Stadtratsmandat zu bewerben". Sie versäumten aber nicht zu betonen, daß die „einheimische Bevölkerung das Vorgehen der Flüchtlinge mit einer eigenen Liste als einen Akt der Unfreundlichkeit" empfände[215].

Gerade noch rechtzeitig erhielt die „Notgemeinschaft" im Frühjahr 1948, wie viele andere Flüchtlingsgruppen in der amerikanischen Zone, von der Militärregierung die Erlaubnis zur Teilnahme an den Kommunalwahlen. Die Wahlerfolge der Flüchtlingsgruppen in Bayern konnten sich sehen lassen: 19,6 Prozent bei den Gemeindewahlen, rund 7 Prozent bei den Stadtkreiswahlen und 15 Prozent bei den Kreistagswahlen[216]. Die „Notgemeinschaft" in Ansbach blieb mit 16 Prozent etwas hinter den Erwartungen zurück, da es ihr nicht gelungen war, alle Flüchtlinge für sich zu gewinnen. Trotzdem feierte man es, fünf Stadtratsmandate erobert zu haben[217]. Von diesen Erfolgen beflügelt, verstärkten die Vertreter der Flüchtlingsgruppen 1948/49 ihre Bemühungen, sich auf Landesebene zusammenzuschließen. Rumbaur war an diesen Bestrebungen führend beteiligt. Eine Besprechung folgte der anderen. Satzungen und ein Programm wurden ausgearbeitet, in dem sich die Notgemeinschaft zu einem „einheitlichen Deutschland auf stammesmäßiger Grundlage" und zur „abendländischen Kultur" bekannte[218]. Alle Bemühungen, eine Landespartei zu gründen, scheiterten aber am Veto der Militärregierung, die an ihrer 1946 eingeschlagenen Politik festhielt: Flüchtlinge und Vertriebene konnten sich auf Kreisebene organisieren, auf Landes-

[214] OB Ansbach an MilReg, Stimmungsbericht vom 9. Juli 1948, in: Stadtverwaltung Ansbach, EAP 022-95/19.
[215] OB Ansbach an MilReg, Stimmungsbericht vom 19. Mai 1948, in: Ebenda.
[216] Vgl. Die Wahlen in den Gemeinden und Kreisen Bayerns 1946 und 1948. Heft 147 der Beiträge zur Statistik Bayerns, München 1949.
[217] Vgl. Fränkische Landeszeitung vom 16. Juni 1948. In Fürth hatte sich ebenfalls eine kleine Gruppe von Flüchtlingen zur „Union der Heimatvertriebenen" zusammengeschlossen, die aber im Stadtrat nur einen Sitz erreichte und kaum größere Bedeutung erlangte.
[218] Programm und Satzungen der Notgemeinschaft, in: NA, RG 260, 9/143–1/5.

ebene aber sollten sie ihre politischen Interessen innerhalb der etablierten Parteien zur Geltung bringen[219].

Die Aufregung wegen der Flüchtlingsgruppen war um so größer, als zum selben Zeitpunkt eine weitere neue Partei auftauchte, die das 1945/46 entstandene örtliche Parteiensystem ebenfalls erschütterte. Fünfundzwanzig Bürger, vornehmlich aus Ansbach und Heilsbronn, lösten diese Erschütterung aus, als sie im Februar 1948 an die Militärregierung herantraten und die Lizenzierung eines Ortsverbandes der Bayernpartei in Ansbach beantragten[220]. Vorausgegangen war eine Kundgebung im „Braunen Roß" mit Josef Baumgartner und Ernst Falkner, den beiden führenden Köpfen der 1946 in Altbayern gegründeten Bayernpartei, die inzwischen auf etwa 30 Kreisverbände angewachsen war, aber noch immer auf die offizielle Zulassung als Landespartei wartete[221]. Baumgartner und Falkner waren so recht nach dem Geschmack der Gäste im „Braunen Roß"[222]: volkstümlich, geradeheraus und mit viel Sinn für das Bayerische. Sie sprachen aus, was viele dachten: Die Posten in den Verwaltungen sind eine Domäne der Flüchtlinge, die bayerischen Beamten aber stehen auf der Straße. Die Flüchtlinge, die man lieber heute als morgen wieder weggeschickt hätte, sollten ihre Ansprüche drastisch zurückschrauben und nur ja nicht so tun, als hätten sie die Kultur nach Bayern gebracht. „Bayern habe schon Klöster gegründet", so sagten sich die Anhänger der Bayernpartei selbstbewußt, „als im Osten noch Missionarsknochen abgefieselt worden sind."[223] Außerdem solle Bayern wieder eine Monarchie werden, ein König müsse den Parteien das Ruder aus der Hand nehmen.

Im Ansbacher Gründungsprogramm stand von alledem natürlich nichts. Schließlich mußte man auf die Militärregierung Rücksicht nehmen, die von allzu bayerisch-monarchistischen Tönen wenig hören wollte. Deshalb flüchtete man sich in wohlklingende Forderungen wie:

„Wir erstreben nach der Niederwerfung des Hitlerreichs und nach dem staatsrechtlichen Wegfall des Deutschen Reiches durch Kapitulation:

a) Den Gesamt-Neuaufbau des bayerischen Staates unter Wahrung der deutschen Wirtschaftseinheit.

b) Die Schaffung der ‚Vereinigten Staaten von Europa' auf dem Grundsatz des Selbstbestimmungsrechts und Gleichberechtigung aller europäischen Staaten und Länder.

c) Auf- und Ausbau einer paneuropäischen Wirtschaftsunion mit dem Ziele des Anschlusses an die Weltwirtschaftsunion.

d) Die Errichtung eines paneuropäischen Sicherheitsrates, der zugleich ein Glied des Weltsicherheitsrates ist.

e) Gründung eines Weltstaates."[224]

Der Besuch in Ansbach sei keine „Schneiderfahrt" gewesen, freute sich Baumgartner[225], als sich sogleich etwa 50 Gäste des „Braunen Rosses" als Mitglieder einschrie-

[219] Vgl. Woller, Loritz-Partei, S.117.
[220] Vgl. Antrag auf Lizenzierung und Programm der Bayernpartei vom 3. Februar 1948, in: NA, RG 260, 9/143-3/12.
[221] Vgl. Unger, Bayernpartei, S.18–31.
[222] Mündliche Mitteilung von Alois Stempfl vom 1. Februar 1984.
[223] Ebenda.
[224] Programm der Ansbacher Bayernpartei, in: NA, RG 260, 9/143-3/12.
[225] Mündliche Mitteilung von Alois Stempfl vom 1. Februar 1984.

ben: Handwerksmeister und Landwirte zumeist, die sich durch die einströmenden Flüchtlinge gefährdet fühlten, sowie Beamte und ehemalige Soldaten, die im traditionsreichen königlich-bayerischen 2. Ulanenregiment „König" in der Hindenburg-Kaserne gedient hatten und in Ansbach die monarchistische Tradition hochhielten. Der größte Teil der Parteifunktionäre war älter als 50 Jahre, der Anteil von Katholiken und Protestanten hielt sich in etwa die Waage[226]. Nicht wenige waren früher Mitglieder der NSDAP gewesen; allein unter den vier, im Mai 1948 gewählten Stadträten der Bayernpartei befanden sich zwei Pgs[227]. Vor der Gründung der Bayernpartei hatten fast alle Mitglieder mit der CSU sympathisiert, freilich mit großen inneren Vorbehalten, weil sich die CSU in ihren Augen die Ansichten eines Josef Müller hatte aufzwingen lassen und bayerische Interessen zu verraten drohte.

Die Militärregierung zögerte die Zulassung des Ansbacher Ortsvereins der Bayernpartei noch etwas hinaus, doch als die Bayernpartei Ende März 1948 die Lizenz als sechste Landespartei erhielt, stand der „Bildung einer örtlichen Vereinigung … jenes bayerisch separatistischen Gebilde(s)", wie das Ansbacher Stadtoberhaupt die neue Partei etwas abschätzig nannte, nichts mehr im Wege[228]. Die Frage, wie groß die Aussichten der Bayernpartei waren, in der überwiegend protestantischen Region um Ansbach und Fürth Fuß fassen und damit der CSU Wähler abspenstig machen zu können, bewegte 1948 viele Gemüter. Die einen verwiesen auf das Schicksal der BVP in der Weimarer Zeit, der es nie gelungen war, die gesamte katholische Bevölkerung um sich zu scharen, und die in Mittelfranken immer eine Splitterpartei geblieben war. Die anderen schätzten die Unzufriedenheit mit der CSU so hoch ein, daß sie glaubten, die Bayernpartei werde binnen kurzem großen Zulauf erhalten.

In der Münchener Parteizentrale der CSU herrschte jedenfalls größte Sorge, denn im Frühjahr 1948 schossen überall im Lande Kreisverbände der Bayernpartei aus dem Boden. Vor allem in Altbayern liefen CSU-Mitglieder und -Wähler in Scharen zur Bayernpartei über[229]. Wollte die CSU ihr Kernland Altbayern nicht verlieren, so mußte sie ihrer dortigen katholisch-konservativen Anhängerschaft in wesentlichen Fragen entgegenkommen. Das aber mußte bedeuten, den interkonfessionellen Gründungsgedanken in den Hintergrund zu rücken, dabei die „Preisgabe der fränkisch-protestantischen Wählerschaft"[230] zu riskieren und sich auf eine Politik der Sammlung des von der Spaltung bedrohten katholischen Lagers zu besinnen. Als Josef Müller – für viele fränkische Protestanten *der* Garant gegen eine Übermacht der BVP-Traditionalisten – Ende 1946 bei der Wahl zum Ministerpräsidenten von den altbayerisch-katholischen Abgeordneten der eigenen Partei im Stich gelassen wurde, schien das Experiment einer interkonfessionellen Sammelpartei in Bayern endgültig gescheitert zu sein[231]. Der katholisch-konservative Flügel hatte die Oberhand gewonnen. Die evangelische CSU-Anhängerschaft, die diese Entwicklung von Beginn an befürchtet hatte, wollte nun endlich handeln.

[226] Vgl. dazu die mündliche Mitteilung von Alois Stempfl vom 1. Februar 1984 sowie verstreute Angaben im OMGUS-Material sowie in der Fränkischen Landeszeitung von 1948.
[227] Vgl. Verzeichnis der neugewählten Stadträte, 10. Juni 1948, in: Stadtarchiv Ansbach, ABc T/11/9.
[228] OB Ansbach an MilReg, Stimmungsbericht vom 19. Mai 1948, in: Stadtverwaltung Ansbach, EAP 022-95/19.
[229] Vgl. dazu Mintzel, CSU, S. 187 ff.
[230] Ebenda, S. 227.
[231] Vgl. Henke/Woller, Lehrjahre der CSU, S. 18.

Ein Beispiel der hier herrschenden Aufbruchstimmung ist der Brief eines fränkischen Steuerberaters an den Exponenten der Protestanten in der CSU, Oberkirchenrat Wilhelm Eichhorn: „Die Entwicklung in der CSU in der letzten Zeit macht es mir altem Demokraten immer schwerer, auszuharren, denn daß wir Evangelischen durch unser Ausharren nur Vorspanndienste für die ultramontane Richtung innerhalb dieser Partei leisten, dürfte mittlerweile einem Blinden und Tauben klar geworden sein. Sie schrieben mir seinerzeit, … ein Austritt aus der CSU sei verfrüht, man würde das zu gegebener Zeit wirkungsvoller im großen Rahmen machen. Daß der Zeitpunkt mittlerweile wirklich mehr als gekommen sein dürfte, liegt für mich auf der Hand. Allerdings bleibt die Frage offen: Wohin dann? Wenn wir von dem Prinzip der großen Partei nicht abgehen wollen! Für mich rein persönlich wäre die Antwort nicht besonders schwierig zu lösen, nachdem ich von der früheren deutsch-demokratischen Richtung herkomme und ich lediglich meine liberale Einstellung dem Gedanken des Großparteiensystems geopfert habe. Ich kann mir aber sehr denken, daß der Großteil der konservativ orthodox eingestellten Kreise sich weder für die liberale noch für die sozialdemokratische Linie erwärmen kann. Gerade weil ich dieses Gewissensdilemma verstehen kann, halte ich es für notwendig, daß Sie … aus Ihrer Reserve heraustreten und den evangelischen Kreisen in der Union als evangelischer Führer derselben eine klare Linie aufzeigen, nach welcher wir entweder weiter mitmachen oder unter Protest zurücktreten wollen."[232]

Die Folgen der Kurskorrektur der Parteispitze traten in Ansbach um so stärker hervor, als hier 1947 mit Willibald Kornburger[233] ein Katholik an die Spitze des Ortsvereins gewählt wurde. Seine Wahl war ein schwerer Mißgriff, der sich aber wohl nicht vermeiden ließ, denn der Ansehensverlust der CSU war in der überwiegend evangelischen Stadt mittlerweile so groß, daß nur noch Kornburger den Posten des Vorsitzenden übernehmen wollte. Der neue Vorsitzende stammte aus einer BVP-Familie, sein Vater war Stadtrat der BVP gewesen. Noch während der Kriegsgefangenschaft in Großbritannien hatte er sich für die CSU interessiert und schon damals an Fritz Schäffer, den alten Vorsitzenden der BVP, geschrieben. Nach Kornburgers Wahl schien es endgültig festzustehen, daß die CSU um keinen Deut anders war als die katholische BVP. Laut, fast ein Choleriker, stellte er schon nach kurzer Zeit eine schwere Belastung für die ohnehin strapazierten Verbindungen zwischen Katholiken und Evangelischen in der Ansbacher CSU dar, die es damals wohl vor allem der nach wie vor intakten interkonfessionellen Achse Seiler – Fruth zu verdanken hatte, daß sie nicht ganz auseinanderbrach. Daß Kornburger in der NSDAP gewesen war, störte innerhalb der CSU nicht viele. Gleichwohl machte es in der Öffentlichkeit keinen guten Eindruck, daß Kornburger erst seinen Parteifreund Messerer, der bei der Spruchkammer als Beisitzer fungierte, bitten mußte, für ein Blitz-Entnazifizierungsverfahren zu sorgen, ehe er den Vorsitz der CSU übernehmen konnte.

Ein deutliches Zeichen der Unzufriedenheit mit der Wahl Kornburgers und der Politik der CSU insgesamt war die Gründung eines evangelischen Gesprächskreises der CSU in Ansbach, der Anfang der fünfziger Jahre in den Evangelischen Arbeitskreis in der CSU einmündete[234]. Oberkirchenrat Georg Kern, der schon bei der Bildung eines Kreisverbandes der CSU in Ansbach die Hauptrolle gespielt hatte, war auch dabei wieder die treibende Kraft. Gespräche zwischen politisierenden Protestanten hatte es in Ansbach schon seit 1945/46 gegeben. Man traf sich in der Wohnung Kerns und debattierte über aktuelle Fragen. Pfarrer Seiler saß mit am Tisch, auch der spätere Bundestagsabgeordnete der CSU, Friedrich Bauereisen, und natürlich Georg Mack. Es bestanden auch Kontakte zu württembergischen und hessischen evangelischen Kreisen[235]. Als Kern im Juni 1947 verstarb, leitete sein Nachfolger, Oberkirchenrat Koch, wie Kern ein engagierter Gegner der Deutschen Christen und des Nationalsozialismus, die Zusammenkünfte. Allmählich nahm der Gesprächskreis festere Formen an. Die beiden Landtagsabgeordneten Paul Nerreter aus Nürnberg und Karl Sigmund Mayr aus Fürth kamen hinzu, ebenso Ansbachs Landrat Neff und der Dinkelsbühler Landrat Hans Küßwetter. Auch Hermann Ehlers, der spätere Bundesvorsitzende des „Evangelischen Arbeitskreises der CDU/CSU", diskutierte einmal mit den Ansbacher Protestanten[236]. Ständig wiederkehrende Themen waren die innere Zerrissenheit der CSU und die Dominanz der alten BVP-Politiker[237]. So groß die Unzufriedenheit freilich auch war, nur die wenigsten im Ansbacher Gesprächskreis konnten es über sich bringen, die CSU zu verlassen. Sie war und blieb das „kleinere Übel"[238], den Gedanken einer Wiederbelebung des Christlich-Sozialen Volksdienstes der Weimarer Republik in Gestalt des „Evangelischen Volksdienstes", wie er 1949 in Nürnberg hervortrat, fanden in Ansbach nur wenige attraktiv[239].

Die Linksparteien KPD und SPD konnten aus den Bruderkämpfen im bürgerlichen Lager kein politisches Kapital schlagen, denn auch sie waren mit großen Problemen beschäftigt. Am schwersten taten sich die Kommunisten. Viele, die sich der KPD 1945/46 voller Idealismus angeschlossen und mit großer Hingabe für die Verwirklichung der kommunistischen Ideale gearbeitet hatten, kehrten ihr ab 1947/48 wieder den Rücken, so daß die KPD schon bald von Auszehrung bedroht war. Das Prestige, als einzige Partei den Nationalsozialisten entschlossen Widerstand entgegengesetzt zu haben, war schnell aufgebraucht. Die Vorstellungen, die KPD werde nach Kriegsende ihr Schattendasein überwinden, erwiesen sich als Illusionen, die wie Seifenblasen zerplatzten, als die Wahlerfolge ausblieben. Abgeschreckt wurden viele von der harten stalinistischen Linie, auf die die Parteispitze nach der Gründung der Kominform im September 1947 einschwenkte. Danach hieß es nicht mehr, es gelte die „1848 begonnene Demokratisierung ... zu Ende zu führen", sondern: „Wir treten *bedingungslos* für die Politik der Sowjetunion ein, weil wir Marxisten-Leninisten sind."[240] Überall verstärkte sich nun eine Tendenz, die schon vorher feststellbar gewesen war: Die Resonanz der Partei nahm ab. Die KPD verlor Wähler, ihre Minister mußten aus den Landesregierungen ausscheiden: in Hannover und Braunschweig (den

[234] Zum Evangelischen Arbeitskreis in der CSU vgl. Mintzel, CSU, S. 216 ff.
[235] Mündliche Mitteilung von Heinrich Seiler vom 5. Januar 1984; vgl. auch Kühnel, CSU und fränk. Protestantismus, S. 76 ff.
[236] Mündliche Mitteilung von Heinrich Seiler vom 5. Januar 1984.
[237] Vgl. Kühnel, CSU und fränk. Protestantismus, S. 76 ff.
[238] So Wilhelm Eichhorn in einem Schreiben vom 25. Juli 1947, in: LKA Nürnberg, Bestand: Ev.-Luth. Landeskirchenrat, XV 1665 a.
[239] Vgl. dazu Kühnel, CSU und fränk. Protestantismus, S. 57 ff.
[240] Zur Politik der KPD nach 1945 vgl. Hans Kluth, Die KPD in der Bundesrepublik, S. 29 und 32.

Vorläufer-Ländern von Niedersachsen) im Dezember 1946 Elfriede Paul und Rudolf Wiesener als Minister für Arbeit und Aufbau, in Hessen Oskar Müller als Minister für Arbeit und Wohlfahrt (Januar 1947) und in Nordrhein-Westfalen Heinz Renner und Hugo Paul (Februar 1948). Und schließlich sank ab Mitte 1948 auch die Zahl der Mitglieder überall rapide ab[241].

In Ansbach und Fürth zeigten sich diese Probleme am deutlichsten am Beispiel von Hans Sessler, dem ersten Mann der Ansbacher KPD. Ab 1946 machten sich Spannungen zwischen ihm und der Partei bemerkbar, die Ende des Jahres schon so angewachsen waren, daß ihn seine Genossen nicht nur im Stich ließen, sondern sogar verrieten. Was war geschehen? Am 30. August 1946 sandte William Whitaker, der Chef der örtlichen Militärregierung, ein zweiseitiges Schreiben an den öffentlichen Kläger der Ansbacher Spruchkammer, in dem neben einer Reihe offensichtlich aus der Luft gegriffener Vorwürfe die Geschichte von Sesslers Aufnahmegesuch an die NSDAP aus dem Jahre 1940 aufgewärmt und außerdem der Verdacht geäußert wurde, daß Sessler möglicherweise als Nutznießer zu betrachten sei, weil sich seine finanzielle Situation seit der Übernahme des „Drechselsgarten" etwas gebessert hatte. Der Kläger Julius Gäbel, ein aus Ostpreußen stammender Kommunist, hätte die von der Militärregierung erhobenen Vorwürfe mit einem Federstrich aus der Welt schaffen können. Schließlich mußte er über Sesslers antifaschistische Vergangenheit Bescheid wissen und schließlich hätte er auf eine peinlich genaue Untersuchung der Militärregierung aus dem Jahre 1945 hinweisen können, die nach ähnlichen Denunziationen gegen Sessler durchgeführt worden war und mit der vollkommenen Rehabilitierung des KP-Führers geendet hatte.

Gäbel, ein linientreuer Kommunist, der sich mit dem oft etwas bohemienhaften Sessler nie anfreunden konnte, tat es nicht. Stattdessen sandte er einen ortsunkundigen Flüchtling, der kein Hehl daraus gemacht hatte, daß sein Herz überall, nur nicht links schlug, als Ermittler aus, um Informationen über Sessler einzuholen. Als der Ermittlungsbericht im Januar 1947 fertig war, stand fest: Sessler hatte eine reine Weste. Gleichwohl war der Bericht in einem Ton abgefaßt, der einen Rest der alten Vorwürfe unausgeräumt ließ. „Sessler ist ein Mensch", so hieß es, „der es verstanden hat, in politischer Hinsicht während des Krieges zwei Gesichter zur Schau zu tragen ... Persönlich war Sessler nirgends beliebt ... Man war in politischer Hinsicht ihm gegenüber immer vorsichtig ..." Im Februar 1947 erhielt Sessler die Klageschrift zugestellt, sein Parteifreund hatte ihn tatsächlich wie einen schwerbelasteten Nationalsozialisten behandelt und als Nutznießer (Gruppe II) angeklagt. Sessler verlor seinen Posten beim Arbeitsamt, den er allerdings schon kurze Zeit später wieder einnehmen konnte, als die Spruchkammer das weise Urteil fällte: „Der Betroffene ist vom Gesetz nicht betroffen."[242]

Das Verhältnis zwischen dem KP-Chef und seiner Partei war nach der Spruchkammer-Affäre aufs äußerste gespannt. Sessler war außerdem empört darüber, daß seine Genossen seine Heimatstadt als „Hochburg der spießbürgerlichen Verdummung"[243] bezeichneten, und es bereitete ihm zunehmend mehr Verdruß, sich mit Gegenspielern aus den eigenen Reihen herumschlagen zu müssen, die der Ansbacher KPD ihr

---

[241] Vgl. dazu den Beitrag von Staritz zur KPD, in: Stöss, Parteien-Handbuch, Bd. 2, S. 1765, 1767 f. und 1784.
[242] Alle Nachweise in: Amtsgericht Ansbach, Registratur S: Nr. 23.
[243] Fränkische Landeszeitung vom 22. Januar 1947.

„bürgerliches" Gesicht nehmen wollten. Diese Streitigkeiten nahmen sogar, wie die Fränkische Landeszeitung genüßlich schrieb, „‚handgreifliche' Formen" an[244]. Dennoch wollte sich Sessler nicht von seiner Partei trennen, und auch die KPD wußte, daß sie sich in Ansbach ganz ins Abseits manövrieren würde, wenn sie gegen ihr Zugpferd, das 1948 sogar in den Stadtrat gewählt wurde, ein Parteiausschlußverfahren anstrengen würde. 1949 zog Sessler, der sich seiner Partei schließlich ganz entfremdet hatte, selbst die Konsequenzen, weil er als Pächter des mittlerweile gutgehenden „Drechselsgartens" auch wirtschaftliche Nachteile für sich befürchten mußte. Mitte 1949 noch Kandidat seiner Partei für den Bundestag, gab er Ende des Jahres sein Parteibuch zurück. Einige seiner Gesinnungsgenossen waren schon vorher ausgetreten; Dutzende folgten seinem Beispiel, darunter viele, die 1948 auf den vorderen Plätzen für den Stadt- bzw. Kreisrat kandidiert hatten. 1949/50 war die Ansbacher KDP, die 1946/47 einen so guten Start gehabt hatte, auf etwa 100 Mitglieder zusammengeschmolzen[245].

In der SPD herrschte dagegen Ruhe. Viele Genossen hatten sich 1945/46, ebenso „besessen vom Verlangen nach Praxis" wie Schumacher[246], in den Stadtverwaltungen engagiert, sich dort als unpolitische, fast neutrale Sachwalter aufgerieben und dabei die eigene Partei vernachläßigt. Schon zwei Jahre später trat das ein, wovor der enge Vertraute Schumachers, Herbert Kriedemann, 1945 gewarnt hatte: „Aus meiner Befassung mit den Fragen des Wiederaufbaus der Partei habe ich den Eindruck, daß wir heute überall zu viele Genossen an die Verwaltung abtreten, die in die Partei gehören und die dort dringend gebraucht werden. Ich glaube, daß nur die Partei das Fundament ist, auf dem wir aufbauen können, da nur eine starke, geschlossene, innerlich erneuerte Partei imstande ist, den scheinbar aussichtslosen Versuch zur Überwindung der Katastrophe zu unternehmen. Wenn an der Spitze der Parteiorganisation andererseits durch Mangel an Kräften ein Zustand ähnlich dem vor 1933 neu entsteht, wird auch der beste Mann in der Verwaltung schließlich in der Luft hängen."[247]

Die Sozialdemokraten trafen sich alle zwei bis drei Monate im Vereinslokal, die führenden Genossen berichteten über die Ergebnisse von Parteikonferenzen, die Ereignisse im Parlament oder allgemein über die politische Lage – alles Informationen, die man besser und aktueller aus der Presse oder über den Rundfunk erhalten konnte. Das „sogenannte Parteileben" war, wie Theo Pirker[248] für die SPD allgemein treffend bemerkte, „durch zähe Langweiligkeit" gekennzeichnet. Die Fürther SPD war von der „Verknöcherung" besonders bedroht. Seit Mitte 1947 konnte sie kaum neue Mitglieder hinzugewinnen. An den Schaltstellen des Parteiapparates saßen die alten Weimarer, die sich noch ganz an die überlieferten Formen des Parteilebens hielten. Die 20köpfige Stadtratsfraktion des Jahres 1946 war ein Spiegelbild der Partei: langjährige SPD-Zugehörigkeit, Durchschnittsalter 55 Jahre, biedere, gestandene Leute, die für

[244] Ebenda, 15. Oktober 1947.
[245] Zur Mitgliederentwicklung vgl. Monatsbericht der Ansbacher KPD, August 1949, in: NA, RG 260, 9/143-1/5. Mündliche Mitteilung von Peter Sessler vom 1. Februar 1984. Zu Sesslers Parteiaustritt vgl. auch die Auseinandersetzungen um sein Stadtratsmandat, das er nach dem Willen der KPD an die Partei zurückgeben sollte, im Briefwechsel zwischen dem KPD-Kreisverband und der Ansbacher Stadtverwaltung, in: Stadtarchiv Ansbach, ABc K/3/21.
[246] Klotzbach, Auf dem Weg zur Staatspartei, S. 55.
[247] Zit. nach ebenda, S. 64.
[248] Pirker, SPD nach Hitler, S. 127.

Neuerungen nicht viel übrig hatten. Jüngeren Genossen aus der Generation der Front-soldaten, die nach dem Willen Schumachers in ihren „besten Exemplaren auch ver-antwortlich öffentlich"[249] herausgestellt werden sollten, blieb der Weg an die Spitze der Fürther Partei meist versperrt. Resigniert zogen sie sich bald zurück. Sie hatten sich von der SPD mehr erhofft als rechtschaffene Arbeit in den Verwaltungen, und auch der routinierte, gleichsam seelenlose Versammlungsalltag schreckte sie ab. Der Stiefsohn des alten Weimarer Hans Segitz, der umtriebige Alfred Kanofsky, ein im Krieg hochdekorierter Offizier, war so erbost über den „alten Mief" in der SPD, daß er sogar eine Altersgrenze für sozialdemokratische Funktionäre von 65 Jahren for-derte[250]. Auch Parteineulinge wie Kluth und Rosenthal, die 1945 mit großen Erwar-tungen in die SPD eingetreten waren, verloren bald das Interesse[251].

Die Ansbacher SPD hatte sich dagegen seit Kriegsende etwas erneuert. 1945 war von der alten SPD nicht mehr viel übrig gewesen. NS-Zeit und Krieg hatten große Lücken gerissen, die nun zunehmend von jüngeren tatkräftigen Genossen aus den Reihen der Vertriebenen und Flüchtlinge ausgefüllt wurden. Ihre Möglichkeiten, Spit-zenpositionen zu erlangen und den Kurs der lokalen Partei zu beeinflussen, waren in der SPD-Diaspora weitaus größer als in alten SPD-Hochburgen wie Fürth. Dort war zwar das proletarische Milieu brüchig geworden, gleichwohl konnte sich die SPD noch auf eine ausreichende Zahl von Genossen aus der Weimarer Zeit stützen, die schnell die Schlüsselpositionen einnahmen. Es waren vor allem Genossen aus dem Su-detenland, die im Laufe der Jahre 1946/47 zu den Versammlungen in den Ansbacher Brandenburger Hof kamen: Josef Otta, ein 1896 in Hradzen geborener Glasschleifer, der seit frühester Jugend der SPD angehört und während der NS-Zeit zwei Jahre im KZ verbracht hatte; der aus Trinksaifen im Erzgebirge stammende kaufmännische Angestellte Otto Fink (Jg. 1917) sowie Max Schröpfer (Jg. 1903) aus Holleischen, der sich mit 18 Jahren der Deutschen Sozialdemokratischen Arbeiterpartei angeschlossen hatte und von 1938 bis 1945 in Dachau und Mauthausen gewesen war[252]. Wie stark ihre Stellung in der Ansbacher SPD war, zeigte sich, als Otta im Januar 1948 einstim-mig zum Vorsitzenden des Ortsvereins gewählt wurde[253].

Die sudetendeutschen Sozialdemokraten hatten in ihrer Heimat eine starke, kämp-ferische Arbeiterpartei kennengelernt, die in vielen Stadt- und Gemeindeparlamenten den Ton angegeben hatte. Diese Erfahrungen kamen nun der bis dahin eher betuli-chen Ansbacher SPD zugute. Vor allem der einfallsreiche, fast unbegrenzt belastbare Fink sorgte für viel frischen Wind. Er regte öffentliche Diskussionsabende für Frauen an, um einem Defizit der Partei abzuhelfen, das Oberbürgermeister Körner einmal so

---

[249] Kurt Schumacher, Politische Richtlinien für die SPD in ihrem Verhältnis zu den anderen politischen Fak-toren, in: Dieter Dowe, Kurt Klotzbach (Hrsg.), Programmatische Dokumente der deutschen Sozialdemo-kratie, Berlin/Bonn-Bad Godesberg 1973, S. 279.
[250] Mündliche Mitteilung von Alfred Kanofsky vom 11. Oktober 1984; vgl. auch Privatmaterial Alfred Ka-nofsky.
[251] Vgl. dazu die Verzeichnisse über die Fraktion im Beratenden Ausschuß sowie die Stadtratsfraktionen von 1946 und 1948, in: Fürth 1946–1955. Wiederaufbau eines Gemeinwesens. Entwicklung zur Groß-Stadt, Fürth 1956. Vgl. auch Stadtverwaltung Fürth, EAP 025 a.
[252] Biographische Daten über Otta in: Fränkische Landeszeitung vom 20. August 1952. Zu Fink und Schröpfer vgl. die Unterlagen des Kreisverbandes Ansbach der Seliger-Gemeinde, die Herbert Altenberger zur Verfü-gung gestellt hat.
[253] Vgl. Prot. der Generalversammlung der Ansbacher SPD vom 15. Januar 1948, in: Stadtarchiv Ansbach, Pro-tokollbuch der SPD Ansbach, o. Signatur.

bezeichnet hatte: „Ein Pfarrer kann bei den Frauen mehr machen als 100 Soz.dem. Parteiredner."[254] Er rief außerdem eine Jungsozialisten- und eine Falkengruppe ins Leben, und zusammen mit Otta setzte er „Parteiwerbewochen" durch, in denen es sich jedes Mitglied zur „Pflicht machen" sollte, „einen neuen Genossen für die Partei zu gewinnen"[255]. Der frische Wind verfing sich aber nur allzu oft in dem Geflecht von defensiven Einstellungen der einheimischen Funktionäre. Dies wurde besonders deutlich, als die Flüchtlingsgenossen zur Bildung von Betriebsgruppen aufriefen, „um den Gegnern unserer Partei wirksam entgegentreten zu können"[256], bei den Einheimischen aber nur kühle Aufnahme fanden. „Man würde zu leicht von soz. dem. Betriebsräten sprechen", hielt ihnen Xaver Fischer entgegen, „und dies sei für eine Stadt wie Ansbach sehr gefährlich."[257] Dennoch: Die Anziehungskraft der Ansbacher SPD auf die Flüchtlinge war groß. Zwischen Januar 1946 und Dezember 1947 konnte der Kassenwart monatlich etwa 10 neue Mitglieder begrüßen, so daß der Ansbacher Ortsverein mit 400 Mitgliedern (davon 61 Frauen) in das Jahr 1948 ging[258].

Vom Zustrom sudetendeutscher Sozialdemokraten profitierte vor allem die vor 1933 kaum existente SPD des Landkreises Ansbach, die sich im März 1947 tatsächlich stark genug fühlte, „in den kleinsten Dörfern den Gedanken des Sozialismus zu verbreiten"[259]. In fast allen wichtigen Parteiämtern saßen Flüchtlinge: Adolf Ulbrich (Jg. 1897), Sozialdemokrat seit 1920, der von 1924–1927 dem Gemeinderat von Katharinberg angehört hatte und seit 1946 als Leiter des Kreiswohnungs- und Flüchtlingsamtes fungierte, war stellvertretender Vorsitzender. Der 1909 in Holleischen im Kreis Mies geborene Kaufmann Karl Wenzlik (seit 1925 in der Sozialistischen Jugend und ab 1931 in der SPD), der seit 1947 im Stadtjugendamt Ansbach arbeitete[260], war Kassier – damals wegen des ständigen Kontakts mit dem Parteivolk einer der einflußreichsten Funktionärsposten in der SPD. Ulbrich und Wenzlik zogen so viele Schicksalsgenossen aus den Kreisen der Flüchtlinge an, daß man im Ortsverein der Stadt mit Neid auf die schier unglaublichen Zuwachsraten auf dem Lande blickte. 1946 zählte man etwa 150 Mitglieder, 1947 schon ca. 500 und 1948 weit über 1000. Damit hatte die SPD aber allem Anschein nach ihr Potential ausgeschöpft. Die einheimische ländliche Bevölkerung hielt weiterhin Distanz zur SPD, der mehr und mehr der Geruch anhaftete, eine Partei der „Ortsfremden"[261] zu sein.

Abgesehen von den Teilerfolgen in ehemaligen Diaspora-Gebieten auf dem Lande befand sich die SPD schon vor der Niederlage in der Bundestagswahl vom August 1949 fast überall in der Defensive. Ein politischer Klimaumschwung bahnte sich an, der die Großwetterlage zuungunsten der SPD merklich veränderte. Im Frankfurter Wirtschaftsrat verzichtete die SPD auf die Mitwirkung in einer „Großen Koalition"

---

[254] Prot. der Mitgliederversammlung der Ansbacher SPD vom 7. November 1946, in: Ebenda.
[255] Prot. der Generalversammlung der Ansbacher SPD vom 15. Januar 1948, in: Ebenda.
[256] Prot. der Mitgliederversammlung der Ansbacher SPD vom 18. April 1947, in: Ebenda.
[257] Prot. der Vorstands- und Ausschußsitzung der Ansbacher SPD vom 14. Dezember 1949, in: Ebenda.
[258] Ebenda und detaillierte Aufstellung über Zugänge von Mitgliedern, in: NA, RG 260, 9/144-2/3.
[259] Prot. der Mitgliederversammlung der Ansbacher SPD vom 4. März 1947, in: Stadtarchiv Ansbach, Protokollbuch der SPD Ansbach, o. Signatur.
[260] Zu den biographischen Daten vgl. Anm. 252.
[261] Vgl. Anton Großmann, Milieubedingungen von Verfolgung und Widerstand, in: Bayern in der NS-Zeit, Bd. V, S. 438.

mit den bürgerlichen Parteien, weil sie sich in der Frage der personellen Besetzung der bizonalen Wirtschaftsverwaltung nicht durchsetzen konnte. In München schieden die Sozialdemokraten aus dem Kabinett Ehard aus, der daraufhin eine reine CSU-Regierung bildete. Vor allem aber machten sich nach der Währungsreform vom Juni 1948 erste Anzeichen eines wirtschaftlichen Aufschwungs bemerkbar, die man in der Öffentlichkeit zunehmend der Politik von Ludwig Erhard und der bürgerlichen CDU/CSU/FDP-Koalition im Wirtschaftsrat gutschrieb. Die Vorstellungen der SPD von einer gelenkten Wirtschaft als Alternative zur Erhardschen Marktwirtschaft waren dagegen zu akademisch und erinnerten wohl viele an die Zwangswirtschaft in den zurückliegenden schlechten Jahren[262].

Der Traum von einem „Trümmersozialismus" war bald ausgeträumt. „Wir merkten langsam", sagte ein Fürther Sozialdemokrat später, „daß die alten Vorbehalte der bürgerlichen Kreise gegen Ballonmützen und rotes Halstuch eben doch nicht so passé waren, wie wir gedacht hatten."[263] Entscheidend trug dazu auch bei, daß ab 1947 immer mehr ehemalige Pgs durch die „Kontinuitätsschleuse"[264] der Spruchkammern gingen und mit dem „Mitläufer"-Prädikat in der Tasche herauskamen. Sie hatten sich nach Kriegsende etwas ruhig verhalten müssen, manche waren auch orientierungslos und verunsichert gewesen. Viele hatten sogar das Wahlrecht verloren. Jetzt aber kehrten sie wieder – oft sogar mit Hilfe von SPD-Funktionären und -Bürgermeistern – in ihre alten Positionen in der Verwaltung oder im Schuldienst zurück. Sie veränderten die Atmosphäre in den Städten und Dörfern ebenso nachhaltig wie die zunehmende Zahl ehemaliger Pgs, die sich jetzt mit neuem Selbstvertrauen wieder auf die politische Bühne wagte[265].

Daß sich das politische und atmosphärische Kräftegewicht zusehends nach rechts verschob, bekamen die Ansbacher und Fürther Sozialdemokraten auch daran zu spüren, daß sich die Sportvereine, die nach Kriegsende aus ehemals „roten" und „bürgerlichen" Vereinen gebildet worden waren, ausnahmslos wieder trennten. Die Schwierigkeiten, in die beispielsweise der 1945 gegründete TSC Cadolzburg schon bald nach seiner Gründung geriet, waren dem Verein in die Wiege gelegt worden. Die gesamte Führung des TSC bestand aus ehemaligen Arbeitersportlern, die zugleich der SPD angehörten, so daß im Kreise der alten Turner des bürgerlichen TV 1893 das Murren nicht verstummen wollte, man habe sich nach dem Zusammenschluß mit der Germania in einem „roten" Verein wiedergefunden. Politik spielte zwar auf dem Fußballfeld oder beim Gewichtheben keine Rolle, aber im Vereinslokal und beim Bier nach dem Training wurde doch über Politik debattiert und es zeigte sich schnell, daß die national gesinnten Bürgerlichen mit ihren sozialdemokratischen Sportfreunden selten einer Meinung waren. Je mehr die Unzufriedenheit im bürgerlichen Kreis zunahm, desto öfter tauchte der Gedanke auf, den alten Turnverein wieder ins Leben zu rufen. Die Voraussetzungen dafür hatten sich inzwischen grundlegend verbessert. Die po-

[262] Vgl. dazu allgemein Günter Plum, Versuche gesellschaftspolitischer Neuordnung – Ihr Scheitern im Kräftefeld deutscher und alliierter Politik, in: Westdeutschlands Weg zur Bundesrepublik 1945–1949. Beiträge von Mitarbeitern des Instituts für Zeitgeschichte, München 1976, S. 90–117; Theodor Eschenburg, Jahre der Besatzung, S. 525 ff.

[263] Mündliche Mitteilung von Fritz Rupprecht vom 29. November 1984.

[264] Lutz Niethammer, Zum Wandel der Kontinuitätsdiskussion in: Ludolf Herbst (Hrsg.), Westdeutschland 1945–1955. Unterwerfung, Kontrolle, Integration, München 1986, S. 78.

[265] Vgl. dazu Anm. 227.

litisch belastete alte Vorstandschaft und ein großer Teil der Mitglieder hatten nun die Spruchkammern durchlaufen und dort ihre politischen Unbedenklichkeitsbescheinigungen erhalten. Sie konnten nun wieder stärker hervortreten, zumal sie natürlich auch spürten, daß die Militärregierung mittlerweile von ihrer einst unerbittlichen Haltung gegenüber ehemaligen Parteigenossen abgegangen war. Andererseits wuchsen auch bei den Arbeitersportlern die Zweifel, ob es richtig gewesen war, auf die Wiedergründung der vertrauten Germania zu verzichten. Man glaubte Standesunterschiede zu spüren und fühlte sich wohl auch den bürgerlichen Sportlern und Funktionären, die meist eine bessere Schulbildung hatten, gewandter waren und angesehenere Positionen innehatten, intellektuell unterlegen. So war es nur eine Frage der Zeit, wann es zum Bruch kommen mußte.

Am 21. Dezember 1947 war es so weit. Auf Einladung des früheren Vorsitzenden des Turnvereins versammelten sich etwa 15 Personen im Gasthaus Bauer, um den TV 1893 wiederzugründen. „Dieser Vorgang erregte in den antifaschistischen Kreisen große Erregung", so kommentierte die sozialdemokratische Führung des TSC die Gründungsversammlung. „Es besteht die Vermutung und Gefahr, daß hier Personen (alte Nazis) im Hintergrund stehen, die noch immer belastet sind. Fest steht, daß in dieser Versammlung Leute das Wort führten, die erst kurz zuvor als Mitläufer durch die Spruchkammer gingen." Die Wiedergründung des bürgerlichen TV Cadolzburg aber war trotz aller politischen Warnrufe nicht mehr aufzuhalten. Auch ein offizieller Einspruch des TSC beim Landratsamt in Fürth fruchtete nichts. Am 6. September 1948 erhielt der TV 1893 die Lizenzurkunde zugestellt und konnte damit den Sportbetrieb aufnehmen. „Der Turnverein 1893 ist wiedererstanden", so hieß es in der ersten öffentlichen Proklamation des TV, die sofort unter Beweis stellte, daß hier ein anderer Geist wehte als in den Arbeitervereinen. „Alte Erinnerungen an unvergeßliche Veranstaltungen echter deutscher Turnerei werden erweckt ... Viel ist zusammengebrochen, begraben und verloren, doch die Turnerei soll in unserem Verein wieder aufleben mit dem Ziel bester Leistungen bei umfassender Breitenarbeit."[266]

Auch der vor allem auf Initiative von Martin Loos geschaffene ASV Zirndorf zerbrach zwei Jahre nach der Gründung, obwohl hier die sozialdemokratischen Funktionäre die Führung des Vereins der bürgerlichen Seite überlassen hatten. Wie groß die Enttäuschung darüber unter den Sozialdemokraten war, geht aus der Festschrift zum zehnjährigen Bestehen des Restvereins aus dem Jahre 1956 hervor: „Im August 1948 löste sich der TSV 1861 wieder aus dem ASV. Ein Entschluß, der von vielen nicht verstanden wurde, vor allem nicht von den Männern, die der ehrlichen Überzeugung waren, durch die Gründung dieses Großvereins den Belangen des Zirndorfer Sportlebens am besten gedient zu haben. Das war eine Enttäuschung, die bis zum heutigen Tag einen bitteren Beigeschmack behalten hat. Der ASV mußte mit leeren Händen, ohne eine Entschädigung für seine Aufbauarbeit und ohne das in diese ‚Ehe' mitgebrachte Vermögen die Stätte an der Jahnstraße verlassen."[267]

[266] 75 Jahre Turnverein 1883 e.V. Cadolzburg, in: Privatbesitz Günther Deindörfer. Mündliche Mitteilungen von Günther Deindörfer vom 9. April 1984 und Georg Gesell vom 9. April 1984. Vgl. Prot. der Gründungsversammlung vom 21. Dezember 1947, in: StA Nürnberg, Landratsamt Fürth (1962), Nr. 106/5 und TSC Cadolzburg an LRA Fürth, 26. Dezember 1947, in: Ebenda. Vgl. auch LRA Fürth an TV Cadolzburg, 6. September 1948, in: Ebenda. Vgl. auch die ausführlichen Schriftsätze, die vom TSC Cadolzburg und vom TV Cadolzburg beim Landratsamt Fürth eingereicht wurden, in: Ebenda.
[267] 10 Jahre ASV Zirndorf, Zirndorf 1956, S. 19. Neben den Fusionen in Cadolzburg und Zirndorf scheiterte auch die Vereinigung in Roßtal wieder. Mündliche Mitteilung von Erich Stoll vom 11. April 1984.

Den alleingelassenen Arbeitersportlern blieb so kaum etwas anderes übrig, als nun doch wieder ihre eigenen Vereine zu gründen, die allerdings mit den alten Vereinen der Kaiser- und Weimarer Zeit nicht mehr viel gemein hatten. Gewiß, in den Arbeitervereinen dominierten Sozialdemokraten. Bei den „Roten" fanden sich auch überwiegend „kleine Leute" zusammen, die ihre Vereinsmitgliedschaft von Generation zu Generation weitervererbten, so daß diesen Vereinen noch lange etwas Familiär-Vertrautes anhaftete. Zugleich aber setzten sich nach dem Krieg die Tendenzen zur Entpolitisierung des Arbeitervereinswesens und zur Angleichung zwischen bürgerlichen und proletarischen Vereinen beschleunigt fort. Namentlich die Jungen aus der HJ-Generation wandten sich schnell ab, wenn im Clubheim politische Dinge zur Sprache kamen oder wenn wieder einmal über die alten Feindschaften mit den Bürgerlichen debattiert wurde. Für sie war der Verein nicht mehr Lebensinhalt wie für die Veteranen des Clubs, sondern eine von mehreren Möglichkeiten des Zeitvertreibs und der Geselligkeit. Die krassen Unterschiede der Mentalitäten, Lebensweise und politischen Einstellung, die das sozialdemokratische Lager einst vom bürgerlichen getrennt hatten, waren unter dem Einebnungs- und Gleichschaltungsdruck von NS-Zeit und Krieg so stark vermindert worden, daß sie schließlich nur noch in der Erinnerung der Veteranen der Arbeitervereine wirklich lebendig waren[268].

Daß der SPD der politische Durchbruch, der 1945/46 nahe schien, nicht gelungen war, läßt sich insbesondere am Ergebnis der Bundestagswahl vom 14. August 1949 ablesen, das auch ganz allgemein die schweren Erschütterungen des Parteiensystems seit 1946 widerspiegelt.

Ergebnisse der Bundestagswahl vom 14. August 1949 in der Region Ansbach/Fürth in Prozent[269] (in Klammern: Ergebnis der Landtagswahl von 1946):

	CSU	SPD	KPD	FDP	WAV	BP
Stadt Ansbach	23,2	24,4	2,4	14,1	22,3	13,6
	(32,9)	(37,8)	(4,5)	(7,8)	(7,8)	-
Stadt Fürth	11,7	39,5	8,8	12,6	18,7	8,7
	(20,3)	(44,9)	(11,6)	(10,0)	(13,2)	-
Landkreis Ansbach	38,9	16,5	1,5	18,0	19,2	5,9
	(65,1)	(16,5)	(2,7)	(11,0)	(4,7)	-
Landkreis Fürth	12,5	28,6	5,1	18,6	27,9	5,0
	(26,6)	(39,7)	(8,9)	(16,4)	(8,4)	-
Bayern insgesamt	29,2	22,8	4,1	8,5	14,4	20,9
	(52,3)	(28,6)	(6,1)	(5,6)	(7,4)	-

[268] Vgl. dazu die Einleitung (S. 8 f.) des von Gerhard A. Ritter herausgegebenen Sammelbandes „Arbeiterkultur", Königstein/Ts. 1979.
[269] Die erste Bundestagswahl in Bayern am 14. August 1949. Heft 150 der Beiträge zur Statistik Bayerns, S. 94 ff., S. 101.

Die Älteren in den Reihen der SPD dürften sich nach dem Bekanntwerden des Ergebnisses an die Frühphase der Weimarer Republik erinnert haben, als sich viele bürgerliche und bäuerliche Kreise in der Reichstagswahl von 1919 auf die „demokratisch-pazifistische Seite"[270] gelegt und sozialdemokratisch gewählt, dann aber der SPD bald wieder den Rücken gekehrt hatten. Wie damals mußte die SPD gegenüber ihrem Wahlergebnis aus der ersten Nachkriegsphase schwere Einbußen hinnehmen. In den reinen Arbeitervierteln im Westen und Süden der Stadt Fürth konnte sie ihre Hochburgen behaupten, um so größer aber war der Rückschlag im bürgerlichen Milieu, in das sie 1946 entscheidende Breschen geschlagen zu haben schien: Im Fürther Stimmbezirk „Goldene Krone", wo die SPD im Mai 1946 mehr als die Hälfte der Stimmen erhalten hatte, wurde nun nur noch jede dritte Stimme für sie abgegeben – kaum mehr als 1933. Im Stimmbezirk Nr. 58 „Stadt Schwabach" hatte die SPD unter den gutbürgerlichen Handwerkern und kleinen Kaufleuten ebenfalls wieder viel Kredit verloren. Ihr Stimmenanteil sank hier von 50 Prozent auf rund 40 Prozent[271].

Auch in den nicht mehr ganz ländlich-agrarischen, durch die beginnende Industrialisierung etwas in Bewegung geratenen Orten, in denen die SPD 1946 gut abgeschnitten hatte, liefen ihr die Wähler wieder davon: Langenzenn im Landkreis Fürth zählte nach dem Krieg etwa 4000 Einwohner. Ein Zehntel davon lebte von der Landwirtschaft, die große Mehrheit aber fand in einigen Gewerbebetrieben und vor allem in den großen Ziegeleien der Stadt eine Beschäftigung. Die Nationalsozialisten hatten unter den kaum klassenbewußten Arbeitern und Handwerkern schnell Anklang gefunden; 1933 wurden über 70 Prozent der Stimmen für die NSDAP abgegeben. Die SPD kam auf rund 20 Prozent der Stimmen – ein Anteil, den sie in der Landtagswahl von 1946 mit 43 Prozent mehr als verdoppeln konnte. 1949 aber sank sie auf 29 Prozent der Stimmen ab[272]. Nicht ganz so große Einbußen erlitt die SPD in Lichtenau im Landkreis Ansbach, das innerhalb seiner Mauern eine Etikettenfabrik, eine Brauerei und zwei Bauunternehmen beherbergte. Hier hatten die Nationalsozialisten 1933 fast drei Viertel der Stimmen erhalten, der Anteil der SPD hatte 18 Prozent betragen. 1946 war die SPD mit 39 Prozent sogar stärkste Partei im Ort; 1949 aber schmolz sie auf 28 Prozent zusammen[273]. Offenbar wandten sich gerade Wähler aus den kleinbürgerlichen Schichten, die bis 1933 ihre Stimme der NSDAP gegeben und nach Kriegsende zur SPD umgeschwenkt waren, weil sie in ihr eine moderne, auf soziale Egalität bedachte Partei erblickt hatten, wieder von den Sozialdemokraten ab – enttäuscht, weil die SPD mittlerweile viel von ihrem Anfangsschwung verloren hatte und, so urteilten führende Repräsentanten der evangelischen Kirche, sich eine „zunehmende

[270] So drückte sich im Herbst 1918 der Staatssekretär im Auswärtigen Amt, von Hintze, aus. Vgl. Harry Graf Kessler, Tagebücher 1918–1939, Frankfurt/Main 1961, S. 132.
[271] Zu den Ergebnissen der einzelnen Fürther Stimmbezirke vgl. Fürther Nachrichten vom 15. August 1949; Nürnberger Nachrichten, Fürther Ausgabe, vom 4. Dezember 1946.
[272] Ebenda. Zu sozialstrukturellen Daten von Langenzenn vgl. Amtliches Gemeindeverzeichnis für Bayern. Wohnbevölkerung nach der Volkszählung am 29. Oktober 1946. Heft 141 der Beiträge zur Statistik Bayerns, S. 106.
[273] Zu den Ergebnissen von 1949 vgl. Anm. 269; vgl. auch Anm. 185 und 202 und schriftliche Mitteilung der Stadt Langenzenn vom 10. Dezember 1984.

Radikalisierung" der SPD bemerkbar machte, „mit der die Partei allmählich in den alten marxistischen Kurs zurückstrebt"[274].

In einem Punkte unterschieden sich aber die Stimmenverluste der SPD in der Bundestagswahl 1949 von der Wählerbewegung in der Frühphase der Weimarer Zeit, als die SPD vor allem auf dem flachen Land verloren hatte: Die SPD büßte in erster Linie in Städten und etwas größeren Ortschaften ein, auf dem Lande konnte sie dagegen ihre Stellung dank der vielen Flüchtlingsstimmen beträchtlich ausbauen. In der rein agrarischen Zwerggemeinde Brünst im Landkreis Ansbach etwa hatte die SPD in der Septemberwahl von 1930 ganze drei von 208 Stimmen, 1933 überhaupt keine Stimme bekommen. In der Landtagswahl von 1946, als der Großteil der Flüchtlinge noch nicht wahlberechtigt gewesen war, schnitten die Sozialdemokraten mit 2,3 Prozent sehr schlecht ab. 1949 lag ihr Anteil aber bei 27,7 Prozent; die Quote der Flüchtlinge betrug 41 Prozent[275]. Im Landkreis Ansbach gewann die SPD noch in 44 weiteren der insgesamt 82 Gemeinden beträchtlich hinzu. Hier kam ihr zweierlei zugute: Mit Josef Otta, Adolf Ulbrich und Karl Wenzlik hatten die Sozialdemokraten bekannte und tatkräftige Genossen aus dem Sudetenland in ihren Reihen, die wohl auch viele ihrer Schicksalsgenossen zur SPD herüberziehen konnten. Zudem hatte sich hier ein CSU-Angehöriger das schwere Amt des Flüchtlingskommissars aufbürden lassen – ein Amt, dessen Inhaber es sich eigentlich mit allen Seiten nur verderben konnte.

Die KPD zog aus dem Niedergang der SPD in halb-industrialisierten Ortschaften keinen Profit. Im Gegenteil: Die von heftigen innerparteilichen Kämpfen geschwächte Partei verlor überall Stimmen. 1946 hatte sie in fünf Fürther Wahlbezirken in Arbeitergegenden über 20 Prozent und in elf über 10 Prozent der Stimmen erhalten, 1949 kam sie in keinem Wahlbezirk über 20 Prozent und nur in sechs über 10 Prozent. Auch in den Arbeitersiedlungen von Oberasbach, Vach und Roßtal wurde sie von mehr als der Hälfte ihrer früheren Wähler im Stich gelassen. Die allmähliche „Schleifung" der einstigen kommunistischen Hochburgen, die schon 1946 begonnen hatte, setzte sich rapide fort. Zugleich wandten sich auch kleinbürgerliche Kreise in den Städten, die 1946 für die KPD gestimmt hatten, wieder ab: etwa in Ansbach, wo der Anteil der Kommunisten, sicher nicht ganz unbeeinflußt von den dauernden Querelen zwischen Sessler und seiner Partei, fast halbiert wurde. In den ländlich-agrarischen Ortschaften, die schon 1946 mit 2 bis 4 Prozent zur Diaspora gehört hatten, spielte die KPD nun mit 1 bis 2 Prozent überhaupt keine Rolle mehr[276].

Die CSU erhielt 1949 offensichtlich die Quittung für die jahrelangen heftigen Auseinandersetzungen um den Kurs der Partei. Der alleinigen Regierungspartei in München kreidete man außerdem an, daß gerade auf dem Lande noch vieles im argen lag. Arbeitslosenquoten von über 20 Prozent und die nur schleppend anlaufende Integration der Flüchtlinge erzeugten eine Proteststimmung, die von der CSU nicht aufgefangen werden konnte. Und schließlich schlug wohl auch negativ zu Buche, daß sich

[274] Vgl. Prot. über eine Besprechung am 20. Oktober 1949 im Kreisdekanat in Nürnberg über die Frage der politischen Verantwortung der Evangelisch-Lutherischen Kirche in Bayern in der gegenwärtigen Lage, in: LKA Nürnberg, Bestand: Ev.-Luth. Landeskirchenrat, XV 1565 a.

[275] Vgl. Anm. 185, 202 und 269.

[276] Vgl. Fürther Nachrichten vom 15. August 1949; Nürnberger Nachrichten, Fürther Ausgabe, vom 4. Dezember 1946; Die erste Bundestagswahl in Bayern am 14. August 1949. Heft 150 der Beiträge zur Statistik Bayerns, S. 94 ff., S. 101.

V. Die politischen Parteien 1945–1949

– anders als im Kaiserreich und in der Weimarer Republik – das parteipolitische Bewußtsein vor allem der ländlichen Bevölkerung nicht mehr in erster Linie vom religiösen Bekenntnis ableitete[277]. 1946, als die Kirche überall erheblichen Auftrieb erhalten hatte, mag die Aufforderung der Geistlichen, eine christliche Partei zu wählen, noch ihre Wirkung getan haben. Drei Jahre später mußten die Geistlichen aber zugeben, daß ihr Einfluß abnahm. „Daß auch in einem solchen Dorf wie Ammerndorf die ‚Welt‘ einbricht, ist schmerzlich ... Auch das Dorf wird nun hineingerissen in die allgemeine sittlich-religiöse Krisis“, schrieb Julius Schieder 1950. Sein Urteil nach der Visitation der evangelischen Gemeinde Veitsbronn lautete 1949: „Die Gemeinde hat offenbar ... stark zu kämpfen mit den aus der Großstadt kommenden zersetzenden Einflüssen.“[278]

Hand in Hand mit einer beginnenden Entkonfessionalisierung schien sich eine allmähliche Säkularisierung der Wahlentscheidung anzubahnen, die nun immer stärker durch die materielle Lage bedingt wurde. Nicht nur im katholischen Altbayern, wo ihr die Bayernpartei Wähler abspenstig machte, sondern auch im evangelischen Mittelfranken erlitt die CSU schwerste Verluste. Vor allem die ländliche evangelische Bevölkerung, die nach Kriegsende zu etwa zwei Drittel auf die CSU gesetzt hatte, schien das Vertrauen in die Regierungspartei weitgehend verloren zu haben. Im Landkreis Ansbach ging der Anteil der CSU-Stimmen von 65 auf etwa 39 Prozent zurück, im Landkreis Fürth verlor die CSU mehr als die Hälfte der Stimmen und rutschte von 26,6 auf 12,5 Prozent ab. Am größten waren die Verluste in winzigen Gemeinden, die von der Industrialisierung noch kaum erfaßt worden waren. In den Städten und größeren Ortschaften dagegen hielten sich die Verluste in Grenzen. In Fürth, Ansbach und Zirndorf beispielsweise sank der CSU-Anteil nur um 5 bis 10 Prozent. Auch hier verlor sie vor allem in ihren Hochburgen in den bürgerlichen Wohnvierteln, dort also, wo sie 1946 um die 30 bis 40 Prozent der Stimmen bekommen hatte[279].

Vom Kursverlust der CSU profitierte – das hatte sich schon 1946 angedeutet – vor allem die WAV, deren Vorsitzender Alfred Loritz einen fast bedenkenlos aggressiven Wahlkampf führte. Im Sommer 1949 sprach er fast täglich an einem anderen Ort, die Zeitungen waren voll mit Meldungen über die WAV. Mit starken Strichen zeichnete Loritz ein Bild der vergangenen dreißig Jahre: Eine Handvoll böswilliger Politiker der alten „Versagerparteien“ trage die Verantwortung für das Aufkommen des Nationalsozialismus und den Krieg. Diese Clique sei nach 1945 wieder ans Ruder gelangt und habe mutwillig eine Politik gegen die Interessen des Volkes betrieben. Das Ergebnis könne jedermann sehen. Es stünden aber noch viel größere Katastrophen bevor. Sie seien nur von der WAV abzuwenden, die binnen kurzem die Wohnungsnot beseitigen, die Steuern senken und die Entnazifizierung beenden werde[280]. Diese Propaganda zog namentlich bei den Wählern in evangelischen ländlich-agrarischen Orten, die schon 1930 überwiegend nationalsozialistisch gewählt hatten. Es waren zumeist

---

[277] Zu diesen Überlegungen vgl. Martin Broszat, Ein Landkreis in der Fränkischen Schweiz. Der Bezirk Ebermannstadt 1929–1945, in: Bayern in der NS-Zeit, Bd. I, S. 38.

[278] Bericht über die Kirchenvisitation im Ev.-Luth. Pfarramt Ammerndorf, 6. Juli 1951, in: LKA Nürnberg, Bestand: Kreisdekan Nürnberg, Nr. 14–3, Bd. 4; Bericht über die Kirchenvisitation in der evangelisch-lutherischen Gemeinde Veitsbronn, 25. März 1949, in: Ebenda.

[279] Vgl. Fürther Nachrichten vom 15. August 1949; Nürnberger Nachrichten, Fürther Ausgabe, vom 4. Dezember 1946.

[280] Vgl. Woller, Loritz-Partei, S. 123 f.

kleine, vom Kriegsgeschehen weitgehend verschont gebliebene Dörfer und Städtchen, in denen erst mit der Invasion der Flüchtlinge aus dem Osten die eigentlich schlechte Zeit begann, während in den umliegenden Städten schon die ersten Anzeichen der wirtschaftlichen Erholung nach der Währungsreform zu verspüren waren. In diesem Dorf- und Kleinstadtmilieu war das parteipolitische Bewußtsein traditionell nur wenig ausgebildet, die Bindung an die konservative CSU entsprechend labil. Die evangelischen Landbewohner hatten bei den Christ-Sozialen keine politische Heimat gefunden und wandten sich deshalb der WAV zu, wie sich anhand der Wählerbewegung in den drei Zwerggemeinden Laubendorf, Keidenzell und Unterschlauersbach exemplarisch zeigen läßt:

	1946	1949
Laubendorf		
WAV	8,2	50,9
CSU	64,2	22,0
Keidenzell		
WAV	8,3	45,6
CSU	66,1	10,7
Unterschlauersbach		
WAV	0,6	43,6
CSU	59,8	27,0

In den drei Ortschaften hatten die Nationalsozialisten schon 1930 überdurchschnittlich gut abgeschnitten. Der Anteil der Flüchtlinge lag mit rund 30 Prozent etwa so hoch wie im gesamten Landkreis. 1946 hatte die CSU hier rund 60 Prozent der Stimmen zu gewinnen vermocht, die schlecht organisierte WAV hatte noch keine Rolle gespielt. 1949 war die Partei des „blonden Hitlers" Alfred Loritz überall die stärkste Partei, während die CSU dramatische Verluste erlitt[281].

Daß die WAV in reinen NS-Hochburgen außerordentlich gut abschnitt, bedeutete freilich nicht, daß sie 1949 etwa alle ehemaligen Pgs, die 1946 von der Wahl ausgeschlossen gewesen waren, zu sich herüberziehen konnte, wie das Beispiel Roßtal[282] im Landkreis Fürth verdeutlicht: Die Nationalsozialisten hatten in dem aufstrebenden kleingewerblich-handwerklich geprägten Marktflecken (1933: 1805 Einwohner) schnell eine Mehrheit finden können, 1933 waren 72 Prozent der Stimmen für die NSDAP abgegeben worden. Die Roßtaler Arbeiterschaft, zumeist Pendler der Nürnberger MAN- und Siemens-Werke, war aber ihren Parteien SPD (1933: 17 Prozent) und KPD (1933: 5,3 Prozent) treu geblieben, so daß es häufig zu handgreiflichen Auseinandersetzungen gekommen war. Diese konflikthaltige Atmosphäre mag auch ein wesentlicher Grund für den hohen Prozentsatz von NSDAP-Mitgliedern im Ort ge-

---

[281] Die erste Bundestagswahl in Bayern am 14. August 1949. Heft 150 der Beiträge zur Statistik Bayerns, S. 101; Nürnberger Nachrichten, Fürther Ausgabe, vom 4. Dezember 1946. Zu sozialstrukturellen Daten vgl. Anm. 272.
[282] Wie Anm. 281. Mündliche Mitteilungen von Ludwig Zahn vom 6. April 1984. Zu Roßtal vgl. schriftliche Mitteilung des früheren Bürgermeisters Michael Wiesinger vom 10. Februar 1984.

wesen sein. 1946 war jedenfalls jeder fünfte aufgrund politischer Belastung von der Wahl ausgeschlossen. Damals hatte die WAV 10 Prozent der Stimmen erringen können. 1949 waren es nur rund 23 Prozent, darunter sicherlich auch ein Großteil der Flüchtlinge (Flüchtlingsanteil: 24 Prozent). Das Beispiel Roßtal und anderer Städte (etwa Coburg), in denen die Quote der aus politischen Gründen nicht Wahlberechtigten ebenfalls deutlich über dem Durchschnitt lag[283], unterstreicht, daß die Entnazifizierung ihre Wirkung nicht ganz verfehlt hat. Ehemalige NS-Wähler setzten ihre politischen Hoffnungen eher auf den demagogischen Volkstribun Loritz als Parteigenossen und NS-Aktivisten, die 1945/46 im Zuge der Entnazifizierung das Wahlrecht, vielleicht auch ihren Arbeitsplatz verloren hatten, und dies als einen Denkzettel auffaßten, der sie politisch vorsichtiger werden ließ.

Die Gewinne der Loritz-Partei stammten nur teilweise aus der „Hinterlassenschaft" der CSU. Die WAV lockte auch enttäuschte SPD- und KPD-Wähler an, und vor allem kam ihr zugute, daß sie kurz vor der Wahl ein Bündnis mit einer der größten Vertriebenenorganisationen in Bayern, dem nationalistischen Neubürgerbund, abgeschlossen hatte, der seine ganze Organisation in den Dienst der WAV stellte[284]. In vielen kleinen Orten scheinen die Neubürger fast geschlossen der Wahlempfehlung ihrer Interessenorganisation gefolgt zu sein: So etwa in Gräfenbuch (Flüchtlingsanteil: 43 Prozent), wo die WAV über 38 Prozent der Stimmen erhielt, oder in Immeldorf (Flüchtlingsanteil: 34 Prozent), wo ihr Anteil bei rund 32 Prozent lag[285]. Da der Neubürgerbund aber nicht überall gut organisiert war, blieben in einigen kleinen Ortschaften die Flüchtlinge, wie schon 1946, immun gegenüber den schrillen Tönen der WAV. In Betzendorf (Flüchtlingsanteil: über 35 Prozent) beispielsweise erreichte die WAV nur magere 6,8 Prozent, in Ammerndorf (Flüchtlingsanteil: fast 40 Prozent) nur 7,4 Prozent. Hier wandten sich die Flüchtlinge allen Parteien zu.

Auf dem Lande gewann auch die FDP viele ehemalige CSU-Wähler. Mehr noch als 1946 schlug sie im Wahlkampf nationalkonservative Töne an, die etwa in der Flaggen-Frage deutlich zu vernehmen waren. Die FDP, so hieß es in ihrer Bremer Plattform, „erkenne die Flagge Schwarz-Rot-Gold als die Flagge des neuen Deutschland an, werde aber den schwarz-weiß-roten Farben immer ein ehrfurchtsvolles Gedenken bewahren"[286]. Das erinnerte an die Deutschnationalen der Weimarer Zeit und kam auch insbesondere in früheren DNVP- bzw. Landvolk-Hochburgen an, die selbst 1932/33 von den Nationalsozialisten nicht ganz eingenommen werden konnten. In Ketteldorf und Suddersdorf im Landkreis Ansbach[287] beispielsweise hatte die deutschnationale Kampffront Schwarz-Weiß-Rot noch 1933 in der Märzwahl rund ein Drittel der Stimmen auf sich ziehen können. Die „Abtrünnigen" der CSU wandten sich hier eher den moderat-nationalen Liberalen zu als der aggressiven Loritz-Partei.

---

[283] Vgl. dazu Statistisches Jahrbuch für Bayern 1947, S. 336–345; Die erste Bundestagswahl in Bayern am 14. August 1949. Heft 150 der Beiträge zur Statistik Bayerns.

[284] Vgl. Woller, Loritz-Partei, S. 116–123.

[285] Vgl. Die erste Bundestagswahl in Bayern am 14. August 1949. Heft 150 der Beiträge zur Statistik Bayerns, S. 94; sozialstrukturelle Daten zu den beiden Orten in: Amtliches Gemeindeverzeichnis für Bayern. Wohnbevölkerung nach der Volkszählung am 29. Oktober 1946. Heft 141 der Beiträge zur Statistik Bayerns, S. 101 f.

[286] Zit. nach Eschenburg, Jahre der Besatzung, S. 528 f.

[287] Vgl. Anm. 202 und 285; vgl. auch Fränkische Zeitung vom 15. September 1930, 1. August 1932 und 6. März 1933.

	1946	1949
Suddersdorf:		
FDP	11,3	44,1
CSU	80,0	39,2
WAV	4,0	7,9
Ketteldorf:		
FDP	1,8	33,3
CSU	72,5	37,6
WAV	5,0	13,7

Die Bayernpartei, die in Franken vielfach als die Nachfolgerin der katholischen Bayerischen Volkspartei angesehen wurde, zog aus den Verlusten der CSU nur wenig Profit. In der Region um Ansbach und Fürth konnte sie zwar den Stimmenanteil der BVP aus ihren besten Weimarer Jahren fast verdoppeln, die Wirkung der CSU war aber immer noch zu groß, als daß es der Bayernpartei gelungen wäre, die gesamte katholische Wählerschaft hinter sich zu bringen. Lediglich in den wenigen rein katholischen Ortschaften wie Sondernohe und Virnsberg im Landkreis Ansbach erzielte sie mit 54 und 32 Prozent herausragende Ergebnisse. In beiden Orten betrug der Verlust der CSU 52 und 32 Prozent[288]. Überraschend gut schnitt die Bayernpartei mit fast 14 Prozent der Stimmen auch in der Stadt Ansbach ab, wo sich offensichtlich viele Beamte und ehemalige Soldaten der bayerischen Renommierregimenter für die Wahlslogans „Bayern den Bayern" und „Ein selbständiges Bayern in einem deutschen Reich" begeistern konnten[289].

Auf bürgerlicher Seite herrschte nach der Wahl Zufriedenheit, weil sich das eigene Lager wieder zu stabilisieren schien. Viele durch den Zusammenbruch des NS-Regimes verunsicherte bürgerliche und bäuerliche Kreise, die 1946 den Urnen ferngeblieben waren oder auf die SPD gesetzt hatten, schienen sich nun anders besonnen zu haben. Sie wählten CSU, FDP oder WAV, die sicherlich auch aus dem Heer der 1946 von der Wahl Ausgeschlossenen Zulauf erhielten. Insgesamt nahm die Wahlbeteiligung in bürgerlich-konservativen Gegenden beträchtlich zu, während sie im Arbeitermilieu stagnierte oder sogar abnahm[290].

Wahlbeteiligung	1946	1949
Stadt Ansbach	66,6	77,8
Landkreis Ansbach	71,9	79,7
Stadt Fürth	82,5	81,7
Landkreis Fürth	76,5	84,7

[288] Vgl. Anm. 202 und 285; Die erste Bundestagswahl in Bayern am 14. August 1949. Heft 150 der Beiträge zur Statistik Bayerns, S. 94 f.
[289] Eschenburg, Jahre der Besatzung, S. 526; Fürther Nachrichten vom 13. Juli 1949.
[290] Vgl. dazu die entsprechenden Ausgaben der Zeitschrift des Bayerischen Statistischen Landesamtes der Jahre 1924 bis 1933. Vgl. auch Statistisches Jahrbuch für Bayern 1947, S. 340 f. und Die erste Bundestagswahl in Bayern am 14. August 1949. Heft 150 der Beiträge zur Statistik Bayerns, S. 36 und 40.

Die gewaltigen Verluste der CSU, der Zulauf für die FDP und der Aufstieg der WAV – dies waren im wesentlichen Umschichtungsprozesse innerhalb des gestärkten bürgerlichen Lagers. Nachdenklich mußte freilich stimmen, daß nun – in stärkerem Maße als 1946 – Teile der Mittelschichten und der bäuerlichen Landbevölkerung sowie ein beträchtlicher Teil der Flüchtlinge anfällig waren für antidemokratische Experimente, wie sie die WAV verhieß. Wenn eine spürbare wirtschaftliche Aufwärtsentwicklung weiter auf sich warten ließ, mußte eine weitere Radikalisierung befürchtet werden. Die Linksparteien, die 1946 von der geringeren Wahlbeteiligung profitiert hatten, mußten 1949 einige Bastionen, die sie drei Jahre zuvor erobert hatten, wieder abgeben. Insgesamt wurden sie – abgesehen von den stabilen Zugewinnen auf dem Lande – auf den Stand der Juli-Wahlen von 1932 zurückgeworfen.

Summe der Stimmenanteile von SPD und KPD in den Reichstagswahlen 1924, 1928, 1930, 1932 und 1933, der Landtagswahl von 1946 und der Bundestagswahl von 1949 in Prozent[291]:

	Ansbach-Stadt	Ansbach-Land	Fürth-Stadt	Fürth-Land	Bayern rechts des Rheins
1924	25,7	6,9	52,8	33,1	25,4
1928	30,1	6,1	56,0	36,2	27,4
1930	27,2	6,5	51,3	35,5	26,1
1932	25,7	5,1	49,2	29,0	25,1
1933	24,0	3,8	43,5	24,0	21,3
1946	42,3	19,2	56,5	48,6	34,7
1949	26,8	18,0	48,3	33,7	26,9

Die Wahlergebnisse von 1949 zeigen: Die in der Region um Ansbach und Fürth einst dominanten ländlich-protestantischen, proletarischen, katholischen und protestantisch-mittelständischen sozialmoralischen Milieus traten nach dem Ende der NS-Herrschaft wieder hervor. Allerdings hatte ihre Prägekraft etwas nachgelassen. Ehemalige kulturell und konfessionell homogene Regionen verloren im Zuge der Flüchtlings- und Vertriebenenzuwanderung ihre innere Homogenität. NS-Zeit und Krieg hatten die sozialdemokratische Arbeitersubkultur weitgehend aufgelöst und ihre Kraft der politisch-gesellschaftlichen Sozialisation reduziert. Zugleich wurden die früher für das politische Bewußtsein häufig ausschlaggebenden konfessionellen Bindungen der Bevölkerung auf dem Lande leicht abgeschwächt. Darüberhinaus war nach dem Krieg mit der CSU eine Partei entstanden, die den Brückenschlag zwischen Katholiken und Protestanten versuchte und allein schon durch ihre Existenz zur Überwindung der aus

[291] Ebenda.

dem Kaiserreich stammenden „politischen Segregierung der Konfessionen"[292] bei-
trug. Die alte Milieugesellschaft war also gleichsam in den Schmelztiegel geraten. Die
Grenzen zwischen den früher klar getrennten Milieus wurden durchlässiger. Das wiederum eröffnete den politischen Parteien größere Chancen als in der Weimarer Zeit,
gesellschaftliche Gruppen, die nicht dem eigenen Milieu angehörten, anzusprechen
und zu integrieren.

---

[292] Vgl. M. Rainer Lepsius, Die Bundesrepublik Deutschland in der Kontinuität und Diskontinuität historischer Entwicklungen: Einige methodische Überlegungen, in: Werner Conze/M. Rainer Lepsius (Hrsg.), Sozialgeschichte der Bundesrepublik Deutschland, Stuttgart 1983, S. 12; vgl. auch in ebenda den Beitrag von
Josef Mooser, Abschied von der „Proletarität". Sozialstruktur und Lage der Arbeiterschaft in der Bundesrepublik in historischer Perspektive, S. 143–186.

VI. Mittelständische Wirtschaft und Industrie

1. Sommerliche Konjunktur

Ludwig Erhard, der spätere Bundeskanzler, ist in den ersten Tagen und Wochen nach dem Einmarsch der amerikanischen Streitkräfte häufig auf den Straßen und Plätzen seiner Heimatstadt Fürth zu sehen. Er spricht mit Firmeninhabern, Belegschaftsmitgliedern und kleinen Händlern, hört interessiert zu und schreibt auf, was man ihm erzählt. Es ist nicht Neugierde oder wissenschaftliches Interesse, die den schweren, massigen Fürther, der im Krieg ein kleines „Institut für Industrieforschung" geleitet hatte, zu seinen Streifzügen durch die Stadt veranlassen. Als neuer Chef des Wirtschaftsamts hat er den amtlichen Auftrag der amerikanischen Militärregierung, eine Denkschrift über „Probleme und Bedingungen des wirtschaftlichen Wiederaufbaus" in Fürth zu verfassen[1].

Auf seinen Wegen durch die Stadt bietet sich ihm ein trostloses Bild. Die wichtige Ortsdurchfahrt der Reichsstraße 8 ist zwar von den Amerikanern geräumt worden, die übrigen Straßen sind aber nur schwer befahrbar. In der Innenstadt türmen sich meterhohe Schuttberge, Panzersperren und „wilde" Müllagerplätze behindern den Verkehr. Nur mühsam können sich Fahrzeuge der US-Army und Frauen mit vollgepackten Leiterwagen einen Weg bahnen. Dreißig Arbeitskräfte mit vier Lastwagen der Stadt beginnen aufzuräumen. Ein paar Schritte weiter, an den Ufern von Rednitz, Pegnitz und des Ludwig-Donau-Main-Kanals, sind Reparaturarbeiten der amerikanischen Pioniere im Gange. Alle Stege, die alte und die neue Dambacherbrücke und die große Eisenbahnbrücke waren von den deutschen Truppen noch in letzter Minute gesprengt worden. Fieberhaft wird hier fast Tag und Nacht gearbeitet, modernstes Gerät kommt zum Einsatz, und schon Anfang Mai sind Behelfsbrücken und hölzerne Notstege fertig. Über dem Zentrum hängt ätzender Gestank, der sich mit dem säuerlichen Armeleutegeruch in den düsteren Gassen vermischt; das Kanalnetz ist beschädigt, Abwässer quellen auf die Straßen. Die Wasserversorgung funktioniert zwar wieder, in manchen Straßen ist man aber oft für Stunden ohne Wasser. Auch an Strom mangelt es. Vierzehn Tage nach Kriegsende steht das große Elektrizitätswerk in der Ottostraße, das im April beschossen worden war, noch immer still. Und mehr als vier Wochen dauert es, bis das im Januar wegen Kohlenmangel abgestellte Gaswerk seinen Betrieb wieder aufnehmen kann[2].

---

[1] Vgl. Denkschrift von Ludwig Erhard an MilReg, Mai 1945, in: Ludwig-Erhard-Archiv, NL Erhard, NE 746 A. Zur Biographie Erhards vgl. Wolfgang Benz, Von der Besatzungsherrschaft zur Bundesrepublik. Stationen einer Staatsgründung 1946–1949, Frankfurt/Main 1984, S. 119 ff.

[2] Zur Situation in Fürth 1945 vgl. Ammon, Fürth, S. 85–89; Wunschel, Die Kapitulation von Fürth, S. 7–16; OB Fürth an RegPräs, 3. Juli 1945, in: Stadtverwaltung Fürth, EAP 4; Annual Hist. Rep., Det. Fürth, 20. Juni 1946, in: NA, RG 260, 10/81-1/5, und Bericht der Stadt Fürth vom 7. Mai 1946, in: Stadtverwaltung Fürth, EAP 060.

Erhard ließ sich davon nicht täuschen. In seinen Augen waren die Schäden schnell zu beheben und alles in allem nicht so gravierend, daß sie einen Wiederaufbau ernstlich beeinträchtigen konnten. Er wußte, daß die Arbeiter sofort nach Kriegsende wieder an ihren Arbeitsplätzen standen. Ihm war bei den Gesprächen mit Industriellen und Geschäftsleuten nicht verborgen geblieben, daß Maschinen und Fertigungshallen größtenteils nicht beschädigt und fast überall beträchtliche Vorräte an Rohstoffen vorhanden waren. Außerdem war ihm bekannt, daß die Versorgung Frankens mit Kohle aus dem mitteldeutschen Kohlegebiet und dem Ruhrgebiet relativ gut funktionierte. Die Denkschrift des Wirtschaftswissenschaftlers vom Mai 1945 fiel dementsprechend positiv aus: Die Fürther Industrie habe durch „die Luftwaffen der Vereinigten Nationen relativ geringe Zerstörungen hinnehmen" müssen und sei in „ihrem Gesamtgefüge sofort einsatzfähig". Die Möbelindustrie mit „14 größeren Industriebetrieben und rund 100 teilweise recht bedeutenden Handwerksbetrieben" der wichtigste Fürther Wirtschaftszweig habe das Kriegsende fast unbeschadet überstanden. „Die teilweise beschädigten Betriebe sind nach kurzfristiger Überholung und nach Heranführung auswärtiger Lager … produktionsbereit … Mit wenig Ausnahmen ist die technische Produktionsbereitschaft vorhanden, wenn auch in den letzten Wochen durch Beraubungen von Werkzeugen und Material eine Minderung eingetreten ist." Rohstoffe seien, wie auch in allen anderen Branchen, noch in reichem Maße vorhanden; die Möbelindustrie könne „3–4 Monate aus verfügbaren Beständen" produzieren. Zu Pessimismus bestehe auch deshalb kein Anlaß, weil – wie Erhard richtig erkannt hatte – die „spezifische Eigenart der Fürther Industrie … deren Einsatz für Rüstungszwecke nur in relativ beschränktem Umfange" zugelassen habe[3]. Produktionsbeschränkungen der Besatzungsmacht, so konnte man aus der Denkschrift herauslesen, hatte die Fürther Industrie also kaum zu befürchten.

Ein amerikanischer Professor für Nationalökonomie, der im Frühjahr 1945 durch das besetzte linksrheinische Deutschland und große Teile Hessens und des Ruhrgebiets reiste, gelangte nach zahlreichen Gesprächen mit führenden Wirtschaftsexperten zu ganz ähnlichen Einschätzungen: „Im allgemeinen herrscht die Ansicht, die katastrophal schlechte Lage könne schnell und grundlegend überwunden werden … Wir selbst sahen mehrere Maschinenfabriken und Hüttenwerke, die man vollständig abschreiben kann. Die drei großen Betriebe der I. G. Farben in Frankfurt, darunter auch das große Werk in Hoechst, weisen andererseits fast keine Schäden auf. Nach den Angaben der Offiziere der Rhine Coal Control (RCC), haben die Bergwerke an der Ruhr kaum Schäden erlitten. Der Zustand der Fördereinrichtungen würde es gestatten, sie in wenigen Monaten so weit wiederherzustellen, daß sie fast wieder die volle Produktion aufnehmen können." Ein Direktor bei Krupp habe versichert, „die Stahlproduktion an der Ruhr könne innerhalb von vier Monaten auf $\frac{2}{3}$ oder sogar $\frac{3}{4}$ der Kriegsproduktion steigen, wenn Kohle, Transportmöglichkeiten und Arbeitskräfte verfügbar wären. Der überraschend gute Zustand der Krupp-Werke, die sich im Zentrum des verwüsteten Essen und in dem vorgelagerten Stadtteil Borbeck befinden, läßt diese Einschätzung nicht unrealistisch erscheinen."[4]

[3] Denkschrift von Erhard, Mai 1945, in: Ludwig-Erhard-Archiv, NL Erhard, NE 746 A.
[4] Zit. nach Borsdorf/Niethammer, Zwischen Befreiung und Besatzung, S. 48.

Erste Anzeichen einer wirtschaftlichen Erholung schienen den Optimismus der Experten zu bestätigen. Nach einer Phase des „praktischen Stillstandes" beim Einmarsch der amerikanischen Streitkräfte waren im Juli 1945 10 Prozent der Industrieanlagen in der amerikanischen Zone wieder in Betrieb. Der Historiker kann die beginnende Besserung an den Zahlen ablesen: Im August erreichte die industrielle Produktion in der US-Zone 11 Prozent des Standes von 1936, im September 13 Prozent. Bis Dezember 1945 stieg sie kontinuierlich auf 20 Prozent an[5]. Aber was verbirgt sich hinter diesen Zahlen? Welche unternehmerischen Entscheidungen mußten oder konnten in den ersten Monaten nach dem Krieg angesichts einer unsicheren Zukunft getroffen werden? Gelang es den Betrieben, ihre alten Geschäftsverbindungen im In- und Ausland wieder aufzunehmen? Über wieviel Kapital verfügten Gewerbe- und Industriebetriebe? Wie verhielt sich die Militärregierung, die in ihrem, von Morgenthau beeinflußten SHAEF-Handbuch angekündigt hatte, keine Schritte zu unternehmen, „die der wirtschaftlichen Wiedergesundung Deutschlands dienen" könnten[6]? Wie gestalteten sich die Binnenbeziehungen von Betriebsräten und Unternehmern?

Diese Fragen sind leicht gestellt, aber nur schwer zu beantworten. „Wie stellen Sie sich das eigentlich vor?", war von Gewerbetreibenden, Kleinindustriellen und Betriebsräten häufig zu hören, wenn man nach schriftlichen Unterlagen fragte. Kleinere Betriebe, so hieß es allgemein, führen keine Archive, oft nicht einmal eine Registratur. Tagebücher, private oder Geschäftsbriefe zu finden, war bei der ausgeprägten „Tintenscheu" von Handwerkern und kleinen Gewerbetreibenden sowieso ausgeschlossen. Vieles sei auch bei späteren Umzügen verloren gegangen, das meiste aber habe man damals überhaupt nicht schriftlich niedergelegt. Manches sei ja etwas am Rande der Legalität gewesen: Kompensationsgeschäfte und Schiebereien an den offiziellen Bewirtschaftungsstellen vorbei. Die großen traditionsreichen Eisen- und Stahlwerke im Ruhrgebiet, die Chemie- und Textilkonzerne in Südwestdeutschland und die Elektrofabriken in Berlin haben sicher mehr Gespür für ihre Geschichte entwickelt und ihre Unterlagen systematisch gesammelt. In Handwerks- und kleinen Industriebetrieben ist man dagegen sonderbar unachtsam gewesen in bezug auf die eigene Vergangenheit. Nicht einmal die Elektrofabrik Max Grundig verfügt über ein gut geführtes Werksarchiv; die Zeit des Aufbruchs nach dem Krieg war schnell, Bilanzen von heute waren morgen schon weit überholt und gerieten deshalb alsbald in Vergessenheit. Daß ein kleines Aktenbündel über die Anfänge von Grundig erhalten geblieben ist, verdankt sich dem privaten Interesse eines kleinen Angestellten in der Registraturabteilung. Die Dynamit Nobel AG hat nur drei Kisten mit Akten aus der Zeit nach der Währungsreform aufgehoben. Und auch im stattlichen Bau der Industrie- und Handelskammer Nürnberg werden nur einige Blätter über die erste Nachkriegszeit verwahrt.

Die staatlichen Stellen (Wirtschaftsämter, Landesstellen, Wirtschaftsministerien) erfuhren über die internen Probleme und Entscheidungen der Betriebe meist wenig. Sich vom Staat nicht zu sehr in die Karten gucken zu lassen – diese Mentalität ist für kleine Gewerbetreibende vielleicht noch typischer als für die große Industrie; entsprechend spärlich ist die Aktenüberlieferung in den staatlichen Archiven. Wirtschaftsäm-

[5] Vgl. Werner Abelshauser, Wirtschaft in Westdeutschland. Rekonstruktion und Wachstumsbedingungen in der amerikanischen und britischen Zone, Stuttgart 1975, S. 39.
[6] Zit. nach ebenda, S. 88.

ter und -ministerien wurden meist nur dann eingeschaltet, wenn sich Beschwerden und Klagen ergaben, weshalb sich auch die zunehmenden Schwierigkeiten, die bald jegliche unternehmerische Initiative abzuschnüren drohten, sehr viel besser darstellen lassen.

Schon im Sommer 1945 machten sich die Folgen der sich mehr und mehr verfestigenden Teilung Deutschlands bemerkbar. Der traditionelle Austausch zwischen Thüringen und Franken, dem Ruhrgebiet und Württemberg war unterbrochen und kam nur schwer wieder in Gang. Manche sprachen sogar von einer „Inselstellung" der einzelnen Landkreise und Städte. „Freier Handel mit vielen Gegenständen wurde in ganz Deutschland ermuntert", so die Militärregierung für Ober- und Mittelfranken, „aber die Hindernisse, sogar zwischen einzelnen Kreisen, waren nur schwer zu überwinden."[7] Wie hemmend diese Barrieren wirken konnten, darauf wies das Regierungswirtschaftsamt für Ober- und Mittelfranken hin: „Die Nürnberger Fahrradfabriken haben früher weite Gebiete Deutschlands mit Fahrrädern versorgt, sind aber zur Zeit durch den Mangel an wichtigen Zulieferungsteilen (z. B. Pedale, Speichen usw.) insbesondere aber an Bereifung, in ihrer Fertigung stark gehemmt. Die Zulieferungsteile müssen von Spezialfabriken des Rheinischen Industriegebietes bezogen werden, in den letzten Monaten konnten jedoch infolge der Unklarheiten im Interzonen-Verkehr keine ausreichenden Mengen beschafft werden ... Durch die Unmöglichkeit, die bereits fertiggestellten Fahrräder mit Reifen zu versehen, geraten die Nürnberger Fahrradfabriken immer mehr in bedenkliche finanzielle Schwierigkeiten und trachten danach, ihre Fahrradbestände unbereift abzusetzen."[8]

Die aus der NS-Zeit stammenden Vorräte, die Erhard in seinem Gutachten als wichtigen Aktivposten für eine wirtschaftliche Belebung bezeichnet hatte, gingen nach einigen Monaten zu Ende. Maurermeister, die sich vor Aufträgen kaum retten konnten, mußten oft abwinken, weil Bauholz, Kalk und Zement knapp waren. Schreiner und Tischler machten sich unbeliebt, weil sie nicht termingerecht lieferten; ihnen mangelte es an Leimen und Metallbeschlägen. Im Sommer 1945 traten auch Engpässe bei der Versorgung mit Kohle auf. Zahlreiche Stockungen im Verkehrswesen trugen dazu bei, außerdem forderten auch hier die Zonengrenzen ihren Tribut. Im Ruhrgebiet und im mitteldeutschen Kohlegebiet war nämlich die amerikanische Besatzungsmacht von den Briten und Sowjets abgelöst worden, die natürlich zuerst an die Versorgung ihrer eigenen Zonen dachten. „Damit stehen wir vor ganz neuen Tatsachen", so lautete der Kommentar des Ansbacher Regierungspräsidenten[9]. Nicht einmal die wichtigsten Betriebe und öffentlichen Einrichtungen erhielten ausreichend Brennstoff. „Die Kohlenlage ist als katastrophal zu bezeichnen. Nur mit Hilfe der amerikanischen Militärregierung ist es zur Zeit möglich, die Ernährungsbetriebe – und auch hier nur zum Teil – mit Brennstoffen zu versorgen", schrieb das Fürther Stadtoberhaupt schon am 3. Juli 1945 an den Regierungspräsidenten[10]. Die immer wieder als Retter in der

---

[7]   Military Government Headquarters, Ober- und Mittelfranken, an Director of OMGB, 5. November 1945, in: NA, RG 260, 10/81-3/8.

[8]   Bericht des Regierungswirtschaftsamtes für Ober- und Mittelfranken, 21. Dezember 1945, in: BayHStA, MWi 9625.

[9]   Besprechung des RegPräs mit OB und LR, 9. Juli 1945, Prot. in: Stadtarchiv Ansbach, ABc T/5/3.

[10] In: Stadtverwaltung Fürth, EAP 4.

Not angerufene Militärregierung konnte freilich nicht immer helfen. Auf dem Lande mußten deshalb Bäckereien zeitweise schließen, der Betrieb der Schlachthöfe war gefährdet. Stadtväter und Dorfbürgermeister dachten angesichts des Mangels an Hausbrand mit Schrecken an den Winter. „Die Herbeischaffung von Kohle ist", so das Ansbacher Wirtschaftsamt, „heute oberstes Gebot."[11]

Im selben Zeitraum wurden die wirtschaftlichen Grundsätze des Potsdamer Protokolls vom 2. August 1945 bekannt, die in krassem Gegensatz zur bisherigen, überwiegend konstruktiven amerikanischen Politik standen. Sie lasen sich so, als läge es in der Absicht der Alliierten, Deutschlands Notlage zu verewigen. Die Siegermächte beanspruchten die deutsche Kriegs- und Handelsflotte sowie das gesamte Auslandsvermögen und befahlen die Demontage eines großen Teils der deutschen Industrieanlagen. U.a. hieß es im Potsdamer Protokoll: „In praktisch kürzester Frist ist das deutsche Wirtschaftsleben zu dezentralisieren mit dem Ziel der Vernichtung der bestehenden übermäßigen Konzentration der Wirtschaftskraft, dargestellt insbesondere durch Kartelle, Syndikate, Trusts und andere Monopolvereinigungen ... Bei der Organisation des deutschen Wirtschaftslebens ist das Hauptgewicht auf die Entwicklung der Landwirtschaft und der Friedensindustrie für den inneren Bedarf (Verbrauch) zu legen."[12] Am 28. März 1946 nahm der Alliierte Kontrollrat nach langen Verhandlungen einen Industrieplan an, der jedem verdeutlichte, was sich hinter den unbestimmten Potsdamer Beschlüssen verbarg. Danach sollte die zukünftige deutsche Industrieproduktion auf 50 bis 55 Prozent des Standes von 1938 festgesetzt werden; das ensprach etwa dem Niveau des Krisenjahres 1932, als im Deutschen Reich sechs Millionen ohne Arbeit gewesen waren und ein Drittel aller Deutschen von öffentlichen Mitteln gelebt hatte[13].

In der zweiten Hälfte des Jahres 1945 traten auch die Mängel des aus der NS-Zeit stammenden Bewirtschaftungssystems, das die Alliierten beibehalten hatten, offen zutage. In der amerikanischen Zone fehlte für eine konsequente Lenkung von Produktion und Verteilung in der Industrie „jede organisatorische Voraussetzung"[14]. Knappe Güter sollten durch die Wirtschaftsministerien der Länder verteilt werden; bei der Vergabe von Roh- und Hilfsstoffen legte man einen sehr groben Verteilungsschlüssel an. Das Ergebnis war dürftig: Die Belieferung der Betriebe mit Kohle, Eisen oder Textilien ähnelte einem Lotteriespiel. Alles, was an Anweisungen von oben komme, sei nicht Wirtschafts-, sondern „Luftpolitik"[15], spottete deshalb der Leiter des Ansbacher Wirtschaftsamtes. Schon im Herbst 1945 wurde deutlich: Der von namhaften Experten im Frühjahr 1945 für möglich gehaltene rapide Aufschwung würde nicht eintreten; selbst die Anzeichen einer leichten Besserung schienen angesichts unüberwindlicher Probleme sehr gefährdet.

---

[11] Bericht des Ansbacher Wirtschaftsamtes, 3. Juli 1945, in: Stadtverwaltung Ansbach, EAP 022-95/19.
[12] Ernst Deuerlein (Hrsg.), Potsdam 1945. Quellen zur Konferenz der „Großen Drei", München 1963, S. 357.
[13] Vgl. Eschenburg, Jahre der Besatzung, S. 271 f.
[14] Abelshauser, Wirtschaft in Westdeutschland, S. 73.
[15] Monatsbericht des Ansbacher Wirtschaftsamtes, 25. Januar 1946, in: Stadtarchiv Ansbach, ABc T/5/6.

2. Ansätze zu einer Säuberung der Wirtschaft: Gesetz Nr. 8 und Treuhänderwesen

Die Reihe der Hindernisse, die einer schnellen wirtschaftlichen Erholung im Wege standen, wurde im Herbst 1945 noch durch eine Maßnahme der Militärregierung erweitert: die Säuberung der Wirtschaft nach Gesetz Nr. 8 („Verbot der Beschäftigung von Mitgliedern der NSDAP in geschäftlichen Unternehmen und für andere Zwecke, mit Ausnahme der Beschäftigung als gewöhnliche Arbeiter")[16]. Dieses Gesetz erstickte nach Meinung des Fürther Landrats jede „Initiative für einen erfolgreichen Wiederaufbau"[17]. Seine Veröffentlichung am 29. September 1945, so urteilte die Fürther Militärregierung in ihrem Jahresbericht vom 20. Juni 1946, „verursachte die größte Bestürzung, die bis dahin ein Befehl der Besatzungsmacht hervorgerufen hatte"[18].

Lucius D. Clay persönlich hatte dies heraufbeschworen. Er gab im Sommer 1945 eine Direktive in Auftrag, derzufolge auch „Nazis oder Militaristen in der Wirtschaft, im Handwerk und in anderen Berufen", die bis dahin – anders als die Parteigenossen im öffentlichen Dienst – von Entnazifizierungsmaßnahmen weitgehend verschont geblieben waren, härter angefaßt werden sollten. Diese sollten nun keine Möglichkeit mehr haben, „Reichtum, Macht und Einfluß nur deshalb zu erhalten, weil sie kein öffentliches Amt oder eine Position in einem großen finanziellen oder industriellen Unternehmen innehatten"[19]. Gesetz Nr. 8, das daraufhin erlassen wurde, verpflichtete jedes Unternehmen, Mitglieder der NSDAP oder einer der ihr angeschlossenen Organisationen sofort aus „beaufsichtigenden oder leitenden Stellungen" zu entlassen. Andernfalls würde das Unternehmen von der Militärregierung geschlossen und der „Täter durch ein Gericht der Militärregierung nach dessen Ermessen mit jeder gesetzlich zulässigen Strafe bestraft"[20].

Die Deutschen in der mittelfränkischen Provinz hatten dem Problem einer politischen Säuberung der Wirtschaft bis dahin keine größere Beachtung geschenkt. In den vielen kleinen Betrieben war die Konfrontation in der NS-Zeit nur in Ausnahmefällen so scharf gewesen, daß es nach dem Zusammenbruch des NS-Regimes zu einer Welle von Abrechnungen gekommen wäre. Ob ein Kollege bei der NSDAP gewesen war oder nicht, spielte im innerbetrieblichen Umgang keine ausschlaggebende Rolle, vorausgesetzt freilich, daß er „anständig" geblieben war. Anders dagegen die Situation in den größeren Betrieben Nürnbergs und Fürths. Hier waren im Frühjahr 1945 einige verhaßte Betriebsführer von CIC inhaftiert worden, andere wagten sich nicht mehr an ihre Arbeitsplätze zurück. Außerdem hatten sich überall sozialdemokratische und kommunistische Betriebsräte gebildet, die NSBO-Funktionäre und leitende Angestellte, die in den zurückliegenden Jahren die Belegschaft schikaniert hatten, vor die Tür setzten. In Nürnberg beispielsweise galten im Juli 1945 alle großen Industriebe-

---

[16] Zu Entstehungsgeschichte und Inhalt von Gesetz Nr. 8 und zu Ausführungsbestimmung Nr. 1 vgl. Niethammer, Entnazifizierung, S. 240–245. Vgl. auch den Gesetzestext, in: Sammlung Hemken.
[17] LR Fürth, Monatsbericht vom 25. Februar 1946, in: StA Nürnberg, LRA Fürth (1962), Nr. 40/2.
[18] In: NA, RG 260, 10/81-1/5.
[19] Niethammer, Entnazifizierung, S. 157.
[20] Gesetz Nr. 8, in: Sammlung Hemken.

triebe als gesäubert; in einem Werk war man sogar so weit gegangen, alle Mitglieder
der NSDAP und ihrer Gliederungen zu entlassen. Die Firma sei „nazirein", meldete
daraufhin der Betriebsrat an die Militärregierung[21].

Gesetz Nr. 8 markierte den Höhepunkt der überzogenen amerikanischen Säuberungspolitik. Konzipiert, um eine Gleichbehandlung von Mitgliedern des öffentlichen
Dienstes und der freien Wirtschaft zu garantieren, mußte es freilich in seiner Pauschalität nur neue Ungerechtigkeiten schaffen. Betroffen waren nun nicht mehr nur Pgs,
die vor 1937 in die NSDAP eingetreten waren, sondern alle Parteigenossen – der
„Alte Kämpfer" ebenso wie der „Märzgefallene" und das NSDAP-Mitglied seit 1942[22].
Wieder hatte es die Militärregierung – wie schon beim Erlaß der Juli-Direktive, die
ganze Heerscharen von Beamten und Angestellten um ihre Arbeitsplätze brachte – in
erster Linie darauf abgesehen, die amerikanische Öffentlichkeit zu beruhigen und der
heimischen Presse keinen Anlaß zur Kritik an mangelndem Säuberungseifer zu liefern. Ob sie dadurch der deutschen Realität während der NS-Zeit gerecht wurde, war
ihr einige Monate nach der Kapitulation verständlicherweise weniger wichtig.

Daß die Militärregierung vor der Radikalität ihres eigenen Gesetzes selbst etwas zu-
rückschreckte, zeigte sich freilich schon wenig später, als sie eine Ausführungsbestimmung erließ, in der es hieß: „Wer behauptet, daß er ... zu Unrecht entlassen ... worden
ist, kann bei dem Oberbürgermeister oder Landrat ... Vorstellung erheben." Über
diese „Vorstellung befindet in erster Linie der Prüfungsausschuß, der für jeden Kreis
vom Oberbürgermeister oder Landrat mit Genehmigung und unter Aufsicht der Militärregierung eingesetzt wird." Damit war ein wesentliches Ziel erreicht, das alle deutschen Politiker seit Beginn der politischen Säuberung angestrebt hatten, nämlich die
Beteiligung der Deutschen an den Säuberungsmaßnahmen der Militärregierung[23].

Der deutschen Öffentlichkeit blieb dieser bedeutende Fortschritt zunächst verborgen, ihre Aufmerksamkeit war anderweitig abgelenkt. An den Stammtischen, beim
Einkaufen und im Kreis der Familie diskutierte man gerade aufgeregt über die Massenentlassungen aus dem öffentlichen Dienst und die Einsetzung von Treuhändern,
die – wie bald gezeigt wird – vielen kleinen Geschäftsleuten und Handwerksmeistern
drohte. Mußten jetzt auch noch Vorarbeiter, Geschäftsführer und Abteilungsleiter um
ihre Posten zittern, fragte man sich besorgt. Die Anweisungen seien „scharf und
streng", betonte Ansbachs Oberbürgermeister im Beratenden Ausschuß der Stadt.
„Ich kann mir vorstellen", fügte er hinzu, „daß zahlreiche Ansbacher Geschäftsleute,
Gewerbetreibende, Handwerker usw. in den nächsten Wochen Böses erleben werden."[24]

Die allgemeinen Befürchtungen schienen sich zu bestätigen, als die Militärregierung im Oktober 1945 auf Entlassungen in der freien Wirtschaft drängte. Leider lassen uns die Quellen fast ganz im Stich, wenn es gilt, den Personenkreis zu bestimmen,

[21] Vgl. Niethammer, Entnazifizierung, S. 132; vgl. auch Alexander von Plato, Nachkriegssieger. Sozialdemokratische Betriebsräte – Eine lebensgeschichtliche Untersuchung, in: Lutz Niethammer (Hrsg.), „Hinterher
merkt man, daß es richtig war, daß es schiefgegangen ist". Nachkriegs-Erfahrungen im Ruhrgebiet, Berlin/
Bonn 1983, S. 330 ff.
[22] Vgl. Niethammer, Entnazifizierung, S. 240 ff.
[23] Vgl. dazu auch S. 116; Beleg für die Ausführungsbestimmung in Anm. 16.
[24] So Schregle am 9. Oktober 1945 im Beratenden Ausschuß der Stadt; Prot. der Sitzung, in: Stadtverwaltung
Ansbach, Registratur des OB.

der unter die neue Säuberungsmaßnahme fiel. Uns bleibt deshalb verborgen, ob und wieviele Vorarbeiter und Betriebsleiter, die in den zurückliegenden Jahren den „Nazi" herausgekehrt, Spitzeldienste geleistet oder Fremdarbeiter traktiert hatten, ihre Stellen verloren. Lediglich in den Unterlagen des Landratsamtes Fürth finden sich einige Anhaltspunkte, die vermuten lassen, daß Gesetz Nr. 8 im mittelständischen und bäuerlich-ländlichen Milieu eher harmlose Parteigenossen betraf, mit deren Entlassung kaum jemand einverstanden war. In Ammerndorf erhielt beispielsweise der Geschäftsführer einer kleinen, für die Marktgemeinde aber wichtigen Schmiede- und Reparaturwerkstätte die fristlose Kündigung. Der neue Bürgermeister, der den Mann kannte und wie viele andere gegen die Entlassung protestierte, schilderte den Fall so: „In dem Betrieb werden nur Reparaturen durchgeführt, die für die Erhaltung der landwirtschaftlichen Betriebe in Ammerndorf von lebenswichtiger Bedeutung sind. Nach jetzt erfolgter Entlassung des Hans *Berthal* ist der Betrieb nicht mehr in der Lage die Reparaturen für die Bauern auszuführen, da dem Betrieb eine geeignete Ersatzkraft fehlt. In dem Betrieb arbeiten jetzt nur noch ein Geselle, der erst am 13.8.45 eingetreten ist, und ein Lehrling im ersten Lehrjahr. Ein anderer Betrieb ist in Ammerndorf nicht vorhanden, der in der Lage wäre, alle Arbeiten eines Dorfschmiedes und alle Reparaturen an landwirtschaftlichen Maschinen und allen Fahrzeugen und Kraftfahrzeugen durchzuführen."[25] Wenn man den Geschäftsführer schon bestrafen wollte, so dachten die Bauern, dann sollte man ihn zu Arbeiten für die Allgemeinheit verurteilen, anstatt ihn zu entlassen und damit auch die Bauern der Umgebung zu schädigen.

Im benachbarten Zirndorf wirbelte der Fall des Mechanikermeisters Michael *Almer* viel Staub auf. *Almer,* der seit 1928 bei der Firma Röschlein, Präzisionswerkzeuge und Maschinenbau, beschäftigt war, verlor seinen Arbeitsplatz, obwohl er nur Parteianwärter gewesen war[26]. Und in Cadolzburg erregte man sich darüber, daß ein tüchtiger Schlossermeister seinen Betrieb einem Treuhänder übergeben mußte. Der neue Bürgermeister beschwerte sich deshalb: „Der Schlossermeister Hans *Hart* ist arm geboren, ist Absolvent der Kunstschule Nürnberg, ein sehr begabter Mann, hat sich unter den größten finanziellen Schwierigkeiten eine selbständige Existenz gegründet, hat nebenbei eine kinderreiche Familie, also neben den Geschäftssorgen noch familiär schwer zu kämpfen, ist Mitglied der NSDAP geworden, um das Geschäft halten zu können, und ist schließlich gezwungen, dasselbe in andere Hände zu geben."[27] Vorsichtig fügte er noch hinzu: „Wir leben wieder in einem Staat, in dem es möglich ist, die Wahrheit zu sagen und der freien Meinung Ausdruck zu geben." Wenn er im Fall *Hart* Partei ergreife, so auch deshalb, weil er sich frage, ob bei der „restlosen Entnazifizierung der Gewerbetreibenden nicht doch die Allgemeinheit am meisten geschädigt" sei. Er stand damit nicht allein.

Eine ganze Reihe von Betriebsinhabern und Geschäftsführern ließ es aber gar nicht erst bis zur Entlassung kommen. Nach den zahlreichen Entlassungen im öffentlichen Dienst hatten sie erkannt, daß es der Besatzungsmacht ernst war mit der politischen Säuberung. Sie wußten deshalb nach Erlaß von Gesetz Nr. 8 sofort, was die Stunde geschlagen hatte und trafen entsprechende Vorkehrungen. Der Mühlenbaumeister Mi-

---

[25] Fallakten in: LRA Fürth, EAP 150/7.
[26] Ebenda.
[27] Bürgermeister von Cadolzburg an LR Fürth, 31. Dezember 1945, in: StA Nürnberg, LRA Fürth (1962), Nr. 1135.

chael *Sommer* aus Ammerndorf beispielsweise trat, noch bevor er seinen Posten räumen mußte, aus der Leitung seines Betriebes zurück und bestellte den Schreinermeister Fritz *Sommer,* mit dem er weitläufig verwandt war, zum offiziellen Geschäftsführer. Er selbst arbeitete in seinem Betrieb als Gehilfe weiter, behielt aber alle Fäden in der Hand[28].

Schlaue Vorarbeiter und Betriebsinhaber wie *Sommer* hatten bei ihren Versuchen, Gesetz Nr. 8 zu umgehen, häufig leichtes Spiel, denn das Gesetz hatte gravierende Mängel. Es war so vage formuliert worden, daß ein endloser Streit entstand, wer nun eigentlich betroffen war. Mußten nur Geschäftsführer und leitende Angestellte oder auch Geschäftsinhaber entlassen werden? Bezog sich das Gesetz nur auf Angestellte in Betrieben unter 10 Beschäftigten oder auf Angestellte aller Betriebe? Konnten die Betroffenen in ihren Betrieben als einfache Arbeiter verbleiben oder mußten sie ausscheiden, damit ihr verderblicher Einfluß auf die Geschäftsführung ganz ausgeschaltet war[29]? In den Rathäusern und Landratsämtern, die für die Ausführung der Säuberungsrichtlinie sorgen sollten, herrschte bald eine babylonische Verwirrung. Die Sachbearbeiter mochten fragen, wen sie wollten, die Antworten lauteten immer verschieden. Regierungspräsident Schregle stellte dazu in seinem Monatsbericht an die bayerische Staatsregierung vom 18. Dezember 1945 fest: „Die Auslegung und Handhabung des Gesetzes ist örtlich sehr verschieden, je nach Einstellung der örtlichen Militärregierung und der örtlichen Dienststellen und Prüfungsausschüsse. Die Herausgabe von einheitlichen Richtlinien durch die überörtliche Militärregierung wäre erwünscht."[30] Die Industrie- und Handelskammer Nürnberg pochte in einem siebenseitigen Gutachten für das bayerische Wirtschaftsministerium ebenfalls auf Anordnungen, die „in der Form klar und einfach, nicht aber undeutlich und mißverständlich" seien[31].

Das war es aber nicht allein. Die Militärregierung erkannte zu spät, daß der Kreis der Betroffenen wieder einmal zu weit gezogen war und die Detachments vor Ort, die schon alle Hände voll zu tun hatten, die Säuberung des öffentlichen Dienstes voranzutreiben, für eine Entnazifizierung des Gewerbelebens nicht eingerichtet waren. Mit beiden Aufgaben gleichzeitig betraut, konnten sie nur improvisieren – mit der Folge, daß vieles einfach dem Zufall überlassen blieb: Ein Schuster aus Langenzenn mußte seinen Zwei-Mann-Betrieb schließen, während sein Kollege aus dem Nachbarort mit der gleichen Belastung weiterarbeiten durfte. Ein Betrieb hatte Gesetz Nr. 8 bereits

---

[28] LRA Fürth, EAP 150/7. Als sich solche Praktiken überall einbürgerten, schritten Anfang November 1945 das bayerische Arbeitsministerium und die Militärregierung in München energisch ein und versuchten, die Mißstände zu beheben. Vgl. Niethammer, Entnazifizierung, S. 245.

[29] Vgl. dazu OB Fürth an RegPräs, 12. Dezember 1945, in: StA Nürnberg, Reg von Mittelfranken (1978), Nr. 3367; RegPräs an die LR und OB von Mittel- und Oberfranken, 28. Januar 1946, in: Ebenda.

[30] Monatsbericht in: BayHStA, Reg von Mittelfranken, Berichterstattung 1945, AZ 1–64, Bd. 7. Vgl. auch die Diskussion der Landräte und Oberbürgermeister Ober- und Mittelfrankens mit dem Regierungspräsidenten auf ihrer monatlichen Tagung vom 10. Dezember 1945, Prot. in: StA Nürnberg, LRA Scheinfeld, Nr. 367. Diese Konfusion steigerte sich noch, als die Militärregierung von Ober- und Mittelfranken ihren Kurs auch nach dem Erlaß des Gesetzes zur Befreiung von Nationalsozialismus und Militarismus im März 1946 beibehielt (vgl. dazu Monatsbericht des Wirtschaftsamts der Stadt Ansbach vom 25. März 1946, in: Stadtarchiv Ansbach, ABc T/6/5), obwohl darin eindeutig festgelegt war, daß Belastete mit kleineren Betrieben (unter 10 Mann) weiter auf ihren Posten bleiben konnten und nicht unter das Beschäftigungsverbot fielen. Noch im Sommer 1946 waren die Unsicherheiten nicht gänzlich ausgeräumt. Vgl. LR Fürth an Staatsminister für Sonderaufgaben, 7. Juni 1946, in: LRA Fürth, EAP 150/7.

[31] Gutachten vom 26. November 1945 (gerichtet an das bayerische Wirtschaftsministerium), in: StA Nürnberg, Reg von Mittelfranken (1978), Nr. 3367.

durchgeführt, ein anderer noch nicht einmal die Ausführungsbestimmungen erhalten. Außerdem zeigte sich in konkreten Einzelfällen häufig, daß den örtlichen, mit den Verhältnissen vertrauten Militärregierungsoffizieren eine scharfe Entnazifizierung weniger am Herzen lag als das Funktionieren der Wirtschaft[32]. Vor die Entscheidung gestellt, einen belasteten, im Betrieb aber unabkömmlichen Parteigenossen zu entlassen oder dem Einspruch des Prüfungsausschusses stattzugeben, erteilten sie oft zeitweilige Arbeitsgenehmigungen. So erging es beispielsweise einem technischen Zeichner bei der Firma Matthias Oechsler und Sohn aus Ansbach, der nach Kriegsende unbehelligt seinen Beruf ausüben konnte, obwohl er zu den prominenten Parteigenossen der Stadt gehört hatte. Er verdankte dies seinem Chef, der einige Besatzungsoffiziere davon überzeugte, daß die Produktion der Firma ohne den Zeichner nicht anlaufen könne[33].

Die Auswirkungen blieben so gering: In ganz Bayern wurden etwa 12 000 Entlassungen ausgesprochen, in Ansbach verloren nur 51 Personen ihren Posten[34]. Im Frühjahr 1945 war das Gesetz obsolet, gewissermaßen überholt vom Gesetz zur Befreiung von Nationalsozialismus und Militarismus[35]. Auch für „Nazis und Militaristen in der Wirtschaft" sollten nun die Spruchkammern zuständig sein. Der Sonderweg einer politischen Säuberung, den man mit Gesetz Nr. 8 eingeschlagen hatte, erwies sich so schon bald als Sackgasse und war alles in allem nur eine Episode in der Geschichte der Entnazifizierung im besetzten Deutschland.

Die Aufregung über Gesetz Nr. 8 wäre vielleicht – wie schon angedeutet – weniger groß gewesen, wenn die amerikanische Militärregierung nicht kurz nach dem Einmarsch ihrer Streitkräfte – gestützt auf Militärregierungsgesetz Nr. 52 – alle „großen wirtschaftlichen Werte und Machtmittel" im Besitze der NSDAP und des Deutschen Reiches sowie das Vermögen abwesender nichtdeutscher bzw. deutscher Staatsangehöriger (etwa Emigranten) und politisch belasteter Parteigenossen unter Kontrolle gestellt und für unbestimmte Zeit sogenannten Treuhändern anvertraut hätte[36]. Allein in Ansbach befanden sich über 100 Vermögenseinheiten unter Kontrolle; darunter beispielsweise 142 Hektar Übungsgelände der Wehrmacht, 50 000 kg Papier der Fränkischen Zeitung, die 1945 ihr Erscheinen einstellen mußte, die Fleischwerke Schafft, aber auch Wohnhäuser, Betriebe und Grundstücke der örtlichen NS-Prominenz; etwa das Wohnhaus des früheren Kreispropagandaleiters Georg Bezold und die Werkstatt des früheren Ortsgruppenleiters Hans Hagelauer[37]. In ganz Bayern standen 1947 rund 26 000 Vermögenseinheiten im Werte von immerhin sechs Milliarden Reichsmark unter Treuhänderschaft, etwa ein Drittel davon war Vermögen von politisch belasteten Personen[38]. In bürgerlichen Kreisen und vor allem in der gewerblichen Wirtschaft

---

[32] Vgl. dazu allgemein Niethammer, Entnazifizierung, S. 244 ff.

[33] Mündliche Mitteilung von Albert Oechsler vom 17. August 1983.

[34] Rund 8 700 Betriebe waren von dieser Maßnahme betroffen. Vgl. den Bericht des Arbeitsministeriums über den Stand der Entnazifizierung der Betriebe in Bayern vom 10. Februar 1946, in: BayHStA, Arbeitsministerium (1978), Nr. 3231/32. Vgl. Arbeitsamt Ansbach an Landesarbeitsamt Franken, 25. März 1946, in: Ebenda.

[35] Vgl. dazu ein Schreiben des bayerischen Wirtschaftsministers Ludwig Erhard vom 15. April 1946, in: StA Nürnberg, Reg von Mittelfranken (1978), Nr. 3367.

[36] Gesetz Nr. 52, in: Sammlung Hemken.

[37] Undatierte Aufstellung über „Property taken under control", in: NA, RG 260, 9/144-1/16.

[38] Vgl. Bayerischer Staatsanzeiger vom 17. Mai 1947.

hielt man diese Maßnahme der Militärregierung für den ersten bedeutsamen Schritt zu einer gesellschaftlichen Umwälzung und verteufelte sie entsprechend. Von „stiller Sozialisierung"[39] sprachen die einen. Es drängten sich die „übelsten" Elemente als Treuhänder auf und es „passierten die gleichen Dinge wie bei der Arisierung"[40], meinten die anderen, während die politisch Verfolgten hofften, das beschlagnahmte Vermögen werde dazu dienen, die „Opfer des Faschismus in gebührender Form zu entschädigen"[41].

Die Einsetzung der Treuhänder lag zunächst ganz in den Händen der Militärregierung, die in der ersten Phase der Besatzungszeit im Troß der Streitkräfte mitziehende DP's und viele Juden, die die Schrecken der KZs überstanden hatten, zu Treuhändern machte. Die Ausländer waren in vielen Gegenden alles andere als gern gesehene „Gäste". Zur Befürchtung, das eigene Hab und Gut sei bedroht, kamen die Angst vor einer Überfremdung und antisemitische Ressentiments. „Es sind mir aus einigen Landkreisen beredte Klagen zugegangen darüber", so Regierungspräsident Schregle in einer Besprechung mit den Landräten und Oberbürgermeistern seines Regierungsbezirks am 11. März 1946, „daß sich polnische Juden in einem überaus großen Umfang als Treuhänder ... einnisten. Von einer Gemeinde, die bisher rein katholisch war, wird mir berichtet, daß dort 49 polnische Juden aufgekreuzt sind und mehrere von ihnen sich angeblich mit einer Legitimation der Militärregierung als Treuhänder eingesetzt haben."[42] Da außerdem auch zahlreiche Konjunkturritter und anderes Gelichter, das sich um die Besatzungsmacht scharte, in einflußreiche Posten gelangten und dort entsprechend abkassierten, braute sich fast überall große Mißstimmung gegen die Treuhänder zusammen. Manche Treuhänder brachten ihre ganze Familie mit und verdrängten die Geschäftsinhaber nicht nur aus den Betrieben, sondern auch aus den Wohnungen. Im Landkreis Hof machte der Treuhänder einer Papierfabrik von sich reden, er hatte sich ein hohes Gehalt ausbedungen und gleichzeitig festgelegt, „daß alle fälligen Einkommenssteuern und Abgaben von dem Inhaber der Papierfabrik ... geleistet werden müßten". Außerdem „beanspruchte er für sich 1 Prozent vom Umsatz"[43]. Der erste Treuhänder der Fleischwerke Schafft sah in seiner neuen Aufgabe offensichtlich die Chance seines Lebens; er verschob zusammen mit dem Geschäftsführer 170 000 kg Fleisch[44]. „Viele von diesen Treuhändern", so faßte Regierungspräsident Schregle seine Erfahrungen zusammen, „erblicken die ihnen von der Besatzungsmacht übertragene Aufgabe darin, im Geschäft zu erscheinen, mit der deutlich

---

[39] So Württemberg-Badens Justizminister Beyerle (CDU) in einem Schreiben vom 25. Juni 1946. Zit. nach AVBRD, Bd. 1, S. 579.

[40] So Ehard im bayerischen Ministerrat vom 24. Oktober 1945, in: IfZ-Archiv, ED 120/354.

[41] „Gedanken über die Verwaltung des Nazivermögens, welches dem Landesamt für Vermögensverwaltung und Wiedergutmachung durch Eigentumsentzug zufällt, sowie über die Nutzbarmachung des treuhänderisch zu verwaltenden jüdischen Vermögens im Interesse der Allgemeinheit" von Staatskommissar Philipp Auerbach vom 3. Januar 1947, in: BayHStA, MWi 12031.

[42] Prot. in: StA Nürnberg, LRA Scheinfeld, Nr. 367. Der Landrat von Pegnitz ergänzte: „Es sind nicht nur allein die bereits ansässigen polnischen Juden zugezogen worden, sondern der Vertrauensmann der polnischen Juden hat noch aus Galizien Juden kommen lassen ... Sie sind von der Militärregierung als Treuhänder gegen unseren Willen und ohne jedes Wort der Verhandlung eingesetzt worden."

[43] LR Hof an RegPräs, 3. Januar 1946, in: StA Nürnberg, Reg von Mittelfranken (1978), Nr. 3602. Vgl. auch Besprechung des RegPräs mit OB und LR, 8. April 1946, Prot. in: Ebenda, LRA Scheinfeld, Nr. 367.

[44] Vgl. dazu Anm. 63.

bekundeten Absicht, sich in den *Besitz* des Geschäfts zu setzen, sei es als Eigentümer oder Pächter."[45]

Um die Jahreswende 1945/46 befaßten sich das bayerische Kabinett und der süddeutsche Länderrat in Stuttgart mit dem Thema, das mittlerweile schon sehr viel böses Blut verursacht hatte. Man war sich einig: Die leidige Angelegenheit sollte so bald wie möglich in deutsche Hände übergehen, da die Militärregierung allem Anschein nach nicht in der Lage war, die Mißstände zu beseitigen. Schon in der Sitzung des bayerischen Kabinetts vom 7. Januar 1946 berichtete Ludwig Erhard, daß die Wirtschaftsminister der US-Zone einen Gesetzentwurf ausgearbeitet hätten, der von den Ministerpräsidenten bei der nächsten Zusammenkunft verabschiedet werden könne[46]. Der von Geiler, Hoegner und Maier in Stuttgart abgesegnete Entwurf[47] ging aber noch von Ausschuß zu Ausschuß, und als er schließlich die allgemeine Zustimmung gefunden hatte, war er überholt. Die amerikanische Property Control-Abteilung hatte nämlich in der Zwischenzeit einen Teil ihrer Befugnisse auf deutsche Verwaltungsstellen (Landesamt für Vermögensverwaltung und Wiedergutmachung) übertragen, die nun im Gesetz berücksichtigt werden mußten. Den neuerlichen Vorschlag des Länderrats lehnte die Militärregierung am 28. August 1946 ab, weil ihr die deutschen Vorstellungen, die Vermögensverwaltung in die Kompetenz der Gerichte zu geben, zu weit gingen[48]. „Über dem Treuhändergesetz leuchtet kein guter Stern", so kommentierte Hans Ehard[49] die Verzögerungen.

Anfang Februar 1947 waren dann endlich alle Meinungsverschiedenheiten ausgeräumt, und am 29. Mai 1947 stimmten alle Parteien des bayerischen Landtags dem Länderratsentwurf zu[50]. In Bayern erfolgte künftig die Bestellung, Beaufsichtigung und Abberufung der Treuhänder durch das Bayerische Landesamt für Vermögensverwaltung und Wiedergutmachung, das in allen Stadt- und Landkreisen Nebenstellen unterhielt. Zum Treuhänder konnte nur bestellt werden, „wer die Gewähr bietet, daß er die ihm anvertrauten Interessen uneigennützig wahrnimmt, und die im Einzelfall erforderliche Eignung nachweist". Außerdem mußten die Treuhänder über jeden Schritt Rechenschaft ablegen. Fehlerhafte Geschäftsführung zog hohe Geld- und Gefängnisstrafen nach sich[51].

In der Praxis brachte das neue Treuhändergesetz, das die Politiker so lange beschäftigt hatte, keine größeren Neuerungen. Es stellte lediglich auf eine rechtliche Basis, was sich seit der Jahreswende 1945/46 aus dem improvisierten Zusammenspiel von deutscher Verwaltung und amerikanischer Militärregierung ergeben hatte. Bereits

---

[45] Besprechung des RegPräs mit OB und LR, 8. April 1946, Prot. in: StA Nürnberg, LRA Scheinfeld, Nr. 367. Vgl. auch IfZ-Archiv, ED 120/356 und RegPräs an bay. Staatsregierung, 19. Mai 1946, in: BayHStA, Reg von Mittelfranken, Berichterstattung 1946, AZ 1–64, Bd. 6. Schregle hob hervor, daß besonders über Treuhänder auf Bauernhöfen geklagt würde: „Sie können von Bauern, deren Betrieb sie treuhänderisch verwalten, nicht zusätzlich Butter, Eier, Fett, Fleisch, Brennholz usw. verlangen. Wenn diese Mißstände nicht abgestellt werden, können die Bauern ihrer Ablieferungspflicht nicht mehr nachkommen."
[46] IfZ-Archiv, ED 120/356.
[47] Vgl. AVBRD, Bd. 1, 235 f.
[48] Zu den Auseinandersetzungen um das Treuhändergesetz vgl. ebenda, S. 578 f. und Major William Kane (RGCO) an die Mitglieder des Rechtsausschusses beim Länderrat, 4. September 1946, in: BayHStA, MF 67.
[49] So Ehard in der 16. Tagung des Länderrats des amerikanischen Besatzungsgebiets in Stuttgart am 8. Januar 1947. Zit. nach AVBRD, Bd. 2, S. 92.
[50] Vgl. 17. Sitzung des Bayerischen Landtags vom 29. Mai 1947, Sten. Berichte, S. 509.
[51] Vgl. den Gesetzestext, in: BGVBl. 12/1947.

damals hatte es sich die Militärregierung – selbst empört über die Mißgriffe bei der Auswahl der Treuhänder – zur Regel gemacht, die Bestellung und Kontrolle der Treuhänder de facto den Landräten und Oberbürgermeistern zu überlassen und sich selbst nur noch die formelle Einsetzung vorzubehalten[52]. Da man in den Rathäusern und Landratsämtern nach den vorangegangenen schlechten Erfahrungen wußte, daß diese Aufgabe viel Fingerspitzengefühl erforderte, waren die Ratsherren sehr darauf bedacht, nur zuverlässige und politisch einwandfreie Personen zu gewinnen. Ansbachs Oberbürgermeister sicherte sich nach allen Seiten ab und „vergesellschaftete" mit Zustimmung der Militärregierung alle unter Vermögensverwaltung fallenden Betriebe. „Nach einer Vereinbarung mit der Militärregierung übernimmt die Stadtverwaltung in jedem einzelnen Fall die Treuhänderschaft für die in Frage kommenden Firmen und schlägt der Militärregierung einen geeigneten Treuhänder vor"[53], berichtete der Oberbürgermeister am 4. Januar 1946 an den Regierungspräsidenten.

So geprüft übernahm beispielsweise August Ströhlein[54] aus Ansbach den Posten eines Treuhänders. Ströhlein, ein Maschineningenieur, verdankte sein Amt dem Zufall. Als er sich 1945 im Ansbacher Rathaus nach einer Anstellung erkundigte, verwies man ihn an den Leiter des Wirtschaftsamtes, der sich in der Stadtverwaltung hauptsächlich um das Treuhänderwesen kümmerte und ständig auf der Suche nach politisch unbelasteten Personen war. Ströhlein war der geeignete Mann; er stammte aus einer politisch liberal eingestellten Familie, hatte selbst der DDP angehört und war nie der NSDAP beigetreten. Nachdem sein Lebenslauf auch von CIC auf das genaueste durchleuchtet worden war, verwaltete er zunächst das kleine Mietshaus des „Alten Kämpfers" Hans *Schreiner* in der Baustraße. Diese Tätigkeit erforderte kaum eine Stunde Arbeit in der Woche. Ströhlein kontrollierte das Mietbuch und sah sich hin und wieder im Haus etwas um. Dem tatkräftigen, aber nicht ausgelasteten Mann kam es deshalb sehr gelegen, daß ihm zusätzlich die Treuhänderschaft bei der Nähseidenfabrik *Messing* und bei der Uniformeffektenfabrik *Feuerlein* angeboten wurde. Die Nähseidenfabrik, die 1945/46 rund 60 Personen beschäftigte, war bis 1933 im Besitz eines Zahnarztes und dessen jüdischer Frau gewesen. Nach der Machtergreifung der NSDAP hatte sich der Zahnarzt scheiden lassen, später erneut geheiratet und die Leitung der Firma seiner neuen Frau übertragen. Als Fall von gleichsam innerfamiliärer Arisierung kam die Fabrik 1945 unter Vermögenskontrolle. Die alte Inhaberin, die den Treuhänder als ernste Bedrohung ihres Besitzes ansah, behandelte Ströhlein zunächst mit großem Respekt und ungewohnter Freundlichkeit und sparte nicht mit Andeutungen über eine eventuelle Beschäftigung Ströhleins in der Firma, wenn die schweren Zeiten erst einmal vorüber wären. Die Sorgen der Inhaberin verflogen aber schnell, als sich herausstellte, daß Ströhlein sich nicht in den Betrieb einzumischen gedachte. Er überließ die Geschäfte dem langjährigen Prokuristen. „Ich selbst", so Ströhlein, „habe etwas in den Akten geblättert, als ob ich auch etwas verstünde."

Während Ströhlein bei *Messing* den Dingen ihren Lauf lassen konnte und nur etwa alle zwei Tage ins Werk kam, gestaltete sich die Treuhänderschaft bei *Feuerlein* schwieriger. Er fungierte in der stillgelegten Effektenfabrik, die einem „Alten Kämp-

---

[52] Vgl. dazu etwa OB Fürth an RegPräs, 12. Dezember 1945, in: StA Nürnberg, Reg von Mittelfranken (1978), Nr. 3367.
[53] OB Ansbach an RegPräs, 4. Januar 1946, in: StA Nürnberg, Reg von Mittelfranken (1978, Zusatz), Nr. 3602.
[54] Mündliche Mitteilung von August Ströhlein vom 26. August 1983.

fer" gehörte, als Geschäftsführer und sorgte für die Verwertung der ausgelagerten und z. T. versteckten Rohstoffe – ein full-time-job, der mit etwa 250,– RM dotiert war. In allen Fällen verstand sich Ströhlein als neutraler Verwalter. Er hütete sich davor, in die eigene Tasche zu wirtschaften. Er dachte aber auch nicht daran – wie manche Verfolgten erwarten mochten –, ohne politischen Auftrag Maßnahmen zu ergreifen, die zur Entschädigung von NS-Opfern beitragen konnten.

Der neutrale Ströhlein war keine Ausnahme. Durch die Einschaltung der Oberbürgermeister und Landräte gelangte das Treuhänderwesen schon bald in ruhigere Bahnen. Der Landrat von Neustadt a.d. Aisch schrieb am 12. Februar 1946: „Besondere Mißstände bei Einsetzung und Amtsführung von Treuhändern sind im Landkreis nicht aufgetreten. Auch das örtliche Handelsgremium berichtet nicht von solchen Fällen im Landkreis, übt vielmehr allgemeine Kritik an der Art, wie sich Ortsfremde und nicht bayerische Personen an solche Posten heranmachen wollen."[55] Die Einsetzung von Treuhändern, so berichtete im Januar 1946 auch der Landrat von Hof, „ist im allgemeinen ohne Reibungen vor sich gegangen. Wirtschaftliche Störungen sind nicht aufgetreten." Der Landrat von Rothenburg ob der Tauber wußte im Februar 1946 nur von zwei Fällen, wo „der von der Militärregierung eingesetzte Treuhänder wegen Mangels an moralischer und fachlicher Eignung wieder entfernt" werden mußte[56]. Und im Herbst 1947 lautete das Resümee des Bayerischen Landesamtes für Vermögensverwaltung und Wiedergutmachung: Der „größte Teil der Treuhänder verwaltet ... das anvertraute Vermögen einwandfrei und bringt durch persönliche Tüchtigkeit, aber auch durch Einschaltung der Behörde manches Unternehmen besser voran als der Eigentümer es vermöchte"[57].

Schon 1946 bestand also kaum mehr Anlaß zur Klage. Gleichwohl wurde „Treuhänder" mehr und mehr zum Reizwort. Seit Mitte des Jahres 1946 die Spruchkammern zu arbeiten begonnen hatten und Kreisleiter, Ortsgruppenleiter sowie andere prominente Nationalsozialisten mit dem Einzug ihrer Häuser, Bauernhöfe und Ersparnisse bestraften, stieg die Zahl der Vermögensobjekte in Treuhänderschaft stetig an: Anfang 1947 waren es 26 000, ein halbes Jahr später über 30 000 und im Juni 1948 erreichte diese Entwicklung mit über 32 600 ihren Höhepunkt. Weit über tausend Industriebetriebe, mehr als 4000 Handels- und Dienstleistungsbetriebe, über 600 Gehöfte und 16 000 Grundstücke standen damals in Bayern unter Kontrolle[58]. Von zwei Seiten her gerieten die Treuhänder nun immer mehr unter Beschuß.

In den Kreisen der politisch Verfolgten konnte man die Enttäuschung nicht länger verhehlen, daß die treuhänderisch verwalteten Vermögen kaum für Entschädigungen der Opfer des Nationalsozialismus genutzt wurden. „Man hat eine Verwaltungsbürokratie geschaffen, mit vielleicht verwaltungsmäßig qualifizierten Beamten, die jedoch den politischen Notwendigkeiten kein Verständnis entgegenbringen können", hieß es

[55] Bericht an die Reg von Ober- und Mittelfranken, in: StA Nürnberg, Reg von Mittelfranken (1978), Nr. 3602.
[56] LR Hof an RegPräs, 3. Januar 1946; LR Rothenburg an RegPräs, 15. Februar 1946, in: StA Nürnberg, Reg von Mittelfranken (1978), Nr. 3602.
[57] Jahresbericht des Bayerischen Landesamtes für Vermögensverwaltung und Wiedergutmachung vom 27. Oktober 1947, in: BayHStA, MWi 9611.
[58] Vgl. dazu Comparative Statistics of Properties under Control by reason for Control, in: Akten der Bezirksfinanzdirektion München (ungeordneter Bestand); vgl. auch Bayern in Zahlen. Monatshefte des Bayerischen Statistischen Landesamts, Heft 10, Okt. 1948, 2. Jg., S. 239.

in einer Denkschrift von Philipp Auerbach, dem Staatskommissar für die Verfolgten des Naziregimes. Es bestehe somit die Gefahr, „daß ernannte Treuhänder als Liebediener ihrer früheren Nazichefs sich als Statthalter der Nazis fühlen und in Erwartung der nächsten Amnestie ihren Chefs das entzogene Gut zurückgeben wollen"[59]. Wesentlich schärfere Kritik kam aus den Reihen von CSU und FDP. Fünf Milliarden Reichsmark (d. h. ein Drittel des bei der Vermögenssteuerveranlagung erfaßten Vermögens) befanden sich Mitte des Jahres 1947 in Bayern unter Treuhänderschaft, in der gesamten US-Zone rund zehn Milliarden[60]. Solche ungeheuren Summen in der Verwahrung einer staatlichen Institution mußten der in bürgerlichen Kreisen nach 1945 latenten Befürchtung, die tradierte Eigentumsordnung sei in Gefahr, gewaltigen Auftrieb verleihen. Außerdem hielten CSU und FDP die staatlichen Treuhänder für unfähig, das verfügbare Kapital unternehmerisch sinnvoll zu nutzen. Aus diesen Motiven heraus empörte sich der CSU-Abgeordnete Krempl 1947 im bayerischen Landtag: Es komme jetzt auf die „Rettung des Volksvermögens" an. Die Wirtschaft habe unter dem „Unwesen des Treuhänderwesens ungeheuer viel gelitten"[61].

Der Gedanke, der die Amerikaner 1945 vornehmlich bewegt hatte, nämlich NS-Vermögen sicherzustellen und politisch Belastete zu bestrafen, spielte jetzt keine Rolle mehr. Überspitzt formuliert: Was als politische Säuberung der Wirtschaft begonnen hatte, war zwei Jahre später zur Säuberung der Wirtschaft von den Treuhändern geworden. Die Träger der amerikanischen Maßnahme waren also, wie schon am Beispiel des Personals der Spruchkammern gezeigt, wieder die Sündenböcke, derer man sich schleunigst entledigen wollte. Mochte derjenige, der einen Treuhänder in seinem Betrieb akzeptieren mußte, ein großer Nationalsozialist oder ein kleiner Mitläufer gewesen sein, diese Frage war nicht so wichtig. Allein die Tatsache, daß Außenstehende oder gar „ortsfremde" Personen plötzlich in alteingesessenen Betrieben und Geschäften den Ton angaben, ging den meisten gegen den Strich. Die Bemühungen, den „mißliebigen Treuhänder oder gar alle Treuhänder schlecht zu machen"[62], um sie dadurch wieder los zu werden, stießen deshalb auf allgemeines Verständnis.

Mit welchen Mitteln man dabei gegen die Treuhänder zu Felde zog, zeigte sich am Beispiel der Fleischwerke Schafft in Ansbach. Ihr Inhaber Georg *Kies,* klein, dynamisch und von gewaltiger Leibesfülle, war einer der reichsten Männer Ansbachs[63]. Nachdem er 1926 den kleinen Metzgereibetrieb mit einem Umsatz von gerade einer Million Reichsmark erworben hatte, begann der Aufstieg zu einer Fleischwarenfabrik mit einem Kundenkreis im ganzen Deutschen Reich, die 1944 mehr als 23 Millionen RM umsetzte. Als unpolitischer Mensch, der sich nur um seinen Betrieb kümmerte, trat *Kies* 1933 der NSDAP bei, nicht zuletzt, so hieß es jedenfalls in der Urteilsbegründung der Spruchkammer, weil ihm dies von seinen „jüdischen Geschäftsfreunden, mit denen er nach wie vor seine freundschaftlichen und geschäftlichen Bindungen aufrecht hielt", geraten worden war. Sein fehlendes Engagement für die nationalsozialistische Idee kreidete man ihm in Parteikreisen an, seine Kontakte zu jüdischen Kaufhäusern trugen ihm 1937 sogar eine heftige Attacke des „Stürmer" ein.

[59] Wie Anm. 41.
[60] Wie Anm. 58.
[61] 17. Sitzung des Bayerischen Landtags vom 29. Mai 1947, Sten. Berichte, S. 507.
[62] Bayerischer Staatsanzeiger vom 17. Mai 1947.
[63] Zum Fall Schafft vgl. Fränkische Landeszeitung vom 17. und 20. Dezember 1947, 10. Januar 1948 und 19. März 1949 sowie Amtsgericht München, Registratur S: Nr. 3.

Die Weste von *Kies* hatte allerdings auch braune Tupfer. In seinem Betrieb gingen NS-Größen ein und aus. Prominente Bonzen bekamen laufend „Repräsentations-Fleisch- und Wurstpakete", *Kies* bedankte sich auf diese Weise für großzügige Aufträge der Wehrmacht. „Ganz Ansbach wußte", so kommentierte später der Herausgeber der Fränkischen Landeszeitung, Wilhelm Wiedfeld, „daß man sich bei Schafft Freunde mit dem rationierten Fleisch" machte. „Vor dem Fleisch dieser Firma sind im Laufe der Zeit viele kleine und große Leute zusammengeklappt, d. h. sie haben ihre persönlichen Grundsätze ... ihre Bürger- und Amtspflichten über Bord geworfen und vom ‚verbotenen Fleisch' gegessen. Das war während der Nazizeit so und nach dem Krieg mit seinem vermehrten Mangel ist es auch so."[64]

Im Sommer 1945 erhielten die Fleischwerke Schafft einen Treuhänder, *Kies* selbst wurde vom Militärgericht in Hersbruck wegen „Nichtanmeldung von Reichseigentum" zu einem Jahr Zuchthaus verurteilt, weil er im Garten seines Hauses acht Kisten mit Fleisch- und Wurstkonserven vergraben und sie später bei der Militärregierung nicht angemeldet hatte. Der erste Treuhänder, der langjährige Buchhalter der Firma, erwies sich – wie schon erwähnt – als Fehlgriff und mußte entlassen werden. Seine Nachfolge trat Ernst Czernohaus an, ein politisch Verfolgter und Flüchtling, der noch kein Jahr in Ansbach ansässig war. Daß er in dem alteingesessenen Betrieb keinen leichten Stand haben würde, dürfte ihm schon nach wenigen Wochen klar gewesen sein. Im Betrieb schnitt man ihn, und schon bald hatte er die leitenden Herren und die ganze Belegschaft gegen sich. Als der Betriebsobmann *Dorfner* im Juni 1947 von den Ermittlern der Spruchkammer Nürnberg über seinen früheren Chef, Georg *Kies,* befragt wurde, ließ er seinem Unmut über Czernohaus freien Lauf. Im Ermittlungsbericht hieß es: „*Dorfner* wünsche, daß der Chef (*Kies*) doch endlich kommen solle, denn es herrsche eine katastrophale Wirtschaft im Betrieb ... Der Treuhänder der Firma, Czernohaus, sei ein Egoist größten Ausmaßes und besitzt keinerlei Fachkenntnisse ... Er arbeitet angeblich nachts bis 2 Uhr, was, sei ihm allerdings rätselhaft." Der langjährige Werkmeister *Bergtaler* – nach *Kies* der führende Mann bei Schafft – hielt seinen Ärger ebenfalls nicht zurück: „Mit dem Treuhänder Czernohaus sei schlecht zu arbeiten. Auf dem Platz des Chefs ... säße zur Zeit ein Depp ... *Kies* würde dringend benötigt, denn er sei der richtige Fachmann."[65]

Zwei Versuche, den ungeliebten Treuhänder beim Landesamt für Vermögensverwaltung und Wiedergutmachung in München anzuschwärzen und ihn damit zu Fall zu bringen, scheiterten. Man warf Czernohaus vor, eigenmächtig in die Bewirtschaftung eingegriffen und dabei „ungeheure Schäden" für den Betrieb verursacht zu haben. Beide Male stellte sich aber die Property-Control-Abteilung der Militärregierung, die an Czernohaus nichts auszusetzen hatte, hinter ihn[66]. Im Dezember 1947 konnte ihn auch die Militärregierung nicht mehr retten. Ein alter Angestellter, der mit Czernohaus von Beginn an verfeindet gewesen war, ließ – offenbar mutwillig – Leberwurst und Knochenfett verderben. Die Fränkische Landeszeitung brachte daraufhin eine Notiz und empörte sich über diese Vorfälle. Dann trat die Belegschaft des Fleisch-

[64] Fränkische Landeszeitung vom 10. Januar 1948; vgl. auch Fränkische Landeszeitung vom 19. März 1949 und ein anonymes Schreiben, in: Amtsgericht München, Registratur S: Nr. 3.
[65] Ebenda.
[66] Vgl. 72. Sitzung des Bayerischen Landtags vom 14. Mai 1948, Sten. Berichte, S. 1472, wo ohne Namensnennung auf die Ereignisse bei Schafft angespielt wird.

werks in Streik und drohte, die Arbeit solange ruhen zu lassen, bis Czernohaus, der allgemein als der Schuldige angesehen wurde, entlassen sei[67]. Damit war das Schicksal des Treuhänders besiegelt. Bereits vier Wochen später stand er vor dem Landgericht Ansbach, das ihn wegen fahrlässiger widerrechtlicher Vergeudung von zwangsbewirtschafteten Nahrungsmitteln zu einer Geldstrafe von 3000,– RM verurteilte[68].

Der „angekränkelte Ruf der Treuhänder"[69] wurde im Laufe der Besatzungszeit nicht besser. Im Mai 1948 erreichte die Debatte einen neuen Höhepunkt, als sich der Landtag erneut mit dem Thema befaßte. Die Treuhänder waren – wie so oft – Zielscheibe heftigster Kritik. „Wer ist denn heute Treuhänder", fragte beispielsweise der Abgeordnete Bodesheim (FDP). „Meistens sind es Zugewanderte, die an der bayerischen Industrie überhaupt kein Interesse haben, die nur darauf bedacht sind, ihren leeren Rucksack, mit dem sie meistens gekommen sind, zu füllen und mit großen Wohnungseinrichtungen und großen Vermögen wieder abzuziehen."[70] Im selben Monat legte das Bayerische Landesamt für Vermögensverwaltung und Wiedergutmachung einen weiteren ausführlichen Bericht über eine landesweite Erhebung vor, der in auffälligem Kontrast zum Tenor der Landtagsdebatte stand. Darin hieß es: „Es wurde festgestellt, wieviele Treuhänder seit der Errichtung des BLVW (21.7.46) bis zum 31.5.48 wegen Unfähigkeit oder Veruntreuung abberufen wurden. In diesem Zeitraum unterstanden der Aufsicht des BLVW insgesamt 9672 Treuhänder. Davon wurden entlassen: wegen Unfähigkeit 252 = 2,6 Prozent, wegen Veruntreuung 127 = 1,3 Prozent."[71]

Nach 1949 wurde es langsam stiller um die Treuhänder. Seit Mitte des Jahres 1948 gingen wieder zahlreiche Industriebetriebe, Wertpapiere und Geldmittel an ihre mittlerweile erfolgreich entnazifizierten Eigentümer zurück. Ende 1948 standen in Bayern noch 30000 Vermögen unter Kontrolle, ein Jahr später nur noch etwas mehr als 11000, im Juni 1952 rund 3300 und 1957 waren es noch 61 Vermögen. Zwei Jahre zuvor war das Landesamt für Vermögensverwaltung und Wiedergutmachung aufgelöst, seine Aufgabe einer Zweigstelle der Oberfinanzdirektion München übertragen worden[72].

3. Krise im Hungerwinter 1946/47

Während die Wirtschaft unter den Auswirkungen von Gesetz Nr. 8 stöhnte und das Treuhänderwesen beklagte, stellten die Statistiker der Militärregierung eine kontinuierliche wirtschaftliche Besserung fest. In der amerikanischen Zone lag das Produktionsniveau im zweiten Quartal von 1946 bei 34 Prozent des Standes von 1936, im

[67] Wie Anm. 63.
[68] Vgl. Fränkische Landeszeitung vom 24. Januar 1948.
[69] So der Abgeordnete Bodesheim (FDP) in der 17. Sitzung des Bayerischen Landtags vom 29. Mai 1947, Sten. Berichte, S. 505.
[70] 72. Sitzung des Bayerischen Landtags vom 14. Mai 1948, Sten. Berichte, S. 1477.
[71] Landesamt für Vermögensverwaltung und Wiedergutmachung an alle Zweig- und Außenstellen, 5. Juli 1948, in: BayHStA, MF 67. Vgl. dazu auch eine sechs Monate nach Verkündung des Gesetzes durchgeführte Überprüfung aller vorhandenen Treuhänderschaften, in: StA Nürnberg, Reg von Mittelfranken (1978), Nr. 3602.
[72] Wie Anm. 58. Vgl. auch schriftliche Mitteilung der Bezirksfinanzdirektion München vom 7. Februar 1985.

dritten schon bei 42 Prozent. Zugleich spitzten sich aber die wirklichen Probleme, die einer weiteren Erholung im Wege standen, so sehr zu, daß „the inherent vitality of German industry" deutlich gebremst wurde[73]. Mehr und mehr traten die Auswirkungen der ungeklärten Währungssituation und vor allem der vom Kontrollrat im Februar 1946 ins Leben gerufenen Steuergesetzgebung zutage, die die Steuerschraube empfindlich anzog und selbst kleinere Einkommen so rigoros besteuerte, daß sich dem Erzeuger nur wenig Anreiz bot, im Rahmen der bestehenden Vorschriften zu produzieren. „Man hört vielfach von Geschäftsleuten, Handwerkern usw. die Ansicht", so Ansbachs Stadtoberhaupt im Juni 1946, „daß es sich gar nicht lohnt, recht viel zu arbeiten und umzusetzen, weil der Ertrag doch zum größten Teil weggesteuert wird. Es besteht die Gefahr, daß der Unternehmergeist und die Arbeitsfreudigkeit durch die drückenden Steuern stark geschwächt werden."[74] Einen Monat später wies Regierungspräsident Schregle auf ein weiteres Hemmnis hin: „In fast allen Wirtschaftszweigen gibt der von Monat zu Monat spürbarer werdende Mangel an Fach- und Hilfskräften dem Arbeitseinsatz das Gepräge ... Kräftige leistungsfähige Männer sind kaum noch verfügbar."[75]

Lähmend wirkte auch die in der Öffentlichkeit heftig diskutierte Demontage-Frage. Im deutschen Südwesten hatte die französische Besatzungsmacht, die ihre Zone als „Land zu unserer Exploitation" betrachtete, schon gleich nach dem Einmarsch mit dem Abtransport von Maschinen und Fabrikanlagen begonnen; 1947 war das Land Baden, wie der damalige Wirtschaftsminister lakonisch formulierte, „was den Maschinenpark anbetraf, bereits bis aufs Hemd ausgezogen"[76]. In der amerikanischen Zone lief die Demontage um die Jahreswende 1945/46 an; im April 1946 verließ der sowjetische Frachter „Alexander Puschkin" mit den gutverpackten Einzelteilen einer großen deutschen Schiffswerft den Bremer Hafen. Kurz darauf gingen eine Kugellagerfabrik und ein bayerisches Elektrizitäts- und Flugzeugwerk in Richtung Osten ab[77]. In Ansbach und Fürth waren 1945 zwar nur die Reste der fast total zerstörten Flugzeugfabrik Bachmann, von Blumenthal und Co. sowie Teile der schwer beschädigten Dynamit-Nobel-Werke demontiert worden. Trotzdem war man auf alles gefaßt und fürchtete, da die endgültige Demontage-Liste erst im Oktober 1947 veröffentlicht wurde, weitere Eingriffe. „Wir wissen bis heute noch nicht, welche Betriebe auf die Reparationsliste gesetzt sind und wie die weiteren Reparationsleistungen ausfallen werden", so Dr. Pollock vom Regierungswirtschaftsamt in Ansbach am 11. März 1946: „Es wird natürlich jede Planung von vornherein illusorisch, solange diese Dinge durch den Kontrollrat nicht geklärt sind."[78]

In Fürth waren schon im Frühjahr deutliche Anzeichen einer sich anbahnenden Krise zu bemerken. Als das Wirtschaftsamt der Stadt ein Jahr nach der Kapitulation

[73] Zit. nach Abelshauser, Wirtschaft in Westdeutschland, S. 40 f.
[74] OB Ansbach an MilReg, 14. Juni 1946, in: Stadtverwaltung Ansbach, EAP 022-95/19.
[75] RegPräs an bay. Staatsregierung, 22. Juli 1946, in: BayHStA, Reg von Mittelfranken, Berichterstattung 1946, AZ 1–64, Bd. 6.
[76] Beide Zitate in: Klaus-Dietmar Henke, Politik der Widersprüche. Zur Charakteristik der französischen Militärregierung in Deutschland nach dem Zweiten Weltkrieg, in: Claus Scharf/Hans-Jürgen Schröder (Hrsg.), Die Deutschlandpolitik Frankreichs und die französische Zone 1945–1949, Wiesbaden 1983, S. 67 und 79.
[77] Vgl. Klaus-Jörg Ruhl, Die Besatzer und die Deutschen. Amerikanische Zone 1945–1948, Düsseldorf 1980, S. 184.
[78] Pollock in der Besprechung des RegPräs mit OB und LR, 11. März 1946, Prot. in: StA Nürnberg, LRA Scheinfeld, Nr. 367.

eine vorläufige Bilanz zog, mußte es feststellen: „Im ganzen gesehen ging die Produktion der Industrie in allen ihren Zweigen im Monat April zurück. Natürlich gibt es Beispiele, die ihre Produktion noch erhöhten, die Rückgänge, die dem gegenüberstehen, sind aber so erheblich, daß von einem Erlahmen der Industrietätigkeit gesprochen werden kann."[79] Im Winter 1946/47 kam die Industrie fast ganz zum Erliegen, im Februar fiel die Industrieproduktion in der amerikanischen Zone auf etwa 29 Prozent des Vorkriegsstandes (1936) zurück – ein halbes Jahr zuvor waren es noch über 40 Prozent gewesen. „Die Lage ist hoffnungslos", so kennzeichnete das Verwaltungsamt für Wirtschaft in seinem Tätigkeitsbericht für Februar 1947 die mißliche Situation[80].

Schuld daran trug – neben den bereits beschriebenen Ursachen – namentlich der strenge Winter. Schon im Oktober 1946 registrierte man in Bayern erste starke Nachtfröste. Im Dezember fiel ein halber Meter Schnee und die Temperatur sank auf – 20 °C. Nach einer vorübergehenden Erwärmung erfaßte Mitte Januar 1947 eine dritte Kältewelle ganz Europa. „Der Westen liefert uns Lebensmittel, der Osten die Kälte", so ordnete die Süddeutsche Zeitung[81] den gnadenlosen Winter etwas ironisch in den beginnenden Ost-West-Konflikt ein. Da alle größeren deutschen Flüsse ganz oder teilweise zugefroren waren, blieb nichts anderes übrig, als die Wasserkraftwerke stillzulegen. Überall kam es deshalb zu Stromabschaltungen: Ansbach war im düsteren Januar 1947 tagsüber fast ganz ohne Strom, lediglich die größeren Betriebe waren nicht von der Zufuhr abgeschnitten[82].

Der strenge Winter brachte auch das „gesamte Transportsystem an den Rand des Zusammenbruchs"[83]; schlecht gewartete Lokomotiven, die zwischen zwei Fahrten unter freiem Himmel stehen mußten, froren ein, die Flüsse waren nicht mehr schiffbar. Die Industriebetriebe und Haushalte merkten infolgedessen wenig davon, daß die Kohleförderung an der Ruhr im Januar 1947 die höchsten Zahlen seit Kriegsende erreichte. In Essen und Wanne-Eickel lag die lebenswichtige Kohle auf Halde, im übrigen Deutschland blieben Ämter, Krankenhäuser und Schulen geschlossen, weil sie nicht beheizt werden konnten[84]. Fürths Volksschüler beispielsweise kehrten erst Mitte März aus den Weihnachtsferien zurück. Bis dahin mußten sie sich täglich um 10 Uhr vormittags in der Schule melden, empfingen dort eine Hausaufgabe und gingen dann wieder heim[85]. „Durch die Kälte und den Mangel an Kohlen", kündigte die DENA in einer Meldung von Mitte Januar 1947 an, „werden in Bayern Betriebsschließungen in einem bisher nicht gekannten Ausmaß notwendig werden."[86] Kurz darauf bewahrheitete sich diese Prophezeiung. Im Februar schlossen allein in Ansbach 15 Betriebe mit je über 10 Arbeitern. Noch gravierender war die Entwicklung bei der Kurzarbeit: Während im Januar nur sieben Ansbacher Betriebe mit 222 Arbeitern kurzarbeiteten,

[79] Wirtschaftsamt Fürth an Regierungswirtschaftsamt Ansbach, 18. Mai 1946, in: NA, RG 260, 9/97-2/38.
[80] Tätigkeitsbericht des Verwaltungsamts für Wirtschaft der Bizone für Februar 1947, zit. nach AVBRD, Bd. 2, S. 11.
[81] Süddeutsche Zeitung vom 4. Februar 1947.
[82] Vgl. Fränkische Landeszeitung vom 4. Januar 1947.
[83] Benz, Von der Besatzungsherrschaft zur Bundesrepublik, S. 54.
[84] Vgl. Süddeutsche Zeitung vom 4. und 18. Februar 1947.
[85] Vgl. OB Fürth an RegPräs, 22. Januar und 21. März 1947, in: Stadtverwaltung Fürth, EAP 4.
[86] Süddeutsche Zeitung vom 11. Januar 1947.

waren es im Februar 56 mit über 1300 Arbeitern[87]. Fast die ganze Arbeiterschaft Ansbachs stand somit auf der Straße.

Es war ein Teufelskreis. Wegen der ausgefallenen Arbeitsstunden wurde weniger produziert. Die Ernährungs- und Versorgungskatastrophe, die sich schon Mitte 1946 angekündigt hatte, verschlimmerte sich dadurch noch weiter. Ein großer Teil der Bevölkerung habe kaum soviel, „um sich notdürftig am Leben zu erhalten", urteilte Regierungspräsident Schregle im Februar 1947. „Hunderttausende von Menschen sind ohne genügende Nahrung und Bekleidung, man kann nun die Kleidung und Beschuhung durch schonende Behandlung strecken, aber essen muß schließlich ein jeder Mensch, wenn auch wenig und schlecht."[88] Im Frühjahr 1947 mußten sich die Normalverbraucher in manchen Regionen mit knapp 1100 Kalorien täglich zufriedengeben, im Ruhrgebiet vorübergehend mit 700–800. Für viele kleine Beamte und Angestellte, Hilfs- und Facharbeiter waren aber selbst diese Hungerrationen zu kostspielig. Ein Maurer, verheiratet und zwei Kinder, verdiente 1946 in Ansbach etwa 130,- RM monatlich, nach Abzug aller ständigen Kosten wie Miete, Gas und Strom blieben 80,- RM. Die ihm und seiner Familie zustehenden Lebensmittel kosteten aber 105,- RM. Dieses Loch in der Haushaltskasse wurde natürlich größer und größer, wenn – wie bei ungünstigem Wetter an der Tagesordnung – Arbeitsstunden ausfielen oder sich die Anschaffung von Schuhen und Hemden nicht länger aufschieben ließ[89]. „Weiten Teilen des Volkes" war, wie Ansbachs Oberbürgermeister bemerkte, „nur noch ein vegetieren" gestattet[90].

Auch viele Kinder hungerten. „In den Fürther Schulen ist festzustellen", so berichtete Schregle im Oktober 1946 nach München, „daß im Knabenschulhaus am Kirchenplatz von 566 Schülern 199 kein Zehn-Uhr-Brot zur Verfügung haben, 92 essen in der Pause Kartoffeln statt Brot, 140 Kinder kommen vollkommen nüchtern in die Schule. In der Schule in Dambach haben 98 Kinder überhaupt keine Schuhe, 172 haben nur ein Paar, meist schlechte Schuhe, 26 sind ohne warmes Mittagessen, 175 ohne Frühstücksbrot, 146 ohne Seife zum Waschen. Im Rosenschulhaus sind etwa 26 Prozent der Kinder nüchtern, 35 Prozent ohne Pausenbrot, 16 Prozent essen statt Brot Kartoffeln und nur ca. 24 Prozent haben ausreichend Essen."[91] Bei den monatlichen Wiegeaktionen kamen die zuständigen Gesundheitsämter zu deprimierenden Resultaten: Der größte Teil der Bevölkerung war unterernährt. Viele Erwachsene hatten in den zurückliegenden Jahren 15, manche sogar 20 bis 30 kg ihres Normalgewichts verloren. Hohlwangig, ausgemergelt, einige nur noch Haut und Knochen, waren sie eine leichte Beute bald grassierender Krankheiten[92]. Lungentuberkulose, Typhus und Krätze nahmen ein erschreckendes Ausmaß an[93]. Zugleich wurde im Hungerwinter 1946/47 eines der dunkelsten Kapitel der deutschen Kriminalgeschichte aufgeschla-

[87] Vgl. Fränkische Landeszeitung vom 5. März 1947.
[88] RegPräs an bay. Staatsregierung, 3. Februar 1947, in: BayHStA, Reg von Mittelfranken, Berichterstattung 1947, AZ 1–64, Bd. 5.
[89] Vgl. Fränkische Landeszeitung vom 2. November 1946.
[90] OB Ansbach an MilReg, 1. April 1947, in: Stadtverwaltung Ansbach, EAP 022-95/19.
[91] RegPräs an bay. Staatsregierung, 18. Oktober 1946, in: BayHStA, Reg von Mittelfranken, Berichterstattung 1946, AZ 1–64, Bd. 6.
[92] Vgl. RegPräs an bay. Staatsregierung, 3. Februar 1947, in: Ebenda, Bd. 5.
[93] Vgl. die Berichterstattung des RegPräs an die bay. Staatsregierung aus den Jahren 1946/47, in: Ebenda, Bd. 5 und 6.

gen. Hühner und Kaninchen verschwanden nachts aus den Ställen, Lebensmittel aus den Kellern und Vorratskammern. Nichts war mehr sicher. Am hellichten Tag kam es auf offener Straße zu Mundraub[94]. In allen größeren Städten bildeten sich Banden, die bei Einbruch der Dunkelheit ihre Raubzüge begannen.

In dem namenlosen Elend, das der Hungerwinter 1946/47 mit sich brachte, war die Not der Flüchtlinge am größten. Seit Anfang 1946 stieg die Zahl der einströmenden Neubürger unaufhörlich[95]. 1947 wurden in Fürth rund 13 000 Flüchtlinge gezählt: 2000 bis 3000 kamen aus den Gebieten östlich der Oder-Neisse-Linie, ca. 1000 aus anderen ost- und südosteuropäischen Ländern und mehr als zwei Drittel aus dem Sudetenland[96]. Viele hatten Schlimmes hinter sich. Sie waren aus ihren Häusern vertrieben und geschlagen worden, hatten ihr Hab und Gut verloren oder waren wochenlang in erbärmlichen Lagern inhaftiert gewesen. Es war ihr tragisches Schicksal, daß sie als Gruppe Objekt von Entscheidungen der Anti-Hitlerkoalition wurden und zugleich als einzelne – ob persönlich schuldig oder nicht – „in ihrer ost- und südosteuropäischen Heimat für die menschenverachtende Politik und Kriegführung des Deutschen Reiches persönlich haftbar gemacht wurden"[97]. Eine Sudetendeutsche berichtete über ihre schrecklichen Erlebnisse im Lager Friedek-Mistek[98]: „Schläge und Schimpfnamen waren die Begrüßung im Lager. Von 7 Uhr früh bis oft in die Nacht hinein mußten wir schwere und schmutzige Arbeit verrichten. Zum Essen bekamen wir nichts anderes als Kaffee, Wassersuppe und 180 g Brot pro Tag. Oft wurden wir in der Nacht von unseren Schlafstellen herausgejagt, mußten am Lagerhof antreten, dann tanzen, singen, einander Ohrfeigen verabreichen, auf allen Vieren herumkriechen usw. Diese sadistischen Akte wiederholten sich immer wieder und viele meiner Mitgefangenen begingen aus Verzweiflung Selbstmord." Ein Mann erzählte über die Austreibung aus Saaz[99]: „Nach Ankunft in Postelberg (Juni 1945) ging die Marter los, und zwar wurde geprügelt, erschlagen und erschossen, so daß diese furchtbare maßlose Ausschreitung vier Tage währte und die Opfer immer größer wurden, ja, es ging so weit, daß die Väter zusehen mußten, wenn ihre Jungens im Knabenalter furchtbar verprügelt und nachher vor den Augen der Väter erschossen wurden."

Diesen Schrecken entronnen, hofften die Flüchtlinge und Vertriebenen im Westen auf eine rasche Besserung ihrer Situation. Sie wurden oft bitter enttäuscht. Für viele, die bei Flucht und Vertreibung noch recht glimpflich davongekommen waren, begann erst jetzt die Leidenszeit. Niemand war auf den gewaltigen Zustrom vorbereitet gewesen; es existierten weder Pläne, Organisationen, noch finanzielle Mittel, um die Not der Flüchtlinge zu lindern. Die örtlichen Flüchtlingsbetreuungsstellen konnten so den Neuankömmlingen häufig nur ein Dach über dem Kopf bereitstellen und sie manchmal nicht einmal mit dem Nötigsten versorgen. Staatliche Maurerkolonnen bauten

---

[94] Vgl. ebenda und die Monatsberichte des LR Ansbach an den RegPräs aus den Jahren 1946/47, in: LR Ansbach, EAP 04-040.

[95] Vgl. die Monatsberichte des OB Fürth an RegPräs aus den Jahren 1946/47, in: Stadtverwaltung Fürth, EAP 4.

[96] Zu den Flüchtlingen in Fürth vgl. vor allem Stadtverwaltung Fürth, Nr. 4 und 460 sowie die Unterlagen im Privatbesitz von Fritz Rupprecht, der als Flüchtlingskommissar tätig war.

[97] Klaus-Dietmar Henke, Der Weg nach Potsdam – Die Alliierten und die Vertreibung, in: Wolfgang Benz (Hrsg.), Die Vertreibung der Deutschen aus dem Osten. Ursachen, Ereignisse, Folgen, Frankfurt/Main 1985, S. 69.

[98] Alois Harasko, Die Vertreibung der Sudetendeutschen. Sechs Erlebnisberichte, in: Ebenda, S. 108 f.

[99] Ebenda, S. 116.

Kasernen und Baracken der Wehrmacht sowie feuchte Bunker im Eiltempo zu Flüchtlingslagern um, an den Rändern der Städte wuchsen kleine Siedlungen mit zugigen Holzbaracken aus dem Boden. Etwa die Hälfte der Flüchtlinge wurde in Lagern, die andere Hälfte bei Einheimischen einquartiert, die sich dagegen nicht selten heftig wehrten. Die lästigen evakuierten „Volksgenossen" aus Hamburg, dem Saarland und den großen Städten des Ruhrgebiets waren kaum aus dem Haus, da kam schon die nächste Invasion von Eindringlingen. Häufig mußte sogar die Polizei bemüht werden, damit vier- oder fünfköpfige Familien endlich ein Zimmer zugewiesen bekamen.

Die Lager waren vor allem im Winter Elendsquartiere. Eine Helferin des evangelischen Hilfswerkes der Inneren Mission berichtete im Februar 1947 über das Lager Voggendorf in der Nähe von Ansbach: „Mag das Lagerleben vielleicht im Sommer erträglich sein, im Herbst und Winter aber liegt eine Atmosphäre der Trauer und des Jammers um die Baracken ... Die Baracken sind in Nebel eingehüllt und nur spärlich wird abends die Dunkelheit der Wege von einigen Lampen unterbrochen ... Fast jede Familie in den Baracken trägt ein hartes Schicksal. In einem Raum wohnen zwei Großmütter von 73 und 76 Jahren mit zwölf Enkelkindern im Alter von 2–12 Jahren. Sie sind mit den Kleinen aus Schlesien geflüchtet, während ihre Töchter, die Mütter der Kinder, in der Heimat blieben ... Ein paar Schritte weiter liegt eine junge Frau, die sich bei der Flucht einen schweren Herzschaden zugezogen hat. Sie ist fast dauernd bettlägerig und leidet unter der Unruhe des Zimmers durch die vielen Menschen sehr ... Nebenan sitzen zwei kleine Mädchen auf dem Bett, die zerrissene Kleidung tragen. Sie warten auf ihre Mutter. Sie warten schon 14 Tage auf sie, die sich meist bei Negern in Nürnberg herumtreibt. Vor wenigen Wochen hat sie in einer Fehlgeburt ein totes Negerkind zur Welt gebracht und ist nach festgestellter Gonorrhoe nach fünf Tagen ausgerückt. Die Zimmernachbarn versorgen die Kleinen notdürftig."[100]

Der Herausgeber der Fränkischen Landeszeitung, Wilhelm Wiedfeld, schrieb einen aufrüttelnden Bericht über die Not in den Ansbacher Flüchtlingslagern: „In dem kleinen Saal des Vereinshauses ,wohnen' 13 Familien, 68 Personen, darunter etwa 33 Kinder, sind hier untergebracht ... Der ganze Raum ist ein großes Zimmer. Aufgetürmte eiserne Militärbettstellen ringsum umgrenzen jeweils den Aufenthaltsraum einer Familie. Natürlich, man sieht durch die Bettstellen hindurch. Hier und da wird versucht, durch eine alte Decke, durch ein Kleidungsstück, durch etwas Pappe die Intimität des Wohn- und Lebensraumes zu wahren – eine verständliche, aber vergebliche Mühe. Liebe und Haß, Freude und Trauer, Hunger und Not, alles ist allen gemeinsam und sattsam bekannt. Die einen wollen in dem trostlosen Raum Licht haben, den anderen kann es nicht dunkel genug sein. Licht und Dunkel ist für alle so gleichmäßig wie die Kälte ... Ich stehe auf ein paar Quadratmetern Raum, den ein älteres Ehepaar mit acht Kindern zur Verfügung hat. Die Mutter steht vor uns. Zerfurcht, versorgt, vergrämt ... recht krank. Einige der Kleinen stehen um uns. Das Elend hat auch sie gezeichnet. Der Bub leidet am Knochenfraß, das eine Mädchen krankt an diesem, das andere an jenem ... Zudem fehlt es an allem. Die Betten ohne Bettzeug, die Menschen ohne gute Kleidung und Leibwäsche ... ,Es ist besser, wenn man nichts sagt', meint eine

[100] Bericht Nr. 29 vom 18. Februar 1947, in: LKA Nürnberg, Bestand: Innere Mission, Nr. 934; vgl. auch den Tätigkeitsbericht des Lagerarztes für die städtischen Flüchtlingslager in Fürth, 1. Februar 1947, in: Stadtverwaltung Fürth, EAP 460.

verschüchtert aussehende Frau. ‚Wer sollte uns noch helfen? Wenn schon mal ein Höherer kommt, dann macht er schleunigst, daß er hier wieder rauskommt' ... Wir gehen zur Küche. Ihr Zustand setzt aller Unfähigkeit, Nachlässigkeit, ja groben Fahrlässigkeit die Krone auf. Ein Saustall, sagt mein Begleiter. Dunkel, geschwärzt wie eine Räucherkammer, ein unsauberes Verließ. Jeder Kuhstall in Franken ist sauberer und heller. Mit einem Eimer Weißkalk hätte Abhilfe geschaffen werden können. Auch hier regnet es in Strömen. Der Boden ist eine einzige Regenpfütze. Auch der Herd steht unter Wasser. Gegenwärtig könnte kein Topf auf den Herd gestellt werden. Der Regen würde das Feuer löschen und das Essen in den Töpfen verderben. Unter diesen Umständen soll für 65 Menschen Essen gekocht werden. Aber vorerst kommen die Ärmsten hier gar nicht in Verlegenheit, denn es ist kein Stück Kohle vorhanden, weder für Heizzwecke noch für Kochzwecke."[101]

Besondere Sorgen bereiteten den Lagerärzten und Flüchtlingskommissaren die Kinder und Jugendlichen. „Durch die Gänge der Baracken und auf den Wegen lärmen die größeren Kinder, wenn die Schule zu Ende ist. Auch halbwüchsige, jugendliche Knaben und Mädchen balgen sich herum, gruppieren sich zu Paaren und verschwinden in der Dunkelheit. Eine Aufsichtsmöglichkeit besteht nicht, und man denkt mit großer Sorge an die wachsende Verwilderung dieser Jugend", bemerkte die schon zitierte Helferin der Inneren Mission[102]. Das „ungehemmte Triebleben in manchen Lagern", so hieß es auch im Monatsbericht der Fürther Flüchtlingsbetreuung für November 1946, „vollzieht sich ohne Scheu vor Öffentlichkeit und Umgebung. Junge Mädchen und Burschen fallen besonders auf."[103]

Zu Kälte, Krankheit und Verwahrlosung kam Hunger, denn Schmalhans war Küchenmeister in den Lagern. Bei der Großküche Riedel, die die Fürther Lager belieferte, stand beispielsweise am 9. Dezember 1946 mittags Nudelsuppe und Kartoffeln und abends Erbsensuppe und Kartoffeln auf dem Speiseplan. Zur Herstellung eines Mittagessens waren für eine Person nicht mehr als 80 g Nährmittel, 250 g Kartoffeln und ganze 4 g Fett verwendet worden[104]. Sammlungen, die von Kirchen, Stadtoberhäuptern und Landräten wärmstens befürwortet wurden und deren Ergebnisse sich durchaus sehen lassen konnten, zahlreiche Gesten gutgemeinter nachbarschaftlicher Unterstützung sowie die ersten Hilfsmaßnahmen von amerikanischen Wohlfahrtsverbänden waren letztlich kaum mehr als ein Tropfen auf den heißen Stein.

Die Fragen „Wie soll es nur weitergehen?" und „Was soll aus uns werden?" standen auf den Gesichtern. Viele, die sich während des Krieges kaum hatten einschränken müssen, litten jetzt im Frieden Hunger. Untergangsstimmung machte sich breit, nirgends zeichnete sich eine Besserung ab. Viele „blicken gespenstisch in eine Welt", so die Fränkische Landeszeitung, „welche die letzten Regungen ihrer Seele brutal zertreten hat. Verwesungsgeruch lastet über uns. Werden wir darunter ersticken?"[105] Zugleich waren es Monate des öffentlichen Räsonnements. Nicht wenige neigten dazu, die Schuld an der Misere bei der Besatzungsmacht zu suchen, ungeachtet dessen, daß die Amerikaner bereits 1946 beträchtliche Dollar-Summen in ihre Zone pumpten. In

---

[101] Fränkische Landeszeitung vom 28. Januar 1948. Vgl. auch ebenda vom 14. Februar 1948.
[102] Wie Anm. 100.
[103] Flüchtlingsbetreuung Fürth an Stadtrat, 20. November 1946, in: Stadtverwaltung Fürth, EAP 460.
[104] Vgl. Flüchtlingsbetreuung Fürth an Stadtrat, 16. Dezember 1946, in: Ebenda.
[105] Fränkische Landeszeitung vom 2. November 1946.

geradezu grotesker Verdrehung der Tatsachen schrieb beispielsweise der evangelische Pfarrer von Fürth-St. Michael, früher ein Anhänger deutschnationalen Gedankenguts und der NSDAP, in die Chronik seiner Gemeinde: „Sie (die Amerikaner) haben uns hungern und frieren lassen und gewalttätig behandelt ... sie (haben) auch nichts getan, um die Lasten des deutschen Volkes ... irgendwie zu erleichtern. Im Gegenteil, sie haben den deutschen Aufbauwillen behindert, wo sie konnten. Das deutsche Volk sollte nicht mehr groß werden, wenigstens nicht so rasch aus seinem Elend herauskommen." Weiter meinte der Pfarrer: „Der Feind saß im Land ... Er lebte im Überfluß und ließ die Bevölkerung darben, ja vernichtete seine reichlichen Speisen-Überreste und machte sie ungenießbar. Ja, er verschaffte sich, trotz seiner gegenteiligen Versprechungen, Butter und Milch, Zucker und Obst aus den deutschen Beständen, so daß die deutsche Bevölkerung nicht einmal die kärglichen Mengen, die ihr zugedacht waren, erhalten konnte. Um die Kirschen nicht pflücken zu müssen, rissen sie die Äste von den Bäumen oder sägten die Bäume ab und nahmen sie auf ihren Autos mit."[106]

Der Fürther Pfarrer stand mit seiner Meinung nicht allein. Im nahen Eichstätt wurde das Gerücht ausgestreut, „die gegenwärtige Notlage der deutschen Bevölkerung werde von den alliierten Mächten absichtlich erhalten. In den Beschlüssen von Yalta und Potsdam wäre vereinbart worden, die deutsche Bevölkerung fünf Jahre hungern und frieren" zu lassen[107]. An vielen Wänden hieß es damals: „Warst Du Nazi oder nicht, der Ami raubt und schont Dich nicht" oder „Vom Nazi belogen – vom Ami betrogen."[108] Und in manchen Gegenden der amerikanischen Zone erzählte man sich folgenden Witz, der das gestörte Verhältnis zwischen Besatzungsmacht und deutscher Bevölkerung treffend kennzeichnet: Ein Amerikaner fragt einen Deutschen: Glaubst Du, daß Deutschland einen dritten Krieg überleben kann? Worauf der Deutsche antwortet: Einen dritten Krieg vielleicht schon, noch eine Befreiung durch die Amerikaner aber nicht[109].

Aufmerksame Beobachter stellten damals auch ein Wiederaufleben antidemokratischer Ressentiments fest. In zahlreichen Gemeinden tauchten Hakenkreuzschmierereien auf, jüdische Friedhöfe wurden geschändet, ein unverbesserlicher Nationalsozialist ließ sich sogar in SS-Uniform in einem Sarg mit Hakenkreuzinsignien bestatten[110]. In Freyung im Bayerischen Wald hatte ein Unbelehrbarer an eine Mauer geschrieben: „Deutsche Jugend erwache! Die deutsche Jugend vertraut noch immer auf den Führer!"[111] In Niederbayern machten Äußerungen die Runde wie: „Wenn uns noch lange die demokratische Sonne bescheint, werden wir wieder bald braun sein."[112] Da und dort gab es auch bereits kleine nazistische Gruppen. Die Militärregierung von Ober- und Mittelfranken berichtete: „Eine Widerstandsgruppe bekannt als *Edelweiß Marder*

[106] Kirchenchronik des Evangelisch-Lutherischen Pfarramts Fürth-St. Michael, in: LKA Nürnberg, Bestand: Ev.-Luth. Pfarramt Fürth-St. Michael, Nr. 445.
[107] RegPräs an bay. Staatsregierung, 3. Oktober 1947, in: BayHStA, Reg von Mittelfranken, Berichterstattung 1947, AZ 1–64, Bd. 5.
[108] Weekly Intelligence Report, 30. Oktober 1946, in: NA, RG 260, 10/85-3/2.
[109] Weekly Intelligence Report, 6. November 1946, in: Ebenda.
[110] Vgl. Weekly Intelligence Report, 6. November 1946, in: Ebenda, sowie Weekly Intelligence Report, 1. Mai 1946, in: NA, RG 260, 10/85-3/1.
[111] Ebenda.
[112] Weekly Intelligence Report, 6. November 1946, in: NA RG 260, 10/85-3/2.

... soll im Entstehen begriffen sein"[113]. In Augsburg trat eine Gruppe „88" (= Heil Hitler) hervor, die auch in den umliegenden Kreisen Anhänger fand[114]. Zugleich begann die Demokratiebereitschaft vieler Deutscher merklich zu sinken. „Es ist immer das gleiche", urteilte die Fürther Militärregierung, „die Leute sind nicht an der Regierung, sondern am Essen interessiert. Gerade jetzt sind sie hungrig, gerade jetzt haben sie eine demokratische Regierung. Deshalb glauben die Massen, daß die demokratische Staatsform nicht funktioniert und nicht in der Lage ist, die Probleme der Menschen zu bewältigen."[115] „Demokratie ist der gleiche Schwindel wie alle anderen Regierungsformen" – „Lieber satt und Nazischwein, als Demokrat und hungrig sein"[116]: In solchen Slogans drückte sich eine weitverbreitete Skepsis gegenüber dem demokratischen Neuaufbau aus.

Unzufriedenheit mit den neuen politischen Verhältnissen, Hoffnungslosigkeit und Apathie angesichts der drückenden wirtschaftlichen Misere hatten aber nur einen Teil der Bevölkerung erfaßt. Ganz offensichtlich setzten das Kriegsende und der Fall des Dritten Reiches auch neue Energien frei, die sich nicht mehr auf Volk und Führer, sondern auf privates Glück und persönliches Vorwärtskommen richteten. Nach den Jahren der strengen Reglementierung im NS-Bewirtschaftungssystem waren namentlich viele Gewerbetreibende, sofern sie sich nicht zu weit mit dem Nationalsozialismus eingelassen und deshalb Repressalien der Arbeiter oder der Besatzungsmacht zu fürchten hatten, wie befreit von einem schweren Druck und beseelt von der Hoffnung auf eine freiere unternehmerische Zukunft. Von Improvisier- und Abenteuerlust gepackt, entwickelten sich manche zu wahren Meistern des Organisierens auf dem Schwarzen Markt. Es waren – trotz allem – auch Monate und Jahre, die zu Hoffnung und Wagemut herausforderten.

4. Die Gründerjahre des „kleinen Mannes"

Das Fürther Gewerbeamt war schon wenige Tage nach seiner Wiedereröffnung im Mai 1945 eine gefragte Adresse. Täglich bildeten sich vor dem Schalter Schlangen von Interessenten, die vor allem eines im Sinn hatten: Herr im eigenen Geschäft zu werden. Groß war der „Ansturm auf die Selbständigkeit" im Handwerk. „Schneider(-innen), Schuhmacher und Kraftfahrzeugmechaniker stehen hier an der Spitze mit ihren Anträgen", so Fürths Oberbürgermeister am 4. August 1945 an die Regierung in Ansbach. „Seit der Besetzung sind rund 300 Anträge auf Errichtung eines Handwerksbetriebes eingegangen."[117] Beim Handel herrschte ein ähnliches Bild: „Trotz der herr-

[113] Weekly Intelligence Report, 8. Mai 1946, in: NA, RG 260, 10/85-3/1.
[114] Ebenda.
[115] Weekly Intelligence Report, 27. August 1947, in: NA, RG 260, 10/85-1/26.
[116] Weekly Intelligence Report, 16. Juli 1947, in: NA, RG 260, 10/85-2/13; Weekly Intelligence Report, 7. Mai 1947, in: NA, RG 260, 10/85-2/5.
[117] Stadtverwaltung Fürth, EAP 4. Die folgenden Ausführungen beziehen sich weitgehend auf die Wieder- und Neugründungen von Handwerksbetrieben, Handelsgeschäften und anderen Gewerbebetrieben, die weniger als zehn Beschäftigte hatten, für deren Lizenzierung nach einem Ministerialerlaß des bayerischen Wirtschaftsministerium vom 26. Februar 1946 die Oberbürgermeister und Landräte zuständig waren. Ministerialerlaß vom 26. Februar 1946, in: StA München, Reg von Oberbayern, Nr. 77 724, Gewerbe Generalia. Zum Gang des Lizenzierungsverfahrens vgl. auch eine nicht näher bezeichnete Aktennotiz vom 5. Mai 1947, in: BayHStA, MWi 13 861.

schenden Warenverknappung laufen sehr viele Anträge auf Zulassung zum Groß- und Einzelhandel ein."[118]

Der Andrang nahm in den ersten beiden Jahren nach Kriegsende kaum ab. Monat für Monat lagen Hunderte von Anträgen auf den Schreibtischen der zuständigen Beamten. Beim Landeswirtschaftsamt in München häuften sich die Klagen, daß die nachgeordneten Stellen in einer Papierflut zu ersticken drohten: „Die Anträge auf Neuzulassungen in Handel und Handwerk mehren sich in letzter Zeit derartig, daß eine Inflation schlimmster Art und Übersetzung jeder Sparte unvermeidlich ist." Das Landeswirtschaftsamt wußte sich deshalb nicht mehr anders zu helfen, als eine Zulassungssperre für einzelne Wirtschaftszweige zu erlassen, die teilweise bis zum Sommer 1946 in Kraft blieb[119].

Die Flut der Anträge stammte von einer sehr heterogenen Personengruppe. Handwerksmeister und -gesellen, die sich während der NS-Zeit nicht selbständig machen konnten, weil die Gesetze zum Schutze des Handwerks und des Einzelhandels sehr streng gehandhabt worden waren, wollten das Versäumte nachholen. Flüchtlinge, die schon früher selbständig gewesen waren, versuchten dort wieder anzuknüpfen, wo sie in ihrer alten Heimat hatten aufhören müssen. Ehemalige Parteigenossen, die aufgrund politischer Belastungen ihre Stellungen im öffentlichen Dienst verloren hatten, erwarteten sich in der freien Wirtschaft einen beruflichen Neuanfang. Kriegsheimkehrer, die in der Wehrmacht bestimmte Qualifikationen als Fahrer oder Mechaniker erworben hatten, wollten nicht mehr in ihre früheren Berufe zurück, sondern sich mit ihren neuen Fähigkeiten auf „eigene Beine" stellen[120]. Und schließlich hofften auch viele, die sich jetzt auf ein selbständiges Gewerbe warfen, unter dem Deckmantel der Selbständigkeit ungehindert lukrative Schwarzmarktgeschäfte treiben oder wenigstens kleinere Vorteile herausschinden zu können, die in einer Zeit der Geldentwertung und staatlich gebundener Preise und Löhne durch unselbständige Arbeit nicht zu haben waren. Das ließ etwa der Leiter des Fürther Wirtschaftsamtes anklingen, als er im Juni 1946 schrieb: „Charakteristisch ist, daß Schneiderinnen sich gerne als selbständige Gewerbetreibende niederlassen möchten ... Es ist anzunehmen, daß der Antrieb hierzu aus dem Wunsche stammt, durch überhöhte Preise oder sonstige Begünstigungen, die von der Kundschaft verlangt werden ... besondere Vorteile zu erlangen."[121]

Die Beamten im Gewerbeamt, auf deren Schreibtischen sich die „unzähligen Anträge auf Neuzulassungen"[122] stapelten, klagten vor allem über die unsichere Rechtslage. Bis zum Erlaß des Gesetzes Nr. 42 über die Errichtung gewerblicher Unternehmen vom 23. September 1946 herrschte nach Meinung des Sachbearbeiters der Abteilung Handel und Gewerbe im Ansbacher Landratsamt ein „gesetzloser Zustand"[123].

---

[118] Monatsbericht vom 22. Dezember 1945, in: Stadtverwaltung Fürth, EAP 4.

[119] Landeswirtschaftsamt in München an Regierungswirtschaftsämter und Landesstellen, 15. Dezember 1945, in: BayHStA, MWi 13 861; vgl. OB Fürth an RegPräs, 23. Februar 1946, in: Stadtverwaltung Fürth, EAP 4.

[120] Vgl. dazu OB Fürth an RegPräs, 4. August 1945, in: Stadtverwaltung Fürth, EAP 4 sowie RegPräs an bay. Staatsregierung, 17. September 1946, in: BayHStA, Reg von Mittelfranken, Berichterstattung 1946, AZ 1–64, Bd. 6.

[121] Wirtschaftsamt Fürth an Regierungswirtschaftsamt Fürth, 18. Juni 1946, in: NA, RG 260, 9/97-2/38.

[122] OB Fürth an RegPräs, 23. Februar 1946, in: Stadtverwaltung Fürth, EAP 4.

[123] Bericht der Abteilung Handel und Gewerbe im Landratsamt Ansbach, 8. April 1948, in: LRA Ansbach, EAP 01-016.

Der bayerische Wirtschaftsminister im Kabinett Schäffer, Karl Arthur Lange, hatte zwar Anfang September 1945 verfügt: „Jede Wiedereröffnung sowie jede Neueröffnung eines Gewerbebetriebs bedarf der Zustimmung der Militärregierung ... Von den bisherigen gewerblichen Vorschriften sind alle jene Bestimmungen ungültig, die Beschränkungen aus rassischen, religiösen oder politischen Gründen enthalten. Die übrigen gewerberechtlichen Vorschriften sind dagegen unverändert in Kraft geblieben."[124] Diese Anordnung war aber anscheinend nicht bis zu den Gewerbeämtern durchgedrungen. Für die örtlichen Beamten war deshalb unklar, ob die aus der NS-Zeit stammenden Gesetze noch galten oder ob der Zusammenbruch des NS-Regimes automatisch die Rückkehr zum Gewerberecht der Weimarer Zeit bedeutete. Daraus ergab sich für die Sachbearbeiter auch die Unsicherheit, wie weit ihre eigenen Befugnisse reichten: Bei welcher Art und Größe von Betrieben konnten sie die Lizenzierung erteilen? Welche Rolle würde die Militärregierung spielen? War bei der Errichtung eines Handwerksbetriebs der 1935 als Zulassungskriterium eingeführte „Große Befähigungsnachweis" zu erbringen? Waren die Handwerkskammern bzw. IHK vor der Erteilung von Lizenzen zu hören?

Zur Klärung dieser strittigen Fragen trug die amerikanische Militärregierung zunächst wenig bei. Um sich einen Überblick über die wirtschaftliche Situation im besetzten Deutschland zu verschaffen, verlangte sie im Sommer 1945 von jedem Betriebsinhaber einen möglichst detaillierten Bericht über den Zerstörungsgrad, die Kapazität, den Arbeitskräftebedarf und die Rohstoffvorräte seines Betriebes. Um Fragen der Zulassung von Betrieben und Geschäften kümmerte sie sich recht wenig. Die verwirrenden Bestimmungen des deutschen Gewerberechts, die selbst vielen deutschen Experten Kopfzerbrechen bereiteten, waren den amerikanischen Offizieren nicht bekannt: Je größer die Zahl der Betriebe, so schien ihre Faustregel zu lauten, desto besser. Vor allem Betriebsinhaber und Geschäftsleute mit politisch weißer Weste hatten von den Amerikanern nichts zu befürchten[125].

Etwas Licht in die dunkle Rechtslage brachten die Verordnung Nr. 47 der bayerischen Regierung vom 27. Januar 1946 zum Schutze der gewerblichen Wirtschaft, die auf Initiative der IHK zustandegekommen war und den bisherigen Damm gegen die „Überfremdung"[126] des Wirtschaftslebens weiter aufrechterhalten sollte, und die Verfügung des bayerischen Wirtschaftsministeriums vom 26. Februar 1946, in der es hieß: „Durch die bisherige Entwicklung ist auf dem Gebiet der gewerblichen Wirtschaft eine weitgehende Rechtsunsicherheit hinsichtlich des Instanzenweges und der Funktion der nachgeordneten Behörden ... entstanden." Künftig waren für die Erteilung von sogenannten Anlaufgenehmigungen für Handwerks- und Handelsbetriebe mit weniger als 10 Beschäftigten, die schon vor dem 1. Mai 1945 in Bayern rechts des Rheins bestanden hatten, die Kreisbehörden zuständig. Die Vergabe von *neuen* Lizen-

---

[124] Schreiben des bay. Staatsministers für Wirtschaft, 4. September 1945, in: BayHStA, MWi 12 556.

[125] Vgl. StA München, Reg von Oberbayern, RA 77 724: LRA Miesbach an Reg von Oberbayern, 10. Januar 1946 und Hans Niesner, Zwei Jahre Gewerbefreiheit, München 1951, S. 10. StA München, Reg von Oberbayern, RA 77 728: Staatsministerium für Wirtschaft an Hauptquartier der MilReg in Bayern, 5. Dezember 1946.

[126] Verordnung Nr. 47 zum Schutze der gewerblichen Wirtschaft vom 17. Januar 1946, in: BGVBl. 9/1946. Die Regierung folgte damit einer Bitte der wirtschaftlichen Interessenverbände, die sich für eine Schutzverordnung ausgesprochen hatten. StA München, Reg von Oberbayern, RA 77 724: Eingabe der IHK München an Wirtschaftsministerium, 7. Dezember 1945.

zen gehörte dagegen nicht mehr zu ihrem Aufgabengebiet[127], sondern oblag bei Handwerksbetrieben, kleingewerblichen und Industriebetrieben (unter 10 Beschäftigten) dem Regierungswirtschaftsamt, bei Industriebetrieben (von 10 bis 49 Beschäftigten) und Großhandelsbetrieben den Landesstellen und bei Industriebetrieben mit mehr als 50 Beschäftigten dem Wirtschaftsministerium. Die Klarheit des Ministerialerlasses bestand aber allem Anschein nach zunächst nur auf dem Papier. Die laut Erlaß zuständigen Instanzen wie die im Herbst aus der Taufe gehobenen Landesstellen und Landeswirtschaftsämter, die an die Stelle der Reichs- und Wirtschaftsgruppen der NS-Zeit getreten waren, hatten noch lange mit allen möglichen Kinderkrankheiten zu kämpfen, so daß auch weiterhin der größte Teil der Neuanträge bei den Gewerbeämtern landete[128].

Als Anton Reithinger, der zuständige Referent im Wirtschaftsministerium, seine Unterschrift unter den Ministerialerlaß vom 26. Februar setzte, war ihm wohl bewußt, daß der Erlaß schon bald überholt sein würde. Schon vorher waren in seinem Ministerium erste Überlegungen für die Novellierung des Gewerberechts angestellt worden, das die größtenteils aus der NS-Zeit stammenden Regelungen ablösen sollte. Ludwig Erhard, als Nachfolger Langes neuer Wirtschaftsminister, überraschte seine Kabinettskollegen schon Anfang Januar 1946 mit einem Entwurf eines Gesetzes über die „Lizenzierung der Errichtung von Betrieben und Unternehmungen", der bereits im Wirtschaftsausschuß des süddeutschen Länderrats in Stuttgart auf allgemeine Zustimmung getroffen war. Erhard sorgte sich damals, daß der große Drang zur Selbständigkeit die Gefahr einer Verzettelung der geringen wirtschaftlichen Ressourcen der deutschen Wirtschaft heraufbeschwöre. Restriktive Bestimmungen, so begründete er im Kabinett den Gesetzentwurf, seien „heute ... notwendiger denn je. Je kleiner das Sozialprodukt sei, desto größer sei die Anzahl der Menschen, die sich an seiner Verteilung beteiligen wollten. Man müsse dem entgegensteuern."[129] Ministerpräsident Hoegners erste Reaktion war mürrisch: das, was Erhard da vorlege, sei eine „völlige Beschränkung der Gewerbefreiheit". In den Augen von Kultusminister Franz Fendt (SPD) brachte das Gesetz nichts anderes als eine „Privilegierung der bisherigen Besitzenden". Diese „hätten sich bisher nicht bemüht", so Fendt, „etwas Neues herbeizuführen, sie seien saturiert und machten nur Tauschgeschäfte". Er sah keine Gefahr darin, daß sich „nun Leute bemühten, neu ins Geschäft zu kommen ... Man sollte keine mittelalterlichen Privilegien für die Besitzenden einführen."[130]

Nach diesem offenen Schlagabtausch vertagte sich das bayerische Kabinett. Der Länderrat in Stuttgart befaßte sich auf seiner 4. Tagung am 8. Januar 1946 nur kurz mit Fragen eines neuen Gewerberechts und leitete die komplizierte Materie dann an

---

[127] Bei der Neuzulassung von Einzelhandelsgeschäften, kleingewerblichen und Industriebetrieben mit weniger als zehn Beschäftigten hatten die Gewerbeämter das Regierungswirtschaftsamt lediglich zu beraten. Vgl. Ministerialerlaß des bay. Wirtschaftsministeriums an die Landeswirtschaftsämter und Landesstellen vom 26. Februar 1946, in: StA München, Reg von Oberbayern, RA 77 724.

[128] Vgl. dazu auch Schreiben des bay. Staatsministeriums für Ernährung, Landwirtschaft und Forsten an die Regierungspräsidenten, Oberbürgermeister, Landräte und Ernährungsämter vom 9. Juli 1946, in dem u.a. hervorgehoben wird, daß auch die Zuständigkeiten bei der Zulassung von Großhandelsbetrieben in der Lebensmittelbranche nicht überall klar waren, in: Archiv der IHK München, XV A-135, Bd. 1: Schutz der gewerblichen Wirtschaft gegen Übersetzung 1945–1948. Vgl. auch Notiz von Dr. Meyer-Oelschlig, 18. Dezember 1946, in: BayHStA, MWi 13 861.

[129] Bayerischer Ministerrat am 7. Januar 1946, in: IfZ-Archiv, ED 120/356.

[130] Ebenda.

die Ausschüsse weiter. Da die Vertreter der drei Länder aber unterschiedliche Auffassungen hinsichtlich der Einschränkungen der Gewerbefreiheit vertraten, ging man unverrichteter Dinge auseinander. Die einzelnen Länder wollten nun ihre eigenen Lizenzierungsgesetze erlassen. Ende März 1946 traf aber die Weisung der Militärregierung ein, sich erneut an einen Tisch zu setzen und binnen kurzem ein zoneneinheitliches Gesetz vorzulegen[131].

Daraufhin kam Bewegung in die Gesetzgebungsmaschinerie des Stuttgarter Länderrats. Im Eiltempo entwarfen die zuständigen Referenten ein Gesetz, dem trotz völliger Preisgabe des Gedankens der Gewerbefreiheit die Vertreter aller drei Länder zustimmten. Bald wurde aber bekannt, daß die Militärregierung den Entwurf „auf keinen Fall in dieser Form durchgehen" lassen würde[132]. Ihre Bedenken bezogen sich nicht – wie man erwarten könnte – auf die restriktiven Bestimmungen, die den im amerikanischen Wirtschaftssystem geltenden „principles of free enterprise", aber auch der bisherigen Großzügigkeit der örtlichen Militärregierungen zuwiderliefen. Die maßgebenden Offiziere bei OMGUS teilten damals den Standpunkt Erhards[133]; auch sie hielten es für ein Gebot wirtschaftlicher Klugheit, den Kreis der Handwerker, Händler und Industriellen möglichst klein zu halten. Ihre Einwände richteten sich vielmehr auf die ungenügende Berücksichtigung der säuberungspolitischen Erfordernisse im deutschen Gesetzentwurf[134]. Auch in den Länderkabinetten stieß die in Stuttgart erzielte Übereinkunft auf wenig Gegenliebe; der württemberg-badische Ministerrat zögerte mit seiner Zustimmung, Hessen billigte den Stuttgarter Kompromiß mit großen Abänderungen, nur das Kabinett Hoegner stimmte zu[135]. Immer wieder steckenzubleiben schien das Schicksal des Gesetzentwurfs zu sein.

Die Zeit verstrich und erst im Juni 1946 einigte man sich im Hauptausschuß „Gewerbliche Wirtschaft" beim Länderrat auf eine neue Fassung des Gesetzes, mit der auch OMGUS einverstanden zu sein schien. Das bayerische Kabinett nahm den allseits gebilligten Vorschlag am 26. Juni 1946 einstimmig an[136], und alles deutete darauf hin, als ob nun endlich die Weichen für ein zoneneinheitliches Gewerbelizenzierungsgesetz gestellt wären. Doch nachdem die Militärregierung nochmals kleinere Änderungswünsche angemeldet hatte[137], die schnell hätten erfüllt werden können, war die Eintracht der drei Länder der US-Zone wieder dahin, so daß die neuen Gewerbelizenzierungsgesetze mit beträchtlichen zeitlichen Abständen verabschiedet wurden: Das bayerische Lizenzierungsgesetz (Gesetz Nr. 42) trat am 23. September 1946, das württemberg-badische am 5. November 1946, das hessische erst am 24. Juni 1947 in Kraft[138].

Der „gesetzlose Zustand"[139] war damit beendet. Das neue, nur bis zum 31. Dezem-

---

[131] Vgl. Aktennotiz von Schultheiß an Erhard, 9. April 1946, in: BayHStA, MWi 13 861.
[132] Vgl. Vormerkung für Minister Erhard von Erwin Stölzl, 7. Juni 1946, in: Ebenda.
[133] Vgl. dazu etwa ein Memorandum vom 13. Januar 1948, das sich ausführlich mit den Positionen der amerikanischen MilReg befaßt. Memorandum, in: NA, RG 260, 13/82-44/19.
[134] So die Einschätzung des bayerischen Landeswirtschaftsamtes in einem Schreiben an das Wirtschaftsministerium, 16. April 1946, in: BayHStA, MWi 13 861. Vgl. auch OMGB an Erhard, 26. März 1946, in: Ebenda.
[135] Vgl. Vorlage vom 25. Juni 1946 für Ministerratsbesprechung, in: BayHStA, MA 6310, Bd. 3.
[136] Bayerischer Ministerrat, 26. Juni 1946, in: IfZ-Archiv, ED 120/358.
[137] Vgl. MinPräs Hoegner an OMGB, 9. September 1946, in: BayHStA, MA 6310, Bd. 3.
[138] Vgl. Theodor Maunz, Gewerberecht, Braunschweig 1950, S. 15 und BGVBl. 20/1946.
[139] So der Sachbearbeiter der Abteilung Handel und Gewerbe im Ansbacher Landratsamt, 8. April 1948, in: LRA Ansbach, EAP 01-016.

ber 1949 gültige Gesetz stand, wie die Fachleute urteilten, „in vollem Gegensatz zur unbeschränkten Gewerbefreiheit"[140]. Während der NS-Zeit, so hieß es in der Zeitschrift „Der Betriebsberater", habe der Gesetzgeber trotz zahlreicher Einschränkungen an dem seit 1869 (Einführung der allgemeinen Gewerbefreiheit) „blaßgewordenen Gedanken der Gewerbefreiheit" festgehalten. Die „nach dem Niederbruch entstandenen neuen Staatswesen" setzten jetzt den „Schlußpunkt dieser Entwicklung" und verkündeten „die Verpflichtung schlechthin, vor dem Beginn oder der Erweiterung jeder unternehmerischen Tätigkeit die Genehmigung des Staates einholen zu müssen"[141]. Jeder, der einen Betrieb eröffnen wollte, mußte den Nachweis seiner persönlichen Zuverlässigkeit und fachlichen Eignung erbringen. Weiter sollte „die für die Aufrechterhaltung des Betriebes erforderliche regelmäßige Belieferung des Unternehmens mit Rohstoffen oder Waren" gesichert sein. Und schließlich mußte ein „volkswirtschaftliches Bedürfnis für die Errichtung des Unternehmens" vorliegen. Wer darüber zu befinden hatte, war im Gesetzgebungsverfahren heftig umstritten gewesen. Die Industrie- und Handelskammern sowie die Handwerkskammern hatten ihren ganzen Einfluß aufgeboten, um im Gesetz zu verankern, daß sie vor der Lizenzierung eines Betriebes gehört werden mußten. Das war erfolglos geblieben, die wirtschaftlichen Interessenverbände konnten, mußten aber nicht gehört werden[142].

Trotz starker Einschränkungen der Gewerbefreiheit konnte das Gesetz Nr. 42 den „Drang nach Selbständigkeit im Erwerbsleben"[143] allenfalls dämpfen, aber nicht stoppen. Dafür garantierten in Bayern eine Reihe von Ausnahmebestimmungen für soziale Problemfälle und auch die Flüchtlingsgesetzgebung, die großzügige Regelungen für Vertriebene vorsah und damit ein Loch in die Restriktionen der Gewerbelizenzierung riß[144]. Für eine Ausweitung sorgten aber auch viele Landräte und Stadtväter, die sich

---

[140] Niesner, Zwei Jahre Gewerbefreiheit, S. 11.

[141] Der Betriebsberater, Nr. 18, 31. Dezember 1946 (ein Exemplar findet sich in: BayHStA, MA 13 861).

[142] Vgl. IHK München an Erhard, 2. Mai 1946, in: Archiv der IHK München, XVA-135, Bd. 1: Schutz der gewerblichen Wirtschaft gegen Übersetzung 1945–1948; IHK München an Erhard, 23. Mai 1946, in: Ebenda; IHK München an bay. Industrie- und Handelskammern, 7. Juni 1946, in: Ebenda; IHK München an Wirtschaftsministerium, 3. und 9. Juli 1946, in: Ebenda. Innerhalb des Wirtschaftsministeriums bestand aber eine Fraktion, die den Einfluß der Kammern möglichst begrenzen wollte, weil die „Erfahrung … gezeigt (habe), daß Lizenzierungsanträge bei den IHK schweben …, daß Aktenvorgänge nicht mehr aufzufinden sind, und eine unglaubliche Verschleppung solcher Anträge stattgefunden" habe. Vgl. dazu Vormerkung von Dr. Meyer-Oelschigk, 2. April 1947, in: BayHStA, MWi 13 861. Diese Fraktion hatte beabsichtigt, paritätisch-besetzte Gewerbeausschüsse aus Vertretern der Wirtschaft, des Staates bzw. der Kommunen und der Gewerkschaften vor der Lizenzierung von Betrieben zu hören. Schließlich konnte sich keine der beiden Seiten durchsetzen; die Anhörung der von den Kammern leidenschaftlich abgelehnten Gewerbeausschüsse war zwar im Gesetz verankert, allem Anschein nach kam es aber nie zur Bildung der Ausschüsse. Andererseits mußten sich die Kammern damit begnügen, daß sie laut Durchführungsverordnung zum Gesetz Nr. 42 nicht gehört werden *mußten*, sondern nur gehört werden *konnten*. Vgl. vorläufige Durchführungsverordnung vom 25. Oktober 1946, in: Archiv der IHK München, XVA-135, Bd. 1: Schutz der gewerblichen Wirtschaft gegen Übersetzung 1945–1948, und Verordnung Nr. 123 zur Durchführung des Gesetzes Nr. 42 über die Errichtung gewerblicher Unternehmen vom 23. September 1946. Verordnung Nr. 123 vom 7. Juni 1947, in: BGVBl. 11/1947.

[143] Jahresrückblick 1947 der Abteilung Gewerbewesen der Fürther Stadtverwaltung, in: Stadtverwaltung Fürth, EAP 26.

[144] Zu den Ausnahmeregelungen bei Flüchtlingen vgl. Gesetz Nr. 59 über die Aufnahme und Eingliederung deutscher Flüchtlinge (Flüchtlingsgesetz) vom 19. Februar 1947 und Ausführungsbestimmungen zum Flüchtlingsgesetz vom 8. Juli 1947, in: BGVBl. 5/1947 und 12/1947. Vgl. auch Schreiben des bay. Wirtschaftsministeriums an die Regierungspräsidenten, 2. Juli 1947, in dem es hieß, daß die Eingliederung von Ausgewiesenen nicht an „einer kleinlichen Konkurrenzangst der alteingesessenen Betriebsinhaber scheitern" dürfe. Schreiben vom 2. Juli 1947, in: StA München, Reg von Oberbayern, RA 77 728, Gewerbe Generalia.

von den neuen Selbständigen beträchtliche Steuereinnahmen zur Entlastung der strapazierten Sozialetats versprachen und deshalb die restriktiven Bestimmungen nicht
allzu engherzig auslegten.

Überall setzte sich diese Neigung freilich nicht durch. In den beiden Städten Ansbach und Fürth blockte man Lizenzbewerber nicht selten mit allen zu Gebote stehenden Mitteln ab. Ansbach hatte nach Kriegsende noch immer den Ruf einer ruhigen
Beamtenstadt, die im 19. Jahrhundert den Anschluß an die „neue Zeit" verpaßt hatte.
Lange vor der Jahrhundertwende hatten die Schuckert-Werke Ansbach als Standort
auserkoren; die Niederlassung war aber am Nein der Ansbacher Stadtträte gescheitert,
Schuckert hatte sich deshalb in Nürnberg angesiedelt. Die industrielle Entwicklung
verlief so in „geruhsamen Bahnen" und ohne den „Rahmen des Althergebrachten" zu
sprengen[145]. 1945 litt Ansbach noch immer unter den damaligen Versäumnissen.
Nach Kriegsende beherbergte die Stadt, die nun schon weit über 30 000 Einwohner
hatte, lediglich neun Betriebe, die mehr als 100 Personen beschäftigten; darunter die
Fleischwerke Schafft, die Druckerei von Justizrat Bayer, drei größere Bauunterneh-
mungen, die Firma für Präzisionsteile von Matthias Oechsler und Sohn und die Kin-
derwagenfabrik von Louis Schmetzer. Zwölf Betriebe hatten über 50 Beschäftigte, 35
über zwanzig, die übrigen waren Klein- und Kleinstbetriebe[146]. Ganz leicht ließ sich
die wirtschaftliche Rückständigkeit auch nicht wettmachen, denn, so Oberbürgermeister Körner, die „im Tal der Rezat liegende Stadt (hat) nahezu keine Ausdehnungs-
möglichkeit mehr ... und der Baugrund (ist) außerordentlich knapp geworden"[147].

Man ließ es allerdings auch nicht auf einen Versuch ankommen. Die neuen Herren
im Ansbacher Rathaus waren nach 1945 nicht ganz frei von jener bedächtig-vorsichti-
gen Mentalität ihrer Vorväter, zuallererst den Besitzstand der eingesessenen Geschäftsleute zu wahren. Sie verschanzten sich deshalb oft hinter der Behauptung, eine großzügige Lizenzierung führe nur zu einem weiteren Anwachsen des Schwarzen Marktes.
„Der Stadtrat vertritt die Auffassung", so hieß es in der Sitzung vom 25. Februar 1947,
„daß bei Vergebung gewerblicher Räume und vor allem bei Neuzulassung von Handelsgeschäften ein strenger Maßstab anzulegen ist, da keinerlei Interesse an Handelsgeschäften besteht, sondern nur solche Unternehmungen gefördert werden sollten, die
produktive Arbeit leisten."[148] Diese Devise wurde dann auch strengstens befolgt.

Als am 3. März 1947 um 17.00 Uhr im Amtszimmer des Oberbürgermeisters der
Industrieausschuß, der das entscheidende Wort bei allen Lizenzierungs- und Neuan-
siedlungsanträgen sprach, zusammen mit einigen Experten zu tagen begann, war Ansbachs honorig-konservative Geschäftswelt gleichsam unter sich: ein Malermeister, ein
Wäschereibesitzer, einige Kaufleute und der Druckereibesitzer, Justizrat Dr. Bayer, der
seinen ganzen Einfluß als graue Eminenz der Stadt geltend machte, um die alte Wirt-
schaftsstruktur Ansbachs zu bewahren. Sieben Stadträte saßen im Industrieausschuß,
fast alle gehörten den bürgerlichen Parteien CSU und FDP an[149]. Daß die Ansbacher

---

[145] Fränkische Landeszeitung vom 13. November 1948.
[146] Ebenda.
[147] OB Ansbach an MilReg, Stimmungsbericht vom 25. Februar 1947, in: Stadtverwaltung Ansbach, EAP
022-95/19.
[148] Ausschnitt aus der Niederschrift der Stadtratssitzung vom 25. Februar 1947, in: Stadtarchiv Ansbach, ABc
T/10/25.
[149] Niederschrift der Ausschußsitzung vom 3. März 1947, in: Stadtarchiv Ansbach, ABc T/3/17.

Führungsschicht entschlossen war, wenigstens in ihrer Heimatstadt die industrielle
Entwicklung aufzuhalten, mußte auch das bekannte Werk Saba erfahren, als es über
seinen Generalvertreter für Nordbayern anfragen ließ, ob Ansbach ein größeres Zweigwerk aufnehmen wolle. Der Stadtrat schien zunächst nicht abgeneigt, seine Stellungnahme vom 29. August 1947 lautete: „Die Firma Saba fertigt Rundfunkgeräte und Te-
lefonapparate. Sie hat ihren Sitz in Villingen in der französischen Zone, möchte aber
den Betrieb in die amerikanische Zone verlegen, weil die Gefahr der Abmontierung
besteht. Ein Teil der Maschinen soll sich bereits in der amerikanischen Zone befinden. Beschäftigt können bis zu 300 Personen werden, darunter auch viele Frauen. Die
Niederlassung dieser Firma wäre für Ansbach zweifellos von großer Bedeutung."[150]
   Im Industrieausschuß war man aber ganz anderer Meinung. Die alteingesessenen
Gewerbetreibenden fürchteten die Konkurrenz, und vor allem sorgte man sich um das
niedrige Lohnniveau in den einheimischen Betrieben, das ein so großes Werk wie
Saba womöglich ins Wanken gebracht hätte. So lautete der Beschluß wie in den mei-
sten anderen Fällen auch: Der Antrag wird abgelehnt[151].
   Wie sehr sich das alte mittelständische Gewerbe auf seine Vertreter im Industrieausschuß verlassen konnte, zeigte sich auch, als Anfang 1947 der Ingenieur Robert
Lindner den Ansbacher Stadträten gleich einen ganzen Gewerbezweig aus dem ehemaligen Sudetengau offerierte. Lindner schickte am 1. März 1947 einen Brief an den
Oberbürgermeister, in dem er seine Firma, die Strickwaren, Klöppelspitzen und Le-
derhandschuhe herstellen sollte, ausführlich vorstellte. Die „Strickwarenfirma beschäftigte im Sudetengau ca. 60 Personen im Betriebe und eine weitaus größere Zahl
in Heimarbeit ... Beabsichtigt ist folgendes Erzeugungsprogramm: Herstellung ge-
strickter und gewirkter Oberbekleidung für Kinder und Erwachsene, Ausführung von
Reparaturen und Umarbeitungen von gebrauchten Strick- und Wirkwaren. Hierzu
sind die für den Anfang erforderlichen Maschinen vorhanden und in Auftrag gegeben,
deren Lieferung bereits zugesagt ist. Gleichzeitig sollen in Heimarbeit handgestrickte
Pullover, Westen, Strümpfe, Handschuhe etc. hergestellt werden für Export und stehen wir bereits mit Exportfirmen in Verbindung, die Material für 3–4000 Heimarbei-
terinnen liefern würden." Über die Aussichten der Klöppelspitzen- und Lederhand-
schuhindustrie hieß es in Lindners Brief weiter: „Nachdem im Sudetengau der Hauptsitz der Klöppelspitzenindustrie auch gleichzeitig der Hauptsitz der Handschuhindu-
strie war, sind in den Familien zumeist beide Berufsarten vertreten, weshalb die Firma,
genau so wie sie es im Sudetengau hatte, beide Industrien in einem Ort (evtl. kleinen
Umkreis) ansiedeln will ... Es sind auch für diese beiden Industrien alle Vorbereitungen in Bezug auf tech. Einrichtungen getroffen und könnte auch die Handschuherzeugung in kurzer Zeit anlaufen. Kleine Mengen Leder wurden von der Landesstelle
in Aussicht gestellt. Nachdem Verwandte, die seit vielen Jahren in Amerika ansässig
sind und sich dort u.a. mit dem Vertrieb von Lederhandschuhen befassen, bereits
Schritte eingeleitet haben, um größere Mengen Rohmaterial zur Verarbeitung senden
zu können, bestehen außergewöhnlich günstige Aussichten, daß die Firma rasch auf-
blühen wird. Für die Spitzen- und Handschuherzeugung wäre vorläufig die Ansiedlung von ca. 20 Familien (60–70 Personen) notwendig ..."

---

[150] Stadtarchiv Ansbach, ABc T/10/25.
[151] Ebenda.

Obwohl sich im Stadtgebiet kein vergleichbarer Betrieb befand, war der Industrie-ausschuß alles andere als begeistert: „Anfertigungsbetriebe in Lederhandschuhen befinden sich zwei im Stadtbezirk. Eine weitere Firma hat einen Betrieb in Herrieden aufgezogen. Dieser Betrieb beschäftigt ca. 20 Leute. Die Rohmaterialfrage in der Anfertigung von Handschuhen ist prekär und bestehen auch keine Aussichten auf Besserung, da auch die Ziegen- und Schaffelle der Bewirtschaftung unterliegen."[152] Wieder plädierte der Industrieausschuß für Ablehnung des Antrags[153]. Chance um Chance, die kleingewerbliche Basis der Ansbacher Wirtschaft etwas zu verbreitern, wurde so vertan. Einmal nahm man im Industrieausschuß die seit 1946 bestehende Zuzugs-sperre zum Vorwand, um ein Industrieunternehmen fernzuhalten, ein andermal stand der Zulassung eines neuen Gewerbes der Mangel an geeigneten Räumen in der Stadt entgegen. In Wahrheit scheute man eine zu schnelle wirtschaftliche Veränderung innerhalb der Stadtmauern und vor allem unliebsame Konkurrenz.

Die Vertreter des alteingesessenen Ansbacher Gewerbes waren freilich nicht allmächtig. Das zeigte sich am Beispiel des Lizenzierungsantrages von Josef Kempf. Der robuste ehemalige Fahnenjunker der Wehrmacht, der den Polen-, Frankreich- und Rußlandfeldzug mitgemacht hatte und schließlich in Italien schwer verwundet worden war, hatte sich noch während des Krieges geschworen: „Wenn ich hier heil rauskomme, will ich nie mehr etwas wissen von Gehorsam und Dienen, ich mache meinen eigenen Laden auf und mit 50 Jahren will ich vor meiner eigenen Fabrik stehen." Als der gebürtige Unterfranke, der seit den dreißiger Jahren in Ansbach lebte, im Sommer 1945 in seine Wahlheimat zurückkehrte, trug er sich mit dem Gedanken, eine Elektrogroßhandlung zu eröffnen. Als er aber einen Lizenzierungsantrag stellte, gab es zunächst eine glatte Absage. In den Augen der Stadträte war kein Bedürfnis für eine Elektrogroßhandlung vorhanden. Auch die IHK lehnte ab, weil Kempf, der Kaufmann gelernt hatte, nicht die beruflichen Voraussetzungen erfüllte. Die Innung winkte ab, weil die tonangebenden Elektrogrossisten aus Nürnberg ihre Absatzgebiete im Ansbacher Raum gefährdet sahen. Kempf ließ aber deshalb den Mut nicht sinken. Woche für Woche, jeweils am Freitagnachmittag, lief er zur Regierung von Mittelfranken und brachte dort sein Anliegen vor. Der Beamte, der den dickschädligen Kempf bereits kannte, wies ihn aber jedesmal mit dem Hinweis auf einen Aktenbock voller Lizenzierungsanträge ab. „Mein hinhaltender Widerstand", so Kempf später, „scheint dem Beamten aber imponiert zu haben." Am 18. Januar 1946 hielt er jedenfalls eine Lizenz für den Handel mit „Elektroartikeln und Artikeln des täglichen Bedarfs" in Händen[154]. Bald darauf eröffnete er in einem früheren NSKK-Lehrsaal, der vorübergehend vom Roten Kreuz benützt worden war, seinen kleinen Laden.

Auch den Fürther Ratsherren kam die Verschärfung der gewerberechtlichen Bestimmungen nach Kriegsende nicht ungelegen. Die Wirtschaft der Stadt steckte seit den dreißiger Jahren in einer tiefgreifenden Strukturkrise. Traditionelle Branchen wie die Spiegel- oder die Spielwarenindustrie, deren Leistungsfähigkeit die Stadt ihren Ruf verdankte, waren nicht ausgelastet; viele kleine und mittlere Betriebe hatten schließen müssen, andere schrieben rote Zahlen. Neue Zweige wie die Elektroindustrie, die im Krieg einen enormen Aufschwung genommen hatte, mußten sich erst noch fest eta-

---

[152] Protokoll vom 12. März 1947, wie auch das Schreiben von Lindner, in: Ebenda.
[153] Beschluß vom 18. April 1947, in: Ebenda.
[154] Mündliche Mitteilung von Josef Kempf vom 21. Juli 1983.

blieren. In dieser unsicheren Situation entschloß sich die sozialdemokratische, eng mit dem Gewerbe verbundene Stadtregierung, die angeschlagene einheimische Wirtschaft vor weiterer Konkurrenz abzuschirmen.

Wie schwer es war, in der wegen ihrer wirtschaftlichen Freizügigkeit einst sprich-wörtlich bekannten Stadt („Fürther Freiheit") ein Gewerbe zu eröffnen, erfuhr bei-spielsweise ein Textilfabrikant aus dem ehemaligen Sudetenland, der in seiner alten Heimat in einer Weberei mit angeschlossenem Appretur- und Konfektionsbetrieb 300 Arbeitskräfte beschäftigt hatte. Als er 1946 die Genehmigung seines Betriebes be-antragte, mußte er „unzählige Wege" beschreiten, „bis die örtlichen Stellen mit den Münchner Zentralstellen ... auf einen Nenner gebracht werden konnten"[155]. Eine be-sonders unrühmliche Rolle spielte dabei das Fürther Arbeitsamt, das dem Antragstel-ler immer neue Steine in den Weg legte und ihn sogar als „Arbeitsscheuen" einstufte. Als sein Antrag schließlich unter Hinweis auf die herrschenden Engpässe bei der Roh-stoffversorgung abgelehnt wurde, stand für den Textilfabrikanten fest, daß „alle diese Maßnahmen nur zum Schutze und Ausbau der ansässigen heimischen Industrie" er-griffen worden seien. „Es muß", so schrieb er verbittert an den Hauptausschuß für Flüchtlingswesen in München, „scheinbar der letzte Webstuhl und die letzte Dorf-brettsäge vorerst laufen, bevor einem Flüchtlingsunternehmer eine Existenzmöglich-keit gegeben wird."[156]

Ähnliche Erfahrungen mußten namentlich nach dem Erlaß des Gewerbegesetzes vom September 1946 viele machen. In Fürth ging die Zahl der neuzugelassenen Be-triebe und Geschäfte, die vor Erlaß des Gesetzes monatlich zwischen 50 und 121 ge-schwankt hatte, drastisch zurück: im ersten Jahr auf durchschnittlich 37 pro Monat[157]. Die Zahl der neueröffneten Handwerksbetriebe, die vor dem Wirksamwerden des Ge-setzes bei durchschnittlich 35 pro Monat gelegen hatte, sank auf 12 pro Monat[158]. Für die Lizenzbewerber in Fürth und Ansbach erwies sich mithin die Zeit der „Ungesetz-lichkeit" vor Erlaß des neuen Gesetzes, als die Gewerbeämter und Landesstellen dazu neigten, die restriktiven Bestimmungen der NS-Zeit nicht mehr buchstabengetreu zu befolgen, als weitaus günstiger als die seit September 1946 entstandene Situation. Der Ansturm auf die Selbständigkeit ließ sich allerdings auch in Ansbach und Fürth nicht ganz stoppen; in beiden Städten nahm die Zahl der Selbständigen an der Gesamtbe-völkerung weiterhin zu.

Wesentlich bessere Startbedingungen fanden die Lizenzbewerber in der industriell wenig entwickelten Umgebung von Ansbach und Fürth vor. Der Landkreis Ansbach war vor 1945 ein „rein bäuerliches Hinterland" der Kreisstadt gewesen. Kleinere und mittlere Bauernhöfe bestimmten das Bild, die etwa 1800 meist winzigen Gewerbebe-triebe trugen zur wirtschaftlichen Entwicklung des Landkreises wenig bei. Nach 1945 begannen die „neuen Herren" im Landratsamt und in den Rathäusern vor allem unter dem Druck der auf dem Lande untergebrachten Flüchtlingsmassen eine relativ groß-zügige Gewerbelizenzierungspolitik zu betreiben und damit einen „gewissen Um-

[155] Vgl. Franz J. Bauer, Flüchtlinge und Flüchtlingspolitik in Bayern 1945–1950, Stuttgart 1982, S. 410.
[156] Ebenda, S. 412.
[157] Vgl. Monatsberichte des OB Fürth an RegPräs aus den Jahren 1946/47, in: Stadtverwaltung Fürth, EAP 4.
[158] Ebenda.

schwung" einzuleiten[159]. Sie waren sich klar darüber, daß die durch die Fürsorgezahlungen für mittellose Flüchtlinge erschöpften Gemeindefinanzen sich auf längere Sicht nur erholen würden, wenn es gelang, finanzkräftige Betriebe in ihren Gemeinden anzusiedeln. Viele Bürgermeister erkannten auch, daß die „große Zahl ehemals selbständiger Handwerker und Gewerbetreibender" unter den Flüchtlingen „volkswirtschaftlich gesehen ein Gewinn für den Landkreis" werden könnte. „Erst eine gesunde Mischung von Agrar- und Industriewirtschaft", so die Devise des Landrats, „dürfte zu einer Milderung der wirtschaftlichen Not der Flüchtlinge führen und damit zu einer Entlastung der öffentlichen Fürsorge."[160]

Der Erfolg blieb nicht aus: Bereits 1948 hatten sich im Landkreis Ansbach 600 neue Betriebe niedergelassen, mehr als die Hälfte stammte von Flüchtlingen. Allem Anschein nach kam es bei dieser beginnenden „Industrialisierung" des bäuerlichen Hinterlandes kaum zu schwerwiegenden Konflikten zwischen Einheimischen und Flüchtlingen. Die Flüchtlinge füllten manche der durch den Krieg entstandenen Lücken im kleingewerblichen Fertigungsbereich (z. B. Schuhmacherei, Schneiderei) und waren darüber hinaus maßgeblich an der Gründung von Industriebetrieben beteiligt. Das alte bodenständige Handwerk blieb dagegen in einheimischer Hand. Unter den 147 Metzgern und Brandmetzgern des Landkreises fand sich nur ein Flüchtling, alle 58 Bäckereien waren im Besitz von Einheimischen[161].

Einer der ländlichen Orte, in denen nach 1945 eine rapide wirtschaftliche Entwicklung begann, war das fünfzehn Kilometer westlich von Ansbach gelegene Städtchen Leutershausen, das 1939 etwa 1500 Einwohner zählte. Der neue Bürgermeister Fritz Schultheiß, ein Landwirt und ehemaliger Ortsbauernführer, war ein gutmütiger Mann, der es allen recht machen wollte. Er bereitete den unternehmungsfreudigen Flüchtlingen keine Schwierigkeiten, in einigen Fällen setzte er sich sogar nachdrücklich dafür ein, um Flüchtlingsbetriebe in sein ebenso traditionsreiches wie wirtschaftlich „verhocktes" Städtchen zu holen. Besondere Verdienste erwarb er sich, als 1947 die Familie Hanel aus dem ostsudetendeutschen Großkunzendorf/Altvatergebirge einen Antrag auf Lizenzierung eines Steinmetzbetriebes stellte.

Die Hanels, die schon in ihrer alten Heimat ein Steinwerk betrieben hatten, waren durch einen Zufall nach Leutershausen gekommen. Ein Schwager, der sich in der Wehrmacht mit einigen Leutershausenern angefreundet hatte, ließ sich aus der Kriegsgefangenschaft zu seinen mittelfränkischen Freunden entlassen; in seine Heimat konnte er nicht zurück, denn dort war die Vertreibung der Deutschen bereits im Gange. Über den Suchdienst des Roten Kreuzes kam 1946 die Mutter Hanel mit zwei Kindern nach. 1947, als Vater Josef aus englischer Kriegsgefangenschaft zurückgekehrt war und Sohn Leonhard aus französischer Kriegsgefangenschaft hatte fliehen können, war die Familie komplett. Der Familienrat beschloß, daß man sich schnellstens wieder selbständig machen wolle. Aber der Stadtrat von Leutershausen, dem neben einigen Kaufleuten und Bauern auch ein Maurermeister angehörte, der bisher Grabsteine verkauft hatte, wollte den Lizenzierungsantrag nicht befürworten: Es be-

---

[159] Amts- und Mitteilungsblatt des Landkreises Ansbach, 20. Februar 1952.
[160] Bericht der Abteilung Handel und Gewerbe im Landratsamt Ansbach, 8. April 1948, in: LRA Ansbach, EAP 01-016.
[161] Ebenda.

stehe kein Bedürfnis, so hieß es. Die Hanels wandten sich daraufhin an den Landrat ins Ansbach, stießen aber auch dort auf taube Ohren. Schließlich suchten sie Bürgermeister Schultheiß privat auf, trugen ihm ihre Sorgen vor und überzeugten ihn davon, daß die ablehnende Haltung des Stadtrats wohl in erster Linie auf Konkurrenzangst beruhte. Schultheiß schlug deshalb von sich aus vor, den Stadtrat vor vollendete Tatsachen zu stellen. Die Hanels reichten einen zweiten Antrag ein, Schultheiß gab – ohne die Ratsherren zu informieren – grünes Licht, das Landratsamt folgte der Empfehlung des Bürgermeisters, und wenig später eröffnete die Firma Hanel in einer ärmlichen Hütte ihren Betrieb[162].

Bereits 1946 hatte sich in Leutershausen die aus Haslau im westlichen Sudetenland stammende Strick- und Wirkwarenfabrik Biedermann – heute der zweitgrößte Betrieb der Stadt – angesiedelt. Biedermann, in dessen Firma in Haslau zeitweise fast 100 Leute beschäftigt gewesen waren, hatte im Sommer 1945 erkannt, daß er als Deutscher im Sudetenland einen schweren Stand haben würde. Er hatte deshalb sein Werk in das jenseits der Grenze gelegene Oberfranken verlagert. Viel hatte er aber nicht retten können, er brachte nur einige Maschinen mit, als er im Dezember 1945 in Selb eintraf. Dort nahm er sofort seine alten geschäftlichen Verbindungen wieder auf. Im Frühjahr 1946 machte er auf einer Geschäftsreise nach Stuttgart in Ansbach Station und lernte dort den späteren Abgeordneten der CSU im Landtag, Georg Mack, kennen, der uns schon als Motor der CSU im Landkreis Ansbach begegnet ist. Mack, ein unweit von Leutershausen ansässiger Landwirt, wurde hellhörig, als er erfuhr, daß Biedermann einen neuen Standort für seinen Betrieb suchte. Er schlug Leutershausen vor und versprach, sich bei den – wie er wohl wußte – reservierten Stadträten für Biedermann zu verwenden. Auch Bürgermeister Schultheiß setzte sich für Biedermann ein und verschaffte ihm eine Unterkunft in einer Schmiede in Jochsberg, die sich aber bald als zu eng erwies. Als Biedermann daraufhin das leerstehende Lutherheim anmieten wollte, wurde deutlich, daß sich Schultheiß mit seiner Politik der Industrieansiedlung viele Feinde gemacht hatte. Einige Leutershausener taten sich zu einer Bürgerinitiative zusammen und sammelten Unterschriften gegen die Pläne ihres Bürgermeisters, der – um die Ruhe im Städtchen wieder herzustellen – schließlich von seinen Plänen abrückte und Biedermann einige Nebenräume des Gasthofes zur Neuen Post zuwies[163].

Biedermann sorgte dafür, daß auch seine frühere Kundschaft – der Färbereibetrieb Hans Hausner aus Asch im Sudetenland – in Leutershausen ansässig werden konnte. Die Hausners, die ihre kleine Fabrik erst 1922 gegründet hatten, waren 1945 ausgewiesen worden und hatten zunächst in Hessen eine Bleibe gefunden. Biedermann erfuhr davon und überredete Hausner, der etwas zögerte, ob er im Alter von 47 Jahren nochmals von vorne anfangen sollte, nach Leutershausen zu kommen und wieder für ihn zu färben. Im Gegensatz zu Biedermann hatte Hausner weder Maschinen noch Rohstoffe aus der alten Heimat mitnehmen können. So fing man mit primitivsten Mitteln an: Gefärbt wurde in einem heute noch vor der Hausnerschen Fabrik stehenden Kupferkessel, den der Firmenchef von einem hessischen Bauern erhalten hatte,

---

[162] Mündliche Mitteilung von Leonhard Hanel vom 27. Juli 1983.
[163] Mündliche Mitteilung von Adi Biedermann vom 29. Juli 1983.

der den Kessel als Viehtränke benutzt hatte. Untergebracht war die Färberei, die heute mehr als 350 Leute beschäftigt, in einem kleinen Keller der Brauerei Krone[164].

1949 – die Einwohnerzahl war mittlerweile auf 2300 gestiegen – hatten sich bereits über 30 Handwerksbetriebe (= ein Drittel aller Handwerksbetriebe der Stadt) und zwei größere Fabriken von Flüchtlingen in Leutershausen niedergelassen. Die Fränkische Landeszeitung berichtete im Januar 1949 über die „kleine Stadt mit großem Eifer": „Es klingt unwahrscheinlich, wie sich diese Menschen emporarbeiten."[165]

Während in Leutershausen mit der Ansiedlung neuer Industrie- und Gewerbebetriebe eine neue Zeit einzog, begann man sich in den obersten Stäben der Militärregierung und auf deutscher Seite erste Gedanken über eine neue gesetzliche Regelung des Gewerberechts nach Ablauf der 1946/47 beschlossenen Ländergesetze zu machen – unterschiedliche Gedanken, wie sich bald herausstellte, die zu einer der heftigsten Kontroversen zwischen Militärregierung und deutschen Regierungen in der Geschichte der amerikanischen Besatzungsherrschaft in Deutschland führten. Innerhalb der Militärregierung schien 1947/48 eine Fraktion immer größeren Einfluß zu gewinnen, die eine radikale Abkehr von den restriktiven Gewerbegesetzen forderte. Die deutsche Wirtschaft habe sich inzwischen soweit erholt, daß die „extraordinary measures"[166], die 1946 angebracht gewesen seien, einer weiteren wirtschaftlichen Erholung nur im Wege stünden. „Es ist notwendig, daß OMGUS die Tatsache nicht in Vergessenheit geraten läßt, die Amerikas Industrie groß gemacht hat", hieß es in einem amerikanischen Memorandum vom 13. Januar 1948. „Diese Tatsache kann zusammengefaßt werden, in dem man sagt, es ist ein Grundprinzip der amerikanischen Wirtschaftsdemokratie, daß jedermann frei ist, sich auf jedes Wagnis einzulassen, auch wenn er dabei bankrott gehen sollte."[167] Daß die liberale Fraktion die Oberhand gewonnen hatte, zeigte sich im März 1948, als OMGUS erstmals auf eine grundlegende Revision der bisherigen Gewerbepolitik drängte[168]. Namentlich nach dem Abbau der Zwangswirtschaft im Zuge der Währungsreform schien die Umgestaltung des restriktiven Zulassungswesens unabdingbar.

In München, Stuttgart und Wiesbaden schien man der Wende von OMGUS keine größere Bedeutung beizumessen. Die Länderregierungen – obwohl von den Amerikanern beauftragt, Vorschläge für liberale Gesetze zu erarbeiten – warteten ab und verließen sich auf eine Gesetzesinitiative des Wirtschaftsrates des Vereinigten Wirtschaftsgebietes, der am 9. Juli 1948 tatsächlich ein Gewerbezulassungsgesetz verabschiedete, das aber im Länderrat scheiterte. Nachdem der Einspruch der Länder Mitte August 1948 zurückgewiesen worden war, verweigerte die Militärregierung die Zustimmung, weil sie einer späteren Zuständigkeitsregelung durch die neue deutsche Regierung nicht vorgreifen wollte[169]. Die Sache zog sich Monat für Monat hin: Wirtschaftsrat,

---

[164] Mündliche Mitteilung von Herbert Hausner vom 27. Juli 1983. Vgl. auch Fränkische Landeszeitung vom 29. Januar 1949 und Hermann Schreiber, Leutershausen, Leutershausen 1975, S. 276.
[165] Fränkische Landeszeitung vom 29. Januar 1949.
[166] Memorandum vom 13. Januar 1948, in: NA, RG 260, 13/82-44/19.
[167] Ebenda.
[168] Monthly Report of the Military Governor, U.S. Zone, Nr. 33: März 1948, hrsg. von Office of Military Government for Germany (U.S.), S. 4.
[169] Vgl. dazu Tilman Pünder, Das bizonale Interregnum. Die Geschichte des Vereinigten Wirtschaftsgebiets 1946–1949, Köln 1966, S. 229 f. Vgl. auch AVBRD, Bd. 4, S. 858–860, 1011–1013, 1025–1027.

Länderrat und Parlamentarischer Rat berieten über bundesstaatliche Kompetenzen und einzelne Paragraphen des Gewerberechts. Dabei zeichnete sich eine Regelung ab, die zwar zu einer allgemeinen Lockerung der restriktiven Bestimmungen führen, aber die „gewerbliche Tradition der Prüfung von Bedürfnis, Sachkunde und persönlicher Zuverlässigkeit" eines Antragstellers wahren sollte[170].

Wieder lehnte die Militärregierung ab, die jetzt mehr und mehr zu erkennen gab, daß sie – wie von ihrem liberalen Flügel gefordert – auf die Einführung der „bedingungslosen" Gewerbefreiheit abzielte. Den Amerikanern war nicht verborgen geblieben, daß die Privatwirtschaft über Handwerkskammern und Handelsgremien einen entscheidenden Einfluß auf die Vergabe von Lizenzen ausübte; sie „hielten diese an die Zünfte erinnernden Verfahren für schädlich"[171]. Außerdem hatten sie den Eindruck gewonnen, den Deutschen sei überhaupt nicht an einer neuen gesetzlichen Regelung gelegen – jedenfalls nicht vor Ablauf der Besatzungszeit, da sie sich nicht auf einen Kompromiß mit der Militärregierung einlassen wollten. Verärgert, daß es ihnen nicht gelungen war, die Länderchefs und Abgeordneten des Wirtschaftsrates von den Vorteilen des Prinzips des freien Handels und Gewerbes zu überzeugen, oktroyierten die Amerikaner deshalb am 29. November 1948 die „radikale" Gewerbefreiheit[172].

Auf deutscher Seite weckten sie damit die lebhafteste Besorgnis. Überall kam es zu Kundgebungen und Demonstrationen. Das oberfränkische Handwerk veranstaltete in der Adventszeit des Jahres 1948 eine Aktionswoche mit acht Großkundgebungen in verschiedenen Städten[173]. Im Onoldiasaal von Ansbach trafen sich am 14. Dezember 1948 empörte Handwerker der umliegenden Landkreise und verabschiedeten eine Resolution, in der es hieß: „Gewerbefreiheit ... bedeutet, daß dem Pfuschertum, dem Schieber- und Freibeutertum Tür und Tor geöffnet wird." Besorgt über die Abschaffung des Großen Befähigungsnachweises, forderten sie die bayerische Regierung und die Handwerkskammer auf, „alles zu tun, um eine Durchführung der in Aussicht gestellten Maßnahmen abzuwenden"[174]. Reinhold Maier, der Ministerpräsident des „Handwerkerlandes" Württemberg-Baden, machte sich zu einem der lautstärksten Wortführer der gewerblichen Opposition. Vom Feuer der eigenen Rede wie vom Beifall der versammelten Handwerker mitgerissen, tönte er kurz nach dem Bekanntwerden des amerikanischen Diktats in einer Versammlung: „Wir rufen den Amerikanern zu: Hört auf mit der Bevormundung! Wir verstehen von diesen Dingen auch etwas, vom deutschen Handwerk verstehen wir bestimmt mehr als ihr! Haltet uns nicht für dümmer, als wir sind, und euch nicht für gescheiter, nicht überlegener, als ihr seid!"[175] Das nützte aber alles nichts. Die Amerikaner hielten an ihrer Politik fest. Als wäre eine Schleuse geöffnet worden, brach jetzt eine zweite Welle von Zulassungsanträgen

[170] AVBRD, Bd. 5, S. 24.
[171] Gimbel, Amerikanische Besatzungspolitik in Deutschland, S. 307.
[172] AVBRD, Bd. 4, S. 1011–1013, 1025–1027.
[173] Vgl. Mitteilungsblatt der Handwerkskammer für Oberfranken (Bayreuth), 3. Jg., Nr. 1, Januar 1949, S. 1; vgl. auch Bayerische Handwerkerzeitung, 1. Jg., Nr. 1, 1. Februar 1949.
[174] Resolution, in: BayHStA, Bayerische Staatskanzlei (1976), AZ 6310. Vgl. auch Fränkische Landeszeitung vom 16. Dezember 1948, die über eine Kundgebung des mittelfränkischen Handwerks berichtet, in der der Handwerkskammer-Präsident von Mittelfranken Dirscherl aus Protest gegen das von den Amerikanern oktroyierte Gesetz ausrief: „Wir sind kein Kolonialvolk."
[175] Reinhold Maier, Erinnerungen 1948–1953, Tübingen 1966, S. 127; vgl. auch Dorn, Inspektionsreisen, S. 129 f.

auf die staatlichen Stellen herein. Hatte die Zahl der Gewerbebetriebsanmeldungen beispielsweise in München 1948 nur 7000 betragen, so lag sie 1949 bei über 27000, 1950 noch bei über 15000. Auch in Fürth stieg die Zahl der Gewerbebetriebe zwischen Weihnachten 1948 und Weihnachten 1949 von 6200 auf 7580[176].

In vielen Regionen Bayerns begann in der Besatzungszeit die verspätete Industrialisierung, die erst in den fünfziger und sechziger Jahren voll zum Tragen kam und sich im deutlichen Anstieg der in Industrie und Handel beschäftigten Personen und in der Abnahme der selbständigen Existenzen äußerte. Während der Besatzungszeit, als manche Grundsteine hierfür schon gelegt wurden, war die Bedeutung dieses Umschichtungsprozesses erst ansatzweise zu erkennen. Damals dominierte unter den Neuzulassungen noch der kleine Gewerbebetrieb, häufig der Ein-Mann-Betrieb. Die Besatzungszeit war also, trotz einer Reihe von wirksamen Defensivmaßnahmen der alteingesessenen Geschäftswelt vor allem in den Städten, eine Art von *Gründerzeit;* der Anteil der selbständigen Erwerbspersonen nahm – industriegeschichtlich atypisch – gegenüber 1939 deutlich zu[177]. Mochten viele neugegründeten „Kümmerbetriebe" auch schnell bankrott gehen und zu einer wirtschaftlichen Strukturveränderung wenig beitragen, eines blieb doch haften: Die Jahre unter amerikanischer Besatzung bahnten eine neue Beweglichkeit und größere Freiheit im Erwerbsleben an. Die wirtschaftliche Privatinitiative fühlte sich ermuntert, der einzelne war nicht mehr eingespannt in zahlreiche ideologisch-politische und behördliche Zwänge, sondern konnte sich auf sein wirtschaftliches Fortkommen besinnen.

Einige der „neuen" Händler und Handwerker unterschieden sich beträchtlich vom Typ des sorgsam kalkulierenden seriösen Unternehmers. Sie kümmerten sich kaum um bürokratische Dienstwege, die im Zeichen einer totalen Bewirtschaftung besonders lang waren und häufig nicht zum Ziel führten, sondern beschritten oftmals völlig neue Wege. Über ein solches Beispiel von Findigkeit und Wagemut berichtete der Elektrowarengroßhändler Josef Kempf, der sich 1945/46 – wie wir gesehen haben – sehr schwer getan hatte, die Lizenz für sein Gewerbe zu erhalten. Kempf, der frühere Offizier, war ein Neuling in der Branche, der sich seine Geschäftsverbindungen zu den Elektroartikellieferanten erst aufbauen mußte. Überall wurde er skeptisch aufgenommen. Die Lieferanten wußten ja nicht, so Kempf, „ist der Kempf eine Eintagsfliege oder ein seriöser Geschäftsmann". Die Firma Busch und Jäger in Lüdenscheid behandelte ihn zunächst mit Reserve und wollte mit ihm erst ins Geschäft kommen, als er versprach, die leitenden Herren mit Kartoffeln zu versorgen. Kempf sicherte das zu und kaufte mit Hilfe seines Schwiegervaters, der in Ansbach und Umgebung ein angesehener Mann war, etwa 20 Zentner Kartoffeln zusammen. Wie aber sollte er sie nach Lüdenscheid bringen? Mit seinem alten DKW jedenfalls nicht. Das Problem schien sich wie von selbst zu lösen, als Kempf eines Tages in der Ansbacher Innenstadt einen Lastwagen aus Westfalen entdeckte, der sich auf der Rückfahrt zu seinem Heimatstandort befand. Die zwanzig Säcke mit Kartoffeln waren schnell aufgeladen. Kompliziert wurde es erst, als der Chauffeur für seine Hilfe 400,– RM und vier Packungen

[176] Vgl. Niesner, Zwei Jahre Gewerbefreiheit, S.27 und 29. Vgl. Fürth 1946–1955. Wiederaufbau eines Gemeinwesens – Entwicklung zur Großstadt, Fürth 1956, S.62f. Vgl. auch OB Fürth an Reg von Mittelfranken, 10. Januar 1950, in: BayHStA, MWi 12 574.

[177] Klaus Schreyer, Bayern – ein Industriestaat. Die importierte Industrialisierung, München/Wien 1969, S.293.

amerikanische Zigaretten haben wollte. Kempf hatte nur eine Packung parat und so mußte er einen Angestellten in die Uzstraße schicken, der dort auf dem Schwarzmarkt die restlichen drei Packungen kaufen sollte. Er selbst wollte nicht gehen, für einen Elektrogroßhändler, so glaubte er, schicke sich das nicht. Als der Chauffeur zufriedengestellt war, konnte Kempf für eine Weile glauben, Busch und Jäger in Lüdenscheid als ersten wichtigen Lieferanten gewonnen zu haben. Der Kartoffeltransport wurde aber in Würzburg von der Polizei gestoppt, die Ladung Kartoffeln beschlagnahmt und Kempf mit einem Bußgeld von 100.– RM bestraft. Die Geschäftsverbindung mit der Lüdenscheider Firma kam aber dann doch noch zustande, denn Kempf machte sich sofort auf den Weg nach Westfalen und lag dort dem Prokuristen von Busch und Jäger solange in den Ohren, bis dieser die abenteuerliche Geschichte von den beschlagnahmten Kartoffeln glaubte und Kempf mit Schaltern, Kabeln und Steckern versorgte[178].

Auch den Alteingesessenen blieben die „dunklen" Wege zum Erfolg nicht verborgen. Der Ansbacher Eisenwaren- und Kohlenhändler Friedrich Laubinger, Inhaber der 1901 gegründeten Firma Moritz Eckart am Martin-Luther-Platz, mußte seine bäuerliche Kundschaft aus dem Umland nach Kriegsende immer wieder vertrösten, wenn sie Hufbeschläge bei ihm verlangte. Zwei, drei Jahre waren im Rahmen der Bewirtschaftung schon keine Hufeisen mehr zu haben gewesen. Die Landwirtschaft arbeitete damals noch überwiegend mit Pferden, die schließlich, so Laubinger, „nicht barfuß laufen" konnten. Er zögerte deshalb nicht lange, als ihm 1946 eine recht originelle Transaktion vorgeschlagen wurde, die Linderung für die bäuerlichen Nöte und – für ihn selbst – ein einträgliches Geschäft versprach. Die Kesselofenfabrik Lang aus Barmen, die vor dem Krieg ein kleineres Zweigwerk in Ansbach errichtet hatte, wollte dieses nach 1945 wieder in das Ruhrgebiet zurückverlegen. Dazu brauchte man aber eine Genehmigung der Militärregierung, die nur zu erlangen war, wenn die für den Transport erforderlichen Lastwagen nicht leer nach Ansbach zurückfahren mußten. Die Kesselofenfabrik suchte also einen Partner, und sie fand ihn in Laubinger, der sich daran erinnerte, daß er während des Krieges Hufbeschläge in Barmen bzw. Wuppertal bestellt hatte, die aber ausgeblieben waren. Mit den alten Bestellscheinen in der Tasche machte er sich also im Troß von Lang auf den Weg in die britische Zone.

Nichts war ungewisser als der Erfolg seiner Mission. Die Werke standen noch, sie waren aber geschlossen. Nur das Pförtnerhäuschen und die Chefetagen waren besetzt. Laubinger sah mit einem Blick, daß sich in den Lagerhallen fand, was er begehrte: Hufbeschlag, Pflugscharen, Türschlösser. Laubinger brauchte seinen früheren Lieferanten nicht lange an die guten alten Geschäftsbeziehungen zu erinnern, dies umso weniger, als er in seinem Gepäck Kartoffeln und Dosenfleisch mitführte, die auch in den Chefetagen rar geworden waren. Wieder in Ansbach zurück, riß man ihm die Hufeisen und Pflüge förmlich aus der Hand. „Was war ich blöd", so Laubinger später, „daß ich diese Schätze für schlechtes Geld verkauft habe. Aber wir waren halt damals so."[179]

Was sich mit Einfallsreichtum alles machen ließ, bewies auch der uns schon bekannte Steinmetzbetrieb Hanel aus Leutershausen. Seit seiner Gründung kurz vor der

---

[178] Mündliche Mitteilung von Josef Kempf vom 21. Juli 1983.
[179] Mündliche Mitteilung von Friedrich Laubinger vom 21. Juli 1983.

Währungsreform litt der Familienbetrieb an Rohstoffmangel. Quarz- oder Granit-
blöcke für Grabsteine waren nirgends aufzutreiben. Durch Zufall erfuhr Leonhard Hanel von einem verfallenen Friedhof im etwa 10 km entfernten Obersulzbach. Viele
alte Gräber waren von Gras überwuchert, die Steine umgefallen und beschädigt. Für
billiges Geld kaufte Hanel die alten Steine und arbeitete sie in seinem Betrieb völlig
um. Nun eigneten sich aber die weichen fränkischen Sandsteine nicht besonders gut
für Grabinschriften, über kurz oder lang wusch der Regen die Buchstaben aus. Für
Hanel war das aber kein Hindernis. Er holte härtere Juraplatten aus dem im Altmühl-
tal gelegenen Solnhofen, montierte sie auf die Sandsteine, und neue Grabsteine waren
fertig[180].

Viele Unternehmer und Handwerker ließen sich auch nicht entmutigen, wenn ihre
Wünsche nach Rohstoffen von den heimischen Wirtschaftsämtern nicht erfüllt werden konnten, sondern klapperten die übergeordneten Stellen solange ab, bis sie
schließlich doch irgendwo fündig wurden. Ein Beispiel dafür lieferte der Kohlen- und
Eisenwarenhändler Friedrich Laubinger aus Ansbach. Sein Kohlenkontor war 1946 so
gut wie leer. Nachschub gab es schon seit längerem nicht mehr, die Kohlenbezugs-
scheine drohten zu verfallen. Nachfragen beim städtischen Wirtschaftsamt und beim
Regierungswirtschaftsamt in Fürth fruchteten nichts. Also fuhr Laubinger selbst zur
Kohlenauslieferungsstelle nach Mannheim. Um dort wirkungsvoll auftreten zu können, hatte er einen Koffer voller Geschirr mitgenommen, das er den zuständigen Beamten zusteckte. Wenig später waren in Ansbach wieder Kohlen zu haben[181].

Die Wirtschaftsämter beobachteten das anarchische Treiben der Privatwirtschaft
mit gemischten Gefühlen. Der Oberbürgermeister von Fürth beispielsweise, der sich
seit Monaten wegen der knappen Brotvorräte sorgte, konnte im April 1946 aufatmend
feststellen: „Der Privatinitiative verschiedener Bäckereien ist es gelungen, immer wieder Bezugsquellen bei früheren Lieferanten (Mühlen) zu erschließen, so daß die Brot-
versorgung im großen und ganzen bisher aufrechterhalten werden konnte.“[182] Auch
das Wirtschaftsamt der Stadt lobte im Juni 1946 die vorbildliche Unternehmerinitia-
tive: „Die Firma Schmelz hat es zustande gebracht, einen Kaufvertrag über 1000 Was-
sereimer abzuschließen. Sie bringt damit den Beweis, daß die Privatinitiative mehr
Ware heranzuschaffen vermag.“[183]

Manchem Leiter eines Wirtschaftsamtes bereiteten die zweifelhaften Geschäfte aber
auch erhebliches Kopfzerbrechen. „Die unkontrollierbaren Kompensationsgeschäfte
haben ein Ausmaß angenommen, daß wirksame Schritte unternommen werden müssen … Die Wirtschaftskontrollstellen verlieren sonst jede Autorität und haben mit
Rücksicht auf den grundsätzlich vorhandenen grauen Markt keine Möglichkeit wirksam einzugreifen. Es steht also die Autorität auf dem Spiel!“[184] Regierungspräsident
Schregle war vor allem die Verwilderung der Geschäftspraktiken ein Dorn im Auge:
„Die wirtschaftliche Betätigung der Unternehmer entfernt sich immer mehr vom vor-
sichtigen kaufmännischen Rechnen und Abschätzen der Käuferwünsche und artet
vielfach in ein wüstes Rennen um den Warennachschub aus, wobei leider Rücksichts-

---

[180] Mündliche Mitteilung von Leonhard Hanel vom 27. Juli 1983.
[181] Mündliche Mitteilung von Friedrich Laubinger vom 21. Juli 1983.
[182] OB Fürth an RegPräs, 24. April 1946, in: Stadtverwaltung Fürth, EAP 4.
[183] Monatsbericht des Wirtschaftsamtes der Stadt Fürth vom 18. Juni 1946, in: Ebenda.
[184] Monatsbericht des Wirtschaftsamts Ansbach, 20. September 1947, in: Stadtarchiv Ansbach, ABc T/5/90.

losigkeit und Skrupellosigkeit oft den größeren Erfolg aufweisen als solides Geschäftsgebaren – eine Entwicklung, die bei längerem Andauern zu volkswirtschaftlich äußerst bedenklichen Auswirkungen und geradezu zu einer Balkanisierung führen muß."[185] Die heftige Kritik gegen Kompensationsgeschäfte und unlautere Geschäftspraktiken blieb aber ohne Konsequenzen. Die Kritiker wußten ja selbst nur zu gut, daß das Bewirtschaftungssystem allein nicht in der Lage war, die Versorgung von Bevölkerung und Industrie zu gewährleisten.

Zu diesem neuen Typus des einfallsreich-hemdsärmligen Händlers, Handwerkers und Unternehmers, der sich nach Kriegsende herausbildete, gehörte auch der spätere Konzernchef Max Grundig aus Fürth – allerdings nur cum grano salis, denn Grundig blickte 1945 bereits auf eine steile Karriere zurück, die ihm neben einigem Ansehen auch das „große Geld" eingebracht hatte.

5. Lehrjahre eines Konzernchefs: Max Grundig 1945–1948

Max Grundig, der Sohn eines Magaziners bei den Nürnberger Herkules-Werken, hätte sich, als er 1930 in der Fürther Sternstraße Nr. 4 einen kleinen Laden mietete, wohl kaum träumen lassen, daß er bei Kriegsende über ein Vermögen von 17,5 Millionen Reichsmark verfügen würde. In dem Laden waren früher Hüte und Stöcke verkauft worden, jetzt (1930) eröffnete Grundig dort zusammen mit seinem Freund Karl Wurzer ein Radio-Fachgeschäft, das er zunächst Radio-Centrale Fürth, wenig später Radio-Vertrieb Fürth nannte. Im Protokoll des Amtsgericht-Registergericht Fürth hieß es damals: „Wir betreiben ab 15. Nov. 1930 ... den Handel mit Radio-Geräten und verwandten Artikeln in offener Handelsgesellschaft, sowie die Installation von elektrischen Einrichtungen ... Unser Betriebskapital beträgt 3500,– RM, wovon jeder Gesellschafter zur Hälfte beteiligt ist. Kaufmännische Buchführung ist vorhanden."[186] Grundig hatte in Nürnberg die Volksschule besucht, danach eine dreijährige Lehre als kaufmännischer Angestellter bei der Installationsfirma Jean Hilpert absolviert. Dabei hatte er sich so geschickt angestellt, daß er sofort nach der Lehre eine gutgehende Filiale in Fürth übernehmen konnte[187], in der er die nötigen Erfahrungen für einen eigenen Laden sammelte.

Die Geschäfte in der Sternstraße liefen nicht schlecht. Grundig, seit seiner frühesten Jugend ein besessener Radiobastler, bot gute Qualität und verstand es mit der Kundschaft umzugehen. Bereits 1934 wurde es in der Sternstraße zu eng. Ein größeres Geschäft in der Schwabacherstraße 1/Ecke Schirmstraße kam hinzu, und auch hier brauchte Grundig nicht über schleppenden Geschäftsgang zu klagen. Die gesamte Rundfunkbranche stand seit 1923, als erstmals in Deutschland im Vox-Haus in Berlin die neue, aus Amerika kommende Sendetechnik vorgeführt worden war, unter einem

[185] RegPräs an bay. Staatsregierung, 3. Oktober 1947, in: BayHStA, Reg von Mittelfranken, Berichterstattung 1947, AZ 1–64, Bd. 5.

[186] Prot. des Amtsgericht-Registergericht Fürth vom 12. November 1930, in: Amtsgericht Fürth, RG, HRA 2 123: Radio Vertrieb Fürth: Max Grundig. Am 14. November 1930 änderten Grundig und Co. den Namen, weil die Stadt Einspruch erhoben hatte. „Die übrigen Radiogeschäftsinhaber würden Einspruch erheben wegen des Wortes Centrale, da solches den Anschein erweckt, als wären die hiesigen Radiohändler centralisiert." Ebenda.

[187] Vgl. Fein, Sieben Tage Grundig, S. 9–37 und 83–143.

282 VI. Mittelständische Wirtschaft und Industrie

guten Stern. Wer es sich irgendwie leisten konnte, kaufte sich eines der drahtlosen Empfangsgeräte mit Kopfhörer. Zwischen 1924 und 1939 stieg die Zahl der Rundfunkteilnehmer von 476 auf etwa 11 Millionen. Getragen von dieser anhaltend guten Konjunktur ging es stetig aufwärts mit Grundig. Der Regimewechsel 1933 hatte für den unpolitischen Händler und sein Radiogeschäft zunächst keine Bedeutung. Schon bald nachdem er den Laden in der Schwabacherstraße hinzugemietet hatte, begnügte er sich nicht mehr damit, Radios zu verkaufen. Er spezialisierte sich darauf, defekte Transformatoren zu reparieren; das war gerade im Raum Nürnberg/Fürth ein lohnendes Geschäft, denn Nürnberg verfügte damals über Wechselstrom, Fürth dagegen über Gleichstrom und jeder, der von der einen in die andere Stadt umzog und den Radioapparat an den „ungewohnten" Strom anschloß, machte die gleiche Erfahrung: Nach einem lauten Knacken gab der Apparat keinen Ton mehr von sich – ein Fall für Grundig[188].

Die Reparatur von Transformatoren war aber nur der Anfang. Bald baute der Radio-Vertrieb Fürth selbst Transformatoren: 1938 schon 30000 Stück[189]. Grundig beschäftigte inzwischen zwei Monteure, fünf, sechs Frauen, die an den Wickelmaschinen arbeiteten, einen Buchhalter, eine Schreibkraft und einen Lehrling. Außerdem standen seine drei Schwestern fast immer im Laden. Noch vor Kriegsbeginn war Grundig Umsatzmillionär. Bald gehörte auch die Wehrmacht zu seinem Kundenkreis. Man schätzte die gute Arbeit und vor allem die Zuverlässigkeit von Grundig. Daß der „Chef" selbst 1941 in Bayreuth einrücken mußte, störte die guten Geschäfte wenig. Es bedurfte keines weitblickenden, sich um alles sorgenden Betriebsleiters mehr, denn nach und nach nahmen die „Großen" der Rüstungsindustrie dem Radio-Vertrieb Fürth die geschäftlichen Fäden aus der Hand. AEG und Siemens hießen jetzt die Auftraggeber, die wöchentlich Hunderte von defekten Transformatoren anfahren ließen.

Grundig brauchte erneut zusätzliche Räume und fand sie in zwei Wirtshäusern im kleinen Fürther Vorort Vach, wo er sich im unbenutzten Tanzsaal des Gasthauses „Linde" und in der Kegelbahn des „Roten Ochsen"[190] einquartierte. „Mit höchster Dringlichkeitsstufe versehen", so Grundig später in einem Interview, erhielt „ich binnen zweier Monate an die hundert Wickelmaschinen aus Berlin"[191]. Dazu kamen hochspezialisierte Ingenieure von AEG und Siemens, etwa 100 bis 200 ukrainische Fremdarbeiterinnen, die zusammen mit den Wickelmaschinen „angeliefert" wurden, und weitere Aufträge für die Kriegsproduktion. Der nun nicht mehr so kleine Fürther Gewerbebetrieb baute Steuerungsgeräte für die V 1- und V 2-Raketen und, nachdem die Körting-Werke in Leipzig ausgebombt worden waren, elektrische Zünder für Panzerabwehrwaffen. Die 300 Wickelmaschinen im Tanzsaal und in der Kegelbahn standen bald nicht mehr still. „Bei Kriegsende", so erinnerte sich Grundig, „hatten wir in Vach draußen so um 600 Leute gehabt."[192]

Am 19. April 1945 war in Fürth der Krieg zu Ende und auch die erste Karriere des Max Grundig als Zulieferer für die Rüstungsindustrie. Wenige Tage danach kreuzte in

---

[188] Vgl. ebenda, S. 107 f.
[189] Vgl. Industriefragebogen der amerikanischen Militärregierung vom August 1945, in: Firmenarchiv Grundig.
[190] Vgl. Fein, Sieben Tage Grundig, S. 129.
[191] Interview mit Max Grundig, zu dessen 70. Geburtstag, in: Funkschau 50 (1978), Nr. 10, S. 443.
[192] Ebenda. Vgl. auch Meldebogen für das Reichswirtschaftsministerium, in: BA Koblenz, R 13 V/148 und Fein, Sieben Tage Grundig, S. 134.

Vach ein Jeep auf. Ein amerikanischer Leutnant erkundigte sich nach Grundig und nahm ihn mit, nachdem er ihn im ersten Stock des Gasthauses „Linde" ausfindig gemacht hatte. Bei den anschließenden Verhören im Fürther Rathaus, dem Sitz der Militärregierung, verstand es Grundig, allen Fragen nach seiner Verwicklung in die deutsche Kriegsproduktion auszuweichen; er mußte deshalb nach drei Tagen im Gewahrsam der Military Police in der Nürnbergerstraße wieder auf freien Fuß gesetzt werden[193].

Die drei Tage Haft warfen keinen Schatten auf die glänzende Ausgangslage Grundigs. Er hatte sich durch die Aufträge der Wehrmacht eine goldene Nase verdient, war dabei aber weder in den Vordergrund gerückt, noch hatte er sich mit dem NS-Regime mehr als nötig eingelassen. Er war also politisch unbelastet, außerdem hatte er viel Geld: 17,5 Millionen Reichsmark, davon 10 Millionen Reichsmark offene Forderungen bei Siemens und AEG[194]. Zudem waren die Maschinen und Meßgeräte intakt[195], der Laden in der Schwabacherstraße war unbeschädigt und schließlich konnte er auch seine gesamten Rohstoffvorräte über die Wirren der letzten Kriegstage retten. „Ich hatte viel Material", erzählte Grundig später. „Da kamen dann die Großhändler, alle die bekannten, mit Lastwagen, etwa aus Köln der Kleine-Erfkamp und aus Ulm der Dieseldorf"[196]. Allmählich fand sich auch der alte Stamm von Experten von AEG und Siemens wieder zusammen, der im Laufe der Jahre durch jüngere leistungsbereite Kräfte ergänzt wurde, die anderswo keine geeignete Betätigungsmöglichkeit gefunden hatten oder denen die alte Radioindustrie zu schwerfällig war. Die Weichen für die zweite Karriere waren also gestellt.

Trotzdem zögerte Grundig zunächst. So sehr war er noch in der Mentalität des Radiohändlers befangen, daß er nicht mehr richtig weiter wußte, als nun plötzlich die „Großen" fehlten, denen er seine bisherigen Erfolge hauptsächlich verdankte. Den ganzen Mai über war er damit beschäftigt, zusammen mit seinen Leuten die Maschinen und Rohstoffe von Vach nach Fürth zurückzubringen. Einige Wochen war es freilich höchst zweifelhaft gewesen, ob Grundig die Rohstoffe und Maschinen würde behalten können. Captain Carl Barker von Special Branch, ein „Deutschenhasser, Berufssoldat, bullig und unfreundlich", hielt Grundig für einen Nutznießer des NS-Regimes, der nicht ungestraft davonkommen sollte. Erst auf Drängen der deutschen Angestellten von Special Branch – alles Sozialdemokraten –, die glaubten, es sei im Interesse der Stadt Fürth, wenn Grundig sobald als möglich die Fabrikation wiederaufnehmen könne, willigte Barker ein, Grundig die Rohstoffe zu überlassen[197].

Nachdem Grundig diese vielleicht schwierigste Klippe nach Kriegsende überwunden hatte, mietete er im Rückgebäude der Jakobinenstraße 24 ein kleines Haus, das dem Spielwarenfabrikanten Christian Götz gehörte, der seinen Laden zugemacht hatte, weil er für Spielwaren keine Zukunft mehr sah. Im Juni 1945 begann mit 11 Männern und 31 Frauen die Fabrikation. Grundig, nun auf sich allein gestellt, knüpfte dort wieder an, wo er im April 1945 aufgehört hatte: Er produzierte Allzweck-Trans-

---

[193] Vgl. Fein, Sieben Tage Grundig, S. 140 ff.
[194] Vgl. ebenda, S. 142 und 155 f.
[195] Vgl. u. a. Konstantin Prinz von Bayern, Die großen Namen. Begegnungen mit bedeutenden Deutschen unserer Zeit, München 1956, S. 202 f.
[196] Funkschau 50 (1978), Nr. 10, S. 443.
[197] Mündliche Mitteilung von Otto Gellinger vom 29. Januar und 10. Februar 1983.

formatoren, die sich zum Stückpreis von 37,– Reichsmark gut verkauften. Bald waren 80 Personen, hauptsächlich ungelernte Frauen, auf den 400 qm Fabrikfläche in der Jakobinenstraße beschäftigt. Engpässe bei der Rohstoffversorgung – die Geißel fast aller übrigen Betriebe – kannte man bei Grundig nicht. Man hatte in Vach, was man brauchte. Außerdem zahlten AEG und Siemens ihre Schulden etwa zur Hälfte in Materialien, so daß Grundig 200 Tonnen Bleche für Transformatoren und tonnenweise Kupferdrahtrollen bekam.

Das Geschäft mit den Transformatoren stieß aber bald an seine Grenzen. Von Januar bis Oktober 1946 fiel die Zahl der produzierten Trafos von etwa 2700 auf 190[198]. Grundig war auf diesen Einbruch vorbereitet gewesen und hatte frühzeitig mit dem Bau von elektrischen Meß- und Prüfgeräten „Novatest" und „Tubatest" begonnen, die anfangs ebenfalls reißenden Absatz fanden. Jeder Kunde war zugleich auch Lieferant. Um einen „Novatest" zu erwerben, mußte der Kunde in Rohmaterialien wie Kupfer, Schrauben und Drähten „zahlen". Grundig, der auf wahren Schätzen von Rohstoffen saß, fühlte aber trotz guten Geschäftsgangs, daß er eigentlich auf der Stelle trat. In dieser etwas unbefriedigenden Situation kam ihm der Zufall zu Hilfe. Eines Tages besuchte ihn Hans Eckstein, ein exzellenter Radiofachmann, der schon 1933 bei Lumophon in Nürnberg Rundfunkempfänger entwickelt und später bei Telefunken gearbeitet hatte[199]. „Es wäre doch eine einmalige Chance, jetzt Rundfunkgeräte zu bauen!", schlug er Grundig vor, der sich aber nicht so recht für diese Idee erwärmen konnte. Er scheute das Risiko. Nach einiger Zeit, so glaubte er, würden die Großen der Rundfunkbranche wieder zu Kräften kommen und ihn, den Neuling, schnell verdrängen[200].

Ecksteins Vorschlag hatte es aber in sich. Zigtausende von Rundfunkgeräten waren während des Krieges kaputtgegangen oder mußten nach Kriegsende an die Besatzungsmacht abgeliefert werden. Ersatz war nicht zu haben – und das in einer Zeit, da sich viele nach der Eintopfkost aus dem Volksempfänger nach der „großen Welt" des Rundfunks sehnten. Wie groß dieses Bedürfnis war, zeigt allein ein Blick auf die – trotz beträchtlicher Lieferschwierigkeiten – emporschnellende Zahl der Rundfunkgenehmigungen zwischen 1946 und 1950. 1946 waren in Bayern auf 1000 Einwohner 112 Rundfunkgenehmigungen gekommen, 1950 waren es bereits 152[201]. Die führenden Hersteller hatten ihren Stammsitz in Berlin oder in der sowjetisch besetzten Zone und waren damit vom Westen fast völlig abgeschnitten. Außerdem hatten sie durch „Kriegseinwirkungen und Demontagen durchweg acht Zehntel und mehr ihrer Kapazität" verloren[202]. Das größte westdeutsche Rundfunkwerk Saba in Villingen befand sich fest in der Hand der französischen Besatzungsmacht. So bestand eine enorme Marktlücke[203]. „Die Firmen Blaupunkt, Atlas, Telefunken, Padora, Siemens, Seibt, haben in der Zeit vom 15. 1. 1946 bis 15. 1. 1947 die Gesamtzahl von 2917 Rundfunkgeräten ausgeliefert", so schilderten die Nürnberger Nachrichten am 30. April 1947

---

[198] Vgl. monatliche Industrieberichte an das Bayerische Statistische Landesamt und an das bayerische Staatsministerium für Wirtschaft aus den Jahren 1946 und 1947, in: Firmenarchiv Grundig.
[199] Vgl. auch den Briefwechsel zwischen Grundig und Eckstein, in: Firmenarchiv Grundig.
[200] Vgl. Der Spiegel vom 15. Januar 1958 und Fein, Sieben Tage Grundig, S. 168 f.
[201] Vgl. Statistisches Jahrbuch für Bayern 1952, S. 410.
[202] Anton Zischka, War es ein Wunder? Zwei Jahrzehnte deutschen Wiederaufstiegs, Hamburg 1966, S. 481 f.
[203] Vgl. Der Spiegel vom 15. Januar 1958.

die Flaute in der Radiobranche. „Davon entfielen auf politisch und rassisch Verfolgte: 630, auf die Militärregierung in Bayern: 114, als Firmenanteil für Lieferverträge und Materialbeschaffung: 645, als Kontingent für die außerbayerischen Länder der US-Zone: 488, als Hilfskontingent für Heime, Lager und Schwerstversehrte: 411, für Blinde: 168 und als Dienst- und Behördenkontingent einschließlich Presse: 437 Stück."

Schließlich gab Grundig sein Zögern auf und beauftragte Eckstein mit der Konstruktion eines einfachen Rundfunkgeräts, das sich möglichst „breit" aus vorhandenen Restbeständen bestücken ließ[204]. Das war aber leichter gesagt als getan, denn zum einen waren Radios streng bewirtschaftet und zum anderen ihre Herzstücke, die Röhren, nur noch auf dem Schwarzen Markt zu haben. Schwierigkeiten über Schwierigkeiten also, denen sich Eckstein und Grundig gegenübersahen. Die rettende Idee kam, so will es jedenfalls die Firmenlegende, Max Grundig beim Mittagessen. Nach der Suppe sprang er plötzlich auf und murmelte: „Mir ist was eingefallen, ich komm gleich wieder." Dann ward er 24 Stunden nicht mehr gesehen. Als er wieder in den Kreis der Familie zurückkehrte, war ihm klar, wie sich die Schwierigkeiten ausräumen ließen. Grundig dachte daran, einen Radiobaukasten zu konstruieren, den selbst der technisch unbegabteste Käufer mühelos zusammenbasteln konnte – ein Spielzeug also, das keine Röhren enthielt und so nicht der Bewirtschaftung unterlag. Der Baukasten sollte den Namen „Heinzelmann" tragen, weil Grundig, wie die Heinzelmännchen, den Menschen heimlich half[205].

Am 10. August 1946 erteilte die Landesstelle Eisen und Metalle in München der Firma Max Grundig eine vorläufige Arbeitserlaubnis für die Herstellung von Werkstatt-, Meß- und Prüfgeräten, Kleintransformatoren und Rundfunkgeräte-Baukästen[206]. Zwei Monate später lief die Produktion der unvollendeten Radioapparate bereits auf Hochtouren. Zuerst wurden monatlich 75 Exemplare hergestellt, im April 1947 schon über 1000. Zwischen 100 und 120 Leute arbeiteten nun in den engen Räumen der Jakobinenstraße. „Was bis zum Abend fertig war, ging noch am selben Tag raus", so erzählte Grundig später über seine aufregende Pionierzeit. „Viele Händler holten die Baukästen selber ab. Da wurde bar bezahlt, und an manchen Tagen hatten wir so viel Geld eingenommen, daß wir es abends gar nicht mehr zählen konnten."[207] Daß der Baukasten keine Röhren enthielt, war in der fünfzehn Seiten langen Gebrauchsanweisung so erklärt: „Für das Gerät sind nur zwei Empfangsröhren erforderlich, die im Baukasten nicht enthalten sind. Bedingt jedoch durch die Vielzahl der verwendbaren Röhren wird ihr Rundfunkhändler in der Lage sein – und er hat die freiwillige Verpflichtung hierzu durch den Verkauf des RVF-Baukastens übernommen – dieselben aus vorhandenen Beständen mitzuliefern."[208] Durch diesen geschickten Einfall entzog sich Grundig der Kontrolle der Wirtschaftsämter. Der „Heinzelmann" wurde mit über 100 000 verkauften Exemplaren ein Renner, der Grundig rund 22,5 Millionen Mark einbrachte[209].

---

[204] Vgl. Fein, Sieben Tage Grundig, S. 168–172.
[205] Ebenda, S. 168.
[206] Ebenda, S. 173. Zum Heinzelmann vgl. auch ein technisches Gutachten, in: BayHStA, MWi 9811.
[207] Fein, Sieben Tage Grundig, S. 177 f.
[208] Ebenda, S. 183.
[209] Vgl. Der Spiegel vom 15. Januar 1958.

Durch die Produktion der „Heinzelmänner" erschöpften sich natürlich die Rohstoffvorräte aus dem Zweiten Weltkrieg. Wie alle übrigen Firmen mußte sich nun auch der RVF etwas einfallen lassen – und er tat es. Angespornt durch seine imponierenden Erfolge bei der Herstellung des „Heinzelmann" entdeckte Grundig nun mehr und mehr seine Fähigkeiten, die ihn später berühmt machten: Einfallsreichtum bei der Überwindung von Schwierigkeiten und die Vorliebe, unkonventionelle Wege zu gehen. Die ersten Jahre nach Kriegsende waren wohl so etwas wie die Lehrjahre für Max Grundig, in denen er endgültig zum großen Unternehmer wurde.

Er selbst war in Fürth und Umgebung ununterbrochen unterwegs und „organisierte". Sein Vertreter-Ring, der sich mittlerweile zumeist aus alten AEG- und Siemens-Leuten gebildet hatte, bestand fast durchweg aus Spezialisten des Schwarzen und Grauen Marktes, die über ihre früheren Verbindungen immer wieder an Rohstoffe kamen. Erich Rüsing aus Wuppertal behauptete Jahre später: „Ich allein habe Grundig damals 170 000 Röhren besorgt."[210] Wie abenteuerlich-verwickelt diese Geschäfte oft waren, zeigte sich, als Grundig 3000 seiner „Heinzelmänner" an die französische Militärregierung verkaufte, die nicht bar, sondern in Tabak bezahlte: 30 Millionen Zigaretten und 5000 Kisten Zigarren. Grundig brauchte aber keine Zigaretten, gefragt war vor allem Zement, da der Neubau der ersten Fabrik gerade begonnen hatte. Also tauschte er seine Zigaretten gegen 30 Waggons Kohle, die auf dem Rangierbahnhof Nürnberg angeliefert wurden. Um in den Besitz der Kohle zu gelangen, mußten allerdings erst die örtlichen Behörden besänftigt werden. Dabei entstanden so große „Reibungsverluste", daß für Grundig letztlich nur noch zehn Waggons übrigblieben, die er sofort an eine Zementfabrik in Marktheidenfeld weiterleitete. Aus Marktheidenfeld trafen wenig später tatsächlich die verabredeten zehn Waggons Zement ein; einen Teil beanspruchte der Fürther Bauhof, dessen Chef dafür versprach, Stillschweigen über die Schiebergeschäfte Grundigs zu bewahren[211].

Bei so viel Findigkeit florierten die Geschäfte. Ende 1947 erzielte Grundig, der nun fast 300 Arbeiter und Angestellte beschäftigte, einen Umsatz von vier Millionen Reichsmark. Diese Findigkeit hätte aber wohl nicht ausgereicht, den Erfolg seines Unternehmens zu begründen, wenn Max Grundig nicht zugleich bereit gewesen wäre, die erzielten Gewinne sofort wieder in sein Werk zu stecken. So wie er die Einnahmen aus der Transformatorenfertigung in die Produktion des „Heinzelmann" investierte, so flossen auch die beträchtlichen Gewinne aus dem „Heinzelmann"-Geschäft unverzüglich in den Betrieb zurück. Noch 1946, als gerade die ersten „Heinzelmänner" die kleinen Fertigungsstuben in der Jakobinenstraße verließen, hatte er bei Eckstein ein Nachfolgemodell bestellt, das er ab 1947 unter dem Namen „Weltklang" produzierte. Anfang 1947 begann er mit dem Bau einer neuen Fabrikanlage aus sechs Steinbarakken in der Kurgartenstraße, die am 17. September 1947 fertig war. Grundig und seine Mitarbeiter hatten selbst Hand angelegt – nicht nur die ungelernten Kräfte, sondern auch die Techniker und Laborleiter. Sie schienen tatsächlich von so etwas wie Pioniergeist durchdrungen und waren so auch zu außerordentlichen Leistungen bereit. Kein Wunder: Ringsum wurde die wirtschaftliche Lage immer trostloser, nur bei Grundig

überschlugen sich die Erfolge. Noch vor der Währungsreform hatte sich Grundig auf
dem Radiomarkt seinen Anteil erobert. „Er gehörte dazu", so schrieb die Süddeutsche
Zeitung später, „als wäre es nie anders gewesen."[212]

6. Am Vorabend der Währungsreform: Schwarzmarkt und Horten

Die glänzenden Erfolge Grundigs schon vor der Währungsreform im Jahre 1948 blieben in der Region um Ansbach und Fürth eine Ausnahme. Während der Kohleberg-
bau und die Eisen- und Stahlindustrie der britischen Zone im Laufe des Jahres 1947
so „bedeutende Fortschritte" erzielten, daß der Index der industriellen Produktion der
Bizone gegenüber 34 im Jahre 1946 auf 44 (1936 = 100) anstieg[213], ließ in Mittelfranken ein entscheidender Durchbruch zu einer wirtschaftlichen Erholung auf sich warten. „Die mangelnde Energieversorgung, die überaus hohen Unkosten in der Waren-
beschaffung und die nicht genügend ausgenützte Produktionskapazität", so faßte
Regierungspräsident Schregle im Dezember 1947 die nach wie vor düstere Lage zusammen, „machen die gesamte Industrie unrentabel und stellen ihren Fortbestand
weiterhin in Frage."[214] Im Baugewerbe, in der optischen und Metallindustrie ging es
zwar etwas aufwärts[215], diese kleinen Fortschritte wurden aber durch die verschiedensten Hemmnisse immer wieder zunichte gemacht, wie etwa das Beispiel der Fürther
Spielwarenindustrie zeigte: „Die Beschäftigung dieser Industrie scheitert nicht daran",
so der Bericht des Oberbürgermeisters vom 22. Oktober 1947, „daß die Exportmärkte
für diese Erzeugnisse nicht aufnahmefähig wären. Sie scheitert nicht einmal daran, daß
es an Rohstoffen mangelt. Im Gegensatz zu Beginn dieses Jahres hat sich die Versorgung mit Blechen, Buntmetall und Federbandstahl sehr befriedigend entwickelt. Es
fehlt heute allein an Verpackungsmaterial und zwar an Pappe, von der 70 t in Frankreich gekauft, aber leider noch nicht geliefert wurden."[216] Außerdem war die leichte
wirtschaftliche Besserung vor allem im Produktions- und Investitionsgüterbereich,
nicht aber im Nahrungs- und Genußmittelbereich bzw. bei Textilien und Schuhen zu
spüren, wo in der zweiten Hälfte von 1947 der Index der Produktion in Bayern erst
33,6 bzw. 30 und 41 (1936 = 100) betrug[217]. Die Schaufenster und Läden blieben
deshalb weitgehend leer, zwei Jahre nach Kriegsende zeichnete sich für die Verbraucher noch immer keine Wende zum Besseren ab.

Eine Änderung war vor der Beseitigung des finanziellen Erbes des Dritten Reiches,
das in einer inflationär aufgeblähten Geldmenge und in einem kärglichen Warenangebot bestand, nicht zu erwarten. Die Folgen dieser Geldvermehrung hatten während
der NS-Zeit durch den Lohn- und Preisstop notdürftig verschleiert werden können,
nach Kriegsende war der Ruin der deutschen Währung offenkundig. Die alliierten

---

[212] Süddeutsche Zeitung vom 1. Juli 1958.
[213] Werner Abelshauser, Wiederaufbau vor dem Marshall-Plan, in: VfZ 29 (1981), S. 564 f.
[214] RegPräs an bay. Staatsregierung, 4. Dezember 1947, in: BayHStA, Reg von Mittelfranken, Berichterstattung 1947, AZ 1–64, Bd. 5.
[215] Vgl. OB Fürth an RegPräs, 22. August 1947, in: Stadtverwaltung Fürth, EAP 4.
[216] In: Ebenda.
[217] Vgl. Statistisches Jahrbuch für Bayern 1952, S. 176 f.

Siegermächte vertrauten zwar weiterhin auf das aus der NS-Zeit stammende staatliche
Bewirtschaftungssystem und hielten auch den Lohn- und Preisstop aufrecht. Der Erfolg war aber bescheiden, das Netz der Verordnungen und Gesetze hatte schon während der NS-Zeit, als Verstöße gegen die Kriegswirtschaftsordnung mit drastischen
Strafen bedroht gewesen waren, nur notdürftig gehalten. Nun wurde es trotz vieler
neuer Maßnahmen immer löchriger, so daß der offizielle Markt des Bewirtschaftungs-
und Rationierungssystems mehr und mehr in den Hintergrund trat. Deutschland,
dem die britische Militärregierung noch 1945 nachgerühmt hatte, das einzige Land
ohne Schwarzen Markt zu sein, verwandelte sich binnen kurzem zu einem einzigen
großen Schwarzen Markt[218], auf dem für Zigaretten und Wertsachen und zu weit
überhöhten Reichsmarkpreisen alles das zu haben war, was in den Auslagen der Läden
und Kaufhäuser schon lange fehlte. „Keine Ware wird mehr um des Geldes Willen
abgegeben", berichtete der Landrat von Ansbach im September 1947, „keine Dienst-
leistung mehr um des Geldes Willen ausgeführt, wie es doch sein sollte ... man sucht
sich durch Kompensationsgeschäfte aller Art, angefangen vom Pfund Kartoffeln bis
zum Millionengeschäft, schadlos zu halten."[219] Mit dieser „desorganisierten Wirtschaft" schien, wie es etwa in bayerischen Wirtschaftskreisen treffend hieß, „die niedrigste Stufe des Handels aus dem frühen Mittelalter erreicht"[220].

Millionengeschäfte waren auf dem Ansbacher und Fürther Schwarzmarkt meist
nicht zu machen. Was sich im Areal der Baugenossenschaft „Eigenes Heim" am Finkenschlag in Fürth und in der Ansbacher Innenstadt abspielte, war kleine Münze im
Vergleich zu den Geschäften in den Münchener oder Frankfurter Schwarzmarktzentren, wo Schieber und Spekulanten ohne nennenswerte Mühe zu raschem Wohlstand
kamen. Gelegentlich erhielt freilich auch die Bevölkerung der mittelfränkischen Provinz eine Ahnung von den riesigen Dimensionen der Geschäfte auf dem Schwarzen
Markt; so etwa im Herbst 1947, als die Fürther Kriminalpolizei eine kleine Gruppe internationaler Schieber auffliegen ließ. 3500 Flaschen Sliwowitz und Likör, 20 000 bul-
garische Zigaretten und 100 kg feinster Gänseleberpastete wurden beschlagnahmt,
drei Personen – allesamt Auswärtige – in Haft genommen. „Die Schiebergesellschaft",
schrieb der Lokalredakteur der Fürther Ausgabe der Nürnberger Nachrichten, „wurde
anscheinend gerade im richtigen Augenblick geschnappt, als sie ihre dunklen Geschäfte auch auf Nürnberg – Fürther Firmen ausdehnen wollte." Mit kaum verhohle-
nem Staunen über das Ausmaß der Geschäfte und die korrupte Arbeitsweise von
Großschiebern berichtete die Presse, daß der Hauptschuldige versucht habe, die Kriminalpolizei zu bestechen. Wenn man ihn laufen lasse, so habe er angeboten, wolle er
die Waren im Wert von 1,5 Millionen Reichsmark der Polizei überlassen: „Ich gehe
eben dann zurück nach Berlin und sage: Wir haben in Fürth Pech gehabt! Die Gegenstände sind verloren!"[221]

Die Masse der Schieber- und Schwarzmarktgeschäfte aber war kleineren Kalibers.
Im Zentrum des Ansbacher Schwarzmarktes, in den engen Gassen der Uzstraße und
im schäbigen Gasthof „Zur Butte", lungerten von früh bis spät kleine Schieber herum.

[218] Vgl. Werner Abelshauser, Wirtschaft in Westdeutschland, S. 54.
[219] Bericht des LR Ansbach, 17. September 1947, in: NA, RG 260, 9/144-2/2.
[220] Fränkische Landeszeitung vom 26. Mai 1948.
[221] Nürnberger Nachrichten, Fürther Ausgabe, vom 25. Oktober 1947.

Wenn eine Polizeistreife auftauchte, zerstreuten sich die kleinen Gruppen, die sich aber sogleich wieder bildeten, wenn die Polizisten außer Sichtweite waren. Es war ein dauerndes Kommen und Gehen. In den düsteren Hausfluren wechselten Zigaretten und Lebensmittel die Besitzer[222]; im Oktober 1947 mußte man für ein Kilo Nescafé 500,– RM, für ein Kilo Zucker 180,– RM und für ein Kilo Butter 360,– RM hinblättern[223]. Wer mitbieten konnte, gehörte zum Kundenkreis des Schwarzen Marktes. Es waren aber anscheinend fast immer Angehörige gesellschaftlicher Randgruppen, die das Geschehen auf dem Fürther Finkenschlag oder in der Ansbacher Uzstraße bestimmten: Juden, die im KZ überlebt hatten, aus der Bahn geworfene Jugendliche und vor allem polnische DP's, die von der Besatzungsmacht großzügige Lebensmittelrationen erhielten und damit einen schwungvollen Handel treiben konnten[224].

Eine besondere Rolle unter den Schiebern spielten die Angehörigen der amerikanischen Streitkräfte. Sie hatten Zigaretten, Kaffee und Alkoholika im Überfluß; einige GI's verstanden es auch, Medikamente und Treibstoff von den offiziellen Armeebeständen abzuzweigen und damit große Gewinne zu machen. „Der Schwarze Markt gedieh zügellos", schrieb General Clay in seinen Memoiren. Aus der Disziplin des Krieges entlassen, waren die schlachterprobten GI's nicht immer bereit, sich der „strengen Disziplin von Garnison und Friedensausbildung zu unterwerfen"[225]. Fast täglich griff die amerikanische Militärpolizei bei Razzien zahlreiche eigene Landsleute auf, die unter die Schwarzhändler gegangen waren; an einem Februartag des Jahres 1947 allein in München nahezu 100 GI's[226].

In Ansbach gediehen diese krummen Geschäfte ganz in der Nähe der amerikanischen Unterkünfte in der Bleidorn-Kaserne. Die GI's hatten es vor allem auf Uhren abgesehen. Einige trugen zwei, drei oder gar vier Uhren am Arm; je mehr, desto größer war das Ansehen vor allem unter den farbigen Soldaten. Auch Nazi-Embleme standen unter den Besatzungssoldaten hoch im Kurs. Eine Parteifahne brachte zehn Stangen Zigaretten, ein Parteiabzeichen noch zwei oder drei Stangen ein. Für Deutsche waren diese Geschäfte nicht ungefährlich[227]. Ein Ansbacher beispielsweise, der sechs Packungen Zigaretten gegen seinen Wecker eintauschte, ließ sich dabei von der Militärpolizei erwischen, die ihn wegen unrechtmäßigen Besitzes alliierten Eigentums ins Gefängnis steckte – eine drakonische Strafe für ein kaum nennenswertes Vergehen, die den Landrat, dem eine ganze Reihe ähnlicher Fälle zu Ohren gekommen war, zu einer Beschwerde bei der Militärregierung veranlaßte: „Mir ist durchaus bekannt, daß die in Deutschland geltenden Bestimmungen über die Verhaftung für die MP Polizei keine Anwendung finden können. Ich darf aber vielleicht doch darauf hinweisen, daß nach den deutschen Bestimmungen, die wenigstens als Vergleichsmaßstab dienen können, Verhaftungen, selbst bei Verbrechen, auf denen mehrere Jahre Gefängnis steht, nur dann vorgenommen werden, wenn Fluchtgefahr oder Gefahr einer Verdunklung des Tatbestandes besteht."[228]

---

[222] Mündliche Mitteilungen von Willibald Kornburger und Karl-Heinz Sening vom 13. Juni 1983.
[223] Vgl. Quarterly Hist. Rep., Det. Ansbach, 27. Januar 1948, in: NA, RG 260, 10/80-3/6.
[224] Mündliche Mitteilung von Willibald Kornburger vom 13. Juni 1983.
[225] Clay, Entscheidung, S. 79 f.
[226] Vgl. Süddeutsche Zeitung vom 15. Februar 1947.
[227] Mündliche Mitteilung von Willibald Kornburger vom 13. Juni 1983.
[228] LR Ansbach an MilReg, 31. Oktober 1946, in: LRA Ansbach, EAP 04-040.

Ein ehrbarer Kaufmann, ein Bauer oder ein Beamter der Stadtverwaltung war dagegen als aktiver Schwarzhändler kaum denkbar. Wenn es sich nicht vermeiden ließ, frequentierten auch sie den öffentlichen Schwarzen Markt, im allgemeinen aber hielten sich ihre illegalen Geschäfte im Rahmen von nachbarschaftlichen, verwandtschaft- oder bekanntschaftlichen Beziehungen. Zu dieser Art von Geschäften gehörten beispielsweise das Schwarzschlachten, der Tausch eines Kaffeeservices gegen etwas Eßbares und der Verkauf von Fleisch an einen Nachbarn, obwohl in der Auslage längst das Schild „Kein Fleisch" hing. Am riskantesten war dabei das Schwarzschlachten, das die amerikanische Militärregierung mit drastischen Strafen bedrohte. Doch auch da wußten sich die Deutschen zu helfen. Sie griffen einfach auf einen Trick zurück, der sich schon im Dritten Reich bewährt hatte: Ein Bauer, der im Rahmen der bestehenden Regelungen ein Schwein geschlachtet hatte, ließ sich von einem Nachbarn die Sau stehlen – natürlich nicht ohne vorher vereinbart zu haben, daß man nach dem gelungenen Diebstahl die Beute redlich teilen werde. Beide profitierten davon. Der Nachbar kam zu einem halben Schwein und hatte für die nächste Zeit die „Magenfrage" gelöst. Der Bauer selbst hatte die andere Hälfte und keine Kommission konnte ihm vorschreiben, was er mit dem Fleisch machen sollte. Im Bedarfsfall ließ sich diese Vorgehensweise mit umgekehrter Besetzung leicht wiederholen[229].

An den Wochenenden blieb es in den städtischen Schwarzmarktzentren meist ruhig. Die „Kunden" zog es nämlich zu Hamsterfahrten aufs Land. Schlecht bezahlte Arbeiter, die sich weder von wertvollen Teppichen und Ölgemälden, noch von gediegenem Familiensilber trennen mußten, durften sich von den anstrengenden Landpartien aber nur dann etwas versprechen, wenn sie zur neuen, in Naturalien entlohnten „Arbeiteraristokratie" gehörten, die die Produkte ihrer Werke zum Tausch gegen Lebensmittel anbieten konnten. Der Landpolizei-Posten im oberfränkischen Mühlhausen, der zwei Fürther Frauen – beide Näherinnen bei der Firma Quelle – aufgegriffen hatte, berichtete im August 1946 über eine dieser Hamsterfahrten: „Am 29.8.1946 gegen 16.00 Uhr wurden während eines Dienstganges auf der Straße von Horbach nach Sinnersdorf zwei Frauen mit bepackten Rucksäcken und vollen Taschen einer Kontrolle unterzogen … Bei der Durchsicht des Gepäcks wurde festgestellt, daß die Schaue 55 Eier, ¼ Pfund Fett, ¼ Pfund Rauchfleisch und 7 Pfund Mehl bei sich hatte. Die Regel hatte 39 Eier, 1 Pfund Butter, 1½ Pfund Rauchfleisch, 11 Pfund Mehl und 1½ Laib Brot bei sich. Beide Frauen hatten je drei Rollen Garn, wie es in den Spinnereien verarbeitet wird, als Tauschmittel bei sich. Auf Vorhalt gaben die Beschuldigten an, sie seien am 29.8. früh gegen 6.00 Uhr von Fürth bis nach Mühlhausen/Ofr. gefahren. Von dort seien sie in mehrere Ortschaften in der Nähe von Mühlhausen gegangen und hätten sich die Lebensmittel gekauft bzw. gegen das Garn eingetauscht … Wie die einzelnen Ortschaften und Bauern hießen, wo sie die Lebensmittel erhielten, wollen sie nicht mehr wissen."[230]

Die größeren und kleineren Geschäfte auf nachbarschaftlicher, verwandt- und bekanntschaftlicher Basis folgten anderen Gesetzen als die großen Schiebereien. Da man einander seit Jahren kannte, mußte man wohl oder übel Rücksicht nehmen, um Stammkunden nicht zu verprellen oder nicht denunziert zu werden. Das dämpfte die

---

[229] Mündliche Mitteilung von Willibald Kornburger vom 13. Juni 1983.
[230] Landpolizei-Posten Mühlhausen an Bezirksinspektion der Landpolizei in Höchstadt a.d. Aisch, 29. August 1946, in: Stadtarchiv Fürth, Bestand Ernährungsamt, Nr. 4c.

Profitgier mancher Geschäftsleute, außerdem wirkten diese Rücksichtnahmen und Beziehungen wohl auch dem Gefühl entgegen, dem zunehmend schlechter funktionierenden Bewirtschaftungs- und Rationierungssystem restlos ausgeliefert zu sein. Und schließlich: Nicht einer allein verstieß gegen geltende Gesetze, sondern die Bewohner ganzer Straßen und Häuserblocks. Die Häufigkeit, ja bald Alltäglichkeit der kollektiven Vergehen erleichterte es vielen ehrlichen Menschen, die sich viel darauf zu gute hielten, noch nie mit dem Gesetz in Konflikt gekommen zu sein, illegale Geschäfte zu machen und aufkommendes Unrechtsbewußtsein schnell zu unterdrücken.

Dies umso eher, als die „Autoritäten" in den Dörfern und Städten bei den kleinen Schwarzmarktgeschäften und Schiebereien beide Augen zudrückten. Der Bürgermeister von Seukendorf beispielsweise, der im April 1947 erfahren hatte, daß ein einheimischer Bauer von einem durchreisenden Schwarzhändler übers Ohr gehauen worden war, reagierte darauf nicht, wie zu erwarten gewesen wäre, mit einer allgemeinen Warnung vor Schwarzmarktgeschäften, sondern mit folgendem Aushang in der Gemeindekanzlei: „Bei der allgemeinen Knappheit an Lebensmitteln ist es *verständlich*, daß der Bauer von dem Angebot verlockt wurde und Schinken, Butter, Eier, Mehl, Geflügel, Schnaps hergab. *Unverständlich* ist es jedoch, daß er auf die schönen Versprechungen hereinfiel und auf das bloße Versprechen, die Ware in acht Tagen zu liefern, die guten Sachen hergab, ohne sich auch nur einen Ausweis zeigen zu lassen."[231]

Viel Verständnis für die läßlichen „Sünden" zeigte auch die Kirche. Die Ansbacher und Fürther Pfarrer dachten wohl ganz ähnlich wie der Kölner Erzbischof Joseph Kardinal Frings, der in seiner Silvesterpredigt 1946 gesagt hatte: „Wir leben in Zeiten, da in der Not auch der einzelne das wird nehmen dürfen, was er zur Erhaltung seines Lebens und seiner Gesundheit notwendig hat, wenn er es auf andere Weise, durch seine Arbeit oder durch Bitten nicht erlangen kann."[232] So offen konnten Polizei und Justiz ihr Verständnis nicht bekunden. Sie taten es eher indirekt, in dem sie das breite Spektrum von scharfen Strafen, das ihnen beispielsweise mit dem Kontrollratsgesetz Nr. 50 vom 7. April 1947 zur Verfügung stand („Bestrafung der Entwendung und des rechtswidrigen Gebrauchs von zwangsbewirtschafteten Nahrungsmitteln und Gütern und von Urkunden, die sich auf Zwangsbewirtschaftung beziehen") nicht ausschöpften. Auch die örtlichen Parteien meinten es mit ihren Forderungen nach Sofortmaßnahmen gegen Schieber und Schwarzhändler[233] nicht ganz ernst; ausgenommen vielleicht einige Sozialdemokraten, die sich selbst um keinen Preis der dunklen Schwarzmarktwege bedient hätten. Sie erblickten in den fortgesetzten Verstößen gegen geltendes Recht nicht nur eine Antwort auf die „gegenwärtige Notzeit", sondern vor allem ein Indiz dafür, „daß die Moral des deutschen Volkes durch die lange Dauer des Krieges, wie bei allen derartigen Ereignissen, zwangsläufig zu tiefst gesunken ist und zu einem totalen Absturz führte durch die bewußte und planmäßige Erziehung desselben zur Unmoral in den letzten 12 Jahren nationalsozialistischer Herrschaft"[234]. So gut die Kleinformen des Schwarzen Marktes in den Dörfern und Städten auch funktionierten, im Laufe der Zeit wurde der Kundenkreis in der Ansbacher Uzstraße

[231] Nürnberger Nachrichten, Fürther Ausgabe, vom 3. April 1947.
[232] Silvesterpredigt des Kölner Kardinals, Köln 1947, S. 11 f.
[233] Vgl. Nürnberger Nachrichten, Fürther Ausgabe, vom 3. Mai 1947.
[234] OB Ansbach an MilReg, Stimmungsbericht vom 18. September 1946, in: Stadtverwaltung Ansbach, EAP 022-95/19.

und am Fürther Finkenschlag immer kleiner. Ein großer Teil der Bevölkerung hatte einfach nichts mehr anzubieten. Die Ersparnisse waren aufgebraucht, die Wertsachen schon längst zu Lebensmitteln „gemacht" worden und die regelmäßigen Einkünfte zu gering, um auf dem Schwarzen Markt mitbieten zu können. Die 111 Beschäftigten bei Grundig beispielsweise, die noch zu den Besserverdienenden zählten, fanden im Dezember 1946 im Durchschnitt 158,79 Reichsmark in der Lohntüte vor, ein ungelernter Arbeiter meist keine 100 Reichsmark[235]; dafür hätte er auf dem Fürther Finkenschlag gerade 200 g Nescafé kaufen können. Viele waren nun einzig auf die offiziellen Zuteilungen angewiesen, die im Februar 1948 für einen Normalverbraucher täglich etwa 1.300 Kalorien betrugen, darunter eine kaum nennenswerte Menge Fett von nicht einmal drei Kalorien und etwa 44 Kalorien Fleisch – „Hungerrationen", nannte es Ansbachs Oberbürgermeister, „zum Leben zu wenig und zum Sterben zu viel"[236]. „Es fehlt an allem", bemerkte der Fürther Landrat, „so daß die Verelendung der Bevölkerung weiter fortschreitet."[237]

Im Frühjahr 1948 mußten die Lebensmittelzuteilungen erneut gekürzt werden. Viele Hausfrauen rätselten, wie sie ihre Familie über die Runden bringen sollten. Ärzte zögerten Operationen hinaus, weil sich ihre Patienten in beklagenswert schlechtem körperlichen Zustand befanden. Arbeitende Menschen brachen aus Entkräftung an den Arbeitsplätzen zusammen. „In den letzten Tagen", schrieb Ansbachs Oberbürgermeister am 26. Mai an die Militärregierung, „ist eine erhebliche Beunruhigung vor allen Dingen unter der arbeitenden Bevölkerung zu bemerken, die dadurch hervorgerufen worden ist, daß die Schwerarbeiterkarten mit Fleisch nicht mehr beliefert werden. Durch diese Maßnahme ist selbst der schwerarbeitende Mensch auf die minimale Ration von 100g Fleisch in vier Wochen angewiesen."[238]

Es herrschte eine diffuse Aufgeregtheit und Gereiztheit, die sich zuweilen spontan entlud. Schon im Januar 1948 hatten in allen größeren Städten Warnstreiks stattgefunden, die von den Gewerkschaften nicht unter Kontrolle gehalten werden konnten. Die „Ernährungskrise ... wirft alle guten Ratschläge über den Haufen", so charakterisierte ein kommunistischer Gewerkschaftsfunktionär aus Nürnberg im Februar 1948 die Lage in Bayern. „Sie fragt nicht nach Programm und Partei, sondern geht ihren eigenen Weg, wenn eine Führung fehlt, wie bei uns, und das kam auch in dieser Hungeraktion zum Ausdruck. Die beiden Arbeiterparteien waren unbeteiligt bei den Bewegungen, die seit November 1947 in den verschiedenen Städten einsetzten. Die Bundesleitung tat alles, um die einzelnen Streiks in den Betrieben zu unterbinden. Vergebens! Die Betriebsräte waren außerstande, die Belegschaften zurückzuhalten ..."[239]

In den folgenden Wochen flackerten überall Tumulte auf. Da und dort brachen Hungerrevolten aus, die sich gegen alle richteten, die an der lausigen Lebensmittelversorgung Schuld haben konnten. Die Landräte und Oberbürgermeister Ober- und Mittelfrankens, die im Mai 1948 im oberfränkischen Kronach zu ihrer monatlichen Be-

---

[235] Vgl. Fein, Sieben Tage Grundig, S. 178.
[236] OB Ansbach an MilReg, Stimmungsbericht vom 21. Januar 1948, in: Stadtverwaltung Ansbach, EAP 022-95/19 und Schreyer, Bayern – ein Industriestaat, S. 167.
[237] Monatsbericht vom Februar 1948, in: NA, RG 260, 9/97-1/1.
[238] In: Stadtverwaltung Ansbach, EAP 022-95/19.
[239] Zit. nach Grebing, Lehrstücke in Solidarität, S. 209.

sprechung zusammenkamen, trafen nach ihren Beratungen auf protestierende Frauen und Kinder. „Die Demonstranten", berichtete die Fränkische Landeszeitung, „nahmen eine bedrohliche Haltung gegenüber den anwesenden Behördenvertretern ein und verlangten die Verteilung von Lebensmitteln, da sie und ihre Kinder seit 2 Tagen nichts mehr zu essen hätten."[240] Beamte, die die aufgebrachte Menge zu besänftigen suchten, ernteten nur Spott und beißende Ablehnung.

In Ansbach riefen wenig später zahlreiche Mütter zu einer Demonstration auf. Ehefrauen von Beamten und Angestellten, Witwen von kleinen Gewerbetreibenden und Händlern zogen zusammen mit Müttern aus dem proletarischen Milieu durch die Straßen der alten Residenzstadt. Es war die zweite Demonstration innerhalb von drei Jahren; im April 1945 hatten sich die Ansbacher Frauen ebenfalls zu einer solchen Aktion entschlossen, als ihre Stadt gefährdet schien. Auf Flugblättern hieß es jetzt:
„Ansbacher Mütter mit Eueren Kindern!
Erscheint alle am Freitag, den 28.5.1948 um 18 Uhr zu einer
Demonstration gegen den Hunger unserer Kinder
und die Korruption unserer deutschen Behörden
vor dem Rathaus!
Wir fragen unseren Herrn Oberbürgermeister und den Regierungspräsidenten, was sie zu tun beabsichtigen,
um uns und unsere Kinder vor dem Verhungern zu schützen.
Schluß mit allen leeren Versprechungen, denn davon werden wir nicht satt!!
Ansbacher Mütter, kommt ebenso geschlossen, wie damals im April 45 als wir vor dem Kreisleiter um den Schutz der Stadt demonstrierten.
Bringt Euere hungernden Kinder mit!!
Ansbacher Mütter, die zum Äußersten gezwungen sind!"[241]

Der Volkszorn, der den Landräten und Oberbürgermeistern nicht nur in Ansbach und Kronach entgegenschlug, wurde weiter angestachelt. In jeder Zeitung war zu lesen, daß die Wirtschaft der Bizone seit Frühjahr 1947 einen merklichen Aufschwung erlebte: „Langsame Frühjahrsbelebung", hieß es in der Süddeutschen Zeitung vom 26. April; in der Ausgabe vom 17. Mai stand: „Textilprämie fördert Spinnereiproduktion" und am 9. August meldete dieselbe Zeitung: „Steigender bayerischer Export". Die Verbraucher bemerkten davon aber wenig, weil ein beträchtlicher Teil der produzierten Güter in dunkle Kanäle floß bzw. gehortet wurde. Wahrscheinlich vollzog sich die „Hälfte des gewerblichen Umsatzes durch Tausch und Schwarzmarkt außerhalb der Bewirtschaftung"[242]. Das zwang den Wirtschaftsrat der Bizone ein eigenes „Enthortungsgesetz" zu verabschieden, das die haarsträubenden Mißbräuche unterbinden sollte. War das nicht Beweis genug, daß wieder die „Kleinen" die Dummen waren, während die „Großen", koste es, was es wolle, auf ansehnliche Profite nach der Währungsreform spekulierten?

Die Verantwortlichen in der Verwaltung für Wirtschaft, die das Enthortungsgesetz am liebsten verhindert hätten, waren über die Warenhortung nicht unglücklich. Ihr Konzept einer Währungsreform ließ sich nur verwirklichen, wenn nach dem Tag X

[240] Fränkische Landeszeitung vom 12. Mai 1948.
[241] Flugblatt, in: NA, RG 260, 9/124-3/18.
[242] Eschenburg, Jahre der Besatzung, S. 267.

eine große Menge Güter auf den Markt geworfen werden konnte, um die erwartete erste Kaufwelle aufzufangen. Ludwig Erhard brachte das in seiner Rede vor dem Plenum des Wirtschaftsrates vom 21. April 1948 deutlich zum Ausdruck, als er seine Bedenken „gegen eine über das volkswirtschaftlich berechtigte Maß hinausreichende *Entleerung der Läger* und gegen die Preisgabe unserer letzten volkswirtschaftlichen Güterreserve" anmeldete[243].

Im Frühjahr 1948 mehrten sich die Zeiten, daß die immer wieder diskutierte Geldumstellung nur noch eine Frage von Tagen, höchstens weniger Wochen war. Nachdem die Verhandlungen im Alliierten Kontrollrat über eine gesamtdeutsche Währungsreform lange verschleppt worden waren, gaben die Regierungen Frankreichs, Großbritanniens und der Vereinigten Staaten Ende Mai 1948 bekannt, daß sie übereingekommen seien, in ihren Besatzungszonen eine Währungsreform durchzuführen[244]. Tagtäglich wurde nun in der Presse wie an den Stammtischen über die bevorstehenden Ereignisse debattiert. Ein humorvoller Redakteur der Nürnberger Nachrichten reimte Anfang Juni:

„Was bewegt uns heut enorm?
Tag und Nacht?! – Währungsreform!
Kommt sie heute, kommt sie morgen?
Jeder macht sich seine Sorgen.
Manchem Mann ist davor bange,
Manchem währt es viel zu lange."[245]

Die evangelische Kirche bereitete sich ebenfalls auf den Währungsschnitt vor. Wenn der Termin am Wochenanfang bekanntgegeben werden sollte, wollte man noch unter der Woche einen Sonder-Gottesdienst abhalten, um die „öffentliche und allgemeine Not *schnellstens* in das Licht des Wortes Gottes" rücken zu können. Es sei damit zu rechnen, meinte der Nürnberger Kreisdekan, „daß der Eintritt des Ereignisses ... eine starke Schockwirkung ausübt ... Viel Selbstmordversuchung!". Gleichwohl legte die Kirchenleitung den Pfarrern nahe, sich in den Predigten vor ungerechter „Schwarzweiß-Malerei" zu hüten: „Keine billige Entrüstung über die ‚Zustände'! Die Schuld und Mitschuld an ihnen nicht abschieben auf einzelne Sündenböcke! Nicht schelten über das Dritte Reich, die Amerikaner, die Regierung, die Parteien – auch nicht in pharisäischer Selbstgerechtigkeit über Schieber und Schwarzhändler!" Statt eines klaren Wortes, daß die Geldentwertung nicht von der Besatzungsmacht und von den Parteien, sondern einzig von den Nationalsozialisten verursacht worden war, empfahl das Kreisdekanat, auf die „‚verborgene Hand' hinzuweisen, die im Hintergrund alles Geschehens, gerade auch des unbegreiflichen und bedrückenden, waltet und auch heute die Gestalten auf der Bühne der Weltpolitik und der Weltwirtschaft wie Marionetten an den Fingern hat"[246].

In den Morgenstunden des 16. Juni 1948 fuhr ein schwerer Lastwagen an der Fürther Zweigstelle der Reichsbank in der Moststraße vor[247]. Einige Passanten beobachte-

[243] Erhard in der 14. Vollversammlung des Wirtschaftsrats des VWG, in: Wörtliche Berichte und Drucksachen des Wirtschaftsrates des Vereinigten Wirtschaftsgebietes 1947–1949, München/Wien 1977, S. 440.
[244] Vgl. Süddeutsche Zeitung vom 25. Mai 1948.
[245] Nürnberger Nachrichten, Fürther Ausgabe, vom 9. Juni 1948.
[246] Zur Predigt am Sonntag nach Bekanntgabe der Währungsreform, in: LKA Nürnberg, Bestand: Kreisdekan Nürnberg, 14–522, Bd. 6.
[247] Vgl. Nürnberger Nachrichten, Fürther Ausgabe, vom 19. Juni 1948.

ten diesen Vorgang und wußten sofort: Das neue Geld ist da, in den nächsten Tagen wird die Währung umgestellt. Diese erregende Nachricht breitete sich wie ein Lauffeuer in der Stadt aus. In den Straßen bildeten sich kleine Gruppen von diskutierenden Menschen. Vor den großen Geschäften in der Innenstadt staute sich eine lärmende Menschenmenge. Die Gespräche kreisten um eine Frage: Was sollte man mit dem alten Geld tun? Einige meinten, auf der Sparkasse liege das Geld am sichersten. Die meisten aber rieten: Kaufen und nochmals kaufen, damit man nicht auf der alten Reichsmark sitzenblieb[248].

Die Läden wurden förmlich belagert, es gab eine „Hochsaison der Angsteinkäufe". „In letzter Minute tätigte jeder noch irgendwelche ‚Transaktionen'", so beschrieb die Fränkische Landeszeitung die Ereignisse in Ansbach. „Friseure hatten von morgens bis abends Hochbetrieb." Besonders stark waren „Parfüm, Kunstgewerbe, Brot, Zahnpasta, Blumentöpfe, Vaseline und alle Arten von Talmi-Schmuck gefragt". Jeder wollte seine Reichsmark „krisenfest" anlegen und so kam es zuweilen auch zu grotesken Erscheinungen: „70jährige kauften Baby-Sauger ... und die Oma von nebenan erwarb sieben Lippenstifte ... Der Schlachtruf der krisenschwachen Zeitgenossen ertönte in jeder Gasse: Kauft, Leute, wer weiß, was morgen kommt!"[249] Vor den Postämtern und Banken bildeten sich lange Schlangen, selbst kleinste Schulden und Rechnungen wollte man noch schnell begleichen. Ein Reporter der Fränkischen Landeszeitung beobachtete vor dem Schalter der Ansbacher Stadtsparkasse einen Mann, der behauptete, noch etwas bezahlen zu müssen: „Der Beamte wühlte in allen Büchern herum, in großen und kleinen – umsonst – keine unbeglichene Rechnung ließ sich finden. Der Mann vor dem Schalter schüttelte enttäuscht den Kopf. Ein anderer kam und wollte eine Rechnung zum zweiten Male erledigen ... Ist längst erledigt! triumphierte der Mann hinter dem Schalter."[250]

Den Handwerkern, Händlern und Geschäftsleuten kam dieser Ansturm sehr ungelegen. Sie wollten ihre Ware heil über den Tag X retten und erst danach wieder für gutes Geld verkaufen. Verärgerte Kunden, die auf längst überfällige Lieferungen warteten, sprachen von Produzentenstreik. „Ladentüren waren plötzlich verrammelt", berichtete die Fränkische Landeszeitung[251]. In den Schaufenstern hingen Schilder wie „Ausverkauft", „Inventur" und „Betriebsferien". Die Käufer fühlten sich betrogen und wollten sich die besonders geschäftstüchtigen Händler merken, um sie später zu boykottieren.

7. Die Währungsreform

Wer am Abend des 18. Juni 1948 das Radiogerät laufen hatte, erfuhr den Termin und die Einzelheiten der Währungsreform. Die gemeinsame Proklamation der drei Westmächte lautete: „Das erste Gesetz zur Neuordnung des deutschen Geldwesens ist von den Militärregierungen Großbritanniens, der Vereinigten Staaten und Frankreichs verkündet worden und tritt am 20. Juni in Kraft. Die bisher gültige deutsche Währung

---

[248] Ebenda.
[249] Fränkische Landeszeitung vom 19. Juni 1948.
[250] Fränkische Landeszeitung vom 23. Juni 1948.
[251] Ebenda.

wird durch dieses Gesetz aus dem Verkehr gezogen. Das neue Geld heißt ,Deutsche Mark' ... Das alte Geld, die Reichsmark ... ist vom 21. Juni an ungültig."[252] Jeder Bewohner der Westzonen erhielt am ersten großen Zahltag, am Sonntag den 20. Juni, einen Kopfbetrag von 40,– DM im Umtausch gegen 40,– RM Altgeld. Alle Gewerbetreibenden und Firmeninhaber bekamen einen ersten Geschäftsbetrag von 60,– DM je beschäftigtem Arbeitnehmer. Zugleich gaben die Lebensmittelkartenstellen Formulare aus, „auf denen das übrige Altgeld sowie die Bank- und Sparguthaben angemeldet werden mußten. Alles Altgeld, das nicht bis zum Freitag, dem 26. Juni, abgeliefert und deklariert war, verfiel."

In diesen Tagen vor und zwischen den „Gezeiten der Währungsumstellung"[253] fielen zwei weitere Entscheidungen, auf die die deutsche Öffentlichkeit schon lange gewartet hatte und die man als Nutzanwendung aus der Währungsreform[254] verstand. Nach einer erregten Nachtsitzung verabschiedete der Wirtschaftsrat in seiner 13. Vollversammlung am 18. Juni 1948 gegen die Stimmen von Sozialdemokraten und Kommunisten das „Gesetz über die wirtschaftspolitischen Leitsätze nach der Währungsreform", das den Abbau der staatlichen Zwangs- und Befehlswirtschaft sowie die Rückkehr zur wettbewerbsorientierten Marktwirtschaft einleitete. Der Wirtschaftsrat sprach sich dabei grundsätzlich für die Aufhebung der Bewirtschaftung und des Preisstops aus. Lediglich die Hauptnahrungsmittel und die wichtigsten Rohstoffe sollten auch weiterhin bewirtschaftet werden und dem Preisstop unterliegen. Drei Tage später dekretierten die Militärregierungen der Westzonen das „Gesetz zur vorläufigen Neuordnung der Steuern", das eine drastische Senkung der Steuersätze der Kontrollratsgesetze aus dem Jahre 1946 mit sich brachte, die schon von mittleren Einkommen die Hälfte und mehr abgeschöpft hatten.

Nach der Radiomeldung vom 18. Juni konnte niemand ahnen, wie ihn der Währungseinschnitt treffen würde. Für viele kam das böse Erwachen am 26. Juni 1948 mit der Verkündung des 3. Gesetzes zur Neuordnung des Geldwesens, in dessen Präambel es hieß: „Im allgemeinen wird das Altgeld im Verhältnis von zehn zu eins gegen neue Deutsche Mark eingetauscht. Das heißt, je 10 Mark Altgeld werden auf eine Deutsche Mark zusammengelegt. Die eine Hälfte dieses Neugeldes kommt auf ein sogenanntes Freikonto, die andere wird auf einem sogenannten Festkonto gutgeschrieben, das heißt, sie wird blockiert." Ausgenommen davon waren alle regelmäßig wiederkehrenden Leistungen wie etwa Löhne, Gehälter und Mieten[255].

Dieses Umstellungsverhältnis ließ das Eigentum an Grund und Boden, an Produktionsmitteln und Waren unberührt[256], während es zugleich massenhaft privaten Wohlstand vernichtete. Am härtesten traf es die Sparer; ehemalige Selbständige wie Rechtsanwälte und Apotheker, Freiberufler wie Künstler und Gelehrte, die es nach

[252] Zit. nach Hans Roeper, Die D-Mark. Vom Besatzungskind zum Weltstar, Frankfurt/Main 1978, S. 20.
[253] Ebenda, S. 23.
[254] Vgl. Fränkische Landeszeitung vom 19. Juni 1948.
[255] Über das blockierte Geld sollte innerhalb von 90 Tagen entschieden werden. Das sogenannte Festkontengesetz vom 7. Oktober 1948 bestimmte, daß die blockierten Gelder nicht in vollem Umfang freigegeben wurden, sondern daß davon nochmals 70 Prozent gestrichen wurden. Alle Bank- und Sparguthaben wurden also letztlich nicht 10:1, sondern 10:0,65 umgestellt. Wer 100 RM auf einem Konto hatte, erhielt dafür noch ganze 6,50 DM. Vgl. Roeper, D-Mark, S. 24 f.
[256] Vgl. Wolfgang Benz, Wirtschaftspolitik zwischen Demontage und Währungsreform, in: Westdeutschlands Weg zur Bundesrepublik, S. 83.

der Erfahrung der ersten Inflation von 1922/23 nochmals gewagt hatten, für ihre Altersversorgung oder zur Sicherung der Familie Geld zurückzulegen, mußten nun erleben, wie mit einem erbarmungslosen Federstrich ihre ehrlich ersparten Notgroschen ihren Wert verloren. Das Gefühl, betrogen worden zu sein, breitete sich aus. „Es wird in verschiedenen Berichten hervorgehoben", so hieß es im Monatsbericht des Regierungspräsidenten für Ober- und Mittelfranken an die bayerische Staatsregierung in München vom 9. Juli 1948, daß dieses Gesetz „innerhalb der Bevölkerung mit großer Enttäuschung aufgenommen" wurde. „Insbesondere herrscht große Erbitterung darüber", so fuhr der Regierungspräsident fort, „daß jene Bevölkerungskreise, die bislang von ihren sauer und ehrlich verdienten Ersparnissen gelebt hatten, nun vor dem Nichts stünden ... Man habe für kleine Sparguthaben eine Sonderregelung gegenüber dem Unternehmertum und jenen Geschäftsleuten, die im Hinblick auf die Warenhortungen viel besser abschneiden würden, erwartet ... Es ginge nicht an, daß eine Unzahl von Menschen durch die Währungsreform völlig verarme, während andere als Nutznießer aus ihr hervorgingen."[257]

Am 21. Juni 1948, dem ersten Tag nach der Währungsreform, war Sommeranfang. Es regnete in Strömen, dunkle, graue Wolken zogen über den Himmel. Das unfreundlich düstere Wetter lud nicht gerade zum Verweilen vor den Läden und Geschäften ein, die sich völlig verändert präsentierten. „Auf dem Markt und in den Läden werden erhebliche Mengen von Gemüse und Salat angeboten", berichtete ein Reporter der Nürnberger Nachrichten, „Gurken, um die man sich noch vor einer Woche gerauft hätte, warten seelenruhig im Korb auf Käufer. Sogar Kirschen tauchen da und dort auf. Die Textilschaufenster haben plötzlich ein reichhaltiges Gesicht bekommen."[258] Von heute auf morgen hörten die Kompensations- und Tauschgeschäfte auf. Das Geld übernahm wieder seine gewohnte Funktion, der Schwarze Markt verschwand fast ganz. Während im April oder Mai noch das Gespenst einer Ernährungskatastrophe umgegangen war, hieß es nun: „Schlagartig mit dem Inkrafttreten des Währungsgesetzes begann am 21.6. die Anfuhr von großen Mengen Qualitätserzeugnissen. Es gab Kohlrabi, Karotten, Frühwirsing, Gurken, Rettiche, Zwiebeln, Blumenkohl und neue Kartoffeln."[259] Bereits Ende Juni kündigte die Fränkische Landeszeitung eine „Lebensmittelschwemme" an[260], und Mitte Juli stand in der Zeitung: „Die 1800-Grenze überschritten. Zum erstenmal seit Kriegsende sind jetzt in der 116. Periode die lang ersehnten und oft versprochenen 1800 täglichen Kalorien erreicht."[261] Außerdem schienen die Ladenbesitzer und Gewerbetreibenden nach dem Tag X die Höflichkeit wiederentdeckt zu haben. So mancher Geschäftsmann, der vorher durch sein aufgeblasenes Benehmen aufgefallen war, hielt sich jetzt wieder an das alte Motto: „Der Kunde ist König."[262]

[257] In: BayHStA, Reg von Ober- und Mittelfranken, Berichterstattung 1947, 1948. Vgl. auch Landpolizei Ober- und Mittelfranken, Bezirksinspektion Ansbach an Landpolizei Bayern, 2. Juli 1948, in dem es u. a. hieß: Der arbeitenden Bevölkerung „wird dadurch der letzte Notpfennig, den sie sich durch jahrelange mühsame Arbeit erspart hat, genommen". LRA Ansbach, EAP 04-040.
[258] Nürnberger Nachrichten, Fürther Ausgabe, vom 26. Juni 1948.
[259] OB Fürth an RegPräs, 2. Juli 1948, in: Stadtverwaltung Fürth, EAP 4.
[260] Fränkische Landeszeitung vom 26. Juni 1948.
[261] Nürnberger Nachrichten, Fürther Ausgabe, vom 17. Juli 1948.
[262] Fränkische Landeszeitung vom 23. Juni 1948.

Angesichts der vollen Schaufenster setzte sich die vor dem 20. Juni beobachtete Kaufwut fort. Auf fast geheimnisvolle Weise tauchten plötzlich Waren in großen Mengen auf, die seit Beginn des Krieges nur noch selten oder überhaupt nicht mehr angeboten worden waren. Also kaufte man. In den Textilhäusern, Lebensmittel- und Gebrauchtwarengeschäften klingelten die Kassen wie lange nicht mehr. „Schuhe, Textilien, Haushaltswaren einschließlich Glas und Porzellan", so der Direktor des Kaufhauses „Weißer Turm" in Fürth, aber auch „unnötige Sachen" wie Handtaschen, Sekt und Pralinen waren im Nu ausverkauft[263]. Der Reiz dieser lange entbehrten Artikel war groß und oft auch trotz fast leerer Brieftaschen nicht zu unterdrücken. Wer wußte denn, ob das neue Geld nicht bald erneut seinen Wert verlieren würde, wie es Pessimisten schon prophezeiten. Verkäuferinnen berichteten, „daß Kunden schwanken, ob sie Teller kaufen sollen oder Blumenvasen und sich dann für die letzteren entscheiden; oder andere interessieren sich für einen Sessel um 60,– DM und eine gleichteure Lederhandtasche und wählen diese mit der Begründung, daß der alte Stuhl zu Hause seinen Zweck noch erfülle, aber die Tasche so gut zum neuen Kleid passe. Dies sind keine Einzelfälle, sondern typische Beispiele für das Kaufgebaren vieler."[264]

Während sich die Lebensmittel- und Textilbranche über mangelnde Nachfrage nicht beklagen konnte, brach in anderen Branchen nach der Währungsreform das Geschäft fast zusammen. Die 40,– DM waren schnell ausgegeben. Nachdem sich der Ansturm der ersten Tage gelegt hatte, spürte „man bei jeder Gelegenheit", so die Militärregierung, „ wie knapp das Geld nun geworden ist ... Der ungewöhnlich starke Andrang der ersten Tage nach der Währungsreform hat inzwischen erheblich nachgelassen. Während man in den ersten Tagen noch ... ohne Bedenken ein Kaffeeservice für 55,– DM kaufte, überlegt es sich heute mancher, ob er eine einzelne Tasse für 55 Pfennige erstehen soll, wenn sie in einem anderen Schaufenster für 53 Pfennige angeboten wird. Man achtet wieder genau auf den Preis und ist sehr wählerisch."[265]

Man mußte wieder mit dem Pfennig rechnen, was vorher leicht zu haben gewesen war, war jetzt unerschwinglich. Schwere Einbußen hatten beispielsweise die Besitzer von Tanz- und Kaffeehäusern zu beklagen. Der Chef des Cafés „Fürther Kleeblatt" in der Hirschenstraße – bis zur Währungsreform als *der* Treffpunkt der Fürther Gesellschaft eine wahre Goldgrube – hatte geglaubt, es werde nach dem Tag X nicht so schlimm kommen, weil er hoffte, „daß die Ausländer, die bei uns verkehren, nach wie vor Geld haben und verbrauchen werden". Schon eine Woche nach der Währungsreform mußte er sich aber eingestehen, daß seine Hoffnungen getrogen hatten. „Er sieht nur noch schwarz in schwarz und verspricht sich nichts Gutes für die nächste Zeit"[266], notierte die Militärregierung bei einer Umfrage. Auch der Non-Stop-Vergnügungsschau in Fürth half es wenig, daß sie ihre Preise deutlich gesenkt hatte und durch originelle Reklamekarawanen in den Straßen auf sich aufmerksam machte. „Die ‚tolle Lola' biete sich gar schon für 50 Pfennig an", so hieß es in der Zeitung[267], und war dennoch nicht mehr so begehrt wie früher.

---

[263] ID –Research Branch – Munich Brief No. 132 –Auswirkungen der Währungsreform, 4. Bericht vom 20. Juli 1948, in: NA, RG 260, 10/70-1/15.
[264] Ebenda.
[265] Ebenda.
[266] Ebenda.
[267] Nürnberger Nachrichten, Fürther Ausgabe, vom 26. Juni 1948.

Den Theatern ging es nicht besser. In vielen Privattheatern und Kleinkunstbühnen Münchens, Frankfurts und Stuttgarts, die nach Kriegsende mit aggressiven und frech-amüsanten Stücken Furore gemacht hatten und Abend für Abend ausverkauft gewesen waren, blieben jetzt die Zuschauerräume leer. Sogar das Interesse an ausländischem Theater, das zeitweise kaum zu stillen gewesen war, erlahmte; ungebrochen war lediglich der Erfolg von Zuckmayers „Des Teufels General" und von Wolfgang Borcherts „Draußen vor der Tür"[268]. Der Jahresbericht des Kulturreferats der Stadt Ansbach vom 24. Dezember 1948 weist auf diese auch in der Provinz herrschenden Probleme hin: „Auch auf dem Kultursektor hat die *Währungsreform* einschneidende Veränderungen hervorgerufen und das Jahr 1948 in zwei ungleichartige Hälften geteilt. Das erste Halbjahr stand im Zeichen einer Überfülle kultureller Darbietungen, wobei die Mittelmäßigkeit und die anspruchslose Unterhaltung einen breiten Raum einnahmen. Der Geldüberhang verschleierte diese Scheinblüte und verschaffte auch den zahlreichen zweitrangigen Unternehmungen recht ergiebige Einnahmequellen. Der Andrang der Angebote war groß, vielfach kam es zu Terminüberschneidungen und zu unerquicklichen Auseinandersetzungen zwischen den einzelnen Unternehmern unter sich und dem Publikum ... Die Währungsreform hat dann die ungesunde inflationsartig angewachsene Fülle mit einem Schlag beendet. Im Zeichen der Geldknappheit ist das Publikum zur Zeit ein Faktor, der regulierend und auslesend im Kulturleben auftritt. Seitdem hat sich in der Praxis ein gewisser echter Bedarf kultureller Veranstaltungen auf verschiedenen Gebieten herausgebildet, denen man das Prädikat ‚wenig, aber gut' zugestehen darf. Mittelmäßige Unternehmungen haben im Augenblick kaum Aussicht auf Erfolg."[269]

Selbst bei den Zeitungs-, Zeitschriften- und Buchhändlern, die nach 1945, als jeder wissen wollte, was in der Welt vor sich ging, Umsatzrekorde verzeichnet hatten, ließ das Geschäft merklich nach. Zeitschriften waren fast nicht mehr gefragt. Eine Ausnahme bildete der „Sportkurier", der im fußballbegeisterten Fürth sogar ein leichtes Plus verzeichnete. Tageszeitungen verkauften sich dagegen noch relativ gut, die Auflage der Fränkischen Landeszeitung blieb nach der Währungsreform fast stabil. „Unsere Auflage", so erklärte man sich dieses Phänomen, „hat vor der Geldumstellung nicht annähernd ausgereicht, um der starken Nachfrage zu genügen. Wir waren nicht in der Lage, Zeitungen im Straßenverkauf anzubieten. So stand also eine gewisse ‚Reservearmee' von Interessenten bereit, die bis jetzt keine Zeitung erhalten konnten. Sie ist sofort in die Lücke gesprungen", die entstanden war, da vor allem finanzschwache Rentner und Flüchtlinge als Abonnenten ausschieden[270].

In den Chefetagen der Industriebetriebe dagegen hellten sich die Mienen bald auf. Im monatlichen Bulletin des bayerischen Arbeitsministeriums vom September 1948 hieß es: „Die Industrieproduktion hat ... auch in Bayern zugenommen, und zwar im Juli um 12 Prozent und im August um weitere 10 Prozent. Gemessen an der Produktion des Jahres 1936 lag der Index der bayerischen Industrieproduktion im August bei 72 v. H. Für September kann mit einer weiteren Erhöhung gerechnet werden."[271] Aus

---

[268] Vgl. dazu Henning Rischbieter, Theater, in: Benz, Bundesrepublik Deutschland, Bd. 3, S. 78.
[269] Stadtverwaltung Ansbach, EAP 022-95/20.
[270] Fränkische Landeszeitung vom 21. Juli 1948.
[271] Bayerisches Staatsministerium für Arbeit und soziale Fürsorge, Monatsbericht über „Arbeit und Wirtschaft in Bayern im September 1948", in: BayHStA, Berichte des Landesarbeitsamtes, Bayern 1948. Zur Problematisierung der zeitgenössischen Daten vgl. Abelshauser, Wirtschaft in Westdeutschland, S. 51 ff.

der britischen Zone trafen ebenfalls Meldungen ein, die zum Optimismus rieten: Die
Steinkohlenförderung und die Stahlerzeugung erreichten im Juli 1948 einen neuen
Höchststand seit Kriegsende. Bis November 1948 nahm die Förderleistung unter Tage
stetig zu („Neuer Förderrekord an der Ruhr"). Auch die Eisen- und Stahlerzeugung
stieg weiter an. An der Ruhr schien man endgültig über dem Berg zu sein[272].

Bei Grundig, der mittlerweile 400 Personen beschäftigte und damit bereits zu einem der wichtigsten Industriebetriebe von Fürth zählte, begann nach dem 20. Juni der
eigentliche Aufstieg zum Weltkonzern. Auf den Tag X war Grundig, wie fast jeder
Kaufmann oder Industrielle, vorbereitet gewesen. Bereits Ende 1947 hatte er den Verkauf der „Heinzelmänner" gedrosselt, um zum Zeitpunkt des Währungsschnitts volle
Lager zu haben. Auch den „Weltklang", dessen Produktion im Februar 1948 angelau-
fen war, brachte Grundig zunächst nicht auf den Markt, obwohl er das in Fachkreisen
als mustergültig bezeichnete Gerät schon im März auf der dritten Leipziger Frühjahrs-
messe nach dem Krieg der Öffentlichkeit vorgestellt hatte[273]. Am Tag nach der Währungsreform standen „Heinzelmänner" und rund 1300 „Weltklang" bei allen Händlern bereit und fanden zum Stückpreis von etwa 220,– DM bzw. 500,– DM reißenden
Absatz[274]. Grundig verfügte so schon kurz nach der Währungsreform über ein beträchtliches DM-Kapital, das er sofort wieder in den Bau von „Weltklang" investierte.
Nach diesem glänzenden Start ging es Schlag auf Schlag. Bis zum Ende des Jahres
1948 wurden über 15 000 Exemplare des „Weltklang" fertiggestellt. Im Februar 1949
feierten Grundig und seine nun schon 800 Beschäftigten ein kleines Jubiläum: Das
100 000ste Radio verließ die Werkshallen in der Kurgartenstraße. Grundig war damit
die Nummer 1 unter allen deutschen Rundfunkherstellern, sein Marktanteil betrug
etwa 20 Prozent. „In einem geradezu amerikanisch anmutenden Tempo wurden nach
Kriegsende die Grundig-Werke aufgebaut", hieß es in einem Pressebericht vom März
1949[275].

Die allgemeine wirtschaftliche Belebung nach der Währungsreform reichte aber
nicht aus, um die stürmische Nachfrage zu befriedigen. Die Folge war, daß die Preise
höher und höher kletterten – angetrieben nicht zuletzt durch die Spekulationen erfahrener Horter, die ihre Waren nun erneut zurückhielten[276]. Vor allem die Preise für
Textilien und Porzellan zogen kräftig an, Steigerungsraten von 100–200 Prozent waren keine Seltenheit[277]. Da die Löhne noch immer dem Lohnstop aus der NS-Zeit
unterlagen, fiel die Lohnentwicklung im Wettlauf mit den galoppierenden Preisen immer weiter zurück. „Ernsthafteste Sorge bereitet die seit der Währungsreform einge-
tretene ungeheure Preissteigerung", so berichtete Ansbachs Oberbürgermeister Ernst
Körner im September 1948 an die Militärregierung. „Wenn hier nicht in absehbarer
Zeit eine Änderung in der Form Platz greift, daß entweder eine rapide Senkung der
Preise oder entsprechende große Lohnerhöhungen folgen, ist der soziale Friede auf

---

[272] Vgl. Süddeutsche Zeitung vom 10. August, 4. September, 12. Oktober, 19. Oktober, 6. November, 23. und
28. Dezember 1948.
[273] Vgl. Fein, Sieben Tage Grundig, S. 200.
[274] Vgl. ebenda, S. 206 und Anton Zischka, War es ein Wunder?, S. 482.
[275] Zit. nach Fein, Sieben Tage Grundig, S. 214.
[276] Vgl. dazu Frankfurter Hefte, 4 (1949), S. 75.
[277] Vgl. RegPräs an bay. Staatsregierung, 8. September 1948, in: BayHStA, Reg von Ober- und Mittelfranken,
Berichterstattung 1947, 1948.

das ernsthafteste bedroht."[278] Die finanziellen Mittel der Arbeiter reichten zwar gerade, um die noch immer bewirtschafteten Grundnahrungsmittel zu bezahlen. Von vielen nichtbewirtschafteten Gütern des täglichen Bedarfs konnten sie aber nur träumen. Hemden, Schuhe und Kindersachen waren für die breite Masse der Bevölkerung unerschwinglich. Eine Reihe lebensnotwendiger Gebrauchsartikel war überhaupt vom Markt verschwunden.

Der Lebensstandard vieler Arbeiter sank jetzt sogar noch tiefer als vor der Währungsreform, weil nun auch noch die Arbeitslosigkeit sprunghaft anstieg. In Nordrhein-Westfalen nahm die Zahl der Arbeitslosen vom 20. Juni bis Ende Juli 1948 um 25 Prozent, in Hamburg um 110 Prozent und in Schleswig-Holstein sogar um über 200 Prozent zu. Das Münchener Arbeitsamt hatte kurz vor der Währungsreform rund 14 000 Arbeitslose registriert, Ende Juli 1948 waren in der bayerischen Landeshauptstadt fast 21 000 Menschen ohne Arbeit – Zaungäste des wirtschaftlichen Lebens, wie die Süddeutsche Zeitung am 5. März 1949 meinte[279].

Arbeitslosigkeit in Ansbach und Fürth in Prozent[280]

Arbeitsamtsbezirk Ansbach		Stadt- und Landkreis Fürth	Bayern
Juni 1948	5,9	4,5	5,6
Juli	-	7	9,1
August	12,7	8,5	10,2
Sept.	-	8,5	10,1
Okt.	12,2	7,5	8,8
Nov.	10,7	6,5	7,9

Nach dem 20. Juni vollzog sich nämlich eine Strukturveränderung der Wirtschaft, ein „gesunder Reinigungsprozeß"[281], wie es das Landesarbeitsamt Nordbayern nannte, der die Arbeitslosenzahlen beträchtlich anschwellen ließ. Sog. Konjunkturkarnickel, d. h. Betriebsinhaber, die sich im Zeichen der gelockerten Gewerbelizenzierungspolitik der Vorwährungszeit selbständig gemacht hatten, mußten ihre Geschäfte schließen oder Entlassungen vornehmen[282]. Diesem „Reinigungsprozeß" fielen neben zahlreichen Kümmerexistenzen vor allem viele erst im Aufbau befindliche Betriebe, insbesondere Flüchtlingsbetriebe zum Opfer, „die nur über eine ungenügende technische Ausrüstung, keine absatzfähigen Warenvorräte, kein ausreichendes Betriebskapital und keine Sicherheiten für Kredite" verfügten[283]. Außerdem erhielten die Arbeitsäm-

[278] OB Ansbach an MilReg, Stimmungsbericht vom 1. September 1948, in: Stadtverwaltung Ansbach, EAP 022-95/19.
[279] Vgl. Der Spiegel vom 14. August und 16. Oktober 1948 sowie Süddeutsche Zeitung vom 31. Juli 1948.
[280] Zu den Zahlen für den Arbeitsamtsbezirk Ansbach vgl. Monatsberichte des bayerischen Staatsministeriums für Arbeit und soziale Fürsorge über „Arbeit und Wirtschaft in Bayern", in: BayHStA, Berichte des Landesarbeitsamtes, Bayern 1948. Die Zahlen für den Stadt- und Landkreis Fürth beruhen z. T. auf Schätzungen auf der Basis der nicht sehr detaillierten Monatsberichte des OB Fürth an den RegPräs. Monatsberichte in: Stadtverwaltung Fürth, EAP 4. Zu den Zahlen für Bayern vgl. Statistisches Jahrbuch für Bayern 1952, S. 89.
[281] Lagebericht für Januar 1949, 2. Februar 1949, in: BayHStA, Landesarbeitsamt Nordbayern, Lageberichte 1949.
[282] Vgl. Monatsbericht des bay. Staatsministeriums für Arbeit und soziale Fürsorge über den bay. Arbeitsmarkt am 20. Juli 1948, in: BayHStA, Berichte des Landesarbeitsamtes, Bayern 1948.
[283] Ebenda, Bericht über Arbeit und Wirtschaft in Bayern im Juni 1948.

ter jetzt auch ganz neue Kundschaft, die bisher meist keinen Sinn darin gesehen hatte, sich registrieren zu lassen, weil sie nicht vermittelt werden konnte oder wollte. „Hausfrauen, Haustöchter, Studenten und Rentner, weiterhin Personen, die seither aufgrund einer Krankheit nicht oder nur sehr beschränkt arbeitsfähig waren, oder die seither vom ‚Schwarzen Markt' und von Schwarzarbeit gelebt hatten"[284], vermehrten jetzt das Arbeitslosenheer. Der stellvertretende Leiter des Ansbacher Arbeitsamtes bezog sich in einem Gespräch mit der Fränkischen Landeszeitung auf einen weiteren Grund: „Gleich in den ersten Tagen nach der Währungsreform kam ein großer Teil der notorischen Arbeitsverweigerer und bat um Einweisung in Arbeitsstellen … Selbst vor der schwersten Arbeit wurde nicht zurückgeschreckt."[285] Außerdem wurde nach der Währungsreform auch bei der Besatzungsmacht – mit einem Anteil von etwa 15 Prozent aller Arbeiter und Angestellten einer der größten Arbeitgeber der Region – das Geld knapper, so daß auch sie Entlassungen nicht vermeiden konnte[286].

1949 schnellte die Arbeitslosenquote noch einmal in die Höhe, erreichte im Herbst 1949 und Winter 1949/50 den Höhepunkt und flachte erst dann langsam wieder ab. Im vorwiegend ländlich strukturierten Arbeitsamtsbezirk Ansbach gingen zeitweise mehr als 20 Prozent der Arbeitsfähigen stempeln. In Fürth nahm die Entwicklung, wie auch in den anderen Städten Bayerns, einen etwas günstigeren Verlauf.

Arbeitslosigkeit im Stadt- und Landkreis Fürth 1949 in Prozent[287]

Januar	6,0
Februar	7,4
März	8,5
April	10,5
Mai	11,3
Juni	11,1
Juli	11,9
August	12,4
September	13,0

Arbeitslosigkeit und leere Kassen bei Arbeitern und Angestellten sorgten fast schlagartig für eine Verbesserung der seit 1945 immer wieder beklagten „Arbeitsmoral". Regierungspräsident Schregle hatte in den Jahren 1945 bis 1948 fast keinen Bericht an die Staatsregierung nach München gesandt, ohne auf das „Absinken der Arbeitsmoral" hinzuweisen. In seinem Monatsbericht vom 18. Oktober 1946 hatte es beispielsweise geheißen: „Der Ausfall an Arbeitsstunden ist im übrigen beträchtlich, weil die Arbeiter vielfach aufs Land gehen, um zusätzliche Nahrungsmittel sich zu beschaffen. Andere bleiben der Arbeit fern, weil sie so schlechte Schuhe haben, daß sie damit nicht arbeiten können. Zu diesen der Not der Zeit entspringenden Arbeitsver-

---

[284] Der bayerische Arbeitsmarkt am 3. August 1948, in: BayHStA, Berichte des Landesarbeitsamtes, Bayern 1948.
[285] Fränkische Landeszeitung vom 30. Juni 1948.
[286] Vgl. dazu Landpolizei Ober- und Mittelfranken an Landpolizei Bayern, 1. August 1948, in: LRA Ansbach, EAP 04-040; OB Fürth an RegPräs, 1. Oktober 1948, in: Stadtverwaltung Fürth, EAP 4.
[287] Vgl. OB Fürth an RegPräs, Monatsberichte für 1949, in: Stadtverwaltung Fürth, EAP 4.

säumnissen kommt noch das echte Bummelantentum, das besonders häufig bei Frauen auftritt, die oft wochenlang unentschuldigt von der Arbeit fernbleiben."[288] „Dazu kommt noch", so der Monatsbericht vom 2. Juli 1947, „daß den Arbeitern infolge des Fehlens von Wohnraum am Ort des Betriebssitzes mehrstündige An- und Abmarschwege zugemutet werden. Dies ist schon in normalen Zeiten untragbar, unter den heutigen Verhältnissen macht dies eine geregelte Arbeit unmöglich."[289]

Nach der Währungsreform waren ein sicherer Arbeitsplatz und ein sicheres Einkommen wieder sehr geschätzt. Kaum jemand wollte sie durch „Blaumachen" gefährden. Krankheit war nun in den Betrieben ein Fremdwort. Und schließlich schien auch der „Mangel an Arbeitskleidung", der häufig als Grund für das Fernbleiben von der Arbeit angegeben worden war, „plötzlich behoben", wie das bayerische Arbeitsministerium im Juli 1948 etwas spitz kommentierte[290]. Wie drastisch sich die Zeiten änderten, zeigt auch die Arbeitszeitstatistik: Ein Facharbeiter in der metallverarbeitenden Industrie, der bis zur Währungsreform in der Regel keine 40 Stunden pro Woche gearbeitet hatte, war nun bis zu 50 Stunden im Betrieb[291]. In der Stadtverwaltung Fürth erhöhte sich, wie der Stadtrat in seinem Monatsbericht vom 2. November 1948 feststellte, die Zahl der geleisteten Arbeitsstunden seit der Währungsreform allein aufgrund der höheren Anwesenheitsrate um 25,3 Prozent[292]. Unter dem „Zwang zur Arbeit" fanden sich nun auch für weniger attraktive Stellen, die bis dahin vergeblich ausgeschrieben worden waren, zahlreiche Interessenten. Ein Arbeitsbummler aus Ansbach scheute sich jetzt nicht, im 15 km entfernten Neuendettelsau eine Stelle anzunehmen. „,Er könne ja mit dem Fahrrad fahren', sagte er. ,Die Zeit der schwarzen Geschäfte ist vorbei, geben sie mir ehrliche Arbeit', sagte ein anderer."[293]

Angesichts der gewandelten Lage begann nun in den Betrieben ein schärferer Wind zu wehen. Vor dem 20. Juni hatten viele Betriebsinhaber das häufige „Blaumachen" ihrer Arbeiter und Angestellten nicht verhindern können. Gewerkschaften und Betriebsräte hatten in den Betrieben den Ton angegeben, oft sogar die Betriebsinteressen gegenüber der Besatzungsmacht vertreten und über Einstellung und Entlassung von Personal entschieden. „Damals war ich eigentlich Unternehmer", „die Gewerkschaft kann einfach alles", solche Äußerungen von Betriebsräten aus dem Ruhrgebiet zeugen vom Selbtbewußtsein der organisierten Arbeiterschaft in den Industrieregionen[294]. Auch im eher kleingewerblich strukturierten Mittelfranken mit seinen vielen patriarchalisch geführten Gewerbebetrieben, wo die Stellung der Unternehmer nicht so angeschlagen war, hatten sich viele Betriebsinhaber von Entnazifizierungsverfahren, resoluten Betriebsräten und der bloßen Anwesenheit der Militärregierung einschüchtern lassen. Sie waren deshalb oder auch aus Verständnis für die mißliche Lage ihrer Arbei-

[288] In: BayHStA, Reg von Mittelfranken, Berichterstattung 1946, AZ 1–64, Bd. 6.
[289] Ebenda, Bd. 5.
[290] BayHStA, Berichte des Landesarbeitsamtes, Bayern 1948.
[291] Vgl. Statistisches Jahrbuch für Bayern 1952, S. 266 f. Vgl. dazu auch Mitteilungen der Abteilung Statistik und Wirtschaftsbeobachtung des wirtschaftswissenschaftlichen Instituts der Gewerkschaften, Minden 1948, Nr. 1, S. 36–38.
[292] Vgl. OB Fürth an RegPräs, 2. November 1948, in: Stadtverwaltung Fürth, EAP 4.
[293] Fränkische Landeszeitung vom 30. Juni 1948.
[294] Alexander von Plato, Nachkriegssieger. Sozialdemokratische Betriebsräte im Ruhrgebiet – Eine lebensgeschichtliche Untersuchung, in: Lutz Niethammer (Hrsg.). „Hinterher merkt man, daß es richtig war, daß es schiefgegangen ist." Nachkriegs-Erfahrungen im Ruhrgebiet, Berlin/Bonn 1983, S. 326, 330.

ter häufig zu Kompromissen mit der Belegschaft bereit gewesen. „Unter Hinweis auf die gegenwärtige Ernährungslage", so der Regierungspräsident in seinem Monatsbericht für Juli 1947, habe man „in einer größeren Anzahl von Betrieben aufgrund von Vereinbarungen mit den örtlichen Gewerkschaften die wöchentliche Arbeitszeit auf 40 Stunden" herabgesetzt, und „zwar im allgemeinen unter Beibehaltung des bisherigen Lohnes"[295]. Zugleich waren auch „allerlei Vergünstigungen neben dem Tariflohn", zusätzliche Urlaubstage und eine großzügige Ausstattung der Belegschaft mit Kompensationsware an der Tagesordnung gewesen.

Nach der Währungsreform zerbröckelte die Macht der Gewerkschaften und Betriebsräte selbst in den Industriezentren. Die Unternehmerschaft erhielt durch die Währungsumstellung und die marktwirtschaftlich orientierte Politik Erhards wieder Auftrieb. Die sozialen Spannungen in den Betrieben verschärften sich, wie der Leiter der Zweigstelle Ansbach des Arbeitsgerichtes Nürnberg betonte: „Während beispielsweise vor der Geldneuordnung im Bereich des Arbeitsgerichts Nürnberg auf etwa 900 Beschäftigte ein arbeitsgerichtlicher Streitfall entfiel, kommt nunmehr bereits auf 114 Beschäftigte ein Arbeitsprozeß."[296] Im gesamten Bezirk Nürnberg hatte sich das Arbeitsgericht in der ersten Hälfte von 1948 nur mit 500 Fällen zu befassen, in der ersten Hälfte von 1949 schon mit 2559. Diese enorme Steigerung ergab sich, obwohl „ein großer Teil industrieller Streitigkeiten noch vor Klageerhebung durch die Vermittlung der Gewerkschaften, Betriebsräte und Arbeitgeberverbände beigelegt" wurde[297].

Die Konfrontation in den Betrieben nahm mehr und mehr zu. Von Dezember 1948 bis Dezember 1949 stieg die Zahl der bei allen bayerischen Arbeitsgerichten anhängigen Klagen von ca. 4000 auf rund 7500[298]. Nicht wenige Arbeitgeber glaubten, nun wieder Methoden des Manchester-Kapitalismus anwenden zu können. Das Landesarbeitsamt Nordbayern berichtete am 2. Februar 1949, daß viele Betriebe nicht einmal die Tariflöhne bezahlten und sich manche Arbeitgeber angesichts knapper Finanzen dazu hinreißen ließen, „die einbehaltenen Arbeitnehmeranteile zur Sozialversicherung und für Lohnsteuer" nicht abzuführen. Zahlreiche Arbeitgeber spielten sogar mit dem Gedanken, „bei plötzlich auftretenden wirtschaftlichen Schwierigkeiten" die „Arbeitsverhältnisse ohne jegliche Einhaltung einer Kündigungsfrist" zu lösen[299].

Für eine Gruppe der Bevölkerung war die Kur der Währungsreform, wie sich bald herausstellte, schlimmer als die Krankheit selbst: die Flüchtlinge und Vertriebenen. Bis zum Juni 1948 hatte die Integration der Neubürger in den Wirtschaftsprozeß gute Fortschritte gemacht. „Mit dem abrupten Ende des Wirtschaftens unter den Bedingungen einer verschleierten Inflation ... verflog dieser schöne Schein, die ‚Seifenblase' einer reibungslosen Eingliederung zerplatzte."[300] Das Los der Flüchtlinge und Heimatvertriebenen wurde nun noch schwerer als in den Jahren zuvor. „Durch die Währungsreform", so hieß es im Monatsbericht des Kreisbeauftragten für das Flüchtlings-

---

[295] RegPräs an bay. Staatsregierung, in: BayHStA, Reg von Mittelfranken, Berichterstattung 1947, AZ 1–64, Bd. 5.
[296] Fränkische Landeszeitung vom 27. Januar 1949.
[297] Arbeitsgerichtspräsident von Nürnberg an den Präsidenten des Landesarbeitsgerichts Bayern, 23. November 1950, in: Arbeitsgericht Nürnberg, Akten ohne Signatur.
[298] Vgl. Bayern in Zahlen, Heft 4/1950, S. 204.
[299] In: BayHStA, Landesarbeitsamt Nordbayern, Lagebericht 1949.
[300] Bauer, Flüchtlinge und Flüchtlingspolitik, S. 212.

wesen der Stadt Fürth vom 30. Juli 1948, „wurden die Ausgewiesenen in ihren Le-
bensbedingungen auf das empfindlichste getroffen. Neben der Tatsache, daß für sie
keinerlei Mittel mehr zur Verfügung stehen, schwindet aber auch jede Hoffnung, sie
in der nächsten Zeit in den Arbeitsprozeß einzugliedern."[301]
Am schlimmsten war die Situation der Flüchtlinge, die erst nach dem Währungsschnitt in die Westzonen gekommen waren. Vielen fehlte das Geld, um die aufgerufe-
nen Lebensmittelrationen kaufen zu können, andere sahen sich außerstande, das
Schulgeld für ihre Kinder aufzubringen. Der Flüchtling Hans Feldner schrieb deshalb
am 12. Juli 1948 an den Stadtrat von Ansbach: „Mein Kind Christa ... besucht derzeit
die 2.a-Klasse der Theresien-Oberschule. Ich bin Flüchtling und muß meine Familie
mit 4 Kindern mit Handarbeit ernähren. Ich habe wöchentlich 41,50 DM Lohn, zahle
monatlich 22,50 DM Miete und habe noch viele lebensnotwendige Anschaffungen für
Hausrat und Kleidung zu machen. Meine Frau betreibt zur Unterstützung meines
wirtschaftlichen Fortkommens ein Wandergewerbe, das jedoch im letzten Halbjahr
nur 3500 RM Umsatz gebracht hat, seit der Währungsreform überhaupt nichts. Da das
Kind gute schulische Leistungen aufweist, möchte ich es gerne die Schule weiterbesu-
chen lassen. Falls die angekündigte allgemeine Schulgeldbefreiung ausbleibt, bin ich
mit Beginn des neuen Schuljahres ohnedies gezwungen, das Kind in die Volksschule
zurückzugeben, da ich meinen ältesten Sohn zur Oberrealschule angemeldet habe. Ich
bin derzeit auch nicht in der Lage, alle 3 schulpflichtigen Kinder in den Genuß der
Ferienspeisung kommen zu lassen, da mein Einkommen kaum zur Beschaffung der
Lebensmittel und Zahlung der Miete ausreicht."[302]
Vielen Flüchtlingen und Vertriebenen blieb kaum eine andere Möglichkeit, als um
öffentliche Fürsorge einzukommen. Der Kundenkreis der Fürsorgeämter wuchs so
nach der Währungsreform Monat für Monat an. In der Stadt Ansbach lebten im Juni
1948 über 750 Personen von der Fürsorge, im September waren es 1350[303]. Am wenigsten hatten die Bauern unter den Folgen des Währungsschnitts zu leiden. Ganz
blieben aber auch sie nicht verschont. Knechte und Mägde kündigten und suchten ihr
Glück lieber in der Stadt, wo sie besseren Lohn erhielten[304]. Vor allem aber konnten
die Preise für landwirtschaftliche Produkte mit denen von den Bauern benötigten
industriellen Erzeugnisse (Maschinen, Geräte, Kunstdünger etc.) nicht Schritt halten.
Mehr und mehr gingen die Bauern deshalb wieder zum Brauch der Vorwährungsre-
formzeit über, ihre Produkte auf dem erneut entstehenden Schwarzen Markt anzubieten[305]. „Die Stimmung unter den Bauern ist sehr gedrückt und teilweise sogar gereizt", hieß es im Bericht des Landwirtschaftsamtes Fürth an die Militärregierung vom
27. September 1948. Man könne es einem „Stand, der seit mehr als zehn Jahren unun-

[301] Stadtverwaltung Fürth, Nr. 460.
[302] Eine ganze Reihe ähnlicher Beispiele findet sich in: Stadtarchiv Ansbach, ABc D/4/34.
[303] Vgl. Jahresbericht der Stadt Ansbach für 1948, in: Ebenda, ABc T/6/4; vgl. OB Ansbach an MilReg, Stimmungsbericht vom 7. Juli 1948, in dem es unter Hinweis auf die steigende Zahl der Fürsorgeempfänger
hieß: „Um nun zu vermeiden, daß unter den Antragstellern ein Personenkreis fürsorgemäßig betreut wird,
der dies um deswillen nicht verdient, weil er bislang ehrlicher Arbeit aus dem Wege gegangen ist, beabsichtigt der Stadtrat ... die Wohlfahrtsunterstützung für arbeitsfähige Personen in eine produktive umzuwan-
deln. Dies würde bedeuten, daß jeder arbeitsfähige Wohlfahrtsempfänger unter Zugrundelegung des in
Frage kommenden Tariflohnes seine ihm gewährte Unterstützung bei Notstandsarbeiten der Stadt abzuver-
dienen hat." Stadtverwaltung Ansbach, EAP 022-95/19.
[304] Vgl. Monatsbericht des LR Fürth vom Dezember 1948, in: NA, RG 260, 9/97-1/2.
[305] Vgl. Fränkische Landeszeitung vom 3. Juli 1948.

terbrochen unter ständigem und zeitweise stärkstem Ablieferungszwange steht und dessen Wirtschaftssubstanz von Tag zu Tag geringer wird", nicht verargen, wenn er allmählich die Geduld verliere. „Ein Wurm krümmt sich, wenn er getreten wird."[306] Die zahlreichen sozialen Härten nach der Währungsreform machten schließlich Erhard zur Zielscheibe wütender Attacken. Im Kreuzfeuer der Kritik standen die von ihm verfochtene Politik einer Liberalisierung der Wirtschaft und die unerhörten Preissteigerungen seit dem 20. Juni. Im zweiten Halbjahr 1948, nach den Worten Erhards „einem der dramatischsten in der deutschen Wirtschaftsgeschichte"[307], mehrten sich die Stimmen, die einen grundsätzlichen Kurswechsel forderten. Die heftigste Kritik kam aus den Reihen der SPD und der Gewerkschaften, die dem Architekten der liberalen Wirtschaftspolitik vorwarfen, den Raubzug auf die Taschen der minderbemittelten Bevölkerung nicht zu stoppen und einseitig die Unternehmer zu bevorzugen. Aber auch innerhalb der Unionsparteien begann man an der Richtigkeit seiner Politik zu zweifeln; vor allem aus dem Lager der bayerischen CSU mußte Erhard harte Kritik einstecken. Sein Konzept schien gescheitert, und nicht nur die CSU beschäftigte sich mit dem Gedanken, den Wirtschaftsdirektor zu stürzen[308]. Besondere Brisanz erhielt das Ringen um die Wirtschaftspolitik dadurch, daß in weiten Teilen der Bevölkerung der Eindruck entstanden war, der Staat sei zu schwach, um das Mißverhältnis zwischen Arbeitslohn und Preisniveau zu beseitigen. „Nur Selbsthilfe kann Preissteigerungen abstoppen", lautete etwa das Fazit einer dreistündigen Debatte der Fürther Betriebsräte, die Anfang August 1948 in einer „Stimmung völliger Verzweiflung" ernsthaft über Käuferstreiks und andere Boykottmaßnahmen berieten[309].

Die „Mißstimmung in den untersten Schichten der Bevölkerung gegen Produktionsmittelinhaber und Handel"[310], die schon vor der Währungsreform beträchtlich gewesen war, wuchs im „heißen Herbst" 1948 weiter an, weil, so glaubten jedenfalls die Verbraucher, viele Händler die Mangellage dazu ausnützten, Wucherpreise zu verlangen. In vielen Fällen entlud sich diese Mißstimmung. In Fürth kam es zu Tumulten auf dem Wochenmarkt[311]. In Augsburg wurden Kaufleute tätlich bedroht, in Nürnberg mußte die Polizei einige Händler vor einer aufgebrachten Menge schützen. Die Fränkische Landeszeitung berichtete am 7. August ebenfalls über Handgreiflichkeiten auf dem Markt: „Eine große Menschenmenge protestierte seit den frühen Morgenstunden gegen die hohen Preise verschiedener Obst- und Gemüsehändler … Als die Käufer die Auslagen eines Obststandes einrissen und gegen den Händler eine drohende Haltung einnahmen, rettete der Verkäufer seine Person und seine gefährdete Ware in den Apsis-Raum der St. Gumbertus-Kirche. Marktbesucher, die trotz dieser Boykott-Aktion bei den Obsthändlern Ware kauften, wurden von der protestierenden Menge geohrfeigt und in einem Fall zu Boden geschlagen."[312]

---

[306] Bericht vom 27. September 1948, in: NA, RG 260, 9/97-1/1. Vgl. auch LR Fürth an MilReg, Monatsbericht für September 1948, in: NA, RG 260, 9/97-1/1.

[307] Zit. nach Gerold Ambrosius, Die Durchsetzung der Sozialen Marktwirtschaft in Westdeutschland 1945–1949, Stuttgart 1977, S. 183.

[308] Vgl. Nürnberger Nachrichten, Fürther Ausgabe, vom 3. November 1948 und Ambrosius, Soziale Marktwirtschaft, S. 187 f.

[309] Nürnberger Nachrichten, Fürther Ausgabe, vom 7. August 1948.

[310] OB Ansbach an MilReg, Stimmungsbericht vom 28. September 1948, in: Stadtverwaltung Ansbach, EAP 022-95/19.

[311] Vgl. Nürnberger Nachrichten, Fürther Ausgabe, vom 7. August 1948.

[312] Fränkische Landeszeitung vom 7. August 1948.

Diese Ausschreitungen bereiteten auch den Gewerkschaften Kopfzerbrechen. Schon die spontanen Streiks und wilden Demonstrationen vom Frühjahr 1948 hatten die Gewerkschaftsspitze mit Besorgnis erfüllt[313]. Um sich die Entwicklung nicht erneut aus den Händen gleiten zu lassen, entschloß sie sich nach langem Zögern und trotz vieler Warnungen aus dem eigenen Lager, einen eintägigen Generalstreik „gegen die Anarchie auf den Warenmärkten und gegen das weitere Auseinanderklaffen von Löhnen und Preisen" für den 12. November 1948 auszurufen. Der Gewerkschaftsrat verlangte vor allem drakonische Maßnahmen gegen Wucherer, Steuerbetrüger und Horter und die Rückkehr zur strengen Bewirtschaftung im Ernährungssektor, kurz: die „Verkündung des wirtschaftlichen Notstandes" und die nachträgliche Korrektur der von Ludwig Erhard verfolgten marktwirtschaftlichen Politik[314].

Doch der halbherzige Versuch der Gewerkschaften, in einer Art „Feiertagsstreik" (Theo Pirker) das Ruder in der Wirtschaftspolitik herumzureißen, scheiterte. Die bürgerliche Mehrheit im Wirtschaftsrat brandmarkte den Generalstreik als „Gefährdung des Wiederaufbaus der Wirtschaft"[315] und wies den Antrag der Sozialdemokraten, den Exponenten der liberalen Wirtschaftspolitik Ludwig Erhard als Direktor der Verwaltung für Wirtschaft zu entlassen, entschieden zurück. Damit war der Höhepunkt der Angriffe auf die Marktwirtschaft überschritten, Erhard saß fester im Sattel als vorher. Die Kritik an seinem wirtschaftspolitischen Kurs verstummte zwar nicht, seine Gegner taten sich aber zunehmend schwerer, Gehör zu finden, als sich um die Jahreswende 1948/49, trotz der rapide ansteigenden Arbeitslosigkeit, die immer wieder Erinnerungen an die trostlosen Jahre 1930–1933 wachrief, erste Anzeichen einer wirtschaftlichen Erholung einstellten.

8. Es geht aufwärts

Im März 1949 veröffentlichte das Bayerische Staatsministerium für Arbeit und soziale Fürsorge einen Bericht über Arbeit und Wirtschaft in Bayern. Sein Tenor lautete: Die Lage ist ernst, aber nicht hoffnungslos. Es wäre unangemessen, „die derzeitigen Depressionserscheinungen auf dem Arbeitsmarkt etwa der Arbeitsmarktentwicklung in den Jahren der Weltwirtschaftskrise nach 1929 gleichzustellen. Die Weltwirtschaftskrise war … letzten Endes eine Überproduktionskrise, die mit zunehmender Arbeitslosigkeit durch immer größere Absatzschwierigkeiten verschärft wurde. Heute dagegen bietet der in Deutschland bestehende Nachholbedarf eine der wesentlichen Stützen der Wirtschaft … So besteht die begründete Hoffnung, daß die derzeitigen Schwierigkeiten nur vorübergehender Natur sein werden."[316] Diese Hoffnung trog tatsächlich nicht. Das Jahr 1949 blieb zwar hinsichtlich der Beschäftigungslage ein Jahr

---

[313] Vgl. Gerhard Beier, Der Demonstrations- und Generalstreik vom 12. November 1948, Frankfurt/Köln 1975, S. 89.
[314] Vgl. Süddeutsche Zeitung vom 9. November 1948. Vgl. auch Beier, Generalstreik, S. 34–45. Zum Generalstreik in Bayern vgl. BayHStA, MA 130 882.
[315] Ambrosius, Soziale Marktwirtschaft, S. 86.
[316] BayHStA – ohne Signatur.

der „andauernden Stagnation", zugleich stieg aber der Index der industriellen Produktion beträchtlich an. Im ersten Halbjahr 1949 betrug er in Bayern 87,9 (1936 = 100), im zweiten Halbjahr bereits 96,4. Zu den Branchen mit den größten Zuwachsraten gehörte die Elektrotechnik, deren Indexziffern sich zwischen 1. Halbjahr 1948 und 2. Halbjahr 1949 von 60,4 auf 182,6 erhöhten[317].

Der wirtschaftliche Aufschwung machte sich auch bei den Arbeiterfamilien bemerkbar, die sich nun endlich wieder richtig satt essen konnten. Verglichen mit dem Tiefstand der 100. Zuteilungsperiode vom 31. März bis 27. April 1947 (Monatsrationen von nur 210 g Fett und 600 g Fleisch) war im Juni 1949 die Fettration mit 875 g und die Fleischration mit 1000 g fast schon üppig. Wer über ausreichend Geld verfügte, konnte überdies in den wieder gut bestückten Geschäften kaufen, was das Herz begehrte[318]. Dies war nun eher möglich, denn in den ersten Monaten des Jahres 1949 begannen die nach der Währungsreform unbarmherzig angestiegenen Preise leicht zu fallen. „Wende in der Preisentwicklung steht bevor!", verhieß die Fränkische Landeszeitung vom 5. Januar und behielt recht damit: „Nach Feststellungen der Preisüberwachungsbehörden in Ansbach hat sich die sinkende Preistendenz im Februar verstärkt. So sind die Preise für elektrotechnische Artikel und Beleuchtungskörper um fünfzehn Prozent, für Haus- und Küchengeräte um zehn bis fünfzehn Prozent gefallen. Die stärksten Senkungen verzeichneten Leder- und Schuhwaren. Hier sind die Preise um fünfundzwanzig bis dreißig Prozent gefallen ... Auch bei Wein wird ein weiteres Herabgehen der Preise erwartet."[319]

Mit der Besserung der Lebensmittelversorgung verschwand allmählich auch das Phänomen der Unterernährung, der Gürtel konnte nun erstmals wieder einige Löcher weiter geschnallt werden[320]. Was im Hungerwinter von 1947 als makabrer Scherz empfunden worden wäre, war nun Wirklichkeit: Zeitungsannoncen priesen bereits Rezepte für Abmagerungskuren an. Zugleich zeichnete sich eine Linderung der drückendsten Wohnungsprobleme ab. Überall, in den schwerzerstörten Städten des Ruhrgebietes ebenso wie in Frankfurt oder Würzburg, das gleichsam noch in letzter Minute dem Erdboden gleichgemacht worden war, entschlossen sich die Ratsherren zu großzügigen Wohnungsbauprogrammen; auch die Länder schütteten große Mengen an Geld für den Bau von Wohnungen aus. In München beispielsweise standen 1949 15 bis 18 Millionen Mark zu Verfügung, die schnell ihre Wirkung taten: „Die Lücken in den Straßenzeilen schließen sich mehr und mehr, wenn zum großen Teil auch nur durch die geschäftlichen Notmaßnahmen der Behelfsbauten", beobachtete ein Reporter der Süddeutschen Zeitung schon im Mai 1949[321].

---

[317] Vgl. Statistisches Jahrbuch für Bayern 1952, S. 176.
[318] Zur 127. Zuteilungsperiode vgl. einen Bericht des Stadtrats von Fürth an die Militärregierung vom 14. Juli 1949 über Versorgungslage, in: NA, RG 260, 9/96-3/7-8.
[319] Fränkische Landeszeitung vom 12. März 1949.
[320] Vgl. etwa die Monatsberichte des OB Fürth an RegPräs aus dem Jahre 1949, in: Stadtverwaltung Fürth, EAP 4.
[321] Süddeutsche Zeitung vom 12. April und 28. Mai 1949.

Wohndichte (= Personen je Wohnraum) am 1.2.1947 und am 13.9.1950[322]

	1947	1950
Stadt Ansbach	1,87	1,26
Stadt Fürth	1,73	1,25
Landkreis Ansbach	1,84	1,37
Landkreis Fürth	1,81	1,35
Bayern	1,98	1,33

Bald verlor auch das einst brennende Problem der ansteckenden Krankheiten an Schärfe. 1947 hatte man in Mittelfranken noch über 15 000 Krätzeerkrankungen registriert; drei Jahre später liefen bei den Gesundheitsämtern nur noch vereinzelte Meldungen über Krätzekranke ein. Auch Typhus und Tuberkulose, die in den zurückliegenden Jahren Hunderte und Aberhunderte hingerafft hatten, gingen etwas zurück. Und die Kindersterblichkeit, die 1945 in Mittelfranken mit 15,4 Toten auf 100 Geborene einen ähnlichen dramatischen Wert wie 1915 erreicht hatte, konnte ebenfalls eingedämmt werden. 1950 starben nur noch fünf von 100 Neugeborenen; das war der niedrigste Wert seit der Einführung der Säuglingssterblichkeitsstatistik 1849/50[323].

Im Frühjahr 1949, als die sogenannte Magenfrage weitgehend gelöst und die Wohnungsverhältnisse sich etwas gebessert hatten, ließen sich langsam auch andere Bedürfnisse und Wünsche befriedigen. Viele Frauen und Mädchen konnten jetzt endlich die umgearbeiteten Wehrmachtsmäntel und fadenscheinig gewordenen Röcke, die jahrelang hatten herhalten müssen, ausrangieren. Ein bißchen Mode und ein bescheidener Luxus schienen wieder im Bereich des Möglichen zu liegen, wie ein Blick in den mittlerweile reichhaltigen Anzeigenteil der Zeitungen zeigt:
„Charmeuse-Unterkleider in vorzüglicher Qualität und schönen Motiven."
„In den jungen Frühling … im jugendlichen Mantel und Kostüm."
„Zum 1. Mai wie aus dem Ei gepellt."[324]
Die „schlechte Zeit" war jetzt tatsächlich zu Ende.

Die Früchte der beginnenden wirtschaftlichen Konsolidierung kamen freilich nicht allen zugute. „Besonders in den Kreisen der Arbeitslosen herrscht Ratlosigkeit, wie das Leben so weitergehen soll", so die Landpolizei von Ober- und Mittelfranken im Frühjahr 1949[325]. Der Regierungspräsident kam in seinem Monatsbericht an die Staatsregierung vom 14. April 1949 zu einem ähnlichen Ergebnis: „Die Stimmung der Bevölkerung wird nach wie vor durch den krisenhaften Zustand der Wirtschaft beeinflußt. Die im Steigen begriffene Arbeitslosigkeit löst in weiten Kreisen lebhafte Beunruhigung aus … Die Löhne entsprechen nicht im mindesten den derzeitigen hohen Lebenshaltungskosten."[326] Und im Monatsbericht des Oberbürgermeisters von Ans-

[322] Vgl. Statistisches Jahrbuch für Bayern 1947, S. 400 f. und Statistisches Jahrbuch für Bayern 1952, S. 532. Vgl. dazu auch „Die Bauleistung Bayerns seit der Währungsreform", in: Bayern in Zahlen, Monatshefte des Bayerischen Statistischen Landesamts, Mai 1951, 5. Jahrgang, S. 233 f.
[323] Vgl. Statistisches Jahrbuch für Bayern 1952, S. 55, 376, 378 f.
[324] Fränkische Landeszeitung vom 24. und 26. März 1949 und 30. April 1949.
[325] Landpolizei Ober- und Mittelfranken, Bezirksinspektion Ansbach, an Landpolizei Bayern, 2. Mai 1949, in: LRA Ansbach, EAP 01-016.
[326] RegPräs an bay. Staatsregierung, 14. April 1949, in: BayHStA, Reg von Mittelfranken, Berichterstattung 1948–1952.

bach vom 5. Oktober 1949 hieß es: „Die Stimmung der Bevölkerung wird immer noch stärkstens beeinflußt von der krisenhaften Situation der Wirtschaft. Auf dem Arbeitsmarkt ist keineswegs eine Besserung eingetreten und lastet die Arbeitslosigkeit vielfach wie ein schwerer Alpdruck auf den von ihr betroffenen Kreisen … Es würde wahrhaftig nicht Wunder nehmen, wenn diese Empörung sich einmal in anderen als bisher gewohnten und zweifelsohne etwas unangenehmeren Formen Luft machen würde."[327]

Auch an der verzweifelten Lage der Flüchtlinge und Vertriebenen hatte sich 1949 noch kaum etwas geändert. Die Zahl der Neubürger war seit Ende 1946, als man schon geglaubt hatte, der Höhepunkt des Zustroms sei überschritten, noch einmal beträchtlich angestiegen. Insbesondere nach dem erfolgreichen kommunistischen Staatsstreich in Prag im Frühjahr 1948 hatten viele Deutsche ihre tschechische Heimat verlassen und in den Westzonen Zuflucht gesucht. In der Stadt Ansbach nahm die Zahl der Flüchtlinge von etwa 4400 (1946) auf ca. 7600 (= 23 Prozent der gesamten Stadtbevölkerung), in der Stadt Fürth von 12 100 (1946) auf ca. 15 000 (= 15 Prozent) zu. In den beiden Landkreisen, wo der Flüchtlingsanteil 1946 schon etwa 20–24 Prozent betragen hatte, waren nun ca. 24–27 Prozent der Gesamtbevölkerung Flüchtlinge und Vertriebene[328].

Die „Diktatur der leeren Kassen" nach der Währungsreform stellte die Eingliederung der Flüchtlinge vor enorme Schwierigkeiten[329]. In Ansbach, das fast aus den Nähten platzte, war es 1949 noch immer nicht gelungen, alle Elendsquartiere aufzulösen und für eine menschenwürdige Unterbringung der Flüchtlinge zu sorgen. „Die Aussichten auf eine Besserung sind im Augenblick noch denkbar minimal", so Ansbachs Oberbürgermeister im Januar 1949, „nachdem die Möglichkeit der Finanzierung eines großzügigen Wohnungsbaues anscheinend noch in einiger Ferne liegt."[330] In Fürth hatte sich dagegen die Lage etwas entspannt. Hier war der größte Teil der Neubürger bereits in privaten Wohnungen untergebracht. Wenn es sich häufig auch nur um unbeheizbare kleine Zimmer und zugige Dachkammern handelte, es waren doch die eigenen vier Wände. In den Lagern blieb gewissermaßen das Strandgut von Vertreibung und Flucht zurück: die Alten und Kranken, Verzweifelten und Gebrochenen, die nach schlimmen Erlebnissen resigniert hatten und lieber im irgendwie doch geborgenen Lagermilieu blieben, als „selbst um das tägliche Brot"[331] zu kämpfen. „Sie sind in ihrer Mehrzahl erwerbslos", so charakterisierte das Fürther Flüchtlingsamt diese Personengruppe, „besitzen weder Hausrat noch Möbel und wären nicht in der Lage, in einer privaten Wohnung ihren Mietsverpflichtungen nachzukommen." Soweit sie in Arbeit standen, hatten sie im Lager „nur einen geringen Teil der Kosten für die Miete, Licht, Heizung und Verpflegung zu tragen"[332].

[327] Stadtverwaltung Ansbach, EAP 022-95/19.
[328] Vgl. dazu Die Flüchtlinge in Bayern. Ergebnisse einer Sonderauszählung aus der Volks- und Berufszählung vom 29. Oktober 1946, Heft 142 der Beiträge zur Statistik Bayerns, S. 21; Monatsbericht des Stadtrats von Ansbach, 1. September 1949, in: Stadtverwaltung Ansbach, EAP 022-95/19.
[329] OB Ansbach an MilReg, Stimmungsbericht vom 5. Januar 1949, in: Stadtverwaltung Ansbach, EAP 022-95/19.
[330] Ebenda.
[331] RegPräs an bay. Staatsregierung, 10. Februar 1949, in: BayHStA, Reg von Mittelfranken, Berichterstattung 1948–1952.
[332] Bericht vom 1. Februar 1949, in: Stadtverwaltung Fürth, EAP 460.

Von den zehn Lagern, die Mitte 1948 in Fürth bestanden hatten, waren im Sommer 1949 (außer drei Durchgangslagern mit einer Aufnahmefähigkeit von etwa 350 Personen) noch das große Lager auf dem Gelände der ehemaligen Dynamit-Nobel-Werke, das Espanlager mit etwa 120 Personen und Schloß Burgfarrnbach, in dem meistens 150 bis 200 Personen wohnten, übriggeblieben. „Der Gesundheitszustand der Lagerflüchtlinge … kann als normal bezeichnet werden", hieß es im Monatsbericht des Fürther Flüchtlingsamtes vom 31. Juli 1949. „Die wohnhygienischen Verhältnisse in den Lagern … haben sich wesentlich gebessert." Lediglich die Zustände im Durchgangslager Ronwaldbunker, jenes riesigen überirdischen Betonkomplexes, der kurz nach Kriegsbeginn von den Siedlern der Ronwaldsiedlung selbst erbaut und dann im Krieg als eines der ersten Gebäude in Fürth von einer Bombe fast ganz zerstört worden war, erinnerten noch an die haarsträubenden Verhältnisse der Jahre 1946/47: „Das Fehlen einer natürlichen Belüftung macht sich besonders jetzt, während der heißen Jahreszeit, bemerkbar. Die maschinelle Belüftungsanlage muß mit Rücksicht auf die Kinder und alten Leute des Nachts abgestellt werden. Die vorhandenen Luftzuführungsöffnungen sind jedoch völlig unzureichend, so daß nach einigen Stunden die Luftverhältnisse unerträglich werden."[333]

Neben einer menschenwürdigen Unterbringung der Flüchtlinge war ihre Eingliederung in das Wirtschaftsleben das dringendste Problem. Die nach der Währungsreform zu beobachtende überdurchschnittliche Arbeitslosigkeit der Neubürger verschärfte sich 1949 noch weiter. „Wenn ein Landkreis über 30 Prozent aller arbeitseinsatzfähigen Flüchtlinge als arbeitslos meldet, so ist das typisch für den ganzen Regierungsbezirk", berichtete der Ansbacher Regierungspräsident im Mai 1949 an die bayerische Staatsregierung[334]. Das Flüchtlingsgesetz vom 19. Februar 1947, das auf das „organische Aufgehen" der Neubürger in der einheimischen Bevölkerung abzielte, erleichterte zwar vielen Flüchtlingen die Gründung selbständiger Existenzen, zahlreiche geplante Notmaßnahmen standen aber nur auf dem Papier. An die Richtlinie des bayerischen Innenministeriums über die Beschlagnahme gewerblicher Räume für Flüchtlingsbetriebe beispielsweise hielt sich kaum jemand. Jedesmal, wenn die zuständigen örtlichen Stellen und Referate eingeschaltet wurden, versandeten die „von oben" kommenden Direktiven. Auch die 1945/46 groß angekündigte Bodenreform blieb stecken; bis 1949 hatten ganze fünf Flüchtlingsbauern aus dem Ansbacher Landkreis bei Regensburg und bei Oberasbach in der Nähe von Fürth Siedlerstellen zugewiesen bekommen. Fünf weitere, ein sudetendeutscher und vier Bukowina-Bauern, hatten Pachtland für fünf Jahre auf dem Urlas, einem ehemaligen Wehrmachtsgelände im Nordosten von Ansbach, erhalten[335].

Das war nur ein Tropfen auf den heißen Stein, aber, so die Versprechungen, es sollte in allen Belangen bald anders werden. Wie wenig von solchen Ankündigungen vorläufig noch zu halten war, zeigte die Bilanz über die Industrieansiedlung von Flüchtlingen, die im September 1950 im Rahmen der Arbeitsstättenzählung gezogen wurde: „Der Anteil der Flüchtlingsbetriebe an der Industrie Mittelfrankens ist nicht bedeutend", lautete das Endergebnis. 1950 gab es 5200 Flüchtlingsbetriebe (= 7 Pro-

[333] Monatsbericht des Flüchtlingsamtes an Stadtrat Fürth, 31. Juli 1949, in: Stadtverwaltung Fürth, EAP 460.
[334] RegPräs an bay. Staatsregierung, 12. Mai 1949, in: BayHStA, Reg von Mittelfranken, Berichterstattung 1948–1952.
[335] Vgl. Fränkische Landeszeitung vom 8. Februar 1949.

zent aller Betriebe) in Mittelfranken, die mit einer Belegschaft von zusammen 16 000
Personen (zwei Drittel davon Flüchtlinge) nur etwa 4 Prozent aller Arbeitnehmer Mit-
telfrankens beschäftigten[336].
Wesentlich bessere Chancen hatten die Flüchtlinge dagegen im öffentlichen
Dienst. Vor allem bei den Bediensteten in den Landratsämtern und Rathäusern der
Kleinstädte lag der Anteil der Flüchtlinge oft weit über dem Anteil der Flüchtlinge an
der Gesamtbevölkerung. Die größeren Städte – u.a. auch Fürth – konnten mit dieser
Entwicklung allerdings nicht Schritt halten.

Eingliederung der Flüchtlinge in den öffentlichen Dienst 1949[337]

	Einheimische	Flüchtlinge
Stadt Ansbach	443	81
Stadt Fürth	1866	137
Landkreis Ansbach	58	38

Als im September 1949 mit dem Zusammentritt des Bundestages[338] die Gründung
der Bundesrepublik Deutschland besiegelt wurde, hausten in der mittelfränkischen
Provinz noch immer beträchtliche Teile der Bevölkerung in Elendsquartieren, ohne
Hoffnung auf eine baldige Besserung ihrer trostlosen Lage. Im September 1949 erreichte die Arbeitslosigkeit mit 14 Prozent (in Bayern) den höchsten Stand seit Kriegsende. „Das furchtbare Gespenst der Arbeitslosigkeit, das die Bevölkerung bereits vor
1933 kennenlernte", so Regierungspräsident Schregle, „droht viele Existenzen, die
sich bisher mühsam über Wasser gehalten haben, zu vernichten."[339] „Das Versagen
der regierenden Stellen wird gerade in diesem Punkt am schärfsten kritisiert", hieß es im
Monatsbericht der Polizeiinspektion Ansbach vom 1. August 1949. „Ein armes Volk
wie das deutsche kann es sich heute nicht leisten, ein Heer von Arbeitslosen zu unterhalten, nachdem so viel Arbeit vorhanden wäre ... Man kann immer wieder hören: ‚In
der deutschen Demokratie wird viel zu viel geredet und geschrieben, aber viel zu wenig gehandelt'."[340]
Antidemokratische Ressentiments, wie sie 1946/47 bei den „ewig Gestrigen aus den
nazistischen Lagern"[341] und in Teilen der sozial und politisch desintegrierten Flüchtlinge aufgetreten waren, nahmen deshalb nach der Währungsreform weiter zu; ge-
schürt vor allem durch die Erbitterung über die sozialen Folgen der Währungsumstellung, die viele als Schlag gegen den kleinen Mann empfanden. Daß diese Mißstimmung nicht zu unterschätzen war, unterstrich das hervorragende Abschneiden des
demagogischen Volkstribuns Alfred Loritz und seiner Wirtschaftlichen Aufbau-Verei-

---

[336] Vgl. dazu „Die Industrie der Heimatvertriebenen in Mittelfranken", in: Bayern in Zahlen, Monatshefte des
Bayerischen Statistischen Landesamts, Januar 1952, 6. Jahrgang, S. 8 f.
[337] Vgl. Aufstellung über die Eingliederung der Flüchtlinge im Regierungsbezirk Mittelfranken vom 19. Juli
1949, in: BayHStA, MInn 80 136.
[338] Vgl. Erich Mende, Die neue Freiheit. 1945–1961, München/Berlin 1984, S. 112 ff. Vgl. auch den Artikel von
Rüdiger von Wechmar in: Die Welt vom 4. September 1949.
[339] RegPräs an bay. Staatsregierung, 15. März 1949, in: BayHStA, Reg von Mittelfranken, Berichterstattung
1948–1952.
[340] Bericht vom 1. August 1949, in: LRA Ansbach, EAP 01-016.
[341] OB Ansbach an MilReg, Stimmungsbericht vom 16. September 1947, in: Stadtverwaltung Ansbach, EAP
022-95/19.

nigung bei der Bundestagswahl. Sein Sammelsurium autoritärer Rezepte, parteien-
feindlicher Ressentiments und ständischer Romantizismen fand in ehemaligen NS-
Hochburgen und in Flüchtlingskreisen „starken Widerhall"[342]. Andererseits konnte
aber niemand verkennen, daß sich die deutsche Wirtschaft seit 1948 in einem ständigen Auftrieb befand. Der Export nahm zu, manche Branchen erzielten bereits jetzt
enorme Gewinne. Weite Kreise ließen sich von dieser ungebrochenen Dynamik mit-
reißen; bald vergaßen auch viele, die sich 1948 als die Betrogenen der Währungsreform betrachtet hatten, ihren alten Groll. In diesem Klima der Zuversicht und des
aufkeimenden Zukunftsoptimismus besaßen die neuen staatlichen Institutionen gute
Chancen, größere Attraktivität zu entfalten als der glanz- und glücklose Weimarer
Staat. Die Festigung des demokratischen Staates hing freilich ab vom weiteren Erfolg
der wirtschaftlichen Erholung, die sich seit der Währungsreform angebahnt hatte, und
im gleichen Maße von der sozialpolitischen Flankierung dieses Erfolges, an der es
1949 noch weitgehend fehlte.

[342] So RegPräs Schregle in seinem Monatsbericht vom 12. Mai 1949 an die bay. Staatsregierung, in: BayHStA,
Reg von Mittelfranken, Berichterstattung 1948–1952.

Schlußbetrachtung

Eine pflichtschuldige Zusammenfassung wollen wir dem Leser ersparen. Sie könnte über Wiederholungen und vergröbernde Summierungen ohnehin kaum hinausgelangen, denn ließen sich die Inhalte unserer Darstellung ohne größere Verluste abstrakt zusammenfassen, so wäre die bewußt auf das Einzelne und Konkrete abgehobene Untersuchung kaum nötig, ihre Zielsetzung im Grunde verfehlt gewesen. Der Weg der paradigmatischen Lokal- bzw. Regionalstudie wurde ja gerade deshalb gewählt, um die Realität der deutschen Nachkriegsentwicklung in der amerikanischen Zone herauszulösen aus der Pauschalität von Generalisierungen, wie sie sich aus der Perspektive von „oben" oder mit Blick auf die „hohe" Politik zwangsläufig ergeben. Bei unserem Vorhaben ging es demgegenüber darum, die Wirkungen amerikanischen und deutschen Handelns auf der unteren Ebene der Gesellschaft und in ihren konkreten Details zu zeigen. Wir gingen dabei von der Erwartung aus, daß erst durch eine solche genaue Inaugenscheinnahme erkennbar wird, wie die deutsche Gesellschaft die Jahre des Umbruchs nach dem Krieg erlebte und verarbeitete, inwieweit die hohe Besatzungspolitik durch die unmittelbaren Erfahrungen der lokalen Militärregierungseinheiten modifiziert wurde, inwieweit sie – so verändert – durchdrang, auf deutsche Resistenz stieß und welche Rückwirkungen sich aus solcher „normativen Kraft des Faktischen" ergaben.

Die am Schluß gleichwohl zu stellende Frage, ob es sich gelohnt hat, so lange in einer Region zu verweilen und das Studium der Überlieferung der amerikanischen Militärregierung und deutscher zonaler Instanzen und Länderregierungen zu verbinden mit einer intensiven Dokumentation aus Stadt- und Landkreisarchiven, meinen wir in einem Punkte klar bejahen zu können: Das historische und geographische Abstraktum „Gesellschaft und Politik in der amerikanischen Zone" konnte greifbare Gestalt nur annehmen, indem wir die Erfahrungen und Schicksale der Bevölkerung einer ausgewählten Kleinregion in der Nachkriegszeit so genau wie möglich zu rekonstruieren suchten. Die Wahl fiel auf die mittelfränkische Region um Ansbach und Fürth, in der zwischen 1945 und 1949 mehr als 200 000 Menschen lebten. Unter ihnen waren Protestanten und Katholiken, Verwaltungsbeamte und Geistliche, Industrielle und Handwerker, Arbeiter und Bauern, Flüchtlinge und Kriegsheimkehrer, ehemalige Parteigenossen und Gegner des NS-Regimes. Eine ganze Reihe von Personen aus diesen Gruppen ist uns im Laufe der Darstellung begegnet: Wir erfuhren von dem einfachen Obsthändler, der sich im Frühjahr 1945 ein Herz faßte, um seine Stadt vor der Zerstörung zu bewahren, und dem amerikanischen Captain, der sich erst nach starkem Druck seiner Vorgesetzten davon abbringen ließ, seine eigenen, meist positiven Erfahrungen mit den Deutschen zur maßgeblichen Grundlage seines Handelns zu machen. Wir berichteten über die unterschiedlichen Vorerfahrungen und milieubedingten Prägungen von Sozialdemokraten und Kommunisten, bürgerlichen Liberalen und katholischen und evangelischen Christen, die 1945 darangingen, ehemalige oder neue Parteien und ihnen nahestehende Vereine ins Leben zu rufen. Wir lernten einen energischen Spruchkammervorsitzenden kennen, aber auch viele andere Menschen, die sich der Aufgabe, an der politischen Säuberung mitzuwirken, lieber entzogen oder sie mit ihrer allzu großen Nachsichtigkeit gegenüber den Beschuldigten erschwerten. Unsere Erzählung handelte ferner von gewitzten kleinen Selbständigen, die in der „schlechten Zeit" ihre Improvisationsfähigkeit unter Beweis stellten, und auch von einem Mann wie Max Grundig, der damals zum Großunternehmer wurde. Die Menschen dieser Region, ihre wirtschaftliche und soziale Lage, ihre kulturellen Überlieferungen und politischen Einstellungen sind uns vertraut geworden. Insofern ist dieses Buch natürlich die Geschichte einer Region in den Jahren der Besatzung.

Zugleich ist aber hoffentlich auch der paradigmatische Charakter unseres Unternehmens deutlich geworden, die Absicht nämlich, konkret zu zeigen, wie das in der amerikanischen Zone eigentlich lief: Säuberung der staatlichen und kommunalen Verwaltung, Entnazifizierung durch die Spruchkammern, Parteienlizenzierung und -neugründung, wirtschaftliche Notbewältigung und sozialer Wiederaufbau, und wie das konkret aussah und sich veränderte durch das regellose Zusammenspiel von amerikanischer Einflußnahme und deutschen Beharrungskräften. Der Anspruch dieser Untersuchung war also nicht bescheiden, sondern hoch gesteckt: Am Exempel einer Region sollte nicht nur Veranschaulichung geboten, mit erzählerischen Mitteln das Allgemeine oder gar nur das schon Bekannte plastisch gemacht, sondern Wesentliches der Besatzungszeit überhaupt erst ans Licht gebracht werden. Ob dieser Anspruch eingelöst und dieses Ziel wenigstens teilweise erreicht wurde, mag der kritische Leser selbst entscheiden. Der Autor kann für sich immerhin reklamieren, daß er erst aufgrund des Studiums der Besatzungszeit im lokalen Bereich manche ihrer wichtigen Aspekte und Bedeutungsgehalte zu verstehen gelernt hat.

Unsicher bleibt die Antwort auf eine zweite Frage, die sich bei der Schlußbetrachtung stellt: Welche Bedeutung hat die über vierjährige Besatzungszeit mittel- und langfristig gehabt? Oder anders gefragt: Läßt sich die Signifikanz des revolutionären Umbruchs der Jahre 1945–1949 überhaupt adäquat erfassen durch eine nur auf diese Zeit beschränkte Betrachtung? Ein Blick auf den Zustand in unserer Region am Ende der Besatzungszeit hilft uns vielleicht bei der Beantwortung dieser Fragen.

Im Frühjahr 1945, als unser Bericht begann, sehnte die Bevölkerung von Ansbach und Fürth das Kriegsende herbei. Reichlich vier Jahre später, im Sommer 1949, feierte man scheinbar wie in alten Zeiten. Es war die Zeit der Volksfeste und Kirchweihen. Noch im kleinsten Bauerndorf ruhte für einige Tage die Arbeit. In Ansbach, der Hauptstadt des Regierungsbezirks, ging es besonders hoch her. Aus der ganzen Umgebung kamen Besucher, um die renommierte Bach-Woche und das 1. Internationale Musikfest der Deutschen Studenten mitzuerleben und die Rembrandtausstellung im Schloß zu sehen. Im Mittelpunkt des Interesses aber stand auch hier die traditionelle Kirchweih. Sie begann am 5. August bei strahlendem Wetter mit der Bierprobe und wurde am Tag darauf mit dem Festzug durch die Straßen der Stadt fortgesetzt – für die einheimische Geschäftswelt eine willkommene Gelegenheit, das neue Warenangebot im besten Licht zu präsentieren. Das Autohaus Zier warb mit Billigpreisen für die neuen Fordmodelle; ein Ford Taunus in der Standardausführung wurde für 6500,– DM angeboten. „Raus mit unseren Schlagern", hieß die Devise im Kaufhaus Hertfelder. Die Gasthäuser, Weinstuben und Cafés luden für den Abend zum Tanz und priesen ihre Spezialitäten an. „Es war wie in der Friedenszeit", schrieb die Fränkische Landeszeitung über die Ansbacher Kirchweih[1].

Dieser Eindruck war gewiß nicht unbegründet. Ein Jahr nach der Währungsreform waren fast alle Lebensmittelmarken entbehrlich geworden, die man zehn Jahre zuvor bei Kriegsbeginn eingeführt und ohne die man sich den Lebensabend kaum noch vorzustellen vermocht hatte – begreiflich, daß der Wegfall dieses Zeichens äußerster Einschränkung der materiellen Bedürfnisse als Wiederherstellung der Friedenszeit empfunden wurde. Der Fortfall des Kartensystems hatte aber auch eine symbolische Bedeutung. Ohne die neue „Wahlfreiheit" gegenüber dem Angebot an Gütern wäre wohl auch die politische Wahlfreiheit weit weniger attraktiv gewesen. Nimmt man das Wort „Friedenszeit" aber genau und in seiner ganzen außen- und innenpolitischen Bedeutung, so muß die Behauptung der Fränkischen Landeszeitung vom August 1949 als kühne Vorwegnahme künftiger Entwicklungen betrachtet werden, über deren Verlauf man damals bei der Begründung der Bundesrepublik noch nicht viel Genaues sagen konnte.

Wie wenig von friedlicher Normalität schon die Rede sein konnte, zeigte sich auch in Ansbach: Es gab zahlreiche Arbeitslose, die nur auf die Notgroschen des Stempelgeldes angewiesen waren, daneben über 1000 Fürsorgeempfänger und eine erheblich größere Zahl von Flüchtlingen und Einheimischen, die mit schlecht bezahlten Gelegenheitsarbeiten ihr Leben fristeten. Sie vermochten sich wohl nur schwer von der Feierstimmung anstecken zu lassen. Der breite auftrumpfende Wohlstand und das aufschießende Wirtschaftswunder der späten fünfziger Jahre, das auch die Arbeitslosigkeit und das Flüchtlingselend beseitigen sollte, waren noch weit entfernt. Daß es mit Hilfe von Lastenausgleichs-, Kriegsopferversorgungs-, Wiedergutmachungs- und sonstiger Sozialgesetzgebung, einschließlich des sozialen Wohnungsbaues, gelingen würde, die massiven Schäden, die NS-Regime und Krieg hinterlassen hatten, binnen eines Jahrzehnts wenigstens materiell weitgehend zu mildern, war am Ende der Besatzungszeit noch kaum vorstellbar.

Erst diese wirtschaftliche und soziale Gesundung schuf die materielle und psychologische Grundlage dafür, daß die große Mehrheit der Westdeutschen sich an die ihnen von den Siegermächten bescherten Segnungen der Demokratie gewöhnte und das – durch die unglückliche Entnazifizierung noch verstärkte – Desinteresse an eigenständiger Auseinandersetzung mit der NS-Vergangenheit Ende der fünfziger Jahre langsam zu schwinden begann.

Im Sommer 1949 wollte man davon noch wenig wissen. Bezeichnend war die Reaktion der Bevölkerung auf die Schließung der Hauptkammer Ansbach, der letzten fränkischen Spruchkammer[2]. Die heftigen Emotionen, die es drei Jahre zuvor bei der Eröffnung der Kammern gegeben hatte, waren fast durchweg einer resignativen Gleichgültigkeit gewichen. Kaum einer der Bewohner Ansbachs nahm deshalb auch zur Kenntnis, daß der ehemalige NS-Kreisleiter und Oberbürgermeister der Stadt Richard Hänel nicht unter den Kirchweihbesuchern war, sondern noch immer eine Haftstrafe

---

[1] Vgl. dazu die Berichterstattung der Fränkischen Landeszeitung vom Juli und August 1949, besonders die Ausgaben vom 26. Juli, 30. Juli und 4., 6. und 9. August 1949.
[2] Ebenda, 30. Juli 1949.

verbüßte. Niemand konnte damals auch schon abschätzen, daß es durchaus symptomatisch war für die Entnazifizierung, daß Hänel – wie viele andere NS-Aktivisten – nach seiner Entlassung (Oktober 1949) zwar kaum noch, wie 1945/46, offenem Haß begegnen, aber zeitlebens am Rande der Gesellschaft bleiben würde; jahrelang ohne politische Rechte und eingeschränkt in seinen beruflichen Möglichkeiten, führte er zunächst als Sozialhilfeempfänger und später als kleiner Vertreter einer Sperrholzgroßhandlung nur noch ein unauffälliges Leben. Die von allen Seiten geschmähte politische Säuberung hatte ihre Wirkung also doch nicht ganz verfehlt.

Von dem Neuen, das sich nach 1945 angebahnt hatte, war am Ende der Besatzungszeit vieles noch nicht zu erkennen, manches schien bereits wieder aufgezehrt von restaurativen Tendenzen. Das galt auch für die Struktur des Parteiensystems und die Herausbildung von großen Volksparteien. Die SPD hatte sich 1946 mit großen Wahlerfolgen wieder etablieren können und – verglichen mit der Weimarer Zeit – an sozialem Prestige gewonnen; auch im bürgerlichen Milieu schienen Barrieren gefallen, die den Einfluß der SPD bis dahin begrenzt hatten. Drei Jahre später drohte sie erneut zurückzufallen auf das gesellschaftliche „Lager" der kleinen Leute. Der Versuch, durch die bewußte Gründung von bürgerlich-sozialdemokratischen Sport- und Geselligkeitsvereinen aus diesem Unterschichten-Getto herauszugelangen, war 1949 vielerorts gescheitert. Der volksparteiliche Durchbruch gelang erst nach dem Reformparteitag von Bad Godesberg.

Zu scheitern schien am Ende der Besatzungszeit in unserer Region auch das Experiment der CSU – der Versuch also, auch in den mehrheitlich evangelischen bayerischen Landesteilen eine bürgerlich-konservative und zugleich sozial eingestellte Sammelpartei zu bilden. Wie schwer sich die CSU 1949 tat, zeigte sich in aller Deutlichkeit in Ansbach: Der Landesvorsitzende und bayerische Ministerpräsident Hans Ehard zog bei einer Veranstaltung für die erste Bundestagswahl im Onoldiasaal nur rund 1000 Zuhörer an, während die laute Demagogie von Alfred Loritz, des Vorsitzenden der bisher in der Stadt kaum existenten Wirtschaftlichen Aufbau-Vereinigung (WAV), in der benachbarten Rezathalle mehr als 4500 Besucher angelockt hatte[3]. Aufgehetzt von Loritz, drang am Ende der Veranstaltung eine Meute seiner Zuhörer in den Onoldiasaal ein und hinderte Ehard so wirkungsvoll am Reden, daß erst die Polizei Ruhe erzwingen konnte. Wie in anderen evangelischen Gebieten Bayerns mit starken reichspatriotischen Traditionen vermochte die als separatistisch und katholisch geltende CSU auch in Ansbach ihre anfänglichen Erfolge zunächst nicht zu wiederholen. Erst war es die WAV, dann die in der Tradition des Nationalliberalismus stehende fränkische FDP, später auch die NPD, die der CSU hier immer wieder erhebliche Teile des konservativen und national gesinnten Bürgertums abspenstig machten. Es dauerte fast zwei Jahrzehnte, bis sich die CSU schließlich auch im bürgerlich-protestantischen Lager durchsetzte. Auch die SPD konnte erst in den fünfziger und sechziger Jahren wieder größere Teile des Mittelstandes gewinnen und so vor allem in Fürth immer stärker zur dominierenden politischen Kraft werden. Dieser spätere Dualismus der beiden Volksparteien war 1949 noch nicht absehbar. Nach der Lockerung der strengen Lizenzierungsauflagen der Besatzungsmacht war eher eine gegentei-

[3] Ebenda, 11. und 13. August 1949.

lige, dezentrifugale Entwicklung nach Weimarer Vorbild in Gang gekommen; der innovatorische Impuls der „ersten Stunde" schien verpufft.

Auch die Zeit der deutsch-amerikanischen Aussöhnung war 1949 noch nicht gekommen. Viele Voreingenommenheiten waren gewiß geschwunden, die Non-Fraternization war längst vergessen. Die Offiziere der Militärregierung saßen bei der Ansbacher Kirchweih wie selbstverständlich mit der örtlichen Prominenz an einem Tisch, und vermutlich wurde sogar der eine oder andere auf das Podium gerufen, um einen Marsch zu dirigieren. Der Kreis-Residenz-Offizier Frederic L. Roessler erfreute sich besonderer Beliebtheit bei den Landräten und Bürgermeistern der Umgebung. Schweren Herzens nahm er im Oktober 1949 Abschied von „seinen" Deutschen. „Vortreffliche Menschen" habe er kennengelernt, mit vielen sei er „gut Freund" geworden, betonte er immer wieder. Große Freude bereitete ihm das kleine Abschiedsgeschenk des Ortsverbands der Körperbeschädigten, Sozialrentner und Hinterbliebenen, das ihm bei einer kleinen Feierstunde von zwei Kriegsversehrten überreicht wurde: eine Original-Hummel-Figur, die „Unter einem Dach" symbolisierte[4].

Dieses Geschenk und die vielfältigen freundschaftlichen Kontakte zwischen den amerikanischen Offizieren und den deutschen Honoratioren – man lud einander zu Weihnachtsfeiern ein, traf sich im deutsch-amerikanischen Club oder ging zusammen auf die Jagd – konnten aber nicht darüber hinwegtäuschen, daß das Klima zwischen Besatzern und deutscher Bevölkerung 1949 frostiger war denn je. Die Amerikaner hatten sich durch ihr säuberungspolitisches Hauruck-Verfahren unbeliebt gemacht. Man kreidete ihnen die zahlreichen Wohnungsbeschlagnahmen an und viele sahen in der durch die Währungsreform noch längst nicht überwundenen Misere weniger das Erbe der Politik Hitlers als die Folge der amerikanischen Maßnahmen. In Ansbach waren im Herbst 1949 noch nicht einmal die „Off-Limits"-Schilder aus den Gasthäusern verschwunden. Im Sommer hatte man sie entfernt, danach war es aber zu zahlreichen Handgreiflichkeiten und Messerstechereien gekommen, so daß viele Wirte schon nach zwei, drei Wochen wieder auf die alten Verbotstafeln zurückgriffen[5].

Die Beziehungen waren 1949 so gestört, daß die meisten Deutschen sicherlich nicht erkannten, was inzwischen zum gesicherten Bestand der Forschung gehört: Die amerikanische Militärregierung hat Entscheidendes zur Beseitigung der nationalsozialistischen Gewaltherrschaft und zur Festigung der deutschen Demokratie beigetragen. Wesentliche Strukturmerkmale des Regierungssystems der Bundesrepublik gingen auf ihre Initiative zurück, wichtige Reformen wären ohne ihre Hilfe nicht zustande gekommen. Aber auch im lokalen Bereich von Ansbach und Fürth konnte sich die Bilanz der Besatzungsmacht sehen lassen. Besondere Verdienste hatten sich die amerikanischen Offiziere etwa mit der Etablierung einer neuen politisch unbelasteten Elite von Landräten und Bürgermeistern erworben: An der Spitze der Verwaltung des Landkreises Fürth stand jetzt ein Spielwarenfabrikant. Im Ansbacher Landratsamt gab ein auswärtiger Beamter den Ton an. Die Stadtverwaltung von Ansbach leitete ein sozialdemokratischer Sattlermeister. Sie alle verdankten ihre Ämter der Militärregierung, die 1945 alle Landräte und Bürgermeister aus der NS-Zeit durch neue Leute ersetzt hatte. Dieser personelle Einschnitt war wesentlich tiefer gegangen als der des Jahres

---

[4] Ebenda, 15. und 22. Oktober 1949.
[5] Ebenda, 17. September und 17. Oktober 1949.

1933; damals hatte es die NSDAP nicht wenigen deutschnationalen und parteilosen Bürgermeistern ermöglicht, sich mit ihr zu arrangieren. Bei der Neurekrutierung der lokalen Verwaltungsspitzen hatten sich die amerikanischen Offiziere vor allem auf altgediente Beamte mit einwandfreiem politischen Leumund, aber auch auf bemerkenswert viele Außenseiter gestützt. Diesem neuen Typus fehlten zwar einschlägige Berufserfahrung und spezielle Vorbildung, dafür zeichneten ihn häufig Volkstümlichkeit, Entschlußfreudigkeit und Improvisierfähigkeit aus. Nach dem Abzug der Militärregierung war es neben den politischen Parteien vor allem diese neue Elite, die allen Versuchen, nationalsozialistisches Gedankengut wiederzubeleben oder diffuse Proteststimmungen ins Fahrwasser eines nationalen Radikalismus zu lenken, entschlossen entgegentrat.

Zu den letzten Amtshandlungen Roesslers in Ansbach zählte die Einweihung eines von der amerikanischen Armee finanzierten Hauses für deutsche Jugendliche. Man wolle keinen „Coca-Cola- oder Kaugummiclub" aufziehen, kündigte der deutsche Beauftragte an, sondern den Jugendlichen ein umfassendes Freizeitprogramm mit Englischkursen, Filmabenden und Diskussionen bieten[6]. Es handelte sich um eine Vor- und Kleinform der später überall in den Großstädten eingerichteten Amerikahäuser. Viele Jugendliche und Erwachsene kamen hier mit ausländischer Literatur und Musik in Berührung oder erhielten eine Vorstellung von den Lebensgewohnheiten und Denkweisen in den Vereinigten Staaten – vom „Modell Amerika" oder vom „american way of life".

Aber auch in den deutsch-amerikanischen Beziehungen bedurfte es erst der wirtschaftlichen Gesundung und der sicherheitspolitischen Westintegration der Bundesrepublik in den fünfziger Jahren, ehe vom „Modell Amerika" eine bezwingende Wirkung vor allem auf die Jugend und die kommenden Führungskräfte in Westdeutschland ausgehen konnte. 1949 schien man eher das Negative der Amerikanisierung zu bemerken – zumal im konservativen Ansbach. Der hier vorherrschende Menschenschlag war ja noch immer obrigkeitsgläubig, kirchenfromm, man hing am Althergebrachten und war – wenn auch nicht mehr so fanatisch wie früher – national und patriotisch gesinnt. Schon von daher wurden viele Neuerungen der Besatzungszeit als Überfremdung empfunden. Die Kirchen beklagten den materialistischen Zeitgeist, der ihren Einfluß verringerte. Eltern und Lehrer sahen ihre Autorität schwinden und die festen Maßstäbe sittlichen Verhaltens in der Turbulenz der rücksichtslosen Zeit untergehen. Diese Beispiele deuten an, wohin die Entwicklung gehen würde. 1949 konnte man das aber noch nicht abschätzen.

Dem forschenden Historiker ist es auch erst aus dem sicheren Wissen über die späteren Ereignisse möglich, aus der Vielfältigkeit des deutschen politischen und gesellschaftlichen Lebens während der Besatzungszeit diejenigen Ansätze herauszustellen, die sich als entscheidende Weichenstellungen und maßgebliche Impulse für den weiteren Verlauf der Geschichte deuten lassen. Um aber dem Eindruck einer allzu schönen Einlinigkeit und Folgerichtigkeit zu begegnen, der bei solcher Sicht aus späterer Erfahrung entstehen könnte, ist es der Mühe wert, gerade auch die zahlreichen Schattenseiten der Besatzungszeit zu schildern, und sich darüber klar zu werden, daß die Nachkriegsjahre auch genügend Konflikt-„Stoff" enthielten, aus dem neues politi-

---

[6] Ebenda, 8. September 1949.

sches Unheil hätte entstehen können. Unser Bericht über diese Zeit sollte deshalb nicht nur von der Warte dessen aus gelesen werden, der sich inzwischen im ziemlich sicheren Hafen befindet. Der Leser sollte sich vielmehr in diese ihrer Zukunft noch so ungewissen Zeit versetzen und die schweren Unwetter mitzuerleben versuchen, die der zweiten deutschen Demokratiegründung leicht zum Verhängnis hätten werden können. Solche Überlegungen führen den Historiker am Schluß zu dem Eingeständnis, daß es keineswegs nur oder vielleicht nicht einmal vorwiegend amerikanische und deutsche Verdienste gewesen sind, denen es zu danken ist, daß die Besatzungsherrschaft sich schließlich alles in allem überwiegend segensreich ausgewirkt hat, sondern in hohem Maße auch zufällige Konstellationen und eine erhebliche Portion Glück, das den Deutschen vor allem im Westen zuteil wurde – endlich wieder einmal nach vielem verschuldeten, aber auch manchem unverschuldeten schweren Unglück in ihrer vorangegangenen jüngsten Geschichte.

Anhang

Quellen

A. Archive, Behörden, Bibliotheken, Privatsammlungen

1. Amerikanische Archive

  a. National Archives, Washington, D.C.
- Record Group 59, State Department, Control Germany 740.00119
- Record Group 226, Records of the OSS
  Records Relating to Outposts in Germany: Germany – letters, 3/1/45 – 26/6/45
- Record Group 260, OMGUS
  9/95-1/37
  9/95-1/87
  9/96-1/12
  9/96-2/12
  9/96-2/13
  9/96-3/1
  9/96-3/2
  9/96-3/7
  9/96-3/8
  9/96-3/9
  9/96-3/10
  9/96-3/11
  9/97-1/1
  9/97-1/2
  9/97-1/32
  9/97-2/38
  9/112-3/5
  9/113-2/7
  9/114-3/9
  9/114-3/20
  9/120-2/8
  9/122-5/13
  9/124-1/6
  9/124-2/34
  9/124-3/17
  9/124-3/18
  9/143-1/5
  9/143-3/12

9/144-1/16
9/144-2/1
9/144-2/2
9/144-2/3
10/49-1/23
10/70-1/15
10/70-2/8
10/80-3/6
10/81-1/5
10/81-3/8
10/85-1/26
10/85-2/1
10/85-2/5
10/85-2/8
10/85-3/1
10/85-3/2
10/109-1/17
13/82-44/19
13/92-1
13/92-2
15/119-1/7
CO 447/4
CO 448/1
CO 481/1

– Record Group 332, Records of the European Theater of Operations, U.S. Army ECAD

b. Dwight D. Eisenhower Library, Abilene
– General Board, Reports

c. Fort George G. Meade, Maryland, US Army Intelligence and Security Command
– Personalakten Körner, Neff, Reichard, Schregle

2. Deutsche Archive (staatlich)

a. Bundesarchiv, Koblenz
– Nachlaß Streicher
– R 13 V/148

b. Bundesarchiv, Militärarchiv, Freiburg
– RH 20-19/245
– RH 20-19/196

c. Bayerisches Hauptstaatsarchiv, München
– Staatskanzlei (1976), AZ 6310
– MA 6310, 102154, 106670, 106677, 106678, 106679, 106696, 130882
– MInn 80136, 80389
– MF 67
– MWi 9611, 9625, 9811, 11715, 12031, 12556, 12574, 13861
– Arbeitsministerium (1978), Nr. 3231/32

- Sonderministerium: Militärregierung 1946–1950, AZ 2-82
- Berichte des Landesarbeitsamtes
- Landesarbeitsamt Nordbayern, Lageberichte
- Reg von Mittelfranken, Berichterstattung 1945–1952

d. Staatsarchiv München
- Reg von Oberbayern, Nr. 77724, 77728

e. Staatsarchiv Nürnberg
- Reg von Mittelfranken (1978), Nr. 213, 389, 456, 601, 3367, 3602, 6871
- Reg von Mittelfranken (1978, Zusatz), Nr. 25
- Amtsgericht Fürth, Verzeichnis der Strafprozeßakten 1923–1937
- Landratsamt Ansbach (1961), Nr. 332, 656, 681, 729, 2316, 4885
- Landratsamt Fürth (1962), Nr. 40/1, 40/2, 71, 103, 106, 106/2b, 106/5, 106/7, 106/12, 106/14, 106/15, 106/17, 106a; 149, 582, 1135
- Landratsamt Fürth (noch nicht abgegeben), Nr. 9, 10
- Landratsamt Scheinfeld, Nr. 367
- NS-Mischbestand, vorl. Nr. 56, 61

3. Deutsche Archive (nichtstaatlich)

a. Archiv der Industrie- und Handelskammer München
- XV A-135

b. Archiv des Institut für Zeitgeschichte, München
- Nachlaß Hoegner, ED 120
- Geschichte der 42nd „Rainbow" Infantry Division
- A Survey of the Experience and Opinions of US Military Government Officers in World War II
- Historical Reports, Military Government for Land Bavaria, MA 715
- Historical Reports, Military Government for Land Bavaria, Fg 01-03

c. Firmenarchiv Max Grundig, Fürth
- ungeordnete Unterlagen

d. Landeskirchliches Archiv, Nürnberg
- Bayerisches Dekanat Fürth, Nr. 113, 113a
- Ev.-Luth. Landeskirchenrat, III 264 (MilReg), III 336b (Slg) (694), Niederschriften über Haus- und Vollsitzungen 1940, 1945, 1946, XV 1565a, XV 1665a
- Ev.-Luth. Pfarramt Fürth-St. Michael, Nr. 445
- Dekanat Leutershausen, Nr. 449
- Dekanat Windsbach, Nr. 313
- Innere Mission, Nr. 934
- Kreisdekan Ansbach, Nr. 14/57
- Kreisdekan Nürnberg, Nr. 14-3, 14-522, 14-502, 36-50, 36-510

e. Ludwig-Erhard-Archiv, Bonn
- Nachlaß Erhard

f. Stadtarchiv Ansbach
- ABc, D/4/34, K/3/21, K/3/28, T/3/17, T/3/55, T/5/3, T/5/6, T/5/90, T/6/4, T/6/5, T/10/25, T/11/9

- Protokollbuch der SPD Ansbach

g. Stadtarchiv Bamberg
- B. S. Nr. 483

h. Stadtarchiv Fürth
- Ernährungsamt, Nr. 4c
- Fach 130, Nr. 71

i. Stadtarchiv Leutershausen
- Kriegsende in Leutershausen

4. Landratsämter, Stadtverwaltungen

a. Landratsamt Ansbach
- EAP 01-014, 01-015, 01-016, 04-040, 060, 15-150

b. Landratsamt Fürth
- EAP 000, 027, 070, 070/1, 070/2, 9, 10, 14, 150, 150/7, 150/8, 150/11

c. Stadtverwaltung Ansbach
EAP 022-95/19, 026-20
Registratur des OB

d. Stadtverwaltung Fürth
- EAP 025a, 06, 060, 2, 4, 26, 210, 211, 460
- Personalakte Bornkessel

e. Stadtverwaltung Zirndorf
- Ortschronik von Zirndorf

f. Gemeindeverwaltung Petersaurach
- Ortschronik von Petersaurach
- Aufzeichnungen über das Kriegsende

5. Gerichte, Finanzämter

a. Amtsgericht Ansbach
- Registratur S

b. Amtsgericht Fürth
- Registergericht: HRA 2123

c. Amtsgericht München
- Registratur S

d. Arbeitsgericht Nürnberg
- ungeordneter Bestand (Arbeitsgerichtsbarkeit)

e. Bezirksfinanzdirektion München
- ungeordneter Bestand (Vermögenskontrolle)

6. Vereine

a. TSV Fichte Ansbach
- Vereinsunterlagen

b. Gesangsverein Lyra Roßtal
- Vereinsunterlagen

7. Privatsammlungen
Herbert Altenberger, Ansbach

Otto Gellinger, Fürth
Konrad Grünbaum, Fürth
Heinold, Leutershausen
Alfred Kanofsky, Fürth
Emma Lösch, Ansbach
Fritz Rupprecht, Fürth
Schwab, Ansbach
Hans Wild, Oberasbach

B. Parlaments- und Amtliche Drucksachen, Dokumentensammlungen

- Akten zur Vorgeschichte der Bundesrepublik Deutschland 1945–1949, hrsg. von Bundesarchiv und Institut für Zeitgeschichte. Bd. 1. September 1945 – Dezember 1946, bearbeitet von Walter Vogel und Christoph Weisz. Bd. 2. Januar 1947–Juni 1947, bearbeitet von Wolfram Werner. Bd. 3. Juni 1947–Dezember 1947, bearbeitet von Günter Plum. Bd. 4. Januar 1948 – Dezember 1948, bearbeitet von Christoph Weisz, Hans-Dieter Kreikamp und Bernd Steger. Bd. 5. Januar 1949–September 1949, bearbeitet von Hans-Dieter Kreikamp, München/Wien 1976/79/81/82/83
- Amtliches Handbuch des Bayerischen Landtags, hrsg. vom Landtagsamt, München 1948
- Amtsblatt des Alliierten Kontrollrats in Deutschland, 1945/46
- Bayerischer Staatsanzeiger 1946–1950.
- Bayerisches Gesetz- und Verordnungsblatt, 1945–1950
- Bayerisches Jahrbuch 1949, München 1948
- Bayerisches Jahrbuch 1950, München 1949
- Bayern in Zahlen. Monatshefte des Bayerischen Statistischen Landesamtes München
- Beiträge zur Statistik Bayerns, hrsg. vom Bayerischen Statistischen Landesamt
- Biographisches Handbuch der deutschsprachigen Emigration nach 1933, hrsg. vom Institut für Zeitgeschichte, München, und der Research Foundation for Jewish Immigration, Inc., New York, München, London, Paris 1980
- Bundesgesetzblatt, hrsg. vom Bundesminister der Justiz, Köln 1949 ff.
- Certain International and U.S. Policy Documents Regarding Germany, hrsg. von Office of the U.S. Political Adviser for Germany, o. O. Jan. 1949
- Deuerlein, Ernst (Hrsg.): Potsdam 1945. Quellen zur Konferenz der „Großen Drei", München 1963
- Elections and Political Parties in Germany 1945–1952, hrsg. von Office of the U.S. High Commissioner for Germany, o. O. 1 June 1952
- Flechtheim, Ossip K. (Hrsg.): Dokumente zur parteipolitischen Entwicklung in Deutschland seit 1945, Bd. 1–9, Berlin 1962/71
- Foreign Relations of the United States, Diplomatic Papers 1945, Vol. III. European Advisory Commission; Austria; Germany; Washington 1968
Conference of Berlin (Potsdam) 1945, I, II, Washington 1960
1946, Vol. V. The British Commonwealth; Western and Central Europe, Washington 1969
1947, Vol. II. Council of Foreign Ministers; Germany and Austria, Washington 1972

1948, Vol. II. Germany and Austria, Washington 1973

1949, Vol. III. Council of Foreign Ministers; Germany and Austria, Washington 1974

- Germany 1947–1949. The Story in Documents, hrsg. von Department of State, Washington 1950
- Handbuch des Deutschen Bundestages, hrsg. von Fritz Sänger, Stuttgart 1952
- Military Government Regulations, hrsg. von Office of Military Government for Germany (U.S.), Berlin 1947
- Monthly Report of the Military Governor, U.S. Zone, No. 1. (July 1945) – No. 50 (September 1949), hrsg. von Office of Military Government for Germany (U.S.), o.O. 1945 ff.
- Pollock, James K., James H. Meisel, Henry L. Bretton: Germany under Occupation. Illustrative Materials and Documents, Ann Arbor 1949
- Ruhm von Oppen, Beate (Hrsg.): Documents on Germany under Occupation 1945–1954. London/New York/Toronto 1955
- Sammlung der Länderratsgesetze, Düsseldorf 1949
- Sammlung der vom Alliierten Kontrollrat und der Amerikanischen Militärregierung erlassenen Proklamationen, Gesetze, Verordnungen, Befehle, zusammengestellt von Ruth Hemken. 3 Bde., Stuttgart 1947 ff.
- Erich Schullze (Hrsg.), Gesetz zur Befreiung von Nationalsozialismus und Militarismus, München 1946
- Erich Schullze (Hrsg.), Gesetz zur Befreiung von Nationalsozialismus und Militarismus mit den Ausführungsvorschriften und Formularen, München 1946
- Statistisches Jahrbuch für Bayern 1947, hrsg. vom Bayerischen Statistischen Landesamt, München 1948
- Statistisches Jahrbuch für Bayern 1952, hrsg. vom Bayerischen Statistischen Landesamt, München 1952
- Stenographische Berichte über die Verhandlungen der Bayerischen Verfassunggebenden Landesversammlung 1946, München 1946
- Bayerische Verfassunggebende Landesversammlung 1946, Beilagen
- Stenographische Berichte über die Verhandlungen des Bayerischen Landtags, 1. Wahlperiode 1946–1950, München 1946 ff.
- Bayerischer Landtag, 1. Wahlperiode 1946–1950, Beilagen
- Stenographische Berichte über die Verhandlungen des Deutschen Bundestages, 1. Wahlperiode 1949–1953, Bonn 1950 ff.
- Deutscher Bundestag, 1. Wahlperiode 1949–1953, Drucksachen
- Stenographische Berichte über die Verhandlungen des Verfassungsausschusses der Bayerischen Verfassunggebenden Landesversammlung 1946, München 1947
- Trends in German Public Opinion, Report No. 100, hrsg. von Information Control Division, Opinion Surveys Section, March 1948
- Trends in German Public Opinion, Report No. 175, hrsg. von Information Services Division, Opinion Surveys Branch, June 1949
- Treue, Wolfgang, Deutsche Parteiprogramme 1861–1961, Göttingen 1961
- Wörtliche Berichte über die Vollversammlungen des Wirtschaftsrates des Vereinigten Wirtschaftsgebietes, 1947–1949, Frankfurt 1947 ff.
- Wirtschaftsrat des Vereinigten Wirtschaftsgebietes, 1947–1949, Drucksachen

- Wörtliche Berichte und Drucksachen des Wirtschaftsrates des Vereinigten Wirtschaftsgebietes 1947–1949. (Reprint). Hrsg. vom Institut für Zeitgeschichte und dem Deutschen Bundestag, Wissenschaftliche Dienste, Bearb.: Christoph Weisz und Hans Woller. Bd. 1–6, München/Wien 1977
- Zeitschrift des Bayerischen Statistischen Landesamtes

C. *Presse*

Fränkische Landeszeitung
Fränkische Sonntagspost
Fränkische Zeitung
Fürther Nachrichten
Fürther Tagblatt
Fürther Zeitung
Neue Zeitung
Nordbayerische Zeitung
Nürnberger Nachrichten
Onolden-Zeitung
Der Spiegel
Süddeutsche Zeitung

D. *Mündliche und schriftliche Mitteilungen*

a) mündliche Mitteilungen
Adi Biedermann, 29. Juli 1983
Hans Blöth, 26. Januar 1984
Hilde Brendel, 11. Oktober 1984
Werner Bürger, 4. Januar 1985
Horst Däschlein, 9. Oktober 1984
Günther Deindörfer, 9. April 1984
Ernst Eberlein, 6. April 1984
Michael Egerer, 5. und 9. April 1984
Wilhelm Eichhorn, 17. August 1983, 21. Januar 1985
Friedrich Eisenmann, 5. April 1984
Josef Estner, 16. Oktober 1984
Walter Frank, 4. April 1984
Eugen Gastreich, 16. Juni 1981
Otto Gellinger, 29. Januar 1983, 10. Februar 1983, 4. April 1984
Georg Gesell, 9. April 1984
Richard Glaser, 14. Februar 1984
Konrad Grünbaum, 26. Oktober 1984, 23. und 29. November 1984
Leonhard Hanel, 27. Juli 1983
Herbert Hausner, 27. Juli 1983
Robert Joos, 22. November 1983
Alfred Kanofsky, 11. Oktober 1984
Josef Kempf, 21. Juli 1983
Hans Kern, 2. April 1984, 11. Oktober 1984
Willi Knapp, 6. April 1984
Karl Knöfel, 8. Mai 1984

Ernst Körner jr., 28. November 1983
Willibald Kornburger, 13. Juni 1983
Norbert Kostorz, 9. Oktober 1984
Georg Kracker, 18. Januar 1984
Adolf Lang, 4. Januar 1985
Friedrich Laubinger, 21. Juli 1983
Andreas Laudenbach, 19. Juli 1984, 4. Januar 1985
Georg Liebel, 19. Juli 1984
Frieda Lingmann, 10. Oktober 1984
Erich Löschner, 2. April 1984
Hans Lotter, 2. Februar 1984
Fritz Majer, 27. Juli 1983
Albert Oechsler, 17. August 1983
Dieter Ostler, 7. Februar 1984
Otto Pilger, 13. März 1984
Luise Pörschmann, 19. Juli und 9. Oktober 1984
Friedrich Rabel, 7. Februar 1984
Karl Reichel, 28. Oktober 1980, 21. Januar 1982
Georg Reindler, 16. Oktober 1984
Hans Riedl, 14. Februar 1984
Fritz Rupprecht, 29. November 1984
Ludwig Schönecker, 17. August 1983
Anton Schuster, 8. Mai 1984
Heinrich Seiler, 5. Januar 1984
Karl-Heinz Sening, 13. Juni 1983
Peter Sessler, 1. Februar 1984
Ludwig Setzer, 19. Juli 1984
Alois Stempfl, 1. Februar 1984
Erich Stoll, 11. April 1984
August Ströhlein, 26. August 1983
Hans Ulrich, 27. Februar 1984
Adolf Ultsch, 21. Januar 1982
Kaspar Ultsch, 21. Januar 1982
Ernst Voigt, 10. April 1984
Hans Wild, 5. Januar 1984
Ludwig Zahn, 6. April 1984, 30. November 1984

b) schriftliche Mitteilungen

Bezirksfinanzdirektion München, 7. Februar 1985
Einwohneramt Bamberg, 11. Oktober 1984
Einwohnermeldeabteilung Ansbach, 6. März 1984, 8. August 1984
Einwohnermeldeamt Fürth, 12. März 1984
Otto Gellinger, 6. November 1981, 10. Februar 1983
Konrad Grünbaum, 19. Dezember 1983, 8. Januar 1984, 3. Juni 1984, 19. Juli
1984
Georgine Hörndlein, 26. Oktober 1981

Frank D. Horvay, 27. Januar 1984

Hans Lotter, 19. und 27. Februar 1984

Elisabeth Neff, 6. Juli 1981

1. FC Nürnberg, 13. November 1983

Luise Platter, 7. Februar 1984

Alfred Schmidt, 10. November 1984, 3. Dezember 1984, 5. Februar 1985

Stadtarchiv Ansbach, 31. Juli 1984

Stadtarchiv Fürth, 24., 26. und 30. Oktober 1984

Stadtverwaltung Langenzenn, 10. Dezember 1984

Wiedergutmachungsbehörde Ansbach, 29. März 1984

Michael Wiesinger, 1. und 20. September 1981, 19. Oktober 1981, 24. Mai 1982, 10. Februar 1984

Literatur

Aus dem kaum noch überschaubaren Schrifttum über die Geschichte der Besatzungszeit sind im folgenden nur die Werke genannt, auf die in der Darstellung ausdrücklich Bezug genommen wird. Hinzu kommen einige Studien und Aufsätze zur Methodik von Regional- und Lokalgeschichte sowie die wichtigsten Arbeiten zu Ansbach und Fürth im 19. und 20. Jahrhundert. Die einzelnen Titel werden bei der ersten Nennung im Text bibliographisch vollständig, bei den folgenden Nennungen mit Kurzangaben zitiert.

Abelshauser, Werner, Wiederaufbau vor dem Marshall-Plan, in: VfZ 29 (1981)

Abelshauser, Werner, Wirtschaft in Westdeutschland. Rekonstruktion und Wachstumsbedingungen in der amerikanischen und britischen Zone, Stuttgart 1975

Ambrosius, Gerold, Die Durchsetzung der Sozialen Marktwirtschaft in Westdeutschland 1945–1949, Stuttgart 1977

Backer, John H., Die deutschen Jahre des Generals Clay. Der Weg zur Bundesrepublik 1945–1949, München 1983

Baier, Helmut, Die Deutschen Christen Bayerns im Rahmen des bayerischen Kirchenkampfes, Nürnberg 1968

Baird, Jay W., Das politische Testament Julius Streichers, in: VfZ 26 (1978)

Bauer, Franz J., Flüchtlinge und Flüchtlingspolitik in Bayern 1945–1950, Stuttgart 1982

Behr, Wolfgang, Sozialdemokratie und Konservatismus. Ein empirischer und theoretischer Beitrag zur regionalen Parteianalyse am Beispiel der Geschichte der Nachkriegsentwicklung Bayerns, Hannover 1969

Beier, Gerhard, Der Demonstrations- und Generalstreik vom 12. November 1948, Frankfurt/Köln 1975

Benz, Wolfgang, Von der Besatzungsherrschaft zur Bundesrepublik. Stationen einer Staatsgründung 1945–1949, Frankfurt/Main 1984

Benz, Wolfgang, Versuche zur Reform des öffentlichen Dienstes in Deutschland 1945–1952, in: VfZ 29 (1981)

Benz, Wolfgang, Wirtschaftspolitik zwischen Demontage und Währungsreform, in: Westdeutschlands Weg zur Bundesrepublik 1945–1949. Beiträge von Mitarbeitern des Instituts für Zeitgeschichte, München 1976

Borsdorf, Ulrich/Niethammer, Lutz (Hrsg.), Zwischen Befreiung und Besatzung, Wuppertal 1976

Boyer, Christoph/Woller, Hans, „Hat die deutsche Frau versagt?" Die „neue Freiheit" der Frauen in der Trümmerzeit 1945–1949, in: Journal für Geschichte, 1983, Heft 2

Broszat, Martin, Die Machtergreifung. Der Aufstieg der NSDAP und die Zerstörung der Weimarer Republik, München 1984

Broszat, Martin, Zur Struktur der NS-Massenbewegung, in: VfZ 31 (1983)

Broszat, Martin, Resistenz und Widerstand. Eine Zwischenbilanz des Forschungsprojekts, in: Ders./Elke Fröhlich/Anton Großmann (Hrsg.), Bayern in der NS-Zeit, Bd.
IV: Herrschaft und Gesellschaft im Konflikt, München/Wien 1981

Broszat, Martin, Ein Landkreis in der Fränkischen Schweiz. Der Bezirk Ebermannstadt 1929–1945, in: Ders./Elke Fröhlich/Falk Wiesemann (Hrsg.), Bayern in der
NS-Zeit, Bd. I: Soziale Lage und politisches Verhalten der Bevölkerung im Spiegel
vertraulicher Berichte, München/Wien 1977

Broszat, Martin, Zur Lage evangelischer Kirchengemeinden, in: Ders./Elke Fröhlich/
Falk Wiesemann (Hrsg.), Bayern in der NS-Zeit, Bd. I: Soziale Lage und politisches
Verhalten der Bevölkerung im Spiegel vertraulicher Berichte, München/Wien 1977

Büsch, Otto u.a. (Hrsg. und Bearbeiter), Wählerbewegung in der deutschen Geschichte, Berlin 1978

Clay, Lucius D., Entscheidung in Deutschland, Frankfurt/Main 1950

Dann, Otto (Hrsg.), Köln nach dem Nationalsozialismus. Der Beginn des gesellschaftlichen und politischen Lebens in den Jahren 1945/46, Wuppertal 1981

Deuerlein, Ernst (Hrsg.), Potsdam 1945. Quellen zur Konferenz der „Großen Drei",
München 1963

Dirks, Walter, Folgen der Entnazifizierung. Ihre Auswirkungen in kleinen und mittleren Gemeinden der 3 westlichen Zonen, in: Sociologica, Festschrift für Max Horkheimer, Frankfurt/Main 1953

Dorn, Walter L., Inspektionsreisen in der US-Zone. Notizen, Denkschriften und Erinnerungen aus dem Nachlaß übersetzt und herausgegeben von Lutz Niethammer,
Stuttgart 1973

Dowe, Dieter/Klotzbach, Kurt (Hrsg.), Programmatische Dokumente der deutschen
Sozialdemokratie, Berlin/Bonn-Bad Godesberg 1973

Eschenburg, Theodor, Jahre der Besatzung 1945–1949, Stuttgart 1983

Eschenburg, Theodor, Der bürokratische Rückhalt, in: Richard Löwenthal/Hans-Peter
Schwarz (Hrsg.), Die zweite Republik. 25 Jahre Bundesrepublik Deutschland – eine
Bilanz, Stuttgart 1974

Fesefeldt, Wiebke, Der Wiederaufbau des kommunalen Lebens in Göttingen
(1945–1948), Göttingen 1962

Fröhlich, Elke, Die Herausforderung des Einzelnen. Geschichten über Widerstand
und Verfolgung, in: Martin Broszat/Elke Fröhlich (Hrsg.), Bayern in der NS-Zeit,
Bd. VI, München/Wien 1983

Fürstenau, Justus, Entnazifizierung. Ein Kapitel deutscher Nachkriegspolitik, Neuwied
1969

Gimbel, John, Amerikanische Besatzungspolitik in Deutschland 1945–1949, Frank-
furt/Main 1971

Gimbel, John, Eine deutsche Stadt unter amerikanischer Besatzung. Marburg
1945–1952, Köln/Berlin 1964

Goebbels, Joseph, Tagebücher 1945. Die letzten Aufzeichnungen, Hamburg 1977

Grebing, Helga, Die Parteien, in: Wolfgang Benz (Hrsg.), Die Bundesrepublik
Deutschland, Bd. I: Politik, Frankfurt/Main 1983

Grebing, Helga (Hrsg.), Lehrstücke in Solidarität. Briefe und Biographien deutscher
Sozialisten 1945–1949, Stuttgart 1983

Grebing, Helga, Zur Problematik der personellen und programmatischen Kontinuität in den Organisationen der Arbeiterbewegung in Westdeutschland 1945/46, in: Herkunft und Mandat. Beiträge zur Führungsproblematik in der Arbeiterbewegung, Frankfurt/Köln 1976

Großmann, Anton, Polen und Sowjetrussen als Arbeiter in Bayern 1939–1945, in: Archiv für Sozialgeschichte, Bd. XXIV (1984)

Großmann, Anton, Milieubedingungen von Verfolgung und Widerstand. Am Beispiel ausgewählter Ortsvereine der SPD, in: Martin Broszat/Hartmut Mehringer (Hrsg.), Bayern in der NS-Zeit, Bd. V: Die Parteien KPD, SPD, BVP in Verfolgung und Widerstand, München/Wien 1983

Gruchmann, Lothar, Der Zweite Weltkrieg. Kriegführung und Politik, München 1982

Gutscher, Jörg Michael, Die Entwicklung der FDP von ihren Anfängen bis 1961, Meisenheim am Glan 1967

Hano, Horst, Die Taktik der Pressepropaganda des Hitlerregimes 1943–1945, München 1963

Harasko, Alois, Die Vertreibung der Sudetendeutschen. Sechs Erlebnisberichte, in: Wolfgang Benz (Hrsg.), Die Vertreibung der Deutschen aus dem Osten. Ursachen, Ereignisse, Folgen, Frankfurt/Main 1985

Henke, Klaus-Dietmar, Die amerikanische Besetzung Deutschlands, München 1988

Henke, Klaus-Dietmar, Die Grenzen der politischen Säuberung in Deutschland nach 1945, in: Ludolf Herbst (Hrsg.), Westdeutschland 1945–1955. Unterwerfung, Kontrolle, Integration, München 1986

Henke, Klaus-Dietmar, Der Weg nach Potsdam – Die Alliierten und die Vertreibung, in: Wolfgang Benz (Hrsg.), Die Vertreibung der Deutschen aus dem Osten. Ursachen, Ereignisse, Folgen, Frankfurt/Main 1985

Henke, Klaus-Dietmar/Woller, Hans (Hrsg.), Lehrjahre der CSU. Eine Nachkriegspartei im Spiegel vertraulicher Berichte an die amerikanische Militärregierung, Stuttgart 1984

Henke, Klaus-Dietmar, Politik der Widersprüche. Zur Charakteristik der französischen Militärregierung in Deutschland nach dem Zweiten Weltkrieg, in: VfZ 30 (1982)

Henke, Klaus-Dietmar, Politische Säuberung unter französischer Besatzung. Die Entnazifizierung in Württemberg-Hohenzollern, Stuttgart 1981

Hochstein, Beatrix, Die Ideologie des Überlebens. Zur Geschichte der politischen Ideologie in Deutschland, Frankfurt/New York 1984

Hoegner, Wilhelm, Der schwierige Außenseiter. Erinnerungen eines Abgeordneten, Emigranten und Ministerpräsidenten, München 1959

Jacobs, Manfred, Kirche, Weltanschauung, Politik. Die evangelischen Kirchen und die Option zwischen dem zweiten und dritten Reich, in: VfZ 31 (1983)

Kershaw, Ian, Der Hitler-Mythos. Volksmeinung und Propaganda im Dritten Reich, Stuttgart 1980

Kesselring, Albert, Soldat bis zum letzten Tag, Bonn 1953

Kessler, Harry Graf, Tagebücher 1918–1939, Frankfurt/Main 1961

Klotzbach, Kurt, Der Weg zur Staatspartei. Programmatik, praktische Politik und Organisation der deutschen Sozialdemokratie 1945 bis 1965, Berlin/Bonn 1982

Kluth, Hans, Die KPD in der Bundesrepublik. Ihre politische Tätigkeit und Organisation 1945–1955, Köln 1959

Kocka, Jürgen (Hrsg.), Arbeiterkultur im 19. Jahrhundert, Göttingen 1979 (Geschichte und Gesellschaft 5 (1979), Heft 1)

Konstantin, Prinz von Bayern, Die großen Namen. Begegnungen mit bedeutenden Deutschen unserer Zeit, München 1956

Korman, John G., U.S. Denazification Policy in Germany, 1944–1950, Bad Godesberg 1952

Krieger, Wolfgang, General Lucius D. Clay und die amerikanische Deutschlandpolitik 1945–1949 (unveröffentlichtes Manuskript)

Krüger, Wolfgang, Entnazifiziert! Zur Praxis der politischen Säuberung in Nordrhein-Westfalen, Wuppertal 1982

Langewiesche, Dieter, Politik-Gesellschaft-Kultur. Zur Problematik von Arbeiterkultur und kulturellen Arbeiterorganisationen in Deutschland nach dem 1. Weltkrieg, in: Archiv für Sozialgeschichte, Bd. XXII (1982)

Langewiesche, Dieter, Zur Freizeit des Arbeiters. Bildungsbestrebungen und Freizeitgestaltung österreichischer Arbeiter im Kaiserreich und in der Ersten Republik, Stuttgart 1979

Lederer, Wilhelm, Dokumentation 1945. Kulmbach vor und nach der Stunde Null, Kulmbach 1971

Lepsius, M. Rainer, Die Bundesrepublik Deutschland in der Kontinuität und Diskontinuität historischer Entwicklungen: Einige methodische Überlegungen, in: Werner Conze/M. Rainer Lepsius (Hrsg.), Sozialgeschichte der Bundesrepublik Deutschland, Stuttgart 1983

Maier, Reinhold, Erinnerungen 1948–1953, Tübingen 1966

Mehringer, Hartmut, Bemerkungen zum Wandel der SPD in der ersten Hälfte des 20. Jahrhunderts unter besonderer Berücksichtigung der bayerischen Sozialdemokratie, in: Karl-Heinz Ruffmann/Helmut Altrichter (Hrsg.), „Modernisierung" versus „Sozialismus". Formen und Strategien sozialen Wandels im 20. Jahrhundert, Erlangen 1983

Mehringer, Hartmut, Die bayerische Sozialdemokratie bis zum Ende des NS-Regimes. Vorgeschichte, Verfolgung und Widerstand, in: Martin Broszat/Hartmut Mehringer (Hrsg.), Bayern in der NS-Zeit, Bd. V: Die Parteien KPD, SPD, BVP in Verfolgung und Widerstand, München/Wien 1983

Mende, Erich, Die neue Freiheit. 1945–1961, München/Berlin 1984

Mintzel, Alf, Die CSU. Anatomie einer konservativen Partei 1945–1972, Opladen 1975

Mooser, Josef, Abschied von der „Proletarität". Sozialstruktur und Lage der Arbeiterschaft in der Bundesrepublik in historischer Perspektive, in: Werner Conze/M. Rainer Lepsius (Hrsg.), Sozialgeschichte der Bundesrepublik Deutschland, Stuttgart 1983

Morsey, Rudolf, Personal- und Beamtenpolitik im Übergang von der Bizonen- zur Bundesverwaltung (1947–1950), in: Ders. (Hrsg.), Verwaltungsgeschichte. Aufgaben, Zielsetzungen, Beispiele, Berlin 1977

Müller, Karl Alexander von, Mars und Venus. Erinnerungen 1914–1919, Stuttgart 1954

Naßmacher, Karl-Heinz, Kontinuität und Wandel eines regionalen Parteiensystems, in: Wolfgang Günther (Hrsg.), Sozialer und politischer Wandel in Oldenburg. Studien zur Regionalgeschichte vom 17. bis 20. Jahrhundert, Oldenburg 1981

Naßmacher, Karl-Heinz, Regionale Traditionen als Bestimmungsfaktor des Parteiensystems, in: Wolfgang Günther (Hrsg.), Sozialer und politischer Wandel in Oldenburg. Studien zur Regionalgeschichte vom 17. bis 20. Jahrhundert, Oldenburg 1981

Niethammer, Lutz/Borsdorf, Ulrich/Brandt, Peter (Hrsg.), Arbeiterinitiative 1945. Antifaschistische Ausschüsse und Reorganisation der Arbeiterbewegung in Deutschland, Wuppertal 1976

Niethammer, Lutz, Entnazifizierung in Bayern. Säuberung und Rehabilitierung unter amerikanischer Besatzung, Frankfurt/Main 1972

Niethammer, Lutz, Die amerikanische Besatzungsmacht zwischen Verwaltungstradition und politischen Parteien in Bayern 1945, in: VfZ 15 (1967)

Norden, Günther van, Die Stellung der evangelischen Kirche zum Nationalsozialismus 1932/33, in: Gotthard Jasper (Hrsg.), Von Weimar zu Hitler 1930–1933, Köln/Berlin 1968

Ophir, Baruch Z./Wiesemann, Falk, Die jüdischen Gemeinden in Bayern 1918–1945, München/Wien 1979

Parteien in der Bundesrepublik. Studien zur Entwicklung der deutschen Parteien bis zur Bundestagswahl 1953, Stuttgart/Düsseldorf 1955

Pietsch, Hartmut, Militärregierung, Bürokratie und Sozialisierung. Zur Entwicklung des politischen Systems in den Städten des Ruhrgebietes 1945–1948, Duisburg 1978

Pirker, Theo, Die SPD nach Hitler, München 1965

Plato, Alexander von, Nachkriegssieger. Sozialdemokratische Betriebsräte im Ruhrgebiet – Eine lebensgeschichtliche Untersuchung, in: Lutz Niethammer (Hrsg.) „Hinterher merkt man, daß es richtig war, daß es schiefgegangen ist." Nachkriegs-Erfahrungen im Ruhrgebiet, Berlin/Bonn 1983

Plum, Günter, Versuche gesellschaftspolitischer Neuordnung – Ihr Scheitern im Kräftefeld deutscher und alliierter Politik, in: Westdeutschlands Weg zur Bundesrepublik 1945–1949. Beiträge von Mitarbeitern des Instituts für Zeitgeschichte, München 1976

Pollock, James K. u. a., Germany under Occupation, Ann Arbor 1949

Prinz, Friedrich (Hrsg.), Trümmerzeit in München, München 1984

Probst, Ulrich, Die Entwicklung der gemeindlichen Selbstverwaltung in Bayern, Würzburg 1957

Pünder, Tilman, Das bizonale Interregnum. Die Geschichte des Vereinigten Wirtschaftsgebiets 1946–1949, Köln 1966

Rischbieter, Henning, Theater, in: Wolfgang Benz (Hrsg.), Die Bundesrepublik Deutschland, Bd. 3: Kultur, Frankfurt/Main 1983

Ritter, Gerhard A. (Hrsg.), Arbeiterkultur, Königstein/Ts. 1979

Roeper, Hans, Die D-Mark. Vom Besatzungskind zum Weltstar, Frankfurt/Main 1978

Rohe, Karl/Kühr, Herbert (Hrsg.), Politik und Gesellschaft im Ruhrgebiet. Beiträge zur regionalen Politikforschung, Königstein/Ts. 1979

Ruhl, Klaus-Jörg, Die Besatzer und die Deutschen. Amerikanische Zone 1945–1948, Düsseldorf 1980

Schmidt, Ute, Die CDU, in: Richard Stöss (Hrsg.), Parteien-Handbuch. Die Parteien der Bundesrepublik Deutschland 1945–1980, Opladen 1983, Bd. 1

Schreyer, Klaus, Bayern – ein Industriestaat. Die importierte Industrialisierung, München/Wien 1969

Schwering, Leo, Frühgeschichte der Christlich-Demokratischen Union, Recklinghausen 1963

Smith, Jean Edward (Hrsg.), The Papers of General Lucius D. Clay, Bloomington 1973, 2 Bde.

Staritz, Dietrich, Die KPD, in: Richard Stöss (Hrsg.), Parteien-Handbuch. Die Parteien der Bundesrepublik Deutschland 1945–1980, Opladen 1984, Bd. 2

Steinbach, Peter, Stand und Methode der historischen Wahlforschung. Bemerkungen zur interdisziplinären Kooperation von moderner Sozialgeschichte und den politisch-historischen Sozialwissenschaften am Beispiel der Reichstagswahlen im deutschen Kaiserreich, in: Hartmut Kaelble u. a. (Hrsg.), Probleme der Modernisierung in Deutschland, Opladen 1978

Steinert, Marlis G., Hitlers Krieg und die Deutschen, Düsseldorf/Wien 1970

Stöss, Richard (Hrsg.), Parteien-Handbuch. Die Parteien der Bundesrepublik Deutschland 1945–1980, 2 Bde., Opladen 1983/84

Trevor-Roper, Hugh R., Hitlers letzte Tage, Zürich 1946

Troll, Hildebrand, Aktionen zur Kriegsbeendigung im Frühjahr 1945, in: Martin Broszat/Elke Fröhlich/Anton Großmann (Hrsg.), Bayern in der NS-Zeit, Bd. IV: Herrschaft und Gesellschaft im Konflikt, München/Wien 1981

Ueberhorst, Horst, Frisch, frei, stark und treu. Die Arbeitersportbewegung in Deutschland 1893–1933, Düsseldorf 1973

Werner, Wolfgang Franz, „Bleib übrig". Deutsche Arbeiter in der nationalsozialistischen Kriegswirtschaft, Düsseldorf 1983

Wieck, Hans Georg, Christliche und Freie Demokraten in Hessen, Rheinland-Pfalz, Baden und Württemberg 1945/46, Düsseldorf 1958

Wieck, Hans Georg, Die Entstehung der CDU und die Wiedergründung des Zentrums im Jahre 1945, Düsseldorf 1953

Wolker, Ludwig, Jugendkraft. Vom Ziel und Aufbau des Sports in katholischer Gemeinschaft, Altenberg 1948

Woller, Hans, Zur Demokratiebereitschaft in der Provinz des amerikanischen Besatzungsgebietes. Aus den Stimmungsberichten des Ansbacher Oberbürgermeisters an die Militärregierung 1946–1949, in: VfZ 31 (1983)

Woller, Hans, Die Loritz-Partei. Geschichte, Struktur und Politik der Wirtschaftlichen Aufbau-Vereinigung (WAV) 1945–1955, Stuttgart 1982

Wunderer, Hartmut, Arbeitervereine und Arbeiterparteien. Kultur- und Massenorganisationen in der Arbeiterbewegung (1890–1933), Frankfurt/Main 1980

Zink, Harold, American Military Government in Germany, New York 1947

Zischka, Anton, War es ein Wunder? Zwei Jahrzehnte deutschen Wiederaufstiegs, Hamburg 1966

Alltagsgeschichte der NS-Zeit. Neue Perspektive oder Trivialisierung? München 1984

Ammon, Emil, Fürth, Düsseldorf 1984

Bergmann, Klaus/Schörken, Rudolf (Hrsg.), Geschichte im Alltag – Alltag in der Geschichte, Düsseldorf 1982

Beyerlein, Fritz, Ansbach kurz vor dem Ersten Weltkrieg, in: Jahrbuch des Historischen Vereins für Mittelfranken, Bd. 78, 1959

Broszat, Martin, Plädoyer für Alltagsgeschichte. Eine Replik auf Jürgen Kocka, in: Merkur 36 (1982)

Bürger, Werner, 1933 in Ansbach, Ansbach 1983 (Unveröffentlichtes Manuskript im Stadtarchiv Ansbach)

Eichhorn, Ernst, Land der Begegnung: Landkreis Fürth, in: Landkreis Fürth. Bayerland. Der illustrierte Zeitspiegel, München o. J.

Endres Rudolf, Die Juden in Fürth, in: Fürther Heimatblätter 31 (1981)

Erinnerungen an Kriegszerstörungen in Fürth, in: Fürther Heimatblätter 19 (1969)

Fein, Egon, Sieben Tage im Leben des Max Grundig, Fürth 1983

Fischer, Walter, Die Fürther Arbeiterbewegung von ihren Anfängen bis 1870, Diss. Erlangen-Nürnberg 1965

Fürth 1946–1955. Wiederaufbau eines Gemeinwesens. Entwicklung zur Groß-Stadt, hrsg. von der Stadt Fürth, Fürth 1956

Grünbaum, Konrad, Die Tätigkeit der illegalen SPD in Franken nach der Machtergreifung, in: Fürther Heimatblätter 31 (1981)

Hambrecht, Rainer, Der Aufstieg der NSDAP in Mittel- und Oberfranken (1925–1933), Nürnberg 1976

Hartung, Fritz, Hardenberg und die preußische Verwaltung in Ansbach-Bayreuth von 1792 bis 1806, Tübingen 1906

Herbst, Robert, Episoden. Aus dem Leben eines Alleingängers 1904–1980, Zug 1981

Herbst, Robert, Die Wiederaufrichtung der Justiz in Fürth durch die Amerikaner, April-August 1945, in: Fürther Heimatblätter 20 (1970)

Hüttinger, Gottlieb, Ansbach und die landwirtschaftliche Produktion, in: Ansbach. Sonderausgabe der illustrierten bayerischen Monatsschrift „Bayerland", München o. J.

Jegel, August, Die wirtschaftliche Entwicklung von Nürnberg-Fürth, Stein und des Nürnberger Raumes seit 1806, Nürnberg 1952

Klier, Günther, Die Fürther Judengemeinde im Wandel der Zeiten, Fürth 1966 (Manuskript im Stadtarchiv Fürth)

Kocka, Jürgen, Zurück zur Erzählung? Plädoyer für historische Argumentation, in: Geschichte und Gesellschaft 10 (1984)

Kocka, Jürgen, Klassen oder Kultur? Durchbrüche und Sackgassen in der Arbeitergeschichte, in: Merkur 36 (1982)

Kühnel, Franz, Die CSU und der fränkische Protestantismus 1945 bis 1953, unveröffentlichte Magisterarbeit der Friedrich-Alexander-Universität Erlangen-Nürnberg, o. J. (1972)

Lang, Adolf, Aus Ansbachs Geschichte, in: Ders. (Hrsg.), Maler und Poeten, Bürger und Markgrafen, Ansbach 1978

Lang, Adolf, 100 Jahre Ansbacher SPD 1869–1969, Ansbach 1969

Die letzten Tage Fürths im 2. Weltkrieg, in: Stadtverein. Nachrichtenblatt des Stadtvereins 21 (1984)

Mack, Georg, Entscheidungsvolle Tage der evangelisch-lutherischen Kirche in Bayern 1934, Ansbach 1958

Mahr, Helmut, Spaziergang durch Kunst und Geschichte, in: Landkreis Fürth. Bayerland. Der illustrierte Zeitspiegel, München o. J.

Mauersberg, Hans, Wirtschaft und Gesellschaft Fürths in neuerer und neuester Zeit. Eine städtegeschichtliche Studie, Göttingen 1974

Menges, Franz (Hrsg.), Die Ansbacher Jahre des bayerischen Finanzministers Dr. Wilhelm Krausneck. Tagebuchaufzeichnungen aus den Jahren 1913 bis 1919, in: Jahrbuch des Historischen Vereins für Mittelfranken, Bd. 87, 1973/74

Neuhäußer-Wespy, Ulrich, Die KPD in Nordbayern 1919–1933, Nürnberg 1981

Niethammer, Lutz, Anmerkungen zur Alltagsgeschichte, in: Geschichtsdidaktik 5 (1980)

Peukert, Detlev, Arbeiteralltag – Mode oder Methode? in: Heiko Haumann (Hrsg.), Arbeiteralltag in Stadt und Land. Neue Wege der Geschichtsschreibung, Berlin 1982

Rosenhauer, Konrad, Aus der Geschichte des Landkreises Ansbach, in: Der Landkreis Ansbach, Vergangenheit und Gegenwart, Aßling-Pörsdorf 1964

Sauerteig, Max, Hitler-Besuche in Ansbach, in: Heimatblätter für Ansbach und Umgebung 11 (1935)

Hans Schregle zum Gedächtnis, in: Jahrbuch des Historischen Vereins für Mittelfranken, Bd. 86, 1971/1972

Schreiber, Hermann, Leutershausen, Leutershausen o. J. (1973)

Schreibmüller, Hermann, Ein Durchblick durch die Geschichte der Stadt Ansbach, in: Ansbach. Sonderausgabe der illustrierten bayerischen Monatsschrift „Bayerland", München o. J.

Schuhmann, Günther, Ansbachs älteste Stadtansichten, in: 1221–1971. Ansbach – 750 Jahre Stadt. Ein Festbuch, Ansbach 1971

Schwammberger, Adolf, Ein Gang durch die Geschichte Fürths, in: Das Bayerland. Illustrierte Halbmonatsschrift für Bayerns Land und Volk, München 1934

Schwammberger, Adolf, Fürth von A bis Z. Ein Geschichtslexikon, Fürth o. J.

Schwarz, Stefan, Fürth – die führende jüdische Gemeinde im bayerischen Emanzipationskampf, in: Nachrichten für den jüdischen Bürger Fürths 1963

Sischka, Adele, Die Gleichschaltung in Fürth 1933/34, in: Fürther Heimatblätter 31 (1982)

Stäudtner, Ruth, Fürth und seine Juden, in: Lebendige Stadt Fürth, Fürth 1951

Steinbach, Peter, Alltagsleben und Landesgeschichte, in: Hessisches Jahrbuch für Landesgeschichte 29 (1979)

Strauß, Heinrich, Fürth in der Weltwirtschaftskrise und nationalsozialistischen Machtergreifung, Nürnberg 1980

Striemer, Alfred, Ansbach. Eine sozialwirtschaftliche Strukturuntersuchung, Berlin 1939

Tenfelde, Klaus, Schwierigkeiten mit dem Alltag, in: Geschichte und Gesellschaft 10 (1984)

Traunfelder, Adolf, Herkommen, Sitte und Brauch im Landkreis Ansbach, in: Der Landkreis Ansbach, Vergangenheit und Gegenwart, Aßling–Pörsdorf 1964

Ulrich, Volker, Alltagsgeschichte. Über einen neuen Geschichtstrend in der Bundesrepublik, in: Neue politische Literatur 29 (1984)

Unser Landkreis Ansbach, herausgegeben in Zusammenarbeit mit der Bayerischen
Landeszentrale für politische Bildungsarbeit und dem Landkreis Ansbach, München o.J.

Vogtherr, Friedrich, Geschichte der Stadt Ansbach, Ansbach 1927

Wassermann, Jakob, Mein Weg als Deutscher und Jude, Berlin 1922

Wassermann, Jakob, Oberlins drei Stufen und Sturreganz, Berlin 1922

Weiser, Franz, Ein Leben für Recht und Wissenschaft. Justizrat Dr. Adolf Bayer zum
75. Geburtstag, Ansbach 1951

Wendel, Herbert, Die industrielle Entwicklung der Stadt Fürth, Diss. Erlangen 1926

Wiegelmann, Günter (Hrsg.), Geschichte der Alltagskultur, Münster 1980

Wirtschaftsraum Mittelfranken. Gestern – heute – morgen. Eine Dokumentation der
Industrie- und Handelskammer Nürnberg, Nürnberg 1965

Wunschel, Gottlieb, Die Kapitulation von Fürth am 19. April 1945, in: Fürther Heimatblätter 15 (1965)

Würsching, Paul/Schwammberger, Adolf, Fürth eine Industrie- und Handelsstadt,
Trautheim über Darmstadt o.J.

Abkürzungen

Abg.	Abgeordneter	DENA	Deutsche Nachrichten-
AEG	Allgemeine Elektricitäts-Ge-		Agentur
	sellschaft	Det.	Detachment
AG	Aktiengesellschaft	DGB	Deutscher Gewerkschafts-
Anm.	Anmerkung		bund
Antifa	Antifaschistischer Ausschuß	Diss.	Dissertation
AOK	Armee-Oberkommando	DKW	Automarke der Auto-Union
AOK	Allgemeine Ortskranken-	DM	Deutsche Mark
	kasse	DNVP	Deutschnationale Volkspartei
Art.	Artikel	DP	Displaced Person
ASV	Allgemeiner Sportverein		
AVBRD	Akten zur Vorgeschichte der	EAP	Einheitsaktenplan
	Bundesrepublik Deutschland	ECAD	European Civil Affairs Divi-
			sion
BA	Bezirksamt	EKD	Evangelische Kirche in
BA, Koblenz	Bundesarchiv, Koblenz		Deutschland
bay.	bayerisch	e. V.	eingetragener Verein
BayHStA	Bayerisches Hauptstaatsar-	Ev.-Luth.	Evangelisch-Lutherisch
	chiv		
Bd., Bde.	Band, Bände	FDP	Freie Demokratische Partei
BDM	Bund Deutscher Mädel	FOD	Field Operations Division
Betr.	Betroffener	FRUS	Foreign Relations of the
Bg	Bürgermeister		United States
BGBl.	Bundesgesetzblatt		
BGVBl.	Bayerisches Gesetz- und Ver-	GI	General Issue, Government
	ordnungsblatt		Issue
Bl.	Blatt	G-5	Generalstabsabteilung der
BLVW	Bayerisches Landesamt für		US-Army für Civil Affairs/
	Vermögensverwaltung und		Military Government
	Wiedergutmachung		
BP	Bayernpartei	ha	Hektar
BVP	Bayerische Volkspartei	Hist. Rep.	Historical Report
		HJ	Hitlerjugend
CAD	Civil Administration Division	Hrsg., hrsg.	Herausgeber, herausgegeben
CDU	Christlich-Demokratische		
	Union	i. A.	im Auftrag
CIC	Counter Intelligence Corps	ICD	Information Control Division
CO	Control Office	ID	Intelligence Division
Col.	Colonel	IfZ	Institut für Zeitgeschichte
CSU	Christlich-Soziale Union	IHK	Industrie- und Handelskam-
CVJM	Christlicher Verein Junger		mer
	Männer		
		JCS	Joint Chiefs of Staff
DAF	Deutsche Arbeitsfront	Jg.	Jahrgang
DC	Deutsche Christen	jr.	junior
DDP	Deutsche Demokratische		
	Partei	Kap.	Kapitel

KdF	Kraft durch Freude	Pg	Parteigenosse
KP	Kommunistische Partei	Prot.	Protokoll
KPD	Kommunistische Partei Deutschlands	RCC	Rhine Coal Control
kv	kriegsverwendungsfähig	Reg	Regierung
KZ	Konzentrationslager	RegPräs	Regierungspräsident
		RG	Record Group
LK	Landkreis	RG	Registergericht
LKR	Landeskirchenrat	RGCO	Regional Government Coordinating Office
LKA	Landeskirchliches Archiv		
LR	Landrat	RM	Reichsmark
LRA	Landratsamt	RVF	Radio-Vertrieb Fürth
Lt.	Lieutenant		
		SA	Sturmabteilung
MAN	Maschinenfabrik Augsburg-München AG	SD	Sicherheitsdienst der SS
		SED	Sozialistische Einheitspartei Deutschlands
MG	Maschinengewehr		
MG	Military Government	SHAEF	Supreme Headquarters, Allied Expeditionary Force
MF	Ministerium der Finanzen		
MilReg	Militärregierung	SPD	Sozialdemokratische Partei Deutschlands
MinPräs	Ministerpräsident		
MInn	Ministerium des Innern	SS	Schutzstaffel
Ms.	Manuskript	StA	Staatsarchiv
MWi	Ministerium der Wirtschaft	stellv.	stellvertretender
NA	National Archives, Washington, D.C.	TSC	Turn- und Sport-Club
		TSV	Turn- und Sportverein
NL	Nachlaß	TV	Turnverein
NPD	Nationaldemokratische Partei Deutschlands		
		uk	unabkömmlich
NS	Nationalsozialismus, nationalsozialistisch	US	United States
		USA	United States of America
NSDAP	Nationalsozialistische Deutsche Arbeiterpartei	USFET	United States Forces, European Theater
NSBO	Nationalsozialistische Betriebszellenorganisation	USPD	Unabhängige Sozialdemokratische Partei Deutschlands
NSKK	Nationalsozialistisches Kraftfahrer-Korps	V-1, V-2	Vergeltungswaffen
NSV	Nationalsozialistische Volkswohlfahrt	VfZ	Vierteljahrshefte für Zeitgeschichte
		v.H.	von Hundert
OB	Oberbürgermeister	Vol.	Volume
OKW	Oberkommando der Wehrmacht	vorl.	vorläufig
		Vors.	Vorsitzender
o.J.	ohne Jahr	VVN	Vereinigung der Verfolgten des Naziregimes
OMG	Office of Military Government	VWG	Vereinigtes Wirtschaftsgebiet
OMGB	Office of Military Government for Bavaria	WAV	Wirtschaftliche Aufbau-Vereinigung
OMGUS	Office of Military Government, United States		
o.O.	ohne Ort	zit.	zitiert
o.Signatur	ohne Signatur	ZK	Zentralkomitee
OSS	Office of Strategic Services	Zs.	Zeitschrift

Personenverzeichnis

Anonymisierte Namen sind kursiv gedruckt

Aker, Albert 102, 111, 113 f., 133, 192
Albrecht, Lisa 203
Allen, Roderick R. 46
Almer, Michael 247
Altenberger, Herbert 227
Ammler, Otto 193
Auerbach, Philipp 250, 254

Bamm, Hans 133, 147
Barker, Carl 64, 283
Bauer, Hans 197
Bauereisen, Friedrich 224
Bauermann, Christian 38, 172
Baumgartner, Josef 204, 221
Bayer, Adolf 148, 196, 270
Bebel, Gerlinde 135
Bebel, Hans 134, 153
Bebel, Herta 134
Bebel, Mechthild 135
Becker, Leopold 145, 149–151
Behle, Josef 132
Behrens, Siegfried 31
Beil, Rudolf 158 f.
Bergmann, Leo 173
Bergtaler 255
Berthal, Hans 247
Betscher, Georg 95
Beuschel, Friedrich Wilhelm 74, 95, 102, 104, 111 f., 114
Bezold, Georg 249
Biedermann, Franz 275
Blendinger, Gottfried 56
Blödel, Georg 84
Böckler, Hans 172, 183
Böhm, Albert 54, 74, 112, 146, 164
Böhner, Friedrich 74, 95, 102, 111–115, 133
Borchert, Wolfgang 299
Borkholder, Wilhelm 56, 74, 80, 97, 192
Bornkessel, Hans 78 f., 91, 104, 108, 115
Bosl, Karl 66
Bourgevis, Anny 29
Bracker, Robert 69
Bürger, Werner 25
Bukajenko, Wera 29
Burger, Johann 86, 88

Burghart, Heinrich 176
Byschl, Ludwig 195

Canfield, William 72
Ceslanski, Julius 147
Churchill, Winston S. 104
Clay, Lucius D. 45, 117 f., 126, 137–139, 141, 151 f., 166, 198–202, 245, 289
Cofer, John D. 61–64, 66–68, 72, 76 f., 81, 100 f., 103, 108–111, 172, 177
Collins, Harry J. 46
Conrath, Rudolf 69
Croner, Leonhard 84
Czernohaus, Ernst 255 f.

Däschlein, Heinrich 175
Dalferes, Roy L. 110
Deffner, Friedrich 189, 220
Deinlein, Georg 145 f.
Dippold, Hans 40
Dirscherl, Hans 277
Dorfner 255
Dorn, Walter L. 62 f., 73, 76, 94, 103, 108, 114, 126
Dornberger, Christoph 38
Dorsett, James K. 68
Drechsel, Hans 194
Drechsel, Karl 121, 127, 194
Drexel, Joseph E. 130

Eberhard, Konrad 77 f., 163, 171 f.
Ebert, Konrad 33, 148, 191, 219
Eckhardt, Wilhelm 134
Eckstein, Hans 284–286
Ehard, Hans 229, 251, 317
Ehlers, Hermann 224
Eichhorn, Wilfred T. 66
Eichhorn, Wilhelm 38, 223
Eisenhower, Dwight D. 66, 105
Eisenmann, Friedrich 179
Emmert, Heinrich 211
Epp, Franz Freiherr von 190
Erhard, Ludwig 196, 229, 240 f., 243, 267 f., 294, 304, 306 f.
Eschenbacher, Hans 196

Koch, Heinrich 224
Kömpel, Manfred 130
König, Gerhard 127
Körner, Ernst 72, 75 f., 80, 92, 104, 108, 113, 115, 117, 122 f., 134, 150, 158 f., 161, 175 f., 179, 191, 197, 220, 227, 270, 300
Korf 204
Kornburger, Willibald 223
Kracker, Georg 194
Kriedemann, Herbert 226
Kübler, Konrad 92
Küßwetter, Hans 224

Landler, Friedrich 89
Landvogt, Johann Georg 81
Lang, Joseph 217
Lange, Karl Arthur 266
Laubinger, Friedrich 279 f.
Laudenbach, Andreas 174
Lederer, Georg 173
Leupoldt, Richard 197
Liebel, Georg 175
Limpert, Robert 54 f., 67, 75
Lindner, Robert 271
Lingmann, August 66
Lingmann, Frieda 33, 191
Loos, Martin 184, 230
Loritz, Alfred 135, 141–144, 197, 204 f., 216, 234–236, 312, 317
Loßmann, Julius 172
Lotter, Daniel 195
Lotter, Hans 195 f.
Luther, Martin 136

Mack, Georg 33, 56, 72, 190, 192, 200, 210, 224, 275
Mader, Andreas 92
Maier, Reinhold 82, 118, 138, 198, 251, 277
Majer, Fritz 58
Markert, Hans 144
Marx, Franz 217
May, Alfred 175
Mayr, Karl Sigmund 224
McNarney, Joseph T. 141
Meiser, Hans 32 f., 35, 38, 87, 103, 127, 134
Meißner, Karl 205
Messerer, Wilhelm 223
Metz, Paul 41
Metzler, Georg 170
Meyer, Ernst 48, 53–55, 67
Milburn, Frank W. 46
Mintzel, Alf 14
Mont, Charles R. 65
Morgenthau, Henry 242
Morton, Mary 109–111
Mühler, Ernst 145 f.

Müller, Josef 187 f., 193, 204 f., 214, 222
Müller, Oskar 225
Muller, Walter J. 111, 137

Napoleon 16
Nebert, Johann 176 f.
Neff, Richard 72, 80, 90–93, 108, 115, 130, 138, 190, 201, 210 f., 224
Nerreter, Paul 224
Niebling, Karl 191
Niethammer, Lutz 14, 162
Nikolajewa, Wala 29

O'Daniel, John W. 61
Oechsler, Matthias 18 f., 249, 270
Ostler, Josef 195, 198
Otta, Josef 127, 140, 144 f., 227 f., 233
Otto, Fritz 172

Papen, Franz von 130
Patch, Alexander M. 46
Patton, George S. 46, 105
Paul, Elfriede 225
Paul, Hugo 225
Pfeiffer, Anton 141
Pirker, Theo 226
Pörschmann, Emil 174 f.
Pöschke, Michael 178
Pösl, Johann 92
Pollock, James K. 200, 257
Pospiech, Heinrich 67
Prittwitz-Gaffron, Friedrich Wilhelm von 204

Quadflieg, Will 50

Raßler, Hans 147
Recker, Ernst 87
Reichard, Ernst 76 f., 97, 103, 106, 112
Reichard, Hans 148
Reichel, Karl 93, 178
Reindler, Georg 192
Reiner, Eva 127, 140, 145, 149, 160
Reithinger, Anton 267
Renner, Heinz 225
Riedel, Hans 172
Riedl, Hans 219
Roessler, Frederic L. 318 f.
Roosevelt, Franklin D. 45, 104
Rosenthal, Leo 174, 227
Roßhaupter, Albert 172
Rübig, Leonhard 164
Rüger, Fritz 55 f.
Rühmann, Heinz 50
Rüsing, Erich 286
Rumbaur, Waldemar 219 f.
Rupprecht, Fritz 207

Ortsverzeichnis

Die Orte Ansbach und Fürth sind nicht aufgeführt

Bayern in der NS-Zeit

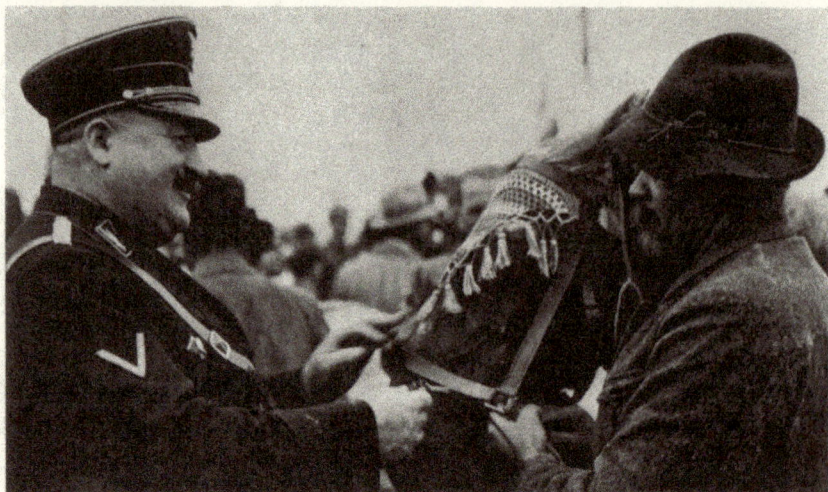

Band 1 Soziale Lage und politisches Verhalten der Bevölkerung im Spiegel vertraulicher Berichte
Herausgegeben von Martin Broszat, Elke Fröhlich und Falk Wiesemann. 1977. 712 Seiten.

Band 2 Herrschaft und Gesellschaft im Konflikt, Teil A.
Herausgegeben von Martin Broszat und Elke Fröhlich. 1979. XXV, 515 Seiten.

Band 3 Herrschaft und Gesellschaft im Konflikt, Teil B.
Herausgegeben von Martin Broszat, Elke Fröhlich und Anton Grossmann. 1981. 696 Seiten.

Band 4 Herrschaft und Gesellschaft im Konflikt, Teil C.
Herausgegeben von Martin Broszat, Elke Fröhlich und Anton Grossmann. 1981. 760 Seiten.

Band 5 Die Parteien KPD, SPD, BVP in Verfolgung und Widerstand.
Von Hartmut Mehringer, Klaus Schönhoven, Anton Grossmann. 1983. 690 Seiten.

Band 6 Die Herausforderung des Einzelnen. Geschichten über Widerstand und Verfolgung.
Von Elke Fröhlich. 1983. 262 Seiten.

Preis pro Einzelband: DM 48,–   Gesamtpreis: DM 248,–

Oldenbourg

Landkreis Uffenheim

Landkreis Neustadt/Aisc

● Sondernohe

● Virnsberg

● Flachslanden

● Lehrberg

Landkreis Ansbach

Ansbach

● Leutershausen

● Eyb

● Lichte

Landkreis Feuchtwangen

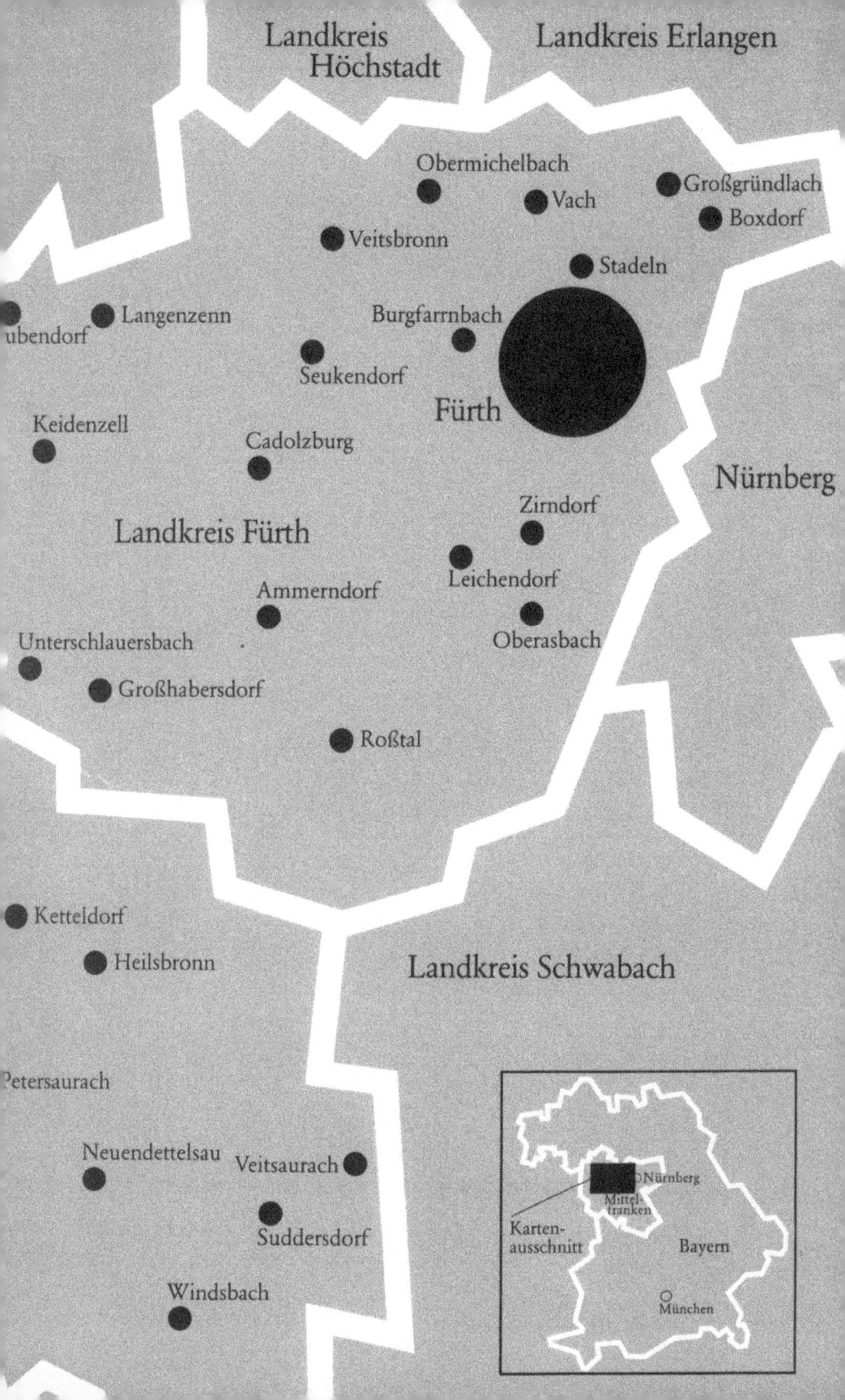

Landkreis
Höchstadt

Landkreis Erlangen

Obermichelbach

Vach

Großgründlach

Boxdorf

Veitsbronn

Stadeln

ubendorf

Langenzenn

Burgfarrnbach

Fürth

Nürnberg

Seukendorf

Keidenzell

Cadolzburg

Landkreis Fürth

Zirndorf

Leichendorf

Ammerndorf

Oberasbach

Unterschlauersbach

Großhabersdorf

Roßtal

Ketteldorf

Heilsbronn

Landkreis Schwabach

Petersaurach

Neuendettelsau

Veitsaurach

Suddersdorf

Windsbach

Karten-
ausschnitt

Nürnberg

Mittel-
franken

Bayern

München

www.ingramcontent.com/pod-product-compliance
Lightning Source LLC
Chambersburg PA
CBHW030255100426
42812CB00002B/442